AF541876

आधुनिक भारतीय चिन्तन

आधुनिक भारतीय चिन्तन

विश्वनाथ नरवणे

अनुवादक

नेमिचंद्र जैन

राजकमल प्रकाशन

ISBN : 978-81-7178-608-4

मूल्य : ₹ 795

पहला संस्करण : 1966
पाँचवाँ संस्करण : 2020

प्रकाशक : राजकमल प्रकाशन प्रा. लि.
1-बी, नेताजी सुभाष मार्ग, दरियागंज
नई दिल्ली-110 002

शाखाएँ : अशोक राजपथ, साइंस कॉलेज के सामने, पटना-800 006
पहली मंजिल, दरबारी बिल्डिंग, महात्मा गांधी मार्ग, इलाहाबाद-211 001
36 ए, शेक्सपियर सरणी, कोलकाता-700 017

वेबसाइट : www.rajkamalprakashan.com
ई-मेल : info@rajkamalprakashan.com

मुद्रक : बी.के. ऑफसेट
नवीन शाहदरा, दिल्ली-110 032

AADHUNIK BHARTIYA CHINTAN
by Vishwanath Narvane
Translated by Nemichandra Jain

जवाहरलाल नेहरू

को

जिनकी छवि कभी धूमिल न होगी

भूमिका

भारत में जिसे दर्शन कहा जाता है उसे यूरोपीय शब्दावली में विश्व-दृष्टि कहना शायद अधिक उपयुक्त होगा। वास्तव में दर्शन के सम्बन्ध में भारतीय दृष्टि सदा से व्यापक रही है और उसे केवल बौद्धिक अनुशासन ही नहीं, नैतिक और आध्यात्मिक गुणों का अभ्यास भी माना जाता रहा है। प्रायः मध्य युग के अन्त तक यूरोपीय धारणा भी यही थी, यूनानी दार्शनिक अपने भारतीय सहधर्मियों की भाँति ही दर्शन को जीवन-पद्धति समझते थे और सुकरात ने अपनी दार्शनिक मान्यताओं के लिए सहर्ष मृत्यु का सामना किया था।

शायद वैज्ञानिक क्रान्ति के प्रभाव से ही चिन्तन और कर्म के बीच खाई बढ़ने लगी। विज्ञान ने प्रत्यक्ष दिखाया कि अमूर्तन की प्रणाली से कैसी आश्चर्यजनक सफलताएँ प्राप्त की जा सकती हैं। इसके लिए गोचर जगत् का पृथक्-पृथक् कक्षों को बाँटना और प्रत्येक क्षेत्र का स्व-सम्पूर्ण और जीवित पद्धति के रूप में विस्तृत अध्ययन ज़रूरी था। जो कुछ तात्कालिक दृष्टि के केन्द्र में न हो उसकी उपेक्षा करके, भौतिक विज्ञानों ने मनुष्य के ज्ञान को बहुत बढ़ा दिया और उसकी कर्म-शक्ति में भी बड़ी भारी वृद्धि कर दी। इस प्रक्रिया में ज्ञान कर्म से अलग हो गया और इसी प्रवृत्ति के तर्कसम्मत प्रसार द्वारा ज्ञान-मीमांसा दार्शनिक चिन्तन का केन्द्र बन गई।

ऐसी ही प्रवृत्ति के चिह्न हमें भारतीय दर्शन के इतिहास में भी मिलते हैं। नव्य न्याय के कुछेक तत्त्व विचित्र रूप से समकालीन यूरोप की विचार-धाराओं की याद दिलाते हैं। फिर भी यह कथन सही है कि भारतीय दार्शनिक परम्परा मोटे तौर पर व्यावहारिक रही है। भारत में दार्शनिक से यह आशा की जाती है कि वह तार्किक विश्लेषण की पद्धतियों के प्रयोग द्वारा वास्तव के स्वरूप तक पहुँचेगा और ऐसे उपाय खोजेगा जिनके द्वारा मनुष्य इस जैव विश्व में अपना स्थान पा सके। इसलिए कोई आश्चर्य नहीं कि भारत में अधिकांश दार्शनिक निरे तार्किक बनकर संतुष्ट नहीं रह सके हैं। वास्तव में कुछेक ने तो दूसरे छोर पर पहुँचकर ऐसी जीवन-दृष्टि ग्रहण की है, जिसमें तर्क का स्थान अपेक्षाकृत गौण है। अपने सच्चे अर्थ में अन्तःप्रज्ञा भले ही

तर्कोपरि हो, पर ऐसे भी उदाहरण हैं जब अन्तःप्रज्ञा केवल अ-तार्किक ही रही है।

भारतीय चिन्तन के लम्बे इतिहास पर—वह इतिहास जो अपनी निरन्तरता और दीर्घता के लिए शायद संसार में अद्वितीय है—दृष्टि डालें तो हम देखते हैं कि चिन्तन और कर्म दोनों को अधिकतम प्रभावित करने वाले लोगों में से कुछेक आधुनिक अर्थ में पेशेवर दार्शनिक थे ही नहीं। उपनिषदों के ऋषि या द्रष्टा ज्ञान की साधना मोक्ष-प्राप्ति के उपाय के रूप में ही करते थे। जनक-जैसे राजाओं ने बहुत-से शास्त्रज्ञ पण्डितों की अपेक्षा विचार और वितर्क पर कहीं अधिक प्रभाव डाला है। बुद्ध संसार के महानतम चिन्तकों में हैं, पर उनका प्रभाव भी जीवन की समग्रता पर था, केवल चिन्तन-प्रक्रियाओं पर नहीं। यही बात शंकराचार्य के बारे में भी सही है, जो संसार के महानतम तार्किकों में हैं, पर वे भीं धर्म के सुधार को अपने जीवन का प्रमुख कर्तव्य मानते थे। मध्य-युग में रामानन्द और कबीर, नानक और चैतन्य, दादू या ख़्वाजा निज़ामुद्दीन-जैसे संत और द्रष्टा अथवा अकबर और दारा शिकोह-जैसे राजा और राजकुमार उसी परम्परा में आते हैं और उसी अर्थ में दार्शनिक माने जाते हैं जिसमें इस शब्द का व्यवहार भारत में होता रहा है।

आजकल कभी-कभी यह आलोचना की जाती है कि दर्शन की युगों पुरानी परम्परा होते हुए भी आधुनिक युग में भारत में बहुत उच्चकोटि के दार्शनिक नहीं हुए। यदि हम दर्शन को उसी संकीर्ण अर्थ में लें, जिसमें वह वैज्ञानिक और ज्ञान-मीमांसा-सम्बन्धी क्रान्ति के बाद यूरोपीय परम्परा में प्रचलित हो गया है, तो भले ही यह बात सच हो निकले। पर यदि हम दर्शन को उस व्यापक अर्थ में ग्रहण करें जिसमें वह सदा भारत में समझा जाता रहा है, तो यह कथन सत्य नहीं है। मध्य युग के उन महान् संतों का उल्लेख मैं पहले ही कर चुका हूँ, जो अपनी जीवन-दृष्टि में सिद्धान्त और व्यवहार का समन्वय करते थे और जिन्होंने पुराने धार्मिक प्रतीकों को नया अर्थ दिया है। पर उनके बाद भी शेख़ अहमद सरहिन्दी या शाह वलीउल्ला-जैसे महान् चिन्तक हुए हैं, जिन्होंने धार्मिक चिन्तन के रूप में संसार की व्यापक व्याख्या करने का प्रयत्न किया है। वे भारतीय दार्शनिक चिन्तन की परम्परा में ही आते हैं और शायद पश्चिमी प्रभाव से अछूते लोगों के अन्तिम प्रतिनिधि हैं।

राममोहनराय से एक नई धारा का प्रारम्भ होता है, जिसमें भारतीय चिन्तकों ने पश्चिमी विचारधाराओं का सामना करके उन्हें अपनी बौद्धिक परम्परा में आत्मसात करने का प्रयास किया। वे पहले और महान् आधुनिक

भारतीय दार्शनिक हैं, पर शीघ्र ही देश के विभिन्न भागों में बहुत-से मेधावी व्यक्ति प्रकट हुए। विद्यासागर और दयानन्द ने हिन्दुओं के चिन्तन और सामाजिक व्यवहार में साहसपूर्ण परिवर्तन किए और सर सैयद अहमद खाँ ने भारतीय मुसलमानों में। ऐसे और भी बहुत-से विख्यात नाम हैं जिनके जीवन और विचारों का विस्तृत और आलोचनात्मक अध्ययन होना बाक़ी है।

डॉक्टर वी० एस० नरवणे ने उन कुछेक चिन्तकों का विवरण, जिन्होंने आधुनिक परिवर्तनों के सन्दर्भ में अनुभूति की नई व्याख्या का प्रयास किया है, एक ही ग्रन्थ में प्रस्तुत करके भारतीय चिन्तन के सभी अध्येताओं की कृतज्ञता का अर्जन किया है। चिन्तन और कर्म की एकता पर बल होने के कारण, जो कि सदा भारतीय दर्शन की विशेषता रही है, उन्होंने उचित ही इन आधुनिक चिन्तकों को उनके जीवन के साथ मिलाकर समझने का प्रयास किया है। इसलिए उन्होंने न केवल उनकी दृष्टि को निर्धारित करने वाले कुछ मूलभूत विचारों का विवरण दिया है, बल्कि उनके सामाजिक परिवेश के सन्दर्भ में उनके व्यक्तित्वों को भी प्रस्तुत किया है। राममोहनराय, रामकृष्ण और विवेकानन्द का प्रभाव धार्मिक आचरण तक ही सीमित नहीं था। वे साथ ही शिक्षाविद् और समाज-सुधारक भी थे। इसी प्रकार टैगोर, गांधी और अरविन्द ने भारतीय जीवन को उसकी विस्तृत और सर्वव्यापी परिधि के लगभग प्रत्येक बिन्दु पर स्पर्श किया है। इस पुस्तक में चर्चित व्यक्तियों में से केवल राधाकृष्णन को ही दर्शन के पेशेवर अध्यापक कहा जा सकता है, पर उनके चिन्तन का प्रसार भी शैक्षणिक सीमाओं के पार चला जाता है। मुझे इस बात से भी प्रसन्नता है कि डॉ० नरवणे ने कुमारस्वामी और इक़बाल पर भी अध्याय जोड़े हैं। यदि उन्होंने सर सैयद अहमद खाँ और मौलाना आज़ाद को भी शामिल कर लिया होता तो मुझे और भी प्रसन्नता होती, क्योंकि ये लोग उन विचारधाराओं के प्रतिनिधि हैं जिनकी रूढ़िवादी दार्शनिक इतिहासों में प्रायः उपेक्षा कर दी जाती है।

पिछले वर्षों में भारतीय जीवन और चिन्तन के विषय में रुचि बहुत अधिक बढ़ी है। वे दिन अब गए जब भारतीय दर्शन कुछेक पण्डितों-विद्वानों के गूढ़ अध्ययनों अथवा असहमत धर्म-मीमांसकों द्वारा भारतीय धर्म के आलोचनात्मक विश्लेषण तक सीमित था। आज भारत की कला और संस्कृति, अर्थशास्त्र और राजनीति, समाज-व्यवस्था और पारम्परिक रीति-रिवाज के लिए उत्सुक और सहानुभूतिपूर्ण अध्येता संसार-भर में मौजूद हैं। दर्शन के पेशेवर अध्येता अब भी कभी-कभी प्राचीन परम्पराओं की चर्चा में ही उलझे

रह जाते हैं। कभी-कभी वे किसी विशेष संकीर्ण मतवाद का भी अनुसरण करने लगते हैं अथवा सर्वथा रूढ़ अर्थ में दर्शन तक अपने-आपको सीमित रखते हैं। यह डॉक्टर नरवणे की विशेषता है कि उन्होंने इन दोनों ख़तरों से बचकर भारतीय चिन्तन का उसके व्यापकतम प्रसार में विवेचन किया है। उन्होंने सहानुभूति और कल्पनाशीलता के साथ लिखा है और एक ऐसे ग्रन्थ की रचना की है जो आधुनिक भारतीय चिन्तन में रुचि रखने वाले सभी व्यक्तियों के लिए मूल्यवान होगा।

—हुमायुन कबिर

प्राक्कथन

इस पुस्तक में उन कुछेक चिन्तकों के मूलभूत विचारों को प्रस्तुत करने का प्रयास है, जिन्होंने उन्नीसवीं शताब्दी के प्रारम्भ से भारतीय चेतना का संस्कार किया है। इसमें मैंने विषय को सामाजिक की बजाय दार्शनिक दृष्टिकोण से देखा है। मेरा विवेचन मुख्यतः सत्ता के, ज्ञान के और नैतिक, सौंदर्यपरक तथा धार्मिक अनुभूति के स्वरूप से सम्बन्धित प्रश्नों को लेकर ही है। किन्तु मैंने इन प्रश्नों का विवेचन अत्यन्त विशेषीकृत सिद्धान्तों के रूप में नहीं, बल्कि भारतीय जीवन और संस्कृति के वृहत्तर सन्दर्भ में किया है। मेरा बल विचारों की समग्र विस्तृति, प्रसार और सार्थकता पर रहा है, उनके नितान्त शास्त्रीय दार्शनिक आशयों पर नहीं। यही कारण है कि मैंने इस पुस्तक के शीर्षक में 'दर्शन' की बजाय 'चिन्तन' शब्द का प्रयोग किया है।

इसका यह अभिप्राय नहीं कि मैं दर्शन के क्षेत्र में विशुद्ध शास्त्रीय कार्य के महत्त्व को कम आँकता हूँ। मैं इस बात से अवगत हूँ कि पिछले वर्षों में बहुत-से भारतीय लेखकों की ज्ञान-मीमांसा, तर्कशास्त्र, तुलनात्मक दर्शन तथा अन्य विशेष क्षेत्रों में बड़ी देन रही है। पर मैंने इस अध्ययन का जो रूप रखा है उसमें उनके विचारों के विवेचन से बाधा पड़ती। मेरा लक्ष्य रहा है आधुनिक भारत के महान् चिन्तकों के दार्शनिक व्यक्तित्वों को साकार करना और उनके सिद्धान्तों में जो कुछ स्थायी और सारभूत है, उसी के चारों ओर भारतीय चिन्तन की कहानी गूँथना। मैंने ऐसे विचारों पर ध्यान केन्द्रित करने का प्रयास किया है जो न केवल दार्शनिक दृष्टि से सार्थक हैं बल्कि साथ ही जिन्होंने असंख्य लोगों के दिलोदिमाग़ को भी प्रभावित किया है—ऐसे विचारों पर जिनसे सान्त्वना मिली है, जिन्होंने कल्पना-शक्ति को उकसाया है, मानव-जाति की आध्यात्मिक एकता को प्रकट किया है और जीवन के अर्थ और रहस्य की नई परतों का उद्घाटन किया है।

इस विषय में मुझे भारत और अमरीका के बहुत-से विद्वानों के साथ विचार-विनिमय का भी अवसर मिला। मुझे प्रोफ़ेसर आर० एन० कौल, ठाकुर जयदेवसिंह, डॉक्टर अमिय चक्रवर्ती, डॉक्टर श्रीकृष्ण सक्सेना, प्रोफ़ेसर ए० जी० जावडेकर और श्री डी० के० बेडेकर का ऋण स्वीकार करने में बड़ी

प्रसन्नता है। प्रोफ़ेसर स्टर्लिंग पी० लेम्प्रैक्ट ने, जो इस पुस्तक के लिखे जाने के दौरान कुछ महीनों के लिए भारत में थे, उदारतापूर्वक समय निकालकर पुस्तक के कुछ अंश पढ़े और बहुमूल्य सुझाव दिए। डॉक्टर हर्बर्ट डब्ल्यू० स्नाइडर, प्रोफ़ेसर आर्ची जे० बैहम, प्रोफ़ेसर विलियम गेरहार्ड, प्रोफ़ेसर जॉर्ज बर्च और प्रोफ़ेसर कार्नेलियस क्रूसे के साथ चर्चा से भी मुझे बहुत सहायता मिली है। इन चर्चाओं के आधार पर, जिनमें से कुछेक पुस्तक के प्रूफ़ संशोधन करते समय हुईं, मैंने कुछ विचार पाद-टिप्पणियों में सम्मिलित कर दिए हैं।

जिन दिनों यह पुस्तक प्रेस के लिए तैयार की जा रही थी, उन दिनों मुझे अमरीका में मेन विश्वविद्यालय के कालबी कॉलेज के दर्शन विभाग में कार्य करने का सौभाग्य प्राप्त हुआ। कालबी कॉलेज के छात्रों तथा अपने सहयोगियों के साथ चर्चा में मुझे गांधी और टैगोर के विचारों के प्रति पश्चिमी मानस की प्रतिक्रिया समझने का अवसर मिला, जिससे इस पुस्तक में कुछ बातें जोड़ना उपयुक्त लगा। मैं प्रोफ़ेसर जान ए० क्लार्क और उनकी पत्नी मेरी का—जिन दोनों का ही भारत से घनिष्ठ सम्बन्ध है और जो भारतीय चिन्तन तथा संस्कृति से परिचित हैं—उनके अंतर्दृष्टिपूर्ण सुझावों के लिए विशेष रूप से आभारी हूँ। प्रेसिडेण्ट राबर्ट ई० एल० स्ट्राइडर का भी मैं ऋणी हूँ, जिन्होंने मेरे कार्य में रुचि लेकर मुझे बहुत प्रोत्साहित किया।

मैं 'इलस्ट्रेटेड वीकली ऑफ़ इण्डिया' के सम्पादक ए० एस० रामन का भी आभारी हूँ, जिनके आमन्त्रण पर कुछ वर्ष पहले मैंने आधुनिक भारतीय दार्शनिकों पर एक लेखमाला लिखी थी। यद्यपि प्रस्तुत पुस्तक का उन लेखों से बहुत कम साम्य है, किन्तु उनके प्रकाशन ने जिस व्यापक रुचि को जगाया उससे मुझे पहले-पहल इस विषय की संभावनाएँ दीख पड़ीं।

पुस्तक में उर्दू, बँगला और मराठी से अनुवाद—पद्य और गद्य दोनों के ही—मेरे अपने हैं। इसकी अपवाद टैगोर की वे कविताएँ हैं जो कवि ने स्वयं अनूदित की थीं। पर वे इतनी प्रसिद्ध हैं कि उनका उल्लेख अनावश्यक है। अनुक्रमणिका मेरे शिष्य श्री एस० एस० डी० शर्मा ने तैयार की है जिनको मैं हृदय से धन्यवाद देता हूँ। श्री शर्मा ने शब्द-संग्रह तैयार करने में भी सहायता की है।

प्रोफ़ेसर हुमायुन कबिर का न केवल भूमिका लिखने के लिए बल्कि समय-समय पर सुझाव देते रहने के लिए भी, मैं हृदय से कृतज्ञ हूँ। उनके टैगोर और इक़बाल-सम्बन्धी विचार मेरे लिए विशेष रूप से मूल्यवान सिद्ध हुए। भारतीय सांस्कृतिक सम्बन्ध परिषद् के सचिव श्री इनाम रहमान का भी

मैं ऋणी हूँ जिन्होंने इस ग्रन्थ के प्रकाशन में सहायता दी।

मेरी पुस्तक में पाठक को जवाहरलाल नेहरू का बहुत उल्लेख मिलेगा, जिनका उदात्त मानवतावाद पिछली तीन दशाब्दियों से भारतीय बुद्धिजीवियों के लिए अगाध प्रेरणा का स्रोत रहा है। मेरे लिए तो जवाहरलाल का प्रभाव निरी बौद्धिक प्रेरणा से कहीं अधिक है। मेरा सारा जीवन नेहरू के नगर इलाहाबाद में ही बीता है और जिस वातावरण में मैं साँस लेता रहा हूँ वह जवाहरलाल की उपस्थिति से परिव्याप्त रहा है। कोई चौथाई शताब्दी तक मैं लगभग प्रत्येक दिन विश्वविद्यालय के रास्ते में उनके घर के पास से गुज़रता रहा हूँ। अपने स्कूल के दिनों से ही बहुत बार मैंने उन्हें सुना है और उनके व्यक्तित्व के सम्मोहन का अनुभव किया है। आज, उनकी पचहत्तरवीं जन्म-तिथि पर मैं उन लाखों-करोड़ों नर-नारियों के साथ हूँ जो पृथ्वी के कोने-कोने में उनको श्रद्धांजलि अर्पित कर रहे हैं और उनके चले जाने से शोकसंतप्त हैं। भारत की परम्परा में जो कुछ भी उदात्त और गतिशील है वह सब इस वास्तविक विलक्षण व्यक्ति के जीवन और कार्य में प्रतिबिम्बित है, जिसमें गांधी का सत्य के लिए आग्रह और टैगोर की सौन्दर्य के लिए संवेदनशीलता एक साथ मौजूद थीं--ऐसा व्यक्ति जिसमें अनन्त श्री और सुरुचि थी, सीमाहीन साहस और दृढ़ता थी, ऐसा व्यक्ति जिसने शान्ति, स्वाधीनता और मानवीय सुख के लिए अपना सारा जीवन अर्पित कर दिया था।

गहन दुख और अधिकतम विनम्रता के साथ मैं यह पुस्तक जवाहरलाल नेहरू की स्मृति में अर्पित करता हूँ।

दर्शन विभाग
इलाहाबाद विश्वविद्यालय
नवम्बर १४, १९६४

—विश्वनाथ नरवणे

सूची

१.	आधुनिक भारतीय चिन्तन की पृष्ठभूमि तथा विशेषताएँ	१
२.	राममोहन राय और उनके अनुयायी	२४
३.	रामकृष्ण	६५
४.	विवेकानन्द	६०
५.	रवीन्द्रनाथ टैगोर	१२४
६.	गांधी	१६१
७.	अरविन्द	२३१
८.	राधाकृष्णन्	२६१
९.	कुमारस्वामी	३०७
१०.	इक़बाल	३२१

पहला अध्याय

आधुनिक भारतीय चिन्तन की पृष्ठभूमि तथा विशेषताएँ

एक मनोहर कथा अनकही पड़ी है—आधुनिक युग में भारतीय चिन्तन की कथा।

वह कथा कई प्रकार से अनूठी है। पिछली पन्द्रह दशाब्दियों के भारतीय चिन्तन ने कुछ ऐसी यात्राएँ की हैं जो मानव-मन की ऐसी ही अपरिचित लोकों की यात्राओं में अनन्य हैं। वह कथा हमारे सामने हज़ारों धाराओं और प्रतिधाराओं द्वारा निर्मित एक जटिल युग का चित्र प्रस्तुत करती है। उसमें हम भारतीय धरती पर मिलने वाले मानव-जाति के चारों महान् धर्मों का—हिन्दू धर्म, बौद्ध धर्म, इस्लाम और ईसाई धर्म का—घात-प्रतिघात और बहुत-सी जातियों का सम्मिश्रण देखते हैं और हमारा कुछ सच्चे महापुरुषों से साक्षात्कार होता है।

पिछली डेढ़ शताब्दी में जिन चिन्तकों ने भारतीय मानस को गढ़ा है उनमें कुछ ऐसे व्यक्ति भी हैं जिनकी महानता विविध रूपों में प्रकट होती है। उनमें से कुछ यदि पांडित्य के पर्वतराज हैं, तो कुछ किताबी ज्ञान के बोझ से एकदम मुक्त। कुछ प्रभुत्वपूर्ण और अपनी बात पर ज़ोर देने वाले, तो कुछ विनयशील और अनभिमानी। उनकी जीवनियाँ पढ़ने पर महान् मैत्रियों, हृदयस्पर्शी शिष्यताओं, भवितव्यतापूर्ण भेंटों और रोमांचकारी विवादों पर हमारा ध्यान जाता है। वह साहसपूर्ण संघर्षों, दुर्गम्य यात्राओं, व्याकुल परिव्रज्याओं की कथा है। उसमें ज्वलंत विषमताओं और अप्रत्याशित समानताओं से साक्षात्कार होता है। इन विचारकों का मानवीय पक्ष अत्यन्त दिलचस्प है—विशेषकर इसलिए कि अपने यूरोपीय सहधर्मियों से भिन्न, वे अपनी भावनाओं की अभिव्यक्ति में झिझकते नहीं। गांधी और टैगोर, रामकृष्ण और विवेकानन्द-जैसे व्यक्ति अपनी हँसी अथवा आँसू, अपने विश्वास अथवा मुस्कानों के

लिए लज्जित नहीं होते। प्रकृति के लिए उनमें बड़ी संवेदनशीलता है और उनके विचारों का अनुसरण करने पर पता चलता है कि प्राकृतिक व्यापारों ने—विशेषकर उत्तुंग हिमालय और चिरयौवना नदियों ने—भारतीय मानस के निर्माण में कितना योग दिया है।

किन्तु तो भी यह रोचक कथा कभी ठीक से नहीं कही गई। आधुनिक भारत-विषयक साहित्य के अम्बार में हाल के दार्शनिक चिन्तन का सन्तोषजनक विवरण खोजना निरर्थक प्रयास है। भारतीय संस्कृति के विशेष अंगों को लेकर चित्रकला, संगीत और साहित्य के बारे में कई उच्चकोटि की पुस्तकें लिखी गई हैं। पर उन बुनियादी दार्शनिक विचारधाराओं के अध्ययन का कोई प्रयास नहीं हुआ है, जिनके ऊपर अन्ततः सारी सांस्कृतिक प्रगति टिकी होती है। आधुनिक भारत के विषय में लिखने वालों में से अधिकांश यह विश्वास करते जान पड़ते हैं कि भारतीय संस्कृति की प्रगति का अध्ययन केवल सामाजिक और राजनीतिक सुधारों के, अथवा कथा-साहित्य, नाटक और काव्य के विकास के, संदर्भ में ही किया जा सकता है। यद्यपि यह अविश्वसनीय लगता है, फिर भी आधुनिक भारत के 'पुनर्जागरण' पर लिखी गई ऐसी बहुत-सी पुस्तकें मिल जाएँगी, जिनमें किसी दार्शनिक या किसी महत्त्वपूर्ण बौद्धिक आन्दोलन का एक उल्लेख तक नहीं है।[२]

भारतीय दर्शन की अधिकांश पुस्तकें प्रायः प्राचीन युग के विषय में ही हैं। जिन थोड़ी-बहुत किताबों में आधुनिक विचारधाराओं की चर्चा का प्रयास भी है उनमें उस सन्तुलित दृष्टि का अभाव है जो नीरस हुए बिना ही प्रामाणिक, पक्षपातपूर्ण हुए बिना ही चयनप्रधान और असंयत हुए बिना ही ओजपूर्ण होती है। कुछेक पश्चिमी लेखकों ने आधुनिक भारतीय चिन्तन को जिन चश्मों से देखा है, वे न केवल रंगीन और धूल-भरे हैं, बल्कि कुछ में तो खरोंचें पड़ी हुई हैं। ये अप्रच्छन्न श्रेष्ठता के भाव से हाथ-पैर बचाकर भारतीय चिन्तन की वायु को सूँघने का प्रयास करते हैं। उनका दृष्टिकोण प्रायः सतही होता है और वे आधुनिक भारतीय चिन्तकों के कार्य की उन धारणाओं के आधार पर व्याख्या करते हैं जो बहुत पहले ही पुरानी पड़ चुकी हैं। वे भारत में होने वाले परिवर्तनों को समझने का प्रयास नहीं करते। वे भारतीय मानस की ग्रहणशीलता की उपेक्षा करते हैं और इस विचार से आक्रांत रहते हैं कि प्राचीन भारतीय दर्शन के ह्रास के बाद हिन्दू और इस्लामी विचारधाराओं में निरन्तर संघर्ष रहा है। वे चौदहवीं शताब्दी के बाद भारत में होनेवाले बौद्धिक आंदोलनों के विस्तार और वैविध्य को कम आँकते हैं और सारे

भारतीय चिन्तन को वेदान्त से एकाकार मान बैठते हैं। दूसरे छोर पर वे विदेशी लेखक हैं जिन्हें हर भारतीय वस्तु बड़ी आकर्षक लगती है। वे प्रमुख भारतीय चिन्तकों की ग़लत कारणों से प्रशंसा करते हैं और प्रायः उनकी प्रशंसा बड़ी संदिग्ध है। उनके ग्रन्थों के पृष्ठों में भारत आज भी अमूर्त वितर्क का देश है। वे पूर्व की रहस्यमयता और अपरिवर्तनशीलता के पीछे दीवाने हैं।[3]

बहुत-से भारतीय लेखकों ने भी उन्नीसवीं और बीसवीं शताब्दी के चिन्तकों के कार्य का लेखा-जोखा करने का प्रयास किया है। पर उनमें से कई तो पश्चिम से भारतीय चिन्तन की श्रेष्ठता सिद्ध करने में लग गए। उनके लिए हर आध्यात्मिक विषय पर भारत शाश्वत शिक्षक है। वे भारतीय चिन्तन के विकास को ऐसे समझते हैं मानो वह बाकी मानव-सभ्यता से पूरी तरह अलग रहकर हुआ हो। वे बाहर की आलोचना को शंका की दृष्टि से देखते हैं। इसका ज्वलंत प्रमाण है रोम्यां रोलां के रामकृष्ण-सम्बन्धी ग्रन्थ के सम्बन्ध में भारतीय सम्पादक की प्रतिक्रिया। यद्यपि लेखक ने रामकृष्ण और विवकानन्द के विचारों की भूरि-भूरि प्रशंसा की है, फिर भी सम्पादक ने पाद-टिप्पणियों में ऐसे प्रत्येक विचार का खंडन करना आवश्यक समझा है जिसमें हलके-से-हलका भी आलोचनात्मक पुट हो।[4]

भारत की जन्मजात श्रेष्ठता के इस भूत के अलावा, अर्वाचीन चिन्तन पर लिखने वालों में बहुत-से लोग पक्षधर हैं। लगता है जैसे वे सम्प्रदाय-विशेष के समर्थन के लिए ही लिख रहे हों। ऐसे लोगों को विशेष व्यक्तियों के विचारों की अकाट्यता में दयनीय आस्था होती है। उनका लिखने का ढंग भी प्रायः शब्दबहुल, धुँधला और कृत्रिम होता है। उनके लेखन में 'युग की आत्मा', 'औद्योगिकी का भूत', 'आध्यात्मिक मूल्य', 'शाश्वत की खोज', 'प्राचीन परम्पराएँ', 'आदिम सत्य' आदि घिसे-पिटे वाक्यांशों का प्रयोग इतना अधिक होता है, और उनका अर्थ निश्चित करने का इतना कम प्रयास होता है, कि विचार अस्पष्ट ही बने रहते हैं। इन लेखकों की रचनाओं का साहित्यिक स्तर प्रायः निम्न होता है और उनमें चिन्तन का सौन्दर्यमूलक पक्ष अत्यन्त ही उपेक्षित। प्रायः उनकी विवरण-शैली इतनी नीरस होती है कि युग के महान् चिन्तकों के विचारों की सारी प्राणवत्ता और शक्ति निकल जाती है और उनके व्यक्तित्व फीके और रंगहीन दिखाई पड़ने लगते हैं।

: २ :

अपने देश के पांडित्य में इस कमी का क्या कारण है? ऐसे समृद्ध और मनोहर विषय की ओर प्रेरणावान और विदग्ध लेखक क्यों आकर्षित नहीं होते?

एक सीधा-सीधा कारण तो यही है कि कला और सभ्यता की प्रगति के बजाय चिन्तन की प्रगति का विवेचन सदा अधिक कठिन होता है। विचारों को दीर्घाओं में चित्रों की भाँति नहीं लटकाया जा सकता; सिद्धान्तों को मूर्तियों की भाँति संग्रहालय में नहीं सजाया जा सकता, धारणाओं को न तो फीते पर रिकार्ड किया जा सकता है न प्रसारित। कला की उपलब्धियाँ मूर्त होती हैं और उनका प्रभाव तात्कालिक होता है। सामाजिक और राजनीतिक क्रांतियों का असर बड़ी जल्दी दिखाई पड़ता है, पर विचारों का पल्लवन धीमा भी होता है और सूक्ष्म भी। किन्तु यह स्थिति समस्त दार्शनिक लेखन के बारे में सही है और इससे यह नहीं प्रकट होता कि प्राचीन चिन्तन की अपेक्षा आधुनिक भारतीय चिन्तन के ऊपर लिखी गई पुस्तकें क्यों इतनी अधिक असन्तोषजनक हैं।

एक कारण यह भी हो सकता है कि इस विषय में कठिनाइयाँ भी कुछ अजीब हैं। उन्नीसवीं शताब्दी के प्रारम्भ से लगाकर बीसवीं के मध्य तक का युग, उस दीर्घ युग की तुलना में, जिससे प्राचीन चिन्तन के लेखकों को उलझना पड़ता है, कहीं छोटा होते हुए भी, इतिहास का एक अत्यन्त घटनाबहुल और जटिलतापूर्ण युग है। वह ऐसा युग है जिसमें जीवन और चिन्तन की गति प्रत्येक दशाब्दी में तीव्र से तीव्रतर होती जा रही थी, जिसमें प्रभावों की विविधता का कोई अन्त नहीं। इस युग में भारत का अलगाव टूट गया और उसमें ऐसी बन्द विचारधाराओं के लिए कोई अवकाश न रहा जिनका आसानी से विश्लेषण और अध्ययन किया जा सके। पिछले युगों से भिन्न इस युग मे चिन्तन की प्रगति हर पग पर जीवन के ताने-बाने के साथ अधिकाधिक घनिष्ठता से गुँथ रही थी।

इसके अतिरिक्त आधुनिक चिन्तन के विषय में लिखने वाले को बहुत-सी प्रादेशिक भाषाओं में रचित साहित्य पर विचार करना पड़ता है; केवल संस्कृत या पालि से संचित सामग्री से वह सन्तुष्ट नहीं हो सकता। न वह अपना ध्यान मूल ग्रन्थों और उनके भाष्यों तक ही सीमित रख सकता है, जैसा कि पुराने लेखक किया करते थे। उसे प्रत्येक स्रोत की ओर ध्यान देना पड़ता है—वार्तालाप, पत्र-व्यवहार, संस्मरण, भाषण, यहाँ तक कि चुटकुले भी। इस बात से कठिनाई और भी बढ़ जाती है कि बहुत-से प्रमुख विचारकों ने बहुत अधिक लिखा और कहा है। उनमें से बहुत कम ही शब्द-बहुलता के दोष से मुक्त किए जा सकते हैं।[५] आधुनिक चिन्तन के इतिहासकार को निबटना पड़ता है विवेकानन्द के उपसंहारों से, टैगोर के उपवाक्यों से, जो प्रायः मुख्य विचारों का ऐसे गला घोंट देते हैं जैसे अंबर बेल उस पेड़ का जिस पर वह पनपती है, अरविन्द के लम्बे-लम्बे वाक्यों से, जिनमें संज्ञाओं के पहले आधा दर्जन विशेषण होते

हैं और प्रत्येक विशेषण के साथ बहुत-से क्रियाविशेषण। इन महापुरुषों के प्रति हमारी चाहे जितनी गहरी भक्ति क्यों न हो, यह अनुभव हुए बिना नहीं रहता कि काश इन लोगों ने अपने आध्यात्मिक पूर्वजों से—प्राचीन ऋषियों से—संक्षेप की कला सीखी होती ! एक ऐसा भी समय था जब भारतीय दार्शनिक एक पद काट सकने को पुत्र-प्राप्ति से बड़े आनन्द का कारण मानते थे। पर आज तो मौन का उपदेश भी दो हजार पृष्ठों के ग्रन्थ में दिया जाता है। संक्षेप में सामग्री इतनी प्रचुर और विविध है कि आधुनिक चिन्तन के इतिहासकार को आसानी से सफलता नहीं मिल सकती। शायद इस महान् दायित्व को एक व्यक्ति की बजाय विद्वानों का दल अधिक सफलता के साथ निभा सकता है।[६] मगर साथ ही यह निश्चयपूर्वक नहीं कहा जा सकता कि दर्शनशास्त्र के सहकारमूलक अध्ययन में कभी भी दृष्टिकोण की वह संसक्ति और अन्विति, वह अटूट व्यक्तिगत लगाव और शैलीगत सामंजस्य सम्भव है जो अकेला लेखक अपने लेखन को प्रदान कर सकता है।

किन्तु जो भी हो, ये कठिनाइयाँ बाह्य ही हैं। केवल उनसे अर्वाचीन भारतीय चिन्तन के सन्तोषजनक ऐतिहासिक विवरणों के अभाव का सही कारण नहीं पता चल सकता। वास्तविक कारण और भी गहरा है। प्रायः यह समझा जाता है कि ग्यारहवीं शताब्दी में रामानुज के बाद से भारतीय दार्शनिक चिन्तन में उल्लेखनीय कुछ भी नहीं हुआ। बहुत-से भारतीय सचमुच यह विश्वास करते हैं कि वेदान्त की अन्तिम प्राचीन पद्धति सूत्रबद्ध हो चुकने के बाद भारतीय दार्शनिक के लिए कोई और काम न बचा; उसने साँकल चढ़ाई और घर जाकर सो रहा और तब से आज तक सोया हुआ है। यह मान्यता सदा खुलकर कही नहीं जाती, पर इसके अस्तित्व को बेझिझक मान लेना चाहिए। स्वामी निर्वेदानन्द ने 'श्री रामकृष्ण और आध्यात्मिक पुनर्जागरण' नामक अपने महत्त्वपूर्ण लेख में पूछा है—"क्या सांस्कृतिक प्रगति का अध्याय आधुनिक युग के प्रारम्भ में ही बन्द हो चुका है ? क्या मध्य युग के बाद भारत केवल चमचमाते पुरातत्त्व के गहनों से सजी जर्जर ममी बनकर रह गया है ? क्या उसकी वह जीवन की चिनगारी, प्राणदायिनी शक्ति चुक गई है जिसमें और भी अधिक गौरवपूर्ण भविष्य के विकास की क्षमता होती है ?"[७] यह ठीक है कि इस उद्धरण में लेखक दर्शन का अलग से उल्लेख नहीं करता, और अवश्य ही वह अपने इस प्रश्न का उत्तर 'हाँ' में भी नहीं देता। फिर भी ऐसे प्रश्नों का उठाया जाना मात्र ही विचारणीय है।

आधुनिक युग में भारतीय दर्शन की अनुर्वरता के विषय में ऐसी धारणा

फैलती ही क्यों है ? इसका उत्तर यह है कि दर्शन की दो विभिन्न अवधारणाएँ हैं और जो यह मानते हैं कि आधुनिक भारतीय दर्शन में कोई नई बात नहीं कही गई है वे इनमें से एक अवधारणा के पक्षपाती हैं, दूसरी के नहीं। एक विचार के अनुसार दर्शन रचने का अर्थ है संसार के विषय में एक सम्पूर्ण पद्धति रचना, अथवा संसार के किसी पक्ष-विशेष के विषय में एक सम्पूर्ण प्रश्नोत्तरी तैयार करना। इस विचार के मानने वाले बड़े कठोर निर्णायक होते हैं। वे प्रशंसा अथवा दोषारोपण कठोरतापूर्वक तार्किक संगति या सम्बद्धता की कसौटी के आधार पर करते हैं। इस सीधे और संकीर्ण पथ से तनिक भी इधर-उधर भटकने वाले को वे दार्शनिक का पद नहीं देना चाहते। इस दृष्टिकोण से आधुनिक भारतीय दर्शन का लेखा-जोखा निस्सन्देह हल्का है। आधुनिक युग में प्राचीन सांख्य, वैशेषिक, मीमांसा-जैसे मतों के साथ तुलनीय कोई नये मत नहीं पैदा हुए। मोटे तौर पर तत्त्वमीमांसीय पद्धतियाँ आज भी वही हैं जो मध्य युग में थीं।

पर दर्शन की एक और अवधारणा भी है जिसके अनुसार यदि व्यापक पद्धति की स्थापना न हो, अथवा तत्त्वमीमांसीय प्रश्नों का पूरा उत्तर न दिया जा सके, तो सभी कुछ नहीं बिगड़ जाता। दर्शन में निर्णयों के विश्लेषण और पदार्थों के वर्गीकरण से अधिक भी कुछ है। जॉन काउपर पाविस ने अपनी रोचक पुस्तक **कल्चर एण्ड फिलासफी** में यह प्रश्न उठाया है कि किसी महान् दार्शनिक से क्या आशा करना उचित है। उनका कहना है—"हमें अफ़लातून, स्पिनोज़ा या हेगेल से यह न पूछना चाहिए कि वे सही हैं या नहीं। बल्कि हमें पूछना यह चाहिए—'आप मेरे लिए कौनसा रहस्य उद्घाटित कर सकते हैं ? किन गहराइयों और ऊँचाइयों तक मुझे गिरा या उठा सकते हैं ? पदार्थ के शब्दहीन सारतत्त्व के बारे में आप कौन-सा अनिर्वचनीय भाव मेरे भीतर जगा सकते हैं ?'"[८] निश्चय ही यह माँग हम टैगोर और गांधी-जैसे चिन्तकों से भी कर सकते हैं जिनकी दृष्टि स्पिनोज़ा या हेगेल की तुलना में कहीं कम शास्त्रीय थी। दर्शन के स्वरूप और उद्देश्य के बारे में हम यदि यह लचीली अभिवृत्ति अपनाएँ तो हमारे मन में यह विचार नहीं रहेगा कि आधुनिक भारतीय दर्शन जैसी कोई चीज़ नहीं।

आधुनिक युग के महत्त्वपूर्ण चिन्तक थोरो ने, जो भारतीय दर्शन से बहुत प्रभावित था, एक बार कहा था—"दार्शनिक होना केवल सूक्ष्म विचार रखना या किसी पंथ की स्थापना करना मात्र नहीं है, बल्कि प्रज्ञान से ऐसे प्रेम करना है कि उसके आदेशानुसार सादगी, स्वतन्त्रता, उदारता और आस्था

का जीवन बिताया जा सके।" यदि दर्शन से हमारी यह अपेक्षा हो तो इस शिकायत का कोई कारण नहीं कि आधुनिक भारत में कोई महान् दार्शनिक नहीं पैदा हुए। दर्शन को अफ़लातून ने 'वह प्रिय आनन्द' कहा था और पाइथागोरस ने सर्वोच्च संगीत। यदि हम इस अवधारणा को स्वीकार करते हैं, यदि हम दर्शन को नित्यता के प्रकाश में पदार्थों को देखने की कला मानते हैं, तो हम रामकृष्ण जैसे सिद्धपुरुष या टैगोर जैसे कवि को दार्शनिक मानने के प्रयत्न पर नाक-भौं न सिकोड़ेंगे। विल ड्यूरैन्ट की **स्टोरी ऑफ़ फिलासफी** को कुछ पंडित-मंडलियों में तिरस्कार की दृष्टि से देखा जाता है। पर यह पुस्तक अन्य बहुत-से पोथों की अपेक्षा कहीं अधिक भक्तों को दर्शन के मंदिर में खींच सकी है। आधुनिक भारत के चिंतकों के विवेचन में हम ड्यूरैन्ट की अभिवृत्ति अपनाएँ। अपनी पुस्तक का उद्देश्य बताते हुए उसने लिखा है—"हम दर्शन की तलाश उसकी सिकुड़ी हुई अमूर्तता और नियमनिष्ठता में नहीं, बल्कि प्रतिभा के जीवन्त रूप में करेंगे; हम न केवल दर्शनों का बल्कि दार्शनिकों का अध्ययन करेंगे; हम अपना समय चिंतन के संतों और शहीदों के साथ बिताएँगे और उनकी ज्योतिर्मय आत्मा को अपने चारों ओर विचरने देंगे ताकि शायद हम भी किसी हद तक उसमें साझीदार हो सकें जिसे लिओनार्डो ने 'उदात्ततम आनंद, बोध का हर्ष' कहा था।"[९]

: ३ :

शब्द अद्भुत वस्तु हैं और उनका आचरण प्रायः सर्वथा अप्रत्याशित होता है। कभी-कभी उनके अर्थ में वृद्धि होती है और उपभोग द्वारा वे अधिक प्रभावशाली होते जाते हैं। पर ऐसे भी शब्द होते हैं जिनकी व्यंजना-क्षमता बार-बार प्रयोग द्वारा नष्ट हो जाती है, पर जिनमें ऐसी ध्वनि बनी रह जाती है जो हमें लुभाती रहती है। आधुनिक भारतीय अध्ययन में 'पुनर्जागरण' (रिनासांस) शब्द की यही स्थिति है। उस लेखक की कल्पना कीजिए जिसने पहली बार इस शब्द का प्रयोग आधुनिक भारत में होने वाले व्यापक परिवर्तनों के संदर्भ में किया होगा। ऐसा व्यंजनापूर्ण शब्द हाथ लगने से उसे सचमुच बड़ी प्रसन्नता हुई होगी। पर जैसे-जैसे समय बीतता गया, 'पुनर्जागरण' शब्द का अधिकांश अर्थ लुप्त होता गया। वह बड़ा आसान हो गया और बिना कुछ सोचे-समझे उसका प्रयोग होने लगा। दर्जनों पुस्तकों के शीर्षकों में ही यह शब्द मौजूद है, जैसे, ज़करियास की **रिनासेंट इंडिया**[१०], शर्मा की **रिनासांस ऑफ़ हिंदुइज़्म**[११] अमित सेन की **नोट्स ऑन द बेंगाल रिनासांस**[१२], गुप्त की **स्टडीज़ इन बेंगाल रिनासांस**[१३], सी० एफ० एंड्रूज़ की **रिनासांस इन इंडिया**[१४] और

जेम्स कजिन की भी **रिनासांस इन इंडिया**[१५] इत्यादि। जहाँ तक भारतीय संस्कृति के विभिन्न पक्षों के ऊपर लेखों और निबन्धों का प्रश्न है, जिनके शीर्षकों में 'पुनर्जागरण' शब्द का प्रयोग हुआ है, उनकी संख्या आसानी से सैकड़ों में निकलेगी।

यदि हम और गहराई से देखें और यह सोचें कि इस शब्द के प्रयोग द्वारा उनके लेखक ठीक क्या बात अभिव्यक्त करना चाहते हैं तो हमें दो अर्थ मिलते हैं जो एक-दूसरे से भिन्न ही नहीं विपरीत हैं। एक ओर तो लेखकों का वह समुदाय है जो भारतीय चिन्तन के पुनरुत्थानवादी स्वरूप को अभिव्यक्त करने के लिए 'पुनर्जागरण' शब्द का प्रयोग करता है। उनका विश्वास है कि जिस तरह पन्द्रहवीं शताब्दी में इटली के पंडितों और कलाकारों ने यूनान और रोम के विस्मृत महान् सांस्कृतिक दाय की फिर से खोज की थी, उसी प्रकार भारत में उन्नीसवीं शताब्दी के चिन्तकों ने आध्यात्म के उस रत्न-कोष की खोज की है जो शताब्दियों से विस्मृत था। उनके लिए यह रत्न-भंडार लगभग प्राचीन भारतीय दर्शन, हिन्दू धर्म-शास्त्र और प्राचीन संस्कृत साहित्य का ही पर्याय है। वे मानकर चलते हैं कि राममोहनराय से प्रारम्भ होने वाले समस्त बौद्धिक आन्दोलन का केवल एक ही लक्ष्य था—प्राचीन भारतीय संस्कृति के गौरव की पुनःस्थापना। उनके लिए 'पुनर्जागरण' से अभिप्राय है शाब्दिक और संकुचित अर्थ में उस वस्तु का पुनर्जन्म जो कभी निर्दोष और सम्पूर्ण रूप में विद्यमान थी।

दूसरे छोर पर ऐसे लेखक हैं जिनके लिए 'पुनर्जागरण' का अर्थ है नया आलोक, भविष्य की ओर बढ़ने की एक क्रांतिकारी प्रेरणा, घिसे हुए रीति-रिवाजों की जंजीरों से मुक्ति। इसमें भी यूरोपीय इतिहास से सादृश्य विचारणीय है। यूरोपीय नवजागरण के विषय में लिखने वाले बहुत-से लेखक इस शब्द के अभिधार्थ की एकदम उपेक्षा करते जान पड़ते हैं। उनके लिए पुनर्जागरण क्रांति से कम नहीं, अतीत के पुनरुत्थान के बजाय अतीत से सम्बद्धविच्छेद है। इसी प्रकार आधुनिक भारत के विषय में लिखने वाले कुछ लेखक पिछली डेढ़ शताब्दी की जागृति को उस सबका प्रत्याख्यान मात्र मानते हैं जिसने भारत को बाकी दुनिया से विच्छिन्न कर रखा था। उनके लिए पिछले डेढ़ सौ वर्षों का भारतीय चिन्तन मूलतः भारतीय मनसा को दर्शन, विज्ञान और संस्कृति की 'आधुनिक' धाराओं के अनुरूप बनाने का प्रयास है और आज के युग में वास्तव में 'आधुनिक' का अर्थ है 'पश्चिमी'।

आधुनिक भारतीय चिन्तन को सचमुच व्यापक रूप में समझने के लिए इन दो परस्पर-विरोधी दृष्टिकोणों का सही प्राक्कलन आवश्यक है। अर्वाचीन चिन्तन का कितना अंश अतीतमूलक है और कितना अंश नया? और अतीत

से वास्तव में हमारा अभिप्राय क्या है ? इस सन्दर्भ में प्रायः 'परम्परा' शब्द का व्यवहार होता है। यह शब्द भी वैसा ही है जिसका अर्थ बड़ा समृद्ध है, पर जिसके लापरवाही से व्यवहार किए जाने की सम्भावना है। इसलिए थोड़ी देर के लिए परम्परा के प्रश्न पर, 'अतीत और वर्तमान' के प्रश्न पर भी विचार करें।

प्राच्य सभ्यताओं की यह एक निजस्व विशेषता है कि उनमें आकस्मिक परिवर्तनों का स्वागत कदाचित् ही होता है। भारत में, विशेष रूप से, नई शक्तियाँ सदा अतीत से उग्र विच्छेद के बिना ही आत्मसात् होती रही है। निरन्तरता की भावना इतनी गहरी अन्यत्र कहीं नहीं बनी रह सकी है जितनी भारत में, जहाँ बर्गसाँ के व्यंजनापूर्ण शब्दों का प्रयोग करें तो अतीत वर्तमान और भविष्य को कुतरता रहता है। मेक्समूलर ने लिखा है—"आर्य भाषा के प्राचीन परिवार के दक्षिणतम निवास भारत में अतीत जितना अधिक दृष्टि-गोचर रूप में विद्यमान है उतना किसी देश में नहीं।"[१२] भारतीय संस्कृति की वटवृक्ष की भाँति वृद्धि होकर नई जड़ें भी उत्पन्न होती रही हैं और साथ-ही-साथ आगे वृद्धि भी होती रही है। भारतीय चिन्तन में बड़े-बड़े क्रान्तिकारी आए हैं पर उन्होंने कभी अपने को क्रान्तिकारी घोषित नहीं किया। परम्परा के अनुयाइयों का सम्मान हुआ है, उनका भरोसा किया गया है और नई पद्धतियों के संस्थापकों को सन्देह की दृष्टि से देखा गया है।[१३] यही कारण है कि बुद्ध और महावीर ने भी, जिन्होंने सर्वथा भिन्नधर्मा आन्दोलनों की घोषणा की, तथाकथित पूर्ववर्तियों की लम्बी परम्परा का उल्लेख आवश्यक समझा। यही बात सौन्दर्यशास्त्र, तर्कशास्त्र और तत्त्वमीमांसा की नई पद्धतियों के बारे में भी सही है। इन पद्धतियों के संस्थापक सदा अपने को प्राचीन परम्पराओं को आगे बढ़ानेवाला ही कहते रहे।[१४] यहाँ तक कि घोर जड़वाद के प्रवर्तक और समस्त परम्परागत मान्यताओं के प्रतिश्रुत-विरोधी चार्वाक ने भी कभी मौलिकता का दावा नहीं किया।

यह परम्परा की भावना शताब्दियों से बलदायक तत्त्व रही है। यह बात बहुत हद तक सही है कि क्रान्तिकारी स्वयं भी परम्परा से ही उपजते हैं; और इस सत्य को भारतीय मानस ने बड़ी गहराई से समझा है। स्पेंगलर ने कहा है कि परम्परा ऐसी "उच्चतम क्षमतासम्पन्न ब्रह्माण्डीय शक्ति है जो प्रतिभा से भी निरपेक्ष हो सकती है।"[१६] और गेटे का कहना है—"मैं परम्परा से छुटकारा पाकर पूर्णतः मौलिक होना चाहता हूँ; किन्तु यह कार्य बड़ा गुरु-तर और अत्यन्त दुखदायी है। यदि मैं स्वयं ही परम्परा की उपज न होता तो

स्वयं अपने-आपकी सृष्टि कर सकने को मैं सर्वोच्च सम्मान समझता।"[२०]

पर जहाँ एक ओर परम्परा देश का मार्ग आलोकित करनेवाली मशाल हो सकती है, वहीं दूसरी ओर वह अन्धी मार्गदर्शिका भी हो सकती है जो देश को ले जाकर गढ़े में गिरा दे। यदि वह उत्तेजक हो सकती है तो अवसादक भी हो सकती है। वह मानव को ऐसे पंख प्रदान कर सकती है जिनके सहारे वह उच्च-से-उच्चतर प्रदेशों में संचरण कर सके, किन्तु साथ ही वह उसके गले का पत्थर भी बन सकती है। भारत में परम्परा ने अपने इन दोनों कार्यों में से कम वांछनीय कार्य ही अधिक बार पूरा किया है। भारतीय चिन्तन के इतिहास के अनुसरण में हमें लगता है जैसे हम साँप और सीढ़ी का खेल देख रहे हों। बार-बार बुद्धि तर्कना और प्रेरणा की सीढ़ियों पर चढ़कर ऊँची पहुँचती है; पर फिर किसी-न-किसी खाने में परम्परा के साँप से पाला पड़ते ही नीचे आ गिरती है।

यही कारण है कि नये आन्दोलन के सर्वमान्य नेता राममोहन राय ने न केवल अच्छी और बुरी परम्पराओं के बीच अन्तर करने का प्रयास किया, बल्कि साहसपूर्वक शुद्ध 'परम्परावाद' के विरुद्ध विद्रोह का समर्थन किया। टैगोर ने भी अपने बहुत-से निबन्धों में परम्परा के घातक प्रभाव की निन्दा बहुत कड़े शब्दों में की है[२१] और पिछले वर्षों में राधाकृष्णन ने भी बहुत-से अवसरों पर यही किया है। इसलिए यह प्रश्न व्यर्थ है कि आधुनिक भारतीय चिन्तन परम्परागत मूल्यों को स्वीकार करता है या अस्वीकार। गतिमान मस्तिष्क के सामने ऐसे साफ़-साफ़ कटे-छँटे विकल्प कदाचित् ही आते हैं। यदि हम अपने युग के प्रमुख चिन्तकों के योगदान को उसकी समग्रता में देखें, तो हम यह कहने को बाध्य होंगे कि उन्होंने परम्परा की व्याख्या किसी अविनाशी तत्त्व के रूप में नहीं, बल्कि ऐसे तत्त्व के रूप में की है जिसका नवीनतम अनुभव के आधार पर निरन्तर मूल्यांकन करते रहना आवश्यक है।

भारतीय चिन्तन का इतिहास बड़े-बड़े बौद्धिक समंजनों की शृंखला का इतिहास है। अपनी दृष्टि को अन्तर्मुखी करनेवाले उपनिषद्-युग के मनीषी स्वयं किसी हद तक अपने वैदिक युग के पूर्ववर्तियों के दृष्टिकोण से अलग हट रहे थे। कुछ समय बाद बुद्ध के व्यक्तित्व और सिद्धान्तों के कारण होनेवाले बलांतर के फलस्वरूप एक और मुख्य समंजन आवश्यक हुआ। इसके हज़ार वर्ष बाद भारत के हरे-भरे छायादार कुंजों में मरुभूमि की स्फूर्तिदायक बयार लिये हुए इस्लाम आया। उन्नीसवीं शताब्दी में फिर एक नये समंजन का क्षण आ पहुँचा। इस बार दोहरा समंजन आवश्यक था—भारतीय मानस को ईसाई

धर्म और यूरोप की आध्यात्मिक विरासत से निबटना था; साथ ही उसे विज्ञान, उदारतावाद, यथार्थवाद से भी समझौता करना था। आज, विशेषकर हाइड्रोजन बम के युग में, विश्वव्यापी आध्यात्मिक संकट के फलस्वरूप फिर एक नया समंजन घटित हो रहा है। इसलिए यह स्पष्ट है कि 'परम्परा' अथवा 'अतीत की विरासत' की भक्ति भारतीय चिन्तन को आगे बढ़ने से रोक नहीं सकी है। आधुनिक भारतीय चिन्तन की जो भी उपलब्धि है वह इसी अनुकूलनीयता और लचीलेपन का परिणाम है।

: ४ :

हम देख चुके हैं कि उन्नीसवीं शताब्दी के आरम्भ का भारतीय चिन्तक अतीत के ऊपर दृढ़तापूर्वक पैर जमाए भविष्य में उड़ान भरने को सन्नद्ध था। पर अभी तक 'अतीत' का उल्लेख हम सामान्य रूप में ही करते रहे हैं। अब यह प्रश्न उठाना आवश्यक है कि उस पीढ़ी के शिक्षित भारतीय के लिए 'अतीत' का ठोस अर्थ क्या था। उसकी विरासत की वास्तविक 'अन्तर्वस्तु' क्या थी? इतिहास के निष्पक्ष सर्वेक्षण से केवल एक ही उत्तर निकलता है—उसकी विरासत एक ऐसी मिली-जुली संस्कृति थी जो हिन्दू धर्म और इस्लाम के एकीकरण द्वारा विकसित हुई थी। इस तथ्य को समझना अत्यन्त ही महत्त्वपूर्ण है। इसे न समझने के कारण बार-बार आधुनिक भारतीय चिन्तन के अध्ययन में भटकाव आता रहा है।[२२]

पचास वर्ष पहले केशवचन्द्र सेन के मर्मदर्शी अध्ययन में बी० सी० पाल ने लिखा था--"हिन्दू चिन्तन और सभ्यता पर इस्लाम के प्रभाव का सही और तर्कसंगत अनुमान करते समय एक महान् तथ्य को याद रखना उपयोगी होगा। इस्लाम भारत में सीधा अरब से नहीं बल्कि फ़ारस होता हुआ आया था। और फ़ारसी चिन्तन और सभ्यता के साथ सम्पर्क के कारण उसने जो आर्य तत्त्व आत्मसात किए थे, उन्होंने उसे इण्डो-आर्यन चिन्तन और जीवन के उच्चतर स्तरों और गहनतर धाराओं का समकक्षी बना दिया।"[२३] यह कथन इस अर्थ में सत्य है कि बारहवीं शताब्दी के बाद से जो इस्लामी चिन्तन भारत में आया वह भारतीय परम्परा के लिए सर्वथा विजातीय न था। वास्तव में इस्लाम का प्रभाव दक्षिण भारत में तो आठवीं शताब्दी से ही दृष्टिगोचर होने लगा था। यह सबसे प्रारम्भिक अरब चिन्तकों का इस्लाम था और उसमें कुछ नया तत्त्व मौजूद था। यह कहना सही नहीं होगा कि इस्लाम से भारत को वे ही विचार वापस मिल रहे थे जो स्वयं उसी ने शताब्दियों पहले इस्लाम को उधार दे रखे थे।

एक-दूसरे से कुछ ही भिन्न होने वाले व्यक्तियों की अपेक्षा सर्वथा विपरीत स्वभाव वाले व्यक्तियों में परस्पर-आकर्षण प्रायः अधिक प्रबल होता है। यही बौद्धिक और आध्यात्मिक अभिवृत्तियों के बारे में भी सही हो सकता है। जब हिन्दू धर्म और इस्लाम का पहले-पहल भारत में सामना हुआ तो प्रत्येक दूसरे की उन बातों से आकर्षित हुआ जो स्वयं उसमें नहीं थीं। इन दोनों धर्मों का वैषम्य विश्व के सांस्कृतिक इतिहास की विलक्षणतम घटनाओं में से है। अमीर अली की **स्पिरिट ऑफ़ इस्लाम** और हुमायुन कबिर की **साइंस, डेमोक्रेसी एण्ड इस्लाम** जैसी पुस्तकों में इस वैषम्य के कुछ रोचक पक्ष दिखाये गए हैं। एक ओर जटिल तत्त्वमीमांसीय सिद्धांतों की भरमार है तो दूसरी ओर एकता, सर्वशक्तिमानता और अनुभवातीतता की थोड़ी-सी सुस्पष्ट धारणाएँ हैं। एक ओर संगीत, नृत्य, कर्मकांड तथा पूजा द्वारा परिष्कृत भावात्मक आकर्षण है, तो उसके विपरीत दूसरी ओर कठोर सादगी, शुद्धाचारवाद, मौन प्रार्थना है। एक ओर विभाजन, स्तरीकरण और सोपानात्मकता है तो दूसरी ओर जातीय एकता; एक ओर विसरण, चरम सहनशीलता और अन्तर्व्याप्तता है, तो दूसरी ओर है धर्मपरिवर्तन का उत्साह और प्रसारवाद।[२४] इस्लाम के पास भारत को भेंट करने के लिए सामाजिक चिन्तन में थी समानता की परम्परा, धर्म में पुरोहिताई से मुक्ति और दर्शन में मूर्त और विशिष्ट के प्रति श्रद्धा।[२५]

और साथ ही प्रत्येक परम्परा में स्वयं उसके भीतर ही दूसरी के बीज भी निहित थे। इसका परिणाम हुआ संस्कृति और चिन्तन का एक अद्‌भुत समन्वय—ऐसा समन्वय जो अपनी समृद्धता और आकर्षण में अद्वितीय है। एकीकरण की यह प्रक्रिया आश्चर्यजनक तेज़ी से शुरू हुई। कभी-कभी यह समझा जाता है कि इस्लामी परम्पराओं को भारत में जड़ जमाने में तीन-चार शताब्दियाँ लगीं। पर यह धारणा भ्रांत है। भारत में मुस्लिम राज्य स्थापित होने के बाद कुछ ही दशाब्दियों में विचारों, रूढ़ियों और संस्थाओं का परस्पर आदान-प्रदान पूरे ज़ोर-शोर से चल पड़ा था। यह बात अब आम तौर पर मान ली गई है कि सुलतानों का शासन भी कट्टर इस्लामी शासन न था। उसमें कट्टर इस्लाम द्वारा स्वीकृत कानूनों और रीति-रिवाजों से बड़े-बड़े अन्तर थे।[२६] मुग़लों के भारत में आने से पहले ही दोनों धाराएँ एक-दूसरे से मिलकर अविच्छिन्न रूप से सम्बद्ध हो चुकी थीं। रीति-रिवाजों और कर्मकांड में, भाषा और मुहावरे में, और प्रचलित धर्म तक में, एकीकरण काफ़ी आगे बढ़ चुका था। इस समन्वय के सांस्कृतिक और सौंदर्यमूलक पक्ष का श्रेष्ठतम रूप मिलता है अमीर ख़ुसरो में

और आध्यात्मिक पक्ष का कबीर में। "मध्य मार्ग की, बीच के रास्ते के धर्म की, साहसपूर्वक घोषणा करने वालों में कबीर सर्वप्रथम थे, और उनकी पुकार को सारे भारत में उठाया गया और वह सैकड़ों स्थानों से प्रतिध्वनित हुई।"[२७] इस देशव्यापी सांस्कृतिक समन्वय के साथ-साथ प्रादेशिक परम्पराएँ भी प्रकट हो रही थीं और इनमें भी हिन्दू धर्म और इस्लाम का घनिष्ठ एकीकरण झलकता था। हिन्दुस्तान के सिंहासन पर बुद्धिमान अकबर के आरूढ़ होने के बहुत पहले भी कई असाधारण योग्य और दूरदर्शी सम्राट् दूर-दूर के प्रदेशों में समन्वय की प्रक्रिया का संचालन कर चुके थे—कश्मीर में जैनुल आबेदीन, बंगाल में हुसैनशाह, गुजरात में अहमदशाह आदि।[२८] केन्द्र में मुग़लों के सत्तारूढ़ होने के बाद भी प्रादेशिक संस्कृतियाँ विकसित होती रहीं।[२६]

अकबर द्वारा एक सार्वभौमिक धर्म की स्थापना के प्रयत्नों का उल्लेख करते हुए डॉ० ताराचंद ने कहा है—"अकबर का दीनेइलाही किसी ऐसे निरंकुश शासक का अकेला आकस्मिक कार्य न था जो अपने अधिकार का पूरा उपयोग करना न जानता था, बल्कि वह उन शक्तियों का अनिवार्य परिणाम था जो भारत के हृदय की गहराइयों में घुमड़ रही थीं और जो कबीर जैसे व्यक्तियों के उपदेशों में अभिव्यक्त हो चुकी थीं।"[३०] किंतु इस मिश्र संस्कृति का पूर्ण गौरव के साथ वास्तविक प्रस्फुटन मुग़ल काल में ही हुआ। चित्रकला, वास्तुकला और संगीत में तो वह पूर्णता के शिखर पर जा पहुँची। जैसा कि हम आगे देखेंगे, इस समय धार्मिक चिन्तन में हिन्दू धर्म और इस्लाम का एकीकरण पहले से अधिक गहरा हो गया। इसमें अकबर का व्यक्तिगत योग बहुत ही महत्त्वपूर्ण था। वह इस सैद्धान्तिक समन्वय की भावना के सबसे उदात्त और सबसे एकाग्र रूप को प्रकट करने वाला व्यक्ति था—ऐसा व्यक्ति जिसके कन्धों पर एक विशाल साम्राज्य का भार था, जिसे नियमित शिक्षा का अवकाश ही न मिल सका था और जो शायद हस्ताक्षर करना भी न जानता था, जिसे प्रायः युद्ध-परिषद से सीधे विचारगृह में जाना पड़ता था। फिर भी उसमें वह अटूट अचरज की भावना, वह अलौकिक असन्तोष, वह सार्वभौमिक सहानुभूति मौजूद थी जो दर्शन का प्राण है।[३१]

फ़ारस के शाह अब्बास सफ़वी को एक उल्लेखनीय पत्र में अकबर ने लिखा था—"हर धर्म को ईश्वर का आशीर्वाद मिला है...हमें सार्वभौमिक सहिष्णुता के सदाबहार बग़ीचे के आनन्द उठाने चाहिए। वह चिरन्तन सम्राट् सब व्यक्तियों पर बिना भेदभाव कृपा की वर्षा करता है।"[३२] सहिष्णुता, समझ और सीखने की उत्सुकता के इस वातावरण में भारतीय धार्मिक चिन्तन ने नई

परम्पराओं का विकास किया। अपने चरम अद्वैतवादी रूप में वेदान्त कभी भी जनसाधारण में स्वीकृत न हो पाया था। अब सूफ़ी चिन्तन के प्रभाव में एक नई मानवतावादी धार्मिक दृष्टि दृढ़तापूर्वक स्थापित हो गई। यह 'भक्ति आन्दोलन' के—जिसके अन्तर्गत सभी अ-सर्वेश्वरवादी धाराएँ आ जाती हैं—विस्तार से प्रकट है। यह बंगाल के महान् वैष्णव संतों का, महाराष्ट्र और कर्नाटक के संत-कवियों का, युग था। उत्तर में नानक, दादू और उनके पहले स्वयं कबीर, इस आन्दोलन का श्रीगणेश कर चुके थे। इस नई ईश्वरवादी दृष्टि के विकास में सूफ़ी संतों का बड़ा महत्त्वपूर्ण योग था। वास्तव में सूफ़ियों तथा हिन्दू-सन्तों और कवियों की शिक्षाओं में बड़ी भारी समानता है। दोनों में समान ही सहिष्णुता पर बल और जीवन के प्रति आदर है, समान आस्था है कि ईश्वर को सचमुच शक्ति नहीं प्रेम के द्वारा ही समझा जा सकता है, मानव-स्वभाव के आवेगात्मक पक्ष को जाग्रत करके दार्शनिक के कठोर बुद्धिवाद को मृदु करने का समान प्रयास है।

भारत में आने के पहले सूफ़ीवाद का लम्बा इतिहास था। और न भक्ति आन्दोलन ही कोई एकदम नई वस्तु थी; ईश्वरवादी परम्परा भागवत, गीता यहाँ तक कि उपनिषद् युग से चली आती है। भारतीय सूफ़ी अल-ग़ज़ाली, इब्नुल-अरबी, रूमी और उमर खैय्याम से प्रेरणा पाते रहे। उधर हिन्दू-सन्त राधा-कृष्ण के अलौकिक प्रेम के गीत गाते थे जैसे प्राचीन युग के कविगण गाते रहे थे। उन्हें अपने विचारों और भावों के लिए पुराणों तथा धर्म-ग्रन्थों तक में पर्याप्त समर्थन मिला। इस विषय में स्वयं रामानुज ने पथ-प्रदर्शन किया था। पर दो परम्पराओं के मिश्रण से भारत में ईश्वरवादी प्रवृत्ति को एक स्थिरता, एक शक्ति और ऐसी सौन्दर्यपरक दृष्टि प्राप्त हुई जो उसे अपने-आप कभी न मिल सकती थी।

इसका यह अर्थ नहीं कि 'शास्त्रीय' क्लासिकी चिन्तन अपने विशुद्ध रूप में बन्द हो गया। वाराणसी और हरिद्वार के घाटों पर, श्रृंगेरी, द्वारिका तथा अन्य केन्द्रों के मठों और आश्रमों में, आज भी ऐसे लोग मिल जाएँगे, जो धर्म की समस्याओं पर ठीक उसी प्रकार वाद-विवाद करते हैं जैसे उनके पूर्वज सातवीं या आठवीं शताब्दी में किया करते होंगे।[33] उनके विचार इस्लामी अथवा बौद्ध-प्रभाव से सर्वथा मुक्त हैं। पर कुल मिलाकर यह निस्संदेह कहा जा सकता है कि अठारहवीं शताब्दी का भारतीय चिन्तन प्राचीन दार्शनिकों के चिन्तन से बहुत ही भिन्न था। "यह कहना सचमुच कठिन है," हुमायुन कबिर ने **इण्डियन हैरीटेज** में लिखा है, "कि हिन्दू की मौजूदा विश्व-दृष्टि कितनी वेद-उपनिषद् की उपज

है और कितनी इस्लाम के सिद्धान्तों की।"[३४]

इस मिश्र संस्कृति ने ही हिन्दू धर्म और इस्लाम के एकीकरण से विकसित इस ईश्वरवादी-मानववादी धार्मिक दृष्टि ने ही, राममोहन राय और उनके अनुयाइयों के लिए नींव का काम किया। आधुनिक भारतीय चिंतन इस विरासत के आधार पर ही विकसित हुआ। वह ग्यारहवीं शताब्दी से उन्नीसवीं में छलाँग मारकर नहीं आ पहुँचा।

पिछली शताब्दी के प्रारम्भ में भारतीय चिन्तन की प्रगति को निर्धारित करने वाला सबसे महत्त्वपूर्ण प्रभाव पश्चिम से आया था। यह अनिवार्य भी था। देश में अंग्रेजों का राज्य था। उन्होंने भारत में राजनीतिक एकता और प्रशासनिक स्थिरता स्थापित की थी। उन्होंने पश्चिमी नमूने पर नई शिक्षा-पद्धति लागू की थी। यद्यपि वे अपने प्रजाजनों के धार्मिक विश्वासों में दखल नहीं देते थे, फिर भी ईसाई धर्म के प्रचारकों को निस्संदेह बहुत-सी सुविधाएँ प्राप्त थीं। उनमें से कुछेक शिक्षा-संस्थाओं में जम गए थे और दशाब्दियों तक उनके विचार भारतीय युवकों के मन को ढालते रहे थे। किन्तु यह मानना भूल होगा कि आधुनिक भारतीय चिन्तन पर पाश्चात्य प्रभाव केवल उन 'सुविधाओं' के कारण पड़ा जो उसके प्रतिनिधियों को भारत में प्राप्त थीं। सच बात यह है कि पाश्चात्य चिन्तन उस समय अधिक गतिशील था और परम्परागत भारतीय चिन्तन की अपेक्षा उसके पास देने को अधिक था।

ईसाई धर्म का प्रभाव भी बहुत काफी था, पर उससे कोई नई बात शुरू होने की बजाय पहले से ही मौजूद ईश्वरवादी प्रवृत्तियों को पुष्ट होने में सहायता मिली। भारतीय चिन्तन ईसाई धर्म के प्रभाव में इसलिए खिंचा क्योंकि उसने पाया कि जीसस के उपदेश पूर्वात्य परम्परा के महत्त्वपूर्ण पक्षों से मेल खाते थे। जैसा हम बाद में देखेंगे, ईसाई प्रभाव व्यक्तिगत चिन्तकों पर राममोहनराय और केशव, टैगोर और गांधी पर बहुत गहरा था। किन्तु भारतीय चिन्तन को पश्चिम की ओर खींचने वाला सबसे सशक्त सूत्र ईसाई धर्म नहीं था। सबसे गहरा प्रभाव वैज्ञानिक दृष्टि ने, और सामाजिक जीवन-दर्शन, कला, संस्कृति और अध्ययन में उस दृष्टि के विविध रूपों ने डाला।

उस समय शिक्षित भारतीय, कुल मिलाकर, पश्चिम द्वारा पथ-प्रदर्शन के लिए बेझिझक राज़ी थे। पूर्व और पश्चिम के बीच समन्वय करने का विचार अभी स्पष्टतः नहीं प्रकट हुआ था, यद्यपि स्वयं राममोहनराय इस प्रकार के संकेत कर चुके थे। आज पूर्व और पश्चिम के बीच परस्पर-क्रिया, और पूर्वात्य

तथा पाश्चात्य अभिवृत्तियों के एकीकरण द्वारा किसी समग्र विश्व-दृष्टि के निर्माण की सम्भावना, अत्यन्त ही महत्त्वपूर्ण प्रश्न है। इस प्रश्न में निहित अभिप्रायों पर हम इस पुस्तक के अन्य अध्याय में विचार करेंगे। किन्तु उन्नीसवीं शताब्दी की प्रारम्भिक दशाब्दियों में पाश्चात्य विज्ञान और उदारतावाद की कुल मिलाकर इतनी प्रधानता थी कि उन्हें भारतीय चिन्तन के साथ समान धरातल पर नहीं रखा जा सकता था। विज्ञान के व्यावहारिक उपयोग से संचार और यातायात की नई पद्धतियों द्वारा, आर्थिक संगठन की नई विधियों और नई राजनीतिक संस्थाओं द्वारा, भारत का रूप ही बदला जा रहा था। विज्ञान एक महान् मुक्तिदाता शक्ति के रूप में प्रगट हुआ था और अनन्त सम्भावनाओं से परिपूर्ण मानववादी प्रयास का अग्रदूत जान पड़ता था।

गांधीजी को छोड़कर आधुनिक भारत के सभी प्रमुख चिंतकों को विज्ञान का, उसके सैद्धांतिक तथा तकनीकी दोनों पक्षों का, बड़ा आकर्षण रहा है। राममोहन ने तो वैज्ञानिक पुस्तकों तथा यंत्रों को उपलब्ध करने तथा प्रयोगशालाएँ स्थापित करने के लिए बहुत आग्रह किया था।[३५] केशवचन्द्र सेन ने अपनी एपिसिल टु इण्डियन ब्रदरेन में लिखा था—"विज्ञान ही आपका धर्म होगा—वेदों से भी ऊपर, बाइबिल से भी ऊपर। खगोल, भूविज्ञान, वनस्पतिविज्ञान, रसायन, शारीर और कायिकी उसी प्रकार प्रकृति के, ईश्वर के सजीव धर्मग्रंथ हैं, जैसे दर्शन, तर्कशास्त्र और नीतिशास्त्र आत्मा के, ईश्वर के धर्मग्रंथ हैं। नये धर्म में सब-कुछ वैज्ञानिक है—अपने मन को गुह्य रहस्यों से आच्छादित न कीजिए। स्वप्नों और कल्पनाओं में न डूबिए, बल्कि निर्मल दृष्टि और ठोस निर्णय द्वारा हर बात को सिद्ध कीजिए तथा जो कुछ सिद्ध हो उस पर दृढ़ रहिए। आपके सब विश्वासों और प्रार्थनाओं में आस्था और तर्कना की सच्चे विज्ञान के साथ संगति होनी चाहिए।"[३६] बाद में विवेकानन्द ने भी यही बात कही और अपने दार्शनिक विचारों को वैज्ञानिक रूपकों के द्वारा समझाने का अवसर कभी हाथ से न जाने दिया। तिलक को सदा गणित और खगोल की नवीनतम प्रगति में गहरी रुचि रही। दयानन्द सरस्वती यह दिखाने को उत्सुक थे कि वेदों में वैज्ञानिक सत्य मौजूद हैं। टैगोर ने शांतिनिकेतन के छात्रों के लिए भौतिक और रसायन की पाठ्य-पुस्तकें लिखीं। कुमारस्वामी ने, जो विज्ञानकेंद्री पाश्चात्य सभ्यता के कठोर आलोचक थे, अपनी जीवनयात्रा, प्रशिक्षित भूवैज्ञानिक के रूप में शुरू की थी। और अरविंद ने अपने भावी आध्यात्मिक समाज की कल्पना में विकास के प्राणिवैज्ञानिक सिद्धान्त और सापेक्षता की भौतिकी के लिए स्थान रखने का प्रयास किया।

पर फिर भी, विज्ञान के प्रति इस आकर्षण के बावजूद, भारतीय चिन्तक पाश्चात्य भौतिकवाद की निन्दा में प्रायः एकमत रहे हैं। उन्होंने उच्चतर ज्ञान और मानवीय कल्याण के साधन के रूप में तो विज्ञान का स्वागत किया है, पर उन्होंने अपना मूलभूत आदर्शवादी दृष्टिकोण नहीं छोड़ा है। पश्चिम की ओर आधुनिक भारत की उभयभावी अभिवृत्ति का—ऐसी अभिवृत्ति का जिसमें प्रशंसा और अविश्वास का अनोखा मिश्रण है—अंशतः यही कारण है। भारतीय मानस पश्चिमी चिन्तन को चौकन्ना होकर ही ग्रहण करता रहा है और उसके घोर धर्मनिरपेक्ष वातावरण के प्रति सतर्क रहा है। यह सतर्कतापूर्ण दृष्टि आज तक बनी हुई है; एक शताब्दी पहले तो यह बहुत ही दिखाई पड़ती थी। उन्नीसवीं शताब्दी का भारतीय चिन्तक बहुत-से नये मूल्यों को ग्रहण करने को तैयार था, पर उसकी विश्व-दृष्टि अब भी धर्म से निर्धारित होती थी। राम-मोहन से राधाकृष्णन तक,[३७] प्रकल्पना यही रही है कि भारतीय चिन्तन का कोई भी पुनरनुस्थापन, जो धर्म से हटने का प्रयास करेगा, बहुत दूर तक नहीं जा सकेगा।

दर्शन की विशिष्ट समस्या पर अवश्य, पंडितों के बीच विशुद्ध धर्म-निरपेक्ष भाव से विचार-विनिमय हुआ है। पर यह भी पिछली तीन या चार दशाब्दियों में ही हो सका है। भारतीय चिन्तन ने आधुनिक युग में भी धर्म को अत्यधिक महत्त्व का स्थान दिया है। यह एक महत्त्वपूर्ण और उल्लेखनीय तथ्य है कि बहुत-से आधुनिक भारतीय चिन्तक या तो किसी वैरागी सम्प्रदाय के सदस्य रहे हैं—उदाहरण के लिए, दयानन्द सरस्वती, विवेकानन्द तथा अन्य बहुत-से स्वामी आदि—या कम-से-कम गृहस्थ का जीवन छोड़कर एकान्तवास करते रहे हैं। आधुनिक पाश्चात्य चिन्तन के इतिहास में ऐसी घटना कदाचित् ही मिलेगी। इसमें कोई भी अचरज नहीं कि गांधी हाथ में लाठी लिये हज़ारों मील पैदल भटकते रहे। ऐसा करके वे अनोखे प्रभावशाली ढंग से अपने उपदेश को प्राचीन और मध्य युग के महान् धार्मिक नेताओं के उपदेश से जोड़ रहे थे।[३८] फिर रमण महर्षि और श्री अरविन्द-जैसे व्यक्ति हैं जिन्होंने अपने निजी उदाहरण द्वारा दार्शनिक चिन्तन और धार्मिक सिद्धि के सम्बन्ध पर ज़ोर दिया है। पश्चिम में बौद्धिक क्रांतियाँ आम तौर पर धर्म के विरोध में हुई हैं। पर भारत में आधुनिक प्रबुद्धता का प्रत्येक पक्ष और उसे अभिव्यक्त करने वाला प्रत्येक आन्दोलन, धार्मिक पुर्नानिर्माण के द्वारा समाज को फिर से प्राणवान बनाने के विचार पर आधारित रहा है। नेहरू पहले ऐसे प्रभावशाली चिन्तक हैं जिन्होंने धर्म का सहारा लेना आवश्यक नहीं समझा।[३९]

यही कारण है कि आधुनिक चिंतन की राजनीतिक अथवा आर्थिक विकास के आधार पर व्याख्या करना अत्यन्त कृत्रिम जान पड़ता है। सच बात यह है कि आधुनिक भारतीय चिन्तन के विकास में राजनीति का योग नगण्य रहा है। इसका एक महत्त्वपूर्ण उदाहरण है। १८५७ का विद्रोह निस्सन्देह अत्यधिक राजनीतिक महत्त्व की घटना थी और कुछ लेखकों ने यह दिखाने का प्रयत्न भी किया है कि उसका बहुत वैचारिक प्रभाव भी पड़ा था।[४०] पर वास्तव में उस ज़माने के प्रमुख चिन्तकों के लेखों और भाषणों में १८५७ के विद्रोह से सम्बन्धित घटनाओं का कदाचित् ही कोई उल्लेख मिले। उन्होंने उसकी एकदम उपेक्षा की है। महर्षि देवेन्द्रनाथ टैगोर ने तो विद्रोहग्रस्त क्षेत्रों में होकर यात्रा भी की थी। उन्होंने दिल्ली के सम्राट् को अंग्रेज़ सैनिकों द्वारा जेल ले जाए जाते देखा और कहा, "कौन कह सकता है इस दुःख-भरे संसार में कब किस पर कौन-सी विपत्ति आ पड़े?"

इस घटना का उल्लेख करते हुए कृष्ण कृपलानी ने अपनी रवीन्द्रनाथ टैगोर की जीवनी में लिखा है—"व्यक्ति के लिए इस निस्संग दार्शनिक करुणा के अतिरिक्त, महर्षि ने...उस ऐतिहासिक घटना पर और कोई टिप्पणी नहीं की जिस पर उनके देश का भविष्य लटका हुआ था। फिर भी महर्षि बहुत ही प्रबुद्ध व्यक्ति थे जिनके देशाभिमान और उसकी भलाई की चिन्ता में कोई सन्देह नहीं किया जा सकता। न वे किसी भी रूप में अंग्रेज़ों के पिट्ठू ही थे। इससे यह आभास मिलता है कि......वास्तव में १८५७ की घटनाओं को मरणासन्न सामन्ती व्यवस्था का अन्तिम हताश आघात माना जाता था, जनता का पहला स्वतन्त्रता-संग्राम नहीं, जैसा कि कुछ देशभक्त इतिहासकार मानते हैं।'[४१] यहाँ इस घटना के राजनीतिक मूल्यांकन से हमें सरोकार नहीं, पर उसके प्रति प्रमुख चिन्तकों की पूर्ण उदासीनता पर अवश्य ध्यान दिया जाना चाहिए। बाद में जब पूरे-पूरे राजनीतिक आन्दोलन शुरू किये गए तो उनमें भी अनिवार्य रूप से उत्कट धार्मिक प्रेरणा का सहारा लिया गया।[४२] भारतीय मानस राजनीति को भी धर्म के माध्यम से समझना आसान पाता है।

विवेकानन्द ने यह बात एक बार बड़े सटीक दृष्टान्त द्वारा स्पष्ट की थी। पश्चिम के किसी औसत व्यक्ति से उसके धर्म के बारे में पूछा जाए तो वह कहेगा, "पता नहीं। मैं चर्च तो जाता हूँ।" पर यदि आप उससे राजनीतिक मामलों के बारे में पूछें तो उसे बहुत-कुछ जानकारी होगी। इसके विपरीत भारत में आम आदमी से आप राजनीति के बारे में पूछें तो वह कहेगा, "पता नहीं। मैं लगान तो चुकाता हूँ।" पर यदि आप उससे धर्म के बारे में पूछें तो

वह बता देगा कि वह द्वैतवादी है या अद्वैतवादी, और वह माया तथा जीव के बारे में आपसे बहस करने लगेगा।[४३] विवेकानन्द ने किसी साधारण देहाती लड़की के इस कथन का भी उल्लेख किया है—"मेरा चरखा कहता है, 'सोहं, सोहं'।"[४४] ऐसे आकस्मिक कथन यह साफ़ जाहिर करते हैं कि आज भी भारतीय मानस पर धर्म की छाप कितनी गहरी है।

इस बात पर बहुत जोर देना आवश्यक है, क्योंकि कुछ अर्वाचीन लेखक, सामाजिक नियतिवाद के सिद्धान्तों के प्रभाव में, भारतीय चिन्तन की व्याख्या मुख्यतः राजनीतिक और आर्थिक विकास के आधार पर करने लगे हैं। बंगाल के पुनर्जागरण पर एक लेखक ने अपनी विषयवस्तु को आधुनिक भारतीय इतिहास के कुछ 'स्मरणीय चिह्नों' के आधार पर विभाजित किया है और वे सभी 'स्मरणचिह्न' राजनीतिक घटनाएँ हैं—१८५७ का विद्रोह, राष्ट्रीय कांग्रेस की स्थापना, बंगभंग, असहयोग आन्दोलन इत्यादि।[४५] फिर भी यह पुस्तक सांस्कृतिक प्रगति-विषयक मानी जाती है। राजनीति पर बल अंशतः एक प्रकार का सुधार तो है क्योंकि बहुत-से पिछले लेखक बौद्धिक आन्दोलनों की सामाजिक और राजनीतिक पृष्ठभूमि की सर्वथा उपेक्षा करते थे। पर एक अति का दूसरी अति द्वारा सुधार नहीं हो सकता। यह स्वीकार करना आवश्यक है कि समाजशास्त्रीय दृष्टि के कारण अर्वाचीन भारतीय चिन्तन को प्रायः अत्यन्त विकृत रूप में प्रस्तुत किया जाता रहा है।

राजनीतिक घटनाओं और विचारों के आन्दोलन के बीच घनिष्ठ सम्बन्ध स्थापित करने का प्रयास घुमा-फिराकर असाधारण व्यक्तियों के महत्त्व को कम करने की प्रवृत्ति को सूचित करता है। इस प्रवृत्ति के प्रतिनिधि किसी कारण यह मानकर चलते हैं कि संस्कृति के वैज्ञानिक विवरण में विचारों को व्यक्तिगत प्रतिभाओं की बजाय, पहले से विद्यमान, अधिकांशतः परिवेशगत, शक्तियों की उपज मानकर उनकी व्याख्या करनी चाहिए। पिछली पन्द्रह दशाब्दियों के भारतीय चिन्तन के इतिहास से प्रकट है कि इस विश्वास का आधार कितना दुर्बल है। यदि इस काल में समृद्ध वैचारिक विरासत के बावजूद, एक जटिल युग में शक्तियों के पारस्परिक घात-प्रतिघात के बावजूद, बहुत-से असाधारण व्यक्ति नहीं प्रकट हुए होते, तो भारतीय चिन्तन की वह उपलब्धि न हो पाती जो सचमुच सम्भव हुई। आधुनिक भारतीय चिन्तन की कथा असाधारण सृजनात्मक और विचारमूलक प्रतिभा के धनी शक्तिशाली चिन्तकों की लम्बी पंक्ति की कथा है।

इस पंक्ति में सबसे आगे थे राममोहन राय।

संदर्भ-सूची

१. दो ही उदाहरण लें तो गांधी और नेहरू, रामकृष्ण और विवेकानन्द।

२. एच० सी० ई० ज़करियास का **रिनासेंट इंडिया**।

३. इस कोटि का एक अत्यंत लोकप्रिय लेखक है पॉल ब्रन्टन। कैसरलिंग की **ट्रेवल डायरी ऑफ़ ए फिलॉसफर** में कई स्थलों पर ऐसी भारतीय बातों का समर्थन है जो किसी प्रकार समर्थनीय नहीं हैं।

४. यह ध्यान देने की बात है कि रामकृष्ण मठ के स्वामी भारतीय विद्वानों में सबसे अधिक प्रबुद्ध और उदार हैं। फिर भी रामकृष्ण या विवेकानन्द के बारे में तनिक-सी आलोचना भी उन्हें सहन नहीं होती।

५. गांधी और नेहरू में भी संक्षिप्तता का गुण नहीं है। नेहरू तो यह बात अनुभव भी करते हैं। वे अकसर कहते हैं, "हम सभी आवश्यकता से अधिक और बार-बार बोलते रहते हैं।" यह अंशतः राष्ट्रीय आन्दोलन के दौरान विकसित जन-सभाओं और राजनीतिक वक्तृता की परम्परा के कारण है।

६. राधाकृष्णन ने अपनी **इण्डियन फिलॉसफी** की भूमिका में अपने कार्य के विषय में कहा है कि वह "इतनी बड़ी ज़िम्मेदारी है, जो बड़े-से-बड़े अध्यवसायी और विद्वान् अध्येता की क्षमता से भी भारी सिद्ध होती है।"

७. **कल्चरल हैरिटेज ऑफ़ इण्डिया**, खंड २, पृष्ठ ४४१।

८. जान काउपर पाविस : **कल्चर एण्ड फिलॉसफी**, पृष्ठ २१।

९. विल ड्यूरैंट : **स्टोरी ऑफ़ फ़िलॉसफ़ी**, पृष्ठ ४।

१०. एच० सी० ई० जकरियास : **रिनासेन्ट इण्डिया** (जार्ज एलेन एण्ड अनविन, १९३३)।

११. भारतीय विद्या भवन द्वारा **हिन्दुइज्म थ्रू द एजेज** शीर्षक से पुनः प्रकाशित।

१२ पीपुल्स पब्लिशिंग हाउस, बम्बई द्वारा १९४६ में प्रकाशित।

१३. अतुल चन्द्र गुप्त : **स्टडीज इन द बेंगाल रिनासांस** (जादवपुर नेशनल काउंसिल ऑफ़ एजुकेशन)।

१४. सी० एफ० ऐंड्रूज ने कई जगह भारत के सन्दर्भ में '**पुनर्जागरण**' शब्द का प्रयोग उचित ठहराया है।

१५. जेम्स एच० कज़िन्स : **रिनासांस इन इण्डिया** (गणेश एण्ड कम्पनी, मद्रास, १६१८)।

१६. मेक्समूलर : **फ्राम राममोहन टु रामकृष्ण** (भूमिका)।

१७. तुलनीय, पी०टी० राजू, **द आइडियलिस्टिक थॉट ऑफ़ इण्डिया,** पृष्ठ ३३२।

१८. महत्त्वपूर्ण उदाहरण है काव्यशास्त्र में ध्वनि-सम्प्रदाय के संस्थापक आनन्दवर्धन का। यद्यपि उनकी रचना स्पष्ट ही मौलिक है, फिर भी उन्होंने सारा श्रेय एक पूर्ववर्ती को देना बेहतर समझा।

१६. ओसवाल्ड स्पेंगलर : **डिक्लाइन ऑफ़ द वैस्ट,** खंड २, पृष्ठ ४१८।

२०. हाइनेमैन द्वारा अपने ग्रन्थ **ऐक्जिसटेन्शियलिज्म एण्ड द मॉडर्न प्रेडिकामेंट** में उद्धृत।

२१. इस कोटि का सबसे महत्त्वपूर्ण निबन्ध है **कर्त्तार इच्छायकर्म**।

२२. बी० जी० गोखले के **इण्डियन थॉट थ्रू द एजेज** (एशिया पब्लिशिंग हाउस) में भारतीय संस्कृति में इस्लाम के दान को अस्वीकार करने की हठधर्मी के दुःखद परिणाम स्पष्ट दीखते हैं।

२३. विपिन चन्द्र पाल : **केशवचन्द्र सेन एण्ड द मेकिंग ऑफ़ मॉडर्न इण्डिया**।

२४. एस० अमीर अली : **द स्पिरिट ऑफ़ इस्लाम**।

२५. हुमायुन कबिर : **साइंस डेमोक्रेसी एण्ड इस्लाम,** पृष्ठ १८।

२६. यह उन विख्यात विद्वानों के कार्य से पूरी तरह प्रमाणित हो चुका है जो इलाहाबाद धारा के इतिहास-लेखक माने जाते हैं।

२७. डॉक्टर ताराचन्द : **द इंफ्लुएंस ऑफ़ इस्लाम ऑन इण्डियन कल्चर,** पृष्ठ १६६।

२८. जैनुल आब्दीन के अधीन मुस्लिम धर्मशास्त्रियों ने योग और शैव-दर्शन का गम्भीर अध्ययन किया था।

२६. हिन्दू-इस्लामी परम्पराओं के समन्वय में विशेषकर काव्य और संगीत के क्षेत्र में गोलकुंडा के कुली कुतुबशाह और बीजापुर के इब्राहीम आदिल शाह की देन बड़ी भारी है।

३०. डॉ० ताराचन्द : **द इन्फ्लुएंस ऑफ इस्लाम ऑन इण्डियन कल्चर,** पृष्ठ १६६।

३१. यह बात महत्त्वपूर्ण है कि मुसलमान और हिन्दू, दोनों पक्षों के कट्टर-पंथी अकबर की निन्दा करते हैं। मुसलमानों को शिकायत है कि उसने 'बुतपरस्तों

के साथ अवसरवादिता अपनाई', और हिन्दुओं को शिकायत है कि उसने 'इस्लाम की कड़वी गोली को शक्कर में लपेटकर खिला दिया।'

३२. इस प्रकार के अन्य कथनों के लिए देखिए अबुल फ़ज़ल द्वारा संकलित सेविंग्स ऑफ़ हिज़ मैजेस्टी।

३३. इस्लामी पक्ष में भी ऐसे कट्टरपंथी थे, जो शुद्ध इस्लाम की माँग करते थे और 'कुरान की ओर लौटने का नारा उठाते थे। अकबर के समय तक में यह प्रवृत्ति मौजूद थी। अवश्य ही बदायूनी कट्टरपंथी था। पर बहुत-से ऐसे सीधे-सादे और सन्त-प्रकृति के लोग भी थे, जो सचमुच यह समझते थे कि इस्लाम के प्रारम्भिक सिद्धान्त स्वतः सम्पूर्ण थे, और जो उस समय की समन्वयवादी भावना से मेल न कर पाते थे।

३४. हुमायुन कबिर : **द इण्डियन हैरिटेज**, पृष्ठ ६६।

३५. राममोहन राय के कुछ भाषण तो एकदम विज्ञान के महत्त्व के बारे में ही हैं। तुलनीय, **इंगलिश वर्क्स ऑफ़ राममोहन राय**, जे० सी० घोष द्वारा सम्पादित, कलकत्ता, १९०१।

३६. १८८० में प्रकाशित।

३७. अपने हाल के कुछेक भाषणों राधाकृष्णन ने इस बात पर कई विभिन्न दृष्टिकोणों से ज़ोर दिया है।

३८. भाव यह है कि सन्देश वाला व्यक्ति 'यात्री' होता है। यात्री आज भी भारतीय काव्य का बड़ा लोकप्रिय विषय है।

३९. किन्तु स्वयं नेहरू भी एक विशेष धर्म—बौद्ध धर्म—की भावना से गहन रूप में प्रभावित हैं।

४०. यह प्रवृत्ति १९५७ में विद्रोह की शताब्दी मनाने के अवसर पर बहुत लेखकों ने अपनाई थी। जिन दो विख्यात इतिहासकारों ने इसका विरोध किया था और इस प्रश्न पर देशभक्ति के अतिरेक को कम करना चाहा था, उनकी बड़ी तीखी आलोचना भी हुई थी।

४१. कृष्ण कृपालानी : **रवीन्द्रनाथ टैगोर** (ऑक्सफ़ोर्ड यूनिवर्सिटी, १८६२, पृष्ठ ३१)।

४२. बंकिम चटर्जी के उपन्यासों में यह कई उल्लेखनीय रूपों में दिखाई पड़ता है। बाद में बंगाल में स्वदेशी आन्दोलन के नेता भारत माँ के मन्दिर में 'पूजा' की माँग करते थे।

४३. भारतीय जीवन और चिन्तन के इस पक्ष पर अधिक विवेचन के लिए देखिए इसी पुस्तक का अध्याय ४, खंड ५।

४४. एकदम अपढ़ व्यक्तियों द्वारा ऐसे कथन मेलों और त्योहारों पर प्रायः सुनाई पड़ जाते हैं।

४५. अमित सेन : **नोट्स ऑन बेंगाल रिनासांस**।

दूसरा अध्याय

राममोहन राय और उनके अनुयायी

: १ :

(क) किसी ऐसे व्यक्ति की कल्पना कीजिए जो कोई एकदम नए ढंग का मकान बनाना चाहता है। यह भी कल्पना कीजिए कि यह व्यक्ति अपने लिए एक पत्थरों की खान खोजकर स्वयं ही वहाँ से पत्थरों को अपनी चुनी हुई जगह पर पहुँचाता है; वह अपनी जरूरत की सारी इमारती लकड़ी जंगल से काटकर स्वयं ही अपने दरवाज़े-चौखटें तैयार करता है; स्वयं ही नींव खोदता है, और स्वयं ही अपने प्रयत्नों से वास्तुशिल्प, राजगीरी और बढ़ईगीरी सीखकर हँसी उड़ाने वाले पथिकों की ओर ध्यान दिये बिना, अपना घर अद्भुत परिश्रम से बना डालता है; पर जब घर बनकर तैयार हो जाता है तो वह उसे समाज को दान कर देता है। राममोहन राय ऐसे ही व्यक्ति थे।

'सत्य के नए महाद्वीप के अन्वेषण में भारत के कोलम्बस'—इन शब्दों में निकल मैकनिकल ने इस महान् राजा को श्रद्धांजलि अर्पित की है।[1] और उस महान् विद्वान् मेक्समूलर ने कहा है कि राममोहन की पदवी न केवल इस अर्थ में सत्य है कि वह नरश्रेष्ठ थे बल्कि 'राजा' शब्द के मूल अर्थ में भी, जो लतीनी 'रैक्स' के अर्थ की भाँति है 'कर्णधार'।[2] जिन दिनों पश्चिम भारत के बारे में बहुत कम जानता था, उन दिनों जेरेमी बेंथम ने—जो उस समय अपनी लोकप्रियता के शिखर पर थे—राममोहन राय का अभिनंदन 'मानव-जाति की सेवा में एक अत्यन्त ही अनुशंसित और अत्यधिक प्रियपात्र सहयोगी' के रूप में किया था।[3] ब्ल्वा के बिशप आबे ग्रेग्वा ने फ्रेंच भाषा में एक पुस्तिका प्रकाशित करके राममोहन को 'संयम, अगाध ज्ञान, निःस्वार्थता और आत्म-त्याग'[4] के लिए श्रद्धांजलि अर्पित की थी।

अपने जीवनकाल में राममोहन राय को एक ओर कट्टर हिन्दुओं और दूसरी ओर आक्रामक ईसाइयों के विरोध का सामना करना पड़ा। भारत या तो

उन्हें विदेशी समझकर सन्देह की दृष्टि से देखता था या सनकी नवीनतावादी कहकर हँसी उड़ाता था। दूसरी ओर इंग्लैंड को तो उन पर सन्देह था ही, क्योंकि शासक देश स्वभाव से ही सदा उन व्यक्तियों पर अविश्वास करता है जो पराधीन देश को प्रबुद्ध बनाना चाहते हैं। उनके मित्र बहुत कम थे और उनके कार्य का मूल्य उस समय नहीं पहचाना गया। पर उनका अपना आत्म-विश्वास कभी नहीं डिगा। उन्होंने कहा था, "एक दिन आएगा जब मेरे तुच्छ प्रयत्नों को न्यायपूर्वक परखा जा सकेगा, शायद आभारपूर्वक स्वीकार किया जाएगा।"[५] उनके इस कथन से हमें कीट्स के संयत आत्म-विश्वास की याद आती है—"मैं सोचता हूँ कि मेरी मृत्यु के बाद अंग्रेज़ कवियों में मेरी गिनती होगी।"

१९३३ में राममोहन की पुण्य शताब्दी सारे भारत में समुचित गौरव के साथ मनाई गई। कलकत्ता की एक सभा में हर सम्प्रदाय के व्यक्तियों ने मिलकर 'आधुनिक भारत के जनक' के प्रति अपनी श्रद्धा और प्रशंसा प्रकट की।[६] आखिरकार इस महान् सुधारक, शिक्षाविद् और विचारक की ऐतिहासिक देन को पहचाना गया। किन्तु इसके बहुत पहले ही रवीन्द्रनाथ टैगोर ने राम-मोहन की देन का सही चित्र भारत के सामने रखने का प्रयास किया था। टैगोर की श्रद्धांजलि में राजा के कार्य के क्रांतिकारी महत्त्व को पहचानने की अपूर्व अन्तर्दृष्टि दिखाई पड़ती है—"एक दिन था जब राममोहन राय ने अकेले ही मानव-जाति की सार्वभौमिकता का आदर्श सामने रखा और भारत को बाकी दुनिया से जोड़ने का प्रयास किया। उनकी दृष्टि लुप्त रूढ़ियों और रीति-रिवाजों से धुँधली नहीं पड़ी थी। उनके उदार हृदय ने और उनके उतने ही उदार मन ने, उन्हें पूर्व को तुच्छ माने बिना ही पश्चिम का सन्देश स्वीकार करने के लिए प्रेरित किया। उन्होंने अपने देशवासियों को मनुष्य के सार्वभौमिक अधिकारों का ज्ञान देने के प्रयत्न में उनके आक्रोश का साहसपूर्वक सामना किया। उन्होंने हमें सिखाया कि सत्य सब मनुष्यों का है, और हम भारतीय सारी दुनिया के हैं। राममोहन ने भारत की चेतना का देश और काल में प्रसार किया। आज भी नए भारत के निर्माण में उनके व्यक्तित्व और कार्य का प्रबल प्रभाव मौजूद है। वे समझते थे कि सर्वजयीकाल वर्तमान में ही नहीं थम जाता, वह अपनी विजय-पताका भविष्य में भी ले जाता है, और सब मनुष्यों को उसकी पताका के नीचे एक साथ चलना पड़ता है।"[७]

वादविवाद में व्यक्तिगत कटुता से सर्वथा मुक्त होने पर भी राममोहन मूलभूत बातों के बारे में एकदम अटल थे। जैसा मेक्समूलर ने लिखा है

"राममोहन ने कुछ ग़लत बातों के लिए अपनी अस्वीकृति को हलका करके अपने सुधारों को अधिक रुचिकर बनाने का प्रयास कभी नहीं किया। वे कभी इस कारण 'सती' का समर्थन करने को तैयार नहीं हुए कि वह पत्नी की अपने पति के प्रति सच्ची भक्ति से उत्पन्न एक कालपूजित रीति है; उन्होंने मूर्तियों को ईश्वर का प्रतीक नहीं माना; यदि वे केवल एक ईश्वर में विश्वास करते थे तो उन्होंने यह कभी नहीं कहा कि मेरा तीन देवताओं में विश्वास है; उन्होंने कभी क्रियाकांड को इसलिए नहीं स्वीकार किया कि उससे 'दुर्बल को सहायता मिलती है'। उन्होंने कभी शब्दों से खेल नहीं किया, न कभी दायित्व को टाला।"[८] उनके पहले भी ऐसे बहुत-से नेता हो चुके थे जिन्होंने उन बुराइयों का पर्दाफ़ाश किया, जो धर्म और सामाजिक जीवन में घुस आई थीं। "जो बात लूथर के बारे में है वही राममोहन के बारे में भी, कि सुधार युग के पहले भी सुधारक हो चुके थे।"[९] पर उनमें से कोई भी इतनी स्पष्टता से यह बात नहीं समझ पाया था कि निष्क्रियता और कट्टरता ने किस हद तक भारतीय मानस को जड़ बना दिया है; भारतीय चिन्तन की भावी दिशा के सम्बन्ध में किसी की दृष्टि इतनी निर्मल न थी; किसी ने इतने धैर्य के साथ सभी युगों और सभी देशों की परम्पराओं को जानने, समझने और आत्मघात करने का उद्यम नहीं किया था; कोई भी ऐसे अनुयाइयों का दल नहीं जुटा पाया था जो नई चेतना को इतने विभिन्न क्षेत्रों में अभिव्यक्त कर सकें।

(ख) राममोहन राय का जन्म २२ मई, १७७२ को बंगाल के हुगली ज़िले के राधानगर ग्राम में हुआ था। वे रमाकान्त राय और तारिणी देवी के पुत्र थे। बचपन में ही उनका विवाह तीन बार हुआ; और इस प्रकार हिन्दू समाज के प्रचलित रूप से उनके असन्तोष का प्रारम्भ हुआ। बारह वर्ष की उम्र में अपने घोर दक़ियानूसी पिता से उनके मतभेद इतने बढ़े कि अपने विचारों के अनुसार अपनी शिक्षा पूरी करने का दृढ़ निश्चय करके उन्होंने घर छोड़ दिया।[१०]

पहले वे पटना गये और वहाँ फ़ारसी और अरबी का अध्ययन किया। शीघ्र ही उन्होंने इस्लामी विद्या पर इतना अधिकार प्राप्त कर लिया कि वे क़ुरान का अरबी से बंगला में अनुवाद कर सके। उन्होंने अरब विज्ञान और दर्शन की गहरी छानबीन की। अफ़लातून, अरस्तू और प्लॉटीनस आदि प्राचीन यूनानी लेखकों के अरबी अनुवाद पढ़े, और हाफ़िज़, रूमी तथा अन्य महान् फ़ारसी कवियों के लिए अभिरुचि विकसित कर ली। इस्लामी अध्ययन पूरा होने तक वे ज़बरदस्त मौलवी बन चुके थे।[११] तब वे बनारस पहुँचे और संस्कृत

का अध्ययन करने लगे। कुछ ही वर्षों में सारे धर्मग्रन्थ उनकी उँगलियों पर थे—विशेषकर उपनिषद् और गीता। प्राचीन धार्मिक, लौकिक तथा दार्शनिक साहित्य का उनका ज्ञान इतना अगाध था कि वे पंडितों से शास्त्रार्थ करने में भी न हिचकते थे।

१८०२ में राममोहन मुर्शिदाबाद गये और अरब विद्या का फिर से अध्ययन करने लगे। मुर्शिदाबाद में ही उन्होंने अपनी पहली पुस्तक **तुहफत-उल-मुवहिदीन** लिखी जिसमें एकेश्वरवाद का बड़ा विदग्धतापूर्ण समर्थन था।[१२] शुद्ध फ़ारसी में लिखी गई तथा अरबी भाषा की भूमिकायुक्त यह पुस्तक इस बात का प्रमाण है कि धर्मशास्त्र-सम्बन्धी तथा तत्त्वमीमांसीय प्रश्नों पर राममोहन ने पूर्ण अधिकार प्राप्त कर लिया था। स्पष्ट था कि सैद्धांतिक प्रश्नों पर लेखक के विचार सुव्यवस्थित हो चुके हैं। इसी बीच उन्होंने सरकारी नौकरी ले ली और पश्चिम से उनका सम्पर्क प्रारम्भ हुआ। १८०६ से १८१४ तक राममोहन रंगपुर में रहे, जहाँ उन्होंने वैष्णव, तांत्रिक, बौद्ध और जैन परम्पराओं की ओर ध्यान दिया।[१३]

१८१४ में वे कलकत्ता आ गए और उन्होंने शीघ्र ही अपने चारों ओर उदारमना अध्येताओं का एक छोटा-सा दल एकत्र कर लिया। पूर्वात्य अनुसंधान-कार्य से उनका सम्पर्क घनिष्ठ था, जो उनकी बाद की रचनाओं में जोन्स, कैरी और कोलब्रुक के उल्लेखों से स्पष्ट है। उन्होंने ईसाई साहित्य का गम्भीर अध्ययन प्रारम्भ किया और हेब्रू, लैटिन और यूनानी भाषाएँ सीखीं।[१४] साथ ही उन्होंने राजनीति, इतिहास, कानून और अर्थशास्त्र पर समकालीन लेखकों की रचनाओं की भी उपेक्षा नहीं की। १८१५ में आत्मीय सभा की—धर्म और दर्शन के विद्वानों की एक प्रकार की विचारगोष्ठी की—स्थापना हुई। आत्मीय सभा के सदस्यों को शीघ्र ही सामाजिक विवादों में पड़ना पड़ा और राममोहन ने हिन्दू समाज की बुराइयों के, विशेषकर सती प्रथा के विरुद्ध अपना आन्दोलन शुरू कर दिया। १८१६ में उनका **वेदान्तसार** प्रकाशित हुआ, जिसमें प्रचलित बहुईश्वरवादी तथा कर्मकाण्ड-ग्रस्त धर्म के स्थान पर वेदान्तीय एकेश्वरवाद को अपनाने के लिए दलीलें थीं।

राममोहन ने अपने उदारतावादी आन्दोलन के अंग के रूप में यूनिटेरियन मिशन प्रेस की स्थापना की, जिसमें जल्दी ही एक सभाघर और पुस्तकालय भी जोड़ दिया गया। शिक्षा-सम्बन्धी नीति और प्रेस की आज़ादी के विषय में उनके बहुत-से निबन्ध इसी समय लिखे गए। इन्हीं दिनों ईसाई प्रचारकों से भी उनका संघर्ष हुआ, जिनकी आलोचना का उत्तर उन्होंने बहुत-सी

पुस्तिकाओं द्वारा दिया। उन्होंने **द प्रिसेप्ट्स ऑफ़ जीसस**[१५], **अपील टु द क्रिश्चियन पब्लिक**[१६], **द आइडियल ह्यूमैनिटी ऑफ़ जीसस** और **संवाद कौमुदी** का प्रकाशन किया। इनमें से अन्तिम एक व्यंग्य-रचना है जो एक धर्म-प्रचारक और तीन हाल ही में ईसाई हुए चीनियों के बीच काल्पनिक वार्तालाप पर आधारित है।

राममोहन के जीवन की सबसे महत्त्वपूर्ण घटना थी १८२८ में ब्राह्म-समाज की स्थापना। यद्यपि उसके संस्थापक उसके बाद केवल चार ही वर्ष जीवित रहे, फिर भी समाज की सदस्यता और प्रभावशीलता में बड़ी वृद्धि हुई।[१७] ब्राह्म समाज के विचार क्रमशः बंगाल से बाहर दूर-दूर तक फैल गए और उन्होंने उदारतावाद, तर्कनावाद और आधुनिकता का वह वातावरण तैयार किया जिसने भारतीय चिन्तन में क्रान्ति उत्पन्न कर दी। आधी शताब्दी बाद, जब आन्तरिक मतभेदों के कारण ब्राह्मसमाज की नींव डगमगाने लगी थी, तब मेक्स मूलर ने कहा था—"यदि भारत में कभी भी कोई नया धर्म होगा, तो मुझे विश्वास है, वह अपने जीवन-संचार के लिए राममोहन राय और उनके योग्य शिष्य देवेन्द्रनाथ टैगोर और केशवचन्द्र सेन के विशाल हृदय का ऋणी होगा।"[१८] मेक्स मूलर की भविष्यवाणी पूरी नहीं हुई, क्योंकि उसमें जुड़ी हुई शर्त—भारत में नये धर्म का उदय—पूरी होना असम्भव था। हिन्दू धर्म जिस तरह किसी समय धीरे-धीरे बौद्ध धर्म से श्रेष्ठतर सिद्ध हुआ था, उसी तरह ब्राह्मधर्म से भी श्रेष्ठतर सिद्ध हुआ। इसके अलावा राममोहन ने स्वयं भी कभी किसी नये धर्म की स्थापना का प्रयास नहीं किया।

ब्राह्म समाज की छाप बड़ी गहरी थी। आज उसके नियमित अनुयायियों की संख्या बहुत कम है; पर इसका कारण यही है कि उसका योगदान पूरा हो चुका है और जिन आवश्यकताओं के कारण उसका उदय हुआ था वे भी पूरी हो चुकी हैं। उसका उद्देश्य बहुत-से ऐसे विख्यात व्यक्तियों के प्रयास द्वारा सम्पन्न हो चुका है जो एक-दूसरे से स्वभाव, दृष्टिकोण और धार्मिक विश्वासों में बहुत ही भिन्न थे। अपनी प्रसिद्ध पुस्तक **रिनासेंट इण्डिया** में ज़करियास ने लिखा है—"भारतीय पुनर्जागरण में प्रमुखता प्राप्त करनेवाले व्यक्तियों की संख्या निस्सन्देह बहुत बड़ी है; पर अन्ततः उन सबके आध्यात्मिक जनक होने का श्रेय एक ही व्यक्ति—राजा राममोहन राय—और उनके द्वारा स्थापित ब्राह्मसमाज को ही मिलेगा।"[१९] ब्राह्म समाज में एक समय, विशेषकर जब उस पर केशवचन्द्र सेन का प्रभुत्व था, पश्चिमी रंग बड़ा गहरा हो गया और उसे 'विदेशी' समझा जाने लगा। पर आज यह स्पष्ट देखा जा सकता है

कि वह जड़ तक भारतीय ही था। उसके नेताओं द्वारा उठाये गए प्रश्न भारत की बौद्धिक और आध्यात्मिक प्रगति के लिए बड़े प्रासंगिक थे। संस्था के रूप में समाज का प्रभाव कम हो जाने के बाद भी बहुत दिनों तक ये प्रश्न महत्त्वपूर्ण बने रहे। इसका प्रमाण यह है कि आधुनिक भारतीय साहित्य का सबसे बड़ा उपन्यास—रवीन्द्रनाथ टैगोर का **गोरा**—उन्हीं प्रश्नों के इर्द-गिर्द घूमता है।[२०]

इस प्रभाव का रहस्य क्या है? इस प्रश्न का उत्तर आसान नहीं है; पर शायद सबसे महत्त्वपूर्ण बात यह है कि राममोहन के प्रयत्न मूलतः ध्वंसात्मक नहीं, रचनात्मक थे। ब्राह्मसमाज कुछ आदर्शों की हिमायत बड़े ज़ोर से करता था, पर यह सदा ही किसी की भावनाओं को ठेस पहुँचाए बिना किया गया। समाज का रवैया आक्रामक नहीं था, न लक्ष्य यह था कि तार्किक विजय प्राप्त की जाए या यह दिखाया जाए कि प्रतिपक्षियों का उद्देश्य किसी प्रकार से असत् है। यह बात राममोहन द्वारा लिखे प्रारम्भिक घोषणापत्र से भी स्पष्ट है। "कोई खुदी हुई मूर्ति समाज में नहीं लाई जाएगी। केवल ऐसे ही प्रवचन, व्याख्यान, प्रार्थना या भजन प्रस्तुत किए जाएँगे जो संसार के स्रष्टा और रक्षक के ध्यान में प्रवृत्त करते हों। दानशीलता, नैतिकता, पवित्रता, परोपकार, शील के लिए सभी धर्मों और मतों के मनुष्यों के बीच एकता के बन्धन सुदृढ़ करने के लिए प्रेरणा देते हों, अन्य नहीं।" इस प्रकार अपना दृष्टिकोण स्पष्ट करने और प्रचलित धार्मिक चिन्तन और व्यवहार से अपने-आपको अलग कर लेने के बाद घोषणापत्र में आगे कहा गया है—"किसी ऐसे जीवित या निर्जीव पदार्थ का, जिसकी पूजा होती रही है या होती है, न तो अपमान किया जाएगा न उसके विषय में तिरस्कार या घृणापूर्वक कोई बात कही जाएगी।"[२१]

सहनशीलता और मेलमिलाप की इन भावनाओं का समाज की गतिविधियों में निष्ठापूर्वक पालन होता था। समाज की बैठकों में सभी धर्मों के लोग होते थे और भारत के दूर-दूर के प्रदेशों से आनेवाले व्यक्ति विचार-विनिमय में भाग लेते थे। कुछेक अत्यन्त प्रारम्भिक बैठकों के रोचक विवरण प्राप्त हुए हैं। "दो तेलुगू ब्राह्मण वेदपाठ करते थे, बंगाल के एक पंडित उत्सवानन्द विद्यावागीश उपनिषद् सुनाते थे। कभी-कभी यूरोपीय धर्मप्रचारक ईशभजन सुनाते थे और धर्मपरायण संगीतकार गुलाम अब्बास अनिवार्य रूप से वाद्य पर संगीत करते थे।"[२२] साधारणतः यह कल्पना की जाती है कि राममोह राय ने ब्राह्मसमाज की स्थापना सामाजिक सुधार के लिए की थी। पर ऊपर उद्धृत घोषणापत्र और बैठकों के विवरण से प्रकट है कि प्रारम्भ

सामाजिक के बजाय धार्मिक था, और समाज शुरू में वैचारिक क्रान्ति का साधन समझा गया था। यह बात पैंतीस वर्ष पहले विपिनचन्द्र पाल ने भली भाँति स्पष्ट की थी। उन्होंने कहा था—"ब्राह्मसमाज का उद्देश्य केवल जाति-पाँति द्वारा लादे गए अपमान और अयोग्यताओं को दूर करना मात्र नहीं था। उसका वास्तविक उद्देश्य सकारात्मक था—प्रत्येक मनुष्य में ईश्वर की सिद्धि।[२३]

(ग) राममोहन राय के विचारों का रूप मुख्यतः वेदान्त और इस्लाम के अध्ययन से ही निर्धारित हुआ था। ईसाई प्रभाव भी पर्याप्त था, पर ईसाई धर्म के विषय में कई पुस्तकें लिखने के बावजूद वह इतना गहरा नहीं था जितना प्रायः समझा जाता है। ईसाई ईश्वरवाद के सम्पर्क में वे तब आए जब उनके मानसिक विकास का निर्माणात्मक काल समाप्त हो चुका था और उनके धार्मिक और दार्शनिक विचार एक प्रकार का रूप ग्रहण कर चुके थे। इस्लाम का प्रभाव उन पर सबसे पहले पड़ा और उसी ने उन्हें पक्का एकेश्वरवादी बनाया। जब वे वेदान्त की ओर मुड़े तो उन्हें पता चला कि दोनों परम्पराओं में कोई विरोध नहीं है। रामानन्द चटर्जी के इन शब्दों में राममोहन के विचारों के सही उद्गम का निर्देश है—"हिन्दू धर्मग्रन्थों के ब्रह्मज्ञान और इस्लाम के एकेश्वरवाद ने उनके विचार निर्धारित किए।"[२४] वास्तव में उस हिन्दू-मुस्लिम संस्कृति के ये अन्तिम महान् प्रतिनिधि थे जो भारत में तेरहवीं से अठारहवीं शताब्दी के बीच विकसित हुई।[२५] पर राममोहन राय का इस्लाम का अध्ययन भारतीय सूफ़ीवाद तक सीमित न था, जो हिन्दू धर्म और इस्लाम के एकीकरण की सीधी उपज था। वे सीधे मुतज़िल तक, जो फ़ारस में सूफ़ी चिन्तन का मूल स्रोत था और प्राचीन अरब दार्शनिकों तक, स्वयं कुरान तक, गए थे।

राममोहन की वेदान्त की व्याख्या अत्यन्त सरल थी, और इसमें भी उनके इस्लामी अध्ययन का प्रभाव झलकता है, क्योंकि इस्लाम की बहुत-सी शक्ति इस बात में है कि उसकी सैद्धांतिक नींव थोड़े-से साफ़-साफ़ सरल विचारों पर रखी है। राममोहन ने वेदांत से—शंकराचार्य के अद्वैत वेदांत से इतना नहीं जितना उपनिषदों के प्राचीन वेदांत से — असीम शक्ति और असीम शिवत्व से युक्त एक ईश्वर की धारणा, और आत्मा की अमरता का विचार प्राप्त किया। वे मानते थे कि ब्रह्म अनंत एकत्व में अवस्थित निष्क्रिय (static) परम सत्ता नहीं है, बल्कि संसार और व्यक्तियों का स्रष्टा है। इस विचार के समर्थन में उन्होंने तैत्रेय और कौशीतकी उपनिषदों का उल्लेख किया है। उन्होंने शंकराचार्य से भी एक सूत्र उद्धृत किया है, जिसका अभिप्राय है कि जगत् की सृष्टि से ही ब्रह्म

के अस्तित्व का निगमन होता है। 'अनेक होने की इच्छा' उत्पन्न होने पर ब्रह्म ने जगत् की रचना की। प्रकृति तो जगत् का भौतिक कारण है; वास्तविक कारण केवल ब्रह्म ही है।

वेदान्त को इन थोड़े-से मूलभूत विचारों में सूत्रित करके राममोहन उसे 'अपने देशवासियों को एक अधिक सरल और अधिक उदात्त धर्म में उत्तीर्ण करने का' साधन बनाना चाहते थे।[२६] वह इन कुछेक अवधारणाओं को अपने धार्मिक विचारों के प्रचार के लिए पर्याप्त दार्शनिक आधार मानते थे। उनको लगा था कि कर्मकांड और अंधविश्वास के विरुद्ध संघर्ष में वेदांत का उपभोग बड़ा प्रभावशाली हो सकता है। उनका कहना था कि रूढ़ाचार का अन्ध पालन करने का उपदेश तो दूर, उपनिषदों का उद्देश्य तो आत्मा को रूढ़ाचार की शृंखलाओं से मुक्त करना है। छांदोग्य उपनिषद में कहा है—"जिसकी परम सत्ता में सच्ची आस्था है, वह चाहे कुछ भी खा सकता है।" अपनी वासनाओं का दमन और ईश्वर की भक्ति ही धर्म का सार है, और कुछ उपनिषदों में तो साफ़-साफ़ लिखा है कि धार्मिक कृत्यों का पालन ऐच्छिक है।

राममोहन के प्रहार का मुख्य लक्ष्य था मूर्तिपूजा, जिसे वे धर्म में बाह्य-परकता का सबसे दुर्दम रूप मानते थे। उन्होंने यथासम्भव उपनिषदों के आधार पर मूर्तिपूजा के पक्ष में जितने तर्क थे सबका खंडन किया। कट्टर-पंथियों का एक आम तर्क था—"ब्रह्म का प्रत्यक्ष ज्ञान सम्भव नहीं। इसलिए मूर्तियाँ आवश्यक हो जाती हैं।" इसके उत्तर में राममोहन ने उपनिषदों का आदेश उद्धृत किया—"केवल आत्मन् की पूजा करो," और पूछा, "क्या धर्मग्रन्थ आपसे असम्भव कार्य करने को कहते हैं? क्या आप धर्मग्रंथों पर ऐसी असंगति का आरोप लगाना चाहते हैं?" इसके अतिरिक्त ईशोपनिषद् ने पुराणों और तंत्र-शास्त्र में प्रतिपादित कर्मकांडी पूजा की स्पष्टतः निन्दा की है।

इस बात पर प्रायः ज़ोर दिया जाता था कि 'शुद्ध पूजा' तपस्वियों के लिए ही सम्भव है, गृहस्थों के लिए नहीं, जो मूर्तिपूजा से आगे नहीं जा सकते। राममोहन ने इसका खंडन भी उपनिषदों के उद्धरण देकर किया, जिनमें गृहस्थों को आत्मा का ध्यान करने का आदेश है। उन्होंने उचित ही यह प्रश्न उठाया कि धर्म का लक्ष्य साधारण मनुष्य को आध्यात्मिकता के निम्नतम स्तर पर बनाए रखना है या उसे उच्चतम स्तर तक उठाना। मूर्तिपूजा के पक्ष में एक सूक्ष्म तर्क था—"असली चीज़ श्रद्धा है। मूर्ति की श्रद्धापूर्वक पूजा कीजिए तो ईश्वर प्राप्त होगा।" राममोहन का उत्तर था कि विष को श्रद्धा के साथ दूध मानकर पीने से भी वह घातक ही सिद्ध होगा। बाज़ार से सौदा खरीदने-जैसी

मामूली बातों तक में हम सोच-समझकर नाप-तोलकर काम करते हैं। तो क्या फिर परम और चरम महत्त्व की बातों में ही हम सोचना-समझना, नापना-तोलना छोड़कर श्रद्धा के आसरे बैठे रहें ?[२७]

मूर्तिपूजा के विशेष प्रश्न के अलावा, राममोहन का कहना था, परम्परा-वादिता सामान्य प्रवृत्ति के रूप में भी खतरनाक है। किसी चीज़ को केवल इस आधार पर नहीं स्वीकार किया जा सकता कि पिछली पीढ़ियाँ उसे मानती थीं। इसके अतिरिक्त दक़ियानूसी लोग जिन चीज़ों को बनाए रखने का हठ करते हैं उनमें से बहुतेरी उतनी प्राचीन नहीं हैं, जितनी बताई जाती हैं, उदाहरण के लिए कुलीनता[२८] के नियम। परम्परा में अंध श्रद्धा का लाभ उठाकर बहुत-से अविवेकपूर्ण कार्यों को बड़ा प्राचीन बता दिया जाता है, यद्यपि थोड़ा-सा ऐतिहासिक विश्लेषण ही यह सिद्ध करने के लिए पर्याप्त है कि वे बाद में जोड़े गए हैं अथवा बहुत हाल की उपज हैं। राममोहन का कहना था कि यदि आप परंपरा को सर्वोपरि मानते हैं तब तो कर्मकांड और मूर्तिपूजा को छोड़कर शुद्ध ब्रह्म की पूजा करना सर्वथा आवश्यक है, क्योंकि शुद्ध ब्रह्म की पूजा ही आपके धर्म की सबसे प्राचीन परम्परा है।

इन तर्कों का आज चाहे हमारे ऊपर बहुत प्रभाव न पड़े, पर यह याद रखना चाहिए कि राममोहन आज से डेढ़ सौ वर्ष पहले कट्टर-पंथिता से अकेले ही जूझ रहे थे। व्यक्तिगत रूप से वे आधुनिक तर्कनावादी दर्शन के प्रभाव में थे— उस समस्त परम्परा के जो ऐसी विविध धाराओं के मिलने से बनी थी जिसके प्रतिनिधि थे लॉक, ह्यूम, रूसो तथा एनसाइक्लोपीडिस्ट विचारक। राममोहन ने इन्हीं दार्शनिकों के ग्रन्थ पढ़े थे। पर वे यह बात भी समझते थे कि अपने देश-वासियों से उन्हीं की बौद्धिक भाषा में बात करना आवश्यक है, अपनी में नहीं। अभी इसका समय नहीं आया था कि भारतीय धार्मिक विचारों की पुनर्रचना यूरोपीय उदारतावाद की शब्दावली में करने का प्रयास किया जा सके। इसलिए राममोहन ने समझदारी से इस्लाम के तथा उससे भी अधिक उपनिषदों के, विचारों का सहारा लिया जिसकी जड़ें भारतीय चेतना में गहरी थीं और जिन्हें अंधविश्वास और अंधश्रद्धा के घास-पात को हटाकर आसानी से सतह पर लाया जा सकता था।

(घ) राममोहन राय को 'संसार में तुलनात्मक धर्म के विज्ञान का पहला गम्भीर अनुसंधाता'[२९] कहा गया है। वे हिंदू धर्म की प्रत्येक धारा के श्रेष्ठतम अंश में सामंजस्य स्थापित करके ही संतुष्ट नहीं हुए। यह तो न्यूनाधिक सफलता

के साथ बहुत-से मध्य-युगीन दार्शनिक और संत कवि भी कर चुके थे। राममोहन उनसे बहुत आगे गए; उन्होंने संसार के सभी प्रमुख धर्मों—हिन्दू, इस्लाम, बौद्ध और ईसाई—के बीच की दीवारें हटाने का प्रयास किया। वास्तव में वे अपने युग से इतने आगे थे कि गम्भीरतापूर्वक एक ऐसे सार्वभौमिक धर्म की बात सोचते थे जिसे एक दिन सारी मानव जाति स्वीकार कर ले।[30]

१८०३ में ही, जब राममोहन ने अपनी पुस्तक **तुहफ़त-उल-मुवाहिदीन** लिखी, इस विचार का बीज उनके मन में अंकुरित हो चुका था। अपनी दूर-दूर की यात्राओं का उल्लेख करते हुए उन्होंने **तुहफ़त** में लिखा था—"मैंने पाया कि सब देशों के रहने वाले सामान्यत: इस धारणा पर एकमत हैं कि प्रत्येक वस्तु को जन्म देने और नियंत्रित करने वाली काई परम सत्ता है···एक अनंत सत्ता की ओर उन्मुख होना मानव-मन की स्वाभाविक प्रवृत्ति है।"[31] राममोहन ने ही पहले-पहल इस बात पर ज़ोर दिया कि सत्ता की एकता में आस्था—चाहे उसे ईश्वर कहें या और कोई नाम दें—और मानव-मूल्यों की स्वीकृति सब धर्मों के मूलभूत सिद्धान्त हैं। बाद में, सभी धर्मों की मूलभूत एकता की यह स्वीकृति भारतीय चिन्तन की प्रमुख विशेषता हो गई। यह विवेकानंद, टैगोर और राधा-कृष्णन के लेखन से स्पष्ट है।

राममोहन के कार्य के इस पक्ष पर शिवनाथ शास्त्री ने अपनी पुस्तक **हिस्ट्री ऑफ़ द ब्राह्म समाज** में भली-भाँति प्रकाश डाला है—"राजा की शिक्षाओं का कुल योग······यह है कि एक सच्चे ईश्वर का सिद्धांत सभी धर्मों का सामान्य तत्त्व है; और इसलिए मानव-जाति के सार्वभौम धर्म का मूलभूत अंश है; पर उस सार्वभौम धर्म का व्यावहारिक उपयोग सदा स्थानीय और राष्ट्रीय होगा। नए युग के अग्रदूत के रूप में उन्होंने मनुष्यों के सामने एक नया धर्म रखा, जिसकी सहानुभूतियाँ सार्वभौमिक थीं, पर जिसका मूलभूत सिद्धान्त यह था कि "मनुष्य की सेवा ही ईश्वर की सेवा है।"[32] उनकी मृत्यु के चार वर्ष पहले सार्वभौमिक धर्म पर उनकी एक पुस्तिका प्रकाशित हुई थी, जिसमें उन्होंने "सब धर्मों का 'लघुतम समापवर्तक' लिया, और वह सब छोड़ दिया जो एक धर्म को दूसरे से अलग करता है।"

सामाजिक और राजनीतिक चिन्तन के मामले में भी वे अपने देश के पार देखते थे। ब्राह्म समाज की स्थापना के केवल दो वर्ष बाद, वे इगलैंड गये और वहाँ के उनके कुछेक भाषण आश्चर्यजनक रूप में आधुनिक लगते हैं। उन्होंने प्रत्येक देश की राष्ट्रीय स्वाधीनता और विभिन्न राष्ट्रों के बीच सांस्कृतिक विनिमय के आधार पर समस्त मानव-जाति की एकता की बात

उठाई। उन्होंने कहा, "सामाजिक नियम एक-दूसरे के अभिप्राय की समझ पर निर्भर होते हैं।" राममोहन पहले भारतीय थे जिन्होंने प्रस की स्वाधीनता का समर्थन किया, और इस विषय पर उनकी पुस्तिका में मिल्टन की एरिओ-पैजिटिका का पूरा जोश-खरोश मौजूद है।

इंगलैंड में रहते हुए राममोहन ने यूरोपीय आन्दोलनों और विचारों से घनिष्ठ संपर्क बनाए रखा। उन्होंने सुधार-विधयेक का ध्यानपूर्वक अध्ययन किया; नई शिक्षा-व्यवस्था के लिए वैज्ञानिक प्रगति के निहितार्थों के मूल्यांकन का प्रयास किया; सामाजिक लोकतन्त्र की धारणा के विकास का अनुसरण किया; और यूरोप के बहुत-से छोटे देशों में उभरती हुई राष्ट्रीयता में रुचि ली। दस वर्ष पहले उन्होंने बकिंघम को नेपल्स की स्थिति के बारे में एक पत्र में लिखा था—"नेपल्सवासियों का पक्ष हमारा पक्ष है।" अब उन्हें इस बात का अवसर मिला कि उन राजनीतिक शक्तियों को अधिक समीप से देख सकें जो धीरे-धीरे पर दृढ़तापूर्वक स्वाधीनता का क्षेत्र विस्तृत कर रही थीं।[33] नेपोलियन की (जिसके लिए राममोहन के मन में बड़ा प्रशंसा का भाव था) पराजय के बाद प्रतिक्रियावादियों को अस्थायी तौर पर प्रधानता मिल गई थी, पर यह स्पष्ट था कि पुरानी सामन्ती व्यवस्था अब कभी फिर न स्थापित हो सकेगी।

राममोहन राय का हाउस ऑफ़ लार्ड्स में परिचय कराया गया और पेरिस में वे लुई फ़िलिप के अतिथि रहे। पर वे स्वयं युग के प्रमुख राजमर्मज्ञों, दार्शनिकों और इतिहासकारों से परिचय को कहीं अधिक महत्त्व देते थे। उन्होंने बेंथम और मिल, फॉक्स और ऑवेन, रोस्को और स्पुरज़ीम से विचार-विमर्श किया था।[34] इसमें कोई संदेह नहीं कि यदि राममोहन राय दस वर्ष और जीवित रहते तो यूरोप में जो कुछ उन्होंने आत्मसात किया था उसमें वे भारत के उदारपंथी आन्दोलन को बहुत ही समृद्ध करते। सितम्बर १८८३ में ब्रिस्टल में उनकी मृत्यु भारतीय चिन्तन का एक बड़ा भारी दुर्भाग्य था।

: २ :

(क) राममोहन राय के जीवन में हमें कोई अचम्भे, कोई आकस्मिक निर्णय, कोई आन्तरिक संघर्ष नहीं मिलते। उनके जीवन में कोई परस्पर-विरोधी घटनाएँ नहीं हैं। उनके अध्ययन, उनके कार्य, उनके संघर्ष तक, सभी सुनियोजित थे। देवेन्द्रनाथ टैगोर की स्थिति, जो ब्राह्म समाज के संस्थापक की मृत्यु के बाद उसके सबसे महत्त्वपूर्ण नेता थे, इससे एकदम भिन्न है। जहाँ राममोहन पोर-पोर में तर्कनावादी थे, देवेन्द्रनाथ प्रायः तर्कना से अन्तःप्रज्ञा की

ओर चले जाते और फिर तर्कना की ओर लौट आते। उनमें कविसुलभ प्रवृत्ति बड़ी प्रबल थी, जबकि राममोहन, साहित्य के प्रति उदासीन न होने के बावजूद, स्वभाव से कवि नहीं थे। वे अपने कार्यों को आकस्मिक घटनाओं से कभी न प्रभावित होने देते थे। इसके विपरीत देवेन्द्रनाथ के जीवन के महत्त्व-पूर्ण मोड़ों की जड़ में आकस्मिक घटनाएँ मिलती हैं।[३५] राममोहन की ज़िन्दगी का ढंग कभी नहीं बदला। वे जीवन-भर व्यावहारिक व्यक्ति रहे, सदा अपने विचारों के प्रचार और अपनी सुधार-सम्बन्धी योजनाओं की पूर्ति के संघर्ष के केन्द्र में रहे। दूसरी ओर देवेन्द्रनाथ प्रायः अपना व्यावहारिक कार्य बीच ही में छोड़कर वर्षों जैसे एकांतवास के लिए चले जाते। इस बात से कि ब्राह्म समाज का भार देवेन्द्र नाथ-जैसे व्यक्ति के कन्धों पर पड़ा और वे उस आन्दोलन में नई रूह फूंक सके, राममोहन के विचारों की शक्ति और गतिमानता ही सिद्ध होती है।

(ख) राममोहन के सबसे सक्रिय सहयोगी देवेन्द्रनाथ का जन्म मई १८१७ में कलकत्ता में राजा द्वारकानाथ टैगोर के घर हुआ था। उनकी शिक्षा राममोहन द्वारा स्थापित संस्थाओं में हुई थी—पहले एंग्लो-हिन्दू स्कूल में और फिर हिन्दू कॉलेज में। बचपन में भी उनका स्वभाव निष्कपट और संवेदनशील था। अठारह वर्ष की उम्र में एक घनिष्ठ व्यक्ति की मृत्यु के बाद, उन्हें एक आध्यात्मिक संकट का अनुभव हुआ। उन्हें सब लौकिक वस्तुएँ अयथार्थ लगने लगीं और वे ध्यान में डूबे रहने लगे। पर शीघ्र ही उन्होंने अपनी इस मनोदशा पर विजय प्राप्त की ओर वे दर्शन तथा धर्म के गहन अध्ययन की ओर उन्मुख हुए।

तभी वह घटना घटी जो उनके आध्यात्मिक विकास के लिए निर्णायक सिद्ध हुई। एक दिन हवा में उड़ता-उड़ता किसी फटी हुई पोथी का एक पृष्ठ उनके हाथ लगा। उस पर नज़र डालने पर उन्हें उसमें उपनिषदों का एक श्लोक लिखा मिला जिसका प्रारम्भ इन शब्दों से होता था, 'ईषावास्यम् इदं सर्वं यत्किंच जगत्यांजगत्', अर्थात् जो कुछ है वह सब ईश्वर से व्याप्त है।[३६] वे इस श्लोक पर गंभीरतापूर्वक विचार करते रहे और इस निष्कर्ष पर पहुँचे कि भारत की सबसे प्रमुख आवश्यकता एकमात्र सर्वव्यापी देवता में आस्था के ऊपर आधारित सच्चे धर्म की है। उन्होंने इस विचार की अपने कुछ मित्रों के साथ—जिनमें अक्षयकुमार दत्त सबसे प्रमुख थे—चर्चा की और शीघ्र ही धर्म और दर्शन के मूलभूत सिद्धांतों के अध्ययन के लिए एक समाज की स्थापना हुई, जिसका नाम था तत्त्वबोधिनी सभा। इस सभा की ओर उस युग के कुछेक सबसे निःस्वार्थ, पंडित और जागरूक व्यक्ति आकर्षित हुए। उसने भारत

की धार्मिक विरासत के सबसे उदात्त पक्षों के ज्ञान के प्रचार में बड़ा भारी योग दिया। तत्त्वबोधिनी सभा की स्थापना 'बंगाल के साहित्यिक और आध्यात्मिक इतिहास में एक नए युग के सूत्रपात की सूचक है।'[३७]

१८४३ में देवेन्द्रनाथ अपने बीस सहयोगियों के साथ ब्राह्म समाज मे शामिल हो गए, जो उस समय उदार चिन्तन का एकमात्र मंच था। तत्त्व-बोधिनी सभा का समाज में विलयन कर दिया गया और तत्त्वोबोधिनी पत्रिका के नाम से एक नई पत्रिका का प्रारम्भ हुआ। उसमें लिखने वालों में ईश्वर-चन्द्र विद्यासागर और राजेन्द्रलाल मित्र-जैसे विख्यात व्यक्ति थे। इसके बाद ही ब्राह्म धर्म की शिक्षा देने के लिए तत्त्वबोधिनी पाठशाला की स्थापना हुई। देवेन्द्रनाथ को भी राममोहन राय की भाँति ही ईसाई धर्म-प्रचारकों और हिन्दू कट्टर-पंथियों के विरोध का सामना करना पड़ा।

तीव्र उत्तेजित वादविवाद के केन्द्र बनने वाले प्रश्नों में एक था वेदों की कल्पित अमोघता। 'सुधारवादियों' तक में बहुत-से ऐसे लोग थे जो इस प्रश्न पर बहुत दूर तक जाना नहीं चाहते थे। वे इस विचार से पीछे हटते थे कि पवित्र धर्मग्रन्थों को भी 'अन्य' चाहे जितनी गम्भीर और प्रेरणादायक, धर्म-सम्बन्धी पुस्तकों' की कोटि में रखा जाए। देवेन्द्रनाथ की प्रेरणा से कुछ छात्रों को प्रामाणिक ग्रन्थों को देखने के लिए बनारस भेजा गया और कुछ महीनों बाद वे स्वयं भी वहाँ गये।[३८] दीर्घ अध्ययन और पंडितों से विचार-विनिमय के बाद उन्हें लगा कि वेदों की अमोघता का विचार बाद की उपज है जिसका प्राचीनतम परम्परा में कोई आधार नहीं है। इसलिए उन्होंने घोषणा की कि ब्राह्म समाज इस विचार को अस्वीकार करता है कि वेदों में कोई भूलें या त्रुटियाँ हो ही नहीं सकतीं। किन्तु इस प्रश्न पर उनकी झिझक पूरी तरह कभी नहीं मिटी। इसके विपरीत कर्मकाण्ड और मूर्तिपूजा के बारे में वे आजीवन राममोहन के विचारों के दृढ़ समर्थक रहे। बंगाल के राष्ट्रीय पर्व-पूजा समारोह के दिनों में देवेन्द्रनाथ मूर्ति-पूजा के आयोजनों में भाग लेने से बचने के लिए लम्बी यात्राओं पर निकल जाते थे। जहाँ तक कर्मकाण्ड का सवाल है वे अपूर्व साहस के साथ अपने पिता के श्राद्ध आयोजन तक में नहीं सम्मिलित हुए। कट्टरपंथियों को इससे अधिक किसी बात ने नहीं रुष्ट किया, पर देवेन्द्रनाथ अडिग रहे।

कुछ वर्षों बाद देवेन्द्रनाथ को लगा कि ब्राह्म समाज को अब कुछ अधिक सुस्पष्ट दार्शनिक आधार देने की आवश्यकता है। उन्होंने पूर्णतः उपनिषदों पर आधारित एक प्रार्थना पुस्तक तैयार की। इस पुस्तक का नाम है **ब्राह्म धर्मग्रन्थ।**

इसकी रचना एक गहन धार्मिक प्रेरणा से हुई थी और वह एक ही बार में लिखा दी गई थी। इन दिनों के उनके प्रवचन भी भाव और चिन्तन की तीव्रता से ओतप्रोत हैं। बाद में वे **ब्राह्म धर्म व्याख्यान** शीर्षक से प्रकाशित हुए।

१८५६ में देवेन्द्रनाथ हिमालय की यात्रा के लिए निकल पड़े। हिमालय प्रदेश में बहुत दिनों रहने के कारण प्रकृति के शान्तिपूर्ण संसर्ग में रहने की ललक उनमें फिर से जाग उठी। कलकत्ता लौटने पर वे फिर ब्राह्म समाज के सर्वमान्य नेता के रूप में अपने काम में जुट गए। भारतीय चिन्तन की दृष्टि से, समाज में उनके कार्य के अन्तिम वर्षों की सबसे महत्त्वपूर्ण घटना थी आन्दोलन में केशवचन्द्र सेन का प्रवेश। कुछ ही वर्ष बाद संगठन में फूट पड़ने लगी। उसके तरुण नेताओं का विचार था कि देवेन्द्रनाथ पुराण-पंथियों से समझौता कर रहे हैं और राममोहन के दिनों का क्रान्तिकारी उत्साह धीरे-धीरे कम होता जा रहा है। मतभेदों और फूट को लेकर अनावश्यक रूप से उत्तेजित हुए बिना, देवेन्द्रनाथ ने धीरे-धीरे अवकाश ले लिया और १६०५ में अपनी मृत्यु तक वे एकान्तवास का जीवन विताते रहे।

कुछ दिनों तक देवेन्द्रनाथ का रामकृष्ण परमहंस के साथ काफ़ी घनिष्ठ सम्पर्क रहा। रामकृष्ण परमहंस को व्यक्तियों की क्षमता को पहचानने की बड़ी अद्भुत अन्तःदृष्टि थी। उन्होंने देवेन्द्रनाथ से पहली ही भेंट के बाद कहा था—"निस्सन्देह ये बड़े महान् व्यक्ति हैं।"[३६] देवेन्द्रनाथ के नाम से मन में किसी गतिमान क्रान्तिकारी की, पंडित की, बड़े भारी वक्ता या सुयोग्य संगठनकर्ता की, तस्वीर नहीं बनती। न उससे हमें किसी असांसारिक, समाज से कटे हुए, एकांतवासी व्यक्ति की ही तसवीर सूझती है। बल्कि हमारे मन में एक उदार महात्मा का, दया और विनय से परिपूर्ण व्यक्ति का, विचार आता है। जैसे-जैसे समय बीतता गया उनका व्यक्तित्व सांसारिक सम्बन्धों को तोड़े बिना ही अधिकाधिक ऋषियों-जैसा होता गया और उनके भक्त उन्हें सहज ही महर्षि कहने लगे।

देवेन्द्रनाथ ने अपने जीवन के प्रारम्भिक वर्ष वैभव में बिताए थे। पर उनके जीवन में कोई ह्रासोन्मुखता नहीं थी। उनके वैभव के भोग में आसक्ति इनती नहीं जितनी परिष्कारिता और सुसंस्कृति थी। उन्होंने आजीवन अपने सुसंस्कृत तौर-तरीके, अपनी क्रांतिकारी भाषण-शैली, अपनी विनयशीलता तथा उस अभिजात संस्कृति के वे अन्य सभी गुण, जो हिन्दू और मुस्लिम परम्पराओं के मिश्रण से विकसित हुए थे, कभी न छोड़े। अहंकार ने उन्हें

कभी नहीं छुआ। वे कहते थे—"नदी जैसे विनीत बनो। नदी धरती को उर्वर करने के लिए धूलिधूसरित होने पर पहाड़ों से नीचे उतरती है।"[४०] प्रथम हिमालय यात्रा के बाद प्रकृति की सुन्दरता और शांति के प्रति संवेदनशीलता उनके स्वभाव की प्रमुख विशेषता बन गई थी। हिमालय में अपने दो वर्ष के निवास के विषय में उन्होंने लिखा है—"ऊपर चढ़ने के साथ-साथ मेरा मन भी ऊँचा चढ़ता जाता था। एक दिन एक पहाड़ी धारा को ताकते-ताकते अचानक मुझे लगा कि मेरी शिक्षा समाप्त हुई और अब मुझे सक्रिय उद्यमपूर्ण जीवन में लौट जाना चाहिए।"[४१] हिमालय में उन्हें "भूमि का वह दृश्यबंध मिला जिसकी आत्मा के नाटक के लिए आवश्यकता होती है।"[४२]

: ३ :

(ग) राममोहन से भिन्न देवेन्द्रनाथ ने जो दार्शनिक तथा धार्मिक दृष्टिकोण अपनाया, उसमें ईसाई धर्म का प्रभाव बहुत कम दीख पड़ता है। प्रारम्भिक दिनों में तो वे ईसाई धर्म की उपेक्षा ही करते रहे। बाद में उन्हें इस बात का विश्वास हो गया कि ईसाई धर्म-प्रचारक भारत में एक ऐसा ईश्वरवादी धर्म विकसित करने में कोई सहायता नहीं कर सकते जो उसकी अपनी प्राचीन परम्पराओं के अनुकूल, किन्तु अन्धविश्वासों से मुक्त हो। १८४५ में वे धर्म-परिवर्तन के विरुद्ध आन्दोलन में भी सम्मिलित हुए। उनके लेखन में जीसस का शायद ही कोई उल्लेख मिले। किन्तु स्वयं ईसाई धर्म की ओर न खिंचने पर भी वे उन कुछेक धर्म-प्रचारकों के बड़े प्रशंसक थे, जो भारतीय समाज के उत्थान के लिए उदारमना और निःस्वार्थ प्रयत्न कर रहे थे।

ब्रिटिश उदारतावाद और यूरोपीय वस्तुनिष्ठावाद के रूप में पश्चिम के धर्म-निरपेक्ष चिन्तन ने भी उन्हें बहुत प्रभावित नहीं किया; यद्यपि परोक्ष रूप से, राममोहन के लेखन द्वारा, कुछेक पाश्चात्य विचारों और मूल्यों का थोड़ा असर उन पर अवश्य हुआ। देवेन्द्रनाथ की विश्व-दृष्टि पूरी तरह भारतीय थी। जैसा उनके पुत्र सत्येन्द्रनाथ टैगोर ने कहा है—"वे प्राचीन भारत को शुद्ध नैतिकता और धर्म का आश्रयस्थान मानते थे। आधुनिक युग में ऐसा दूसरा व्यक्ति मिलना कठिन है, जो उनकी भाँति प्राचीन ऋषियों-जैसी भावना से इतनी सचाई और गहराई से परिपूर्ण हो।"[४३] किन्तु यहाँ यह कहना आवश्यक है कि देवेन्द्रनाथ ने इस्लाम के प्रभाव द्वारा रूपान्तरित औपनिषद् दर्शन और धर्म की परम्पराओं को ही आत्मसात किया था। फ़ारसी साहित्य में वे डूबे हुए थे और प्रायः हाफ़िज़ के प्रति—'उस श्रद्धेय पागल व्यक्ति' के प्रति—अपने प्रेम का उल्लेख किया करते थे। वास्तव में टैगोर-परिवार को कट्टरपंथियों ने उसके

मुसलमानों के साथ घनिष्ठ सम्पर्क के कारण समाज से बहिष्कृत कर रखा था; टैगोर परिवार के लोग 'पिराली ब्राह्मण' कहलाते थे।[४४]

"महर्षि की उपनिषदों की व्याख्या", विपिनचन्द्र पाल ने लिखा है, "न तो वेदान्ती है न वैष्णव, बल्कि मुख्यतः इस्लामी है। इस्लामी भक्ति ही ईश्वर की अवधारणा में किसी प्रकार का मनुष्यत्वारोपण, अथवा ईश्वरके प्रेम की सिद्धि में किसी प्रकार की प्रतीकात्मकता का आभास तक सहन नहीं कर सकती। देवेन्द्रनाथ ने अपने धार्मिक जीवन और भावात्मक संस्कार की गहनतम प्रेरणा इसी भक्ति से प्राप्त की थी।"[४५] यह मूल्यांकन बहुत हद तक सही है। मूर्तिपूजा से उनके विरोध की चर्चा पहले की जा चुकी है। दार्शनिक स्तर पर उपनिषदों के विषय में देवेन्द्रनाथ का दृष्टिकोण इस बात से प्रकट होता है कि शंकराचार्य द्वारा निरूपित वेदान्त की वे प्रायः आलोचना करते थे। यह आलोचना उनके ब्राह्मधर्म ग्रन्थ में मूलभूत सिद्धांतों के वक्तव्य में ही निहित है और जहाँ वे माया की अवधारणा की निन्दा करते हुए शंकराचार्य से अपनी असहमति प्रकट करते हैं, वहाँ स्पष्ट प्रकट है।[४६]

जिस तत्वमीमांसा में स्व और ब्रह्म पूरी तरह एकाकार हों वह निश्चित रूप से उन्हें स्वीकार न थी। इस प्रश्न पर उनके विचार इतने दृढ थे कि शुरू में तो वे केवल शंकराचार्य के ही विरुद्ध थे, पर बाद में उपनिषदों के सूत्र तत्-त्वमसि की भी आलोचना करने लगे थे।[४७] उन्हें लगता था कि ससीम व्यक्ति की स्वाधीनता का विरोधी हर सिद्धान्त एकेश्वरवाद की सच्ची भावना के विरुद्ध है। रामकृष्ण परमहंस के साथ एक वार्त्तालाप में एक बार देवेन्द्रनाथ ने इस विषय में अपने विचार एक बड़े सुन्दर रूपक द्वारा व्यक्त किये थे। उन्होंने कहा था—"जगत् एक झाड़-फ़ानूस की भाँति है जिसमें प्रत्येक जीव अलग-अलग जलती हुई बत्ती है। मनुष्य ही ईश्वर के गौरव को व्यक्त करता है। नहीं तो, जगत् को कौन जान सकता है? बत्तियों के बिना झाड़-फ़ानूस को कोई नहीं देख सकता।"[४८] इस भाँति उनका दर्शन निरपेक्ष ब्रह्मवाद का स्पष्ट विरोधी है। उनके कुछ अनुयायी उनके वेदान्त को अस्वीकार करने से प्रसन्न न थे। विख्यात विद्वान् सीतानाथ तत्त्वभूषण ने लिखा है—"महर्षि के नेतृत्व में ब्राह्म समाज द्वारा वेदान्त का त्याग बड़ी भारी भूल थी। उसके कारण धर्मग्रन्थों की उपेक्षा हुई और आध्यात्मिक निष्फलता बढ़ी। उसने प्राचीन और अर्वाचीन के बीच एक अनावश्यक खाई पैदा कर दी।"[४६] यह बड़े आश्चर्य की बात है कि स्वयं एक तर्कनावादी और मानवतावादी विद्वान् होकर भी सीतानाथ ने ऐसी बात कही। देवेन्द्रनाथ ने प्राचीन और अर्वाचीन के बीच कोई खाई नहीं पैदा की; उल्टे

उन्होंने प्राचीन को अर्वाचीन के लिए अधिक स्वीकार्य बनाने का प्रयास किया। और जहाँ तक 'आध्यात्मिक निष्फलता' का प्रश्न है, केवल इतना स्मरण रखना पर्याप्त है कि रवीन्द्रनाथ की उत्कृष्ट रचनात्मक उपलब्धि अपने पिता की अ-वेदान्तीय विश्व-दृष्टि से ही सीधे-सीधे प्रेरित थी। टैगार की रचनाओं में दर्शन, धर्म और काव्य समन्वित होकर एक सामान्य आध्यात्मिक दृष्टि के रूप में अभिव्यक्त हुए हैं।

बाद के दिनों में देवेन्द्रनाथ रहस्यवाद की ओर अधिकाधिक खिंचते गए। उनमें ध्यान और मनन की प्रवृत्ति शुरू से ही थी। इस प्रवृत्ति में महान् प्रकृतिप्रेम भी जुड़ गया तो उनका मन सत्ता के प्रति तर्कोपरि अभिवृत्ति की ओर उन्मुख हुआ। उनकी आत्मकथा में उस आन्तरिक असन्तोष का सुन्दर विवरण है जो हर रहस्यवादी के जीवन में विशेष रूप से पाया जाता है। एवलिन अंडरहिल ने देवेन्द्रनाथ की मानसिक व्यथा और क्लांति की तुलना प्रारम्भिक ईसाइयों की आलोक-प्राप्ति से उत्पन्न आनन्द के पहले की 'शुष्कता' से की है।[५०] वे भी प्रायः पहले अस्थिरता के लम्बे दौर से गुजरते थे, फिर अकस्मात् ही उनकी चेतना उच्चतम स्तरों तक उठ जाती थी।

देवेन्द्रनाथ का रहस्यवाद उनके ईश्वरवाद का चरम रूप था। रहस्यमयता की स्थिति में उनकी ईश्वर-सम्बन्धी अवधारणा इतनी व्यापक हो गई कि विचारों के भेदाभेद अन्यापवर्जी नहीं रहे। अंडरहिल के ही शब्दों में "देवेन्द्रनाथ की आत्मकथा में हमें वह समन्वय मिलता है जो शायद रहस्य चेतना की उच्चतम उपलब्धि है। एक जीवंत सम्पूर्णता में, एक व्यापक गहन अन्तःप्रज्ञा में ईश्वर के उन वैयक्तिक और तात्त्विक पक्षों का विलयन, जिनके रूप में उसके अस्तित्व का बोध होता है।"[५१] ईश्वर का सर्वव्यापकत्व अब तर्कसिद्ध विश्वास के बजाय एक अनुभूत सत्य हो जाता है। उनका परम सत्ता का वर्णन अधिकाधिक काव्यात्मक होता जाता है। "अपने सामने खड़े पेड़ को हम देखते हैं, छूते हैं; पर उसको सहारा देने वाले देश को हम न देख सकते हैं न छू सकते हैं। हम शाखाओं और फूलों को देख सकते हैं, पर जिस काल में वे वृद्धि पाते हैं उसे नहीं देख सकते। इसी प्रकार एक चेतन सत्ता अदृश्य और अछूती ही सम्पूर्ण पेड़ में परिव्याप्त रहती है।"[५२]

: ३ :

(क) "राममोहन ने द्वार उन्मुक्त कर दिया था, केशव आए और बौद्धिक क्षितिज का विस्तार हुआ।" इन शब्दों में रवीन्द्रनाथ टैगोर ने सबसे गतिमान ब्राह्म-नेता केशवचन्द्र सेन की स्मृति में श्रद्धांजलि अर्पित की है। राममोहन

पूरी तरह घिरे रहे; उन्होंने बंगाल में तो ब्राह्म समाज की स्थापना की, पर देश के अन्य भागों में उसका संदेश पहुँचाने का समय उन्हें नहीं मिला। केशवचन्द्र सेन ने ही इस नए आन्दोलन को वास्तविक राष्ट्रीय रूप दिया। जैसा कि एक परवर्ती लेखक ने लिखा है—"केशव के प्रयत्नों से पुराने ब्राह्म समाज की यांत्रिक सारसंग्रही वृत्ति ने एक रासायनिक प्रक्रिया का रूप धारण किया।"[५३] उनका उत्साह इतना संक्रामक था कि अपने सहयोगियों के ऊपर उनका प्रभाव राममोहन के अपने समकालीनों पर प्रभाव से कहीं ज्यादा प्रबल हुआ। उनमें न केवल तरुणों को बल्कि अपने अग्रजों को भी सहमत करा लेने की अपूर्व प्रतिभा थी। उनके प्रभाव से ही देवेन्द्रनाथ टैगोर, जो केशव को नए आन्दोलन में लाए थे, अपनी हिचक को दूर करके धर्म के विषय में एक आमूल नवीन दृष्टिकोण की ओर उन्मुख हुए थे। केशव ही ने पहले-पहल रामकृष्ण परमहंस के महत्त्व को समझा, उनके विचारों को लोगों के सामने रखा और स्वयं उनको आधुनिक चिन्तन-पद्धतियों से परिचित कराया।[५४]

कई प्रकार से केशव अपने युग से बहुत आगे थे। ब्राह्म-नेताओं में सबसे पहले उन्होंने ही स्त्रियों के उद्धार का काम उठाया, इतिहास की नई व्याख्या का प्रयास किया और नए विचारों की अभिव्यक्ति के उपयुक्त बंगला भाषा की आधुनिक गद्य-शैली विकसित की। वे नये बौद्धिक, प्रेरणादायक तत्त्वों के प्रति निरन्तर ग्रहणशील रहते थे और जब तक उनमें दूसरों को भी साझीदार न बना लेते उन्हें चैन न आता था। उनके बारे में देवेन्द्रनाथ ने कहा है—"वे जो कुछ सोचते थे उसे अभिव्यक्त कर सकते थे, जो कुछ अभिव्यक्त करते थे उसे कर सकते थे। जो कुछ करते उसका दूसरों से अनुकरण करा सकते थे।"[५५]

(ख) केशवचन्द्र सेन का जन्म १६ नवम्बर १८३८ को हुआ था। उनकी वंश-परम्परा बंगाल के प्राचीन सेन व राजाओं तक जाती थी। बाद में परिवार के भाग्य का सितारा डूबने लगा और सत्रहवीं शताब्दी में सेन-परिवार कलकत्ता से कोई पच्चीस मील दूर हुगली नदी के किनारे गरीफ़ा गाँव में बस गया। केशव के पितामह, रामकमल सेन, ने अंग्रेज़ी शिक्षा प्राप्त की थी। विलसन, कोलब्रुक-जैसे विख्यात प्राच्यविद्याविदों के सहयोगी रहे और एशियाटिक सोसायटी के मंत्री बने। उन्होंने परिवार के लिए यश और धन दोनों का ही अर्जन किया और कलकत्ता में एक विशाल भवन बनवाया। केशव के पिता, प्यारे मोहन सेन, भी सुशिक्षित और सुसंस्कृत व्यक्ति थे। दुर्भाग्यवश उनकी मृत्यु बहुत जल्दी ही हो गई और केशव का पालन-पोषण उनकी माँ शारदा सुन्दरी

ने ही किया जो स्वयं बड़ी साहसी और दृढ़निश्चय वाली महिला थीं।

केशव की शिक्षा हिन्दू कॉलेज में हुई, जहाँ वे उस ज़माने के उदारतावादी आन्दोलन की ओर आकर्षित हुए। उनका अध्ययन बड़ा विस्तृत था और दो वर्ष तक वे पश्चिमी समाजशास्त्र और दर्शन के अध्ययन में पूरी तरह डूबे रहे। कार्लाइल और इमर्सन का उन पर गहरा प्रभाव पड़ा, पर शुद्ध दार्शनिकों को भी उन्होंने बड़े परिश्रम के साथ पढ़ा। इसी समय उन्होंने संगत सभा की स्थापना की जो समसामयिक विषयों पर वाद-विवाद का मंच बन गई। राजनारायण बोस की एक पुस्तिका **ब्राह्मवाद क्या है ?** अकस्मात् हाथ लगने से वे ब्राह्म समाज की ओर आर्कर्षित हुए। देवेन्द्रनाथ ने उनमें व्यक्तिगत रुचि ली और शीघ्र ही वे उसके उत्साही कार्यकर्त्ता बन गए।

१८५९ में ईश्वरचन्द्र विद्यासागर के इस्तीफ़ा देने पर केशव देवेन्द्रनाथ के साथ समाज के संयुक्त मन्त्री बने। वे दोनों साथ ही लंका की यात्रा पर गये और केशव ब्राह्म धर्म का सन्देश दूर-दूर तक पहुँचाने के विचार से उत्साहित हो उठे। यूरोप और अमरीका के उदारतावादी विचारकों से उन्होंने विस्तृत पत्र-व्यवहार किया। अब वे अपनी बैंक ऑफ़ बंगाल की नौकरी छोड़कर सारे समय समाज का ही कार्य करने लगे। उनके बहुत-से साथियों ने भी अपने सांसारिक कार्य छोड़ दिए। ब्राह्म समाज अब प्रबल रूप से धर्मप्रचारक संस्था बन गया। १८६१ में उन्होंने एक नई पत्रिका, **इंडियन मिरर** का प्रारम्भ किया और इस पत्रिका में उनके सशक्त लेखों से उनकी बड़ी ख्याति हुई। १८६४ में उन्होंने भाषण देने के लिए भारत के दक्षिणी और पश्चिमी प्रदेशों की यात्रा की। बम्बई, पूना और मद्रास में केशव के प्रभावशाली भाषणों के फलस्वरूप ही ब्राह्म समाज एक देशव्यापी आन्दोलन का रूप ले सका। उसी वर्ष उन्होंने धर्म और दर्शन की पत्रिका **धर्मतत्त्व** की स्थापना की।

परवर्ती वर्षों में सामाजिक और धार्मिक प्रश्नों पर केशव के विचार अधिकाधिक उग्र होते गए। आखिरकार १८६६ में समाज के पुराने सदस्यों और केशव के नेतृत्व में तरुण लोगों के बीच मतभेद बहुत तीव्र हो उठा। केशव ने एक नये समाज की स्थापना की, जिसका नाम रखा 'ब्राह्म समाज ऑफ़ इण्डिया'; पुराने संगठन का नाम आदि ब्राह्म समाज रहा। अगले वर्ष केशव इंगलैंड गये। इंगलैंड में उनकी लोकप्रियता और प्रभावशाली कार्य के बहुत-से दिलचस्प विवरण उपलब्ध हैं।[५७] उन्होंने ग्लेडसटन, डिज़राइली, मेक्स मूलर, न्यूमैन, मार्टिनो और मिल से भेंट की। रानी विक्टोरिया से भी वे मिले थे।

केशव के जीवन के अन्तिम पन्द्रह वर्ष दुखद रहे। कुछेक वैयक्तिक मत-

भेदों के कारण उनके बहुत-से मित्र उनके विरोधी हो गए।[५८] ब्राह्म समाज में एक और दरार पड़ी और असन्तुष्ट लोगों ने एक नया दल बना लिया जिसका नाम रखा 'साधारण समाज'। इन्हीं दिनों केशव रामकृष्ण परमहंस के प्रभाव में आए। अब उनके व्यक्तित्व में भावतत्त्व बहुत प्रमुख हो गया और वे अधिकाधिक भक्ति-धर्म की ओर उन्मुख होने लगे। ईसाई और वैष्णव प्रभावों ने मिलकर उनके चिन्तन को एक नया रंग दिया। अन्तिम वर्षों में उनके विचार और भाव बड़ी तीव्रता के साथ उनके १८८१ में प्रकाशित **न्यू डिस्पेन्सेशन** में अभिव्यक्त हुए हैं। १८८४ में केशवचन्द्र की मृत्यु हुई। वे अन्तिम महान् ब्राह्म-नेता थे। उनके जाने के बाद संगठन के रूप में ब्राह्म समाज का प्रभाव धीरे-धीरे घट गया। पर राममोहन, देवेन्द्रनाथ और केशव—इन तीन नेताओं द्वारा प्रवर्तित चिन्तन-धाराओं ने ही आधुनिक युग में भारतीय चिन्तन की प्रगति को बहुत हद तक निर्धारित किया।

(ग) केशव का कहना था कि ब्राह्म धर्म का सार दो अवधारणाओं में रखा जा सकता है—ईश्वर का पितृत्व और मनुष्य का भ्रातृत्व। एक अन्य अवसर पर उन्होंने अपने मत को 'मानवीय कैथलिकवाद' कहा था। यह विवरण सचमुच अच्छा है। केशव के हाथों में ब्राह्म धर्म प्रबल रूप में मानव-केन्द्री हो गया था। ईश्वर-सम्बन्धी वादविवाद का महत्त्व कम हो गया और ईश्वरवाद को वास्तविक मानव-जीवन के सन्दर्भ में फिर से स्थापित करने का प्रयत्न किया गया। राष्ट्रीय और प्रादेशिक सीमाओं से ऊपर उठकर सच्ची विश्वजनीन जीवन-दृष्टि विकसित हुई। केशव ने कहा है—"जिस पुस्तक में भी ऐसे सत्य हों जो आत्मा को उदात्त बनाएँ और चरित्र को ऊपर उठाएँ, वही ब्राह्म का धर्म ग्रन्थ है; और जो भी ऐसे सत्यों की शिक्षा दे वही उसका पथप्रदर्शक है।"[५९]

इस प्रकार केशव उस मार्ग पर चल निकले जिसकी केवल मोटी रूप-रेखा ही राममोहन राय ने बनाई थी। विपिनचन्द्र पाल ने लिखा है—"केशव की सबसे बड़ी देन है उनकी मानव-जाति की धार्मिक एकता की अवधारणा। उनसे पहले इस अवधारणा पर घटाने की पद्धति द्वारा—सब धर्मों को उनके सरलतम रूपों में रखकर—ही पहुँचा जाता था। केशव ने सब धर्मों की मूल-भूत एकता की घोषणा उनके विकास की निम्नतम तथा सरलतम अवस्थाओं में नहीं, बल्कि उच्चतम तथा जटिल अवस्थाओं में की।"[६०] उन्होंने सभी धर्मों के ग्रन्थों से उद्धरण लेकर एक **श्लोकसंग्रह** का संकलन किया। उनका कहना

था—"धर्म और संकीर्णतावाद परस्पर-विरोधी हैं, क्योंकि धर्म का आधार प्रेम है, और धर्म का उद्देश्य विभाजित करना नहीं, एक करना है; दीवारें उठाना नहीं, गिराना है।"[६१] यह विचार कि एक धर्म के सत्य दूसरे धर्म के अनुयायियों के लिए अगम्य होते हैं, पूरे इतिहास में मानव-समाज की विपत्ति का कारण रहा है। ईसाई सन्तों-जैसे शब्दों में केशव ने कहा—"विश्व एक गिरजाघर है तथा प्रकृति सर्वोच्च पुरोहित, और प्रत्येक मनुष्य को अपने पिता के पास पहुँचने का अधिकार है—वह चाहे निरक्षर देहाती हो या विद्वान् दार्शनिक, सिंहासनासीन सम्राट् हो या भिखारी, यूरोपवासी हो या भारतीय।"[६२]

केशव पूर्व और पश्चिम की एकता की चर्चा नितान्त धार्मिक रूप में ही करते थे। उनके कार्य के इस पक्ष पर प्रायः ज़ोर दिया गया है। उदाहरण के लिए रोनाल्डशे ने अपनी पुस्तक हार्ट ऑफ़ आर्यावर्त में कहा है—"केशवचन्द्र सेन ने, किसी भी अन्य व्यक्ति की अपेक्षा, इस बात पर अधिक बल दिया कि यूरोप और एशिया के बीच की खाई दोनों में से किसी की भी जातीय प्रतिभा या जातीय संस्कृति के किसी मूलभूत तत्त्व को छोड़े बिना ही पाटी जा सकती है। उन्होंने दिखाया कि पूर्व और पश्चिम एक-दूसरे के पूरक हैं, विरोधी नहीं।"[६३] कुल मिलाकर यह कथन सत्य होने पर भी, यह जोड़ना आवश्यक है कि केशव पूर्व-पश्चिम की एकता का आधार दर्शन, समाजशास्त्र या राजनीति में नहीं खोजते थे। धार्मिक मैत्री ही उनके लिए पर्याप्त थी।

केशव ने सामाजिक प्रश्नों पर भी बहुत लिखा है। इस कारण प्रायः यह समझा जाता है कि उनके हाथ में ब्राह्म समाज धर्म को छोड़कर समाज-सुधार में लग गया था। किन्तु यह धारणा भ्रामक है। सामाजिक और राजनीतिक सुधारों के विषय में उनके विचार प्रायः इस गांधीवादी दृष्टिकोण का पूर्वाभास देते हैं कि समाजशास्त्र और राजनीति को धर्म से अलग नहीं किया जा सकता। केशव ने कहा है—"समाज-सुधार का आधार धर्म होना चाहिए··· सच्चा धर्म आत्मा में सर्वोच्च सत्ता की प्रतिष्ठा करके भ्रष्टाचार की जड़ों पर कुठाराघात करता है, चाहे वह भ्रष्टाचार व्यक्तिगत चरित्र में हो अथवा सामाजिक संस्थाओं में।"[६४]

यही धार्मिक दृष्टि उनकी इतिहास की समझ में भी मौजूद है। आधुनिक भारतीय-चिन्तकों में केशव पहले व्यक्ति थे जिन्होंने इतिहास के गहनतर अर्थ पर कुछ विचार किया। उनके इतिहास-सम्बन्धी विचारों पर उनके हेगेलीय अध्ययन की छाप स्पष्ट है। उनका कहना था कि चरम सत्ता की अभिव्यक्ति दो क्षेत्रों में दिखाई पड़ती है—प्रकृति और इतिहास। "जगत् में चारों

ओर अभिकल्पना और सौन्दर्य, अनुकूलन और पद्धति के चिह्न दिखाई पड़ते हैं। प्रत्येक पदार्थ से ईश्वर की कारीगरी प्रकट होती है। पर ईश्वर केवल पदार्थ में ही अभिव्यक्त नहीं है। वह एक और क्षेत्र में भी प्रकट होता है, ईश्वर इतिहास में भी है। इस विराट् जगत् को रचने और चलाने वाला राष्ट्रों के भाग्य और कारोबार का भी नियन्त्रण करता है। जो शक्ति हमें लिली और गुलाब में, नदियों और पहाड़ों में दीख पड़ती है, वही मानव-समाज की अर्थ-व्यवस्था को भी नियमित करती है और उसकी प्रबल क्रान्तियों में, उसके विलक्षण उतार-चढ़ाव में, उसकी अग्रगामी गति में भी अदृश्य रूप से सक्रिय रहती है।''[६५]

कभी-कभी केशव इतिहास में आत्मसिद्धि के हेगेलीय विचार को असाधारण व्यक्तियों के महत्त्व के कार्लायलीय विचार से मिला देते थे। "इतिहास वह नहीं है जो उसको ऊपरी तौर पर पढ़ने वाले समझते हैं—निरर्थक तथ्यों का निष्फल समुच्चय, अतीत की घटनाओं का नीरस विवरण। वह तो ईश्वर का उदात्ततम व्यक्तीकरण है और धार्मिक सार्थकता से परिपूर्ण है। इतिहास ईश्वर के पूर्वविधान के ऊपर अनेकानेक विविधतापूर्ण दृष्टान्तों से भरपूर एक विराट् उपदेश है। पर ईश्वर इतिहास में किस प्रकार अपने-आपको व्यंजित करता है? महापुरुषों के द्वारा।"[६६] इसके बाद कार्लायल का उद्धरण दिया हुआ है।

इतिहास में इस रुचि के कारण केशव ने इस प्रश्न का अध्ययन किया कि मानव-जाति की आध्यात्मिक प्रगति में एशिया का विशेष योग है तो क्या है। इस प्रश्न पर भी उनके विचारों में परवर्ती भारतीय चिन्तकों का पूर्वाभास मिलता है। राममोहन ने भारतीय संस्कृति या विश्व-संस्कृति का ही उल्लेख किया था। पर एशियाई एकता का विचार, जो रवीन्द्रनाथ टैगोर और आनन्द-कुमार स्वामी के लेखों में फिर से उभरकर सामने आया, सबसे पहले केशव-चन्द्र ने ही सुझाया था। 'एशियाई एकता' से उनका अभिप्राय यह नहीं था कि एशिया को यूरोप के विरुद्ध एक होकर कोई अपनी अलग धार्मिक या सामाजिक परम्परा विकसित करनी चाहिए। इसके विपरीत उनका विचार था कि एशिया के देशों में पहले से ही एक सामान्य चेतना और सामान्य मूल्य-समुच्चय मौजूद है, और यूरोप इस एशियाई चेतना का प्रभाव प्राचीन युग से ही अनुभव करता आया है।

केशव ने कहा है—'मैं एशिया का बेटा हूँ। उसके दुःख मेरे दुःख हैं, उसका आनन्द मेरा आनन्द है। मुझे इस बात का गर्व है कि एशिया के एक छोर से

दूसरे छोर तक मेरा एक विराट् घर है, उसमें एक व्यापक राष्ट्रीयता और आत्मीयता मौजूद है।"[६७] और चूँकि उन्हें लगता था कि एशिया का भावों और विचारों का अपना एक सामान्य कोष विद्यमान है, इसलिए उन्हें इस बात का पक्का विश्वास था कि ब्राह्म समाज के धर्म को ईसाई धर्म को भी अपने भीतर आत्मसात् कर लेना चाहिए। यदि हिन्दू धर्म ने इस्लाम से इतना कुछ आत्मसात् किया था तो ईसाई धर्म को विदेशी समझने का कोई कारण नहीं। जीसस मुहम्मद से कम एशियाई न थे। "ईसाई धर्म की स्थापना और विकास एशिया वालों ने और एशिया में ही किया। जीसस मेरे पूर्वात्य स्वभाव के समीप है, मेरी पूर्वात्य विचार-पद्धतियों के समीप है। गॉस्पेल की बिम्ब-योजनाओं और रूपकों को, उसके प्राकृतिक वर्णनों, रीति-रिवाजों तथा आचार-विचार के वर्णनों को यूरोप वासियों की अपेक्षा एक एशियावासी कहीं अधिक दिलचस्पी के साथ, उनकी शक्ति और सुन्दरता के कहीं अधिक बोध के साथ, पढ़ सकता है।"[६८] एशिया पर अपने गर्व से प्रेरित होकर वे आगे लिखते हैं—"ईसा में हम न केवल मानवता की श्रेष्ठता देखते हैं बल्कि उस महिमा को भी देखते हैं जिसके प्रति एशियाई स्वभाव ग्रहणशील है।" और उनका निष्कर्ष है—"इसलिए यह ठीक नहीं कि ईसाई धर्म भारतीयों को राष्ट्रीयता-विहीन बनाये। हमें ईसाइयत की भावना को पाश्चात्य सभ्यता के फ़ैशनों से अलग रखना चाहिए।"[६९]

और यह बात केशव के चिन्तन के भीतर ईसाई तत्त्व की ओर सीधा इंगित करती है। राममोहन के ऊपर प्रमुख प्रभाव इस्लाम का था, और देवेन्द्रनाथ के विचार मुख्यतः औपनिषद् हिन्दू धर्म से निर्धारित हुए थे, किन्तु केशव के ऊपर उनके ब्राह्म-नेता के रूप में महत्त्वपूर्ण वर्षों में निर्णायक प्रभाव ईसाई धर्म का ही रहा। एक समय उनके बहुत-से मित्रों को लगा था कि वे धर्म-परिवर्तन करने ही वाले हैं, और निस्सन्देह वे अपने-आपको जेसूदास तो कहा ही करते थे। कभी-कभी ईसाई धर्म से भारत को होने वाले लाभ की उनकी प्रशंसा अतिशयोक्तिपूर्ण और असन्तुलित हो जाती थी। उदाहरण के लिए, "भारत पर किसका शासन है? राजनीति या कूटनीति का नहीं, बल्कि क्राइस्ट का। जीसस के अतिरिक्त अन्य कोई इस चमकीले मूल्यवान रत्न—भारत—के योग्य नहीं। और जीसस को वह अवश्य मिलेगा।"[७०] निस्संदेह ऐसे वक्तव्यों ने केशव तथा ब्राह्म समाज के अन्य नेताओं के बीच दरार को और भी चौड़ा कर दिया था।

जिस सार्वभौमिक धर्म के विचार के ऊपर राममोहन ने ब्राह्म समाज

की नींव रखी थी, वह भी, केशव के अनुसार, ईसाई विचार था। "पूर्व और पश्चिम को एक करने में, यूरोपीय और एशियाई धर्म और चरित्र को एक करने में नया आन्दोलन निष्ठापूर्वक स्वयं क्राइस्ट द्वारा निर्धारित पथ पर चलता है और पश्चिमी और पूर्वी धर्म को संयुक्त करने का प्रयत्न-मात्र करता है। यह क्राइस्ट और क्राइस्ट-विरोधी के बीच सन्धि का नहीं, बल्कि क्राइस्ट में सबके समन्वय का प्रस्ताव है।"[७१] कभी-कभी वे क्राइस्ट के धर्म के प्रति अपनी भक्ति को घोषित करने में बेहद तीव्र शब्दों का प्रयोग करते थे। "मेरा बुरा हो यदि मेरे मन में कोई नया पंथ स्थापित करने की हलकी-से-हलकी इच्छा भी हो। यदि ये होंठ जीसस के विरुद्ध विद्रोह का एक शब्द भी निकालें तो इनका नाश हो। और यदि मैं अपने स्वामी के विरुद्ध किसी भी घृणित महत्त्वाकांक्षा को गौरव दूं तो मेरी नाड़ियों में प्राणदायी रक्त की धारा जम जाए।"[७२]

पर यह स्मरण रखना चाहिए कि केशव कभी केवल ईसाई धर्म के प्रति वफ़ादार होने का दावा नहीं करते थे। ऊपर उद्धत कथन यह भ्रामक धारणा पैदा करते हैं कि वे ईसाई धर्म को अन्य हर प्रकार के ईश्वरवाद से श्रेष्ठतर मानते थे। वास्तव में वे सिर्फ़ इस बात पर ज़ोर देना चाहते थे कि ब्राह्म समाज का धर्म ईसाई धर्म की भावना के अनुकूल है। "हम किसी नए सम्प्रदाय का नहीं बल्कि सम्प्रदाय की मृत्यु और समस्त धर्मों के सार्वभौमिक समन्वय का उपदेश देते हैं।......कहा जाएगा कि सर्वसंग्रही धर्म का विचार-मात्र भी ईसाई धर्म-विरोधी है, और क्राइस्ट को दुनिया के सैकड़ों धर्मों से मिलाना क्राइस्ट से इन्कार करना और उसे नष्ट करना है। पर क्राइस्ट को मिलाना किससे? भूल से? अशुद्धता से? नहीं, हम क्राइस्ट को प्रत्येक धर्म के अन्तर्गत जो कुछ ईसाई है उसी से मिलाते हैं। निश्चय ही यह ग़ैर-ईसाई नहीं है, ईसाई-विरोधी तो और भी कम है!"[७३]

(घ) फिर भी केशव का नया पंथ ईसाई धर्म पर आधारित न था। ऊपर के उद्धरणों में जिस जोश के साथ उन्होंने ईसाई धर्म-प्रचारकों की आलोचनाओं का जवाब दिया है, उससे ही प्रकट है कि केशव ब्राह्मवाद को ऐसा धर्म मानते थे जिसकी जड़ें भारत की धार्मिक परम्पराओं में तो हैं ही, साथ ही जो ईसाई मूल्यों और उपदेशों के भी अनुकूल हैं। बहुत बार उन्होंने इस विषय में अपने विचार बड़ी स्पष्टता से रखे हैं। एक बार उन्होंने कहा था—"हम सब धर्मों का आदर करेंगे, पर हमारा नया पंथ यहूदी, ईसाई या मुसलमान पंथ नहीं हो सकता। मूलतः वह हिन्दू ही रहेगा। हिन्दू जाति द्वारा रोपा गया यह बिरवा

पहले हिन्दुस्तान में अपनी जड़ें गहरी कर ले, फिर अपनी शाखाएँ चारों ओर फैलाए।"[७४]

ब्राह्म समाज विंडीकेटेड नामक एक पुस्तिका में केशव ने लिखा कि ब्राह्म-धर्म में बहुत-से वेदान्तीय सत्य हैं। और १८८१ के एक भाषण में उन्होंने कहा—"विचार करने पर आप पाएँगे कि मानव में देवत्व होने का सिद्धान्त मूलतः एक हिन्दू सिद्धान्त है और जीवन का जो चित्र मैंने खींचा है, वह आदर्श हिन्दू जीवन का चित्र है।"[७५] इन विचारों का उनके कुछ अन्य वक्तव्यों के साथ, जिनमें उन्होंने ईसाई-धर्म को गौरव का स्थान दिया है या जिनमें ब्राह्म-धर्म को सब धर्मों का समन्वय बताया है, मेल बैठाना बहुत कठिन है। हिन्दू धर्म के एक आधुनिक इतिहासकार ने केशव के बारे में लिखा है—"उनका धर्म ब्राह्म तर्कवाद, वैष्णव भावुकता, ईसाई अतिप्राकृतिकवाद और वेदान्तीय रहस्यवाद का मिला-जुला ढेर है। इन सबको एक सुसंगत सम्पूर्णता में समन्वित करने की प्रतिभा उनमें नहीं थी।"[७६]

निस्सन्देह इस आलोचना में सत्य का एक अंश अवश्य है। फिर भी भारतीय चिन्तन के विकास में केशव की देन महत्त्वपूर्ण है। १८२८ में ब्राह्म-समाज की स्थापना के समय की तुलना में अब ईसाई धर्म का प्रभाव बहुत अधिक था; और केशव समझते थे कि भारतीय धार्मिक चिन्तन ने जिस प्रकार एक समय इस्लाम को आत्मसात् कर लिया था उसी प्रकार उसे अब ईसाई धर्म को भी आत्मसात् करना पड़ेगा। इसके अतिरिक्त केशव ने नए आन्दोलन को एक भावात्मक तीव्रता प्रदान की जो उसमें तब तक नहीं थी। रामकृष्ण परमहंस से सम्पर्क होने के बाद उनके विचारों में भक्ति का स्वर प्रबल हो गया। पर उसके भी पहले वे वैष्णव परम्परा की ओर—जो बंगाल में लगभग राष्ट्रीय परम्परा बन गई थी—राममोहन या देवेन्द्रनाथ की अपेक्षा अधिक उत्साह के साथ उन्मुख हो चुके थे।

सेन खानदान ने सोलहवीं शताब्दी में ही चैतन्य आन्दोलन में प्रमुख भाग लिया था। यद्यपि केशव का वैष्णवत्व बहुत दिनों तक प्रसुप्त रहा, पर लगता है कि अपने पूर्वजों की भावप्रवणता उन्हें भी उत्तराधिकार में मिली थी। बाद में उन्होंने बंगला के वैष्णव-साहित्य का अध्ययन किया और विजयकृष्ण गोस्वामी की सहायता से ब्राह्म पूजा में वैष्णव भजनों का समावेश किया।[७७] ब्राह्म आंदोलन के प्रकाण्ड पंडित शिवनाथ शास्त्री ने नए आन्दोलन में केशव के वास्तविक योग का इन शब्दों में वर्णन किया है—"केशव ने ब्राह्म चर्च को भक्ति धर्म का रूप दे दिया। उन्होंने उसे बौद्धिक वेदान्तवाद बनने से बचा लिया।"[७८] बंगाल

के बाहर भी उनकी देन का इसी रूप में स्वीकार किया गया कि उन्होंने राममोहन के नीरस तर्कनावाद को भक्ति और प्रेम की भावना से सरस बनाने का प्रयास किया। केशव के संदेश की महाराष्ट्र में भंडारकार ने उसी प्रकार व्याख्या की जैसी शिवनाथ शास्त्री ने बंगाल में की थी।[७९] सबसे पहले केशव के ही अपने युग के अँग्रेज़ी पढ़े-लिखे युवा-समुदाय को चैतन्य से परिचित कराया। चैतन्य का उल्लेख वे उच्चतम शब्दावली में करते थे, यद्यपि इस प्रसंग में भी ईसाई धर्म की चर्चा करने का लोभ नहीं संवरण कर पाते थे। चैतन्य के मूलभूत सिद्धान्त ईश्वर के समक्ष समानता और उसकी अनुकम्पा तथा भक्ति द्वारा मुक्ति को बताते हुए, उन्होंने लिखा है—"चैतन्य के अनुयायी ही भारतवर्ष में नाज़ारेथ के जीसस की नैतिकता के समीप तक पहुँचे थे। यदि भारत इन सिद्धान्तों पर चले तो वह अनजाने ही गॉस्पेल की पुनरुज्जीवनकारी भावना को आत्मसात् कर लेगा और राष्ट्रीय ढंग से स्वर्ग के राज्य को प्राप्त करेगा।"[८०]

शायद स्वयं केशव भी नहीं समझते थे कि अपने समकालीनों का वैष्णव-आन्दोलन के रत्नकोष से परिचय कराकर कितना महत्त्वपूर्ण कार्य कर रहे हैं। वास्तव में एक चरण आगे बढ़कर यह कहा जा सकता है कि स्वयं केशव ठीक से नहीं जानते थे कि वैष्णव परम्परा कितनी समृद्ध है। वे वैष्णव ईश्वरवाद के केवल धार्मिक और नैतिक पक्षों को तथा उनकी ईसाई धर्म से अनुरूपता को ही देख सके थे। वैष्णव साहित्य की काव्यात्मक संकेतमयता को वे नहीं पहचान पाए थे, जिसके द्वारा रवीन्द्रनाथ टैगोर भारतीय चिन्तन को सौन्दर्योन्मुख बनाने में सफल हुए। किन्तु परवर्ती लेखकों ने यह स्वीकार किया है कि वे प्रेम, सौन्दर्य और भक्ति के एक अभूतपूर्व उमड़ते हुए स्रोत को बाहर लाने में समर्थ हुए थे। यह बात उल्लेखनीय है कि मेक्स मूलर ने जिस प्रकार रामकृष्ण की चर्चा के पहले वेदान्त के मूलभूत सिद्धातों का विवेचन किया उसी प्रकार उन्होंने अपनी पुस्तक **फ्रॉम राममोहन टु रामकृष्ण** में केशवचन्द्र की चर्चा के पहले चैतन्य-आन्दोलन का ऐतिहासिक सर्वेक्षण प्रस्तुत किया है।[८१] इससे प्रकट होता है कि वह महान् प्राच्य विद्याविद् उन्नीसवीं शताब्दी के भारतीय पुनर्जागरण रामकृष्ण और विवेकानंद को वेदान्त के प्रथम प्रतिनिधि और केशव को वैष्णव पुनरुत्थान का अग्रदूत मानता था। कलकत्ता में केशव की जन्म-शताब्दी के अवसर पर राधाकृष्णन ने कहा था—"केशवचन्द्र सेन को हम शंकराचार्य या राममोहन की भाँति नहीं बल्कि चैतन्य की भांति स्मरण करते रहेंगे। उनका स्मरण हम श्रद्धामिश्रित भय या आदर के साथ नहीं बल्कि स्नेह और भक्ति के साथ करते हैं।"[८२]

: ४ :

(क) ब्राह्मसमाज को भारत के किसी अन्य प्रदेश में इतनी उपयुक्त भूमि नहीं मिली जितनी महाराष्ट्र में। उन्नीसवीं शताब्दी के पूर्वार्ध में बंगाल और महाराष्ट्र में बहुत-कुछ सामान्य था भी। इन दोनों ही प्रदेशों ने देश के अन्य भागों की अपेक्षा पाश्चात्य प्रभाव को अधिक गहराई से आत्मसात् किया था। बंगाल में कलकत्ता के अनुरूप ही महाराष्ट्र में बम्बई नगर था जो शिक्षा का केन्द्र, पाश्चात्य जीवन-पद्धति का दर्पण और नए विचारों का प्रचार-केन्द्र था। अन्य स्थानों की अपेक्षा इन प्रदेशों में धर्म-निरपेक्ष विद्वत्ता और वैज्ञानिक अध्ययन की परम्परा पहले विकसित हुई।

किन्तु कुछ बातों में बंगाल और महाराष्ट्र बिल्कुल भिन्न भी थे। इसीलिए महाराष्ट्र में नए आन्दोलन का विकास ठीक उसी प्रकार नहीं हुआ जैसा बंगाल में हुआ था। मराठे भी उसी देशभक्ति और स्वतन्त्रता-प्रेम से अनुप्राणित थे; पर उनके सम्बन्ध में एक अतिरिक्त तत्त्व भी था—कुछ ही दिन पहले तक वे अपने प्रदेश से बाहर भी सैनिक और राजनीतिक सत्ता का उपभोग करते रहे थे। इससे उनके स्वतन्त्रता-प्रेम में एक प्रकार की आक्रामकता आ गई थी। मराठा-शासन के समय धर्म के अधिक कोमल और मानवीय पक्ष गौण हो गए थे। महान् मानवतावादी संतों ने प्रेम और सार्वजनीन भ्रातृत्व का सन्देश दिया था। उसके स्थान पर एक कार्यशीलता और संघर्ष का दर्शन, लड़ाकू कट्टरता का दर्शन प्रमुख हो गया था। ज्ञानेश्वर और तुकाराम, नामदेव और एकनाथ लाखों-करोड़ों लोगों के हृदय में प्रतिष्ठित रहे; पर उच्च-वर्ग अधिकाधिक कट्टरपंथी होते गए। जब तक शिवाजी-जैसे दूरदर्शी और महामना व्यक्ति का नेतृत्व रहा, आक्रामक हिन्दूवाद के साथ-साथ मानवतावादी आन्दोलन भी फलता-फूलता रहा। पर उनके बाद, विशेषकर पेशवाओं के उदय के साथ, सुधार-विरोधी और प्रगति-विरोधी प्रवृत्तियाँ विजयी हो गईं।[८३]

इसी से जुड़ा हुआ बंगाल और महाराष्ट्र का एक अन्य महत्त्वपूर्ण अन्तर है। बंगाल में हिन्दू, बौद्ध और मुस्लिम परम्परा एक साथ कार्यशील रहीं। महाराष्ट्र में एक समय इस्लाम का प्रभाव बहुत गहरा था। महान् संत-कवियों ने इस्लाम के विचारों को आत्मसात किया था। मराठी भाषा पर ही फ़ारसी का व्यापक प्रभाव स्पष्ट है। रीति-रिवाजों, रूढ़ियों में, यहाँ तक कि प्रचलित धार्मिक पूजा तक में महाराष्ट्र की संस्कृति इस्लाम से बहुत-कुछ प्रभावित थी। पर मुसलमानों के विरुद्ध राजनीतिक संघर्ष ने परिस्थिति

बहुत बदल दी। हिन्दू धर्म और इस्लाम के बीच सम्बन्ध यों तो इतने मजबूत थे कि उन्हें एकदम तोड़ देना असम्भव था। फिर भी सत्रहवीं और अठारहवीं शताब्दी में इस्लाम के विरुद्ध विद्वेष के भाव ने महाराष्ट्र के धार्मिक चिन्तन को निर्धारित किया।[८४] इस्लाम और हिन्दू धर्म के मिश्रण पर आधारित संयुक्त संस्कृति जैसी बंगाल में फली-फूली वैसी महाराष्ट्र में न हो सकी। जहाँ तक बौद्ध धर्म का प्रश्न है, यह बात महत्त्वपूर्ण है कि बौद्ध परम्पराएँ देश के अन्य भागों में निष्क्रिय हो जाने के बाद भी बंगाल में प्रभावशील रहीं, पर महाराष्ट्र में से तो बौद्ध धर्म नवीं शताब्दी से ही लुप्त हो गया था। आधुनिक युग में भी महाराष्ट्र के बुद्धिजीवी वर्ग के लिए बौद्ध धर्म का कोई महत्त्व नहीं।[८५] प्रसंगतः, गांधीवाद भी, जो करुणा, अहिंसा और प्रेम के धर्म के रूप में बौद्ध धर्म का उत्तराधिकारी है, देश के अन्य भागों की अपेक्षा महाराष्ट्र में बहुत कम लोकप्रिय हुआ।

इस ऐतिहासिक पृष्ठभूमि से स्पष्ट हो जाता है कि ब्राह्म समाज के सिद्धान्त महाराष्ट्र में क्यों सीमित रूप में ही विकसित हुए। वहाँ उसके लिए भावात्मक प्रेरणा का अभाव था। बंगाल के पास भावावेग बहुत अधिक था; महाराष्ट्र के पास बहुत कम था। बंगाल में विवेकानन्द-जैसे कट्टर वेदान्ती भी प्रेम की भाषा में बात करते थे। महाराष्ट्र में ईश्वरवादी भी बुद्धि की भाषा बोलते थे।

(ख) उदारतावादी आन्दोलन महाराष्ट्र में ब्राह्म समाज के प्रत्यक्ष प्रभाव पड़ने के पहले ही शुरू हुआ था। बहुत-से नेता पहले से ही इस क्षेत्र में बुद्धिवादी चिन्तन के लिए भूमि तैयार कर रहे थे और कर्मकाण्ड-परक बहु-ईश्वरवाद को छोड़कर आध्यात्मिक एकेश्वरवाद के प्रचार में प्रयत्नशील थे। ज्योतिबा फुले, दादोबा पांडुरंग, लोकहितवादी, जाम्भेकर तथा अन्य अग्रदूतों के कार्य के फलस्वरूप ही नव-जागरण की जड़ें महाराष्ट्र में गहरी हो सकीं।

फिर भी १८६४ में बम्बई और पूना में केशवचन्द्र सेन का आगमन निर्णायक महत्त्व का था। कुछ वर्ष बाद, प्रतापचन्द्र मजूमदार, गौर गोविंद राय, अमृतलाल बसु तथा अन्य ब्राह्म-नेता भी बम्बई आए। देवेन्द्रनाथ टैगोर और ईश्वरचन्द्र विद्यासागर के नाम भी प्रगतिशील बुद्धिजीवियों को पहले से ही ज्ञात थे। ब्राह्म समाज के नमूने पर ही प्रार्थना समाज की स्थापना बम्बई में मार्च १८६७ में हुई। प्रतापचन्द्र मजूमदार ने १८७० में छः महीने तक बम्बई रहकर प्रार्थना समाज के संगठन में सहायता की। १८७२ में एक थीइस्टिक

समाज की स्थापना हुई, जिसके बाद मराठी में **सुबोध पत्रिका** का प्रकाशन प्रारम्भ हुआ। उसके बाद बहुत-सी संस्थाएँ और पत्रिकाएँ पैदा हो गईं। देवेन्द्रनाथ टैगोर के **ब्राह्म धर्म ग्रन्थ** के नमूने पर **प्रार्थना संगीत** नामक प्रार्थना-पुस्तिका का भी संकलन किया गया।

महादेव गोविंद रानाडे यद्यपि प्रार्थना समाज के सबसे पहले नेता तो नहीं थे, पर सबसे महत्त्वपूर्ण अवश्य थे। रानाडे का जन्म १८४२ में हुआ और उनकी शिक्षा एलफ़िन्सटन कॉलेज बम्बई में हुई। विख्यात शिक्षकों ने, विशेषकर अलेक्ज़ेंडर ग्रेट ने उन्हें पश्चिमी विज्ञान और दर्शन की ओर आकर्षित किया। प्रारम्भ में उनकी रुचि मुख्यतः विज्ञान में थी, पर शीघ्र ही उनका झुकाव समाजशास्त्र और इतिहास की ओर हुआ। उन्होंने न्यायशास्त्र पर अधिकार प्राप्त किया और बम्बई उच्च न्यायालय के न्यायाधीश के रूप में बड़ी भारी ख्याति अर्जित की।[८६] तर्कनावादी और वैज्ञानिक चिन्तन के सर्वोत्कृष्ट अंश को आत्मसात् करने के बाद वे महाराष्ट्र के मध्ययुगीन संत-कवियों की ओर मुड़े। प्रार्थना समाज में उन्हें अपनी ईश्वरवादी मान्यताओं को अभिव्यक्त करने के लिए उपयुक्त मंच प्राप्त हुआ।

अपने **ईश्वरवाद का दर्शन**-सम्बन्धी व्याख्यानों में रानाडे ने ईसाई धर्म और भारतीय चिन्तन के बीच समानताओं और अन्तर का सुस्पष्ट विवेचन करने के बाद ईश्वरवाद का बड़ा प्रबल समर्थन प्रस्तुत किया है। एक अन्य व्याख्यान में उन्होंने एकेश्वरवाद को एक ओर अद्वैतवाद और दूसरी ओर भौतिकवाद के बीच का मार्ग बताया। पहले दृष्टिकोण में स्वाधीनता के लिए कोई गुंजाइश नहीं और दूसरे में स्वाधीनता के अराजकता का रूप ले लेने से दया तथा भलाई को तुच्छ समझा जाता है।[८७] मोरो पंत[८८] की प्रसिद्ध मराठी कविता **एकावली** का उल्लेख करते हुए—जिसे उन दिनों कविता में निरपेक्षतावाद के सफलतम निरूपण का उदाहरण माना जाता था—रानाडे ने सिद्ध किया कि किस प्रकार ऐसी कविताओं में निरूपित अद्वैतवाद का दर्शन 'ईश्वर की सच्ची सिद्धि में बाधक' होता है।[८९]

रानाडे गहरे धार्मिक होते हुए भी रूढ़िवादी धर्म-दर्शन और रहस्यवाद दोनों से ही मुक्त थे। उनका भक्ति-धर्म का विवेचन भी सदा तर्कसंगत होता था। उनकी ऐतिहासिक रचनाओं में हमें महाराष्ट्र में इस्लाम के धार्मिक और सांस्कृतिक योग के सम्बन्ध में पूर्वग्रहों को दूर करने का साहसपूर्ण प्रयास दिखाई पड़ता है।[९०] पश्चिमी भारत के वे पहले चिन्तक थे जिन्होंने ईसाई धर्म का निष्पक्ष और सहानुभूतिपूर्ण अध्ययन किया और एक नए ईश्वरवाद के

विकास में उसके मूल्य को आँका। भारतीय इतिहास में प्रायः दृष्टिगोचर होने वाले अन्तःविरोध पर हिन्दू धर्म की एकेश्वरवादी भावना और बहु-ईश्वरवादी व्यवहार के अन्तःविरोध पर—भी उनका ध्यान गया था। उन्होंने कहा था कि यह एक ऐसी पहेली है जो समझ में नहीं आती। उन्होंने इस पहेली में गहराई से पैठने की कोशिश की, पर उसका कोई काल्पनिक हल प्रस्तुत करने की बजाय कहा, "मेरे पास इसका कोई हल नहीं है। मैं बहुत दिनों से इसके बारे में सोचता रहा हूँ, पर उसका कोई तर्कसम्मत और युक्तिसंगत कारण नहीं पा सका हूँ।"[६१] सैद्धान्तिक समस्याओं के प्रति, चाहे वे इतिहास-विषयक हों चाहे दर्शन-सम्बन्धी, रानाडे का दृष्टिकोण यही था, और इसमें कोई आश्चर्य की बात नहीं कि उनके शिष्यों ने उनके दृष्टिकोण को 'तर्कसंगत एकेश्वरवाद' कहा है, यद्यपि स्वयं रानाडे ने कभी इस शब्दावली का व्यवहार नहीं किया।

रानाडे के कार्य ने, ऊपर से बहुत धूम-धाम मचाए बिना ही, चुपचाप एक क्रान्ति पैदा की। अपने देशवासियों को सन्त-कवियों, विशेषकर तुकाराम के संदेश की याद दिलाकर उन्होंने एक नई धार्मिक दृष्टि के लिए पथ प्रशस्त किया। इस विषय में उनकी देन की तुलना बंगाल में केशवचन्द्र सेन से की जा सकती है। रानाडे के अनुयाइयों में सबसे प्रमुख भंडारकर थे।[६२] वे स्वयं प्रकाण्ड विद्वान् और शिक्षा-शास्त्री थे और उन्होंने उस युग की समस्त प्रगतिशील विचारधाराओं को आत्मसात् करके प्रार्थना समाज की दृष्टि को अधिक व्यापक बनाने का प्रयास किया। उन्होंने इस बात पर बल दिया कि प्रेम और श्रद्धा ही ईश्वरवाद के प्रमुख भाव हैं, और कहा कि प्रार्थना समाज वह नया पन्थ है जिसने "हमारी धार्मिक दृष्टि को निर्मल बनाया है।"[६३] इस शब्दावली से भी यह स्पष्ट प्रकट होता है कि महाराष्ट्र के सुधारक किस प्रकार अपने बंगाल के सहधर्मियों का, विशेषकर केशव का, अनुसरण कर रहे थे।

भंडारकार ने रानाडे के, और आम तौर पर प्रार्थना समाज के विचारों का सार इन शब्दों में प्रस्तुत किया है—"प्रश्न यह है कि आप इस नए धर्म को स्वीकार करेंगे जो उपनिषदों के, गीता के और मध्ययुगीन सन्तों के उपदेशों के साथ-साथ बौद्ध-धर्म और बाइबिल के कुछ विचारों पर आधारित है—या आप उन सब धर्मों का अनुसरण करेंगे जो साधारण हिन्दू धर्म के अन्तर्गत आते हैं? आप केवल उस यांत्रिक कर्मकाण्ड को स्वीकार करेंगे जिसका आपकी नैतिक उन्नति से कोई सम्बन्ध नहीं, अथवा आप प्रार्थना समाज द्वारा प्रतिपादित आध्यात्मिक नियमावली का पालन करेंगे, केवल जो ही हृदय को शुद्ध करने और उदात्त बनाने तथा आपको अपने जीवन के कर्त्तव्यों को पूरा करने के लिए

तैयार करने के उद्देश्य से ही बनाई गई है ?"[६४]

समन्वय और समाकलन की जिस भावना से रानाडे और उनके शिष्यों ने बल प्राप्त किया था उसे भंडारकर ने मूर्त अभिव्यक्ति दी। उन्होंने कहा, "हम तुकाराम की भाँति प्राचीन ऋषियों की शिक्षाओं पर चलें, और देशी तथा विदेशी, इस समय उपलब्ध सभी सूत्रों से सीखें। वैदिक ऋचाओं से हम यह सीखें कि जिस मन्दिर में हमें ईश्वर मिलेगा और हम उसकी पूजा कर सकेंगे, वह मनुष्य का हृदय और जगत् है; बलिमूलक धर्म से हम यह सीखें कि आध्यात्मिक पूजा के सुकुमार बिरवे को नष्ट नहीं करना चाहिए; बौद्ध धर्म से सीखें कि धर्म किसी वर्ग-विशेष की बपौती नहीं है और उच्च नैतिक भावना तथा कर्म के बिना वह निस्सार तथा शून्य है; बौद्ध धर्म के पतन से सीखें कि निरी नैतिकता से न तो आत्मा का उत्थान होगा न हृदय की आकांक्षा पूरी होगी; उपनिषदों से सीखें कि हृदय की निर्मलता से ईश्वर मिलता है और ध्यान द्वारा हमारा उससे साक्षात्कार भी होता है और आत्मा का उन्नयन भी; गीता और भक्ति सम्प्रदायों से सीखें कि मनुष्य की मुक्ति ईश्वर पर—पिता, सखा और त्राता पर निर्भर है···इनके अतिरिक्त अन्य सूत्रों से भी हम सीखें।"[६५]

ये सब विभिन्न शिक्षाएँ एक-दूसरे से कैसे मेल खाती हैं, यह बात न तो भंडारकर और न प्रार्थना समाज के कोई अन्य नेता ही समझा सके। पर धर्म के विषय में ऐसे समन्वय परक दृष्टिकोण का समर्थन ही—विशेषकर महाराष्ट्र में जहाँ दो शताब्दियों से ऐसे दृष्टिकोण का अभाव था—एक बड़ा काम था। समन्वय की इसी भावना से परिचालित होकर तेलंग,[६६] आगरकर,[६७] ज्योतिबा फुले[६८] तथा अन्य तर्कनावादियों ने अपने-अपने क्षेत्र में बड़े उत्साह से कार्य किया।

प्रार्थना समाज आन्दोलन से सम्बन्धित व्यक्तियों में एक अत्यन्त ही दिलचस्प व्यक्तित्व था गोपाल हरि देशमुख का, जो लोकहितवादी के नाम से विख्यात हुए।[६९] उनकी रुचि धार्मिक की अपेक्षा सामाजिक तथा शैक्षिक पक्षों में अधिक थी, और जहाँ तक आधुनिक महाराष्ट्र में ईश्वरवाद के विकास का सम्बन्ध है, उनका विशेष उल्लेख आवश्यक नहीं। पर उनके कार्य पर जितना ध्यान अभी तक दिया गया है, उससे अधिक देना आवश्यक है। वे जीवन-भर अंधविश्वास और पूर्वग्रह दूर करने के लिए प्रयत्नशील रहे। "अनुनयपूर्वक कहता हूँ कि विचारिए, पढ़िए, अवलोकन कीजिए और फिर चुनिये"—यही उनका हार्दिक अनुरोध था।[१००] ब्राह्मणों के लिए उनके मन में अधिक-से-अधिक आदर था, फिर भी उनके दंभ और पाखंड के विरुद्ध उन्होंने तीखी लेखनी चलाई

है। मानवतावादी के रूप में वे अपने युग से कहीं आगे थे। उन्होंने कहा है—"मानव-मन ही सबसे बड़ा शास्त्र है। बाकी सभी शास्त्र उसके अधीन हैं।"[१०१]

राममोहन राय की भाँति लोकहितवादी भी असाधारण पढ़े-लिखे व्यक्ति थे। उनकी जिज्ञासा-वृत्ति असीम थी। वे यूरोपवासियों से मित्रता करके उनसे निरन्तर पाश्चात्य मूल्यों, रूढ़ियों और जीवन-पद्धतियों के बारे में पूछते रहते थे। अपने युग के सभी आन्दोलनों के नेताओं से उनका सम्पर्क था; उन्होंने स्वामी दयानंद, मादाम ब्लैवैत्स्की और कर्नल ऑलकॉट से, प्राच्य विद्या-विशारदों से, धर्मप्रचारकों से चर्चाएँ की थीं। इतिहास और समाजशास्त्र पर उनके निबन्धों में दृष्टि की सुखद आधुनिकता प्रकट होती है। वे वैराग्य-मूलक आदर्श को अस्वीकार करते थे और कहते थे—"सांसारिक लोग वैरागियों की अपेक्षा ईश्वर के अधिक समीप होते हैं। यदि ईश्वर चाहता कि हम जंगली बनें तो वह हमें पशुवत बनाता और गुफ़ाओं में रखता।"[१०२]

लोकहितवादी ने ही सबसे पहले सामाजिक और धार्मिक समस्याओं पर परिवेशगत प्रभावों के संदर्भ में विचार किया। वे दिव्यज्ञान को अस्वीकार करते थे। उनका कहना था—"इन्द्रियाँ और मन ही हमारे समस्त ज्ञान और आध्यात्मिकता के एकमात्र साधन हैं।"[१०३] उन्होंने 'सुखकारी धर्म' जैसा नाम गढ़ा। उन्होंने साहसपूर्वक शिक्षा की आधुनिक पद्धतियों का समर्थन किया, क्योंकि "संस्कृत का अध्ययन व्यावहारिक समस्याओं से कट गया है और भाग्यवादिता को प्रोत्साहन देता है।"[१०४] सच्चा विद्वान् वही है जिसकी दृष्टि व्यापक हो और जो विविध प्रकार के विचारों के लिए ग्रहणशील हो। उन्होंने भारत के ग्राम-जीवन के मिथ्या आकर्षण के विरुद्ध चेतावनी दी और इस बात पर बल दिया कि भारत का उद्धार नगरों की नई संस्कृति में ही है।[१०५] वे फ़्रांसीसी राज्य-क्रांति का वास्तविक सैद्धान्तिक महत्त्व समझ सके थे और पुरोहिताई तथा अत्याचार की कड़े शब्दों में निंदा करते थे।

(ग) उदारपंथी आन्दोलन के मार्ग में, जिसे रानाडे, भंडारकर तथा अन्य व्यक्तियों ने इतने धीरज के साथ बढ़ाया था, बड़ी अप्रत्याशित दिशा से बाधा आई। बंगाल में ब्राह्म समाज को हिन्दू कट्टरपंथियों और ईसाई धर्मप्रचारकों के विरोध से निबटना पड़ा था। पर महाराष्ट्र में इन दो के अतिरिक्त प्रार्थना-समाज को आधुनिक युग के एक महानतम भारतीय लोकमान्य तिलक[१०६] के विरोध का सामना करना पड़ा। चिन्तन के इतिहास में ऐसे विरोधाभास बहुत कम ही दिखाई पड़ते हैं। उग्रतम भारतीय राष्ट्रवादी, अदम्य योद्धा और प्रचंड

क्रान्तिकारी तिलक सामाजिक, धार्मिक और दार्शनिक क्षेत्रों के उदारपंथी आंदोलन के प्रबल विरोधी थे। भारत के स्वाधीनता आन्दोलन में तिलक का कार्य इतने गुरुतर महत्त्व का था कि उनके चिन्तन की सीमाओं पर प्रायः ध्यान नहीं दिया गया। किन्तु हाल में कुछ साहसी मराठी लेखकों ने भक्तजनों के रोष की जोखिम उठाकर तिलक के प्रभाव का सन्तुलित मूल्यांकन करने का प्रयास किया है।[१०७]

सचाई यह है कि तिलक के मन में दो धाराएँ प्रधानता के लिए संघर्षशील थीं। वे मिल, बेंथम, स्पेंसर, कोंते के, तथा भारतीय चिन्तन में बौद्ध परम्परा के, विरोधी थे और मानते थे कि केवल अद्वैत वेदान्त ही वास्तविकता की सही व्याख्या कर सकता है।[१०८] वे शंकर के विवर्तवाद को पूर्णतः स्वीकार करते थे। दूसरी ओर उनकी नैतिक दृष्टि उत्साहपूर्वक क्रियावादी थी और उनकी अद्वैत तत्त्वमीमांसा के विपरीत पड़ती थी। उनके जीवन-काल में ही कुछ आलोचकों ने इस अंतःविरोध की ओर इशारा किया था।[१०९] पर तिलक अपनी अगाध विद्वत्ता, प्रतिभा, उदारता और अपने आत्मत्याग के कारण इतनी भक्ति से देखे जाते थे कि उनके आलोचकों की आवाज़ डूब गई। किन्तु उनकी रचनाओं के निष्पक्ष अध्ययन से प्रकट होता है कि तिलक उग्र हिन्दू पुनरुत्थानवादी परम्परा के थे, उदार मानवतावाद और ईश्वरवाद की परम्परा के नहीं। वे वेदान्त के कट्टर समर्थक रहे। उनका राष्ट्रवाद भी उनके इस विश्वास से प्रभावित था कि भारत को केवल वेदान्त के आधार पर ही एक किया जा सकता है। एक बार तो उन्होंने यहाँ तक कह दिया कि हिन्दू-मुस्लिम एकता तभी हासिल हो सकती है जब मुसलमानों को वेदान्त की शिक्षा दी जाए।[११०]

मराठी पत्र **केसरी** में प्रकाशित अपने लेखों में तिलक ने रानाडे के ईश्वरवादी धर्म का विरोध किया। वे कहते थे कि ईश्वरवाद भारतीय परम्परा के विपरीत है। भारत के धार्मिक और दार्शनिक चिन्तन की जड़ें सदा वेदान्त में ही रही हैं; तुकाराम तथा अन्य मध्ययुगीन संत भी, उनका गहन अध्ययन करने पर अद्वैतवादी ही सिद्ध होते हैं। रानाडे ने ईश्वर के प्रति मनुष्य की भक्ति में आनन्द और व्यक्तिगत संतोष के तत्त्व पर बल दिया था। तिलक कठोर साधना के समर्थक थे। गीता को उद्धृत करते हुए उन्होंने कहा था कि एक बार ब्रह्म का आस्वादन कर लेने पर अन्य कोई रस नहीं टिक सकता। "भक्ति-मार्ग ऐसे आनन्द का उपदेश देता है जो सांसारिक आनन्द से बहुत भिन्न नहीं है। वेदान्ती केवल जिस 'परमानन्द' को स्वीकार कर सकता है वह है सुख-दुख से विराग और चरम अनासक्ति की अवस्था का।"[१११]

(घ) इस प्रकार, प्रार्थना समाज आन्दोलन ने, शैक्षिक और वैज्ञानिक चिन्तन के क्षेत्रों में अपनी महत्त्वपूर्ण देन के बावजूद, सामाजिक और धार्मिक समस्याओं को देखने में आलोचनात्मक और विश्लेषणात्मक दृष्टि का समावेश करने में सफलता के बावजूद, कुल मिलाकर वैसी सफलता नहीं प्राप्त की जैसी बंगाल में ब्राह्म समाज ने की थी। महाराष्ट्र की भावहीन तर्कनावादिता ने रानाडे और भंडारकर के प्रेम और करुणा का धर्म फिर से चलाने के प्रयत्नों को दबा लिया। तर्कनावादियों के रूप में महाराष्ट्र के उदारपंथी कई दृष्टियों से अपने बंगाली साथियों से आगे थे। पर मानवतावादी के रूप में उनमें उस व्यक्तिगत आकर्षण का, उस विशालता और कल्पनाशीलता का अभाव था जो राममोहन राय और देवेन्द्रनाथ-टैगोर जैसे व्यक्तियों के नाम के साथ जुड़ी हुई है। महाराष्ट्र में वह संवेदनशीलता और अप्रत्याशितता नहीं मिलती जिसके कारण बंगाल के नेताओं को अपनी सीमाओं के बावजूद इतना प्रेम मिला। महाराष्ट्र के उदारपंथी आन्दोलन के नेताओं ने अपने दृढ़तापूर्ण और निर्मल दृष्टि के ढंग से बहुत-कुछ ऐसा कार्य किया जो स्थायी महत्त्व का था। पर उनके काम में कोई दर्शनीयता नहीं थी, कोई नाटकीयता, कोई काल्पनिकता नहीं थी। वे विश्वास दिला सकते थे, पर प्रेरणा देने में असमर्थ थे। उनके विचारों ने किसी महान् कलाकार की जन्मजात प्रतिभा को नहीं उकसाया, जैसे बंगाल में राममोहन और उनके अनुयाइयों के ईश्वरवाद ने रवीन्द्रनाथ की प्रतिभा को प्रेरित किया था।

और जहाँ रानाडे का प्रेम करने वाले ईश्वर के प्रति व्यक्तिगत भक्ति का धर्म धीरे-धीरे तिलक के कठोर वेदान्त के सामने पीछे हट रहा था, वहाँ देवेन्द्रनाथ टैगोर और केशवचन्द्र सेन दक्षिणेश्वर के छोटे-से गाँव की ओर उन्मुख हो रहे थे जहाँ रामकृष्ण नामक एक अनपढ़ योगी एक मन्दिर के आँगन में बैठा मुट्ठी-भर शिष्यों को थोड़े-से सहज सत्यों की शिक्षा दिया करता था।

संदर्भ

१. निकल मैकनिकल : **राम मोहन राय**, पृ० २६।

२. मेक्स मूलर : **राममोहन टु रामकृष्ण**।

३. बेंथम की श्रद्धांजलि विशेष रूप से महत्त्वपूर्ण है, क्योंकि राममोहन के दार्शनिक विचार उसके अपने विचारों से एकदम विपरीत थे।

४. १८१६ में **मंथली रिपाजिटरी ऑफ़ थियोलोजी एण्ड जनरल लिटरेचर** ने राममोहन राय के **एब्रिजमेंट ऑफ़ वेदान्त** क प्रशंसापूर्ण समीक्षा प्रकाशित की थी।

५. **संकलित रचनाएँ**, खंड १, पृ० ६।

६. इस सम्मेलन में बोलने वालों में टैगोर, राधाकृष्णन, विपिनचन्द्र पाल तथा उस समय के अन्य बहुत-से प्रमुख विचारक थे।

७. **भारतपथिक् राममोहन राय**।

८. मेक्स मूलर : **रा ममाहन टु रामकृष्ण**।

९. वही।

१०. अपने परिवार के साथ राममोहन के मतभेदों के लिए देखिए, नगेन्द्रनाथ चटर्जी : **राममोहन राय की जीवनी (बँगला में)**।

११. 'जबर्दस्त मौलवी' की उपाधि उन्हें बाक़ायदा समारोहपूर्वक प्रदान की गई थी।

१२. शब्दशः, 'एकेश्वरवादियों के लिए उपहार'।

१३. अपने विस्तृत अध्ययन के अलावा अपनी दूर-दूर की यात्राओं तथा हर धर्म के लोगों से व्यक्तिगत विचार-विनिमय द्वारा भी उन्हें बहुत-कुछ प्राप्त हुआ।

१४. अन्य लोगों के अतिरिक्त जाकमों और आबे ग्रेग्वा ने भी विदेशी भाषाओं पर उनके विस्मयकारी अधिकार की प्रशंसा की थी।

१५. १८२३ में प्रकाशित।

१६. धर्मप्रचारकों ने उनकी आलोचना **समाचार दर्पण** और **फ्रेंड ऑफ़ इण्डिया** पत्रों के माध्यम से की थी।

१७. १८८६ में ब्राह्म समाज की चौवन शाखाएँ थीं।

१८. मेक्स मूलर : **बायोग्रैफ़िकल ऐसेज़**, पृ० ८३।

१९. ज़करियास : **रिनासेंट इण्डिया**, पृ० १५।

२०. टैगोर ने ब्राह्म समाजी शक्ति और सीमाएँ दोनों का बड़ी सूक्ष्मता से उद्‌घाटन किया है। उनके **गोरा** से हमें **युद्ध और शान्ति** में टॉलसटाय द्वारा आध्यात्मिक प्रश्नों के विवेचन का स्मरण होता है।

२१. ब्राह्म समाज का घोषणापत्र २० अगस्त, १८२८ को प्रकाशित हुआ था।

२२. शिवनाथ शास्त्री, अपनी **हिस्ट्री ऑफ़ ब्राह्म समाज** नामक पुस्तक में।

२३. १९३२ में ब्राह्म समाज के शताब्दी समारोह में भाषण।

२४. रामानन्द चटर्जी : **राममोहन राय एण्ड मॉडर्न इण्डिया**, पृ० १७।

२५. उत्तर भारत में हिन्दू-इस्लामी संस्कृति की परम्परा बीसवीं सदी की प्रारम्भिक दो दशाब्दियों तक चलती रही। वास्तव में शिक्षित व्यक्ति के लिए फ़ारसी और संस्कृत दोनों की जानकारी और हिन्दू तथा मुस्लिम धर्म-शास्त्रों से परिचय होना आवश्यक समझा जाता था।

२६. सोफ़िया डि कोलेट, अपनी **लाइफ़ एण्ड लैटर्स ऑफ़ राममोहन राय** पुस्तक में।

२७. १८१७ में ही उन्होंने एक पुस्तिका लिखी थी जिसके शीर्षक का भाव था : 'मद्रास के एक मूर्तिपूजा-समर्थक की आलोचना के उत्तर में हिन्दू ईश्वरवाद का समर्थन।'

२८. सरकारी कानून द्वारा सती-प्रथा बन्द करवाने के उनके प्रयास तो सुविदित ही हैं।

२९. यह कथन मोनियर विलियम्स का है।

३०. सार्वभौमिक धर्म-सम्बन्धी पुस्तिका, १८२९ में प्रकाशित।

३१. किन्तु यह तर्क कमज़ोर है, जैसा कि लॉक ने बहुत पहले ही दकार्त की 'जन्मजात विचारों' के सिद्धान्त की आलोचना में सिद्ध कर दिखाया था।

३२. शिवनाथ शास्त्री : **हिस्ट्री ऑफ़ ब्राह्म समाज**।

३३. यूनान के स्वतन्त्रता युद्ध ने, जिसमें कुछ वर्ष बाद बॉयरन की जान गई, उन्हें बहुत अधिक उत्तेजित किया था।

३४. ब्राह्म समाज के शताब्दी-समारोह के अवसर पर इंगलैंड में राम-मोहन राय के अध्ययन से सम्बन्धित बहुत-से नए तथ्य प्रकाश में आए थे।

३५. उनकी आत्मकथा में इस बात के बहुत-से काव्यात्मक उल्लेख हैं कि किस प्रकार आकस्मिक घटनाओं ने उनके आध्यात्मिक जीवन को प्रभावित किया।

३६. 'ईशा वास्यं इदं सर्व यत्किंच जगत्यम् जगत।''

३७. इस संस्था की स्थापना १८३९ में हुई।

३८. देवेन्द्रनाथ १८४७ में बनारस गये और वहाँ उन्होंने वेदों की अमोघता के लिए शास्त्रों के प्रमाणों के सम्बन्ध में धार्मिक खोज के अतिरिक्त संस्कृत व्याकरण के अध्ययन और दार्शनिक प्रश्नों पर वाद-विवाद में बहुत समय लगाया था।

३९. **द गास्पेल ऑफ़ श्री रामकृष्ण,** पृ० ६१९।

४०. महर्षि देवेन्द्रनाथ टैगोर की आत्मकथा, पृ० २६२।

४१. यह हिमालय-प्रेम उन्होंने अपने पुत्र रवीन्द्रनाथ को भी प्रदान किया, जो साहित्य के महानतम पर्वत-कवियों में हैं।

४२. रवीन्द्रनाथ ने भी अपनी कविताओं और नाटकों में आध्यात्मिक शक्तियों के संघर्ष की पृष्ठभूमि के रूप में हिमालय का प्रयोग किया है।

४३. देवेन्द्रनाथ की आत्मकथा की भूमिका में सत्येन्द्रनाथ।

४४. कृष्ण कृपलानी : **रवीन्द्रनाथ टैगोर-ए बायोग्राफी,** अध्याय दो।

४५. विपिन चन्द्र पाल ने १९वीं शताब्दी में भारतीय चिन्तन के तीन प्रमुख व्यक्तियों में--राममोहन, केशवचन्द्र और देवेन्द्रनाथ में—इस्लामी तत्त्व दिखाए हैं।

४६. आत्मकथा का प्रारम्भिक अध्याय, १६।

४७. आत्मकथा, पृ०१६१।

४८. रामकृष्ण से बातचीत (**गास्पेल ऑफ़ श्री रामकृष्ण,** पृ० ६१९)।

४९. पंडित सीतानाथ तत्त्वभूषण की आत्मकथा।

५०. एवलिन अंडरहिल : **ऑटोबायोग्रॉफी** की भूमिका।

५१. वही।

५२. **आटोबायोग्रॉफी,** पृ० २५२।

५३. **टेस्टिमनीज इन मेमोरियम,** पृ० ३२७।

५४. केशव और रामकृष्ण के परस्पर-प्रभाव के लिए तुलनीय, मेक्स मूलर : **राममोहन टु रामकृष्ण।**

५५. देवेन्द्रनाथ अपनी आत्मकथा में।

५६. जीवनी-सम्बन्धी तथ्यों के लिए निम्नलिखित पुस्तकों का उपयोग किया गया है : प्रतापचन्द्र मजूमदार : **लाइफ़ एण्ड टीचिंग्ज ऑफ़ केशवचन्द्र सेन**, एम० एल० पारीख : **ब्रह्मर्षि केशवचन्द्र सेन**।

५७. 'केशवचन्द्र सेन इन इंगलैंड', डॉ० जे० कारपेन्टर का एक भाषण, २४ नवम्बर, १९०७।

५८. केशवचन्द्र सेन की पुत्री के अल्पायु में विवाह के कारण उनके बहुत-से मित्रों को यह शिकायत थी कि केशव अपने विचारों पर अमल नहीं करते।

५९. सीतानाथ तत्त्व भूषण : **फ़िलासफ़ी ऑफ़ ब्राह्मोइज़्म**।

६०. **टेस्टिमनीज़ मेमोरियम**, पृ० ३२७।

६१. **ब्रह्मानन्द केशव**, पृ० २७।

६२. वही, पृ० ३६।

६३. रोनाल्डशे : **द हार्ट ऑफ़ आर्यावर्त**, पृ० ५३।

६४. **ब्रह्मानन्द केशव**, पृ० ११४।

६५. वही, पृ० ३५।

६६. वही, पृ० २०१।

६७. **एशियाज़ मैसेज टु यूरोप**, १८८३।

६८. **ब्रह्मानन्द केशव**, पृ० १८७।

६९. **जीसस क्राइस्ट : यूरोप एण्ड एशिया**।

७०. मेक्स मूलर द्वारा उद्धृत : **राममोहन टु रामकृष्ण**, पृ० ६२।

७१. वही, पृ० ५७।

७२. **जीसस क्राइस्ट : यूरोप एण्ड एशिया**।

७३. मेक्स मूलर द्वारा उद्धृत : **राममोहन टु रामकृष्ण**, पृ० ५८।

७४. बंगला में एक उपदेश : **सेवकेर निवेदन**।

७५. **गॉड-विज़न इन द नाइनटीन्थ सेंचुरी**, १८८१ में दिया गया व्याख्यान।

७६. शर्मा : **हिंदुइज़्म थ्रू द एजेज़**, पृ० ७८।

७७. वे चैतन्य साहित्य के अध्ययन की ओर भी उन्मुख हुए थे।

७८. **टेस्टिमनीज़ इन मेमोरियम**, पृ० २३२।

७९. तुलनीय आर० जी० भंडारकर का भाषण : **'ब्राह्म समाज को केशवचन्द्र सेन की क्या देन है ?'**

८०. **ऐसेज़ थियोलॉजीकल एण्ड ऐथिकल** : केशवचन्द्र सेन।

८१. मेक्स मूलर : **राममोहन टु रामकृष्ण** , पृ० ५०-५३।

८२. ८ जनवरी, १६३१ के **एडवांस** में प्रकाशित राधाकृष्णन का एक लेख।

८३. बाजीराव के संरक्षक सन्त कोई ब्रह्मेन्द्र स्वामी थे—पक्के एस-थुरीन जो हिन्दू धर्म में जो कुछ भी भोंडा, अन्धविश्वासपूर्ण, संकीर्ण और कट्टर-वादी था उसके प्रतिनिधि थे।

८४. आधुनिक युग में भी यह दृष्टिकोण पूरी तरह मिटा नहीं है। बहुत-से प्रमुख मराठा इतिहासकारों ने भारत में इस्लामी शासन के केवल नकारात्मक पक्षों पर ही बल दिया है। वे केवल 'ध्वंस' और 'अत्याचार' ही देखते हैं, मध्ययुग में उपलब्ध सांस्कृतिक एकीकरण पर उनकी दृष्टि नहीं जाती।

८५. बौद्ध धर्म में हाल में रुचि के फिर से जाग्रत होने से भी महाराष्ट्र के बौद्धिक क्षेत्रों में कोई विशेष उत्साह नहीं दिखाई पड़ता। उसका प्रभाव न तो साहित्य पर पड़ा है न अध्ययन पर।

८६. आज भी रानाडे को न्यायमूर्ति कहा जाता है।

८७. **एकेश्वरवादाची कैफ़ियत** (मराठी में)।

८८. मराठों के राजनीतिक प्रभुत्व के दिनों में होनेवाले कवियों में केवल मोरो पंत ही प्रथम कोटि के हैं। मराठी काव्य के श्रेष्ठतम नाम मुसलमानी शासन के दिनों के हैं, यद्यपि ज्ञानेश्वर दक्षिण में इस्लाम के प्रसार के कुछ बर्ष पहले ही हुए थे।

८९. अपने युग के एक अत्यन्त प्रभावशाली समाज-सुधारक चिपलूण-कर ने रानाडे की इस कथन के लिए निन्दा की थी।

९०. एम० जी० रानाडे : **द राइज़ ऑफ़ मराठा पावर**।

९१. ज़करियास द्वारा उद्धृत : **रिनासेंट इण्डिया**, पृ० ४५।

९२. भंडारकर में जहाँ प्राचीन भारतीय संस्कृति के प्रति ज्वलन्त प्रेम था, वहीं उस संस्कृति की उपलब्धियों के प्रति एक संतुलित तर्कसंगत दृष्टिकोण भी था।

९३. भंडारकर के जीवन और कृतित्व-सम्बन्धी विस्तृत विवरण के लिए देखिए, एस० एन० कर्नाटकी द्वारा मराठी में उनकी जीवनी। १९२७ में प्रकाशित।

९४. भंडारकर : **रचनाएँ**, खंड २, पृ० ६२३।

९५. वही, पृ० ६१५।

९६. के० टी० तैलंग (जन्म १८५०) ने हिन्दू कानून की नये उदारपंथी दर्शन के आधार पर व्याख्या की थी।

९७. एक समय तिलक की अपेक्षा आगरकर के अनुयायियों की संख्या अधिक प्रभावशाली थी। सैद्धान्तिक प्रश्नों पर उनके विचार तिलक की अपेक्षा सामान्यतः अधिक आत्मसंगत थे।

९८. ज्योतिबा फुले (१८२७-१८९०) सामाजिक चिन्तन के क्षेत्र में नवजागरण के प्रतिनिधि थे। धार्मिक और दार्शनिक प्रश्नों में उनकी रुचि सीमित थी, पर बुद्धिजीवियों पर उनका सामान्य प्रभाव बहुत था।

९९. लोकहितवादी (१८२३-१८९२) के बारे में जानकारी निम्नलिखित सूत्रों से प्राप्त की गई है: डॉ० एन० आर० इनामदार द्वारा सम्पादित **शतपत्रे**, और मराठी में १९२६ में के० एन० अथल्ये द्वारा लिखी हुई लोकहितवादी गोपालहरि देशमुख की जीवनी।

१००. पत्र संख्या १००, **शतपत्रे**।

१०१. **शतपत्रे**, पृ० २०९।

१०२. वे महाराष्ट्र के प्रथम महत्त्वपूर्ण लेखक थे जिन्होंने कहा कि नैतिक और सांस्कृतिक प्रगति के लिए जीवन का सम्पूर्ण और सर्वाङ्गीण उपभोग आवश्यक है।

१०३. संस्कृत के अध्ययन के प्रचलित रूप की उन्होंने 'यांत्रिक, पुनरुक्तिपूर्ण और बुद्धिहीन' कहकर निन्दा की थी।

१०४. तुलनीय, "ज्ञान अनुभव की सीमाओं और मनुष्य की बौद्धिक प्रौढता द्वारा निर्धारित होता है।"

१०५. उनके संकलन **निबन्ध संग्रह** (मराठी) में शैक्षिक, सामाजिक और ऐतिहासिक विषय लिये गए हैं। पर उन्होंने धर्म पर भी बहुत-सी पुस्तकें लिखीं। **आगम प्रकाश** (मराठी) में उन्होंने शाक्त सम्प्रदाय की मानव-विरोधी कहकर निन्दा की है।

१०६. मराठी पत्र **केसरी** में तिलक ने रानाडे के ईश्वरवादी दर्शन की तीखी आलोचना की थी।

१०७. तुलनीय, डी० के० बेडकर: **महाराष्ट्र जीवन: तत्त्वमीमांसा, आधुनिक काल** (मराठी)।

१०८. भगवद्गीता पर अपनी टीका में तिलक ने विस्तारपूर्वक अपने दृष्टिकोण का दार्शनिक औचित्य दिया है।

१०९. इस अन्तर्विरोध की ओर ध्यान दिलानेवालों में डब्ल्यू० एम० जोशी का स्थान प्रमुख है।

११०. तुलनीय, सेजवलकर : **निबन्ध** (मराठी), खण्ड २, पृ० १३६।

१११. **केसरी में तिलक के मराठी निबन्धों का संग्रह**, पृ० २४९।

तीसरा अध्याय

रामकृष्ण

: १ :

भारतीय चिन्तन के विकास में रामकृष्ण परमहंस का वही निर्णायक स्थान है, जो यूनानी चेतना के विकास में सुकरात का था।

यह तुलना ऐसे दो व्यक्तियों के बीच है जो, न केवल देश और काल में, बल्कि स्वभाव और दृष्टिकोण में, एक-दूसरे से बहुत दूर हैं। इसलिए पहले-पहल यह खींच-तानकर की हुई और अविश्वसनीय जान पड़ सकती है। सुकरात एकदम नगरवासी थे। उनके मानसिक मापदण्ड शहरी थे, उनकी रुचि नागरिक समस्याओं में थी और बाज़ार ही उनका घर था। रामकृष्ण का पोषण भारत के देहातों की हवा पर हुआ था, जो शताब्दियों से बुनियादी तौर पर अपरिवर्तित रहे हैं। सुकरात अपनी मान्यताओं की सुस्पष्ट परिभाषा का आग्रह करते थे। वे जड़ तक तर्कनावादी थे और मानव-बुद्धि की क्षमता में उनका विश्वास अगाध था। रामकृष्ण तर्कमूलक संगति की उतनी ही परवाह करते थे जितनी कोई उमड़ता हुआ झरना अपनी ध्वनि की 'आवृत्ति' की करता है। सुकरात को राजनीतिक बुराइयों और उनके उपचार की बड़ी भारी चिन्ता थी। रामकृष्ण राजनीति को मृदु और विडंबनापूर्ण उदासीनता से देखते थे।

फिर भी मूलभूत तत्त्वों को गहराई से देखने वाले को अथीनी दार्शनिक और भारतीय रहस्यवादी के बीच गहरी समानताएँ मिलेंगी। दोनों का उदय ऐसे समय में हुआ जब उनके अपने-अपने समाज संकट के दौर से गुज़र रहे थे। सुकरात के अथेन्स में विचित्र विषमताएँ मौजूद थीं। एक ओर भौतिक समृद्धि, सौन्दर्यमूलक विस्तार और राजनीतिक विभेदीकरण और दूसरी ओर अन्धविश्वास, मतान्धता, नाशवाद और नैतिक दोषान्वेषिता। रामकृष्ण के युग में बंगाल के दृश्य में भी ऐसे ही परस्पर-विरोधी तत्त्व मौजूद थे। प्राचीन परम्पराओं में फिर से आस्था पैदा होने के साथ यह भाव भी विद्यमान था कि हज़ार

वर्षों से प्रतिष्ठित मूल्य अब लड़खड़ा रहे हैं। बाहर से वह शान्ति और व्यवस्थित प्रगति का युग था; किन्तु भीतर-ही-भीतर बेचैनी, तनाव और अनिश्चितता की बलवती धारा सक्रिय थी।

सुकरात और रामकृष्ण दोनों ही ऐसे व्यक्ति थे जिनके पास स्वयं कोई सत्ता या अधिकार न था, पर जिन्होंने अपने समय के सब महत्त्वपूर्ण व्यक्तियों का ध्यान आकर्षित किया। यूनान का प्रत्येक महत्त्वपूर्ण व्यक्ति जल्दी या देर से सुकरात के पास अवश्य आया। वक्ता अथवा दार्शनिक, नाटककार या कवि, जननेता, सत्यान्वेषी अथवा कट्टर छिद्रान्वेषी—कोई भी सुकरात के जीते-जी उनकी उपेक्षा नहीं कर सका; और उनकी मृत्यु के बाद तो बहुत कम लोग ही उनकी उपेक्षा कर पाए। रामकृष्ण के बारे में भी वही असामान्य स्थिति दिखाई पड़ती है कि देखने में अत्यन्त साधारण एक व्यक्ति ने अपने छोटे-से गाँव के घर में अपने युग के अधिकतम महत्त्वशाली व्यक्तियों को आकर्षित किया। महर्षि देवेन्द्रनाथ टैगोर और केशवचन्द्र सेन-जैसे रहस्यवादी और धार्मिक नेता, दयानन्द सरस्वती और ईश्वरचन्द्र विद्यासागर-जैसे समाज-सुधारक, बंकिम चटर्जी, गिरीश घोष और माईकेल मधुसूदन दत्त-जैसे विख्यात साहित्यकार—जल्दी या देर से अवश्य उस शान्ति-स्थान की ओर उन्मुख हुए जहाँ यह ईश्वर-मत्त व्यक्ति थोड़े-से चुने हुए शिष्यों के सामने अपने हृदय का उद्घाटन किया करता था।

इसी प्रकार सुकरात की भाँति ही रामकृष्ण ऐसे व्यक्ति थे, जिन्होंने किसी नये मार्ग का प्रवर्तन अथवा किसी नये संप्रदाय की स्थापना किए बिना ही, अथवा मानव के ज्ञान-कोष में कोई विलक्षण मौलिक योग दिये बिना ही, बहुत-सी ऐसी बातों की प्रेरणा दी जो स्थायी मूल्य की हैं। वे एक शक्तिशाली 'बौद्धिक उत्तोलक'[1] थे जिसमें अपने समकालीनों की चेतना को उच्चतर स्तर पर उठाने की सामर्थ्य थी। सुकरात और रामकृष्ण दोनों अपने शिष्यों के द्वारा जीवित रहे; एक ने अफ़लातून पैदा किया तो दूसरे ने विवेकानन्द। अंत में, दोनों का गहरा आकर्षण उनके व्यक्तिगत उदाहरण में था; दोनों के ही जीवन और कर्म में पूर्ण अन्विति थी। उनका प्रभाव उनके द्वारा अभिव्यक्त विचारों के कारण इतना नहीं, बल्कि उन विचारों के पीछे की नैतिक आस्था और व्यक्तिगत निष्कपटता के कारण था।

इसलिए रामकृष्ण के चिन्तन का सार प्राप्त करने के लिए उन विभिन्न अवस्थाओं को समझना आवश्यक है जिनसे होकर उनका अपेक्षाकृत संक्षिप्त जीवन गुज़रा था।

: २ :

तो फिर आइए, रामकृष्ण के जीवन पर नजर डालें। बाहर से उसमें विलक्षण घटनाओं और प्रभावशाली स्थितियों का अभाव है। जन्म अथवा शिक्षा का कोई लाभ उन्हें नहीं मिला था, और उन आधुनिक शिक्षित वर्गों में उनकी कोई जड़ें न थीं जिनके हाथ में भारतीय चिन्तन और संस्कृति का भविष्य जान पड़ता था।[2] वे दर्शनीय संघर्षों में नहीं पड़े, ऊँचे मंचों पर नहीं चढ़े, प्रतिपक्षियों को नहीं परास्त किया, कभी जेल नहीं गये। उनके सारे साहसिक कार्य अध्यात्म के प्रदेश में हुए। वास्तव में इतने सम्पूर्ण और स्थायी रूप से आध्यात्मिकता में डूबे हुए दूसरे व्यक्ति की कल्पना कठिन है।

रामकृष्ण का जन्म, जिनका असली नाम गदाधर था, १८ फ़रवरी १८३६ को, समीपतम रेलवे स्टेशन से पच्चीस मील दूर, हुगली जिले के एक छोटे-से गाँव कमरपुकुर में हुआ था। वे गाँव के पुरोहित खुदीराम चटर्जी के पुत्र थे। बचपन से ही रामकृष्ण में रहस्यवादी 'दर्शन' की प्रवृत्ति थी, और सबसे पहला 'दर्शन' उन्होंने छह वर्ष की आयु में किया था। उनमें सौन्दर्य-बोध असाधारण रूप से प्रबल था और उन्हें मिट्टी की प्रतिमा रंगने में विशेष आनन्द आता था। स्कूल में पढ़ने से उन्हें चिढ़ थी और भटकते हुए साधु-सन्तों की संगति में घण्टों बिता देते थे। उनका अधिकांश समय गीत रचने या पुराणों की कथाएँ सुनाने में बीतता था। किन्तु उनके बचपन की सबसे महत्त्वपूर्ण बात थी रहस्यवादी 'दर्शनों' के समय उनकी तीव्र भाव-विह्वलता।

सत्रह वर्ष की आयु में वे अपने भाई रामकुमार के साथ रहने कलकत्ता आए, जो नगर के उत्तर में चार मील दूर एक गाँव दक्षिणेश्वर के एक मन्दिर में पुजारी थे। तीन वर्ष बाद उनके भाई की मृत्यु होने पर पुजारी का पद रामकृष्ण को मिल गया।

और अब शुरू हुई उन साहसिक कार्यों की शृंखला, जो उन्हें उस प्रत्येक रास्ते पर ले गई जिस पर सत्य की खोज में मानव ने कभी भी पैर रखा होगा। प्रारम्भिक कुछ वर्षों तक तो वे मन्दिर की देवी की पूजा-भक्ति में ही पूरी तरह व्यस्त रहे। उन्हें 'दर्शन' की बड़ी तीव्र और पीड़ादायी लालसा थी। पर महीनों की यातना के बाद 'अवगुंठन हटा' और वे 'आत्मा के अनन्त और विस्मयकारी महासागर में डूब गए।'

यदि रामकृष्ण इसी अवस्था में रहे आते तो उनका जीवन मात्र उन अनेक अतिसंवेदनशील तरुणों-जैसा होता जिन्हें मूर्च्छाएँ और 'दर्शन' होते रहते हैं। पर रामकृष्ण को तो प्रत्येक संम्भव धार्मिक दृष्टिकोण कों व्यक्तिगत

अनुभव द्वारा समझने की असामान्य रूपसे प्रबल लालसा थी। तीन वर्ष तक उन्होंने तंत्र साधना[3] की जिसकी दीक्षा उन्हें भैरवी ब्राह्मणी[४] ने दी थी। इसके बाद वैष्णव पंथ का दौर आया जिसमें रामकृष्ण ने वैष्णव सम्प्रदाय की समस्त परम्परागत स्थितियाँ ग्रहण कीं और ईश्वर को गुरुजन, स्वामी, सखा, शिशु और प्रेयसी सभी रूपों में देखा। इन दिनों वे एक भ्रमणशील वैष्णव साधु जटाधारी के प्रभाव में रहे।

इसके बाद वे अवैयक्तिक निरपेक्ष सत्ता की साधना में लगे। यह शायद उनके जीवन की सबसे कठिन साधना थी। उन्हें अद्वैत वेदान्त की ओर उन्मुख तोतापुरी नामक ज्ञानमार्ग के एक कठोर और कट्टर समर्थक ने किया। तोतापुरी १८६४ में दक्षिणेश्वर आये और वे तुरन्त रामकृष्ण की असाधारण समाधि-क्षमता को पहचान गए। अत्यन्त ही अल्प समय में उनके शिष्य ने वेदान्त-साधना के उच्चतम लक्ष्य निर्विकल्प समाधि की अवस्था को प्राप्त कर लिया।[५] उन्होंने गोचर पदार्थों से अपना चित्त पूरी तरह हटाना सीख लिया और ईश्वर के वैयक्तिक रूप के प्रति अपनी लालसा को दबा लिया।

हिन्दू धर्म के सभी रूपों का अनुभव प्राप्त करने के बाद उन्होंने अपना जाल और दूर तक फैलाना शुरू किया। सबसे पहले वे इस्लाम की ओर मुड़े।[६] यद्यपि यह इस्लामी दौर बहुत अल्पकालीन था, फिर भी यह स्पष्ट है कि रामकृष्ण ने सूफ़ी चिन्तन के वातावरण को पूरी तरह आत्मसात कर लिया था। उनके बहुत-से रूपक अल-ग़ज़ाली और जलालुद्दीन रूमी[७] की याद दिलाते हैं। कुछ वर्ष बाद वे ईसाई धर्म की ओर आकर्षित हुए। बाइबिल उन्हें शंभुचरण मल्लिक तथा अन्य प्रमुख ईसाइयों ने पढ़कर सुनाई।[८] उन्हें जीसस के 'दर्शन' होने लगे और मैडोना तथा शिशु जीसस के एक चित्र को देखकर रहस्यवादी विह्वलता से आक्रांत हो गए। परवर्ती वर्षों में रामकृष्ण प्रायः ईसा के बारे में कहा करते थे कि वे एक "महान् योगी थे जिन्होंने मानवता की भलाई के लिए अपने हृदय का रक्त उँडेला।"

केवल मात्र बौद्ध धर्म ही ऐसा महान् संस्थापरक धर्म था जिससे रामकृष्ण का घनिष्ठ सक्रिय सम्पर्क नहीं हुआ। पर फिर भी उन पर बौद्ध प्रभाव नगण्य नहीं था, विशेषकर विवेकानन्द के साथ घनिष्ठ सहयोग होने के बाद जो अक्सर उनसे बुद्ध की चर्चा किया करते थे। लगता है कि ऐसे विषयों में अपनी विलक्षण अन्तर्दृष्टि से रामकृष्ण शीघ्र ही यह समझ गए थे कि अपने उच्चतम स्तर पर बौद्ध धर्म और वेदान्त मिल जाते हैं।[९]

रामकृष्ण की सहज वृत्ति ने अब उन्हें सामाजिक यथार्थ की ओर ध्यान

देने को प्रेरित किया। उन्होंने समकालीन सुधार आन्दोलनों को समझने का प्रयत्न किया,[10] दूर-दूर तक भ्रमण किया, और अपनी यात्राओं से समस्त मानव-जाति के अनुभव के साथ तादात्म्य स्थापित करने का प्रयास किया।[11] अन्त में पाश्चात्य विचारों के प्रतिनिधियों से उनकी विस्तृत चर्चाएँ हुईं और किसी हद तक अंग्रेज़ी शिक्षा के प्रभाव में भारतीय समाज में प्रकट होने वाले नये तत्त्वों से उन्हें सहानुभूति भी हुई। विशेष रूप से गहरा प्रभाव केशवचन्द्र सेन का था, जो पाश्चात्य उदारतावाद और तर्कनावाद की सर्वश्रेष्ठ परम्पराओं से अनुप्राणित थे।[12] जब केशव की मृत्यु हुई तो रामकृष्ण ने कहा था, "मेरा अर्धांश मर गया है।"

उनकी आत्मा अब बाह्य, अन्तर और ऊर्ध्व तीनों दिशाओं में संचरण कर चुकी थी। उनका विकास पूर्ण हो चुका था; उन्होंने 'जगत् की एक-एक पर्त प्याज़ के छिलकों की भाँति उतारकर देख ली थी।' और जो कुछ उन्होंने सीखा था वह उन्हें अवलोकन और अन्तःप्रज्ञा से प्राप्त हुआ था। अपनी इस कठोर और व्यापक प्रशिक्षणावस्था को पूरा करने के बाद, रामकृष्ण अपना समय ध्यान में और अपने विचारों तथा अनुभवों की 'चर्चा करने में' बिताने लगे। अपने मित्रों और चिकित्सकों द्वारा सावधान करने के बावजूद वे निरन्तर बोलते रहे, यहाँ तक कि उनके कंठ में तीव्र व्याधि उत्पन्न हो गई।

रामकृष्ण १५ अगस्त १८८६ को दिवंगत हुए।

: ३ :

यह देखते हुए कि रामकृष्ण लगभग अनपढ़ थे, उनकी बौद्धिक क्षमता सर्वथा आश्चर्यजनक माननी होगी।[13] वेदान्त और वैष्णव सिद्धांतों से उलझने और विभिन्न संगठित धर्मों को समझने में जो वर्ष उन्होंने बिताए थे उनसे प्राप्त वस्तु स्थायी मूल्य की थी। उनका ज्ञान विद्वान् का न होकर भी सतही नहीं था। भारतीय पुराणों और लोकवार्ता के रत्नकोष में दबी हुई विज्ञता को उन्होंने आत्मसात कर लिया था। प्राचीन दार्शनिक सिद्धान्तों में प्रयुक्त तर्कों का उनका उल्लेख प्रायः विस्मयकारी रूप में प्रसंगोचित होता था।[14] वे अभिव्यक्ति की सभी परम्परागत पद्धतियों से, और चरम प्रश्नों के विषय में उन युग-युग पुराने विवादों से, परिचित थे जिन्होंने सदा भारत में दर्शन को जीवित रखा है और उनके पास रूपकों और उपभोक्ताओं का तो ऐसा भंडार था जो अपनी व्यापकता और समृद्धता के लिए संसार के रहस्यवादी साहित्य में बेजोड़ है।

सीखे हुए सिद्धान्तों अथवा संगृहीत तत्त्वों से कहीं अधिक उनकी महान् अवलोकन-शक्ति, अद्भुत स्मरण-शक्ति और मूलभूत तत्त्वों तक सीधे पहुँचने

की उनकी क्षमता ही अपने युग के चिन्तन पर उनके प्रभाव का कारण है। अपने प्रमुख समकालीनों के विषय में उनकी कुछ टिप्पणियाँ इतनी प्रखर और संक्षिप्त हैं कि उनसे पता चलता है कि वे दूसरे लोगों के मन को कितनी सम्पूर्णता से आँक लेते थे।[१५] यही बात उन विभिन्न पंथों और सम्प्रदायों के बारे में उनके उल्लेखों के बारे में सच है जिनसे उनका सम्पर्क हुआ। ऐसा जान पड़ता है कि प्रत्येक नए सम्प्रदाय, प्रत्येक नये धर्म-दर्शन या दृष्टिकोण ने, जिसे उन्होंने छुआ, अपने गहनतम मूल्य और अपनी सीमाएँ सहर्ष उनके आगे खोलकर रख दी हों।

रामकृष्ण के व्यक्तित्व में परस्पर-विरोधी विशेषताओं और रुचियों का अपूर्व समन्वय था। अस्तित्व की गहनतम समस्याओं में उलझे होने पर भी, सत्य के गम्भीर संगीत के साथ स्वरबद्ध होकर भी, उनमें शिशुवत् भोलापन था। यह भोलापन उस उन्मुक्त आनन्द में देखा जा सकता है जो वे कलकत्ता की सड़कों पर गाड़ी में घूमने जैसे साधारण अनुभव तक से प्राप्त करते थे।[१६] वैराग्य के हिमशीत शिखरों के निवासी संन्यासी होने के बावजूद वे तीव्र मानवीय, सगे-सम्बन्धियों और शिष्यों के दावों के प्रति सहनशील हो सकते थे।[१७]

परम्परागत मूल्यों और दकियानूसी प्रतिक्रिया पद्धतियों में पले होने पर भी उनका रवैया कई दृष्टियों से अत्यधिक क्रान्तिकारी था। यह धार्मिक कृत्यों और नैतिक आचरण से सम्बन्धित प्रश्नों पर उनकी सहिष्णुता से प्रकट है। यही कारण है कि रूढ़िवादी और परिवर्तनवादी दोनों ही समान उत्साह से उनके साथ आए। उ[illegible] मन जटिल रहस्यपूर्ण ढंग से काम करता था, पर फिर भी कई बार उनमें वह चरम सरलता और अभिव्यक्ति की सहजता दिखाई पड़ती थी जो उच्च कोटि की प्रतिभा की सूचक है। उनमें शहरी संस्कृति के अलंकरण और परिष्कार का प्रभाव था, और उनकी भाषा बहुत बार अत्यधिक ग्राम्य होती थी। फिर भी उनका सौन्दर्य-बोध जितना अकृत्रिम था उतना ही तीव्र भी, और उनकी उपस्थिति का सम्पूर्ण प्रभाव अत्यन्त सुन्दरता का, लगभग नारी-सुलभ मनोहारिता का पड़ता था।

: ४ :

रामकृष्ण के विचारों को किसी प्रकार के व्यवस्थित क्रम में रखना लगभग असम्भव है। उन्होंने लिखा कुछ नहीं; और न उन्होंने पहले से तैयार करके कोई व्याख्यान या उपदेश ही दिए। जिस सामग्री से उनके विचारों का आकलन किया जा सकता है वह सम्पूर्णतः उनकी बातचीत के विवरण ही हैं। ऐसे विवरण स्वामी विवेकानन्द के भाषणों और लेखों में बिखरे पड़े हैं।[१८] कुछ

अन्य शिष्यों के जीवन-वृत्तों तथा संस्मरणों से भी उपयोगी सामग्री मिल जाती है।[१९] पर उनकी विचार-पद्धति के विषय में जानकारी का सबसे महत्त्वपूर्ण साधन है रामकृष्ण मिशन द्वारा प्रकाशित महेन्द्रनाथ की बंगला पुस्तक **श्री रामकृष्ण कथामृत**।[२०] इसका अंग्रेज़ी अनुवाद **गास्पेल ऑफ़ श्री रामकृष्ण** के नाम से प्रकाशित हुआ है।

श्री रामकृष्ण कथामृत वास्तव में अद्‌भुत पुस्तक है। ऐल्डूस हक्सले ने उसे "विनम्रता, सहिष्णुता और निर्णय के निलंबन की सच्ची शिक्षा" देने वाली पुस्तक बताया है। प्रेरणाप्रसूत उक्तियों के इस ग्रन्थ के समान ज्ञान का ऐसा भण्डार दूसरा मिलना कठिन है। गुरु के शब्दों का पूर्ण और अविकल वृत्तान्त होने के कारण इसमें स्वभावतः ही बहुत-सी पुनरावृत्तियाँ हैं और कभी-कभी उनसे मन उकता जाता है।[२१] यदा-कदा ऐसे कथन भी मिल जाते हैं जो सुरुचि-पूर्ण नहीं हैं और जिन्हें आसानी से छोड़ा जा सकता था। पर इस ग्रन्थ का समग्र प्रभाव जितना उन्नयनकारी है उतना ही हृदयस्पर्शी भी। इस विवरण से रामकृष्ण अपनी आध्यात्मिक अनुभूति, अपनी बोध-क्षमता, अपनी उदारता, विनोदप्रियता और गहनदृष्टि के समस्त वैभव के साथ ही उभरते हैं।

ये वार्तालाप नीतिकथाओं, उक्तियों, चुटकुलों, कहावतों, व्यक्तिगत टिप्पणियों, व्यावहारिक परामर्शों और पुराणों से चुने हुए रूपकों से भरे पड़े हैं। पर साथ ही उनमें गहन महत्त्व के विचार और परम्परागत दार्शनिक सिद्धान्तों के विवेचन भी हैं जो प्रायः सांगोपांग रूपकों की सहायता द्वारा स्पष्ट किये गए हैं। इस सब सामग्री के आधार पर रामकृष्ण के चिन्तन की सामान्य विशेषताओं की रूपरेखा बनाना सम्भव है।

"उनकी उक्तियाँ जीवन की पुस्तक के पृष्ठ हैं,"[२२] इस वाक्य में रोम्याँ रोलाँ ने रामकृष्ण के चिन्तन के मूलतः व्यावहारिक स्वरूप, व्यक्तिगत सिद्धि से उनके घनिष्ठ सम्बन्ध का निचोड़ प्रस्तुत कर दिया है। बौद्धिक जानकारी से व्यक्तिगत सिद्धि की श्रेष्ठता कई-एक नीतिकथाओं में दिखाई गई है। उनमें से तीन का यहाँ उल्लेख किया जा सकता है।

सबसे पहले तो नदी पार करते हुए एक पण्डित और मल्लाह की कथा है। पण्डित ने मल्लाह से पूछा कि क्या तुम वेदान्त, सांख्य, मीमांसा जानते हो? मल्लाह ने हर बार 'नहीं' कहा। किन्तु कुछ ही देर बाद नदी में बड़े जोर का तूफ़ान आ गया। तब मल्लाह ने घबराए हुए पण्डित से पूछा, "श्रीमान्, मैं वेदान्त, सांख्य या मीमांसा तो नहीं जानता, पर मैं तैरना जानता हूँ।"[२३] एक अन्य अवसर पर रामकृष्ण ने शुद्ध सिद्धान्तवादी की तुलना उस व्यक्ति से

की जो बाग़ में जाकर आम खाने के बजाय पेड़, पेड़ की शाखाएँ और हर शाखा में पत्तियों की गिनती में उलझा रहता है।[२४] ऐसी ही गिद्धों की कथा भी है। गिद्ध चाहे जितने ऊपर उड़ जाएँ, उनकी लोलुप दृष्टि धरती पर पड़े शव पर ही लगी रहती है। इसी प्रकार विद्वान् और पण्डित बुद्धि के पंखों के सहारे चाहे जितनी उड़ानें भरते रहें, उनके मन निरर्थक वस्तुओं से जकड़े रहते हैं।[२५]

इसलिए विवादपूर्ण ज्ञान की तुलना में अनुभूति का महत्त्व प्राथमिक है। बर्गसाँ के शब्दों में कहें तो, केवल इस प्रकार ही बाह्य दृश्य देखने के बजाय हम 'पदार्थों के भीतर से देख' सकेंगे। रामकृष्ण कहते हैं—"दूध के बारे में कुछ लोगों ने सुना है, कुछ ने दूध देखा है, और कुछ ने चखा भी है। पर आवश्यकता उसे अपने रक्त और मज्जा में आत्मसात करने की है, शरीर का एक अंश बना लेने की है।"[२६] उच्चतम स्तर पर व्यवहारवादी दृष्टि रहस्यवाद की ओर उन्मुख हो जाती है। जंगल में अग्नि निहित रूप में विद्यमान है, इस सत्य को बौद्धिक रूप में समझना एक बात है। और आग जलाना, उस पर भात राँधना, उसे दूसरों को खिलाना तथा स्वयं भी खाना बिलकुल दूसरी बात है।[२७]

इस स्थिति का सबसे प्रत्यक्ष निष्कर्ष यही है कि सत्य के किसी एक पक्ष पर कट्टरता से अड़े रहने की अपेक्षा सहिष्णुता और मानसिक लचीलापन अधिक वांछनीय है। रामकृष्ण लचीले मन और कट्टरपन के बीच अन्तर, उनकी तुलना क्रमशः मछली पकड़ने की नाव और भारी-भरकम जहाज़ से करके दर्शाते हैं। छोटी मछली पकड़ने की नाव नहरों और उथले पानी में भी चल सकती है और बड़ी-बड़ी नदियों में भी। पर भारी जहाज़ में ऐसी क्षमता नहीं है, उथले पानी में वह धरती से जा टिकता है।[२८]

रामकृष्ण यह कहते कभी नहीं थकते कि मतमतान्तर केवल मार्ग-भर हैं; वे नदियों के समान हैं जो अलग-अलग स्थानों में बहती हुई अन्त में एक ही महासागर में विलीन हो जाती हैं।[२९] एक ही सत्य को ग्रहणकर्ता के मन की प्रकृति और आवश्यकताओं के अनुसार विभिन्न तरीकों से समझाया जा सकता है। माँ अपने बच्चों के लिए उनके हाज़मे के हिसाब से अलग-अलग ढंग से मछली पका सकती है—तलकर, उबालकर, अचार डालकर या झोल बनाकर।[३०] या रामकृष्ण के ही एक अन्य प्रिय रूपक द्वारा कहें तो, सत्य की तुलना एक निर्मल जलाशय से की जा सकती है। जलाशय के एक ओर हिन्दू अपने घड़े में 'जल' भरता है; दूसरी ओर मुसलमान उसे 'पानी' कहता है; और

तीसरी ओर साहब उसे 'वाटर' कहता है। पर जलाशय में भरा हुआ पदार्थ वही रहता है।[31]

किन्तु यह सहिष्णुता सर्वथा असम्बद्ध विचारों को स्वीकार कर लेने और उन्हें सर्वथा असमन्वित रखने के स्तर पर नहीं होनी चाहिए। सहिष्णु दृष्टिकोण का विकसित होकर समन्वित दृष्टिकोण होना आवश्यक है। रामकृष्ण समझते थे कि केवल मान लेना ही यथेष्ट नहीं है; परस्पर-सामंजस्य उत्पन्न करना भी आवश्यक है। उनके समन्वयकारी के ऐतिहासिक रूप का उल्लेख करते हुए विवेकानन्द ने लिखा है—"समय आ गया था कि कोई ऐसा व्यक्ति जन्म ले जिसके एक ही शरीर में शंकर की विलक्षण प्रखर बुद्धि हो और चैतन्य का अद्भुत, उदार, असीम हृदय भी; जो प्रत्येक सम्प्रदाय के भीतर एक ही भावना, एक ही ईश्वर को कार्यशील देख सके; जिसका हृदय गरीब, दुर्बल और निर्वासित के लिए—भारत में या भारत से बाहर प्रत्येक व्यक्ति के लिए—रो सके; और साथ ही जिसका विशाल और प्रखर मस्तिष्क ऐसे विचारों की अवधारणा में समर्थ हो जो सभी विरोधी सम्प्रदायों में समन्वय पैदा कर सके, और एक विस्मयकारी सुसंगति, मस्तिष्क और हृदय का एक सार्वजनीन धर्म, स्थापित कर सके ..... निस्सन्देह इसका क्षण आ पहुँचा था और यह आवश्यक था कि ऐसा व्यक्ति जन्म ले। वह प्रकट हुआ; और सबसे उत्तम बात यह थी कि उसका कर्मक्षेत्र एक ऐसे नगर के समीप बना जिसमें पाश्चात्य चिन्तन का तीव्र आलोड़न था, जो भारत के अन्य किसी नगर की अपेक्षा अधिक यूरोपीय हो चुका था।"[32]

विवेकानन्द के इन शब्दों से यह स्पष्ट है कि रामकृष्ण केवल इस सीमित अर्थ में ही समन्वयकारी न थे कि अपनी विश्वदृष्टि में उन्होंने विभिन्न विचारों को स्थान दिया था, बल्कि वे इस व्यापक अर्थ में भी समन्वयकारी थे कि मानव-स्वभाव के विभिन्न पक्षों और परस्पर भिन्न परम्पराओं के अधिकारों को मान्यता देते थे।[33]

: ५ :

रामकृष्ण के चिन्तन की इन विशेषताओं के कारण उनके वक्तव्यों के आधार पर जगत् का कोई सिद्धान्त प्रतिपादन करने का प्रयास स्पष्ट ही सम्भव नहीं। वास्तव में, सम्पूर्ण सिद्धान्तों में रामकृष्ण की रुचि ही नहीं थी। चरम समस्याओं में निस्सन्देह उनकी गहरी दिलचस्पी थी, पर किसी सर्वव्यापी योजना के अन्तर्गत विशिष्ट सत्यों को सम्मिलित करने की माँग से वे खीझ उठते थे। "यदि पानी के घड़े से मेरी प्यास बुझती है तो मैं पूरे तालाब को क्यों नापूं ?

यदि एक बोतल मेरे लिए पर्याप्त है, तो मदिरालय में शराब का सारा भंडार मैं क्यों तौलने जाऊँ ?"[३४]

पर अन्य अवसरों पर वे भिन्न स्वर में बात करते थे। सम्पूर्ण सत्ता की प्रकृति के बारे में चुप रहने की बजाय, उन्होंने कहा था कि **समग्र रूप में विचार करने पर** सत्ता बहुत-से रूपों में प्रकट होती है जो सभी सत्य होते हैं। इस प्रसंग में उन्होंने गिरगिट की नीतिकथा का प्रयोग किया था। बहुत-से लोगों ने गिरगिट देखा था, पर प्रत्येक ने केवल एक ही बार देखा था। एक कहता था वह लाल है, दूसरा कहता हरा है, तीसरा कहता पीला है, इत्यादि। वे इस बात को लेकर झगड़ने लगे। अन्त में वे ऐसे व्यक्ति के पास गए जो उसी पेड़ के तले रहता था जिस पर गिरगिट का कोटर था। यह आदमी गिरगिट को बहुत बार देख चुका था। इसलिए उसने कहा कि उन सबकी बात सच है—और यह भी कि वे सब ग़लत भी हैं क्योंकि गिरगिट ऐसे रूप ले सकता है जो उन्होंने नहीं देखे थे।[३५] यह ध्यान देने की बात है कि यह कथा हाथी और छह अन्धों की कथा से मूलतः भिन्न है। यहाँ सन्दर्भ सत्ता के विभिन्न अंगों का नहीं, बल्कि उसके विभिन्न रूपों का है।

जगत् की वास्तविकता के प्रश्न पर इसी प्रकार विचार किया जा सकता है—हमारा उत्तर हमारे दृष्टिकोण पर निर्भर करेगा। इस मामले में रामकृष्ण परम्परागत अद्वैतवादी तर्कों का अनुसरण करते हैं, यद्यपि वे माया और शक्ति आदि शब्दों का उनके शास्त्रीय अर्थ में प्रयोग नहीं करते। ब्रह्म और शक्ति एक ही है, जैसे अग्नि और जलाने की शक्ति, सूर्य और उसकी किरणें, दूध और उसकी सफेदी एक है। ईश्वर पात्र और पात्रस्थ दोनों ही है।[३६]

रामकृष्ण कहते हैं—"जब मैं चरम सत्ता को निष्क्रिय रूप में विचारता हूँ, जो न रचता है, न नष्ट करता है और न रक्षा करता है, तो मैं उसे ब्रह्म या पुरुष कहता हूँ। जब मैं उसको सक्रिय रूप में विचारता हूँ—स्रष्टा, रक्षक और संहारकर्ता के रूप में—तो मैं उसे शक्ति, माया या प्रकृति कहता हूँ। इस भेदाभेद से कोई मूलभूत अन्तर नहीं पड़ता। वह हीरे और उसकी चमक की भाँति सर्प और उस लहरिया गति की भाँति एक ही व्यक्ति है। एक के बिना दूसरे की कल्पना नहीं की जा सकती। देवी माँ और ब्रह्म एक ही हैं।[३७] वे पूछते हैं कि क्या यह अनिवार्य है कि लोगों को निराकार और साकार ईश्वर में से किसी एक को अटल रूप में चुनने के लिए बाध्य किया जाए ? जब मुझे सात छिद्रों वाला वाद्ययन्त्र उपलब्ध है तो मैं सदा एक ही स्वर क्यों बजाता रहूँ ? क्यों

मैं सदा कहता रहूँ, 'ब्रह्म, ब्रह्म' ? उन्होंने कबीर का उल्लेख किया कि "साकार ब्रह्म मेरी माँ है और निराकार ब्रह्म, मेरे पिता। मैं किसे छोड़ूँ ? किसे स्वीकार करूँ ? तराज़ू के दोनों पलड़े बराबर भारी हैं।"[३८]

तो फिर अन्तर पहुँचने के मार्ग में है। यह विचार बार-बार व्यक्त किया गया है, पर फिर भी मनुष्य की प्रवृत्तिगत रूढ़िवादिता के कारण प्रत्येक युग में इस पर नये सिरे से बल देने की आवश्यकता पड़ी है। रामकृष्ण को भी लगा था कि इस सत्य पर फिर एक बार ज़ोर देने की आवश्यकता है। "हिन्दू, मुसलमान, ईसाई, शाक्त, शैव, वैष्णव, प्राचीन युग के ब्रह्मज्ञानी और आज के ब्रह्मज्ञानी—सब एक ही ईश्वर को खोजते हैं पर उनके रास्ते भिन्न-भिन्न हैं।" इन भिन्नताओं को अधिक महत्त्व नहीं देना चाहिए। "अपनी बर्फ़ की टिकिया चाहे सीधी खाओ चाहे टेढ़ी, मीठी एक-सी ही लगेगी।"[३९]

: ६ :

फिर भी यह प्रश्न तो उठता ही है कि रामकृष्ण ईश्वर को एकमात्र सत्ता मानते थे या नहीं, या वह भौतिक जगत् और मानव-व्यक्ति का स्वाधीन अस्तित्व स्वीकार करते थे। इस प्रश्न के साथ वे सब सूक्ष्म तत्त्वमीमांसीय समस्याएँ जुड़ी हुई हैं, जिनके प्रति वे मूलतः उदासीन थे और जिनके बारे में वाद-विवाद करने की शिक्षा उन्हें नहीं प्राप्त थी। किन्तु इसका यह अर्थ नहीं कि वास्तविकता के बारे में विभिन्न दृष्टिकोणों में से कोई एक उन्हें अधिक मान्य न था। वे निश्चित रूप से निरपेक्षवादी अवधारणा स्वीकार करने के पक्षपाती थे। वे ईश्वर को ही शक्ति और सत्ता का एकमात्र स्रोत मानते थे। रामकृष्ण ने एक बार कहा था—"ईश्वर दो बार हँसता है। एक तो वह तब हँसता है जब दो भाई अपने खेत के ऊपर रेखा खींचकर कहते हैं, 'इस तरफ मेरा है, उस तरफ तुम्हारा।' और वह तब भी हँसता है जब वह किसी डाक्टर को किसी माँ से यह कहते सुनता है, 'चिन्ता न करो, मैं तुम्हारे बच्चे को अच्छा कर दूँगा।'"[४०] इस तरह की और भी बहुत-सी घरेलू नीति-कथाएँ हैं जिनके द्वारा रामकृष्ण ईश्वर की शक्ति और अनुभवातीत सत्ता पर बल देते थे।

इस बात की ओर ध्यान खींचना इसलिए आवश्यक है क्योंकि रामकृष्ण को प्रायः 'मानवतावादी' कहा गया है, इसलिए यह कल्पना की जा सकती है कि वे मानव-व्यक्तित्व की स्वाधीन सत्ता को स्वीकार करते होंगे। किन्तु वास्तव में रामकृष्ण यह कभी न मानते थे कि 'मनुष्य की सत्ता से चरमसत्ता में 'कोई अन्तर पड़ता है'। इस प्रश्न पर अन्य मानवतावादियों के—उदाहरण के लिए टैगोर और इक़बाल के—विचार कहीं अधिक अग्रगामी थे।[४१]

इस भाँति ब्रह्म असंपृक्त भी है और अनियन्त्रित भी। केवल वही 'है'। सर्प के रूप में वह डसता है, और चिकित्सक के रूप में वही अच्छा करता है। बल्कि हम यह भी कह सकते हैं कि ज्ञानी मनुष्य और अज्ञानी मनुष्य दोनों स्वयं ईश्वर ही हैं। अज्ञानी के रूप में वह भ्रमग्रस्त रहता है और ज्ञानी के रूप में वह भ्रम दूर करता है। लीला और नित्य दोनों सत्ता के ही रूप मात्र हैं। पानी चाहे स्थिर हो चाहे तरंगाकुल, पानी ही है।[४२] सर्प सर्प ही है, चाहे वह रेंगता हो चाहे कुण्डली मारे बैठा हो।[४३]

कभी-कभी रामकृष्ण में यह ध्वनि भी मिलती है कि चूंकि ईश्वर की शक्तियाँ वास्तविक हैं। इसलिए जिन पदार्थों में वे प्रगट होती हैं वे भी यथार्थ हैं। ईश्वर न्यायाधीश है और माया जगत् उसका आसेधक है; पर कभी-कभी आसेधक स्वयं न्यायाधीश से भी अधिक प्रभावशाली सिद्ध होता है।[४४] ईश्वर एक बड़े रईस की भाँति हैं। अगर रईस आदमी अपनी सब ज़मीन-जायदाद बेच दे और नौकर-चाकरों को निकाल दे, तो कौन उसका सम्मान करेगा? ईश्वर ने ऐसा प्रबंध किया है कि अपनी शक्ति और जायदाद सब अपने हाथ में रहे; उसने उनका त्याग नहीं किया है।[४५]

सत्ता के विषय में अपने विचारों को रामकृष्ण ने बेल फल के रूपक द्वारा समझाया है। यदि हमें बेल का गूदा—उसका असली सार चाहिए तो हमें छिलका और बीज निकालने पड़ेंगे। पर यदि हम पूरे फल का वज़न-जानना चाहें तो? निस्संदेह तब हमें फेंके हुए छिलके और बीजों को उठाकर गूदे के साथ ही तराजू में रखना पड़ेगा। इसी प्रकार परम सत्ता तक पहुँचने के लिए हमें भौतिक जगत् और मानव-व्यक्तित्व को अस्वीकार करना पड़ेगा। पर यदि हम सत्ता को उसकी सम्पूर्णता में जानना चाहते हैं तो हमें उनको भी मानकर चलना होगा।[४६]

और फिर भी अन्ततः 'सब एक है'। विभेदों से केवल यह प्रकट होता है कि एक में अनेक दीख पड़ने की शक्ति है। महासागर दूर से नीला दिखाई पड़ता है। हम पास पहुँचते हैं, और पास पहुँचते हैं; अन्त में हम झुककर उसका जल अपनी अंजुली में भर लेते हैं—वह तो रंगहीन है। नीलेपन का आभास मिट चुका है।[४७]

इन सब बातों को देखते हुए इसमें कोई आश्चर्य नहीं कि रामकृष्ण ने चरम अर्थ में असत् की सत्ता को अस्वीकार किया। सत् और असत् सत्य और मिथ्या के अन्तर केवल ससीम व्यक्ति पर ही लागू होते हैं। वे ईश्वर को स्पर्श नहीं करते। दीप वही है; एक आदमी चाहे उसके प्रकाश में धर्मग्रन्थ पढ़े

और चाहे दूसरा उसी प्रकाश को जाली चैक बनाने के लिए काम में लाए।[४८]

सूर्य अपना प्रकाश सज्जनों और दुष्टों पर निरपेक्ष भाव से बिखेरता है।[४९]

: ७ :

रामकृष्ण की व्यावहारिक शिक्षाओं में भी सहज बुद्धि और गहन कल्पनाशीलता का सम्मिश्रण मिलता है। वे मानवीय इच्छाशक्ति की सीमाएँ जानते थे और असम्भव आदर्शों की माँग नहीं करते थे। आचरण के विषय में उनकी सहिष्णुता को प्रकट करने वाली बहुत-सी घटनाएँ बताई जाती हैं। एक बार उन्होंने किसीको कहते हुए सुना—"हे ईश्वर, मैं जीवन में हर क्षण तुम्हारा ही ध्यान करता रहता हूँ।" रामकृष्ण ने टोककर उससे कहा, "भले आदमी, तुम्हें इतना समय कहाँ से मिलेगा? इससे तो यह वचन देना ज्यादा समझदारी की बात है कि दिन में दो बार ध्यान करूँगा। असीम को क्यों धोखा देते हो?"[५०] यही दृष्टि पागल हाथी की कथा में झलकती है जिसे वे बड़े चाव से सुनाया करते थे। एक आदमी को उसके गुरु ने 'सब जीवों में परमात्मा को देखने' का आदेश दिया। एक दिन सड़क पर चलते-चलते उसने एक हाथी को अपनी ओर आते देखा। महावत ने चिल्लाकर चेतावनी दी कि रास्ते से हट जाओ, हाथी बेकाबू हो रहा है। पर उस आदमी ने हटने से इन्कार कर दिया और उसे हाथी की सूंड का एक कड़ा आघात लगा। बाद में जब उसके गुरु ने उससे पूछा कि वह रास्ते से हटा क्यों नहीं, तो उसने कहा, "मैंने हाथी में ईश्वर को देखा और सोचा कि वह मेरी कोई क्षति न करेगा।" गुरु ने उत्तर दिया, "मूर्ख! यदि तुम्हें हाथी में ईश्वर दीख सका तो उस महावत में क्यों नहीं दीखा जो तुम्हें समझदारी की सलाह दे रहा था?"[५१]

रामकृष्ण मानते थे कि 'साधुजीवन' के मूलभूत सिद्धान्त हैं विनय, आत्मज्ञान, अनुशासन और सांसारिक स्वार्थ की संकुचित सीमाओं से ऊपर उठने की क्षमता। विनय का महत्त्व तुला के रूपक द्वारा स्पष्ट होता है—हलका पलड़ा ऊपर उठ जाता है और भारी पलड़ा विनय से नीचे झुक जाता है।[५२] आत्मज्ञान के लिए रामकृष्ण अपने अनुयाइयों को दृष्टि को अन्तर्मुखी करने का आदेश देते थे जिससे न केवल अपनी सीमाएँ बल्कि अपनी प्रसुप्त अज्ञात क्षमताएँ भी पहचानी जा सकें। इस सम्बन्ध में वे प्रायः उस आदमी की कथा सुनाया करते थे जो आधी रात को दूसरे के दरवाज़े हुक्का सुलगाने के लिए दियासलाई माँगने पहुँचा; पर सारा समय उसके हाथ में एक लालटेन थी जिससे वह आसानी से आग सुलगा सकता था।[५३]

यद्यपि रामकृष्ण निवृत्ति के अतिरेक को नापसन्द करते थे, फिर भी उनका आग्रह था कि नैतिक प्रगति के लिए त्याग आवश्यक है। यह सही है कि त्याग करने की सीमा 'सत् के खोजी' व्यक्ति की विशेष स्थिति पर निर्भर करेगी। पर सांसारिक मोह से ऊपर उठ सकने की तत्परता पहली शर्त है। शुद्ध लौकिक झमेलों में उलझे रहने वाले मन की तुलना रामकृष्ण ऐसी दियासलाई की डिबिया से करते थे जो बहुत दिनों से किसी सीलन-भरी जगह में रखी हो। ऐसी डिबिया से चाहे सौ तीलियाँ घिसिए, उनसे कोई आग नहीं जलेगी।[५४] या अन्य दृष्टान्त लें तो मानव-मन मिट्टी लिपटी सुई के समान है। यदि सुई को चुम्बक—चरम सत्ता—की ओर आकर्षित करना है तो मिट्टी की पर्तें—लोभ, विलासप्रियता—पहले सावधानी से खुरच डालनी होंगी।[५५]

इस सन्दर्भ में दो और नीतिकथाओं का उल्लेख किया जा सकता है। एक मछुहारिन को मछली की गन्ध की ऐसी आदत पड़ गई थी कि अपनी टोकरी बिना उसे नींद न आती थी। एक बार वह अपनी सहेली के यहाँ गई जिसने उसके सत्कार में उसके बिस्तर के सिरहाने सुगन्धित फूलों का एक गुच्छा रखवा दिया। मछुहारिन रात-भर बेचैन रही। फूलों की गन्ध से उसकी नींद में बाधा पड़ी और वह सारा समय अपनी मछली की टोकरी के लिए तरसती रही।[५६] इसी प्रकार नश्वर मूल्य की वस्तुओं से अधिक लगाव हो जाने पर व्यक्ति उनके बिना नहीं रह पाता; और जब बेहतर चीज़ों से उसका सामना होता है तो वह बहुत परेशान हो जाता है। इसी तरह रेशम के कीड़े की नीतिकथा है जो बड़े प्यार और असीम यत्न से अपना रेशमकोष बनाता है। रेशमकोष बड़ा सुन्दर होता है; पर रेशम का कीड़ा उसमें से निकल नहीं सकता और अन्त में उसीमें मर जाता है। पदार्थों का जगत् भी एक सुन्दर रेशमकोष की भाँति है। हम बड़े प्यार से उसे रचकर अपने को उसके भीतर बन्दी कर लेते हैं, और यह भूल जाते हैं कि बाहर उससे भी सुन्दर वस्तुएँ हैं।[५७]

तो रामकृष्ण का आग्रह है कि संसार में रहो, पर ध्यान उसका करो जो संसार से ऊपर है। कछुवे को देखो; वह पानी में रहता है, पर उसका मन किनारे पर लगा रहता है जहाँ उसके अण्डे जमा रहते हैं।[५८] ससीमता से ऊपर उठने के लिए विवेक चाहिए; और विवेक के लिए अनुशासन ज़रूरी है। संसार पानी की भाँति है और आत्मा दूध की। दोनों मिल जाएँ तो पहले-पहल तो शुद्ध दूध को फिर से प्राप्त कर सकना असम्भव जान पड़ता है। पर यदि मिश्रण का दही बनाकर उसे अच्छी तरह मथ डाला जाए तो मक्खन ऊपर तैर आता है। आत्मा के अनुशासन द्वारा हम ज्ञान का नवनीत प्राप्त कर सकते हैं; वह

ऊपर तैर आएगा।[५६]

बोएथियस के-से शब्दों में रामकृष्ण सलाह देते हैं—"चींटी की तरह जियो। वह चीनी और बालू का अन्तर पहचानती है। संसार में सत्य और असत्य दोनों हैं; उनके बीच भेदाभेद करना सीखो। हंस की तरह रहो जो दूध और पानी को अलग कर सकता है। जलमुर्गाबी की तरह रहो—अपने पंखों पर पड़े पानी को झटककर गिरा दो और ऊपर उड़ चलो। कीचड़ की मछली जैसे बनो; कीचड़ में रहने पर भी उसकी खाल चमकीली और उजली होती है।"[६०]

पूछा जा सकता है—तो फिर नैतिकता का सामाजिक पक्ष? मुख्यतः वैयक्तिक सिद्धि में लगे रहने के कारण रामकृष्ण ने सामाजिक आचरण के विषय में बहुत कम कहा है। सामाजिक अन्याय के प्रति तो वे बहुत संवेदनशील थे। पर समाज-सुधारक की दृष्टि के प्रति वे सदा बहुत उत्साह नहीं अनुभव करते थे। उनकी यह प्रतिक्रिया कुछ इस विश्वास पर आधारित जान पड़ती थी कि सामाजिक बुराइयों को दूर करने के कार्य को कहीं नैतिक प्रयास का स्थानापन्न न मान लिया जाए। रामकृष्ण ने एक बार कहा था—"यदि तुम्हें ईश्वर कभी सामने मिल जाए, तो क्या तुम उससे कहोगे—'हे ईश्वर मुझे शक्ति दो कि मैं नहरें खुदवा सकूँ, स्कूल बनवा सकूँ, अस्पताल स्थापित कर सकूँ'?"[६१]

यही कारण है कि **श्री रामकृष्ण कथामृत** में तत्कालीन समाज-सुधारकों का उल्लेख प्रायः प्रशंसात्मक नहीं है। ब्राह्मसमाज के नेताओं के प्रति आदर के बावजूद रामकृष्ण उनके सभी तरीक़ों को पसन्द नहीं करते। उनका विचार था कि उनके बीच पाप की चर्चा पर बड़ा ज़ोर रहता है। "जो व्यक्ति लगातार 'मैं पापी हूँ', 'मैं पापी हूँ' रटता रहता है वह सचमुच मन में पापी हो जाता है; और जो 'मैं बँधा हुआ हूँ' 'मैं बँधा हुआ हूँ' रटता है वह सचमुच बन्धन में पड़ जाता है।"[६२] इसके अतिरिक्त, रामकृष्ण ईश्वर की सृष्टि का गौरवगान करके मनुष्य को नैतिक बनाने की पद्धति को भी अच्छा नहीं समझते थे। उन्हें यह एकदम असंगत लगता था कि मनुष्य सूरज, चाँद, सितारों और महासागरों की विराटता से निरंतर अभिभूत होता रहे। रामकृष्ण पूछते हैं—"क्या तुम गम्भीरतापूर्वक अपने पिता से कहोगे: 'पिताजी, आपके पास तो तीन मकान, दो गाड़ियाँ और दस कालीन हैं'?" सत्य यह है कि ईश्वर की सृष्टि के वैभव की प्रशंसा में हम अनजाने ही अपने वैभव-प्रेम को प्रक्षेपित करते हैं। मनुष्य को अपनी सम्पत्ति से प्यार है; इसलिए वह अनजाने ही

कल्पना करता है कि ईश्वर को भी अपनी सम्पत्ति से प्यार होगा। पर उसके लिए तो वे तृण समान हैं।[६३]

: ८ :

रामकृष्ण कर्म, भक्ति और ज्ञान के आपेक्षिक मूल्य का विश्लेषण कदाचित ही करते हैं। हम देख ही चुके हैं कि उनका दृष्टिकोण इतना लचीला और एकतामूलक था कि उसमें इस प्रकार महत्त्व के बँटवारे की गुंजाइश न थी। पर इसका यह अर्थ नहीं कि उनकी अपनी कोई पसन्द न थी। कर्म-प्रधान पद्धति की उपयोगिता को स्वीकार करते हुए भी रामकृष्ण निश्चित रूप से उसे एक साधन-भर मानते थे। उनका आग्रह निरन्तर इस बात पर रहता था कि वास्तविक लक्ष्य ईश्वर-प्राप्ति है। कर्म चाहे जितना निःस्वार्थ हो, सदा साधन ही रहता है, कभी लक्ष्य नहीं बन सकता। बाद में रामकृष्ण के अनुयाइयों ने सामाजिक कर्म की बड़ी सुदृढ़ परम्पराएँ स्थापित कीं और कर्त्तव्य पर उतना ही बल दिया जितना ध्यान पर। पर यह स्मरण रखना चाहिए कि यह विवेकानन्द द्वारा गुरु की शिक्षाओं में अपनी गतिमान क्रियाशीलता का समावेश कर देने के बाद ही सम्भव हुआ।[६४]

जहाँ तक ज्ञान और भक्ति का प्रश्न है, रामकृष्ण-जैसे रहस्यवादी के लिए उनमें अन्तर ईश्वर-प्राप्ति की केवल प्रारम्भिक अवस्थाओं में ही यथार्थ हो सकता था। चरम अर्थ में दोनों ही 'ज्ञान' हैं—अन्तर केवल 'ज्ञानी के ज्ञान' और 'प्रेमी के ज्ञान' का है। मूलभूत सिद्धान्त प्रेम है; वही कर्म और ज्ञान दोनों के अनुसरण में निर्मल और स्निग्ध करने के साधन का कार्य करता है। भक्ति, जो प्रेम का ही दूसरा नाम है, उस तेल की भाँति है जिसे बुद्धिमान मनुष्य कर्म के चिपचिपे और गन्दे कटहल को काटने के पहले अपने हाथों में मल लेता है।[६५] रामकृष्ण यह भी नहीं मानते कि ज्ञान की उच्चतम अवस्था में भी भक्ति को छोड़ने की आवश्यकता है। भक्ति चन्द्रमा की भाँति शीतल है; ज्ञान सूर्य की भाँति उत्तप्त। पर कभी-कभी सूर्य भी चन्द्रमा के अस्त होने के पहले ही उदय हो जाता है।[६६]

सच्ची भक्ति से रामकृष्ण दो बातें चाहते हैं। एक तो वह एकाग्र होनी चाहिए। वह आकाश में सीधे बढ़े जाने वाले पेड़ के अकेले सीधे तने की भाँति होनी चाहिए, धरती के पास ही बहुत-सी शाखाओं में बँटे हुए पेड़ की भाँति नहीं।[६७] दूसरे, भक्ति के साथ आन्तरिक दृढ़ता अवश्य होनी चाहिए जिससे वह हमारी अधोगामी वृत्तियों के खिंचाव को वश में रख सके। हलकी-सी आग को छोटी-सी लकड़ी भी बुझा सकती है; पर ज्वलंत अग्नि में बड़े-

बड़े वृक्षों को राख कर देने की क्षमता है।[६८]

भक्ति में दृढ आस्था होने पर भी रामकृष्ण को यह भ्रम नहीं था कि निजी ईश्वर की भक्ति द्वारा अपने अतीत को पूरी तरह मिटाया जा सकता है। यह आशा दिलाना भ्रामक होगा कि भक्ति का कवच पहनकर निम्न-से-निम्न स्तर पर बेखटके उतरा जा सकता है। एक हद तक हमारे कर्म बड़े निष्ठुर हैं, वे अपने परिणामों का परित्याग नहीं करते। 'मदिरा के घट को गंगाजल भी पवित्र नहीं कर सकता'। अथवा जैसा उन्होंने एक अन्य रूपक में कहा है, अन्धा आदमी गहरी भक्ति से गंगा में स्नान करे, तो अपने कुछेक पापों से भले ही मुक्त हो जाए, पर अन्धा वह फिर भी रहता ही है।[६९]

ज्ञान के प्रश्न पर भी रामकृष्ण तैयारी और भले-बुरे के विवेक पर बल देते हैं। अफ़लातून द्वारा विचार और सत्य के अन्तर की याद दिलाने वाले शब्दों में रामकृष्ण इस बात का आग्रह करते हैं कि ज्ञान के लक्ष्य को अधिकतम मूल्यवान होना चाहिए। मामूली मक्खी भले ही हर चीज़ पर बैठ जाए, पर मधुमक्खी केवल फूल पर ही उतरती है। कौआ चाहे जहाँ पानी पी ले, पर चातक धैर्यपूर्वक स्वाति-बूंद की ही प्रतीक्षा करता है।[७०]

ज्ञान भी सीढ़ी-दर-सीढ़ी आना चाहिए।[७१] विज्ञता के शिखर पर चढ़ने का साहस करने के पहले कुछ अल्पतम विकास आवश्यक है। नये शहर में पहुँचने वाला मनुष्य पहले अपना सामान रखने के लिए कहीं कोई कमरा तलाश करता है; इसके बाद उसे चाहे जहाँ भटकने की छूट है। इसी प्रकार ज्ञानार्थी को यह आवश्यक है कि वह बौद्धिक साहसिकता की खोज में अपरिचित प्रदेशों में भटकने के पहले अपने मन को एक निश्चित पूर्व-परिचित रास्ते पर प्रशिक्षित करके मूलभूत आधार को पक्का कर ले।[७२] प्रारम्भिक अवस्थाओं में मन को अत्यधिक स्वच्छन्दता से बचाना वैसा ही आवश्यक है जैसा किसी नन्हे पौधे को आवारा पशुओं से बचाने के लिए उसके चारों ओर बाड़ लगाकर उसे अलग कर देना आवश्यक होता है।[७३] पर मन को आवश्यकता से अधिक सुरक्षा भी नहीं मिलनी चाहिए। उसका कठोर मार्ग से सीखना और बढ़ना आवश्यक है। उसे दृढ़ होना चाहिए जैसे घन की चोटों से निहाई अप्रभावित और दृढ़ रहती है।[७४]

वास्तविकता का ज्ञान धीरे-धीरे ही बढ़ता है। प्रगति के साथ ही हमें जगत् के नए स्तरों का पता चलता है, जैसे प्याज को छीलने में हमें तीन रंगों की पर्तों का पता चलता है। शुरू में लाल पर्त मिलती है, फिर बीच की गुलाबी पर्त और फिर अन्त में केन्द्र की सफ़ेद पर्त आती है।[७५] हम साकार के ज्ञान से

प्रारम्भ करके बढ़ते-बढ़ते निराकार के ज्ञान तक पहुँचते हैं। इस प्रक्रिया में मन को निरन्तर समंजन करते रहना पड़ता है। ज्ञानी धनुर्धर के समान है जो निपुणता में वृद्धि के साथ कठिन-से-कठिनतर लक्ष्य को साधने का प्रयत्न करता है। पहले वह केले के वृक्ष को लक्ष्य बनाता है, फिर सरकंडे को, फिर दीपक की लौ को और अन्त में आकाश में ऊँचे उड़ते हुए पक्षी को। उड़ते हुए पक्षी को गिराना सीख लेने पर उसे लक्ष्य-संधान के अभ्यास के लिए केले के वृक्ष की आवश्यकता नहीं रहती।[७६] इसी प्रकार निराकार का ज्ञान प्राप्त कर लेने पर आकार के ज्ञान का महत्त्व क्रमशः कम हो जाता है। फल आने पर फूल झर जाता है।[७७]

अब हम रामकृष्ण के कुछ विचारों और उक्तियों से और अस्तित्व, ज्ञान और आचरण की समस्याओं से उनके सम्बन्ध से परिचित हो चुके हैं। उनके विचार अवश्य ही अव्यवस्थित और अनिश्चित होने पर भी हमें उनमें कुछ दार्शनिक दृष्टिकोणों और मान्यताओं का समर्थन मिलता है। इस सबके बावजूद रामकृष्ण के सबसे तीव्र और प्रभावशाली कथन वे ही हैं जिनमें उनका रहस्यवादी रूप प्रकट होता है। तभी उनके रूपकों और नीतिकथाओं में ऐसी काव्यात्मक गरिमा आ जाती है जिससे उनकी गिनती दुनिया के महानतम 'सिद्धों' में होती है।

इसलिए रामकृष्ण के विषय में इस चर्चा को उनके रहस्यवाद के संक्षिप्त विवेचन से समाप्त करना उपयुक्त होगा।

: ६ :

आकार के ज्ञान से बढ़कर निराकार का ज्ञान आवश्यक है। पर निराकार का ज्ञान भी है तो ज्ञान ही; उसमें भी स्व-पर का सम्बन्ध मौजूद है। उसका भी अन्त होकर वैयक्तिक सिद्धि की स्थिति उत्पन्न होनी चाहिए। ज्ञान कामना की स्थिति का सूचक है; वह रक्तिम प्रत्यूष के समान है जो रहस्यमय संयोग के सूर्योदय की घोषणा करता है।[७८] यदि बुद्धि चरम अर्थ में सत्ता को मापने का साहस करती है तो इससे तो केवल उसकी क्षमता की सीमाओं का ही हास्यास्पद उद्घाटन होगा। "एक बार एक नमक की गुड़िया समुद्र को नापने गई, पर वह तो जल के स्पर्श-मात्र से ही पिघल गई।"[७९]

कभी-कभी रामकृष्ण ज्ञान और कर्म को असीम से संयोग की प्रारम्भिक अवस्थाओं के रूप में स्वीकार करते हैं। आध्यात्मिक ज्ञान की सहायता से हम इन्द्रियों के अत्याचार से मुक्ति पा सकते हैं; पर उपयोग के बाद उस आध्यात्मिक ज्ञान का त्याग भी आवश्यक है। एक काँटे से दूसरा निकालने के बाद

दोनों को फेंक देना उचित है।[८०] वैद्य शक्तिशाली पौष्टिक औषधि तैयार करके काँच की शीशी में रखता है। तब वह शीशी को मुहरबन्द करके उसे इतना गरम करता है कि औषधि के सब तत्त्व एकाकार हो जाएँ। औषधि तैयार करते समय वैद्य काँच की शीशी के बारे में बहुत सावधान रहता है। पर जब औषधि को देने का अवसर आता है तो वह बेधड़क शीशी को तोड़कर फेंक देता है।[८१] इसी प्रकार रहस्यवादी के लिए अपने लक्ष्य पर पहुँचने के बाद अन्तःप्रज्ञात्मक ज्ञान भी अनावश्यक हो जाता है।

पर ऐसे भी अवसर होते हैं जब प्रारम्भिक अवस्था के रूप में भी ज्ञान को छोड़ा जा सकता है। असीम का प्रत्यक्ष दर्शन भी सम्भव है। साधारणतः फल से पहले फूल आता है; पर कुछ इस तरह की तूंबियाँ भी होती हैं जिनमें फल फूल से पहले आ जाते हैं।[८२] रहस्यवादी के लिए प्रारम्भिक अवस्था के बारे में कोई अटल नियम नहीं हो सकता। आतिशबाज़ी के प्रदर्शन में प्रायः दो प्रकार के अग्निबाण होते हैं; कुछ तो सीधे आकाश में पहुँचकर जल जाते हैं और कुछ ऐसे होते हैं जो बहुत देर तक चारों ओर चक्कर काटते हुए तरह-तरह के रंग झलकाते हैं और फिर धीरे-धीरे बुझते हैं।[८३] रहस्यवादी की चेतना दोनों में से कोई भी पथ ग्रहण कर सकती है। यह भी संभव है कि वह धीरे-धीरे चक्कर काटती हुई केन्द्र के अधिकाधिक समीप आती जाए; अथवा आकस्मिक शक्ति के विस्फोट से ऊपर उठकर चरम सत्ता के साथ एकाकार होने के क्षण में अपने-आपको चुका दे।

रामकृष्ण ने अपने इस विश्वास को प्रकट करने के लिए कि रहस्यात्मक सिद्धि के आकस्मिक अथवा क्रमशः होने से कोई अन्तर नहीं पड़ता, दो और दृष्टांत दिये हैं। एक तो दो अँधेरे कमरों का दृष्टांत है, जिनमें एक साथ ही एक दीपक से उजेला होता है। कल्पना कीजिए कि एक कमरे में केवल एक घंटे तक अँधेरा रहा है और दूसरा हज़ार वर्ष से अँधेरे में डूबा है। दीपक इस अन्तर के बावजूद दोनों कमरों को समान रूप से आलोकित करेगा।[८४] अथवा अमृत से भरे किसी तालाब की कल्पना कीजिए। एक आदमी उसमें धीरे-धीरे सीढ़ियाँ उतरकर प्रवेश करता है; दूसरे को उसका मित्र अचानक ही उसमें धकेल देता है; तीसरा जान-बूझकर उसमें सीधा गोता लगाता है। वास्तव में इस बात से क्या अन्तर पड़ता है कि किस प्रकार हम तालाब में कूदते हैं? असल बात यह है कि अमृत की कुछ बूंदें हमारे मुख में जाएँ और हमें अमरत्व प्रदान करें।[८५]

रहस्यवादी अनुभूति की मुख्य विशेषता यह है कि वह तीव्र यथार्थ और

सर्वथा सम्पूर्ण होती है। असीम से संयोग के क्षण में व्यक्ति 'शर्बत में डूबी हुई पनीर की टिकिया की भाँति' हो जाता है।[८६] रामकृष्ण के अपने 'दर्शनों' के वर्णनों से प्रकट होता है कि वह अनुभव उनके लिए कितना वास्तविक होता था। उदाहरण के लिए:—"हाँ, ईश्वर ने मुझसे बात की...मैंने उन्हें गंगा से निकलकर वटवृक्ष की ओर जाते देखा। हम दोनों बहुत हँसते रहे। उन्होंने कौतुक में मेरी उँगलियाँ चटखाईं और तब वे बात करने लगे और करते ही रहे...।"[८७] रूमी और गज़्ज़ाली की भाँति रामकृष्ण भी चरम विलय के पहले 'क्रीड़ा' की अवस्था की चर्चा करते हैं। एक बड़े ही सटीक रूपक में वे आत्मा की तुलना पानी में अंशतः डूबे हुए बर्फ के पुंज से करते हैं। वह तैरता है, डूबता है, उतराता है, धीरे-धीरे खिसकता जाता है, एक बार फिर डूबता-उतराता है, और अंत में पिघलकर विलीन हो जाता है।[८८]

रहस्यवादी अनुभूति मूलतः अनिर्वचनीय है; इसलिए द्रष्टा को अंततः मौन होना पड़ता है, चाहे वह—अपने 'दर्शन' की नितान्त सम्पूर्णता और आधिक्य के कारण—थोड़ी देर के लिए भले ही मुखर हो जाए। इस बात को रामकृष्ण कई प्रकार के रूपकों द्वारा समझाते हैं। मधुमक्खी को जब तक मधु की लालसा रहती है तब तक वह फूल के चारों ओर भनभनाती रहती है। पर मधु-संचय कर चुकते ही वह मौन हो जाती है। नितान्त नशे से भले ही वह फिर भनभनाना शुरू कर दे, पर इस दूसरी भनभनाहट में कोई लालसा नहीं है।[८९] खाली घड़े को पानी में डुबाने पर उसमें गड़गड़ की आवाज़ होती है। पर जब भर चुकने पर उसे ऊपर खींचा जाता है तो आवाज़ थम जाती है। किन्तु जब पानी एक घड़े से दूसरे में डाला जाता है तो दोनों बर्तन आवाज़ करते हैं।[९०]

दावत में जब तक लोग भोजन की प्रतीक्षा में रहते हैं तब तक बड़ा शोर रहता है। भोजन परोस देने पर उनका बोलना अधिकाधिक कम होता जाता है; और दावत समाप्त होने पर केवल केले के पत्ते के पोंछे जाने की हल्की-सी आवाज़-भर सुनाई पड़ती है। अंत में भरपेट भोजन से नींद आने लगती है और फिर पूर्ण शान्ति छा जाती है।[९१] कोई नाव समुद्र की सतह पर दूर-दूर तक भटकती रहे, फिर भी इसकी सम्भावना रहती है कि वह लौट आए और जो भी अद्भुत दृश्य उसने देखे हैं उनकी सूचना हमें दे। पर एक बार 'अंध सागर' को पार करने के बाद लौटना संभव नहीं; तब फिर हम महासागर के बारे में कुछ नहीं जान सकते।[९२]

रहस्यात्मक अनुभूति की वही अनिर्वचनीयता और परिणामस्वरूप

रहस्यवादी के मौन की पूर्णता एक और नीतिकथा द्वारा भी अभिव्यक्त की गई है। कुछ लोग एक ऐसे स्थान पर पहुँचते हैं जहाँ चारों ओर ऊँची दीवारें हैं। वे यह जानने को उत्सुक हैं कि दीवार के पीछे क्या हो रहा है। उनमें से एक दीवार पर चढ़कर झाँकता है, और फिर 'ओहो!' कहकर भीतर कूद जाता है। दूसरा भी वही करता है, और फिर तीसरा भी। उनमें से प्रत्येक उस ओर का वर्णन करने के इरादे से चढ़ता है, पर दीवार पर चढ़कर उस रहस्यमय अहाते में झाँकते ही वह इतना विस्मयाभिभूत हो जाता है कि भीतर कूद पड़ता है।[83]

तो फिर कौन उस स्थान का वर्णन करे—और किससे ?

संदर्भ-सूची

१. श्री अरविन्द का एक वाक्यांश।

२. किन्तु बाद के जीवन में बंगाल के प्रबुद्ध मध्यवर्ग के कुछ प्रमुख व्यक्तियों से उनका सम्पर्क हुआ।

३. यह स्मरणीय है कि तांत्रिक परम्परा में जो कुछ भी ग्राम्य और अशोभन था, उससे रामकृष्ण सदा अलग रहे।

४. रामकृष्ण के ऊपर भैरवी ब्राह्मणी का प्रभाव १८६२ में शुरू हुआ।

५. तोतापुरी ने पाया कि उनका अनपढ़ शिष्य अद्वैत वेदान्त के दुरूह-से-दुरूह सिद्धान्तों को समझने में समर्थ है।

६. रामकृष्ण इस्लाम की ओर आकर्षित १८६६ में एक धार्मिक मुसलमान से परिचय के कारण हुए, जिसने संयोगवश मन्दिर के उद्यान में अपने ध्यान के लिए स्थान चुना था।

७. केवल दो उदाहरण ही लें, तो 'परदों' का तथा फ़र्श, दर्पण तथा चन्द्रमा से प्रतिबिम्बित होने वाले प्रकाश का रूपक।

८. बहुत वर्ष बाद केशव फिर रामकृष्ण को ईसाई धर्म के समीप ले आए थे।

९. स्मरण रहे कि भारत के अन्य भागों की भाँति बंगाल में बौद्ध परम्परा पूरी तरह कभी लुप्त नहीं हुई। बंगाल की लोकवार्ता और तंत्र में बहुत-सा बौद्ध धर्म जीवित रहा आया।

१०. 'अस्पताल-निर्माताओं' और 'स्कूल-संस्थापकों' के बारे में उनके उल्लेख प्रायः व्यंग्यपूर्ण होते थे।

११. इसके बहुत-से चमत्कारी उदाहरणों का उल्लेख उनकी मथुरा, बनारस तथा अन्य तीर्थ-स्थानों की यात्रा के सिलसिले में हुआ है। जहाँ भी वे जाते वहाँ दरिद्रता और अभाव को देखकर बहुत द्रवित होते थे।

१२. रामकृष्ण की मृत्यु के बाद एक निरर्थक और दुर्भाग्यपूर्ण विवाद चल पड़ा कि केशव ने और उन्होंने एक-दूसरे पर कितना प्रभाव डाला। मेक्स-मूलर ने अपनी **राममोहन टु रामकृष्ण** नामक पुस्तक में दोनों पक्षों को पर्याप्त निष्पक्षता के साथ प्रस्तुत किया है।

१३. आनन्द कुमार स्वामी ने कहा है कि लिखने-पढ़ने की असमर्थता

आवश्यक रूप में अशिक्षा की सूचक नहीं। भारत में तो 'श्रुति' को सदा ही ज्ञान का स्रोत माना जाता रहा है। (तुलनीय, कुमारस्वामी) **बगबेयर ऑफ़ इल्लिटरेसी।**

१४. उदाहरण के लिए, वे सांख्य के तीन गुणों के सिद्धान्त का, अथवा वेदान्त में माया के 'प्रकारों' के सिद्धान्त का, विस्तार से विवेचन करते हैं।

१५. तुलनीय, ईश्वरचन्द्र विद्यासागर, केशव और देवेन्द्रनाथ टैगोर पर उनके विचार (**गास्पेल ऑफ़ रामकृष्ण**)।

१६. इस बात के विचित्र उदाहरणों का उल्लेख मिलता है कि 'थेंक यू' जैसे सामान्य अंग्रेज़ी वाक्यांशों के उपयोग से भी उन्हें बालसुलभ प्रसन्नता होती थी।

१७. अपने भतीजे से गहरे स्नेह की उनके शिष्यों ने चर्चा की है।

१८. इनमें से सबसे महत्त्वपूर्ण व्याख्यान है 'मेरे गुरु'। बहुत-से अन्य व्याख्यानों में भी रामकृष्ण के बड़े हृदयस्पर्शी उल्लेख हैं।

१९. ब्राह्म समाज आन्दोलन के परवर्ती विकास से सम्बन्धित अधिकांश पुस्तकों में रामकृष्ण का उल्लेख है। तुलनीय, जी० सी० बनर्जी : **केशव एण्ड रामकृष्ण।**

२०. लेखक ने अनाम रहना ही बेहतर समझा।

२१. यह कमी हाल में स्वामी निखिलानन्द की पुस्तक **रामकृष्ण द प्रोफ़ेट ऑफ़ न्यू इण्डिया** के प्रकाशन से दूर हो गई है (राइडर एण्ड कम्पनी, लंदन, १९५१)।

२२. रोम्याँ रोलाँ, **लाइफ़ ऑफ़ रामकृष्ण**, पृ० १०।

२३. **गास्पेल**, पृ० ३४२।

२४. **गास्पेल**, पृ० ४५२।

२५. गिद्ध का रूपक सच्चे और झूठे त्याग का भेद समझने के लिए भी किया गया है।

२६. **गास्पेल**, पृ० ३३६। २७. **गास्पेल**, पृ० २२९।

२८. **गास्पेल**, पृ० ३६। २९. **गास्पेल**, पृ० २०४।

३०. **गास्पेल**, पृ० ५। ३१. **गास्पेल**, पृ० २०४।

३२. विवेकानन्द : **सेलेक्टेड राइटिंग्स**, पृ० ३०१।

३३. यह सामंजस्य बौद्धिक नहीं आध्यात्मिक था, बल्कि किसी हद तक सौन्दर्यमूलक था।

३४. यह बात दिलचस्प है कि अन्य बहुत-से रहस्यवादियों की भाँति

रामकृष्ण भी शराब के रूपक द्वारा चरम ज्ञान और परमानन्द को व्यक्त करते थे।

३५. गास्पेल, पृ० ८०। ३६. गास्पेल, पृ० ६५।

३७. गास्पेल, पृ० ६४। ३८. गास्पेल, पृ० १००८।

३९. गास्पेल, पृ० ५९०। ४०. गास्पेल, पृ० २६७।

४१. यहाँ फिर एक बार 'मानववादी' शब्द की घोर अनिश्चितता प्रकट हो जाती है। यदि मानववाद का अर्थ है ससीम मानव-व्यक्ति में चरम सत्ता की स्थापना, तो रामकृष्ण मानववादी नहीं थे।

४२. गास्पेल, पृ० ७८३। ४३. गास्पेल, पृ० ८२०।

४४. गास्पेल, पृ० ७५६। ४५. गास्पेल, पृ० ३०।

४६. गास्पेल, पृ० ३४५। ४७. गास्पेल, पृ० ६५।

४८. गास्पेल, पृ० २८। ४९. गास्पेल, पृ० २८।

५०. इस बात के लिखित उल्लेख हैं कि उन्होंने बहुत-से नौजवानों को अच्छे उद्देश्य के लिए भी अपना सर्वस्व दे देने से रोका।

५१. गास्पेल, पृ० ८-९।

५२. शोर करने वाले अध-भरे घड़े का परम्परागत रूपक भी है।

५३. गास्पेल, पृ० ३७७। ५४. गास्पेल, पृ० १०६।

५५. गास्पेल, पृ० ८६। ५६. गास्पेल, पृ० ३८६।

५७. गास्पेल, पृ० ८६। ५८. गास्पेल, पृ० ६।

५९. गास्पेल, पृ० ६। ६०. गास्पेल, पृ० ४२७।

६१. गास्पेल, पृ० ३२७। ६२. गास्पेल, पृ० ६८।

६३. गास्पेल, पृ० २६५।

६४. 'कर्तव्य' के विषय में विवेकानन्द के विचारों के लिए इस पुस्तक का अध्याय चार, अंश ६ देखिए।

६५. गास्पेल, पृ० ६। ६६. गास्पेल, पृ० २९।

६७. गास्पेल, पृ० १५८। ६८. गास्पेल, पृ० २२१।

६९. गास्पेल, पृ० २१६। ७०. गास्पेल, पृ० १८२।

७१. यहाँ सन्दर्भ बौद्धिक ज्ञान का है, रहस्यात्मक ज्ञान का नहीं।

७२. गास्पेल, पृ० २५७। ७३. गास्पेल, पृ० ५।

७४. गास्पेल, पृ० ७६४।

७५. इसी रूपक का एक अन्य प्रकार है केले का पेड़, जिसकी छाल की बहुत-सी पर्तें होती हैं।

७६. गास्पेल, पृ० ४३६ ।
७७. गास्पेल, पृ० ४१ ।
७८. गास्पेल, पृ० ७ ।
७९. गास्पेल, पृ० २६ ।
८०. गास्पेल, पृ० ६६१ ।
८१. गास्पेल, पृ० १७४ ।
८२. गास्पेल, पृ० १८७ ।
८३. गास्पेल, पृ० ५२४ ।
८४. गास्पेल, पृ० ४३६ ।
८५. गास्पेल, पृ० ४२२ ।
८६. गास्पेल, पृ० ८६ ।
८७. गास्पेल, पृ० ८१५ ।
८८. गास्पेल, पृ० २१७ ।
८९. गास्पेल, पृ० २६ ।
९०. गास्पेल, पृ० २६ ।
९१. गास्पेल, पृ० ८२ ।
९२. गास्पेल, पृ० १०२ ।
९३. गास्पेल, पृ० २०८ ।

चौथा अध्याय

विवेकानन्द

: १ :

"वह ताल नहीं, एक जलाशय है। वह कोई घड़ा या सुराही नहीं, पक्का पीपा है। वह कोई मीनिका या हरिमीन नहीं, बल्कि लाल आँखों वाली बड़ी भारी शफरी मछली है। वह साधारण सोलह पंखुड़ी वाला कमल नहीं—वह तो शानदार सहस्रदल कमल है।"[१] इन शब्दों में रामकृष्ण ने अपने तरुण शिष्य नरेन्द्र की प्रशंसा की थी, जिसे दुनिया स्वामी विवेकानन्द के नाम से जानती है। एक अन्य अवसर पर गुरु ने कहा था—"नरेन्द्र नदी में बहता हुआ डंठल नहीं—ऐसा डंठल जो किसी चिड़िया के बैठने से भी डूब जाए। बल्कि वह तो एक बड़े भारी पेड़ के तने के समान है जो अपने वक्ष पर मनुष्यों, पशुओं और माल को पार उतारता है।"[२]

विवेकानन्द के व्यक्तित्व के सार को कितने सुन्दर रूप में रखा गया है! उनकी हर बात से बल, ओज और धैर्य टपकता था। उन्हें 'आत्माओं को पालतू बनाने वाला'[3] कहा गया है। धर्म-संसद् के प्रतिनिधियों ने उनका उल्लेख 'भारत के तूफ़ानी साधु' के रूप में किया था। और हिमालय की हिममंडित घाटियों में कोई अजनबी अचानक विवेकानन्द को देखकर उनके राजसी व्यक्तित्व से इतना अभिभूत हो गया था कि उसके मुँह से केवल एक ही शब्द निकला—'शिव'! विवेकानन्द जहाँ भी जाते थे, उनके लम्बे कसरती डीलडौल, उनकी प्रखर दृष्टि और भारी गम्भीर आवाज़ के कारण, सदा राजसीयता और शक्ति का प्रभाव विद्यमान रहता था। यद्यपि वे धार्मिक व्यक्ति थे, पर समर्पण करना उनके स्वभाव में ही न था। उनका मन विजेता का मन था। एक बार उन्होंने कहा था, "विजय ही मेरा मंत्र है।"[४] प्रभुत्व उन्हें सहज ही प्राप्त होता था। रोम्याँ रोलाँ ने कहा है—"विवेकानन्द जैसे व्यक्ति कानाफूसी के लिए नहीं बने होते। वे केवल घोषणा ही कर सकते हैं। सूर्य अपनी किरणों को हलका नहीं कर सकता।"[५]

यह आग्रहशीलता रामकृष्ण की विनम्रता और संकोच की तुलना में कितनी विचित्र लगती है, जिसकी तुलना स्वाइट्ज़र ने असीसी के संत फ्रांसिस से की है।[६] रामकृष्ण और विवेकानन्द के सम्बन्धों में विपरीत तत्त्वों का जो परस्पर आकर्षण दिखाई पड़ता है उससे कुछ अन्य विख्यात गुरु-शिष्य सम्बन्धों का स्मरण होता है—अफलातून और अरस्तू के बीच, वालतेयर और फ्रेडरिक महान् के बीच, वैगनर और नीत्शे के बीच; और हमारे युग में फ्रायड और जुंग तथा गांधी और नेहरू के बीच। इन सभी उदाहरणों में हमें शिष्य की एक ऐसी उभयभावी प्रवृत्ति दिखाई पड़ती है, जिसके कारण श्रद्धा और विद्रोह का विचित्र मिश्रण उत्पन्न होता है। इस दृष्टि से रामकृष्ण और विवेकानन्द का सम्बन्ध बहुत-कुछ बुद्ध और आनन्द के सम्बन्ध-जैसा है। अपने गुरु के प्रति परम और सम्पूर्ण भक्ति से विवेकानन्द क्षण-भर को भी नहीं डिगे; उनके वार्त्तालाप के जो लेखे मिलते हैं उनमें मतभेद या असंतोष का हल्का-सा चिह्न तक नहीं है। रामकृष्ण को अपना गुरु मानने के पहले विवेकानन्द का रवैया आलोचनात्मक भी था और व्यंग्यपूर्ण भी।[७] पर एक बार रामकृष्ण के अंतरंग वृत्त में प्रवेश करने के बाद उनके कोई मतभेद नहीं रह गए।

फिर भी दोनों के बीच अन्तर वास्तविक है। रामकृष्ण अंत:प्रज्ञा और 'दर्शन' का भरोसा करने वाले रहस्यवादी थे; विवेकानन्द बुद्धिवादी। उन्हें सबसे अधिक भरोसा तर्कना पर था, यद्यपि बीच-बीच में उससे अन्सतोष भी होता था। गुरु को किताबी ज्ञान की तनिक भी परवाह न थी और वे आजीवन लगभग अनपढ़ ही रहे। शिष्य बहुत-से विषयों के धुरन्धर विद्वान्, पक्के किताबी कीड़े थे। रामकृष्ण समझाने-बुझाने में विश्वास करते थे और वाद-विवाद तथा तर्क से बचते थे। विवेकानन्द विवाद में, तर्क-युद्ध की उठापटक में खुल्लम-खुल्ला रस लेते थे। वे अपने महान् वेदान्ती पूर्ववर्ती शंकराचार्य की भाँति संघर्ष-प्रेमी दार्शनिक थे। एक बार उन्होंने कहा था—"मैं समाधि-जैसे देश में नहीं रहना चाहता। मैं मनुष्यों की दुनिया में एक मनुष्य बनकर ही जीना चाहता हूँ।...मतभेद चिन्तन का चिह्न है।...कोई हर्ज नहीं, सम्प्रदाय बढ़ें। उतने सम्प्रदाय हो जाएँ जितने मनुष्य हैं। भँवरें जीवन्त झपटती हुई धारा में ही पड़ती हैं। विचारों के संघर्ष से ही विचार जाग्रत होते हैं।"[८]

किन्तु रामकृष्ण और विवेकानन्द दोनों ही में चिन्तन और आवेग की एक अन्तर्धारा थी जिसने दोनों को एक-दूसरे की ओर उन्मुख किया। जुंग का यह कथन बहुत ग़लत नहीं है कि चेतन मन के प्रधान तत्त्व के विपरीत अचेतन मन में, उसकी क्षतिपूर्ति के रूप में, एक विपरीत तत्त्व सदा रहता है; हर

व्यक्ति में उसके बाह्य व्यक्तित्व (पर्सोना) के अनुरूप ही एक आन्तरिक व्यक्तित्व (एनिमा) भी होता है। विवेकानन्द के संज्ञानात्मक दृष्टिकोण के पीछे आवेग की गहरी धारा भी थी। स्वामी तुरियानन्द ने कहा है—"जिसने विवेकानन्द की ज्वालामुखी-जैसी भावनाओं का, विदीर्णकारी सहानुभूति का हलका-सा अंश भी नहीं देखा वह उन्हें समझ नहीं सकता।"[६] इसके विपरीत, रामकृष्ण के रहस्यात्मक आनन्दातिरेक और भावात्मक तीव्रता के पीछे ज्ञान की ज्योति छिपी हुई थी जो निरन्तर चुपचाप पर अचंचल जलती रहती थी। स्वयं विवेकानन्द भी इस बात को जानते थे। एक बार बहन निवेदिता के साथ वार्त्तालाप में उन्होंने कहा था कि रामकृष्ण बाहर से तो भक्त हैं पर भीतर से ज्ञानी हैं; वे स्वयं इसके ठीक उलटे थे। और ठीक इसी कारण कि दोनों के भीतर एक-दूसरे का कुछ-न-कुछ अंश विद्यमान था, उनकी जोड़ी बहुत अपूर्व थी। उनके सम्बन्ध की तुलना सुकरात और अफलातून, जीसस और संत पॉल के सम्बन्ध से की गई है। रोम्याँ रोलाँ उनकी तुलना मोज़ार्ट और बीटोवेन से करते हैं और कहते हैं—"दोनों ने मिलकर सर्वव्यापी आत्मा की ऐश्वर्यशाली सिम्फनी को सिद्ध किया।"[१०]

: २ :

विवेकानन्द का असली नाम नरेन्द्रनाथ दत्त था। उनका जन्म १२ जनवरी १८६३ को कलकत्ते के एक अभिजात क्षत्रिय परिवार में हुआ था। उन्हें नीरोग शरीर मिला था और बड़े होने पर वे स्वस्थ और शक्तिवान तरुण हुए। शरीर-निर्माण की ओर उन्होंने विशेष रूप से ध्यान दिया और वे घुड़सवारी, कुश्ती, मुक्केबाजी और तैरने में निपुण हो गए। किन्तु इन व्यायाम-विषयक रुचियों के साथ-साथ उनमें वह सौन्दर्यपरक प्रवृत्ति भी थी जिसने उन्हें निष्ठुरता को शक्ति समझने से बचाया। उन्होंने शास्त्रीय संगीत सीखा और उनका काव्य-प्रेम आजीवन बना रहा।[११] कॉलेज के छात्र के रूप में बहुत-से क्षेत्रों में उन्होंने नाम किया और वे वक्ता तथा संभाषणपटु के रूप में लोकप्रिय थे। पर साथ ही उनमें मननशीलता की प्रवृत्ति भी थी जिससे वे प्रायः अलग और उदासीन जान पड़ते थे।

उस ज़माने के अन्य संवेदनशील बंगाली नवयुवकों की भाँति विवेकानन्द भी तर्कनापरक चिन्तन के प्रभाव में आए। यूरोपीय विज्ञान और उदारतावाद तथा राजनीतिक और समाजशास्त्रीय साहित्य में अभिव्यक्त पश्चिमी समाज के जनतांत्रिक रूप का उन पर गहरा प्रभाव पड़ा। उन्होंने जॉन स्टुअर्ट मिल, फ्रांसीसी क्रांति के दार्शनिकों, कॉंट और हेगेल की रचनाओं का अध्ययन किया।

हर्बर्ट स्पेंसर से तो उन्होंने पत्र-व्यवहार करके उनके कुछ विचारों की आलोचना भी की। पता नहीं 'सिन्थेटेकि फिलासफी' के लेखक पर पूर्व के इस तरुण समालोचक की बात की क्या प्रतिक्रिया हुई! किन्तु विवेकानन्द का अध्ययन पाश्चात्य साहित्य और चिन्तन तक ही सीमित न था। ब्राह्म समाज के नेताओं के लेखन द्वारा वे भारत की धार्मिक और दार्शनिक परम्परा की ओर आकर्षित हुए और शीघ्र ही भारतीय चिन्तन के मूलभूत विचारों से परिचित हो गए।

अपने विविध, यद्यपि कुछ-कुछ अव्यवस्थित, अध्ययन के, तथा तर्कना के प्रति अपने तरुण-सुलभ उत्साह के फलस्वरूप विवेकानन्द की जीवन-दृष्टि अज्ञेयवादी बल्कि संशयवादी हो गई। तभी उनके जीवन में एक मोड़ आया—नवम्बर १८८१ में रामकृष्ण से उनकी भेंट हुई। थोड़े दिनों तक मानसिक प्रतिरोध की स्थिति के बाद गुरु के आगे उन्होंने पूरी तरह समर्पण कर दिया। तर्कना में उनकी तीव्र आस्था कुछ मद्धिम पड़ी और वह बौद्धिक विश्वास से भिन्न व्यक्तिगत सिद्धि के मूल्य को समझने लगे। तीन वर्ष बाद उनके सामने संकट का समय आया; उनके पिता का देहान्त हो गया। तब उन्हें नौकरी खोजने के सारे अपमान सहन करने पड़े और जीवन की पाठशाला में बहुत-से कड़वे पाठ पढ़ने पड़े। कुछ समय के लिए जीवन के आध्यात्मिक पक्ष के बारे में वे फिर शंकालु हो गए, और तब दूसरे छोर पर पहुँचकर संसार से संन्यास लेने की बात सोचने लगे। बड़ी स्वाभाविक बुद्धिमत्ता के साथ रामकृष्ण ने उन्हें ऐसा करने से रोका। अभी संन्यास का समय नहीं आया था। गुरु उन्हें सरल सीढ़ियों द्वारा अपने आध्यात्मिक लोक में ले आए और उन्हें एक-एक चरण करके आंतरिक अनुभूति के उच्चतम शिखर तक ले गए।[12]

अगस्त १८८६ में रामकृष्ण की मृत्यु के समय विवेकानन्द उनके सर्वप्रमुख शिष्य हो चुके थे और तब उनके जीवन का एक अन्य युग प्रारम्भ हुआ। सुकरात की मृत्यु के बाद अफलातून की भाँति उन्होंने भी अपनी लम्बी-लम्बी यात्राएँ शुरू कीं। प्राकृतिक सौन्दर्य से प्रेम, आन्तरिक बेचैनी, भारत को यथासम्भव सम्पूर्णता से जानने की इच्छा, और रामकृष्ण के सन्देश के प्रचार की प्रेरणा—इन सब बातों ने मिलकर उन्हें एक परिव्राजक बना दिया। वे भारतीय संस्कृति के सभी महत्त्वपूर्ण केन्द्रों में गये और हिमालय से लगाकर कन्याकुमारी तक इस विशाल देश का कोना-कोना छान डाला। वर्षों तक किसी को पता ही न था कि रामकृष्ण परमहंस के प्रिय शिष्य का क्या हुआ। उन्होंने अपने-आपको "भारत की इस विराटता में विलीन हो जाने दिया।"

विवेकानन्द ने भारत की पिसती हुई ग़रीबी, सामाजिक पिछड़ेपन और

मानसिक जड़ता को देखा; पर साथ ही उन्होंने उसकी सांस्कृतिक सम्पदा, उसकी परम्पराओं की शक्ति, उसकी ग्रहणशीलता और उसकी निहित आध्यात्मिक ऊर्जा को भी पहचाना। वे किसी योजना के बिना ही, जहाँ उनका जी चाहा, यात्रा करते रहे। पर जहाँ भी वे गये वहीं उन्होंने कुछ-न-कुछ नया सीखा। उनकी सतर्क बुद्धि और संवेदनशील हृदय ने हज़ारों बातें आत्मसात कीं। अल्मोड़ा में उन पर हिमालय का गहरा प्रभाव पड़ा। हिमालय के देवदारों की छायामण्डित कन्दराओं में उन्होंने कुछ दिन रुककर संस्कृत का गहन अध्ययन किया। पश्चिम में अहमदाबाद में जैन और इस्लामी परम्पराओं ने उन्हें आकर्षित किया। अलवर में निवास के दिनों में वे इतिहास के अध्येता बने और उन्होंने भारतीय इतिहासकारों के आधुनिक वैज्ञानिक पद्धतियों में निष्णात होने की बात कही।[१३]

ऐतिहासिक इमारतों को देखकर वे बहुत प्रभावित होते थे। नालन्दा और सारनाथ के भग्न स्तूपों के बीच वे बुद्ध के जीवन के अर्थ पर विचार करते रहे। आगरा में ताज की भव्यता के समक्ष उनकी आँखें सजल हो उठीं। दक्षिण के गौरवपूर्ण मंदिरों ने उनके देशाभिमान को जाग्रत किया और इस प्रकार, सब-कुछ देखते और चिन्तन करते हुए वे भटकते ही रहे। वे जहाँ भी जाते बड़े आत्मविश्वास से जाते थे—आज भिखारी की भाँति जिसके भोजन का ठिकाना नहीं, कल किसी राजा के अतिथि के रूप में ऐश्वर्यशाली महल में। अपनी भारतीय यात्राएं समाप्त करके जब वे कलकत्ता लौटे, तब तक वे इतना कुछ देख और अध्ययन कर चुके थे कि अपने जीवन-व्यापी कार्य की रूपरेखा बना सकें। तब उनके जीवन का दूसरा मोड़ आया। उन्होंने सुना कि शिकागो में कोई धर्म-संसद्[१४] होने वाला है और इसे भारत का संदेश संसार के सामने रखने का सुनहरा अवसर मानकर वे वहाँ के लिए चल पड़े।

विवेकानन्द की अमरीका यात्रा[१५] की कहानी इतनी बार और इतने विस्तार से कही जा चुकी है कि उन तथ्यों की पुनरावृत्ति यहाँ अनावश्यक है। यद्यपि उनकी लोकप्रियता के बहुत-से विवरणों में अतिशयोक्ति का पुट है, फिर भी इतना निस्संदेह है कि उनका प्रभाव बड़ा प्रबल हुआ था। पर उनके प्रभाव को संपूर्णतः उनकी विद्वत्ता, उनकी ओजस्वी वक्तृता तथा उनके राजसी व्यक्तित्व का परिणाम मानना ग़लत होगा। सच बात यह है कि पाश्चात्य मानस, अगली कुछेक दशाब्दियों में उसे आक्रान्त कर लेने वाले आध्यात्मिक संकट का आभास पाकर, भारत की प्राचीन प्रज्ञा की ओर उन्मुख होने के लिए आतुर था। भूमि अंशतः तैयार हो चुकी थी,[१६] और जब विवेकानन्द ने वेदान्त के दर्शन की तर्कनासंगत रूप में व्याख्या की तो बहुत-सी भ्रांत धारणाएँ दूर हो गईं।

पाश्चात्य विद्वानों को वेदान्त अब ऐसा दार्शनिक सिद्धान्त जान पड़ने लगा जो न तो गूढ़ था न क्षेत्रीय और न सीमित उपयोग का। तब तक पश्चिम ने भारतीय चिन्तन और संस्कृति के जिन प्रवक्ताओं को सुना था, उनमें विवेकानन्द सबसे अधिक गुणी और स्पष्टदर्शी थे। उनके शब्दों में भावना का आवेश था, उनकी प्रत्येक भाव-भंगिमा निस्वार्थता और निष्कपटता की घोषणा करती थी।

इधर विवेकानन्द भी बहुत बातों में पश्चिम के बड़े प्रशंसक बन गए। पहले अमरीका में, और बाद में यूरोप में, जो गतिशीलता, सामाजिक चेतना, साहसिकता की भावना, कठोर परिश्रम की क्षमता और व्यावहारिक मूल्यों के लिए उत्सुकता उन्होंने देखी उससे वे बहुत गहरे प्रभावित हुए। विज्ञान की उपलब्धियों में उन्होंने मानव-आत्मा की विजय देखी; उनकी रचनाओं में वैज्ञानिक आविष्कारों के बहुत-से उल्लेख मौजूद हैं। पर साथ ही पाश्चात्य सभ्यता की सीमाएँ भी उनके आगे स्पष्ट हो गईं। उन्होंने इतनी सब प्रगति के साथ-साथ ही "आश्चर्यजनक अज्ञानता, पीड़ादायक बोधहीनता' भी देखी। १८९९ में पश्चिम की दूसरी यात्रा में विवेकानन्द को कई दृष्टियों से बड़ी गहरी निराशा हुई थी।[१७]

भारत लौटने पर उनका वीरोपम स्वागत हुआ। पर अपनी सफलताओं से संतुष्ट हो रहने का समय उनके पास न था। वे देश के कोने-कोने में भारत की फिर से जाग्रत आध्यात्मिकता का संदेश लेकर तूफानी दौरा करने निकल पड़े। इन व्याख्यानों ने, जो बाद में **लेक्चर्स फ्राम कोलंबो टु अल्मोड़ा** शीर्षक से प्रकाशित हुए, भारतीय बुद्धिजीवियों में फिर से आत्मविश्वास पैदा करने में और भारतीय दर्शन और धर्म के अध्ययन की प्रेरणा देने में बड़ा योग दिया। विवेकानन्द ने १८९७ में कलकत्ते के निकट बेलूर में रामकृष्ण मठ स्थापित किया। एक वर्ष बाद उन्होंने पश्चिम की दूसरी यात्रा की, पेरिस में धर्मों के इतिहास-सम्बन्धी सम्मेलन में भाग लिया, और फिर कुछ समय मिस्र में बिताकर भारत लौट आए। ४ जुलाई १९०२ को, चालीस वर्ष पूरे होने के पहले ही, उनकी मृत्यु हो गई।[१८]

शीघ्र ही उनका व्यक्तित्व एक कहानी बन गया। उनका नाम सारी दुनिया में आदर के साथ लिया जा जाता था। "एक महान् स्वर आकाश को भरने के लिए है। सारा संसार उसको शब्दायमान करने का यन्त्र है।"[१९] आज भारत में स्वामी विवेकानन्द की ख्याति सुरक्षित है। दूरस्थ हिमालय के क़स्बों मे उनके नाम पर आश्रम बने हुए हैं।[२०] कलकत्ता के पास हुगली पर एक विवेका-

नन्द पुल है; हर बड़े शहर में विवेकानन्द मार्ग मौजूद है। भारत के सुदूर दक्षिण में कन्याकुमारी पर एक चट्टान को विवेकानन्द शिला कहते हैं, क्योंकि स्वामीजी ने वहाँ महासागर का संगीत सुनते-सुनते और जगत् के रहस्य पर विचार करते-करते कुछ देर विश्राम किया था।

: ३ :

विवेकानन्द जीवन-भर यही दावा करते रहे कि वे केवल रामकृष्ण के शिष्य के रूप में लिख और बोल रहे हैं। धर्म संसद् में उन्होंने वेदान्त का निरूपण किया था। पर संसद की बैठकें समाप्त होने पर उन्होंने अपना कार्य फिर सम्हाल लिया। एक व्याख्यान में, जो बाद में **माई मास्टर** शीर्षक से छपा, उन्होंने अपने अमरीकी श्रोताओं के आगे यह स्पष्ट कर दिया था कि उनका मुख्य उद्देश्य रामकृष्ण के उपदेशों को समझाना है। उन्होंने रामकृष्ण के प्रवचनों में अद्वैत वेदान्त-जैसा एक सत्तावादी दर्शन देखना चाहा।[२१] पर चूंकि रामकृष्ण के सिद्धान्त न तो पूरी तरह आत्मसंगत हैं और न व्यवस्थित, इसलिए विवेकानन्द के ग्रन्थों से भी ऐसी सुव्यवस्थित सिद्धान्तों की आशा करना अनुचित होगा जिनसे कोई सम्पूर्ण अथवा सामंजस्यपूर्ण दर्शन बन सके।

उनके मुख्य स्रोत के अर्थात् रामकृष्ण के प्रवचनों के, अव्यवस्थित होने के अतिरिक्त उनका अपना अध्ययन भी सार-संग्रही प्रकार का था। चालीस वर्ष से भी कम का उनका अल्प-जीवन प्रचार-कार्य और निराकार परिश्रम से भरपूर था। उन्हें कभी इतना समय ही न मिलता था कि अपने विचारों को विकसित करें और उनसे एक सुचिन्तित सिद्धान्त तैयार करें। इसके अतिरिक्त हमें इस मनोवैज्ञानिक तथ्य को भी ध्यान में रखना चाहिए कि परिव्राजक का जीवन व्यवस्थित चिन्तन के लिए उपयुक्त नहीं हो सकता। वर्षों से निरन्तर भटकते ही रहे और जल्दी-जल्दी एक के बाद एक नए प्रभाव से सामना करते रहे। बाद में, अपेक्षाकृत व्यवस्थित जीवन के अपने एक विरल युग में उन्होंने अपने भटकने वाले दिनों के लिए ललक की भावना को व्यक्त किया था। मुझे अपने फटे-पुराने कपड़ों, मुंडे हुए सिर, पेड़ों तले सोने और भिक्षा का भोजन करने की चाह, ओह ! कितनी चाह होती है।"[२२]

उनके जीवन के ढर्रे को देखते हुए यही काम अचरज की बात नहीं कि उन्होंने इतना विशाल ज्ञान अर्जित कर लिया था। उपनिषद और गीता के वे बहुत अच्छे ज्ञाता थे। वे बौद्ध धर्म के पाली के शास्त्रों से उद्धरण दिया करते थे और बौद्ध तथा जैन साहित्य के पंडित थे। ईसाई धर्म के सिद्धान्तों और परम्पराओं से भी वे भली भाँति परिचित थे। उन्होंने टामस ए० केम्पिस पर

एक निबन्ध लिखा था, और **इमीटेशन ऑफ़ क्राइस्ट** के बहुत-से अध्यायों का बँगला में अनुवाद किया था। उनके पत्रों में भवभूति और कालिदास के उद्धरण मिलते हैं; और उद्धृत पंक्तियों पर उनकी टिप्पणियों से स्पष्ट प्रकट है कि उनका संस्कृत का ज्ञान किसी प्रकार सतही न था।[२३] कई बार उन्होंने कालिदास के उद्धरण के साथ-साथ दान्ते और मिल्टन के समानान्तर उद्धरण भी दिये हैं। उनके कुछेक बाद के निबन्धों में पुनर्जन्म के प्राचीन सिद्धान्तों का, कैल्डियनों की मान्यताओं का, मिस्री रीति-रिवाजों पर हेरोडोरस की टिप्पणियों का, अर्न्स्ट हैकेल के प्राणवादी विचारों का और समकालीन पुरातत्त्वीय प्राक्कल्पनाओं का उल्लेख मिलता है।[२४]

पर उनका प्रिय विषय दर्शन ही था। उन्हें बंगाल में नैयायिक दर्शन की परम्परा पर गर्व था और वे उसके ा प्रतिनिधियों की—गदाधर, शिरोमणि और जगदीश की—रचनाओं से परिचित थे। यद्यपि विवेकानन्द का अपना दृष्टिकोण अद्वैतवादी था, पर उन्होंने मध्ययुगीन भारत के बहुसत्तावादी तथा द्वैतवादी सम्प्रदायों का—अजीविकों, दादूपंथियों, वैष्णवों का—सावधानी से अध्ययन किया था।[२५] निस्सन्देह उनका अद्वैत वेदान्त का ज्ञान अत्यन्त ही सर्वांगीण था। एक बार उन्होंने शंकर के भाष्य के बहुत-से अंशों को अनुवाद करके मेक्स मूलर के पास शंकर तथा कांट के विचारों में साम्य दिखाने के लिए भेजा था। **गास्पेल ऑफ़ रामकृष्ण**[२६] में 'एम' द्वारा लिखित एक घटना से प्रकट होता है कि विवेकानन्द अपने दर्शन-विषयक अध्ययन के बारे में कितने गम्भीर थे। बातचीत कोपरनिकस, बर्कले तथा अन्य यूरोपीय चिन्तकों पर चल पड़ी। विवेकानन्द ने—उस समय उनका नाम नरेन्द्र था—अपने मित्र से पश्चिमी दर्शन का कोई अच्छा इतिहास-ग्रन्थ माँगा। 'एम' ने उनसे एक अंग्रेज़ लेखक की लिखी हुई यूरोपीय दर्शन की प्रसिद्ध ऐतिहासिक भूमिका ला देने की बात कही। नरेन्द्र बोले—"नहीं। मुझे कोई जर्मन लेखक चाहिए। यूबरवेग ला दो। जर्मन लेखकों में अधिक पूर्णता होती है।"

दर्शन के इतने गहरे ज्ञान और ठोस आधार के बावजूद विवेकानन्द के लेखन में पंडिताऊपन की गंध तक नहीं है, बल्कि इसके विपरीत, उनमें कल्पनाशीलता सदा मौजूद रहती है। तत्त्वमीमांसीय समस्याओं की चर्चाओं में भी उनका सौन्दर्य-बोध प्रबल रूप में अभिव्यक्त होता है। वे कहते हैं—"मैंने ईश्वर की इससे अधिक सुन्दर अवधारणा कहीं नहीं पढ़ी कि वह महान् पुरातन कवि है और यह समस्त जगत् उसकी अनन्त आनन्द में लिखी हुई कविता है।"[२७] एक बार उन्होंने कहा था कि मेरी समझ में नहीं आता कि प्रकृति की

सुन्दरता के प्रति उदासीन व्यक्ति कैसे दार्शनिक हो सकता है। "यदि तुम्हें प्रकृति का सामंजस्य अच्छा नहीं लगता तो तुम्हें ईश्वर कैसे अच्छा लगेगा जो समस्त सामंजस्य का पुंज है।"[२८]

प्रकृति के ऐश्वर्य की भाँति ही वे इतिहास के नाटक के प्रति भी संवेदनशील थे। बहन निवेदिता ने ऐसे बहुत-से रोचक उदाहरण लिखे हैं जिनसे ऐतिहासिक स्मृतियाँ जाग्रत करने वाले स्थानों, व्यक्तियों और ग्रन्थों के लिए स्वामीजी की प्रतिक्रिया का पता चलता है। उनके व्यापक पर्यटन में ऐसे अवसर प्रायः आ जाते थे। अमरीका में वे स्वाधीनता-संग्राम और गृह-युद्ध से सम्बन्धित स्थानों को देखने गये और वाशिंगटन तथा लिंकन को 'सच्चे कर्मयोगी' कहकर याद किया। भूमध्य सागर से गुज़रते समय वे इटली के तट को देखकर बहुत गद्गद् हो उठे और 'कला, स्वाधीनता और मैज़िनी' की चर्चा करते रहे। जिब्राल्टर के पास उनकी कल्पना ने मूरों और अरब आक्रमणकारियों के घोड़ों को लपकते देखा। वे चँगेज़खाँ तक की महानता और उसके एशियाई एकता के स्वप्न को भी अनुभव कर सके थे। कोर्सिका द्वीप को देखकर उन्हें नेपोलियन के बारे में बहुत-से चुटकुले याद आए थे; और अकबर का नाम सुनने पर तो उस महान् सम्राट् की विस्मयकारी उपलब्धियों से अभिभूत होने से उनकी आँखें सजल हो जाती थीं।[२९]

विवेकानन्द की शैली से भी उनकी यह बहुमुखी संवेदनशीलता प्रकट होती है। वे अपने विचार कभी समझाने वाली तर्कसंगत भाषा में रखते हैं और कभी ओजस्वी अथवा व्यंग्यपूर्ण भाषा में; पर सदा ही उसमें अत्यन्त सौन्दर्यपूर्ण रूपकों की प्रचुरता रहती है। आत्मा के विषय में वे कहते हैं—"ज्ञान का रहस्य इस चिन्तन में है : 'मैं आत्मा हूँ, शरीर नहीं, और यह सारा जगत्, उसके सारे सम्बन्ध, उसका समस्त पुण्य और पाप, इतने सारे चित्र मात्र हैं, फलक पर अंकित दृश्य मात्र हैं जिनका साक्षी मैं ही हूँ'।"[३०] उनकी भाषा संगीत से परिपूर्ण है—भावुकतापूर्ण संगीत नहीं, बल्कि शक्तिशाली, स्पंदित करने वाला संगीत। रोम्याँ रोलां लिखते हैं—"विवेकानन्द के शब्दों में महान् संगीत है, बीटोवेन की शैली के स्वर-समूह, हैंडेल के समवेत गीतों-जैसी स्फूर्तिदायक लयें हैं। उनके प्रवचन तीस बरसों के दौरान लिखी गई पुस्तकों के पृष्ठों में बिखरे हैं, पर उन्हें छूते ही जैसे मेरे शरीर में बिजली की धारा-सी दौड़ जाती है।"[३१]

: ४ :

विवेकानन्द का समस्त दार्शनिक प्रयास अद्वैत वेदान्त को बुद्धिगम्य,

ठोस, वैज्ञानिक, व्यावहारिक और प्रेरणादायक रूप में प्रस्तुत करने की ओर था। उनका दृढ विश्वास था कि वेदान्त को इस प्रकार प्रस्तुत करने से भारत को चिन्तन-क्षेत्र में एक बार फिर पहले-जैसा स्थान प्राप्त हो जाएगा। पर यही उनका एकमात्र उद्देश्य न था। वे राष्ट्रीय गौरव की संकुचित सीमाओं के बहुत परे देखते थे और वेदान्त के आधार पर एक ऐसा दर्शन विकसित करना चाहते थे जो समस्त संघर्षों को दूर करके मानव-जाति को बहुमुखी सम्पूर्णता के उस स्तर पर उठा सके जो उसका प्राप्य है।[32]

उनका विचार था कि इस दिशा में पहला चरण यह होगा कि वेदान्त के उत्कर्षकारी विचारों को शास्त्रीयता के उस खोल से मुक्त किया जाए जिसमें वे शताब्दियों से बंदी हैं। वे कहते थे—"वेदान्त का ज्ञान दीर्घकाल से गुफ़ाओं और वनों में छिपा रहा है। यह भार मेरे ऊपर पड़ा है कि उसे उसके निर्वासन से निकालूँ और उसे पारिवारिक तथा सामाजिक जीवन में पहुँचाऊँ।··· अद्वैत का ढोल सब स्थानों में—बाज़ारों में, पर्वतों पर और मैदानों में—गूँजेगा।"[33] हार्वर्ड विश्वविद्यालय के एक व्याख्यान में उन्होंने अपने प्रचार-सम्बन्धी उद्देश्यों के विषय में कहा था—"अमूर्त अद्वैत का हमारे दैनन्दिन जीवन में जीवंत—काव्यात्मक—हो जाना आवश्यक है; अत्यधिक जटिल पौराणिकता में से मूर्त नैतिक रूप निकलने चाहिए और भ्रान्तिकारी योगवाद में से अत्यन्त वैज्ञानिक और व्यावहारिक मनोविज्ञान प्रकट होना चाहिए।"[34]

विवेकानन्द इस समस्त परम्परा से बहुत असन्तुष्ट थे जो मानती थी कि वेदान्त ऐसे अत्यन्त जटिल, दुरूह और तत्त्वमीमांसीय सिद्धान्तों का पुंज है जिन्हें थोड़े लोग ही समझ सकते हैं। शताब्दियों से यह दन्तकथा जीवित रखी गई है कि आत्मा का सिद्धान्त दर्शन के अन्य सब शास्त्रीय सम्प्रदायों का सम्पूर्णतः अध्ययन करने के बाद ही समझा जा सकता है। विवेकानन्द भारतीय जनता के बीच उठे-बैठे थे और उनकी कहावतों, तुकबन्दियों और गीतों को सुन चुके थे। इसलिए उनकी धारणा थी कि अमूर्त विचारों को समझने की क्षमता जन-साधारण में उतनी कम नहीं है जितनी साधारणतः मानी जाती है। "साधारण जनता को पतन के सिद्धान्त सिखाये गए हैं। उन्हें कभी आत्मन् की बात नहीं सुनाई गई।······अब हम उन्हें आत्मा का सत्य सुनायें। वे भी अब जानें कि क्षुद्र-से-क्षुद्र व्यक्ति के भीतर भी आत्मा है—अमर आत्मा, जिसे न तलवार भेद सकती है, न अग्नि जला सकती है, न हवा सुखा सकती है—सर्वथा निर्मल, सर्वव्यापी, सर्वशक्तिमान आत्मा है।"[35]

विवेकानन्द से प्रायः पूछा जाता था कि वे शंकराचार्य के दर्शन को सत्ता,

जीवन, आचरण और ज्ञान की सबसे सन्तोषजनक दृष्टि क्यों मानते हैं, जबकि शताब्दियों से उसकी इतनी अमूर्त और एकाधिकारी व्याख्या होती आई है। इसका एक सीधा उत्तर तो यह था ही कि किसी दर्शन-पद्धति की सचाई को केवल इस कारण अस्वीकार नहीं किया जा सकता कि उसका निरूपण ग़लत ढंग से या कट्टरतापूर्वक होता रहा है। पर वे वेदान्त का समर्थन कई प्रकार से करते थे। सबसे पहले तो वेदान्त उन दो मूलभूत सिद्धान्तों के अनुरूप है जिन पर किसी भी सच्चे दर्शन को आधारित होना चाहिए। वह सामान्य के माध्यम से विशेष की व्याख्या करता है और सार्विक की ओर बढ़ता है, और वह इस कसौटी पर खरा उतरता है कि किसी भी पदार्थ की व्याख्या भीतर से होनी चाहिए, बाहर से नहीं।[३६] दूसरे, वेदान्त की "जड़ें एक महान् विचार में हैं"—विराट् सुसंगति के विचार में, "सबकी एकता के, असीम और अवैयक्तिक के विचार में, मनुष्य की शाश्वत आत्मा के अपूर्व विचार में, पदार्थों की अभंग निरन्तरता तथा जगत् की अनन्तता के विचार में" हैं।[३७]

यह उल्लेखनीय है कि वेदान्त की इन दो प्रशस्तियों में से पहली दार्शनिक की है और दूसरी कवि की। पहली में विवेकानन्द एक तर्कनासंगत कसौटी की बात करते हैं; दूसरी में वे एक चिन्तन-पद्धति की अपेक्षा एक विचार के प्रति अपनी मुग्धता को अभिव्यक्त करते हैं। यह उनके रुख की निजी विशेषता है जो तर्कसंगत होता है, पर साथ ही तर्कसंगत से अधिक भी कुछ होता है। आगे वे वेदान्त की तीसरी श्रेष्ठता का—उसकी सार्वभौमिकता और वस्तुनिष्ठता का—उल्लेख करते हैं। "वेदान्त के सिद्धान्त शाश्वत हैं जो अन्य व्यक्तियों अथवा अवतारों के सहारे के बिना, स्वयं अपनी नींव पर खड़े हुए हैं।...... केवल वेदान्त को ही सार्वभौमिक धर्म माना जा सकता है क्योंकि वह सिद्धान्तों का प्रतिपादन करता है व्यक्तियों का नहीं। किसी व्यक्ति पर आधारित धर्म को समस्त मानव-जातियाँ आदर्श नहीं मान सकतीं।......वेदान्त की प्रामाणिकता मानव के चिरन्तन स्वभाव में है, उसकी नैतिकता मनुष्य की पूर्व-वर्तमान, पूर्व-प्राप्त आध्यात्मिक एकता पर आधारित है।"[३८]

विवेकानन्द के अनुसार वेदान्त का केन्द्रीय विचार बंजर एकता की बजाय 'अनेकता में एकता' का है। वेदान्त की इस व्याख्या का प्रचार करने वालों में वे सर्वप्रथम हैं। यह व्याख्या पूर्ववर्ती व्याख्या की अपेक्षा कि शंकराचार्य "जगत् को सर्वथा अस्वीकार करते हैं" या "जगत् को सर्वथा मिथ्या मानते हैं"[३९] कहीं अधिक विश्वसनीय जान पड़ती है। जिस प्रकार अब यह नहीं माना जाता कि बर्कले के अनुसार यदि कमरे में मेज़ को

देखने वाला कोई न हो तो मेज ग़ायब हो जाती है, अथवा कि नागार्जुन का शून्य 'शुद्ध अनस्तित्व' या 'रिक्तता' या गणित-जैसा शून्य है, उसी प्रकार समझदार विद्वानों ने यह विचार त्याग दिया है कि वेदान्त इन्द्रियगोचर जगत् के अस्तित्व को सर्वथा अस्वीकार करता है। भारतीय दर्शन की सबसे महत्त्वपूर्ण पद्धति के विषय में पाश्चात्य विद्वानों में प्रचलित इस भ्रान्ति को दूर करने में विवेकानन्द के यूरोप और अमरीका में दिये गए व्याख्यानों ने बड़ा महत्त्वपूर्ण योग दिया।

अपने वेदान्त के प्रतिपादन में विवेकानन्द सत्ता की अविच्छिन्नता पर बल देते हैं। सत्ता एक है, पर वह विविध रूपों में विद्यमान है जो एक-दूसरे से अभेद्य अवरोधों द्वारा विभक्त नहीं हैं। "सब-कुछ एक है। कोई अन्तराय नहीं है; एकता ही नियम है। शारीरिक, आत्मिक, मानसिक, नैतिक, तत्त्वमीमांसीय, सभी दृष्टियों से समस्त एक ही है। जीवन एक तरंग-मात्र है। जो ईश्वर को तरंगित करता है वही तुम्हें भी करता है।"[४०] वे सत्ता के विभिन्न स्तरों की तुलना बर्फ की कठोरता के विभिन्न स्तरों मे करते है।[४१] प्रत्येक वस्तु यथार्थ है, सूर्य, चन्द्रमा, तारे और स्वयं हम। पर पदार्थ ठोसपन अथवा 'घनत्व' की विभिन्न अवस्थाओं में विद्यमान है और इन विभिन्न अवस्थाओं के बीच सर्वदा अविच्छिन्नता बनी रहती है। मूलतः सत्ता एक प्रतिरूपीय है। "सूक्ष्म ब्रह्माण्ड और बृहत् ब्रह्माण्ड दोनों एक ही योजना पर बने हैं। जिस प्रकार व्यक्ति की आत्मा जीव शरीर में आवृत है उसी प्रकार सर्वात्मा जीवन्त प्रकृति में है। काली के आलिंगन में शिव है। यह एक (आत्मा) का पर (प्रकृति) द्वारा आच्छादन विचार और उसे व्यक्त करने वाले शब्द के सम्बन्ध की भाँति है। वे दोनों एक ही हैं और केवल मानसिक प्रक्रिया द्वारा ही हम उन्हें अलग कर सकते हैं। शब्दों के बिना चिन्तन असम्भव है। सर्वात्मा का यह द्वैतपक्ष शाश्वत है। जो कुछ हम देखते या अनुभव करते हैं वह सनातन साकार और सनातन निराकार का संयुक्त रूप ही है।"[४२]

आत्मा और परमात्मा की मूलभूत एकता को विवेकानन्द एक सटीक रूपक द्वारा समझाते हैं। वे 'दो पक्षियों' की पुरानी नीति-कथा को लेकर उसे इस प्रकार विकसित करते हैं जो उपनिषदों के ढंग से एकदम भिन्न है। एक पेड़ की सबसे ऊँची डाल पर एक स्वर्ण पक्षी बैठा है, शान्त, मौन, राजसी, अपने गौरव में आत्मस्थ। पेड़ पर नीचे एक और पक्षी डाल-डाल पर फुदक रहा है। पेड़ में लगने वाले फल कुछ मीठे हैं, कुछ कड़वे। नीचे वाला पक्षी कभी मीठा फल चखता है, कभी कड़वा; इसलिए कभी सुखी होता है कभी दुःखी। कभी किसी विशेष कड़वे फल में दाँत लगने से वह झल्लाकर कुछ देर के लिए फल

खाना ही छोड़ देता है। अब उसका ध्यान फल खाने में नहीं है; वह ऊपर की ओर ताकता है और उसकी दृष्टि स्वर्ण पक्षी पर पड़ती है, जो न मीठा फल खाता है न कड़वा, जो न सुखी है न दुखी, बल्कि निराकुल और आत्मस्थ बैठा है।

वह स्वर्णपक्षी की स्थिति प्राप्त करने के लिए लालायित होता है, पर फिर फलों के लोभ में पड़ जाता है। एक और कड़वा फल खा लेने से उसे तीव्र आघात लगता है और वह ऊपर झपटता है तथा उस अपूर्व पक्षी के कुछ पास पहुँच जाता है। यह प्रक्रिया कुछ देर तक चलती रहती है—नीचे वाला पक्षी कभी हताश होकर ऊपर झपटता है और कभी लोभ में पड़कर नीचे आ जाता है। पर हर बार वह उच्चतम शिखर के अधिकाधिक समीप पहुँचता जाता है। अन्त में एक कड़वा अनुभव उसे ऊपर वाले पक्षी के इतने समीप ले आता है कि उसके पंखों से निकलने वाले स्वर्णिम प्रकाश से स्वयं उसका अपना शरीर भी आलोकित हो उठता है। अब उसमें गहरा परिवर्तन आता है और क्रमशः उसका शरीर पिघलकर बह जाता है। अब उसे पता चलता है कि वह केवल प्रतिबिम्ब मात्र था, वास्तव में वह स्वयं ही ऊपर वाला पक्षी था, और खाने की क्रिया मीठे और कड़वे स्वाद, सुख और दुख के भाव सब एक स्वप्न के अंशमात्र थे।[४३]

यह नीतिकथा यद्यपि अद्वैत के स्वरूप को बड़े सुन्दर ढंग से प्रस्तुत करती है, किन्तु यह विवेकानन्द के सामान्य विचार से मेल नहीं खाती कि ससीम स्वप्नमात्र नहीं बल्कि परम सत्ता का एक वास्तविक रूप है। इस दृष्टि से प्राकृतिक विज्ञान पर आधारित एक अन्य व्याख्या अधिक उपयुक्त लग सकती है। अपने इस विचार को विकसित करते हुए कि वेदान्त सब सत्ताओं को सत्य, यद्यपि अभिव्यक्ति की मात्रा में भिन्न, मानता है, विवेकानन्द प्राणिशास्त्र के विकास के सिद्धान्त का उल्लेख करते हैं। वे कहते हैं कि यह सच है कि अमीबा विकसित होकर बुद्ध बनता है, जीवन विकसित होता हुआ क्रमशः उच्च-से-उच्चतर स्तर तक उठता जाता है। पर विज्ञान हमें यह भी तो बताता है कि ब्रह्माण्ड में ऊर्जा का कुल जोड़ सदा वही रहता है। "यदि बुद्ध परिवर्तन की प्रक्रिया का एक छोर है, तो दूसरे छोर पर अमीबा भी बुद्ध रहा होगा।··· विघटन ती स्थिति में भी ब्रह्माण्ड में निहित ऊर्जा का परिमाण उतना ही रहा होगा।···सम्भावना के रूप में, पैरों-तले रेंगते कीड़े से लगाकर महात्मा-संत तक सबमें यह असीम शक्ति, असीम निर्मलता, सब-कुछ असीम विद्यमान है।···अन्तर केवल अभिव्यक्ति की मात्रा का है। कीड़े में उस ऊर्जा के छोटे-से अंश की अभिव्यक्ति है, तुममें बहुत अधिक है, अन्य ईश्वर-मानव में और भी अधिक।"[४४]

किन्तु यदि वेदान्त हर वस्तु को किसी-न-किसी मात्रा में यथार्थ मानता

है तो जगत् को माया क्यों कहा गया है ? विवेकानन्द का उत्तर—उसके बाद राधाकृष्णन और टैगोर की भाँति ही—यह है कि माया का अर्थ 'भ्रम' नहीं, यदि 'भ्रम' को यथार्थ का उल्टा माना जाए। विवेकानन्द का कहना है कि इस विषय में वेदान्त बौद्ध धर्म से अधिक 'यथार्थवादी' है, यद्यपि साधारणतः बौद्ध धर्म को औपनिषद् वेदान्त के आदर्शवाद के विपरीत यथार्थवादी माना जाता है। "बौद्ध धर्म लोगों से कहता है—'यह प्रतीति करो कि यह सब भ्रम है', जब कि अद्वैत वेदान्त कहता है—'प्रतीति करो कि भ्रम में ही यथार्थ है'।"[४५] माया संसार और मानव-जीवन की आपेक्षिक यथार्थता की सूचक है। "जगत् यथार्थ और आभास का, निश्चय और भ्रम का, अपरिभाषेय मिश्रण है।"[४६] 'माया' शब्द इस बात का सूचक नहीं कि जगत् 'शुद्ध भ्रम' है, बल्कि इसका कि वह अन्तर्विरोधों से भरा है और उस हद तक अयथार्थ या भ्रम कहा जा सकता है।" जगत् का न तो अस्तित्व है न अनस्तित्व। उसे अस्तित्वयुक्त नहीं कहा जा सकता, क्योंकि वास्तव मे केवल उसी का अस्तित्व हैं जो देश और काल के परे है, जो स्वतः अस्तित्ववान है। फिर भी यह जगत् किसी मात्रा में हमारे अस्तित्व के विचार को पूरा करता है। इसलिए हम कह सकते हैं कि उसके अस्तित्व का आभास होता है।"[४७] इसके विपरीत परमसत्ता में कोई अन्तर्विरोध नहीं हैं—अथवा उसमें सब अन्तर्विरोध नष्ट हो जाते हैं।

पर जिस वस्तु में अन्तर्विरोध हों वह ज़रूरी तौर पर बेकार ही नहीं होती। यह बहुत कुछ इन अन्तर्विरोधों के विषय में हमारे रुख़ पर, और व्यवहार में उनसे निबटने के हमारे ढंग पर निर्भर करता है। फिर एक वैज्ञानिक रूपक का सहारा लेकर विवेकानन्द कहते हैं—आक्सीजन और हाइड्रोजन के मिलने से ठंडा सुखदायक जल बनता है; पर उन दोनों तत्त्वों के मिश्रण द्वारा एक फुंकनी से विनाशकारी ज्वाला को भी भड़काया जा सकता है।[४८] इस बात से हम माया के नैतिक पक्ष पर पहुँचते हैं। बोलचाल की भाषा में माया प्रायः अज्ञान, असत्य, क्षणिक वस्तुओं की लालसा, भौतिक सुखों से लगाव, बंधन, वासना इत्यादि की सूचक होती है। इसीलिए 'मायाजाल में फँसना' मुहाविरा है। इस धारणा के ऊपर निवृत्ति का जीवन-दर्शन खड़ा हुआ है, जिसके अनुसार माया-रूपी संसार को पूर्णतः अस्वीकार करना चाहिए और जब तक संसार ऐसा ही बना हुआ है तब तक समस्त कर्म का परित्याग होना चाहिए।

विवेकानंद इसे हताशा का उपदेश मानते हैं। संसार के दोनों पक्ष हैं—भ्रम और यथार्थ, प्रकृति और स्वाधीनता, वासना और विवेक। "हमें माया के बीच से रास्ता निकालकर माया के परे तक पहुँचना है।"[४९] यह कहकर कि

संसार अंशतः बुरा है, कर्म और संघर्ष को छोड़ देने से काम नहीं चलेगा। "जो व्यक्ति यह कहता है कि मैं तभी काम करूँगा जब संसार पूर्णतः भला हो जाएगा और तब मैं अपने आनन्द का उपभोग करूँगा, उसकी सफलता की उतनी ही सम्भावना है जितनी उस व्यक्ति की जो नदी के किनारे बैठा कहता है—'नदी का सारा पानी समुद्र में चले जाने पर ही मैं इसे पार करूँगा'।"[५०]

: ५

जिस प्रकार सामाजिक चिन्तन के क्षेत्र में अग्रदूत राममोहन राय थे, उसी प्रकार आधुनिक भारत में दर्शन और धर्म के क्षेत्र में तर्कनावादी आन्दोलन के अग्रदूत विवेकानन्द थे। वे भारतीय चिन्तन के ऊपर लगाए जाने वाले इस आरोप को स्वीकार करते थे कि वह आप्त प्रमाण पर तथा 'उद्घाटित सत्य' में तर्कहीन आस्था पर अत्यधिक आश्रित है। यद्यपि वे उन महान् तर्कवादी परम्पराओं से परिचित थे जो भारत में विकसित हुईं और जिनका पर्यवसान शंकर के दर्शन में हुआ, फिर भी उनका विचार था कि ये परम्पराएँ दीर्घ काल तक पीछे पड़ी रही थीं; और तर्कना को उसके उचित स्थान पर फिर से स्थापित करने की तात्कालिक आवश्यकता है। एक बार उन्होंने कहा था—"आधिकारिकता के दुष्परिणामों को बहुत देख चुकने के बाद मैं तर्कना में विश्वास करता हूँ, क्योंकि मेरा जन्म ऐसे देश में हुआ है जहाँ लोगों ने आधिकारिकता में विश्वास की हद कर दी है।"[५१]

यद्यपि उन्होंने योग की सभी पद्धतियों पर अधिकार प्राप्त कर लिया था, विवेकानन्द सर्वश्रेष्ठ स्थान ज्ञान योग, अथवा ज्ञान द्वारा योग, को ही देते थे। वे योग को ऐसा विज्ञान मानते थे जिसके लिए विशेष प्रशिक्षण की आवश्यकता होती है। उसमें गूढ कुछ नहीं है। वे इसको बड़े दुर्भाग्य की बात समझते थे कि योग "ऐसे लोगों के हाथ में पड़ गया जिन्होंने उसके ऊपर सूर्य और प्रचार का पूरा प्रकाश पड़ने देने की बजाय उसे एकरहस्य बना दिया।"[५२] दुरूह समस्याओं से जूझने वाले भौतिकीविद् का कार्य और उसकी पद्धतियाँ साधारण आदमी को दुर्बोध लगती हैं। भौतिकीविद् को अपने-आपको अलग करके किसी अध्ययनकक्ष अथवा प्रयोगशाला में रखना पड़ता है। पर उससे भौतिकी रहस्य नहीं बन जाती। इसी प्रकार योग के अध्ययन के लिए भी विशेष प्रकार की परिस्थितियाँ आवश्यक होती हैं। "योग-पद्धतियों के बारे में जो कुछ भी गुप्त अथवा रहस्यमय है उसे त्याग देना चाहिए।…रहस्य का कारोबार मनुष्य के मस्तिष्क को दुर्बल करता है। उसने एक महानतम विज्ञान को लगभग नष्ट ही कर दिया है।"[५३]

धर्म को भी किसी विशेषाधिकार के दावे का अथवा ज्ञान के क्षेत्र में तर्कसम्मत निष्कर्षों पर उँगली उठाने का कोई अधिकार नहीं है। इस बारे में

विवेकानन्द का मनोभाव इतना प्रबल था कि उन्होंने कहा है—"किसी के कहने पर बीस करोड़ देवताओं में अंधविश्वास रखने की अपेक्षा तो मानव-जाति का तर्कना के अनुसरण मे नास्तिक बन जाना कहीं अधिक अच्छा है।......मनुष्य का गौरव यही है कि वह विचारशील प्राणी है।"[५४] धर्म से हमें विशेष प्रकार की भावनात्मक अनुभूति प्राप्त हो सकती है। पर जहाँ तक ज्ञान का सम्बन्ध है, जहाँ तक भले-बुरे के बीच विवेक का प्रश्न है, तर्कसंगत चिन्तन अपरिहार्य है। "यदि तर्कसंगत परीक्षण से धर्म नष्ट होता है तो वह धर्म नहीं है अंधविश्वास है।... ऐसे परीक्षण द्वारा जितनी भी खोट है वह निकल जाएगी और सार अंश विजयी होकर सामने आ जाएँगे।"[५५] आश्चर्य की बात है कि "जितना आधुनिक व्याख्याकार है उतना ही वह कम तर्कनावादी लगता है; जबकि धर्म के विषय में प्राचीन लेखक सचमुच तर्कनावादी जान पड़ते हैं।"[५६] उन्नीसवीं शताब्दी में वैज्ञानिक ढंग से धर्म के तुलनात्मक अध्ययन के विकास को देखते हुए यह कथन अजीब लग सकता है; पर संभवतः विवेकानन्द के मन में थियोसोफी पंथियों का कुछ लेखन रहा होगा।[५७]

स्पष्ट है कि तर्कना को भी अमोघ नहीं माना जा सकता। उसकी भी अपनी सीमाएँ, अपने अन्तर्विरोध हैं। प्रायः वह चक्करदार युक्तियों में उलझ जाता है। "बल क्या है? वह जो द्रव्य को गति देता है। और द्रव्य क्या है? वह जो बल से गति प्राप्त करता है। पूरा ढेंकुल का खेल है! हमारी तर्कना हमारे विज्ञान और ज्ञान के अहंकार के बावजूद, बड़ी विलक्षण है। वह बिना सिर के सिरदर्द है।[५८] विवेकानन्द यह भी स्वीकार करते हैं कि तर्कना द्वारा प्राप्त ज्ञान प्रायः इतना सैद्धान्तिक होता है कि वास्तव व्यवहार में हमें उससे सन्तोष नहीं होता। उसमें जीवन्तता और यथार्थता का अभाव होता है। एक नक्शे से हमें किसी प्रदेश के भौगोलिक रूप के बारे में बहुत-सी सही-सही जानकारी प्राप्त हो सकती है। नक्शा एक अच्छी और उपयोगी वस्तु है। पर जब हम उस प्रदेश को देखते हैं, उसमें भटकते हैं, और फिर एक बार नक्शे पर नज़र डालते हैं तो हमें अनुभव होता है कि नक्शा कितना अयथार्थ है।[५९] व्यक्तिगत अनुभूति द्वारा प्राप्त ज्ञान तर्कना द्वारा प्रस्तुत ज्ञान की तुलना में सर्वथा भिन्न कोटि का होता है।

तर्कना धीरे-धीरे बढ़ती है, पर कभी-कभी ज्ञान हमें आकस्मिक अन्तर्दृष्टि से प्राप्त हो जाता है। विवेकानन्द प्रेरणा के महत्त्व को अस्वीकार नहीं करते; अन्तःप्रज्ञा, शब्द का व्यवहार उन दिनों आज की भाँति नहीं होता था। पर प्रेरणाप्राप्त ज्ञानियों' के दावों को स्वीकार करने में सतर्क रहना आवश्यक है।

"प्रेरणा दिशानिर्देश का उच्चतर रूप है जो तर्कना को नहीं जानती, पर उसके कारण वस्तुओं का ज्ञान जैसे चमककर प्राप्त हो जाता है। पर उसे निरी सहज वृत्ति से अलग कैसे करेंगे?......आजकल हर आदमी आपसे आकर कहता है कि उसे प्रेरणा प्राप्त है।......प्रेरणा को धोखे से कैसे अलग किया जाए? पहली बात तो यह है कि प्रेरणा को तर्कना के विरुद्ध नहीं होना चाहिए। वयोवृद्ध व्यक्ति शिशु का विरोधी नहीं—वह तो शिशु का ही विकास है।...... कोई वास्तविक प्रेरणा कभी तर्कना के विपरीत नहीं होती। जब भी होती है, तो वह प्रेरणा नहीं है।"[६०]

रहस्यवाद को भी बहुत सावधानी से आँकना चाहिए। यह बात बहुत उल्लेखनीय है कि विवेकानन्द, जो आधुनिक युग के महानतम रहस्यवादी के सच्चे शिष्य थे, कदाचित् ही रहस्यवादी 'दर्शन' या भावविह्वलता के विवरणों से प्रभावित होते थे। उन्हें लगता था कि अन्धविश्वास सहज ही रहस्यवादी बाना पहनकर आ सकता है। उन्हें लगता था कि सच्चे रहस्यवादियों के जीवन में भी भावावेग की अतिशयता है जिसके परिणाम सदा स्वस्थ नहीं होते। उन्होंने एक विशेष रूप से स्पष्टवादी भाषण में कहा था—"तन्त्र-मन्त्र और रहस्यवाद ने हमारा प्रायः सर्वनाश कर डाला है, यद्यपि उनमें महान् सत्यों का होना सम्भव है। हम बहुत दिनों रो लिए; अब हमें मनुष्य-स्रष्टा धर्म चाहिए। जो भी तुम्हें दुर्बल बनाये उसे विष की तरह अस्वीकार करो। सत्य बलदायी होता है। इन दुर्बल बनाने वाले रहस्यवादों को छोड़ो।"[६१]

पर रामकृष्ण के बारे में वे सर्वथा आश्वस्त थे। गुरु के उपदेश सरल, व्यावहारिक और गुह्यता से पूर्णतः मुक्त थे। उन्हें अपना निजी कोई पन्थ या गुप्त सम्प्रदाय बनाने की कोई आकांक्षा न थी। यदि उन्होंने ऐसा कुछ भी किया होता तो विवेकानन्द कभी उनकी ओर न खिचते। वे सत्य का खुला प्रचार चाहते थे और 'गुप्त समाजों' का गुणगान उन्हें क्रुद्ध कर देता था। वे इस बात को भारतीय परम्परा के सर्वथा विरुद्ध मानते थे कि धार्मिक सत्य को कहीं छिपे हुए कुछ मुट्ठी-भर लोगों का एकाधिकार बना दिया जाए। "इस देश की धरती पर यह कभी नहीं बताया गया कि धर्म के सत्य 'रहस्य' होते हैं, अथवा वे हिमालय की चोटियों पर स्थापित गुप्त समाजों की सम्पत्ति होते हैं।......मैंने भी हिमालय देखा है। मैं भी संन्यासी हूँ। चौदह वर्ष से मैं परिव्राजक हूँ। ये रहस्यमयी समाज कहीं नहीं हैं। अन्धविश्वासों के पीछे न दौड़िए।"[६२]

तर्कना में उनकी अटल आस्था की तथा किसी भी प्रकार के अन्धविश्वास के प्रति उनकी वाल्टेयर-जैसी विरक्ति को देखते हुए, इसमें कोई

आश्चर्य नहीं कि विवेकानन्द आधुनिक वैज्ञानिक चिन्तन से इतने प्रबल रूप में प्रभावित हुए। विज्ञान से उनका मोह कभी-कभी शिशुसुलभ उत्साह से भरपूर होता था। उनकी बहुत-सी उपमाएँ विज्ञान से या वैज्ञानिक प्रक्रियाओं से—कैमरे के कार्य, ताप के विसरण, मशीन के पहिए, अक्षि-स्नायुओं के कार्य आदि से—ली हुई हैं।[६३] वेदान्त दर्शन की चर्चा करते-करते प्रायः वे विज्ञान के किसी-न-किसी क्षेत्र में—भौतिकी, भौमिकी, खगोल, गणित अथवा जीवविज्ञान में—चले जाते थे। उनके अद्वैत वेदान्त को वैज्ञानिक रूपकों द्वारा समझाने के प्रयासों की चर्चा पहले हो चुकी है। किसी वैज्ञानिक से वाद-विवाद का अवसर विवेकानन्द कभी न छोड़ते थे। इस बात का उल्लेख मिलता है कि एक बार कलकत्ता के चिड़ियाघर में उनकी उद्यान के अधीक्षक से भेंट हो गई तो वे उससे विकास की प्राचीन तथा अर्वाचीन धारणाओं के बीच समानताओं और भिन्नताओं की चर्चा करते रहे।[६४] अमरीका में वे हेमहोल्त्ज़ और केल्विन (सर विलियम टॉमसन) से मिले थे और बड़े मनोयोग से भौतिकी की नवीन-तम प्राक्कल्पनाओं की चर्चा सुनते रहे।[६५]

धर्म के सम्बन्ध में विवेकानन्द के विचार अंशतः इस बुद्धिवादी और वैज्ञानिक दृष्टि से निर्धारित हुए। कभी-कभी उन्होंने यहाँ तक कह दिया कि धर्म भी एक विज्ञान ही है। जिस प्रकार प्राकृतिक विज्ञान भौतिक जगत् के नियमों का अनुसन्धान करता है, उसी प्रकार धर्म नैतिक और तत्त्वमीमांसीय जगत् से सत्यों से सम्बद्ध है और मनुष्य के आन्तरिक स्वभाव के भव्य नियमों की खोज करता है। दोनों ही एकता के लिए अभियान करते हैं और दोनों ही—यद्यपि विभिन्न दिशाओं से—व्यक्ति और जाति के लिए मुक्ति की खोज करते हैं। एक अर्थ में, समस्त ज्ञान ही धर्म है, और एक अन्य अर्थ में समस्त ज्ञान ही विज्ञान है।[६६]

किन्तु विवेकानन्द के चिन्तन के इस पक्ष को बढ़ा-चढ़ाकर नहीं देखना चाहिए, जैसा प्रायः किया गया है। यह याद रखना आवश्यक है कि वे अन्ध-विश्वास को किसी भी रूप में क्षमा करने को तैयार न थे; पर इस बात को याद रखना भी उतना ही आवश्यक है कि इन सब वैज्ञानिक बातों में उनकी रुचि गौण थी और मूलतः वे धर्म के व्यक्ति थे। उनका लगाव आध्यात्मिक सत्यों से था, भौतिक खोजों से नहीं। और उन्हें लगता था कि जहाँ पश्चिम ने प्रकृति की शक्तियों का उद्घाटन करने और अंशतः उन पर विजय पाने की अपूर्व क्षमता दिखाई है, वहाँ भारत का विशेष योग आत्मा के सत्यों पर बल देने में रहा है। "यह अन्तर साधारण भाषा तक में देखा जा सकता है। इंगलैंड

में मृत्यु की चर्चा में कहा जाता है कि अमुक व्यक्ति ने 'अपना प्रेत त्याग दिया।' भारत में कहा जाता है कि उसने 'अपना शरीर त्याग दिया।' एक विचार है कि मनुष्य शरीर है और उसे आत्मा भी प्राप्त है, दूसरा विचार है कि मनुष्य आत्मा है और उसे एक शरीर भी प्राप्त है।"[६७]

उन्नीसवीं शताब्दी समाप्त होते-होते बहुत-से प्रबुद्ध और वास्तविक देशभक्त व्यक्ति यह मानने लगे थे कि सामाजिक प्रगति के साधन के रूप में धर्म की उपयोगिता खत्म हो चुकी है और भारतीय संस्कृति को नई दिशा देने की आवश्यकता है। गांधी की भाँति विवेकानन्द भी इस विचार से सहमत न थे। वे सोचते थे कि धर्म भारत की नियति के साथ जुड़ा हुआ है। उन्होंने कहा है—"भला या बुरा, धार्मिक आदर्श भारत में हज़ारों वर्षों से प्रवहमान रहा है। वह वातावरण में व्याप्त है, हमारे रक्त में घुल गया है, हमारी नसों की प्रत्येक बूंद के साथ सनसनाता है, हमारी शरीर-रचना के साथ एकाकार हो गया है, हमारे जीवन का प्राणतत्त्व बन गया है। क्या आप प्रतिक्रिया में उतनी ही ऊर्जा जागृत किए बिना, शक्तिशाली नदी ने हज़ारों वर्षों में अपने लिए जो सरणि काटी है उसे भरे बिना, उसे त्याग सकते हैं? क्या आप चाहते हैं कि गंगा अपने बर्फीले उद्गम को लौट जाए और नया मार्ग प्रारम्भ करे?"[६८]

जब कि पश्चिम में स्वयं धर्म की व्याख्या अधिकाधिक आर्थिक और राजनीतिक मूल्यों में हो रही थी, तब भारत का दृष्टिकोण अपरिवर्तित रहा था। भारतीय मानस अभी भी धर्म के अतिरिक्त अन्य किसी माध्यम से जीवन को ग्रहण करने में अक्षम था। "अंग्रेज़ धर्म को राजनीति द्वारा समझ सकता है और अमरीकी सामाजिक सुधार द्वारा। पर हम राजनीति और समाजशास्त्र को भी धर्म द्वारा समझ पाते हैं। विषयवस्तु वही है, बाकी सब राष्ट्रीय जीवन संगीत के विभिन्न रूप-भर हैं।"[६९] इसलिए विवेकानन्द अनुभव करते थे कि यद्यपि धर्म में से अनावश्यक तत्त्व और अतिवृद्धियाँ निकालने की माँग सर्वथा न्यायोचित है, किन्तु भारत धार्मिक आदर्श को सर्वोपरि मानने की अपनी युगों-पुरानी परम्परा का त्याग नहीं कर सकता।[७०] यही कारण है कि दर्शन में शंकराचार्य के उत्साही अनुयायी होने पर भी, विवेकानन्द भारतीय जीवन में ईश्वरवादी धर्म का मूल्य पूर्णतः स्वीकार करते थे। विशेषकर रामानुज के लिए, जिन्होंने दर्शन के चरम सत्यों को जनसाधारण तक पहुँचाया, उनके मन में अधिक-से-अधिक आदर था। "रामानुज के बाद से एक बात ध्यान देने योग्य है—आध्यात्मिकता के द्वार का सबके लिए खुल जाना।

रामानुज के बाद से सभी धर्म-संस्थापकों का यही आधार रहा है।"[७१]

विवेकानन्द भारत की धर्म-परम्परा को एक संयुक्त उत्पत्ति मानते थे जिसमें शंकर का अवैयक्तिक एकसत्तावाद, रामानुज और उनके अनुयायियों का भक्तिमार्ग, और बौद्ध धर्म का मानवतावाद एक-दूसरे में विलीन हो गया था। उन्होंने बुद्ध के विषय में कहा था कि उनमें "हृदय और मस्तिष्क का ऐसा अतुलनीय संयोग था, ऐसा उच्चतम आत्मबल था, जैसा शायद ही कभी हुआ हो।"[७२] यदि बौद्ध धर्म और हिन्दू धर्म इतिहास में दीर्घकाल तक परस्पर-विच्छिन्न रहे, तो इसका दोष अंशतः दोनों पर ही है। हिन्दू धर्म के दक़ियानूसी समर्थकों ने बौद्ध धर्म के प्रति कट्टर रुख अख्तियार कर लिया और केवल उसके दोष ही देखे। दूसरी ओर बौद्ध स्वयं सदा बुद्ध के उपदेशों के गहरे अर्थ को नहीं समझ पाते थे।

किन्तु इस संघर्ष के बावजूद दोनों धर्म सदा एक-दूसरे के बहुत समीप रहे हैं। बौद्ध कला, दर्शन और साहित्य, तथा बौद्ध धर्म द्वारा प्रतिष्ठित अनेक मूल्यों ने, भारतीय संस्कृति के चौखटे में स्थायी स्थान प्राप्त कर लिया है। अमरीका में अपने एक भाषण में विवेकानन्द ने कहा था—"हिन्दू धर्म और जिसे आजकल बौद्ध धर्म कहा जाता है उसके बीच सम्बन्ध बहुत-कुछ वैसा ही है जैसा ईसाई धर्म और यहूदी धर्म के बीच। जीसस क्राइस्ट यहूदी थे और शाक्य मुनि हिन्दू। यहूदियों ने जीसस को त्याग दिया; हिन्दुओं ने शाक्यमुनि को स्वीकार करके उनकी ईश्वर के रूप में पूजा की।......बुद्ध कोई नया उपदेश देने नहीं आए थे। वे भी जीसस की भाँति ही परिपूर्ण करने आए थे, ध्वंस करने नहीं। बस इतनी बात अवश्य है कि बुद्ध के अनुयायियों ने ही उनके उपदेशों का महत्त्व ठीक से नहीं समझा।"[७३]

यह कथन कि "बुद्ध कोई नया उपदेश देने नहीं आए थे" शब्दशः नहीं ग्रहण करना चाहिए। स्पष्ट ही विवेकानन्द का यह अभिप्राय नहीं था कि बुद्ध ने ऐसी कोई बात नहीं दी जो हिन्दू धर्म में पहले से ही मौजूद न थी। वे केवल भारतीय चिन्तन की अविच्छिन्नता पर जोर दे रहे थे। वे बौद्ध धर्म के अपने विशिष्ट मूल्य को स्वीकार करते थे। 'बौद्ध धर्म हिन्दू धर्म के बिना जीवित नहीं रह सकता, और हिन्दू धर्म बौद्ध धर्म के बिना जीवित नहीं रह सकता।......न तो बौद्ध ब्राह्मण के मस्तिष्क और दर्शन के बिना ठहर सकता है और न ब्राह्मण बौद्ध के हृदय के बिना। बौद्ध और ब्राह्मण का यह विच्छेद ही भारत के पतन का कारण हुआ है।...हम लोग ब्राह्मण की अपूर्व बुद्धि को महान् गुरु के हृदय, महिमामय आत्मा, अपूर्व मानवीयकरण की क्षमता के साथ

जोड़ दें।"[७४] मस्तिष्क और हृदय के बीच यह बिभाजन निस्सन्देह अतिरंजित है। पर इससे यह अवश्य प्रगट होता है कि विवेकानन्द भारतीय चिन्तन के बौद्ध और ब्राह्मण दोनों तत्त्वों का स्वतन्त्र मूल्य मानते थे।

बौद्ध धर्म तथा वैष्णव ईश्वरवाद दोनों में जीवन के भाव-पक्ष को उचित स्थान देने का, उपनिषदों और अद्वैत वेदान्त की कठोर तर्क-पद्धति तथा तत्त्वमीमांसा को हलका करने का प्रयास है। विवेकानन्द इस प्रयास के प्रशंसक थे क्योंकि उन्हें लगता था कि मानव-जाति को सत्ता की अमूर्त अवधारणाओं द्वारा नहीं, वरन् केवल प्रेम के द्वारा एक किया जा सकता है। "समस्त ब्रह्माण्ड क्षुद्रतम परमाणु से लगाकर उच्चतम आदर्श तक, प्रेम की ही अभिव्यक्ति है। जगत् की प्रेरक-शक्ति प्रेम ही है। प्रेम की प्रेरणा से ही क्राइस्ट मानवता के लिए प्राण उत्सर्ग करने को उद्यत हो गए, और बुद्ध एक पशु के लिए। उसके बिना जगत् एक पल में टुकड़े-टुकड़े हो जाएगा। यह प्रेम ही ईश्वर है।"[७५]

यदि प्रेम समस्त मानव-जाति को एक धार्मिक आदर्श में संयुक्त करने के लिए पर्याप्त सिद्धान्त है, तो फिर ईश्वर का विचार छोड़ ही क्यों न दिया जाए? विवेकानन्द का उत्तर उनके धार्मिक प्रश्नों पर साहसपूर्ण दृष्टिकोण का सूचक है। उन्होंने यह नहीं कहा कि ईश्वर में आस्था के बिना धार्मिक भावना की कल्पना नहीं हो सकती, बल्कि यह कि ईश्वर की अवधारणा में बड़ी प्रेरक शक्ति है। "मुझसे बहुत बार पूछा जाता है—'आप उस पुराने शब्द 'ईश्वर' का क्यों प्रयोग करते हैं?' क्योंकि हमारे काम के लिए वही सबसे अच्छा शब्द है।...मानवता की समस्त आशाएँ, आकांक्षाएँ, समस्त सुख उस शब्द में केन्द्रित रहे हैं। अब उसे बदलना असम्भव है। जो कुछ भी महान् और पवित्र है वह उसके साथ जुड़ा हुआ है।"[७६] यदि ईश्वर केवल चरम सत्ता अथवा निरपेक्ष शक्ति का प्रतीक होता, तो हज़ारों वर्षों से मानव-कल्पना पर उसका इतना प्रभाव न रहा होता; ज्ञान के विस्तार और प्रकृति के ऊपर मनुष्य के बढ़ते हुए अधिकार के साथ उसका प्रभाव कम हो जाता। सबसे बड़ी बात यह है कि ईश्वर की कल्पना प्रेम और व्यक्तिगत लगाव के भाव जाग्रत करती है; उसकी अमर शक्ति का यही रहस्य है।

पर प्रेम अथवा आम तौर पर भावावेग को निरी भावुकता में नहीं जा गिरना चाहिए। विवेकानन्द रूसो की भाँति यह मानने को तैयार थे कि हृदय के पास अपना अलग परामर्श है जो मस्तिष्क के परामर्श से श्रेष्ठतर भी हो सकता है। एक बार उन्होंने कहा था—"यदि तुम्हारे हृदय और मस्तिष्क में संघर्ष हो, तो हृदय की बात मानो।"[७७] पर यह बात उनके सामान्य दृष्टिकोण

के अनुरूप नहीं है। इसके अतिरिक्त हृदय की आवाज़ सशक्त और दुर्बल दोनों ही हो सकती है। जहाँ भक्ति का धर्म शक्ति देता और उदार बनाता है, वहाँ उसका प्रभाव शुभ है। पर यदि वह दुर्बल और निस्तेज बनाता है तो हमें सतर्क होने की आवश्यकता है। बंगाल के वैष्णवों के साहित्य में इस दूसरे प्रकार के प्रभाव के बहुत-से उदाहरण हैं—विशेषकर चैतन्य के जीवन-विवरणों में।[७८] इस प्रकार की बहुत-सी रचनाओं में चैतन्य लगभग प्रत्येक पृष्ठ पर ही मूर्च्छित होते दिखाये गए हैं। विवेकानन्द ने एक बार एक ऐसे व्यक्ति की किम्वदन्ती सुनाई जिसकी शिक्षा देवनागरी लिपि के पहले व्यंजन 'क' पर ही समाप्त हो गई, क्योंकि ज्योंही वह इस ध्वनि का उच्चारण करता उसे कृष्ण की याद आ जाती और वह प्रेम से विह्वल हो जाता।[७९] यह न हो कि भक्ति हमें "अपनी ही भावुकता से उन्मत्त मन्दाग्निपीड़ितों का देश"[८०] बना दे। देश के उन भागों में, जहाँ युद्ध-भावना की अधिकता है—उदाहरण के लिए पंजाब में—भक्ति का प्रभाव संयमकारी हो सकता है। विवेकानन्द ने अपनी पंजाब की यात्रा में वहाँ "अधिक भावना, अधिक गीत और नृत्य"[८१] के लिए अनुरोध किया था। पर अपने प्रदेश बंगाल के गाँवों में उनका आग्रह शक्ति और पौरुष पर था।

यदि धर्म को भावुकता से अलग करना आवश्यक है तो उसे कर्मकाण्ड और रूढ़ि से अलग करना तो और भी अधिक आवश्यक है। स्वभाव से ही भावना अल्पजीवी होती है, और यदि वह अस्वस्थ भी हो, तो भी उससे होने वाली क्षति उतनी बड़ी नहीं हो सकती जितनी रूढ़िजन्य क्षति, जो धीरे-धीरे, निर्दयतापूर्वक, एक राष्ट्र की प्राणशक्ति को ग्रस लेती है। विवेकानन्द ने भारत को चेतावनी दी थी कि जिस धर्म की जड़ें प्रथा और रूढ़ि में होती हैं वह 'दुकानदारी का धर्म' हो जाता है, जिसमें ईश्वर साध्य नहीं साधन रह जाता है।[८२] उन्होंने तंत्र पर आधारित कर्मकाण्डपूर्ण धर्म की बड़ी आलोचना करते हुए कहा था कि गुरु और शिष्य का सुन्दर सम्बन्ध भी गर्हित हो गया है—"गुरुवाद हमारे देश में बड़ा चलता हुआ धन्धा है," उन्होंने एक बार कहा था।[८३] भोजन के बारे में अन्धविश्वासों की वे बहुत हँसी उड़ाते थे। "बन्दर को दूध-भात खिलाइए। वह योगी हो जाएगा!"[८४] जहाँ तक स्नान के कर्मकाण्ड का प्रश्न है, यदि उसे मान लिया जाए तो सबसे पहले स्वर्ग में मछली पहुँचेगी क्योंकि वह तो हर समय स्नान ही करती रहती है।[८५]

: ६ :

स्वामी विवेकानन्द का दर्शन कर्म के लिए आह्वान करता है। उसका आकर्षण केवल चिन्तक मनुष्य के लिए ही नहीं **कर्मशील** मनुष्य के लिए है।

अन्य परम्परागत 'मार्गों' की तुलना में उनका क्रियावाद उनके ज्ञानमार्ग पर आग्रह से मेल खाता है या नहीं, यह एक शास्त्रीय-सा प्रश्न है। जो भी हो, वे ज्ञान, भक्ति और कर्म को पूर्णतः भिन्न दिशाओं में जाने वाले मार्ग कभी नहीं मानते थे। वे इन तीनों को पूर्णता की ओर ले जाने वाले एक ही रास्ते के तीन खण्ड मानते थे।[८४] उनकी कविता, जाग्रत भारत से, उनके भावों को बड़े सुन्दर ढंग से व्यक्त करती है—

"जागो, उठो, अब और स्वप्न न देखो!
यह सपनों का देश है, जहाँ कर्म
बिना धागे के हार गूँथता है
मधुर अथवा विषाक्त फूलों के
हमारे विचारों के साथ।
और किसी की न तो जड़ें हैं न डंठल,
शून्य में से उत्पन्न, जिसे सत्य का
मृदुतम झकोरा ढकेल देता है
पीछे आदिम शून्य की गोद में।
साहसपूर्वक सत्य का सामना करो।
उसके साथ एकाकार हो जाओ; स्वप्नों को थमने दो।
अथवा, यह नहीं, तो सच्चे स्वप्न देखो
चिरन्तन प्रेम और सेवा के।"[८३]

व्यावहारिक कार्य पर जोर देने के कारण विवेकानन्द की अद्वैत वेदान्त के कट्टरपंथी अनुयायी प्रायः बहुत भर्त्सना किया करते थे। एक बंगाली प्रोफेसर ने एक बार आपत्ति की थी कि दान और सेवा भी अन्ततः माया के क्षेत्र के ही हैं, और वेदान्त निश्चित रूप से उससे अलग होने की माँग करता है। विवेकानन्द ने उत्तर दिया—"तो फिर उस हालत में तो मुक्ति भी माया है। वेदान्त कहता है कि आत्मा चिर मुक्त है। तो फिर मुक्ति के लिए भी क्यों संघर्ष करें?"[८८] पलायन द्वारा मुक्ति की कामना का विचार तक उन्हें अप्रिय था। "संसार में डूबकर कर्म का रहस्य सीखो। संसार-यंत्र के पहियों से भागो मत। उसके भीतर खड़े होकर देखो वह कैसे चलता है। तुम्हें उससे निकलने का रास्ता अवश्य मिलेगा।"[८९] विराग की अति हो जाए तो वह 'निष्ठुर उच्छृंखलता' हो जाता है।[९०] जहाँ तक भौतिक सुविधाओं के त्याग का प्रश्न है, विवेकानन्द भारत की ग़रीब जनता से त्याग की माँग करना उसका अपमान समझते थे। दूर हटो! बेचारे को तनिक मौज करने दो, तब वह उठ खड़ा

होगा और त्याग उसे अपने-आप आएगा। शायद इस दिशा में हम पश्चिम से कुछ सीख सकते हैं।"[६१] रोषपूर्वक इस दलील को ठुकराते हुए कि इस समय सुविधाओं का त्याग करके आदमी अगले जन्म में चिरन्तन सुख प्राप्त कर सकता है—वह तर्क जिसके द्वारा शताब्दियों से सामाजिक ऊँच-नीच और अत्याचार को न्यायोचित ठहराया जाता रहा है—विवेकानन्द ने एक बार कहा था—"मैं ऐसे ईश्वर में विश्वास नहीं करता जो स्वर्ग में तो मुझे अनन्त आनन्द देगा, पर इस जगत् में मुझे रोटी भी नहीं दे सकता !"[६२]

निष्क्रियता और अलगाव के उपदेशों का कारण मानव-जाति की क्षमता और सम्भावनाओं में विश्वास का अभाव है। ईश्वरवादी धर्म में मनुष्य को प्रायः एक अभागे पापी के रूप में, अथवा पूर्णतः ईश्वर और प्रकृति की कृपा पर आश्रित दुर्बल और असहाय प्राणी के रूप में, चित्रित किया जाता है। यह प्रवृत्ति मानवतावादी प्रवृत्ति के साथ-साथ ही बढ़ी है, जो मनुष्य में ही देवत्व का सच्चा निवास मानकर उसे गौरवान्वित करती है। विवेकानन्द का उद्देश्य धर्म में इस दूसरी प्रवृत्ति को पुष्ट करना था। उन्होंने एक बार एक भेंट में कहा था—"मानव-स्वभाव के गौरव को कभी न भूलो। हममें से प्रत्येक व्यक्ति यह घोषणा करे कि—'मैं ही परमेश्वर हूँ, जिससे बड़ा न कोई हुआ न होगा। क्राइस्ट और बुद्ध उस असीम महासागर की तरंगें मात्र हैं जो मैं हूँ'।"[६३] जिस प्रकार श्रेष्ठ शिक्षा का सच्चा उद्देश्य उस सम्पूर्णता का उद्घाटन है जो बालक में सभी सामर्थ्य के रूप में पहले से ही मौजूद होती है, उसी प्रकार धर्म का सच्चा लक्ष्य मनुष्य में पहले से ही विद्यमान देवत्व की ओर ध्यान दिलाना होना चाहिए।

यह प्रायः कहा जाता है कि अद्वैत वेदान्त, ब्रह्म को एकमात्र सत्ता बताकर, मानव-जीवन के अवमूल्यन को बढ़ावा देता है। विवेकानन्द इसे सदा ही वेदान्त की ग़लत और दुर्भाग्यपूर्ण व्याख्या मानते रहे। शंकराचार्य की तत्त्वमीमांसीय स्थिति जो भी हो, उनके उपदेशों से मानव-मन की महानता में नई आस्था और विश्वास फिर से स्थापित हुआ। वेदान्त हमसे यह नहीं कहता कि हम बिछ जाएँ। वह कहता है—"अपना मस्तक ऊँचा करो। तुममें से हर व्यक्ति के भीतर एक ईश्वर विद्यमान है। उसके योग्य बनो।"[६४] सच्चे वेदान्ती को अपने मनुष्य होने का गर्व होना चाहिए; उसे समाज से उन सब बातों को मिटाने का प्रयास करना चाहिए जो मनुष्य को अपमानित करती हैं। "यदि मेरे भीतर ईश्वर विद्यमान है तो मैं संसार की लाँछनाएँ क्यों सहूँ ? बल्कि उन्हें मिटाना ही मेरा कर्त्तव्य है।"[६५]

मनुष्य स्वाधीनता के उच्चतम रूप का प्रतिनिधि है। लगभग प्रत्येक क्षेत्र में मानव-संस्कृति की उपलब्धियाँ स्वाधीनता की प्रगति से जुड़ी हुई हैं। "प्रारम्भिक प्रेरणा और प्राप्य लक्ष्य विज्ञान और धर्म दोनों का एक ही है — वह है स्वाधीनता।"[६६] स्वाधीनता का संघर्ष मनुष्य को ब्रह्माण्ड से जोड़ता है क्योंकि हर जगह वही संघर्ष चल रहा है। पर वह मनुष्य को शेष प्रकृति से अलग भी करता है, क्योंकि केवल मानव-जीवन में ही यह संघर्ष सचेत रूप में और बुद्धिमत्ता के साथ चलाया जाता है। "समस्त जगत् में स्वाधीनता के लिए अभियान विद्यमान है। पृथ्वी सूर्य से दूर चली जाने के प्रयत्न में है, और चन्द्रमा पृथ्वी से। प्रत्येक वस्तु में असीम विच्छिन्नता की प्रवृत्ति है। संसार में जो कुछ हम देखते हैं उसका आधार यही स्वाधीनता का संघर्ष है; इसी प्रेरणा से संत भजन करता है और लुटेरा लूटता है।"[६७] विवेकानन्द एक सुन्दर रूपक द्वारा मनुष्य के अपने-आपको मुक्त करने के सचेत प्रयत्न का वर्णन करते हैं—'एक बर्फ से ढँके महासागर की कल्पना कीजिए, जिसमें बहुत-से विभिन्न छिद्र हैं। इनमें से प्रत्येक छिद्र एक आत्मा है, एक मनुष्य है, जो अपनी-अपनी बुद्धि के अनुसार उसी मात्रा में मुक्त है, बर्फ को तोड़ निकलने का प्रयास कर रहा है।[६८]

इस भाँति विवेकानन्द का व्यावहारिक उपदेश मानव-केन्द्री और अत्यन्त क्रियावादी है। साथ ही, वे बार-बार गीता के 'निष्काम कर्म' के आदर्श पर बल देते थे। बहुत बार आत्मकेन्द्रित कर्म का दायित्व अथवा कर्तव्य के नाम पर समर्थन किया जाता है। "जब कोई लगाव दृढ़तापूर्वक स्थापित हो जाता है तो हम उसे कर्तव्य कहते हैं।......हम उसे भारी-भरकम नाम देकर उसके ऊपर फूल बरसाते हैं.. हम 'कर्तव्य के लिए' एक-दूसरे को लूटते हैं।"[६६] नैतिकता के उच्चतम आदर्श हमारे दैनन्दिन क्रियाकलाप में ही पूरे हो सकते हैं, पर इस दैनिक जीवन का दृढ़ आध्यात्मिक आधार होना चाहिए। हम यह आशा तो नहीं कर सकते कि हमारा प्रत्येक कार्य किसी-न-किसी परमार्थ से प्रेरित हो सकता है। ऐसी माँग असंगत और अव्यावहारिक होगी। किन्तु हम यह आशा अवश्य कर सकते हैं कि मनुष्यों में आत्मा और शरीर दोनों ही होने के कारण वे भौतिक लाभ के विचार के प्रति एक प्रकार का निष्काम भाव, प्रशंसा और निन्दा के प्रति एक प्रकार की उदासीनता, अपने भीतर उत्पन्न करें। विवेकानन्द का सारा जीवन यद्यपि संघर्ष और निरन्तर क्रियाशीलता में बीता, फिर भी उन्होंने अपने भीतर यह निष्काम भाव अधिकतम मात्रा में जाग्रत कर लिया था। उनके भीतर निष्काम भाव की नैतिक प्रेरणा उनकी इस तत्त्वमीमांसीय आस्था से भी पुष्ट हुई थी कि चरम दृष्टि से केवल ब्रह्म

ही सचमुच यथार्थ है। यह उनकी भव्य कविता **संन्यासी का गीत** में अभिव्यक्त हुआ है—

> **"कोई माला डाले, कोई ठुकराए इस शरीर को;**
> **कुछ मत कहो। निन्दा और प्रशंसा का**
> **वहाँ क्या अर्थ है जहाँ प्रशंसक और प्रशंसित,**
> **निन्दक और निन्दित एक ही हैं।**
> **इसलिए तुम शान्त रहो, ओ साहसी संन्यासी,**
> **कहो ओम् तत् सत, ओम्।"[१००]**

: ७ :

शिकागो में धर्म-संसद् समाप्त होने के बाद किसी ने पूछा था कि विवेकानन्द ने—भारत के एक अज्ञात साधु ने, जिसने न तो कोई विद्वत्तापूर्ण निबन्ध पढ़ा और न जिसके पास कोई प्रशंसात्मक परिचय-पत्र थे—कैसे इतना गहरा प्रभाव डाला। उत्तर था—"क्योंकि जहाँ अन्य सब प्रतिनिधि अपने-अपने धर्म के ईश्वर की चर्चा करते रहे, केवल विवेकानन्द ने सबके ईश्वर की बात की।"[१०१] यह कथन विवेकानन्द के चिन्तन की सार्वभौमिकता के प्रति सरल और स्वतःस्फूर्त श्रद्धांजलि है।

उन्होंने एक बार कहा था—"निस्सन्देह मुझे भारत से प्यार है, पर प्रत्येक दिन मेरी दृष्टि अधिक निर्मल होती जाती है। हमारे लिए भारत या इंगलैंड या अमरीका क्या है? हम तो उस ईश्वर के सेवक हैं जिसे अज्ञानी मनुष्य कहते हैं। जड़ में पानी देने वाला क्या सारे वृक्ष को ही नहीं सींचता है?"[१०२] विभिन्न धर्मों में परस्पर बहुत-सी बातों में अन्तर है और सार्वदेशिकता यह नहीं चाहती कि वे एक-दूसरे में विलीन हो जाएँ। संसार के विभिन्न धर्मों की भिन्नता का पुराणविद्या, कर्मकाण्ड. सामाजिक मूल्यों और दार्शनिक परम्पराओं तक की दृष्टि से धैर्यपूर्वक विश्लेषण करके, विवेकानन्द ने कहा था कि ये अन्तर बने रहेंगे और वे मानव-जाति के आध्यात्मिक एकीकरण में बाधक नहीं हैं। "हमारे मन बर्तनों की भाँति हैं। हम सभी ईश्वर-प्राप्ति के लिए प्रयत्न करते हैं; पर ईश्वर जल की भाँति है जो हर आकार के बर्तन में भरा जा सकता है। प्रत्येक बर्तन में ईश्वर का स्वरूप भिन्न हो जाता है। फिर भी वह एक ही है; हर बर्तन में वह है ईश्वर ही।"[१०३]

रूढ़िवादिता तथा जीवन के आध्यात्मिक आधार की अनभिज्ञता ही विश्व-एकता में बाधक है। भारत में संकीर्ण साम्प्रदायिक दृष्टि ने बडी क्षति की है, विभिन्न धर्मों के अनुयायियों को एक-दूसरे से और देश को, बौद्धिक तथा

आध्यात्मिक दृष्टि से, शेष विश्व से अलग कर दिया है। "भारत के विनाश पर उसी दिन मुहर लग गई जिस दिन हमने 'म्लेच्छ' शब्द का आविष्कार किया और दूसरों से सम्पर्क तोड़ लिया।"[१०४] इस मामले में विवेकानन्द अद्वैत-वादियों को भी दोषमुक्त नहीं करते। "कोई द्वैतवादी ग्रन्थ मिलते ही अद्वैतवादी उसे तोड़-मरोड़कर उसमें से विचित्र अर्थ निकाल देगा। ऐसे ही 'अज' को—अजन्मा को—भाषाशास्त्र के आधार पर 'बकरी' बता दिया जाता है।"[१०५]

पश्चिम में विवेकानन्द को बौद्धिक तथा दार्शनिक मतभेदों के लिए कहीं अधिक सहिष्णुता मिली। वे यूरोप और अमरीका तब गये थे जब महान् उदारवादी परम्पराएँ, पुनर्जागरण-युग से अठारहवीं शताब्दी के अन्त तक विक-सित होती रही थीं और बहुत दृढ थीं। यूरोप तब तक कट्टरपंथी परस्पर-विरोधी विचारधाराओं के समर्थकों के बीच विभाजित नहीं हुआ था, जैसा कि आज है। किन्तु विवेकानन्द को लगा कि यद्यपि पश्चिम विचारधारा-सम्बन्धी रूढ़िवाद से अपेक्षाकृत मुक्त है, पर उसकी धार्मिक संवेदनशीलता घटती जा रही है और उसकी जीवनदृष्टि पूर्णतः भौतिकवादी होती जा रही है। यह दृष्टि हिंसा, छिछलेपन और शारीरिक सुख की अटूट खोज की ओर प्रेरित करती है।

उन्होंने कहा था—"समस्त पाश्चात्य जगत् एक ज्वालामुखी के ऊपर बैठा है जो कल फूट सकता है और कल उसके टुकड़े-टुकड़े हो जा सकते हैं। उन्होंने दुनिया का कोना-कोना छान डाला है पर कहीं चैन नहीं पा सके हैं। सुख का प्याला छककर पीने के बाद उन्हें लगा है कि वह निस्सार है।"[१०६] विवेकानन्द पहले व्यक्तियों में से थे जिन्होंने अनुभव किया कि यूरोपीय सभ्यता के ऊपर संकट की छाया चुपचाप घिरी आ रही है। बाहर से वह सभ्यता अपनी सफलता के शिखर पर थी। उस समय के अधिकांश भारतीय लेखकों ने पश्चिम में समृद्धि, आशावाद और विज्ञान तथा तर्कना की प्रगति के अतिरिक्त कुछ नहीं देखा। विवेकानन्द के विचार भविष्यवाणी जैसे, लगभग अमंगल-सूचक, लगते हैं। "यदि आध्यात्मिक आधार नहीं बनाया गया तो समस्त यूरोपीय सभ्यता अगले पचास वर्ष में ध्वंस होकर चूर-चूर हो जाएगी। मानव-जाति पर तलवार के ज़ोर से शासन करने का प्रयास सर्वथा व्यर्थ और निराशा-जनक है। आप देखेंगे कि वे ही केन्द्र, जहाँ तलवार से शासन के विचार जन्मे, सबसे पहले पतित होकर टुकड़े-टुकड़े होंगे।"[१०७] कुछ वर्ष बाद रवीन्द्रनाथ टैगोर ने भी इस आसन्न-विनाश को अनुभव किया था जिसे उन्होंने अपनी एक कविता में भी अभिव्यक्त किया। पहला विश्व-महायुद्ध छिड़ने के बाद बहुत-से

यूरोपीय बुद्धिजीवियों ने विवेकानन्द और टैगोर की इन आशंकाओं को याद किया था।

इन सब पूर्व-सूचनाओं के बावजूद, विवेकानन्द मानव-संस्कृति के भविष्य के सम्बन्ध में हताश नहीं थे। यदि धर्म को उसके अन्धविश्वास और अत्यधिक भावातिरेक से मुक्त किया जा सके, यदि तर्कना और विज्ञान अपनी आक्रामक कठोरता से छुटकारा पा सकें, तो एक मृदु, सन्तोषदायक विश्वदृष्टि तैयार करना सम्भव है। "हम आज चाहते हैं कि यूरोप का बौद्धिकता का ज्वलन्त सूर्य बुद्ध के हृदय से, प्रेम और करुणा के अपूर्व असीम हृदय से, संयुक्त हो। इस संयोग से हमें उच्चतम दर्शन प्राप्त होगा। विज्ञान और धर्म का मिलन होगा। काव्य और दर्शन में बन्धुत्व स्थापित होगा। भविष्य का धर्म यही है और यदि हम इसे कार्यपरिणत करें तो इसमें सन्देह नहीं कि यह सभी कालों और सभी देशों का धर्म बन सकेगा।"[१०८]

संदर्भ

१. गॉस्पेल ऑफ़ श्री रामकृष्ण, पृ० ७९३।

२. वही, पृ० ५४२।

३. बी० एन० सील का वाक्यांश।

४. तुलनीय, "इंगलैंड हमें जीतना है", "भारत को विश्व विजय करनी है", आदि। विजय की बात उनके भाषणों में बार-बार आती है।

५. रोम्याँ रोलाँ : लाइफ़ ऑफ़ विवेकानन्द, पृ० ३४४।

६. 'इंडियन थॉट एण्ड इट्स डेवेलपमेंट' में एलबर्ट स्वाइटज़र।

७. किन्तु यह बात विचारणीय है कि प्रायः विवेकानन्द के प्रारम्भिक संशय वाद को इसलिए बढ़ा-चढ़ाकर कहा जाता है जिससे उनके 'परिवर्तन' में रामकृष्ण के प्रभाव की गहराई और शक्ति पर बल पड़े।

८. आयडियाल ऑफ़ एन यूनिवर्सल रिलीजन (केलिफ़ोर्निया में भाषण, जनवरी १९००)

९. उनके कुछ शिष्यों ने लिखा है कि विवेकानन्द विशुद्ध सैद्धान्तिक विषयों पर बोलते-बोलते भी कभी-कभी अचानक अपनी युक्तियाँ रोककर, बड़े भावावेश से बात करने लगते थे।

१०. रोम्याँ रोलाँ : लाइफ़ ऑफ़ विवेकानन्द, पृ० ५२।

११. तुलनीय, उनका बहु-उद्धृत कथन कि सबसे अधिक सुख के क्षण वे ही हैं जब मैं जेब में कोई कविता-पुस्तक डाले खुली सड़क पर भटकता होता हूँ।

१२. रामकृष्ण के निर्देशन में निर्विकल्प समाधि की प्राप्ति को विवेकानन्द ने अपने आध्यात्मिक विकास का सबसे महत्त्वपूर्ण चरण बताया है।

१३. ऐतिहासिक घटनाओं के प्रति उनके दृष्टिकोण में हमे तर्कनावादी-दार्शनिक तथा नाटकीय-रोमेंटिक के बीच संघर्ष दिखाई पड़ता है।

१४. यह भी एक विडम्बना ही है कि धर्म-संसद् विश्व मेले का एक

अंग था जो पश्चिम की **भौतिक** प्रगति का विज्ञापन करने के लिए आयोजित किया गया था।

१५. विवेकानन्द के धर्म-संसद् में भाग लेने के दर्शनीय पक्ष की चर्चा विभिन्न व्यक्तियों पर उनके गहरे प्रभाव की अपेक्षा कहीं ज़्यादा हुई है, यद्यपि भारतीय चिन्तन की प्रगति के लिए वह प्रभाव ही कहीं अधिक महत्त्वपूर्ण सिद्ध हुआ।

१६. थोरो, इमर्सन तथा अन्य विचारक पहले ही गीता और उपनिषदों की उदात्तता और गहनता की ओर अमरीकी बुद्धिजीवियों का ध्यान आकर्षित कर चुके थे।

१७. उन्हें लगता था कि भारतीय रहस्यवाद पश्चिम के शिथिल बौद्धिक स्वाद के लिए नए प्रकार का 'क्षुधावर्धक पदार्थ' बन चुका है।

१८. तुलनीय, क्रिस्टोफ़र इशरवुड : "जब विवेकानन्द भारत लौटे तो वे बहुत बीमार थे'''और उनके बहुत दिन जीवित रहने की आशा नहीं बची थी। फिर भी वे सुखी और शान्त थे—ऐसा लगता था मानो उस उद्विग्न शक्ति से मुक्ति पाकर प्रसन्न हों, जिसने उन्हें प्रारम्भिक जीवन में निरन्तर बेचैन रखा था।" ('ह्वाट रिलीजन इज़', भूमिका, पृ० २०)

१९. रोम्याँ रोलाँ : **लाइफ़ ऑफ़ विवेकानन्द**, पृ० ३४४।

२०. इनमें से सबसे विख्यात कुमायूँ में मायावती आश्रम है।

२१. हम यह पहले ही देख चुके हैं कि रामकृष्ण की गहनतम आस्थाओं ने उन्हें एकेश्वरवादी एकसत्तावाद की ओर प्रेरित किया था, यद्यपि उनके विचारों पर कोई विशेष लेबिल नहीं लगाया जा सकता।

२२. जनवरी १८९५ में लिखे गए एक पत्र से।

२३. विवेकानन्द ने संस्कृत व्याकरण के मुख्य ग्रन्थों के अध्ययन में किये गए परिश्रम का उल्लेख किया है।

२४. पुनर्जन्म पर उनके निबन्ध से तुलनात्मक धर्म के उनके विस्तृत अध्ययन का पता चलता है। (**कलैक्टेड वर्क्स**, खण्ड ४, पृ० २०३)।

२५. उन्होंने शांकर अद्वैत के अतिरिक्त, जिसे वे स्वयं मानते थे, अन्य प्रकार के वेदान्तों का भी गहन अध्ययन किया था।

२६. **गास्पेल ऑफ़ रामकृष्ण**, पृ० ९५८।

२७. तुलनीय, औपनिषद अंश : 'देवस्य पश्य काव्य, न ममर न जिर्यति।'

२८. विचित्र बात है कि यद्यपि विवेकानन्द ने शास्त्रीय संगीत सीखा

था, फिर भी उनके रूपक संगीत की अपेक्षा चित्रकला से लिये हुए अधिक हैं।

२९. बहन निवेदिता, **'मास्टर एज आइ सॉ हिम'**।

३०. **सिलेक्टेड वर्क्स**, पृ० १११।

३१. रोम्याँ रोलाँ : **लाइफ़ ऑफ़ विवेकानन्द**, पृ० १६२।

३२. अपने कुछ हाल के भाषणों में राधाकृष्णन ने विवेकानन्द की सार्वदेशिकता का उल्लेख किया है।

३३. कर्मयोग पर व्याख्यान, रोम्याँ रोलाँ द्वारा उद्धृत **लाइफ़ ऑफ़ विवेकानन्द**, पृ० २१९।

३४. हार्वर्ड विश्वविद्यालय में भाषण, २५ मार्च, १८९६।

३५. **मिशन ऑफ़ वेदान्त** पर व्याख्यान।

३६. **रीज़न एण्ड रिलीजन** से (**कम्पलीट वर्क्स**, खण्ड १, पृ० ३७२)।

३७. **लैक्चर्स फ्राम कोलम्बो टु अलमोड़ा**, पृ० ९।

३८. वही, पृ० १६७।

३९. वेदान्त की इस व्याख्या को राधाकृष्णन ने अधिक विस्तार से और अधिक व्यवस्थित रूप में प्रतिपादित किया है।

४०. **हिन्ट्स ऑन प्रेक्टिकल स्प्रिचुएलिटी**।

४१. यहाँ 'मात्राओं के सिद्धान्त' का काव्यात्मक रूप है।

४२. अल्मोड़ा में एक बार ध्यान के बाद विवेकानन्द की डायरी में लिखी हुई अधूरी-सी टिप्पणी से।

४३. **सिलेक्टेड वर्क्स**, पृ० १९२।

४४. वेदान्त पर व्याख्यान (**सिलेक्टेड वर्क्स**, पृ० २४९)।

४५. लन्दन में बहन निवेदिता से वार्तालाप।

४६. तुलनीय, २५ मार्च १८९६ को हार्वर्ड में दर्शन समाज में एक भाषण, जिसमें उन्होंने रूढ़िवादी वेदान्त को समझाया है।

४७. **सिलेक्टेड वर्क्स**, पृ० १०५।

४८. तुलनीय, **गास्पेल ऑफ़ रामकृष्ण**, पृ० ९४१।

४९. उनका आग्रह है कि प्राकृतिक नियम के जगत् से स्वाधीनता के क्षेत्र में उठने का एकमात्र पथ है माया से ऊपर उठना।

५०. **सिलेक्टेड वर्क्स**, पृ० १४०।

५१. व्यावहारिक वेदान्त पर भाषण से।

५२. **द एम ऑफ़ राजयोग**।

५३. **सिलेक्टेड वर्क्स**, पृ० ९२।

५४. ज्ञानयोग पर निबन्ध (कम्पलीट वर्क्स, खण्ड २)।

५५. वही।

५६. पुराने ग्रन्थों के विषय में तर्कनावाद के आदर्श के रूप में उन्होंने शंकराचार्य की कई टिप्पणियाँ उद्धृत की हैं।

५७. विवेकानन्द थियोसोफ़ीवादियों के कड़े आलोचक थे। कभी-कभी अन्यायपूर्ण होने तक। किन्तु यह मानना होगा कि श्रीमती ब्लेवैत्स्की के कुछ विचारों से किसी भी तर्कनावादी को क्षोभ होना अनिवार्य था।

५८. हिन्ट्स ऑन प्रैक्टिकल स्प्रिचुएलिटी।

५९. हेडेगर ने भी सिद्धान्तचर्चा की अपेक्षा 'सम्मिलित होने' की श्रेष्ठता दिखाने के लिए ऐसे ही रूपक का उपयोग किया है।

६०. द रिलीजन ऑफ़ लव से।

६१. लेक्चर्स फ्राम कोलम्बो टु अल्मोड़ा, पृ० १३७।

६२. वही, पृ० २००।

६३. उन्होंने चिकित्सा-शास्त्र की भी बहुत-सी शब्दावली का व्यवहार किया है।

६४. विवेकानन्द के जमाने में विकासवाद की धारा ही विज्ञान और दर्शन में सर्वप्रधान थी। वे बार-बार उसका उल्लेख करते हैं और प्रायः सांख्य दर्शन में प्रकृति के विकास की चर्चा करते हैं।

६५. वे विलियम जेम्स से भी मिले थे, जिसके शरीरक्रियात्मक मनोविज्ञान-सम्बन्धी कार्य ने बहुत लोगों का ध्यान आकर्षित किया है।

६६. उन्हें लगता था कि विज्ञान और धर्म के बीच अन्तर मुख्यतः रीति-विधानीय ही है।

६७. फर्स्ट स्टैप्स टु भक्ति (सिलैक्टेड वर्क्स, पृ० ४६)।

६८. लैक्चर्स फ्राम कोलोम्बो टु अल्मोड़ा, पृ० ८६।

६९. कलकत्ते में स्वागत भाषण का उत्तर (सिलेक्टेड वर्क्स, पृ० २२५)।

७०. चौथाई शताब्दी बाद गांधी भी इसी निष्कर्ष पर पहुँचे थे।

७१. प्रारम्भिक अध्याय में हम देख ही चुके हैं कि किस प्रकार सूफ़ी-सन्तों की लम्बी परम्परा के द्वारा संचारित इस्लाम के प्रभाव का 'आध्यात्मिकता के द्वार का जनसाधारण के लिए खुलने' में बहुत योग था। विवेकानन्द समानता के विचार के लिए मुहम्मद साहब की प्रशंसा करते हैं। (देखिए, व्हाट रिलीजन इज़, जॉन येल द्वारा संपादित, पृ० २०४)।

७२. द आइडियल ऑफ़ कर्मयोग (सिलेक्टेड वर्क्स, पृ० ३५)।

७३. सिलेक्टेड वर्क्स, पृ० २१।

७४. १८६३ में धर्म-संसद में उनके एक भाषण से।

७५. 'द रिलीजन ऑफ़ लव' (इंगलैंड और अमरीका में दिये गए भक्ति-सम्बन्धी व्याख्यान, उद्‌बोधन प्रेस द्वारा प्रकाशित, १९२२)।

७६. गांधी के सूत्र 'सत्य ही ईश्वर है' में भी ईश्वर के विचार के तत्त्वमीमांसीय अर्थ की बजाय व्यावहारिक परिणामों के प्रति वैसा ही लगाव दिखाई पड़ता है।

७७. बेलूर में वार्तालाप।

७८. कृष्णदास के चैतन्य चरितामृत-जैसे प्रसिद्ध ग्रन्थ में, जिसके आधार पर चैतन्य की बहुत-सी परवर्ती जीवनियाँ लिखी गई हैं, यह भावावेग की अतिशयता हमारी संवेदनशीलता पर आघात करती है।

७९. अपनी कुछ हलकी रचनाओं में टैगोर ने भी भावावेग के इस सम्प्रदाय पर व्यंग किया है।

८०. शरतचन्द्र के साथ वार्तालाप, १९०१।

८१. किन्तु सिख सम्प्रदाय के धर्मग्रन्थों में यथेष्ट भावना मौजूद है।

८२. एक बार उन्होंने कहा था कि कुछ लोगों के लिए ईश्वर व्यवसाय बन जाता है।

८३. पर विवेकानन्द आध्यात्मिक संचार की परम्परा को जीवित रखने के लिए गुरु-पद्धति के मूल्य से भली-भाँति अवगत थे।

८४. अंशतः यही कारण है कि भारत की समस्त धार्मिक परम्पराओं में से जैन धर्म ने उन्हें सबसे कम आकर्षित किया।

८५. तुलनीय, पवित्र नदियों में स्नान की व्यर्थता के सम्बन्ध में सुन्द-रीक भारद्वाज से बुद्ध का संवाद।

८६. तीन में से किसी एक 'मार्ग' के रूप में ही गीता की व्याख्या करने के प्रति अपने क्षोभ को विवेकानन्द प्रायः व्यक्त करते थे।

८७. तुलनीय, टैगोर की कविता—ए बार फिराओ मोरे।

८८. किन्तु कभी-कभी वे रूढ़िवादी वेदान्त के बहुत समीप आ जाते थे। तुलनीय, 'द रीयल एण्ड द एवरेन्ट मैन' पर उनका व्याख्यान।

८९. वे आगे कहते हैं, पर अपने मन को स्वतंत्र रखो, मशीन के बन्धन में न बँधो।

९०. वे 'वैराग्य' शब्द से सशंक रहते थे, क्योंकि प्रायः वह 'पलायन'

का ही पर्याय बन जाता है।

९१. **लैक्चर्य फ्राम कोलम्बो टु अलमोड़ा**, पृ० ५३।

९२. तुलनीय, किसी के 'आध्यात्मिक पूर्व' और 'भौतिकवादी परिचय' कहने पर उनकी झिड़की—"बकवास! दरिद्रता, रोग और गन्दगी में कोई आध्यात्मिकता नहीं है।"

९३. १८९५ में न्यूयार्क में एक भेंट।

९४. **प्रेक्टिकल वेदान्त**, भाग १।

९५. तुलनीय, "धर्म मनुष्य में पहले से ही विद्यमान देवत्व की अभिव्यक्ति है।" (**ह्वाट वी बिलीव इन कलेक्टेड वर्क्स**, खण्ड ४, पृ० ३०४)।

९६. उनके भाषणों में स्वतन्त्रता के विषय में वैसी ही निरन्तर चर्चा है जैसी परम्परागत भारतीय चिन्तन में, जो मुक्ति, निर्वाण और मोक्ष-जैसी अवधारणाओं में व्यक्त होती रही है।

९७. कभी-कभी वे कहते थे कि जड़ प्रकृति में भी लक्ष्य स्वाधीनता ही है—भौतिक परमाणु तक निश्चेष्ट नहीं हैं, वे स्वतन्त्रता के लिए बेचैन हैं।

९८. लन्दन के **सण्डे टाइम्स** को भेंट, १८९६।

९९. तुलनीय, टैगोर के **ततः किम्?** और **कर्मयोग**-जैसे निबन्धों में कार्यरत मरने' के आदर्श की आलोचना।

१००. उनकी यायावरी वृत्ति, जिसका उनके दार्शनिक विचारों पर प्रभाव पड़ना अवश्यम्भावी था, यहाँ धैर्य की परम्परागत भारतीय प्रवृत्ति से मिल गई है।

१०१. वें वेदान्त कों सार्वभौमिक धर्म मानते थे 'क्योंकि वह सिद्धान्त सिखाता है, व्यक्ति नहीं।'

१०२. तुलनीय उपनिषद् लेखांश, 'यत्र विश्वं भवति एक निदम्' आदि।

१०३. 'आइडिया ऑफ़ यूनिवर्सल रिलीजन' (**सिलेक्टेड वर्क्स**, पृ० १८०)।

१०४. अपनी एक कविता में टैगोर इस विचार को और भी विकसित करते हैं कि रूढ़िवादी दूसरों को दूर रखने की प्रक्रिया में ही वास्तव में अपने-आपको बन्दी बनाता है।

१०५. हम पिछले अध्याय में देख चुके हैं कि दर्शन के पंडितों के बीच शाब्दिक वाद-विवाद के प्रति रामकृष्ण की कैसी प्रतिक्रिया होती थी।

१०६. **लेक्चर्स फ्राम कोलम्बो टु अलमोड़ा**, पृ० १९८।

१०७. वही, पृ० ६३।

१०८. **सिलक्टेड वर्क्स**, खण्ड २, पृ० १४०।

पाँचवाँ अध्याय

रवीन्द्रनाथ टैगोर

गांधी और टैगोर आधुनिक भारतीय आत्मा की दो आँखें है। वे हमारे युग में भारतीय चिन्तन की दिशा और धारा को निर्धारित करने वाले दो किनारे हैं। अफ़लातून और अरस्तू की भाँति, वे एक-दूसरे के विरोधी होने की प्रक्रिया में ही परस्पर-पूरक भी थे। कई दृष्टियों से वे विपरीत प्रवृत्तियों के प्रतिनिधि थे। उनके बीच भिन्नताएँ वास्तविक भी थीं और गहरी भी। पर उन दोनों के बीच सामान्य भी बहुत-कुछ था। दोनों ही सामान्य जीवन-पद्धति के भीतर जीवित रहे, सोचते और अनुभव करते रहे। वे समान मूल्यों के समर्थक थे; और कभी-कभी उनके बौद्धिक प्रतिपक्षी भी एक ही थे। कहा गया है कि प्रत्येक भारतीय को कभी-न-कभी गांधी और टैगोर में से किसी एक को चुन लेना पड़ता है: ठीक उसी प्रकार जैसे कभी यह माना जाता था कि प्रत्येक मनुष्य जन्म से ही या तो अफ़लातून-पन्थी होता है या अरस्तू-पन्थी। पर यह निरी सुन्दर सूक्ति-मात्र है और सब सूक्तियों की भाँति एक अर्ध-सत्य पर आधारित है। इन असाधारण व्यक्तियों की चरम सार्थकता समझने के लिए उनके पारस्परिक अन्तर को समझना भी उतना ही आवश्यक है जितना उनकी समानताओं को।

गांधी और टैगोर के बीच मानसिक व्यवधान उनके अपने-अपने जन्म-स्थान के भौगोलिक व्यवधान के समान ही है—पश्चिम में काठियावाड़ और पूर्व में बंगाल के बीच। गांधी के चिन्तन में एक प्रकार की अनगढ़ शक्ति है, उनके पहनने की खुरदरी खादी की भाँति। टैगोर के विचार सूक्ष्म और अमूर्त हैं, उनमें उनके रेशमी चोग़े-जैसी ही जटिलता और चिकनापन है। गांधी धैर्य की मूर्ति हैं। वे अपने विचारों से अटूट दृढ़ता के साथ चिपके रहते हैं। इसके विपरीत टैगोर एक तितली की-सी विह्वलता के साथ एक विचार से दूसरे पर फुदकते जान पड़ते हैं।

टैगोर कहते हैं—"भीरु यात्री, एक बार तो लापरवाह होकर और अपते

मार्ग से एकदम भटककर देख।"[1] गांधी के लिए यह परामर्श कल्पनातीत है। उनके जीवन-दर्शन में क्षण-भर के लिए भी मार्ग से भटकने की कोई गुंजाइश नहीं। उनकी दृष्टि कठोरतावादी और विचारधारा मूलतः तापसिक है, और उनकी कल्पना निरपेक्ष आदर्शों से नियंत्रित होती है। आधारभूत सद्गुणों के प्रति जो अडिग भक्ति स्वयं उनमें थी वैसी ही वे दूसरों से भी अपेक्षा करते हैं। वे आधुनिक युग के सर्वश्रेष्ठ तपस्वी हैं। उनकी आचरण-योजना में नैतिक मान्यताओं के निष्कर्ष ऐसी ज्यामितीय निश्चितता से निकलते चले आते हैं कि स्वयं स्पिनोजा को ईर्ष्या होती। दूसरी ओर टैगोर की दृष्टि नैतिक की अपेक्षा सौन्दर्यपरक है। उनका चिन्तन सम्पूर्णतः वैराग्य-विरोधी है और वे मानवीय दुर्बलता के प्रति ऐसी उदारता प्रकट करते हैं जो किसी कवि के लिए ही सम्भव है।

टैगोर के लिए सत्य सुन्दर ही है; गांधी के लिए वह शिव है। टैगोर के लिए सुन्दरता के अनुसरण से अधिक भव्य कोई कर्तव्य नहीं; गांधी के लिए स्वयं कर्तव्य से अधिक सुन्दर कुछ नहीं। कान्ट की विख्यात शब्दावली को बदलकर कहें तो, टैगोर ऊपर के तारों-भरे आकाश के ऐश्वर्य पर मुग्ध थे; गांधी भीतर के नैतिक नियम के ऐश्वर्य पर। प्रकृति और इतिहास के प्रति उनके विचारों में भी दृष्टिकोण का वही मूलभूत अन्तर झलकता है। गांधी प्रकृति की असीम विविधता तथा अनेकरूपता से कोई आनन्द प्राप्त करते नहीं जान पड़ते। सुकरात की भाँति ही वे इन्सानों के कारबार में ही उलझे रहते हैं। टैगोर को प्रकृति चंचल और अप्रत्याशित लगती है और वे इसीलिए उसे और भी अधिक प्यार करते हैं; पर गांधी के निकट ब्रह्माण्ड ऐसी व्यवस्था है जो सुनियमित और अत्यन्त ही सरल है। गांधी की सहज वृत्ति उन्हें नित्यता के सिद्धान्त की ओर ले जाती है तो टैगोर परिवर्तनशीलता में मगन जान पड़ते हैं। जहाँ तक मानव-इतिहास का प्रश्न है, गांधी के लिए वह चरमहित की महान् खोज का ही दूसरा नाम है। वे इतिहास में अपने सम्पूर्णतावादी विचारों के उच्च उदाहरणों की ही खोज करते हैं। किन्तु टैगोर इतिहास के नाटक का भरपूर आस्वादन करते हैं। वे शताब्दियों द्वारा उत्पन्न जादू के प्रति सजग हैं। वे मानवीय कार्यों के करुण तथा वीरतापूर्ण दोनों पक्षों को जानते हैं। वे अपने आपको बीते युग में प्रक्षेपित कर सकते हैं और प्राचीन स्मारकों के फफूँद-लगे वातावरण में भी आत्मीयता अनुभव कर लेते हैं। प्राचीन युगों के प्रति उनकी आदरभावना उनके निर्णयों को भी स्निग्ध बनाती जान पड़ती है। जहाँ गांधी की आध्यात्मिक ऊर्जा वर्तमान पर संकेन्द्रित है, वहाँ टैगोर अतीत के प्रति अपनी

ललक को मुश्किल से ही छिपा पाते हैं।

किन्तु इन स्वभावगत और वैचारिक भिन्नताओं के बावजूद ये दोनों महान् समकालीन व्यक्ति, जितना साधारणतः समझा जाता है उससे कहीं अधिक, एक-दूसरे के समीप थे। गांधी और गांधीवाद के प्रति एक अत्यन्त उत्तम श्रद्धांजलि टैगोर की कविता **गांधी महाराज**[२] में है। सबसे पहले टैगोर ने ही गांधी को 'महात्मा' कहा था; बाद में दुनिया ने यह नाम स्वीकार कर लिया, पर उसका प्रवर्तक कौन था यह किसी को याद न रहा। गांधी भी कभी कवि के प्रभाव से मुक्त न हो सके। टैगोर के गीतों से वे शान्ति और प्रेरणा दोनों प्राप्त करते रहे। अपने आध्यात्मिक विकास के प्रत्येक गम्भीर क्षण में गांधी ने टैगोर से परामर्श माँगा।

गांधी और टैगोर दोनों के विचारों की जड़ें उन व्यापक बौद्धिक आन्दोलनों में हैं जिन्होंने उन्नीसवीं शताब्दी में भारतीय चिन्तन की दिशा निर्धारित की। दोनों ही मानवतावादी थे; गांधी के मानवतावाद का आधार नैतिक-सामाजिक था; जब कि टैगोर का उनकी सौन्दर्यपरक-रहस्यात्मक अनुभूति से रंजित था। पर दोनों ही मानव व्यक्ति के मूल्य और गौरव में दृढ़-विश्वासी थे। वे दोनों ही भारतीय दर्शन की सर्वेश्वरवादी या निरपेक्षसत्तावादी परम्पराओं की बजाय ईश्वरवादी परम्परा के पक्षपाती थे। यह बात महत्त्वपूर्ण है कि अपने जीवन के निर्माणात्मक वर्षों में दोनों ही वैष्णव-चिन्तन से प्रभावित रहे। गांधी और टैगोर दोनों की ही विश्वदृष्टि में प्रेम के विचार का प्रमुख स्थान है; वे प्रेम को ऐसी जादू की छड़ी मानते थे जो सब विपरीत तत्त्वों का विलय करके सत्य के द्वार खोल देती है।

प्रेम के विषय इस आग्रह के कारण गांधी और टैगोर दोनों के दर्शन, दुःख और पाप की कष्टदायक चेतना के बावजूद, मूलतः आशावादी हैं। दोनों ही अपने-अपने ढंग से मानव-प्रगति की यथार्थता और अन्ततः सघर्ष के ऊपर मेल-मिलाप की विजय में विश्वास करते थे। प्रगति में आस्था के कारण ही दोनों महान् शिक्षक हुए और पूरे मन से, अफ़लातून के शब्दों में, 'मानवजाति की शिक्षणीयता' में विश्वास करते रहे। गांधी और टैगोर दोनों ही रूढ़िवादिता से बचते थे और भारतीय संस्कृति की रचना में योग देने वाली समस्त धार्मिक तथा दार्शनिक परम्पराओं के प्रति उनका दृष्टिकोण सकारात्मक था मूर्त मानव-मूल्यों पर बल देने के कारण वे दोनों ही तत्त्वमीमांसीय पद्धतियों और 'फ़ार्मूलों' के प्रति तनिक सशंक रहते थे। अपने समकालीनों के दार्शनिक विचारों पर पूरे प्रभाव के बावजूद उनमें स्वयं एक सीमा तक सारसंग्रही वृत्ति

मौजूद रही और वे पद्धति-निर्माता कभी न बने। पच्चीस शताब्दी पहले, बुद्ध ने भी चरम प्रश्नों के तर्कपूर्ण विश्लेषण में, या अन्तिम समाधान प्रस्तुत करने में, उलझना अस्वीकार कर दिया था।

: २ :

"मेरे नयनों ने बहुत-कुछ देखा है, पर वे क्लांत नहीं हैं। मेरे कानों ने बहुत-कुछ सुना है, पर वे अभी और लालायित हैं।"[3] ये शब्द रवीन्द्रनाथ टैगोर ने लगभग सत्तर वर्ष की अवस्था में कहे थे; वे उनके भरपूर बहुविध-जीवन की सबसे महत्त्वपूर्ण विशेषता को प्रकट करते हैं—नई अनुभूति के लिए उनकी अमिट लालसा। वर्षों पहले उन्होंने एक पत्र में लिखा था—"मैं वृद्ध होते जगत् में नहीं उत्पन्न हुआ था,"[४] और एक कविता में—"मैं चंचल हूँ, मैं सुदूर का प्यासा हूँ।"[५] उनमें अचरज की भावना कभी लुप्त नहीं हुई। उनका विकास कभी नहीं रुका। संसार उनके लिए निरन्तर रोचक बना रहा। वे प्रत्येक अनुभव का अपरिमित आनन्द के साथ आस्वादन करते रहे।

यही कारण है कि टैगोर की जीवन-कथा इतनी अचरज-भरी है। ऊपर से देखने पर वह सुरक्षित घटनाहीन ज़िन्दगी लगती है, अभाव अथवा संघर्ष से मुक्त। पर समीप से देखने पर ऊपरी तौर पर शान्त सतह के नीचे भँवर और आवर्त प्रकट हो जाते हैं। बार-बार दुनिया ने चौंककर जाना कि टैगोर को मानकर नहीं चला जा सकता। उनके विचारों को खाँचों में नहीं रखा जा सकता; न उनके कार्यों के बारे में भविष्यवाणी हो सकती है, न उनकी कला पर लेबिल चिपकाया जा सकता है। गहन चिन्तनात्मक जीवन से वे प्रायः सामाजिक और राजनीतिक विवाद के बीचोंबीच कूद पड़ते थे। साठ वर्ष की उम्र में वे चित्रकार के रूप में प्रकट हुए; सत्तर के होने पर उन्होंने शैली और भाषा के नये प्रयोगों द्वारा अपने पाठकों को चौंका दिया; अस्सी के होने पर उन्होंने ऐसा युवा-सुलभ जीवन-दर्शन प्रस्तुत किया जिसमें मृत्यु के रहस्य को बड़ी सुन्दरता के साथ स्थान दिया गया था। अपने समस्त रहस्यवाद के बावजूद वे अप्रत्याशित ढंग से व्यावहारिक यथार्थवादी के रूप में, विज्ञान, लोकतन्त्र और आर्थिक नियोजन के समर्थक के रूप में सामने आये। और जब लोग आम तौर पर यह समझने लगते कि वह महान् स्वप्नद्रष्टा अब अपनी देहाती कुटिया के एकान्त में जा बैठा है, तो वे अचानक ही बिस्तर बाँधकर विश्व-भ्रमण के लिए चल पड़ते थे।[६]

शायद किसी भी बीज को कभी इससे अधिक पोषण न मिला होगा। टैगोर की कुतूहल वृत्ति, उनकी मानसिक नमनीयता और संवेदनशीलता, उनकी

विस्मयकारी रचना-क्षमता को उस परिवेश में पूरी अभिव्यक्ति मिली थी जो उन्हें विरासत में प्राप्त हुआ था। वह उद्योग और पुनर्मूल्यांकन का युग था; पूर्व और पश्चिम के मिलन का युग था; प्रबल मतभेदों का और श्रद्धापूर्वक अतीत की ओर देखने का युग था—ऐसा युग जो बौद्धिक शक्तियों के संघर्ष से आलोड़ित था। बंगाल में टैगोर-परिवार नये सांस्कृतिक उभार का नेतृत्व कर रहा था। टैगोर-परिवार के भवन में वैदिक ऋचाओं का गान और शेक्सपियर तथा मार्लो के काव्य का पाठ एक साथ सुनाई पड़ता था।[७] यूरोपीय तथा भारतीय शास्त्रीय संगीत का एक साथ ही अध्ययन किया जाता था। बच्चों को संस्कृत, फ़ारसी, अंग्रेज़ी और बंगला भाषाएं पढ़ाई जाती थीं। उपनिषदों से वाचन के बाद भूविज्ञान, शरीर और रसायन पढ़ाया जाता था।[८] परिवार का अपना रंगमंच और अपनी पत्रिका—तत्वबोधिनी पत्रिका थी।[९] टैगोर-परिवार के लोग जी भरकर चित्र बनाते थे और गाते थे, अभिनय और एकालाप करते थे, प्रार्थना करते और उपदेश देते थे, वक्तृता देते थे और वाद-विवाद करते थे। और इस असाधारण परिवार के भाग्यविधाता थे, महर्षि देवेन्द्रनाथ—संत और व्यावहारिक, अनासक्त और दूरदर्शी। ऐसे ही परिवार में ६ मई १८६१ को रवीन्द्रनाथ टैगोर का जन्म हुआ। "भारतीय पुनर्जागरण की सभी उमड़ती हुई धाराएँ उनके दैनिक जीवन के चारों ओर प्रवहमान रहती थीं।"[१०]

यद्यपि रवीन्द्रनाथ को नियमित स्कूली शिक्षा कम मिली थी, पर वे बड़े होकर असामान्यतः सुशिक्षित तरुण सिद्ध हुए। उन्होंने मनुष्यों से, पुस्तकों से, वस्तुओं और घटनाओं के तीक्ष्ण अवलोकन से, और सबसे अधिक प्रकृति से, शिक्षा प्राप्त की। उनके संस्मरणों के पाठक कभी चम्पक की छाया तले उस भवन को नहीं भूल सकते, "जहाँ प्रत्येक प्रभात आकाश से नया सुनहरे किनारों वाला पत्र लाया करता था।"[११] पहली बार हिमालय को देखने का उन पर गहरा प्रभाव पड़ा। उसने उन्हें स्वाधीनता की भावना प्रदान की और विराट् तथा रहस्यपूर्ण के बोध को तीव्रतर कर दिया।[१२] उनका अध्ययन भी भरपूर और विविधतापूर्ण था। **महाभारत**, वैष्णव कवि, **गीत गोविन्द**, समस्त बंगला साहित्य, गिबन का **रोम**, स्पेंसर का **डेटा ऑफ़ ऐथिक्स**, शेक्सपियर की त्रासदियाँ, **द लाइफ़ ऑफ़ बेंजामिन फ्रेंकलिन**, डिकेन्स तथा थैकरे, शेली और बायरन—अपने बचपन की चर्चा करते समय इन कुछेक पुस्तकों और लेखकों का उन्होंने बिल्कुल प्रसंगवश ही ज़िक्र किया है। सत्रह वर्ष की आयु में वे इंगलैंड गये, और कुछ दिनों तक लंदन विश्वविद्यालय में हेनरी मोरले से शिक्षा

पाते रहे।[13] परिणामस्वरूप रोमेंटिकवादियों के प्रति उनके मन में आकर्षण आजीवन रहा।

१८८३ में टैगोर के **प्रभात संगीत**[14] का प्रकाशन एक प्रमुख कवि के उदय का सूचक था। इस संग्रह की प्रमुख कविता **निर्झरका स्वप्न भंग**[15] में दोहरी सार्थकता है। निर्झर, जो सब बाधाओं पर विजय प्राप्त करके अपने लक्ष्य की ओर तीव्र वेग से बढ़ता जाता है, ब्रह्माण्ड की अदम्य जीवनी शक्ति की ओर इंगित करता है; पर साथ ही वह व्यक्ति की आत्मा के विस्तार का और मानवता के सार्वजनीन जीवन में उसके प्रवेश का भी प्रतीक है। जमी हुई हिम-नदी को अपनी सच्ची स्वाधीनता तभी प्राप्त होती है, और उसका चरम-उद्देश्य तभी पूरा होता है, जब वह जलप्रपात बनकर अपना कोष नदी में और अन्त में सागर में उँडेल देती है। इसी विचार का एक अन्य पक्ष टैगोर के प्रथम महत्त्वपूर्ण नाटक **प्रकृतिर प्रतिशोध**[16] में है जो उपर्युक्त कविता के कुछ ही समय बाद लिखा गया था। नाटक का नायक एक संन्यासी है जो समस्त प्रेम-बन्धनों को काटकर प्रकृति के ऊपर विजय प्राप्त करना चाहता है। एक छोटी-सी बालिका उसे उसके एकान्त से निकालती है और वैराग्य की व्यर्थता दिखाती है।

इसके बाद तो रुद्ध द्वार खुल गए और टैगोर की प्रतिभा सृजनात्मक कार्य के उन्मुक्त प्रवाह में बह निकली। उन्होंने प्रत्येक साहित्यिक विधा का—कविता, नाटक, उपन्यास, कहानी, निबन्ध सभी का—उपयोग किया। यहाँ उनके साहित्यिक विकास की विभिन्न अवस्थाओं का विवेचन करना, अथवा उनके असाधारण रूप से उर्वर रचनात्मक जीवन की मुख्य घटनाओं का लेखा-जोखा करना, न तो सम्भव है न आवश्यक ही। टैगोर के जीवन-सम्बन्धी सामग्री बहुत प्रचुर मात्रा में प्रकाशित हो चुकी है[17], और उनके जीवन तथा कला के विकास-चिह्न इतिहास का अंग बन चुके हैं—जैसे पूर्वी बंगाल में पद्मा नदी के किनारे उनका जीवन जहाँ उन्होंने भारतीय चिन्तन और साहित्य की लोक-परम्पराओं को आत्मसात किया; स्वदेशी आन्दोलन में उनका योग; एक के बाद एक श्रेष्ठ काव्य-कृतियाँ, नोबुल पुरस्कार और विश्वव्यापी ख्याति; शान्तिनिकेतन में विश्वविद्यालय की स्थापना; सुदूर-पूर्व की यात्राएँ; इंगलैंड और अमरीका में व्याख्यान देने के लिए यात्राएँ; साम्राज्यवाद और फ़ासिज़्म की निन्दा। टैगोर के व्यक्तित्व को पूरी तरह समझने के लिए ये घटनाएँ निस्सन्देह महत्त्वपूर्ण होने पर भी, हमारे लिए उनके विचारों को ढालने वाले प्रभावों का और उनके दर्शन की अनन्य विशेषताओं का अध्ययन अधिक आवश्यक है।

: ३ :

"उनसे अधिक सार्वभौमिक, सर्वव्यापी व्यक्तित्व वाले इन्सान से मेरी भेंट नहीं हुई।"[१८] काउण्ट कैसरलिंग ने इन शब्दों में टैगोर के प्रभाव का उल्लेख किया है। ब्रोजेन्द्रनाथ सील टैगोर की 'विलक्षण अन्तर्दर्शी क्षमता'[१९] की चर्चा करते हैं; और श्री अरविन्द उनके कृतित्व का 'सीमान्तरण के निरन्तर संगीत'[२०] के रूप में वर्णन करते हैं। इन सब वक्तव्यों से यह बात स्पष्ट होती हैं कि कलाकार और चिन्तक के रूप में टैगोर की उपलब्धियाँ न केवल उनकी अपनी मौलिक सृजन-प्रतिभा की बल्कि प्रत्येक उपयोगी स्रोत के भीतर पैठकर उसमें से श्रेष्ठतम अंश खोज निकालने की क्षमता की भी उपज हैं।

किसी महान् चिन्तक के विचारों को गढ़ने वाले स्रोतों और प्रभावों को अलग करना या उनका वर्गीकरण करना सदा ही कठिन कार्य होता है। "टैगोर के सम्बन्ध में यह कार्य इसलिए और भी जटिल हो जाता है कि उनका अस्सी वर्ष का दीर्घ जीवन-काल मानव-इतिहास का जटिलतम और कई दृष्टियों से अस्पष्टतम युग था। इस युग में जो परस्पर-विरोधी विचारधाराएँ प्रबल रहीं उनका हिसाब रख सकना, अथवा किसी प्रकार के तर्कसंगत ढंग से उनका अनुसरण कर सकना सम्भव नहीं। इसके अतिरिक्त अपने परिवेश के प्रति अपनी सृजनात्मक प्रवृत्ति के कारण टैगोर सभी आत्मसात् प्रभावों को इस प्रकार सम्पूर्णतः रूपान्तरित कर लेते थे कि उनसे किसी सुस्पष्ट, पहचानने-योग्य रूप में हमारा सामना ही नहीं होता।

किन्तु इन कठिनाइयों के बावजूद टैगोर के जीवन-दर्शन के मुख्य निर्धारक तत्त्वों का सहज ही निर्देश हो सकता है। सबसे पहले तो उपनिषदों का स्थायी प्रभाव है। हम पिछले एक अध्याय में देख चुके हैं कि महर्षि देवेन्द्रनाथ टैगोर पर उपनिषदों का कितना गम्भीर प्रभाव था।[२१] रवीन्द्रनाथ के बचपन में उपनिषदों का वाचन टैगोर सदन का दैनिक कार्यक्रम था। बाद में, कवि ने कुछेक उपनिषदों का—विशेषकर ईश, छांदोग्य और श्वेताश्वतर उपनिषदों का—स्वतन्त्र रूप से भी अध्ययन किया। उनके उपदेशों और प्रवचनों में अनिवार्य रूप से उपनिषदों के उद्धरण आते हैं,[२२] और औपनिषद् प्रसंगों को लेकर उनकी बहुत-सी सुप्रसिद्ध कविताएँ लिखी गई हैं।[२३]

टैगोर के जीवनीकार प्रभात मुकर्जी का कहना है—"सजग रूप में और चिन्तन की अन्तर्धारा के रूप में, दोनों प्रकार से उपनिषदों से अधिक किसी ने उनको प्रभावित नहीं किया ·· मेरी धारणा है कि रवीन्द्रनाथ का समस्त जीवन ही उनकी औपनिषद् शिक्षा का विकास और विस्तार मात्र है।"[२४] इस कथन

में कुछ अत्युक्ति हो सकती है, पर यह बात सच है कि अपने अधिकांश समकालीनों की अपेक्षा रवीन्द्रनाथ ने उपनिषदों से कहीं अधिक प्राप्त किया और ऐसा इसीलिए हुआ कि शास्त्रों के प्रति उनका रुख सर्वथा भिन्न था। वे उनमें पश्चिमी चिन्तन से भारतीय चिन्तन की पूर्ण श्रेष्ठता के प्रमाण नहीं खोजते थे। न वे उनकी किसी पूर्वनिर्धारित तत्त्वमीमांसीय पद्धति के आधार पर व्याख्या करते थे। वे उपनिषदों को सम्पूर्ण सिद्धान्तों के पुंज की बजाय प्रेरणादायक विचारों और उदात्त आदर्शों का भंडार मानते थे।

टैगोर का आग्रह है कि "जीवन में से सिद्ध समस्त सत्यों की भाँति"[२५] औपनिषद् विचार मूर्त हैं। उनमें विचारों की बहुत-सी प्रवृत्तियों का सामंजस्य मिलता है, क्योंकि जीवन स्वयं भी बहुत सामंजस्यकारी है। यदि भारत के कट्टरपंथी लोग उपनिषदों की रूढ़िवादी और एकांगी व्याख्या करते हैं, तो बहुत-से यूरोपीय लेखक उनमें माया, दुःख और निवृत्ति के नकारात्मक सिद्धान्त ही देख पाते हैं। किन्तु उपनिषदों में सकारात्मक तत्त्व भी हैं जो उन समस्त अमूर्त विचारों से कहीं अधिक महत्त्वपूर्ण हैं जिन पर शास्त्रीय दार्शनिकों ने बल दिया है। यह सकारात्मक तत्त्व आनन्द में, चिरन्तन आनन्दपूर्ण जीवन में, जगत् में व्याप्त प्राणधारा में दृष्टिगोचर होता है।[२६] वह व्यक्तिगत आत्मसिद्धि के विचार में और उपनिषदों में मिलने वाली अमरता की खोज में भी दृष्टिगोचर होता है।[२७]

दूसरे, इतना ही स्थायी प्रभाव ईश्वरवादी मानववादी परम्परा का है। इस परम्परा से टैगोर ने बंगाल के वैष्णव कवियों के अध्ययन द्वारा घनिष्ठ परिचय प्राप्त किया। जब वे केवल बीस वर्ष के थे तभी उन्होंने बहुत-से प्रगीत मध्यकालीन वैष्णव काव्य के अनुकरण में लिखे। **भानुसिंहरे पदावली**[२८] शीर्षक से प्रकाशित इन प्रगीतों में वैष्णव विचारधारा की भावना और वातावरण की पूरी पकड़ दिखाई पड़ती है। इसलिए कोई आश्चर्य नहीं कि टैगोर के बहुत-से विवेचकों ने उनकी कला और चिन्तन के इस तत्त्व की ओर विशेष रूप से इशारा किया है। डॉक्टर दासगुप्त कहते हैं—"हमारे पुराने वैष्णव कवि यद्यपि लौकिक प्रेम की भाषा का प्रयोग करते थे, फिर भी उनकी विषयवस्तु शाश्वत अलौकिक प्रेम ही है। टैगोर के काव्य में हम प्रायः वैष्णव कवियों की झलक पाते हैं और उनके रोमेंटिक प्रेम-प्रगीतों में हमें जयदेव, विद्यापति और चण्डीदास के भावों की झाँकी मिलती है।"[२९]

पर यह याद रखना आवश्यक है कि भारतीय चिन्तन की ग़ैर-अद्वैतवादी परम्परा ने जिन-जिन प्रणालियों से टैगोर को प्रभावित किया, वैष्णव

विचारधारा उनमें से केवल एक है। बाउल तथा बंगाल के अन्य भ्रमणशील गायक, सूफी संत, हिन्दी कवियों में कबीर और दादू, और सामान्यतः भक्ति-आन्दोलन के अनुयायी भी मूलतः वही दृष्टिकोण प्रस्तुत करते हैं। शंकराचार्य द्वारा प्रतिपादित निरपेक्ष चरमसत्ता की अत्यन्त ही ज्ञानपरक और तत्त्वमीमांसीय अवधारणा से भिन्न, भक्ति-सम्प्रदाय प्रेम और वैयक्तिक ईश्वर की भक्ति का आग्रह करता था। वह क्रियावादी नैतिकता का, वैराग्य की माँग को मृदु करने का, मनुष्य के दैनन्दिन व्यावहारिक जीवन के मूल्य की स्वीकृति का, दार्शनिक विवादों में उदारता और सहिष्णुता का, तथा सामाजिक भेदभाव को शिथिल करने का समर्थक था। इस समस्त परम्परा को टैगोर भारतीय संस्कृति के एक मूल्यवान तत्त्व के रूप में स्वीकार करते थे। वे कबीर[30] और तुकाराम की ओर उतने ही अधिक आकर्षित थे जितने बंगाल के वैष्णव कवियों की ओर।

वैष्णव प्रभाव की चर्चा करते हुए कुछ लेखकों ने वैदिक-औपनिषद् दृष्टिकोण की वैष्णव दृष्टिकोण से इस प्रकार तुलना की है जैसे दोनों एक-दूसरे के सर्वथा विपरीत हों। इससे टैगोर के मूलभूत दार्शनिक दृष्टिकोण के सम्बन्ध में बड़ा भ्रामक चित्र बनता है। कुछ आलोचक टैगोर की रचनाओं में इन दोनों दृष्टिकोणों के बीच निरन्तर विरोध ही देखते हैं; कुछ अन्य लोग उनके कृतित्व का चक्राकार मूल्यांकन करते हैं और कहते हैं कि उनके जीवन में वैदिक और वैष्णव दृष्टिकोण एक के बाद एक बार-बार प्रधान होते रहते हैं। इससे लगभग यह लगने लगता है कि टैगोर का मन किसी इंजन की भाँति ईश्वरवाद और सर्वेश्वरवाद के दो चरम बिन्दुओं के बीच ही आता-जाता रहता था। वास्तव में टैगोर ने दोनों ही परम्पराओं से उनके अधिकतम सकारात्मक अंश को ले लिया था। उनके निकट सबसे सन्तोषजनक विश्वदृष्टि वह थी जिसमें वैष्णव कवियों की भावना और विह्वलता के लिए भी गुंजाइश हो और साथ ही औपनिषद् ऋषियों के नैतिक आदर्शवाद और रहस्यात्मक अन्तःप्रज्ञा के लिए भी।

तीसरे, बौद्ध धर्म का टैगोर के लिए जीवन की हर अवस्था में बड़ा महत्त्व रहा। भारत में हमारे युग के किसी अन्य दार्शनिक ने बुद्ध के बारे में टैगोर के बराबर भावना और भक्ति से नहीं लिखा।[31] सुदूर-पूर्व के देशों की यात्रा के बाद एशिया की सांस्कृतिक एकता में बौद्ध धर्म के योग की भी उन पर गहरी छाप पड़ी। बौद्ध विषयों[32] पर उनके बहुत-से निबन्ध, कविताएँ और नाटक हैं। उपनिषदों की भाँति बौद्ध धर्म के विषय में भी टैगोर उसके सकारा-

त्मक तत्त्व पर अधिक बल देते थे और उसे दुःख और विनाश का सिद्धान्त मानने की भूल को सुधारने के लिए प्रयत्नशील थे।

अपने एक प्रवचन में टैगोर ने कहा है—"बौद्ध धर्म के मूल में निस्सन्देह एक कट्टर तत्त्वमीमांसीय सिद्धान्त मौजूद है; किन्तु लोगों पर उसके प्रभाव का कारण यह सिद्धान्त नहीं है। उसकी मैत्री-भावना, उसकी करुणा और दया और बुद्ध के विश्व-प्रेम ने इन्सान-इन्सान के बीच से दीवारें हटाने में सहायत की है।"[33] उपनिषदों की भाँति बुद्ध के सिद्धान्त ने भी "दो विभिन्न विचार-धाराएँ उत्पन्न की हैं—एक अवैयक्तिक जो तप द्वारा आत्मोत्सर्ग का उपदेश देती है; दूसरी वैयक्तिक जो सब प्राणियों के प्रति सहानुभूति और प्रेम के असीम सत्य से लगाव का उपदेश देती है। इस दूसरी विचारधारा का उद्‌गम, जिसका प्रतीक महायान है, बुद्ध की शिक्षा के सकारात्मक पक्ष अगाध प्रेम में था। वह किसी भी युक्ति से सत्यहीन गह्वर के शून्य में अपनी यथार्थता नहीं पा सकती थी।"[३४] टैगोर बौद्ध धर्म को निष्क्रियता का उपदेश मानने से इन्कार करते थे। 'बुद्ध उसी कर्म की निंदा करते थे जो मन, वचन, कर्म से पाप की ओर प्रेरित करे। वे कर्मशील आत्मा के नहीं, केवल अहंकार, अज्ञान और वासना के नाश का उपदेश देते थे।"[३५] टैगोर इस सत्य को समझने वाले प्रथम व्यक्ति थे कि अनन्त का—आत्मा के अनस्तित्व का—सिद्धान्त बुद्ध के उपदेश का श्रेष्ठतम अंश नहीं है और निर्वाण का अर्थ चरम नाश नहीं हो सकता।

चौथे, पाश्चात्य प्रभाव यूरोपीय चिन्तन, संस्कृति और सामान्य जीवन-पद्धति का प्रभाव है। पश्चिम की बहुत-सी बातें उन्हें अच्छी नहीं लगती थीं, पर पश्चिम को स्थूल भौतिकवाद के साथ एकाकार करने की प्रवृत्ति भी उन्हें सहन न थी। इस प्रवृत्ति ने बहुत-से लेखकों के कार्य को दूषित किया है और भारतीय चिन्तन में संकीर्णता और आत्मसन्तोष के भाव को बढ़ावा दिया है। टैगोर का आग्रह था कि यूरोप भी सदा मूल्य की खोज में संलग्न रहा है, यद्यपि उसके मूल्य-सिद्धि के प्रयत्न भिन्न रहे हैं। वे विज्ञान को "यूरोप का मानवता के लिए महानतम अवदान" कहते थे। दर्शन और धर्म की भाँति ही विज्ञान की भी अपनी अलग वीरता है, अज्ञात की अपनी अलग महान् खोज है। मानव-जाति की आध्यात्मिक प्रगति अविभाज्य है। 'यदि संस्कृति और विज्ञान का महान् आलोक यूरोप में बुझ जाए, तो पूर्व में हमारा क्षितिज भी अन्धकार में बिलखता रह जाएगा।"[३६]

टैगोर पश्चिम को समझने के लिए विशेष रूप से सुसज्जित थे। उनमें सुदूरस्थ दर्शक की-सी तटस्थता के साथ-साथ एक सच्चे विश्वप्रेमी की सहानु-

भूति और संवेदनशीलता भी थी। फलस्वरूप कभी-कभी वे यूरोप के मन की हलचलों को स्वयं यूरोपवासियों की अपेक्षा भी बेहतर समझ पाते थे। एक फ्रेंच लेखक का कहना है—"हमारी यूरोपीय संस्कृति में—हमारे काव्य, दर्शन, कला में—कुछ भी ऐसा नहीं है जो टैगोर के लिए अज्ञात हो। हमारे साथ सम्पर्क के द्वारा उनकी रुचि में किसी परिष्कार की सम्भावना नहीं है, पर यूरोपीय लेखकों से परिचय द्वारा उनकी संवेदनशीलता व्यापकता हुई है"[३७] गिलबर्ट मरे ने भी इस बात में टैगोर की सफलता का उल्लेख किया है कि वे "ऐसी बातें कह पाते हैं जो हमारे मन में तो हैं पर जिन्हें हम ठीक से अभिव्यक्त नहीं कर पाते।"[३८] यह सफलता जीवन-व्यापी अध्ययन और उद्योग का परिणाम थी। यह बात प्रायः नहीं समझी जाती कि पाश्चात्य दर्शन की मूलभूत अवधारणाओं को ग्रहण करने में टैगोर कितनी सचाई से प्रयास करते रहे। ये प्रयास केवल अध्ययन तक ही सीमित न थे। उन्होंने दर्शन की गहनतम समस्याओं पर अपने युग के महानतम चिन्तकों के साथ—क्रोचे, बर्गसाँ, आइन्स-टाइन, रोम्याँ रोलाँ, रसेल, स्वाइटज़र, ड्यूइ, कैसरलिंग आदि के साथ—व्यक्तिगत वार्तालाप द्वारा विचार-विनिमय किया था।

पश्चिम के प्रति टैगोर के ऋण की चर्चा में ईसाई धर्म का विशेष उल्लेख आवश्यक है। यह सच है कि जिस ईसाई धर्म से टैगोर का सम्पर्क हुआ वह सर्वथा पाश्चात्य धर्म न था। ईसाई विचार भारतीय मानस में, विशेषकर केशवचन्द्र सेन के बाद, गहरे उतर चुके थे। एक अमरीकी आलोचक ने तो यहाँ तक कहा है—"टैगोर का दृष्टिकोण हमें इस बात का स्मरण दिलाता है कि ईसाई धर्म किसी समय एशियाई धर्म था।"[३९] फिर भी टैगोर यूरोपीय सभ्यता के विकास में ईसाई धर्म के मूलभूत योग के प्रति सजग थे और उसका उन्होंने इसी दृष्टि से सावधानी के साथ अध्ययन किया था। स्टापफोर्ड ब्रुक, सी० सी० जे० वैब तथा ईसाई चिन्तन के अन्य प्रतिनिधियों के साथ वार्तालाप ने और बाइबिल तथा मध्ययुगीन ईसाई रहस्यवादियों की रचनाओं के अध्ययन ने, निस्सन्देह उनके ईश्वरवाद को प्रभावित किया था। **गीतांजलि** के प्रकाशन के बाद एक समीक्षक ने **टाइम्स लिटरेटरी सप्लिमेंट** में लिखा था—"इन कविताओं को पढ़ते समय हमें लगता है जैसे अपने युग के किसी डेविड के भजन पढ़ रहे हों।"[४०] एक अन्य लेखक ने लिखा—"**गीतांजलि** का ईश्वर ईसा-जैसा ईश्वर है।"[४१] तथा एक अन्य ने—"हम किसी प्रतिनिधि हिन्दू मानस पर ईसाई विचारों के प्रभाव का आभास मिलने की प्रतीक्षा करते रहे हैं। निश्चय ही यही वह व्यक्ति है जिसकी हमें प्रतीक्षा थी।"[४२]

और अन्त में, उनके अपने परिवेश का प्रभाव था—भारत और विश्व में होने वाली घटनाएँ, वह सब जो उन्होंने अपने युग के क्रान्तिकारी आन्दोलनों से आत्मसात किया। स्वयं टैगोर ने तीन ऐसे 'विद्वानों' का उल्लेख किया है जिनसे उनका चिन्तन निर्धारित हुआ।[४३] राममोहन राय द्वारा प्रवर्तित धार्मिक क्रान्ति, जिसने "आध्यात्मिक जीवन के मार्ग फिर से खोलने में सहायता दी", बंकिम चटर्जी के नेतृत्व में साहित्यिक क्रान्ति जिसने भारतीय साहित्य को रूढ़िवादिता के मृतभार से मुक्त किया और उसे आन्तरिक अनुभूति का जीवन्तवाहक बनाया और सामाजिक-आर्थिक क्रान्ति जिसने न केवल भारतीय विरासत में नयी आस्था की घोषणा की बल्कि भारतीय मानस को अपनी युगों पुरानी धारणाओं को स्वाधीनता, सामाजिक कल्याण, समानता, सामूहिक उद्योग और अन्तर्राष्ट्रीय सहयोग-जैसे नये विचारों के रूप में फिर से परिभाषित करने में सहायता दी।

रवीन्द्रनाथ टैगोर का बौद्धिक और भावात्मक साज-सँभार इतना ही विस्मयकारी रूप में समृद्ध था। गेटे के बाद अन्य कोई ऐसा कवि नहीं हुआ जिसने इतने स्रोतों को इतनी गहराई से आत्मसात् किया हो, अथवा इतने सारे विभिन्न विचारों पर इतना कठोर दार्शनिक अनुशासन स्थापित किया हो। टैगोर से हीनतर मस्तिष्क तो अपने कच्चे माल के बोझ से ही दबकर दिशा खो बैठता; उनसे कम प्रबल कल्पनाशीलता वाला व्यक्ति इतनी विविध प्रेरणाओं की निहित क्षमताओं को विकसित करने की सम्भावना-मात्र से चकरा जाता। टैगोर की अद्वितीय उपलब्धि ही यह है कि वे इतनी चिन्तन-धाराओं को आत्मसात् कर सकें, साठ वर्ष तक उनका अनुसरण कर सके, थोथे पांडित्य अथवा अनावश्यक भावुकता के बिना उन पर विचार कर सके, और उनको एकरूप करके व्यापक सुसंगठित विश्वदृष्टि विकसित कर सके। और यह सब उन्होंने काव्य, नाटक, कथा-साहित्य, संगीत और चित्रकला में श्रेष्ठतम कोटि के सृजनात्मक कार्य में लगे रहने के साथ-साथ किया।

: ४ :

टैगोर के चिन्तन की पृष्ठभूमि और उद्गम के इस विवेचन के प्रकाश में उनके दर्शन का केन्द्रीय लक्ष्य स्पष्ट निर्दिष्ट किया जा सकता है। यह लक्ष्य था—प्रत्येक धार्मिक और दार्शनिक परम्परा के श्रेष्ठतम तत्त्वों का समन्वय, परस्पर-विरोधी दृष्टिकोणों की उग्रता को मृदु करके उनके बीच सृजनात्मक मध्यम मार्ग की स्थापना, दूरस्थ छोरों के बीच मध्यस्थता। इस लक्ष्य का वे सजग और संगत रूप में निरन्तर पालन करते रहे। आधुनिक चिन्तन के क्षेत्र

में वे सर्वोच्च सामंजस्यकर्ता, समन्वयकारी और शांतिस्थापक हैं।

१९३३ में, जब यूरोप फ़ासिज़्म और युद्ध के प्रेत से भयभीत होने लगा था, गिलबर्ट मरे ने टैगोर के नाम एक खुली चिट्ठी में लिखा था—"आपका जीवन और कृतित्व सामंजस्य की भावना से प्रेरित रहा है''' और इस सामंजस्य के लिए ही मैं आपसे अनुरोध कर रहा हूँ ''आप चिन्तक हैं, और इस विक्षिप्त दुनिया में संसार के चिन्तकों के अतिरिक्त और कोई नहीं है जिससे एकता बनाये रखने की आशा की जा सके।"[४४] ये शब्द सूचित करते हैं कि अपने जीवन के अन्तिम दिनों में टैगोर को पश्चिम में न केवल महान् कवि बल्कि महत्त्वपूर्ण चिन्तक भी माना जाने लगा था, और उनसे सामंजस्यकारी दायित्व निबाहने की आशा की जाती थी। उनकी जन्म-शताब्दी के समारोहों में इस बात पर बार-बार बल दिया गया। उदाहरण के लिए, रिचार्ड चर्च ने कहा—"टैगोर समंजित व्यक्ति के आदर्श उदाहरण थे। लगता है कि प्रारम्भ से ही वे एक ऐसे प्रत्यक्ष निश्शंक स्वप्न से संचालित थे जिसने उन्हें सम्पूर्णता के, एकता के दर्शन की ओर प्रेरित किया।"[४५]

कभी-कभी यह समझा जाता है कि समझौते या मध्यस्थता का दर्शन केवल ढुलमुल नीति या किसी भी दिशा में बेधड़क बढ़ने में भीरुतापूर्ण झिझक का ही परिणाम हो सकता है। यह उस दृष्टिकोण का नकारात्मक, एकांगी मूल्यांकन है जिसके टैगोर प्रतिनिधि थे। बुद्ध के मध्यम मार्ग की भी किसी समय ऐसी ही नकारात्मक व्याख्या की गई थी, जैसे वह निश्चित स्थापनाओं से बचने का उपाय-मात्र हो। पीछे हटने और पलायन का दर्शन कभी मानव-आत्मा को स्थायी सन्तोष नहीं प्रदान कर सकता। बुद्ध की भाँति ही, टैगोर का, सामंजस्य का मार्ग प्रत्येक सम्प्रदाय में से असन्तोषजनक को छोड़ देने के नकारात्मक मार्ग की बजाय उसमें से सर्वश्रेष्ठ को ग्रहण करने का सकारात्मक मार्ग है। इस मार्ग पर प्रत्येक दिशा से हवाएँ चलती हैं और उनकी सुगन्धियाँ मिल जाती हैं। इस मार्ग के दोनों ओर ऊँचे-ऊँचे सघन वृक्ष हैं जो सभी अपने फल-फूल उस पर बरसाते रहते हैं।

यह मध्यम मार्ग में निष्ठा, यह सामंजस्य की खोज, टैगोर के चिन्तन में और भी प्रखर हो उठती है, क्योंकि उनका दर्शन एक कवि का दर्शन है। कवि के रूप में वे विसंगति के बीच सामंजस्य, अनेकता के बीच एकता के विचार को बौद्धिक स्वीकृति देकर ही सन्तुष्ट नहीं हो जाते। वे उस सामंजस्य को अनुभव करते हैं और उसे सृजनात्मक अभिव्यक्ति देने को बाध्य होते हैं। कीट्स ने दार्शनिक और कवि को एक-दूसरे के 'सर्वथा विपरीत' कहा है क्योंकि

दार्शनिक 'संसार को पीड़ित करता है,' जबकि कवि 'उसके ऊपर मरहम लगाता है।' यह स्पष्ट ही अतिशयोक्ति है; संसार को बहुत-से कवियों ने पीड़ित किया है और बहुत-से दार्शनिकों ने प्रशमित। फिर भी यह सच है कि विश्लेषणपरक बुद्धि प्रायः निर्मम रूप में विभाजक होती है जबकि सौन्दर्यपरक कल्पनाशीलता द्रव और शमनकारी होती है। इसलिए कीट्स की अपेक्षा वर्ड्सवर्थ की यह बात अधिक सत्य है कि प्रत्येक महान् दार्शनिक थोड़ा-बहुत कवि भी होता है और प्रत्येक सच्चा कवि थोड़ा-बहुत दार्शनिक।[४६]

टैगोर स्वयं भी इस बात को भली-भाँति समझते थे कि उनके मूलतः काव्यात्मक दृष्टिकोण से उनके दर्शन में अन्तर पड़ता है। अपनी धार्मिक मान्यताओं की चर्चा करते हुए—और उनके लिए धर्म और दर्शन में कोई मूलभूत अन्तर न था—टैगोर कहते हैं—"मेरा धर्म मूलतः एक कवि का धर्म है। उसका स्पर्श मुझे उन्हीं अदृश्य और पदहीन सूत्रों से प्राप्त होता है जिनसे मेरी संगीत की पेरणा। मेरा धार्मिक जीवन मेरे काव्यात्मक जीवन-जैसी ही रहस्यात्मक लीकों पर विकसित होता रहा है। किसी-न-किसी प्रकार दोनों एक-दूसरे से जुड़े हुए हैं।"[४७] इस 'कवि धर्म' में—या कवि के दर्शन में—सत्य को एक नई सजीवता प्राप्त होती है; वह भावना के रंगों में रंगकर और कल्पना की बहुमूल्य ज़री के कपड़े पहनकर प्रकट होता है। शास्त्रीय आपत्तियों की सम्भावना को ध्यान में रखकर टैगोर कहते हैं—"संकीर्ण सम्प्रदायों के अभ्यस्त लोगों को ऐसा धर्म बहुत ही अनिश्चित और लचीला जान पड़ेगा।...रूढ़िवादी धर्म में सब प्रश्नों का निश्चित उत्तर मौजूद रहता है। पर कवि का धर्म तरल होता है, पृथ्वी के चारों ओर के वायुमण्डल की भाँति... वह किसी को चरम निष्कर्ष की ओर ले जाने का दावा नहीं करता। पर वह आलोक के अनन्त को उद्घाटित करता है।"[४८]

टैगोर कहते हैं कि सत्य मुख्यतः सम्बद्धता में निहित है; और सृजन विपरीत शक्तियों के सामंजस्य में ही है।[४६] इस मान्यता की अभिव्यक्ति उनकी कई कविताओं में हुई है। उत्सर्ग[५०] से निम्नलिखित कविता विशेष रूप में प्राणवान है—

"धूप निज को अपनी गन्ध में मिलाना चाहती है
और गन्ध धूप से लिपटी रहना चाहती है।
स्वर पकड़े रहना चाहता है लय को
और लय लौटकर स्वर की ओर जाना चाहती है।
भाव रूप का शरीर धारण करना चाहता है
रूप चाहता भाव के भीतर मुक्ति।

असीम चाहता है सीमा का निविड़ संग,
और सीमा चाहती है असीम में निज को
विलीन कर देना।
प्रलय और सृजन में न जाने किसकी युक्ति से
भाव से रूप में अविराम आवागमन है।
बन्धन अपनी मुक्ति खोजता फिरता है
मुक्ति बन्धन में निवास चाहती है।" (आवर्तन)

इन पंक्तियों में टैगोर की दार्शनिक दृष्टि का अच्छा निचोड़ है। सामंजस्य का यह दर्शन कभी-कभी प्रतीकात्मक ढंग से अभिव्यक्त होता है। इसका उत्तम उदाहरण है प्रवाहिनी[५१] कविता, जिसमें कवि ने नदी के प्राचीन प्रतीक का उपयोग किया है। इन अन्तिम पंक्तियों में नदी अपने जीवन का वर्णन करती है—

"अन्धकार की धारा से मेरा हृदय भरपूर है,
प्रकाश की धारा से मेरी आँखें।
मेरे गीत स्वर्ग में पहुँच जाते हैं,
मेरा नृत्य मर्त्यलोक में।
अश्रु-हास की युगल धाराएँ
मेरे दायें-बायें बहती हैं।
संगीत के शान्त समुद्र में
राग की यात्रा समाप्त हो जाती है।"

टैगोर के दर्शन के इस केन्द्रीय पक्ष को स्पष्ट समझकर ही विशिष्ट दार्शनिक प्रश्नों पर उनके विचारों में सार्थक सूत्र देख सकना सम्भव है। अन्यथा यह जान पड़ेगा कि उनकी रचनाओं में विचारों का ऐसा समुच्चय है जो प्रेरणा-प्रसूत किन्तु बिखरा हुआ और प्रखर किन्तु असम्बद्ध है। टैगोर स्वयं भी अपने विचारों के इस 'बिखराव' के प्रति सजग थे। एक बार उन्होंने लिखा था—"मेरी मानसिक शक्तियाँ गाड़ी खींचते हुए विद्रोही पशुओं के समान हैं। यदि वे सब घोड़े होते तो मैं किसी तरह उन्हें वश में कर लेता। पर कोई सारथी एक साथ घोड़े, ऊँट और हाथी को किस प्रकार जोतकर वश में कर सकता है?"[५२] पर सच्चाई यह है कि उन्होंने सचमुच उनको वश में कर लिया था, और वे रथ को पहाड़ों में और मैदानों में, ऊबड़-खाबड़ स्थानों में और समतल भूमि पर चलाकर ले जाने में सफल हुए थे। और ऐसा वे इसीलिए कर सके क्योंकि उन्होंने एक अपूर्व साज तैयार कर रखा था—सामंजस्य और सन्तुलन

का सार्वभौमिक सिद्धान्त।

टैगोर के चिन्तन का विवेक पाठक इस सिद्धान्त को उनके समस्त लेखन में सक्रिय पाएगा। यह उनके जीवनीपरक और ऐतिहासिक निबन्धों में, विशेषकर **भारतवर्षे इतिहासेर धारा**[५३] और **भारतपथिक राममोहन राय**[५४] में है, जिनमें वे भारतीय इतिहास की हृदयस्पर्शी व्याख्या अनेकता में एकता प्राप्त करने के महान् प्रयास के रूप में करते हैं। यह उनके नाटकों में मौजूद है जिनमें परस्पर-विरोधी आकर्षणों के बीच सन्तुलन रखने की आवश्यकता पर बार-बार ज़ोर दिया गया है। वह सन्तुलन त्याग और भोग में हो सकता है, जैसे **प्रकृतिर प्रतिशोध** में; दैवी और मानवी क़ानून में हो सकता है, जैसे **विसर्जन**[५५] में, प्रकृति के विभिन्न पक्षों में हो सकता है, जैसे **फाल्गुनी** और **शारदोत्सव** में; मानव-व्यक्तित्व के विभिन्न पक्षों में सम्भव है, जैसे **मुक्तधारा** और **रक्तकरबी** में। पर यह विचार किसी-न-किसी रूप में मौजूद सदा रहता है और वही सिद्धान्त उनके समस्त काव्य में विद्यमान है। **सन्ध्या संगीत** और **मानसी** की प्रारम्भिक कविताओं से लगाकर **आकाशप्रदीप**, **नवजातक** और **जन्मदिने** की अन्तिम गौरवपूर्ण अवस्था तक।

इस केन्द्रीय सिद्धान्त के सहारे अब हम टैगोर द्वारा तत्त्वमीमांसा, नीतिशास्त्र और सौन्दर्यशास्त्र के मूलभूत प्रश्नों के विवेचन पर ध्यान दे सकते हैं।

: ५ :

टैगोर ईश्वर को एक प्रमाणनीय परिकल्पना अथवा तर्कसिद्ध सत्ता की बजाय अनुभव का प्राथमिक तत्त्व मानते हैं। "हम ईश्वर का वैसे ही अनुभव करते हैं जैसे प्रकाश का।"[५६] काण्ट की भाँति ही टैगोर के लिए भी ईश्वर हमारे व्यावहारिक जीवन में बद्धमूल स्वयंसिद्ध सत्ता है। टैगोर की रचनाओं में बहुत-से अंश हैं जिनमें ईश्वर के अस्तित्व के परम्परागत 'प्रमाणों'—नैतिक, कारणात्मक, साध्यपरक और जीवविकासीय युक्तियों—के-से इंगित और संकेत मिलते हैं। वे कहते हैं कि सीमा की सीमा के रूप में अपर्याप्तता हमें असीम को स्वीकार करने के लिए बाध्य करती है। "निरी सीमा सीमातीत में बलपूर्वक प्रवेश करने वाली मृत दीवार है। निरी सीमा का ज्ञान केवल संचित होता रहता है, कुछ आलोकित नहीं करता। वह प्रकाशहीन दीप, संगीतहीन वायलिन की भाँति है।"[५७] सीमाओं में विसंवाद और विरोध की बहुलता होती है; मन बाध्य होकर उनके पार एक स्थायी और सामंजस्य-युक्त सम्पूर्णता की खोज करता है। सीमाओं के बिखराव और विसंवाद के बावजूद हमें ब्रह्माण्ड की

जटिलता और उद्देश्य से प्रभावित होते हैं। इस परिकल्पना में किसी परम नियन्ता की सत्ता निहित है।

इन सबसे ऊपर, टैगोर ईश्वर की मान्यता की अपरिहार्यता पर सौन्दर्य-मूलक अनुभूति की दृष्टि से आग्रह करते हैं। वे अपने एक प्रवचन में कहते हैं—"जब मैं संसार की बृहत्तर कल्पना का प्रयास करता हूँ तो मुझे लगता है कि अपनी अनन्त क्रियाशीलता के बावजूद वह अक्लान्त, शान्त और सुन्दर है। इतनी गति और उद्योगशीलता के बावजूद, जीवन और मृत्यु, सुख और दुःख की अनन्त आवृत्तियों के बावजूद, संसार भाराक्रान्त नहीं लगता।······ऐसी विविधता और प्रयत्नशीलता के बीच शान्ति और सुन्दरता का निवास कैसे सम्भव हो पाता है? ऐसा क्यों है कि यह सब निरा कोलाहल नहीं, बल्कि उसमें संगीत है? इसका यही उत्तर सम्भव है—'इनमें वही मौजूद है, वृक्ष जैसा मौन खड़ा हुआ।'[५८]

असीम की सत्ता के सम्बन्ध में इस उत्कट आस्था को टैगोर के दर्शन का स्थायी तत्त्व मान लेना आवश्यक है। उनकी असीम की व्याख्या में बल का बहुत बार परिवर्तन होता रहा; पर अपने दार्शनिक विकास की किसी भी अवस्था में उन्होंने सीमा की पर्याप्तता नहीं स्वीकार की। वे मनुष्य के जीवन को असीम की निरन्तर खोज मानते थे। इस विचार की प्रतीकात्मक अभि-व्यक्ति स्वर्णमृग-जैसी कविताओं में हुई है—

"मैं स्वर्णमृग को खोज रहा हूँ;
मैं पर्वतों और घाटियों में दौड़ता फिरता हूँ,
मैं अनाम देशों में भटकता हूँ
क्योंकि मुझे स्वर्णमृग की तलाश है।[५९]

कभी-कभी परम सत्ता को मानव-प्रयत्नों के चरम लक्ष्य के रूप में नहीं बल्कि जीवन के गतिमान सिद्धान्त के रूप में भी देखा गया है—

"क्या सुनी नहीं, सुनी नहीं, तुमने उसकी पगध्वनि, वह
आता है, आता है, आता है·········
मैंने अपने मन से पागल की भाँति, जब भी जितने गीत गाये हैं
उनके सभी स्वरों से सदा यही घोष निकला है
कि वह आता है, आता है, आता है।
वसन्त के कितने सुगन्धित धूप-भरे दिनों में,
वन-पथ से वही आता है, आता है, आता है।

कितने श्रावणों के अन्धकार में मेघों के रथ पर बैठकर,
वह आता है, आता है, आता है।"[६०]

किन्तु दार्शनिक खोज ईश्वर की सत्ता की संवेदना-मात्र से कभी सन्तुष्ट नहीं हो सकी, अभिज्ञता की यह संवेदना चाहे जितनी प्रबल क्यों न हो। ईश्वर के स्वरूप पर भी, मनुष्यों और भौतिक जगत् के साथ उसके सम्बन्ध पर भी, ध्यान देना सर्वथा आवश्यक है। इस सम्बन्ध में टैगोर का झुकाव निश्चित रूप से ईश्वरवादी है। वैष्णवों की भाँति वे ऐसे ईश्वर को मानते हैं—"जो हमारे समीप हो" और "जो अपनी सृष्टि को हृदय से प्यार करता हो।" हमारी निःस्वार्थ भक्ति और मौन दुःख की उपेक्षा करके हमें भावहीन नेत्रों से देखने वाला" ब्राह्मण हमारी धार्मिक वृत्ति से मेल नहीं खाता। यही कारण है कि "भारत में द्वैतवादी दर्शन ने निराकार ब्रह्म के विचार को साकार ईश्वर के विचार से पूर्ण करने का प्रयास किया है।"[६१] टैगोर कहते हैं कि उपनिषदों में भी यह पुरुषपरक रुझान स्पष्ट रूप में विद्यमान है। "कभी-कभी इस बात पर बल दिया जाता है कि पुरुष-तत्त्व की उपनिषदों के ब्रह्म में सर्वथा उपेक्षा की गई है और हमारे अपने व्यक्तित्व की असीम सत्य में कोई प्रतिध्वनि नहीं। किन्तु यदि ऐसा होता तो फिर इस कथन का क्या अर्थ है—'वेदाहमेतं पुरुषं महतम्। मैं उसे जानता हूँ जो परम पुरुष है'?"[६२]

अपनी कविता विश्वनृत्य का उल्लेख करते हुए टैगोर कहते हैं—"इसमें मैंने चिन्मय पुरुष की बात कही है जो मानव-जाति के पोत को बाधाओं और विघ्नों के बीच से निकालकर ले जाता है।"[६३] टैगोर ने अपने दार्शनिक निबन्धों में शायद ही कभी 'निरपेक्ष' शब्द का व्यवहार किया हो। इसके विपरीत वे 'पुरुष' और 'मानव'[६४] जैसे शब्दों का निस्संकोच व्यवहार करते हैं। किन्तु तब वह अनिवार्य रूप से इन शब्दों के साथ कोई-न-कोई विशेषण अवश्य लगाते हैं जिससे यह स्पष्ट हो जाए कि 'पुरुष' को सीमाबद्ध के अर्थ में न ग्रहण किया जाए। ऐसे कुछेक विशेषण हैं—शाश्वत, अमर, सम्पूर्ण, सार्वभौम, आदि, परम इत्यादि।

इस बात पर ज़ोर देना आवश्यक है, क्योंकि कभी-कभी यह समझा जाता है कि ईश्वर और मनुष्य के घनिष्ठ सम्बन्ध को स्थापित करने की आतुरता में टैगोर चरम सत्ता की असीमता को भुला देते हैं। वास्तव में वे इस विषय में बहुत सतर्क हैं। वे 'सीमाबद्ध ईश्वर' को नहीं मानते, जैसा इतालवी प्रत्ययवादी मानते हैं। न उनका ईश्वर हावीसन तथा अन्य व्यक्तित्व-मूलक प्रत्ययवादियों के ईश्वर की भाँति 'समकक्षियों में प्रथम' है। टैगोर ईश्वर को मानव-व्यक्तित्व

के स्तर पर उतार लाने के अर्थ में नहीं, बल्कि इस अर्थ में साकार करते हैं कि वही उस सर्वोच्च और सर्वोत्तम आदर्श के मूल में है जिसके लिए मानवता निरन्तर प्रयास करती है, पर जिसे कभी प्राप्त नहीं कर पाती। वे स्पष्ट कहते हैं कि "सत्ता किसी व्यक्ति पुरुष में नहीं बल्कि असीम पुरुष में है।"[६५] ब्रेडले से भिन्न, टैगोर का विश्वास है कि साकारता अनिवार्य रूप से ससीमता की द्योतक नहीं है; और निराकार ईश्वर का 'असीम' ईश्वर होना आवश्यक नहीं।

टैगोर कहते हैं—"सत्ता को अनवरत रूपायनों द्वारा व्यक्तित्वों को प्रभावित करने वाला व्यक्तित्व माना जा सकता है।"[६६] ईश्वर का स्वरूप केवल हम व्यक्तियों के अनुभव के रूप में ही समझा जा सकता है। यह अनुभव हमें बताता है कि "यदि संसार एक पुरुष का रूपायन नहीं है, तो बड़ा भारी धोखा है।"[६७] सत्ता की ऐसी अवधारणा जो इस अनुभव को ध्यान में नहीं रखती, अमूर्त प्रत्यय-भर है। इसलिए टैगोर चरम सत्ता और अपने बीच 'व्यक्तिगत साहचर्य के स्पर्श'[६८] की चर्चा करते हैं। ऐसी आत्मीयता के बिना ईश्वर 'हमारा ईश्वर न रहेगा।'[६९] वह ऐसी सत्ता हो जाएगा जिसके पास अस्तित्व के अतिरिक्त और कुछ नहीं है। तत्त्वमीमांसा की निरपेक्ष चरम सत्ता नहीं केवल धर्म का ईश्वर ही प्रत्येक व्यक्ति को यह अनुभव करा सकता है—"किसी व्यक्ति ने ही मुझ व्यक्ति को मेरा जगत् प्रदान किया है। यह उपहार आत्मा का आत्मा को है।"[७०]

सत्ता के मूलभूत वैयक्तिक स्वरूप के बारे में यह विश्वास नैतिक और सौन्दर्यमूलक आवेगों से और भी पुष्ट होता है। गीतांजलि की बहुत-सी कविताएँ ऐसे ईश्वर को सम्बोधित हैं जो प्रथमतः नैतिक और सौन्दर्यमूलक मूल्यों का समर्थक है। टैगोर का विश्वास है कि हमारी नैतिक प्रवृत्तियाँ "हमारी आत्मा के भीतर प्रतिष्ठित नित्य पुरुष की ऊर्जा"[७१] से और भी पुष्ट होती हैं। सदाचरण की भाँति सृजनात्मक अभिव्यक्ति के लिए मनुष्य की लालसा भी ऐसी सत्ता की अपेक्षा रखती है जो उसे चुनौती दे सके और उसके प्रति संवेदनशील हो सके। "कला में हमारे भीतर बैठा पुरुष परम पुरुष को अपने उत्तर भेजता है।"[७२] समस्त सृजनात्मक प्रयास प्रत्यक्ष या परोक्ष रूप से परम पुरुष की अभिव्यक्ति के लिए मानव की अदम्य लालसा को ही सूचित करता है।[७३]

इसलिए यह स्पष्ट है कि टैगोर की दार्शनिक स्थिति मूलतः ईश्वरवादी है और एक वैयक्तिक ईश्वर की अवधारणा पर आधारित है। साथ ही सत्ता के निर्वैयक्तिक पक्ष को भी वे सर्वथा अस्वीकार नहीं करते। सत्ता का वैयक्तिक

होना मानते हुए भी वे यह दावा कभी नहीं करते कि व्यक्तित्व में ही सत्ता का स्वरूप चुक जाता है। यह कहना कि धर्म में ऐसे ईश्वर के लिए स्थान नहीं जो 'प्रकट' नहीं हो सके, यह कहना कि ईश्वर और ससीम आत्माओं के बीच सम्बन्ध की सम्भावना धर्म की एक अभिधारणा है, इस बात पर आग्रह करना नहीं है कि ईश्वर में इस सम्बन्ध से परे कुछ नहीं है, जितने में वह हमें भागीदार बनाता है उसके अतिरिक्त और कुछ नहीं है। यही कारण है कि परम्परागत वैष्णव दर्शन के अन्य बहुत-से व्याख्याताओं से भिन्न, टैगोर अद्वैत वेदान्त को हठधर्मी के साथ अस्वीकार करने से बचते हैं। उनके लिए व्यक्तित्व, रूप, गुण, सत्ता के केवल एक ही पक्ष के सूचक हैं, यद्यपि वह उसका सबसे महत्त्वपूर्ण पक्ष है।

टैगोर मानते हैं कि सर्वतोमुखी दर्शन में किसी-न-किसी प्रकार वैयक्तिक और निर्वैयक्तिक, सगुण और निर्गुण, साकार और निराकार के बीच सामंजस्य का स्थल अवश्य खोजना चाहिए। जैसा हम बाद में देखेंगे, टैगोर के अपने दर्शन में सौन्दर्यमूलक अनुभूति की दृष्टि से ऐसा सामंजस्य का स्थल प्रस्तुत किया गया है। सत्ता की वैयक्तिक और निर्वैयक्तिक अवधारणाओं के सामंजस्य की एक अन्य सम्भावना का संकेत प्रेम के प्रत्यय में मिलता है। भारत के परम्परागत मत-मतान्तरों के अनुयायियों के बीच अनन्त वाद-विवाद का उल्लेख करते हुए टैगोर कहते हैं—"तत्त्वमीमांसा में इस बात पर बड़ा भारी विवाद छिड़ा रहा है कि ईश्वर वैयक्तिक है या निर्वैयक्तिक, सगुण है या निर्गुण, साकार है या निराकार। पर प्रेम में अस्ति और नास्ति एक साथ होते हैं। प्रेम में एक छोर पर निर्गुण है तो दूसरे छोर पर सगुण।"[७४]

: ६ :

वैयक्तिक ईश्वर को मानने में आत्मा को मानना भी निहित है। मानव-व्यक्ति की सत्ता को अस्वीकार करने से व्यक्तित्व की अवधारणा की समस्त समृद्धि ख़त्म हो जाएगी। टैगोर आत्मा को स्वतन्त्र सत्ता के रूप में स्वीकार करते हैं। यह स्वतन्त्रता सिर्फ़ 'सहन' नहीं की जाती, बल्कि सम्पूर्ण सत्ता के लिए आवश्यक है। "मैं हूँ, मैं होता हूँ, मैं चलता हूँ। यह सब अत्यन्त ही महत्त्वपूर्ण है। मैं हूँ और केवल मेरे साथ ही बाकी सब है।"[७५] गीतांजलि में ईश्वर और मनुष्य को 'अपनी इच्छा से हेरती'[७६] दो पृथक् सत्ताएँ कहा गया है।

यह पृथक्ता ही मनुष्य-सम्बन्धी एकमात्र सत्य नहीं है। पर महत्त्वहीन कहकर इसकी उपेक्षा नहीं की जा सकती; ऐसा करने से हम निरपेक्षतावादियों

के साथ जा पड़ेंगे जो आत्मा और ब्रह्म को एकाकार मानते हैं। टैगोर का आग्रह है कि आत्मा के ये दोनों पक्ष हैं—एक चरमसत्ता से पृथक्ता का पक्ष और दूसरा उससे एकाकारता का। व्यक्तिगत आत्मा "दोनों की ओर आकर्षित होकर कभी जगत् और कभी ईश्वर की ओर खिचती रहती है।"[७७] मनुष्य ससीम-असीम जीव है, जो अपने भीतर एक असीम प्रकृति की उपस्थिति के द्वारा ही अपनी ससीमता को पहचानता है। उसका 'ससीम छोर' अनिवार्यता की दुनिया में है, और 'असीम छोर' उसकी आकांक्षाओं की दुनिया में। टी० एच० ग्रीन की भाँति टैगोर इस बात पर ज़ोर देते हैं कि मनुष्य धरती का पुत्र और स्वर्ग का उत्तराधिकारी है। आत्मा "अपने सिद्धान्त में असीम, किन्तु उसकी अभिव्यक्ति में ससीम है।"[७८] हम "दो लोकों के निवासी" हैं, जो इस पृथ्वी पर अवस्थित हैं पर ईश्वर में भी अवस्थित हैं; और हमें दोनों लोकों के सत्य को बनाये रखना है।[७९]

इस प्रश्न पर टैगोर के विचार सत्रहवीं शताब्दी के पूर्वार्ध के वैष्णव कवि-दार्शनिक श्री जीव गोस्वामी के विचारों से विशेष रूप से मिलते-जुलते हैं। श्री जीव कहते हैं कि आत्मा ससीम है, पर केवल ससीम ही नहीं। ईश्वर और मनुष्य की प्रकृतियाँ यद्यपि अंशतः मिलती हैं, फिर भी उन्हें भिन्न मानना आवश्यक है। टैगोर इस बात को यों रखते हैं—"ईश्वर का जीवन मनुष्य के जीवन को स्पर्श करता है; वह भी अपनी स्वाधीनता यात्रा पर निकला हुआ है।"[८०] वास्तव में आत्मा की स्वतन्त्रता स्वयं ईश्वर के लिए अनिवार्य है। असीम की प्रकृति में ही अनुभूति के ससीम केन्द्रों की अनुपमता निहित है। दोनों के बीच सम्बन्ध, लाट्ज के शब्दों में, 'यथार्थ-का-यथार्थ'[८१] है। ईश्वर स्वयं हमारी पृथक्ता का पोषण करता है। वह कहता है—"मेरे पास स्वतन्त्र सत्ता के रूप में आओ। किसी भी बन्धनग्रस्त सत्ता की सचमुच मुझ तक पहुँच नहीं हो सकती।"[८२]

तो फिर आत्मा की सत्ता अस्तित्वसूचक है। टैगोर आत्मा को चरमसत्ता का विशेषण-मात्र नहीं मानते। धार्मिक सिद्धि की उच्चतम अवस्था में भी आत्मा का लोप अथवा विलय नहीं होता। "आत्मा और ब्रह्म के बीच अन्तर सदा रहना चाहिए। जो होने की हम निरन्तर साधना करते रहते हैं, वह हो चुका है"[८३] ईश्वर "सम्पूर्णता का असीम आदर्श" है और मनुष्य "उस आदर्श की सिद्धि की चिरन्तन प्रक्रिया।"[८४]

इस बात से हम एक सत्तावाद और बहुसत्तावाद के विषय में तत्त्व-मीमांसीय विवाद के मर्म पर पहुँच जाते हैं। हम ससीम की पृथकता और

सम्पूर्ण की संसक्ति और एकता के बीच सामंजस्य कैसे स्थापित कर सकते हैं? जैसे शैलिंग ने कहा था—"यदि ईश्वर है, तो मैं नहीं हूँ; और यदि मैं हूँ तो ईश्वर नहीं है।" यदि ईश्वर ही एकमात्र सत्ता है तो हम उससे बाहर किसी अन्य अस्तित्व की बात कैसे कर सकते हैं? इस प्रश्न के उत्तर में भी टैगोर मध्यम मार्ग के दृष्टिकोण पर अटल रहते हैं; वे एकसत्तावाद और बहुसत्तावाद के दो छोरों के बीच सेतु बनाने का प्रयास करते हैं। वे आग्रह करते हैं कि अनेक भी यथार्थ है, और फिर भी सम्पूर्ण की आंगिक एकता नष्ट नहीं होती।

एकसत्तावाद, अपने चरम और अटल रूप में, स्पष्ट ही टैगोर के चिन्तन की प्रवृत्ति के विपरीत है। वे कहते हैं—"केवल मृत्यु ही एकसत्तावादी है; जीवन तो द्वैतवादी होता है।"[८५] तथा "मृत्यु की भावना एक है; जीवन की भावना तो अनेक है।"[८६] ईश्वरत्व की एकता बंजर एकता नहीं है। उसमें भिन्नता के लिए अवकाश है। "द्वितीय के बिना एक शून्य है, द्वितीय ही उसे सत्य बनाता है।"[८७] टैगोर 'असंबद्ध सत्ताओं की अनेकता' नहीं स्वीकार करते; पर वे अनेकत्व को भ्रम कहकर टालने से भी इन्कार करते हैं। सत्ता की मूलभूत एकता के विरुद्ध जाने की बात तो दूर, वे विशिष्ट आत्माओं की अद्वितीयता को भी चरमसत्ता की अपनी इच्छा का ही परिणाम मानते हैं। "विश्वात्मा निरन्तर अद्वितीय में अपनी सम्पूर्णता खोजती है। हमारी अपनी अद्वितीयता को अक्षुण्ण रखने की लालसा वास्तव में हमारे भीतर कार्यशील विश्वात्मा की इच्छा ही है।"[८८] केवल ससीमों के माध्यम से ही असीम का संगीत अपनी समस्त समृद्धता में ध्वनित हो सकता है।"[८९]

जीवन का नियम अनेकता में एकता है, अनेकता-रहित एकता नहीं। बीज धरती के नीचे होने पर 'एक' होता है। वह पूर्णतः शान्त होता है और उसमें किसी प्रकार का संघर्ष नहीं होता। पर ज्योंही बीज अंकुरित होता है, अनेकता प्रकट हो जाती है और उसका सच्चा जीवन प्रारम्भ हो जाता है।[९०] यह विभेद में तादात्म्य का विचार, जिसकी ओर टैगोर ऐसे रूपकों द्वारा संकेत करते हैं, हेगेलीय दर्शन की याद दिलाता है। हेगेल कहते हैं— 'ऐसे एकसत्तावाद को, जो अपनी जगह पर दृढ़ रह सके, द्वैतवाद को बहिष्कृत नहीं करना चाहिए। निश्चय ही सब-कुछ एक ही जीवन, एक ही अस्तित्व, एक ही विचार है—पर ऐसा जीवन, अस्तित्व और विचार, जो इसी प्रकार विद्यमान है कि अपने भीतर अपने-आपका ही विरोध करता है, अपने-आपसे ही अपने-आपको अलग करता है, और फिर भी अपने-आपको एक करने की क्षमता रखता है

और उसे पूरा करता है।... एकसत्तावाद, शाब्दिक अर्थ में, संगतिहीन है, क्योंकि वह अनुपेक्षणीय की, अनेकत्व की, उपेक्षा करता है और द्वैतवाद निरन्तर प्रकट होने वाली और निरन्तर अधिक्रमित प्रतिस्थापना है।"[६१]

लगभग इसी रूप में टैगोर भी 'चिरन्तन के आत्म-विच्छेद' की चर्चा करते हैं, "जिसे अपनी ही सिद्धि के लिए द्वैत की आवश्यकता पड़ती है।"[६२] इस द्वैतता का परिणाम अनेकता हो सकता है पर अंतर्विरोध नहीं। एक सुविदित निबन्ध में टैगोर कहते हैं—"सत्य के एक अंश को अस्वीकार करना सत्य को बहिष्कृत करना है। सत्ता का चिह्न उसकी सर्वव्यापकता है। परस्पर-प्रतिकूल तत्त्वों का होना सम्भव है, पर साथ ही उनके तल में एकता भी होती है जो विभिन्न अंशों को एक-दूसरे को नष्ट करने से रोकती है।... सत्य में ऐसी आन्तरिक संगति होती है जो भिन्नताओं का बहिष्कार और अस्वीकार करने में नहीं, बल्कि उन्हें स्वीकार करने और उनके परे चले जाने में प्रकट होती है। शिव इसीलिए शिव हैं क्योंकि उन्होंने गरल को पीकर उसे आत्मसात् कर लिया है। मेरे लिए ऐसे सत्य का कोई उपयोग नहीं जो सब भिन्नताओं को नष्ट करके एकता की यांत्रिक दीवार खड़ी करता है। मैं भिन्नता से नहीं डरता।"[६३]

एक और अनेक दोनों का यथार्थ होना टैगोर के लिए तथ्य-मात्र है। इस तथ्य का 'क्यों' और 'कैसे' हमारी पकड़ में नहीं आता। "असीम का निज को ससीम में पाना स्पष्ट ही एक विरोधाभास है। पर यह ऐसा विरोधाभास है जो सृष्टि के मूल में है।"[६४] ब्रैडले भी, जिनका दृष्टिकोण टैगोर से सर्वथा भिन्न है, कहते हैं—"वास्तविक खंडात्मकता की व्याख्या नहीं हो सकती।... अनेकता तो एक तथ्य है और उससे हमारी चरम सत्ता में अन्तर पड़ता है।"[६५] टैगोर इस विरोधाभास का कई प्रकार से सामना करते हैं। कभी-कभी वे कवि की समस्त व्याख्याओं से बचने के जन्मजात अधिकार पर आग्रह करके कहते हैं—

"सृष्टि के जिस आदिम गोपनतत्व को केवल तुम जानते हो—
उसे मैं एक कवि, चिरकाल तक विनयपूर्वक स्वीकार करके
अपने चित्त को विस्मय से भर रखूँगा।"[६६]

या, जैसा वह एक अन्य कविता में कहते हैं—

"यह मैं मानता हूँ; मुझे कुछ पता नहीं, एक से दो कैसे हुए।"[६७]

वे इसे एक अचरज कहते हैं—"ससीम के बीच असीम के प्रकट होने का यह चिरन्तन अचरज"[६८]—और इतने से ही सन्तुष्ट हैं।

अन्य अवसरों पर वे कहते हैं कि यह विरोधाभास तर्क द्वारा या बुद्धि द्वारा नहीं, बल्कि वैयक्तिक अनुभूति के रूप में और विशेषकर आनन्दानुभूति के रूप में, समझाया जा सकता है। किसी अभाव या सीमा के कारण नहीं, बल्कि मात्र आनन्द के कारण ही ईश्वर ससीम में अपनी सत्ता खोजता है। अचिन्त्य-भेदाभेद सम्प्रदाय[६६] के वैष्णव दार्शनिकों की भाँति, टैगोर एक के आत्म-विभाजन को विशुद्ध लीला, मात्र आनन्द के लिए की गई लीला, कहते हैं। यही कारण है कि 'लीला' और 'क्रीड़ा' शब्द उनकी कविता में इतने अधिक आते हैं। ससीम आत्माओं को अस्तित्व की अद्वितीयता प्रदान करके ईश्वर स्वयं अपनी पराजय को स्वीकार करता है, जैसे कोई पहलवान स्वयं अपने पुत्र से परास्त होने से प्रसन्न हो।[१००] अपनी अद्वितीयता और स्वतन्त्रता को सीमित करने में ईश्वर के आनन्द का यह भाव बहुत-सी सुन्दर कविताओं की विषय-वस्तु है—

> "मेरे कबि, मेरी आँखों से अपनी विश्वछवि देखने की तुम्हारी साध है, मेरे मुग्ध श्रवणों में नीरव रहकर तुम अपना गान सुन लेना चाहते हो।"[१०१]

और ऐसी भी पंक्तियाँ हैं जो एक पूरी तत्त्वमीमांसा का सार प्रस्तुत करती जान पड़ती हैं—

> "तुम अपने-आपको दूर कर देते हो फिर उसे नाना स्वरों में पुकारते हो। तुम्हारे इस विरह ने ही मेरे भीतर शरीर धारण किया है।"[१०२]

कभी-कभी टैगोर आनन्द के साथ-साथ प्रेम की भी बात करते हैं। हम पहले ही देख चुके हैं कि किस प्रकार प्रेम के सिद्धान्त को सत्ता के वैयक्तिक और निर्वैयक्तिक पक्षों के बीच सामंजस्य स्थापित करने के लिए प्रस्तुत किया गया है। अब टैगोर उसी सिद्धान्त को विभेद में तादात्म्य के अचरज की व्याख्या के लिए काम में लाते हैं। वे कहते हैं—"प्रेम में सब परस्पर-विरोधी तत्त्व एक हो जाते हैं। तत्त्वमीमांसीय चिन्तन के क्षेत्र में अद्वैतवाद और द्वैतवाद परस्पर-विरोधी हैं। पर प्रेम उन दोनों की व्याख्या करता है।"[१०३] वास्तव में प्रेम में एकता और द्वित्व में कोई अन्तर नहीं, क्योंकि "प्रेम में एक और दो की एक साथ ही आवश्यकता होती है।"[१०४] दुई पहेली नहीं रहती; चरम-सत्ता अपने-आपको विभाजित कर लेती है "क्योंकि प्रत्येक प्रेम में सिद्धि के लिए दुई आवश्यक है।"[१०५]

पाश्चात्य चिन्तन में ईश्वरवाद के समर्थक भी प्रायः यही स्थिति स्वीकार करते हैं, यद्यपि टैगोर की व्याख्या उनकी काव्यात्मक प्रवृत्ति से रंजित

है और भक्ति की परम्परागत शब्दावली में कही गई है। गेटे ने बहुत पहले ही कहा था कि "अनुभूति कभी भी प्रेम को ईश्वर का सार मानने से परे नहीं जा सकती।"[१०६] अर्वाचीन ईश्वरवादियों में जेम्स वार्ड और प्रिंग्ल-पैटीसन इस विषय में टैगोर के विशेष समीप जान पड़ते हैं। वार्ड पूछते हैं—"क्या हम अद्वैतवाद और द्वैतवाद के इन एकांगी छोरों के परे जाकर कोई ऐसा उदात्ततर विचार नहीं खोज सकते जो दोनों को एक कर सके? अवश्य खोज सकते हैं; और वह विचार है प्रेम।"[१०७]

और प्रिंग्ल-पैटीसन कहते हैं—"मुझे विश्वास है कि महान् अनुभूति प्रेम द्वारा ही वह चरम अनिवार्यता सिद्ध हो सकती है जिसे मैं 'अन्यत्व' कहता हूँ। प्रेम करने और किये जाने में दो की आवश्यकता होती है। अवश्य ही, जैसा कवि ने कहा है, यदि दुई को मिटा दिया जाए तो प्रेम की तो हत्या ही हो जाएगी।"[१०८]

कभी-कभी टैगोर प्रेम को इतने व्यापक अर्थ में ग्रहण करते हैं कि वह न केवल द्वैतवाद और अद्वैतवाद के बीच, बल्कि उन समस्त विचारों और अनुभूतियों के बीच सामंजस्य का सिद्धान्त बन जाता है जिन्हें साधारणतः विपरीत माना जाता है। **आत्म-परिचय** का एक उल्लेखनीय उद्धरण है—"धार्मिक चेतना परमात्मा और जीवात्मा के बीच प्रेम-सम्बन्ध की अनुभूति के अतिरिक्त और कुछ नहीं।... इस प्रेम में एक ओर वियोग है तो दूसरी ओर संयोग। इस प्रेम में सीमित और असीम के बीच, शक्ति और सौन्दर्य के बीच, रूप और रस के बीच समन्वय होता है।"[१०९]

स्पष्ट ही, यह सत्ता को संज्ञान की अपेक्षा भाव द्वारा पहुँचना है। इसके समर्थन में न केवल टैगोर की अपनी मूलतः कविसुलभ प्रवृत्ति और उन्हें इतनी प्रिय वैष्णव-परम्परा झलकती है, बल्कि बुद्धिवाद के विरुद्ध सामान्य प्रतिक्रिया भी जो दुनिया-भर के हाल के चिन्तन की प्रमुख विशेषता है। यह उल्लेखनीय है कि आधुनिक युग के दो महानतम दार्शनिकों, बर्गसाँ और क्रोचे, में भी वही बुद्धिवाद-विरोधी रुझान दिखाई पड़ती है और टैगोर को उन दोनों के ही साथ व्यक्तिगत विचार-विनिमय का अवसर मिला था।

यह मानते हुए भी कि एक और अनेक के विरोधाभास को विश्लेषण बुद्धि की अपेक्षा वैयक्तिक अनुभूति की दृष्टि से अधिक सन्तोषजनक रूप में देखा जा सकता है, टैगोर संज्ञानात्मक दृष्टि की सत्यता और मूल्य को अस्वीकार नहीं करते। यह सम्भव है कि बुद्धि और तर्क कभी-कभी प्रेरणाहीन मार्गदर्शक जान पड़ें, पर उनके विरुद्ध प्रतिक्रिया से हमें दूसरे छोर पर—विश्वासों, भाव-विह्व-

लता और हृदय-पीड़ा के दर्शन—पर नहीं चले जाना चाहिए। भारतीय चिन्तन में इस खतरे की सम्भावना बने रहने का ज़िक्र करते हुए वे कहते हैं—"बुद्धि से खीझकर हम भारतवासी सत्ता को केवल भावों की लीला के रूप में देखने लगे। इससे अतिशय भावुकतावाद उत्पन्न हुआ जिसे हम भ्रमवश सच्ची भक्ति मान बैठे। पर केवल आवेग द्वारा ईश्वर को समझना उसके अन्य पक्षों को काटकर केवल एक ही पक्ष पर ध्यान देना है।...मनुष्य केवल हृदय से ही संचालित नहीं होता और यदि हम अपनी शारीरिक तथा मानसिक क्षमताओं की समस्त धारणाओं को भावावेग में विलीन हो जाने देंगे, तो हम कभी अपने अन्तर के सम्पूर्णतः मानवीय तत्त्व को ईश्वर से एकाकार न कर सकेंगे।"[११०]

और जिस हद तक अद्वैत वेदान्त ने ज्ञान के राजमार्ग को प्रशस्त बनाये रखने का यत्न किया था, उस हद तक टैगोर शंकराचार्य के लिए अधिकतम श्रद्धा प्रकट करते हैं। यद्यपि शंकर का कट्टर एकसत्तावादी दृष्टिकोण उन्हें स्वीकार नहीं है किन्तु द्वैतवाद के अतिरेक के प्रति भी वे सतर्क हैं। उनका कहना है—"हमारे देश में द्वैतवादी अद्वैत को एक प्रकार के भय से देखते हैं। वे भी असहिष्णु हैं और वेदान्त में सत्य के अंशों की उपेक्षा करके उसके केवल दोष ही देख पाते हैं।"[१११]

: ७ :

यह तो ईश्वर और मनुष्य की चर्चा हुई। पर तत्त्वमीमांसीय त्रिकोण के तीसरे बिन्दु पर भी—गोचर जगत्, अनेकता का क्षेत्र, प्रकृति अथवा जो भी हम उसे कहें—विचार करना आवश्यक है। किस सीमा तक हम इस जगत् को, उसकी समस्त विविधता, परिवर्तनशीलता और अनेकता के साथ, सत्य मान सकते हैं? यदि वह सत्य नहीं है तो ऐसा लगता क्यों है? और यदि है, तो किस हद तक वह परम सत्ता से स्वतन्त्र है? यह अनिवार्य रूप से 'माया' का प्रश्न सामने लाता है। इस शब्द की भारतीय चिन्तन में बहुत-सी भूमिकाएँ रही हैं; कुछ लोगों के लिए वह बौद्धिक हौवा है, कुछ के लिए ईश्वर-प्रदत्त व्याख्या और कुछ के लिए एक सुखद ध्वनि मात्र, जिसका मनचाहा अर्थ लगाया जा सकता है।

ससीम जगत्, ससीम आत्मा की भाँति, टैगोर के लिए असंदिग्ध रूप में सत्य है। "यह भ्रामक कल्पना है कि ईश्वर ने स्वतन्त्र सत्ता केवल आत्मा को प्रदान की है और प्रकृति में वही पूर्णतः अंतर्निहित है। उसका प्रकृति के साथ भी स्वतन्त्र सम्बन्ध है; अन्यथा वह प्रकृति को प्रभावित न कर पाता।"[११२] इस विषय में भी वे व्यक्तिगत अनुभूति का सहारा लेते हैं। वे कहते हैं—"संसार उन्हीं को माया जान पड़ता है जो उसे बौद्धिक दृष्टि से देखते हैं। जब हम

उसका उपभोग करते हैं तो वह हमारे लिए अस्तित्ववान और सत्य हो जाता है।"[११३] वे ऐसे व्यक्ति पर व्यंग करते हैं जो अपने कमरे में सारे द्वार और खिड़कियाँ बन्द करके अँधेरे में बैठा सोचता है और संसार को छाया बताता है।[११४]

टैगोर के दर्शन में 'मात्रा का सिद्धान्त' अन्तर्निहित ही है। ईश्वर और जगत् अस्तित्व की उच्च और निम्न मात्राओं के सूचक हैं। प्रतीति सत्ता के विपरीत नहीं है; कोई वस्तु सत्य होकर भी 'प्रतीत' हो सकती है। बैंक नोट के काग़ज़ का मूल्य उस पर मुद्रित अधिकार के कारण है। पर हम यह नहीं कह सकते कि मुद्रित हुए बिना कागज़ का कोई अस्तित्व ही नहीं।[११५] वेदान्त में भी माया और असत्यता में भेद किया गया है और यह माना जाता है कि जगत् का आभास उतना असत्य नहीं है जितनी शंख की चाँदी जिसका कोई अस्तित्व ही नहीं होता। टैगोर स्वयं प्रतीति को सत्य का ही एक पक्ष मानते हैं। वे कहते हैं—"यदि हम सत्य को उसकी प्रतीति से वंचित कर दें तो उसकी सत्ता का सर्वोत्तम अंश नष्ट हो जाता है। प्रतीति एक वैयक्तिक सम्बन्ध है; वह मेरे लिए है।"[११६]

इसलिए ससीम जगत् को स्वीकार करना आवश्यक है। टैगोर कहते हैं कि उपनिषदों तक में, जिनको चरम अद्वैतवाद के समर्थन में प्रायः उद्धृत किया जाता है, ससीम की अस्वीकृति की निन्दा की गई है। "जो लोग केवल ससीम में ही उलझे रहते हैं वे अन्धकार में हैं। पर जो केवल असीम में उलझे रहते हैं वे तो और भी गहरे अन्धकार में जा पड़े हैं।"[११७] ससीम जगत् को अस्वीकार करना, जो हमारे व्यावहारिक जीवन का क्षेत्र है, पलायन का मार्ग है, ज्ञान का नहीं। टैगोर कहते हैं—"चरम असीम निरा रिक्त है। ससीम में कुछ तो है। कह सकते हैं कि वह ऐसी चैकबुक है जिसके अनुरूप खाता बैंक में नहीं है। पर चरम असीम तो ऐसी स्थिति है जिसमें कोई धन नहीं और चैकबुक तक नहीं है।"[११८]

तो फिर 'माया' की अवधारणा का क्या हो? यदि ससीम जगत् सत्य है, तो उसे माया कहना क्या एकदम ग़लत है? टैगोर द्वारा 'माया' शब्द का उपयोग बहुत ही रोचक है। वे 'माया' की 'अवस्थिति' के परम्परागत विवाद में नहीं पड़ते जिसमें उसे 'ससीमीकरण का सिद्धान्त' माना जाता है। उनकी स्थिति श्री जीव गोस्वामी और वल्लभाचार्य के अनुरूप है;[११९] पर उनसे भिन्न वे अद्वैत सिद्धान्त में तर्क-सम्बन्धी दोष दिखाने की व्यग्रता नहीं प्रकट करते हैं। वास्तव में वे प्रायः 'माया' और 'अविद्या' शब्दों का एक ही अर्थ में प्रयोग करते हैं। वे 'माया' शब्द की काव्यात्मक सम्भावनाओं और ध्वनियों से आकर्षित होते

हैं, जो रस और 'शब्द' की भाँति बहुत-सी सूक्ष्म अर्थ-छटाओं के इंगित प्रस्तुत करता है।

दृश्य जगत् की व्याख्या के रूप में माया का सिद्धान्त टैगोर को तनिक भी विश्वसनीय नहीं लगता। उन्होंने इस विषय मे एक जगह लिखा है—"हमारे कुछ दार्शनिक कहते हैं कि ससीमता-जैसी कोई वस्तु नहीं; वह माया है, निरा छल है। सत्य केवल असीम है और केवल माया की छलना ही ससीम की प्रतीति का कारण है। पर 'माया' शब्द तो संज्ञा-मात्र है, वह कोई व्याख्या नहीं। वह तो केवल इतना कहना-भर है कि सत्य के साथ-साथ सत्य के विलोम का भी अस्तित्व है। पर यह तो नहीं समझाया गया कि वे दोनों एक ही समय एक साथ कैसे मौजूद रहते हैं...।"[१२०]

किन्तु, यद्यपि माया का सिद्धान्त दृश्य जगत् के अस्तित्व का कारण नहीं बताता, फिर भी वह उचित ही जगत् को ईश्वर से सर्वथा पृथक् मानने के विरुद्ध हमें चेतावनी देता है। ईश्वर से प्रकृति की पूर्ण पृथकता टैगोर को दोनों की पूर्ण एकाकारता की भाँति ही अस्वीकार है। "जगत् के बिना ईश्वर निरी कल्पना है; ईश्वर के बिना जगत् निरी विशृंखलता।"[१२१] इस दृष्टि से सत्य वह है जो असीम और जगत् की परस्पर-निर्भरता का उद्‌घाटन करता है और माया इस मिथ्या विश्वास की सूचक है कि जगत् अपने-आपमें सत्य है और उसका असीम से कोई सम्बन्ध नहीं। "माया वह है जो सम्बद्धता के सत्य से विद्रोह करती है।"[१२२] यह मानना पड़ेगा कि यह माया की एक मौलिक व्याख्या है।

इसके अतिरिक्त, टैगोर कहते हैं—और यहाँ फिर हम उनके भीतर के कवि को दार्शनिक की पुष्टि करते हुए पाते हैं—कि माया दृश्यसत्ता की छलना और तरलता की ओर इंगित करती है। वह अस्थिरता और अप्रत्याशितता के पक्ष की ओर संकेत करती है, जो अपने चारों ओर के जगत् का अवलोकन करने पर हमारे ऊपर इतना गहरा प्रभाव डालता है। वह पदार्थों की क्षणभंगुरता और चंचलता की द्योतक है।[१२३] जगत् को माया कहने का अनिवार्य अर्थ उसकी सत्ता को अस्वीकार करना नहीं। यह उस शब्द के हमारे प्रयोग पर निर्भर है। आखिरकार, छलना और अस्थिरता का अर्थ अनस्तित्व नहीं। मानव-जीवन में, विशेषकर उसके सौन्दर्यमूलक पक्ष में, जो कुछ छलनामय, स्वप्नवत् या क्षणस्थायी होता है, वह जो कुछ ठोस, अपरिवर्तनीय और सुनिश्चित है, उसकी तुलना में प्रायः अधिक सत्य और एक दृष्टि से अधिक स्थायी होता है। "स्वप्न देर तक बना रहता है, वह सत्य है।...अंकित चित्रपट अधिक टिकाऊ और

मूर्त होता है, पर चित्र तो स्वप्न है, माया है। फिर भी चित्रपट नहीं चित्र में ही चरम सत्ता का अर्थ होता है।"[१२४]

इस प्रश्न पर ऐसे सौन्दर्यपरक दृष्टिकोण से टैगोर ने माया-सिद्धान्त के दंश को निकाल दिया है। "कला-रूप में यह जगत् माया है। वह है भी और नहीं भी है। इसकी एकमात्र व्याख्या यही है कि जो कुछ वह है वैसा जान पड़ता है। उसके उपकरण छलनामय हैं; उन्हें माया कहो, उन पर अविश्वास भी करो, फिर भी वह महान् कलाकार, वह मायावी रुष्ट नहीं होता।"[१२५] माया सिद्धान्त को यह नमनीयता प्रदान करने के कारण ही टैगोर समस्त अद्वैत दृष्टिकोण पर प्रहार करने से निरन्तर इन्कार करते रहे, जैसा कि द्वैतवाद और बहुसत्तावादी परम्परा से करते आए हैं। यह उनकी अपूर्व सहानुभूति का उत्तम उदाहरण है जो वह ऐसे सिद्धान्त को भी दे सके जिस पर उन्हें अपने-आप विश्वास नहीं था।

"मायावाद ! कोई इस शब्द से रुष्ट क्यों हो ? क्या छल-जैसी कोई वस्तु ही नहीं ? क्या सत्य हमारे सामने सदा अनवगुंठित प्रकट होता है ? जिस प्रकार काठ के भस्म होने से ही अग्नि जल सकती है, उसी प्रकार माया पर विजय प्राप्त करके ही सत्य की उपलब्धि हो सकती है। हम कह सकते हैं कि माया के ईंधन का उद्देश्य है सत्य की ज्वाला को प्रज्वलित रखना, पर हम माया को सत्ता से एकाकार नहीं कर सकते—जैसे हम ईंधन और ज्वाला को एक नहीं कह सकते।...खंडात्मकता अथवा असंपूर्णता के दो पक्ष हैं; वह असीम का उद्‌घाटन करती है, पर वह असीम को छिपाती भी है। वह पक्ष, जिसमें वह असीम को छिपाती है, माया कहा गया है।...तो फिर हमें क्या अधिकार है कि माया सिद्धान्त का तिरस्कार करें ?"[१२६]

: ८ :

हम देख चुके हैं कि टैगोर तीनों की सत्ता स्वीकार करते हैं—परम व्यक्तित्व और परम चेतना के रूप में ईश्वर की; परिवर्तन और अनेकरूपता के क्षेत्र के रूप में प्रकृति या दृश्य जगत् की; और ससीम व्यक्ति, स्व या आत्मा की। ईश्वर के प्रश्न को कुछ देर के लिए छोड़कर अब हम मनुष्य और दृश्य-जगत् के सम्बन्ध पर विचार करें। अवश्य ही टैगोर अन्ततः तीनों को अविभेद्य मानते हैं। आत्मा और प्रकृति के बीच सम्बन्ध इन दोनों का घरेलू मामला नहीं है। "हमारे बाहर का जगत् और भीतर की बुद्धि—ये दोनों एक ही शक्ति की अभिव्यक्ति हैं। यह समझ लेने पर हम प्रकृति के साथ मानव-चित्त की एकता तथा चित्त की ईश्वर के साथ एकता की अनुभूति करते हैं।"[२७] ईश्वरीय

लय ही प्रकृति के गान को और मानवता के गान को भी, अनुप्राणित करती है। किन्तु प्रसंगवादी हुए बिना हम यह स्वीकार नहीं कर सकते कि ईश्वर इन दोनों लोकों के बीच दैनिक आदान-प्रदान में निरन्तर हस्तक्षेप करता रहता है। व्यावहारिक जीवन की दृष्टि से प्रकृति के साथ हमारे सम्बन्ध की तात्कालिक प्रासंगिकता है और दर्शन को यह बात ध्यान में रखना चाहिए।

टैगोर मानते हैं कि प्रकृति और आत्मा के बीच अन्तर तो है पर विरोध नहीं। वे उन्हें परस्पर-विपक्षी नहीं मानते। ऐसा करना "कली और फूल को दो अलग श्रेणियों में विभाजित करना और उनकी शोभा का श्रेय दो परस्पर-विपरीत सिद्धांतों को देना होगा।"[१२८] पाश्चात्य जीवन-दृष्टि के प्रति टैगोर की एक शिकायत यही है कि वह प्रकृति में मानवीय और गैर-मानवीय के बीच बन्धुता नहीं केवल वैर को ही मान्यता देती है। यह विचार बहुत-से निबन्धों में रखा गया है।[१२९]

"उन लोगों (यूरोपवासियों) को सत्य का द्वित्वमूलक पक्ष दिखाई देता है, एक ऐसा निरन्तर संघर्ष जिसमें कोई समझौता नहीं, और जिसका अन्त केवल जीत या हार में ही हो सकता है। पर भारत के समतल प्रदेशों में लोगों को अपने जीवन और ब्रह्माण्ड में परिव्याप्त विशाल जीवन के बीच कोई बाधाएँ नहीं मिलीं।"[१३०] टैगोर इस अन्तर को यूरोपीय और भारतीय साहित्य के दो सर्वप्रमुख कृतिकारों के—शेक्सपियर और कालिदास के—उल्लेख से उजागर करते हैं। शेक्सपियर के नाटकों में प्रकृति की या तो उपेक्षा की गई है या **टेम्पेस्ट** की भाँति उसे ऐसी विरोधी शक्ति के रूप में दिखाया गया है जिसे मनुष्य को वश में करना है। "पाश्चात्य नाटकों में मानवीय चरित्र अपने भावोन्माद के भँवर में हमारा ध्यान डुबा देते हैं। प्रकृति भी कभी-कभी बाहर झाँकती है, पर वह लगभग सदा ही अनधिकार प्रवेश करती हुई जान पड़ती है जिसे इसके लिए बहाना बनाना आवश्यक होता है। लेकिन हमारे नाटकों में, जैसे 'शाकुंतल' और 'उत्तररामचरित' में, प्रकृति अपने अधिकार से मौजूद है और यह सिद्ध करती है कि उसका भी अपना कर्तव्य है—अर्थात् मानव भावों को चिरंतन की शांति प्रदान करना।"[१३१] अर्वाचीन युग में नागर औद्योगिकी प्रधान सभ्यता की वृद्धि के परिणामस्वरूप प्रकृति के प्रति पाश्चात्य दृष्टिकोण और भी कठोर हो गया है। "पश्चिम को इस बात का बड़ा गर्व है कि वह प्रकृति पर विजय प्राप्त कर रहा है।...यह भाव शहरी चहारदीवारी की आदत और चित्त के प्रशिक्षण की उपज है; क्योंकि बड़े नगरों में मनुष्य अपने और सार्वभौमिक प्रकृति के बीच एक कृत्रिम विच्छेद कर लेता है।"[१३२]

टैगोर के अनुसार मूलभूत भूल मनुष्य और प्रकृति को दो पूर्णतः स्वसम्पूर्ण सिद्धान्त मान लेने में है। वास्तव में दोनों परस्पर-निर्भर हैं। यदि हम मनुष्य-त्वारोपण के डर बिना कह सकें तो दोनों को ही एक-दूसरे की आवश्यकता होती है, किन्तु इस पारस्परिक जरूरत को मानते हुए भी टैगोर दोनों सत्ताओं को एक नहीं समझ बैठते। वे मानवीय को प्राकृतिक के स्तर पर नहीं उतारते; और न प्राकृतिक को ही मनमाने ढंग से आध्यात्मिक का दर्जा देते हैं। वे फूहड़ प्रकृतिकवाद और विश्वात्मवाद, दोनों ओर से बराबर सतर्क रहते हैं। जिस प्रकार वे ईश्वर और ससीम आत्मा के बीच एकता और विभेद का जटिल सम्बन्ध मानते हैं, उसी प्रकार वे आत्मा की प्रकृति से गुणात्मक श्रेष्ठता में सन्देह किये बिना ही दोनों को जोड़ने वाली कड़ियों को स्वीकार करते हैं।

टैगोर का आग्रह है कि "आध्यात्मिक जगत् में आत्मा के जन्म के साथ ही प्रकृति के साथ उसका सम्बन्ध टूटता नहीं, बल्कि सम्बन्धों की स्वतन्त्रता स्थापित होती है।"[133] यही कारण है कि प्रकृति के साथ साहचर्य के उदाहरण, जैसा राबिन्सन क्रूसो में दिखाया गया है, सदा मानव के लिए प्रेरणा-दायक रहे हैं।[134] प्रकृति के बढ़े हुए मैत्री के हाथ का तिरस्कार' करके मानवता ने प्रगति नहीं की है। आत्मा की प्रगति स्वतन्त्रता में है; किन्तु प्रकृति से पूर्ण विच्छेद स्वतन्त्रता से एकदम उलटा है। "जब कोई मनुष्य प्रकृति-जगत् से अपना सम्बन्ध नहीं पहचान पाता, तो वह ऐसे कारागार में रहने लगता है जिसकी दीवारें उसकी शत्रु होती हैं।"[135]

प्रकृति और आत्मा एक-दूसरे के बिना अपूर्ण हैं। प्रकृति अपनी सार्थकता के लिए आत्मा पर निर्भर है, और आत्मा अपनी अभिव्यक्ति के लिए प्रकृति पर। प्रकृति का महत्त्व इस बात में है कि वह "न केवल शक्ति का भण्डार है, बल्कि मानवात्मा का निवास-स्थान भी है।"[136] प्रकृति के पदार्थ अपनी पूर्णता के लिए मनुष्य की ओर देखते हैं। इतना ही नहीं, मनुष्य स्वयं भी इस बात को जानता है। वह प्रकृति से कहता है—

"युग युगान्तर से मेरे भीतर तुम्हारे तृण उगे हैं,
पुष्प-खिले हैं; वृक्षों ने
पत्र-फूल-फल गन्ध की वर्षा की है।"[137]

प्रकृति के नियम अपने-आपमें मूक हैं; मानव-मन ही उनके सार का उद्घाटन करता है। मनुष्य के बिना प्रकृति—ब्रैडले के सुस्पष्ट शब्दों में—'एक टूटी हुई मेहराब', 'एक अपूर्ण वृत्त' ही रहेगी। टैगोर कहते हैं—"धरती और आकाश मानव-मन के धागों से बुने हुए हैं।"[138] स्वयं सूर्य अपना

प्रतिबिम्ब मानव-मुख में खोजता है।[139]

पर आत्मा को भी प्रकृति की उतनी ही तीव्र आवश्यकता है। मनुष्य "यदि प्रकृति में अपने विश्रामस्थल को छोड़कर मानवता की अकेली रस्सी पर चलने लगे तो उसे अपनी नस-नस पर निरन्तर ज़ोर डालना पड़ेगा और वह अपना सन्तुलन खो बैठेगा।"[140] निर्भरता की यह स्वीकृति मानव-प्रगति में बाधक नहीं। वास्तव में जीवन में हमारी आस्था तक, "जो हमें अपनी नश्वरता के प्रति अचेत रखती है", हमें स्वयं प्रकृति ने दी है।[141]

प्रकृति 'भौतिक राशियों का समुच्चय' मात्र नहीं है, वह अणु-परमाणुओं का ढेर नहीं है।[142] इस विचार को टैगोर ने न केवल अपनी कविताओं में, बल्कि अपनी कविताओं के सम्बन्ध में टिप्पणियों में भी व्यक्त किया है। अपनी कुछेक सर्वोत्तम कविताओं के एक संग्रह **बनबानी**[143] की भूमिका में उन्होंने शेलिंग के-से शब्दों में 'प्रकृति की महिमा' की चर्चा की है। वे पौधों को 'आकाश का अभिवादन करना सिखाने वाले बंधु' कहते हैं। "उनकी भाषा जीवन की आदिम भाषा है, और उनके स्पन्दन अस्तित्व के प्रथम स्रोतों की ओर इंगित करते हैं। उनकी मुद्रओं में हज़ारों विस्मृत युगों का इतिहास संचित है।" इस संग्रह की पहली कविता में वे 'मानवता के राजदूत' बनकर प्रकृति के राज्य को मैत्री का सन्देश पहुँचाते हैं।[144]

जीवन के जो पक्ष मनुष्य को प्रकृति से ऊपर उठाते हैं, उन्हें भी तभी पुष्ट किया जा सकता है जब वह जिन तत्त्वों में प्रकृति का साझीदार है उनको त्यागने के बजाय आत्मसात् करे। स्वयं मनुष्य में प्रकृति और आत्मा दोनों हैं।[145] वह प्रकृति का भी है और प्रकृति के परे भी।[146] मानवता को ऐसा आत्म-सम्पूर्ण संघटन नहीं माना जा सकता जो अपने विशेषत्व द्वारा ही अपनी सारी प्रगति करता है। विशिष्ट मानव-अनुभूतियों को "ब्रह्माण्ड की प्रवृद्धि-मात्र, जिसकी वस्तुओं की प्रकृति में कोई जड़ें न हों" नहीं माना जा सकता। टैगोर कहते हैं कि मानव-जीवन में प्राकृतिक और प्रकृति-बाह्य के बीच वही अनुपात होना चाहिए जो हमारी पृथ्वी पर जल और थल के बीच है, जिसमें जल की प्रधानता है।[147]

विभेद में तादात्म्य के प्रश्न की भाँति यहाँ भी टैगोर के बहुत-से कथनों में सुस्पष्ट हेगेलीय ध्वनि है। हेगेलीय दर्शन में प्रकृति को 'प्रस्तरित बुद्धि' अथवा 'जड़ीभूत बोध' कहा गया है—"तर्कना आत्मा बनने के लिए प्रकृति बन जाती है।" इस बात पर ज़ोर देते हुए कि प्रकृति और आत्मा एक-दूसरे में निहित हैं, हेगेल कहते हैं—"प्रकृति इतनी अचल और सम्पूर्ण नहीं है कि बिना

आत्मा के टिकी रहे। एक प्रकार से आत्मा में ही वह पहले-पहल अपना लक्ष्य और सत्य प्राप्त करती है और इसी प्रकार आत्मा प्रकृति के परे का एक जगत् मात्र ही नहीं है। वह वास्तव में और पूरे प्रमाण के साथ आत्मा तभी होती है जब उसमें अपने-आपमें आत्मसात् प्रकृति निहित होती है।''[१४८]

किन्तु जहाँ हेगेल इस सम्बन्ध की बौद्धिक व्याख्या करते हैं—और यह उल्लेखनीय है कि उपर्युक्त उदाहरण उनकी तर्क-विषयक रचना से हैं—वहाँ टैगोर आत्मा और प्रकृति की एकता की व्याख्या एक तीव्र सत्य, शक्ति अथवा ऊर्जा के रूप में करते हैं—ऐसी ऊर्जा के रूप में जिससे अनुभव के पग-पग पर हमारा सामना होता है। इस ऊर्जा को कवि ने विभिन्न नाम दिये हैं—जीवनी-शक्ति, जीवन-प्रवाह, प्राणधारा। पर नाम जो भी हो, उनके मन में जीवन की सृजनात्मक, गतिशील भावना ही है, वह प्राणदायिनी शक्ति है जिसे बर्गसाँ प्राण तत्त्व ('एलान वाइताल') कहते हैं, और जिसमें मैकडूगल[१४९] और जुंग अस्तित्व के निम्न मानवीय और मानवीय प्रकार के बीच निरन्तरता देखते हैं।

टैगोर जीवनी-शक्ति के इस विचार से बहुत ही मुग्ध हैं। ऐसा लगता है जैसे वे उसे दुलार रहे हों, उसके साथ खेल रहे हों, उसे उलट-पलट कर हर सम्भव दृष्टिकोण से देख रहे हों। वह उन्हें परेशान भी करता है और जगत् को समझने में सहायता भी देता है। ''मेरे भीतर एक जीवन-प्रवाह है। मुझे उसकी अनुभूति होती है और उसके द्वारा मुझे अपने चारों ओर के जगत् के साथ एकता की भी अनुभूति होती है।[१५०] कभी-कभी वे उसे चेतना-प्रवाह भी कहते हैं। ''वह घास की प्रत्येक पत्ती के भीतर से, प्रत्येक वृक्ष की प्रत्येक डाली के भीतर से प्रवाहित होती है। वह मेरे चारों ओर के हरे-भरे खेतों को रोमांचित करती है। मैं ताल के पौधे के प्रत्येक तन्तु को चेतना से स्पन्दित देखता हूँ।''[१५१]

यह प्राणवाद टैगोर की बहुत-सी सशक्त कविताओं में परिव्याप्त है। उनके महत्त्व को ध्यान में रखकर उनमें से कुछ का उन्होंने स्वयं अंग्रेज़ी में अनुवाद किया। इनमें से दो का, जो टैगोर के प्रकृति-सम्बन्धी दर्शन को विशेष सजीवता से संप्रेषित करती हैं, यहाँ उल्लेख किया जा सकता है। एक है उनके संग्रह 'नैवेद्य' की एक कविता जिसका प्रारम्भ निम्न पंक्तियों से होता है—

''यह मेरे शरीर की शिरा-शिरा में
जिस प्राण की तरंगमाला दिन-रात उमड़ती है
वही विश्व विजय के लिए निकला है,
वही अनोखे छंद, ताल, लय में

विश्व में नचाता है।"[१५२]

इसी कविता में आगे की ये पंक्तियाँ और भी प्रसिद्ध हैं—

"वही प्राण चुपके-चुपके
धरती की मिट्टी के प्रत्येक रोमकूप में
असंख्य तृणों में आनन्द से संचरित होता है,
पत्तों और फूलों में विकसित होता है
वही प्राण विश्वव्यापी जन्म-मृत्यु समुद्र को
हिलोर में अन्तहीन ज्वार-भाटे में झूलता है।
मुझे लगता है उस अनन्त प्राण ने मेरा
अंग-अंग महिमामय कर दिया है।
वही युग-युगान्तर का विराट् स्पन्दन
मेरी नसों में आज नृत्य कर रहा है।"[१५३]

यह उल्लेखनीय है कि इन दोनों कविताओं में प्राण का विचार लय के विचार से संयुक्त है। इस कारण टैगोर का प्राणवाद जैविक से सौन्दर्यात्मक स्तर पर उठ जाता है। प्रकृति और मानव-जीवन में एकता केवल इसी कारण नहीं है कि दोनों में सप्राणता है, बल्कि इसलिए भी कि दोनों में लय और सामंजस्य के दर्शन होते हैं। वे एक ही कविता के दो छन्दों अथवा एक ही सिम्फनी की दो गतियों की भाँति हैं। वे 'एक ही धुन में बंधे हुए'[१५४] हैं। प्रकृति के पदार्थों और व्यापारों में 'ब्रह्माण्ड की गति की लय'[१५५] है। हम प्रकृति के साथ इसीलिए तादात्म्य अनुभव करते हैं क्योंकि "प्रकृति में सामंजस्य की भाषा हमारी अपनी आत्मा की मातृभाषा है।"[१५६] ऋतुओं का नृत्य मानवीय कार्यों में प्रतिध्वनित होता है। नटराज के एक चरण से बाह्य रूप जगत् स्पंदित होता है और दूसरे चरण से मानवात्मा का अन्तर्जगत् गतिमान हो उठता है और कवि कहता है—"हे नटराज, मैं तुम्हारा शिल्पी-शिष्य हूँ। मैं तुम्हारा विश्वलय का मंच ग्रहण करूँगा।"[१५७]

इस सन्दर्भ में ही 'जीवन देवता' के भाव को ठीक से समझा जा सकता है। इस शब्द के ऊपर तरह-तरह की व्याख्याएँ लादी गई हैं और उसके चारों ओर एक पहेली-सी खड़ी कर दी गई है। 'जीवन देवता' विवाद का केन्द्र इसलिए बन गया है क्योंकि आलोचकों ने उसे तत्त्वमीमांसीय अर्थ में ईश्वर का पर्याय मान लिया है। वास्तव में इसका प्रयोग अभिधार्थ में ही हुआ है—प्राणों के देवता। टैगोर ने अपने दार्शनिक निबन्धों और प्रवचनों में शायद ही कभी उसका प्रयोग किया हो। वह केवल उनके काव्य में आता है। अपने गम्भीर

दार्शनिक वक्तव्यों में वे 'ब्रह्म', 'ईश्वर', 'चरम पुरुष', 'परम चैतन्य' और 'असीम' आदि का ही प्रयोग करते हैं।

यदि 'जीवन देवता' को टैगोर के समस्त दर्शन पर नहीं, वरन् उसके एक अंश पर, अर्थात् प्रकृति और आत्मा के सम्बन्ध की समस्या पर, लागू होने वाला सिद्धान्त माना जाता तो इस प्रश्न पर टैगोर के अध्ययन में बहुत-सी भ्रामक धारणाओं से बचा जा सकता था। कवि यह जानकर रोमांचित हो उठता है कि मानव-जगत् और प्राकृतिक जगत् शक्ति और प्राणवानता के एक ही भंडार से संचालित होते हैं। वह इस शक्ति से चकित होता है, उसकी विभिन्न अभिव्यक्तियों को सुन्दर पाता है और अन्त में उसका भक्त हो जाता है। यह शक्ति अदृश्य है, पर फिर भी उसको अनुभव किया जा सकता है; वह अगम्य है फिर भी उसका उपभोग किया जा सकता है। ये सब प्रभाव मिलकर कवि के भीतर देवत्व का भाव जाग्रत करते हैं। वह इस शक्ति को गौरवमंडित करता है, उसकी उपासना करता है और पूजा की भावना में उसे देवता कहता है।

इसलिए 'जीवन देवता' ऐसी चकरा देने वाली कल्पना नहीं है जैसी टैगोर के विषय में बहुत-से लिखने वाले उसे बना देते हैं। कवि के लिए अपने प्रेम, विस्मय या आनन्द के पात्र को देवता का रूप दे देना कोई ऐसी असाधारण बात नहीं है—विशेषकर यदि उस पात्र में रहस्य का भी पुट हो। 'देवता' शब्द का यदि कोई अपने पिता के लिए, मातृभूमि के लिए अथवा प्रेमपात्र के लिए प्रयोग करे तो हम नहीं चकराते। कविगण भी प्रकृति के विशिष्ट व्यापारों में, पर्वतों, नदियों तथा ग्रह-नक्षत्रों में देवत्व का आरोप करते हैं। टैगोर ने बस इतना ही किया है कि स्वयं पदार्थों अथवा व्यापारों पर देवत्व का आरोप करने के बजाय उन सबके पीछे छिपी शक्ति पर देवत्व का आरोप किया है। प्राण ऊर्जा के एक स्रोत में देवत्व की यह कल्पना वेदों के समय से चली आती है जिनमें प्रजापति को 'अनुप्राणक' प्रकृति की सर्जनात्मक शक्ति का अवतार कहा गया है।[१५८] टैगोर का 'जीवन देवता' प्रकृति और मनुष्य में प्राणतत्त्व के अतिरिक्त और कुछ नहीं है। वह हेराक्लाइटस की अग्नि की भाँति प्रत्येक पदार्थ को जीवन्त और गतिशील रखता है—"चिरजीवी अग्नि, अंशतः प्रज्वलित होती हुई और अंशतः बुझती हुई।" वह वही सक्रिय सिद्धान्त है जिसके विषय में वर्ड्सवर्थ ने कहा था—

"एक-एक कड़ी में है प्रवहमान,
समस्त विश्व की आत्मा।"[१५६]

६

हम अब काफ़ी विस्तार से देख चुके हैं कि किस आधार पर टैगोर प्रकृति और मनुष्य के बीच आत्मीयता और सम्बन्ध पर ज़ोर देते हैं। पर यह निष्कर्ष निकालना भूल होगा कि वे प्रकृति से आत्मा की श्रेष्ठता को कम आँकते हैं, या जगत् में मनुष्य के आगमन से प्रकट होने वाले वास्तविक अन्तर को नहीं देखते। इसके विपरीत वे मानव-व्यक्ति को ब्रह्माण्ड से इतना उच्च स्थान प्रदान करते हैं कि—जैसा हम शीघ्र ही देखेंगे—वे स्वयं ईश्वर की परिभाषा मनुष्य के रूप में करते हैं। प्रकृति और आत्मा दोनों सत्य हैं और उनमें बहुत कुछ सामान्य भी है। पर इसका यह अर्थ नहीं कि वे दोनों 'बराबर' हैं। असीम अपने-आपको एक धूलिकण में भी प्रकट करता है; पर फिर भी सृष्टि में 'मात्राएँ' मौजूद हैं ही। अन्यथा 'उच्चतर' और 'निम्नतर' की बात करना निर्थरक होगा।

टैगोर कहते हैं—"असीम का पूर्ण उद्घाटन तारों-भरे आसमान में नहीं, मनुष्य की आत्मा में होता है।"[१६०] और भी; "ईश्वर के प्रकट रूपों में मनुष्य अतुलनीय है। मानव-आत्मा अनुपम है क्योंकि उसमें ईश्वर अपने-आपको विशेष प्रकार से प्रकट करता है।"[१६१] सत्ता की दृष्टि से हम कह सकते हैं कि जहाँ पूर्णतः असत्य कुछ नहीं है, वहाँ मनुष्य की भाँति सत्य भी और कुछ नहीं। ईश्वर की वीणा में बहुत-से तार हैं। कुछ लोहे के हैं, कुछ ताँबे के; पर ईश्वर की वीणा में सोने का तार अकेला मनुष्य ही है।[१६२]

इससे हम टैगोर के 'मानवतावाद' पर पहुँचते हैं, क्योंकि मनुष्य को प्रकृति से ऊपर उठाने, शेष जगत् से उसकी श्रेष्ठता दिखाने से ही मानवतावादी दर्शन का प्रारम्भ होता है। पर मनुष्य की अद्वितीयता पर आग्रह-मात्र ही पर्याप्त नहीं है। प्रश्न यह है—वह अद्वितीय है किस बात में? चूँकि इस प्रश्न का उत्तर सर्वथा भिन्न रीतियों से दिया जा सकता है, इसलिए 'मानवतावाद' शब्द का प्रयोग प्रायः ऐसे विभिन्न दृष्टिकोणों के लिए होता है जिनमें कुछ भी सामान्य नहीं होता। उन्नीसवीं शताब्दी में यूरोप के मानवतावादी, विज्ञान की सफलताओं से उत्साहित होकर, मनुष्य की श्रेष्ठता लगभग सम्पूर्णतः शारीरिक और मानसिक शक्ति की दृष्टि से ही आँकते थे। पर मनुष्य का गौरवगान केवल इस आधार पर करना कि उसने सृष्टि के निम्नतर स्तरों को वश में कर लिया है, या कि उसमें प्रवृत्ति के साथ-साथ बुद्धि भी है, उसकी वास्तविक महानता को न पहचानना है। टैगोर मानते हैं कि हमें और गहरे जाकर मनुष्य के विशिष्ट स्थान को देखना चाहिए।

टैगोर के अनुसार मनुष्य का विशिष्ट कार्य तत्त्वों पर शासन करना, या अपने से शारीरिक दृष्टि से प्रबलतर जीवधारियों को वशीभूत करना इतना नहीं, जितना कि एक नये सिद्धान्त का—स्वतन्त्रता के सिद्धान्त का—उपयोग करना है। प्रकृति में नियामक सिद्धान्त नियतत्त्ववाद है, मनुष्य में है स्वतन्त्रता। इससे उसे 'प्रकृति के बन्धनों को पार करने में'[१६३] सहायता मिलती है, वह जोखिम उठा सकता है और इससे उसकी कोई क्षति नहीं होती। "भेड़िये का दूध पीकर और पशु की माँद में बसेरा लेकर भी, अचानक मनुष्य को पता चलता है कि वह मनुष्य है—और कि उसकी सच्ची शक्ति पाशविक बल को त्यागकर उसके बदले में आत्मा की स्वतन्त्रता अपनाने में है।"[१६४] स्वतन्त्रता से सज्जित होकर मनुष्य "अपनी दृष्टि को अन्तर्मुख करता है और प्रकृति की सन्तुलन-व्यवस्था को भंग कर देता है।"[१६५]

यह स्वतन्त्रता ही मनुष्य को ग्रहणशील से सृजनशील प्राणी बनाती है। वह नवीनता-प्रवर्तक कलाकार हो जाता है। वह कुतूहल करने का, ऐसी चीज़ों के विषय में अचरज करने का, जो तात्कालिक आवश्यकता की नहीं हैं, जीवित रहने की अल्पतम आवश्यकताओं के परे देखने का साहस करता है। वह उपयोगिता के आदेशों का उल्लंघन करता है। मनुष्य का गौरव इस बात में है कि वह जो कुछ अलम है उससे सन्तुष्ट नहीं होता, बेचैन है, उसे सुदूर और दुर्गम्य की लालसा है।[१६६] प्रगति के लिए उसकी तृष्णा कभी शान्त नहीं होती। उसकी तीव्र कामना महान् और गौरवपूर्ण के लिए, विराट और वृहत के लिए है। वह जानता है कि वह "इस जगत् में अजनबी नहीं विशेष अतिथि है।"[१६७] वह अपने-आपको किसी एक निश्चित ढंग से नहीं, बल्कि अपनी प्रेरणा के अनुसार विविध प्रकार से अभिव्यक्त करता है। "जल में मछली मौन रहती है, धरती का पशु शोर करता है, हवा में पक्षी गाता है। पर मनुष्य के भीतर समुद्र का मौन, धरती का शोर और हवा का संगीत है।"[१६८]

सृष्टि के मुकुट के रूप में मनुष्य को गौरवान्वित करने वाले टैगोर के मानवतावाद के इस पक्ष को उनकी इस सुन्दर कविता से अधिक उपयुक्त शब्दों में कहना कठिन है—

"पक्षी को तुमने गीत दिया है, वह उसे ही गाता है,
उससे अधिक कुछ नहीं देता।
मुझे स्वर दिया है, मैं उससे अधिक दान करता हूँ
मैं गीत भी गाता हूँ।

पवन को तुमने स्वाधीन बनाया है,
वह सहज ही तुम्हारा बन्धनहीन चाकर है।
पर मुझे तुमने जो भी बोझ दिया है
उसे ही लेकर मैं पथ में कभी सीधा कभी टेढ़ा चलता हूँ।
एक-एक करके सारा भार तुम्हारे चरणों में ले जाता हूँ,
और एक दिन खाली हाथ होकर तुम्हारी सेवा के लिए स्वतन्त्र हो जाता हूँ।
मुझे जो भी बन्धन दिये उन्हें मैं मुक्ति में विलीन कर देता हूँ।
तुमने अपनी इस मिट्टी की पृथ्वी को आलोक में
अन्धकार मिलाकर रचा है।
वहाँ खाली हाथ मुझे रखकर तुम
शून्य की आड़ में छिपे-छिपे हँसते हो।
मेरे ऊपर अपना स्वर्ग रचने का भार तुमने दिया है।
और सबको तुम देते ही हो,
केवल मुझी से माँग करते हो,
और जो मैं अपने प्रेम से
तुम्हें दे पाता हूँ
उसे तुम अपने सिंहासन से उतरकर
प्रसन्न भाव से हृदय से
लगा लेते हो।"[१६६]

पर यह भी मानवतावाद की निम्नतर अवस्था है। टैगोर को सृष्टिक्रम में मनुष्य की प्रधान स्थिति दिखाने-भर से सन्तोष नहीं होता। वे और भी बहुत आगे बढ़कर सत्ता, सत्य और ईश्वर तक की परिभाषा मानवता की दृष्टि से करते हैं। वे कहते हैं—"सत्ता मानवीय है।" "वह है जिसकी हमें चेतना होती है, वह है जिससे हम प्रभावित होते हैं, वह है जिसे हम व्यक्त करते हैं।"[१७०] इस सत्ता को हम चाहे ईश्वर कहें चाहे और कुछ, यदि उसमें मानवता का तत्त्व न हो तो वह मनुष्य के भीतर सर्वोत्तम अंश को प्रेरित नहीं कर सकता, उसकी महानता की लालसा को सन्तुष्ट नहीं कर सकता। "ईश्वरीय सत्ता को चाहे जो नाम दिया गया हो, पर हमारे धर्म के इतिहास में उसे सर्वोच्च स्थान उसके मानवीय स्वरूप के कारण ही मिला है...वह सम्पूर्णता के उन समस्त आदर्शों के लिए चिरन्तन पृष्ठभमि प्रस्तुत करती है जिनका मनुष्य के अपने स्वभाव से सामंजस्य है।"[१७१]

यह इसी बात को दूसरे ढंग से कहने के बराबर है कि मनुष्य ही सत्ता का निर्माता है। वह सत्ता में रहता है, उसकी सीमाओं को निर्धारित और व्यापक करता है, उसे रूप देता है। अब स्वयं ईश्वरत्व को नया अर्थ प्राप्त होता है। यदि ईश्वर सत्य है तो वह अवश्य मानवीय होगा। "ईश्वरीय सत्य के सम्पूर्ण होने में मानवता आवश्यक तत्त्व है।"[१७२] धार्मिक अनुभूति की दृष्टि से टैगोर अपने निष्कर्ष को सहज और सुस्पष्ट रूप में इस प्रकार रखते हैं—"मेरा धर्म मानव-धर्म है जो असीम मानवता में परिभाषित होता है।"[१७३] यह धर्म कुछ मानवीय गुणों की ईश्वर में प्रतिष्ठा करने में नहीं, बल्कि "ईश्वर की मानवता की सिद्धि" में है जो पहले ही अनुमानित है।[१७४]

इस आस्था को कि सत्य या सत्ता मानवीय है, ओजस्वी काव्यात्मक अभिव्यक्ति तब मिलती है जब यह घोषणा की जाती है कि स्वयं ईश्वर मानवता पर निर्भर है, न केवल अपने जगत् को सम्पूर्ण बनाने के लिए, बल्कि अपने आत्म-शोध और आत्म-ज्ञान के लिए। मानवीय जगत् में ही ईश्वर की शक्ति को परिपूर्णता प्राप्त होती है।[१७५] कभी-कभी ईश्वर और मनुष्य को खेल का संगी बताया जाता है, जो खेल-खेल में एक-दूसरे से मिलते और छिपते रहते हैं, एक साथ गीत और उत्सव मनाते हैं—

"तुम्हारा-मेरा मिलन सारे आकाश में छाया है,
तुम्हारा-मेरा खेल दूर-पास से परे चला गया है।
तुम्हारे-मेरे गुंजरण से पवन मत्त हो उठा है,
तुम्हारे-मेरे आने-जाने से सारे युग बीत जाते हैं।"[१७६]

कुछ अन्य कविताओं में ईश्वर को ऋणी बताया गया है जो मनुष्य की सहायता के बिना चल ही नहीं सकता—

"मानव नेत्रों के भंडार से तुम वह
प्रकाश खरीदते हो
जो तुम्हें अपने प्रभात के लिए चाहिए।"[१७७]

मानवता को उच्च वेदी पर बिठाने वाले ये शब्द शेली की '**हिम टु अपोलो**' की याद दिलाते हैं—

"मैं ही वह नयन हूँ जिससे जगत्
अपने-आपको देखता है और अपने ईश्वरत्व को पहचानता है।"

मनुष्य के ऊपर ईश्वर की निर्भरता का यह भाव **तुमि ओ आमि** कविता में बड़े सुन्दर रूप में व्यक्त हुआ है—

"जब तुम अकेले थे तो तुम अपने-आपको नहीं जान सके थे।

उस दिन कहीं किसी के लिए कोई प्रतीक्षा न थी;
इस पार से उस पार तक कोई क्रन्दन-भरी बन्धनहीन हवा
नहीं चलती थी।
मैं आया और तुम्हारी नींद टूटी,
सारे आकाश में आलोक के आनन्द-कुसुम खिल उठे।
मुझे तुमने हर फूल में खिलाकर
अनेक रूपों में स्पंदित कर दिया।
मुझे तुमने मृत्यु में छिपाकर
बार-बार नये सिरे से प्राप्त किया।
मैं आया तो तुम्हारा हृदय कम्पित हुआ,
मैं आया तो तुम्हारा दुःख आया, आनन्द आया…
मेरे मुख पर घूँघट पड़ा है,
तुम्हें देख नहीं पाता इसलिए आँसू झरने लगते हैं,
ओ मेरे प्रभु, मैं जानता हूँ
मुझे देखने का तुम्हें असीम कौतूहल है,
अन्यथा ये सूर्य-तारे सभी निष्फल हैं"[१७८]

यह आपत्ति की जा सकती है कि ईश्वर के ये वर्णन असीम, सर्वोच्च सत्ता, स्रष्टा की अवधारणाओं के प्रतिकूल पड़ते हैं। सचमुच तर्क की दृष्टि से यह सम्भव नहीं कि ईश्वर को एक ओर ससीम पर निर्भर भी माना जाए और दूसरी ओर परम सत्ता भी। पर ऐसी आपत्ति पर आग्रह करना इन काव्यात्मक वर्णनों की तह में छिपी भावना को न पहचानना होगा। ईश्वर को क्रीड़ासंगी या ऋणी—या भिक्षुक भी—कहना केवल विश्व-व्यवस्था में मानवता की स्थिति को बताने का कल्पनाशील ढंग-मात्र है। यह इस बात को संप्रेषित करने का कवि का ढंग है कि सत्ता और सत्य को निरी अमूर्त कल्पनाएँ न रहना हो तो उनका मानव-अनुभूति के रूप में मूर्त होना आवश्यक है। टैगोर यह ढंग वैष्णव कवियों की, विशेषकर चंडीदास की परम्परा में अपनाते हैं, जो कहते थे कि "सबसे बड़ा सत्य है मनुष्य, उससे बड़ा और कुछ नहीं।" अपने **मानव-धर्म** नामक ग्रन्थ में टैगोर कबीर, दादू, रज्जब तथा अन्य मध्ययुगीन कवियों का उल्लेख करते हैं जो ईश्वर को नर-हरि या नर-नारायण कहने में, मन को मनुष्य और महामानव कहने में नहीं हिचकते थे।

ऐसे दृष्टिकोण पर मनुष्यत्वारोपण का दोष लगाना बहुत सहज है। पर इस आरोप का साहसपूर्वक सामना करना होगा। टैगोर कहते हैं—"समस्त

धर्म में मनुष्यत्वारोपण का कुछ-न-कुछ तत्त्व मौजूद है।"[१७६] वे इसके स्थूलतर रूपों को स्वीकार नहीं करते, पर वे मानते हैं कि मनुष्यत्वारोपण भी जागरूकतापूर्ण और उदात्त हो सकता है।[१८०] "हमारा ईश्वर मनुष्य भी है। यदि इसकी मनुष्यत्वारोपण कहकर निन्दा की जाती है तो मनुष्य को मनुष्य होने के लिए दोषी ठहराना चाहिए, प्रेमी को अपने प्रिय पात्र से, मनोविज्ञान के एक सिद्धान्त की बजाय एक व्यक्ति के रूप में, प्यार करने के लिए दोषी मानना चाहिए।"[१८१]

: १० :

इस प्रकार यह स्पष्ट है कि ईश्वर मनुष्य, प्रकृति और उनके परस्पर सम्बन्धों के विषय में समस्त मूलभूत प्रश्नों पर टैगोर का मुख्य प्रयास सामंजस्य करने का है, जैसा प्रारम्भ में ही कहा गया था, एक मध्यम-मार्ग निर्धारित करने का है। वे एकेश्वरवाद तथा बहु-ईश्वरवाद में सत्य के तत्त्वों को सुरक्षित रखते हैं; जगत् की सत्ता को स्वीकार करते हुए भी माया की अवधारणा को उसका उचित स्थान देते हैं; मनुष्य और प्रकृति के बीच सम्बन्ध पर ज़ोर देते हैं और मनुष्यता को सर्वोच्च स्तर पर भी प्रतिष्ठित करते हैं। वे ऐसा व्यापक दर्शन प्रस्तुत करते हैं जो मानव-स्वभाव की बौद्धिक तथा भावात्मक आवश्यकताओं को पूरा कर सकता है। हम उनके बारे में वही बात कह सकते हैं जो मैथ्यू आर्नल्ड ने गेटे के लिए कही थी—

"और वह एक एकान्त पथ पर चलता रहा,
उसकी दृष्टि प्रकृति के विधान पर लगी हुई;
न तो उसने मनुष्य को अत्यधिक ईश्वर बनाया
और न ईश्वर को अत्यधिक मनुष्य।"

जब हम उनके तत्त्वमीमांसीय विचारों से नैतिक विचारों की ओर मुड़ते हैं तो उनमें भी हमें सामंजस्य के सिद्धान्त का अनुसरण मिलता है। उन्होंने नैतिक आदर्शों का मानव-प्रकृति की सम्पूर्ण आवश्यकताओं के सन्दर्भ में विवेचन किया है। टैगोर के लिए नैतिकता जीवन के अन्य पक्षों के साथ ऊपर से जोड़ी हुई कोई वस्तु नहीं है। नैतिक विवेक मनुष्य के स्वभाव का आत्यंतिक अंग है। मानव-आचरण कभी नैतिक दृष्टि से तटस्थ नहीं हो सकता।

"पशु का जीवन नैतिकता-शून्य है, क्योंकि वह केवल तात्कालिक वर्तमान को ही पहचानता है। मनुष्य का जीवन अनैतिक तो हो सकता है पर नैतिकता-शून्य नहीं हो सकता; उसका नैतिक आधार होना आवश्यक है।"[१८२] शेष सृष्टि से मनुष्य की भिन्नता ही इस बात में है कि "उसकी चेतना में जो

कुछ है और जो कुछ होना चाहिए इसके बीच एक द्वित्व रहता है।" अपने भौतिक अस्तित्व के लिए मनुष्य प्रकृति-जगत् पर निर्भर है; पर अपनी मानवता के लिए वह नैतिक जगत् पर निर्भर रहता है। "नैतिक जगत् में यह प्रवेश ही हमें मनुष्य रूप में अपनी संभाव्य क्षमताओं के प्रति सजग करता है।"[१८३]

इस भाँति टैगोर के नीतिशास्त्र का प्रारम्भिक बिन्दु ही नैतिक नियम की सार्वभौमिकता और मानव-स्वभाव से उसकी अविभेद्यता का विचार है। एक बार यह देख लेने पर कि टैगोर के लिए नैतिक आदेश सम्पूर्ण मनुष्य के लिए है, नैतिकता की विशिष्ट समस्याओं पर उनके विचार का महत्त्व सहज ही समझा जा सकता है। ऐसी ही एक समस्या, जो नैतिक चिंतक के रूप में उनके विकास के हर चरण में उन्हें उलझाए रही, तापसिक आदर्श के कारण सामने आती है। आज की दुनिया में संन्यास के विषय में चर्चा अप्रासंगिक लग सकती है। पर लगभग सत्तर वर्ष पहले, जब टैगोर ने अपने सर्वप्रथम नीति-सम्बन्धी निबन्ध लिखे थे, इस प्रश्न का बड़ा महत्त्व था। भारत में संन्यास की प्रवृत्ति सदा ही बहुत प्रबल रही है और टैगोर, जो इस बात के बहुत ही इच्छुक थे कि उनके देशवासी एक समृद्धतर और संपूर्णतर जीवन की ओर बढ़ें, यह अनुभव करते थे कि इस प्रवृत्ति का सही मूल्यांकन आवश्यक है।

टैगोर बड़ी सावधानी से भारतीय चिन्तन पर पाश्चात्य लेखकों के घोर वैराग्यवाद के आरोप की जाँच करते हैं। आरोप को सर्वथा निराधार कहकर ठुकराने की बजाय वे भारत के सांस्कृतिक इतिहास की अधिक संतुलित व्याख्या के लिए अनुरोध करते हैं। गाउग के इस कथन का उल्लेख करते हुए कि औपनिषद् आदर्श है "शून्यता, निरुत्साह और जड़ता द्वारा प्रत्येक आवेग को कुचल देना।"[१८४] वे कहते हैं कि जहाँ कुछ उपनिषद् मानव-जीवन को अवसादपूर्ण मानते हैं वहाँ कुछ अन्य संसार के सच्चे उपभोग की बात भी कहते हैं। टैगोर ने लिखा है—"शरीर के एकांत पीड़न का उपदेश उपनिषदों में कहीं नहीं है।"[१८५] बौद्ध धर्म भी चरम अर्थ में निर्वाण या विनाश का उपदेश नहीं देता।[१८६] मध्य तया आधुनिक युग में प्रत्येक पीढ़ी में भारत में ऐसे लोग हुए हैं जिन्होंने संसार को अस्वीकार करने वाले नीतिशास्त्र का विरोध किया और जीवन के सकारात्मक मूल्यांकन का आग्रह किया। यह देखते हुए स्पष्ट है कि ड्यूस्सेन, श्वीट्ज़र तथा अन्य लोगों ने संन्यास-मार्ग की ओर भारतीय चिन्तन के झुकाव को बढ़ा-चढ़ाकर देखा है।

किन्तु दूसरी ओर टैगोर का विश्वास है कि हमारी धार्मिक और नैतिक परम्पराओं में संन्यास मार्ग की गहरी अन्तर्धारा से इन्कार करना निरी

आत्मवंचना है। जन-साधारण पर त्यागमूलक उपदेशों का प्रभाव भारत में सदा से बहुत प्रबल रहा है। सांसारिक सुखों को 'पाप' समझा जाता है और गीता के कर्मयोग के बावजूद सक्रिय जीवन को संदेह की दृष्टि से देखा जाता है। औपनिषद् और बौद्ध-चिन्तन लोगों को क्षणिक मूल्य की वस्तुओं से अत्यधिक लगाव के विषय में सावधान करता है। परवर्ती विचारकों ने इस चेतावनी को और भी बढ़ा दिया और लगाव-मात्र की निंदा की। जो बात त्याग से शुरू हुई थी उसका अंत संन्यास में हुआ। शंकराचार्य के अनुयायी उस महान् अद्वैतवादी के केवल संन्यास को ही समझते थे और उनके उच्च आदर्शवाद और आत्मा की एकता में उनकी ज्वलन्त आस्था को भूल गए। क्रमश: देश की दृष्टि विकृत हो गई।

टैगोर का आग्रह है कि भारत की प्रगति के लिए इस परम्परा को निश्चित रूप से तोड़ना आवश्यक है। वे जीवन, कर्म और अध्यवसाय की प्राथमिकता पर बल देते हैं। आनन्द कुमारस्वामी कहते हैं कि टैगोर की रचनाओं में "जीवन का ऐसा गुणगान, मानवता की ऐसी प्राण-प्रतिष्ठा है जो शंकराचार्य के कठोर दर्शन के तनिक भी अनुकूल नहीं।"[१८७] वे एक के बाद एक कविता में जीवन की सार्थकता के गीत गाते हैं और मानव के अस्तित्व-मात्र में आनन्द को अभिव्यक्त करते हैं—

> **"जाने के दिन यही बात कह जाऊँ,**
> **कि जो कुछ देखा और पाया है उसकी कोई तुलना नहीं।**
> **इस ज्योति-समुद्र में जो शतदलकमल विराजमान है**
> **उसी का मधु मैंने पान किया है,**
> **इसी से मैं धन्य हूँ—**
> **जाते समय यह बात मैं बताकर जाऊँ।"[१८८]**

एक प्रारम्भिक कविता की पंक्तियाँ हैं—

> **"इस सुन्दर संसार में मैं मरना नहीं चाहता,**
> **मैं मनुष्यों के बीच जीवित रहना चाहता हूँ।"[१८९]**

और उनका पहला महत्त्वपूर्ण नाटक **प्रकृति प्रतिशोध** इस विचार के प्रवल प्रभियोग है कि नैतिक जीवन के लिए समस्त सांसारिक बंधनों को तोड़ना आवश्यक है।[१९०]

टैगोर की कविताओं में एक बार-बार आने वाली विषयवस्तु है उनकी "व्यर्थ कल्पनाओं के लोक को छोड़कर बारम्बार मानवता के तट पर लौट आने की"[१९१] लालसा। नैतिक प्रगति मनुष्य के अपने दैनंदिन जीवन में सदाचरण

के प्रयास का लेखा-जोखा ही है। संन्यासी अपने कोने में बैठा हुआ सक्रिय मानवता की इस गौरवशाली आत्माभिव्यक्ति का उपहास करता है। वह भूल जाता है कि वह स्वयं भी "आत्मोन्माद की सुरा से मत्त हतबुद्धि यात्री"[१६२] है। संन्यासी वास्तव में पलायनवादी है, चाहे वह अपने पलायन को मुक्ति का भारी-भरकम नाम भले ही दे।[१६३] टैगोर कहते हैं—

"वैराग्य साधन से मुक्ति—वह मेरे लिए नहीं है।
असंख्य बन्धनों में महा आनन्दमय मुक्ति का स्वाद मिलेगा।...
इन्द्रियों के द्वार रुद्ध करके योगासन—वह मेरे लिए नहीं।
दृश्य में, गन्ध में, गीत में जो भी आनन्द है
उसमें ही तुम्हारा आनन्द रहेगा।
मेरा मोह मुक्ति-रूप में जल उठेगा,
मेरा प्रेम भक्ति-रूप में सफल होगा।"[१६४]

जहाँ तक ऐसे लोगों का प्रश्न है जो पदार्थों और व्यक्तियों के संसार से भागकर परम पुरुष की प्राप्ति की कल्पना करते हैं, उनके लिए टैगोर की सलाह है—

"भजन, पूजन, साधन, आराधना सब छोड़ दो।
द्वार बन्द करके मन्दिर के कोने में क्यों बैठे हो?
इस अँधेरे में चुपचाप तुम किसकी पूजा कर रहे हो,
आँख खोलकर देखो, देवता सामने नहीं हैं।
वे वहाँ हैं जहाँ कठोर धरती पर किसान खेती करता है,
जहाँ श्रमिक पत्थर तोड़कर रास्ता बनाता हुआ
बारह महीने मेहनत करता है।
वे धूप में और वर्षा में सबके साथ हैं,
उनके दोनों हाथों में धूल लगी है।
उन्हीं की भाँति पवित्र वस्त्र त्यागकर धूल में आ जाओ।
पसीने से लथपथ कर्म में उनसे मिलो और एक हो जाओ।"[१६५]

वैराग्य[१६६] शीर्षक कविता में टैगोर इस भाव को और भी विस्तार से व्यक्त करते हैं कि असीम की प्राप्ति व्यक्तिगत आत्मा को अस्वीकार करके नहीं हो सकती। इस कविता में एक भक्त अपना घर छोड़कर ईश्वर की खोज में निकल पड़ता है। वह जितना आगे बढ़ता है उतना ही उसके तथा ईश्वर के बीच व्यवधान बढ़ता जाता है। आखिरकार ईश्वर हताश होकर पुकार उठता है—"हाय मेरा भक्त मुझे छोड़कर कहाँ जा रहा है?" किन्तु ससीम आत्मा और

अहं में अन्तर करना आवश्यक है।[१९७] टैगोर का नीतिशास्त्र संन्यास-विरोधी है, पर साथ ही वह अहं-विरोधी भी है। यही कारण है कि सुखवाद और उपयोगितावाद दोनों के अतिवादी रूपों को वे साफ़-साफ़ अस्वीकार करते हैं। यह बात उल्लेखनीय है कि यद्यपि टैगोर पूर्व और पश्चिम की सभी विचारधाराओं के सहानुभूतिपूर्ण अध्येता थे, पर फिर भी दो सिद्धान्तों के लिए उनके मन में तनिक भी सहानुभूति न थी—भारत में शाक्तों का सिद्धान्त और पश्चिम में हॉब्स और नीत्शे-जैसे विचारकों द्वारा प्रस्तुत 'शक्ति सद्‌गुण है' का सिद्धान्त। दोनों ही उनको अहंकारपूर्ण स्वत्वाग्रह का गुणगान करते और अपनी दृष्टि को आत्मनिष्ठता और व्यक्तिवाद पर आधारित करते जान पड़ते थे।

क्रियावाद एक ओर संन्यास-वृत्ति में और दूसरी ओर अहंवादिता में स्वस्थ संशोधन प्रस्तुत करता है। कर्म और कर्तव्य-पालन का आग्रह हमें सब प्रकार के पाप से बचने के लिए संन्यासी की गुफा में जा छिपने के प्रलोभन से बचाता है। साथ ही वह हमें जीवन के प्रति अहंकेंद्रित दृष्टिकोण से भी बचाता है, क्योंकि मानवीय क्रिया के अर्थ और विस्तार के बारे में हम जितना अधिक सोचते हैं उतना ही अधिक हम यह समझ पाते हैं कि "सबका जीवन जीना ही भलाई का जीवन जीना है।"[१९८] वास्तव में, सुखवादी कसौटी को यदि संगतिपूर्वक लागू किया जाए तो वह भी परोपकार की ओर ले जाती है, क्योंकि "निपुणतापूर्वक स्वार्थी होने के लिए भी मनुष्य को अपने तात्कालिक आवेगों को वश में करना पड़ता है।"[१९९] मानवतावादी की हैसियत से टैगोर का आग्रह है कि निःस्वार्थता ही मनुष्य के जीवन की विशेष पहचान है। पशु भी निःस्वार्थ हो सकता है; पर केवल सहजवृत्ति के सहारे चलकर। दूसरी ओर मनुष्य "सजग रूप में परोपकार के नियम को पहचानता है, उस पर अमल करता है और इस प्रकार अपनी श्रेष्ठता प्रकट करता है।"[२००]

इसलिए टैगोर क्रियावाद को ऐसा सिद्धान्त समझते हैं जो दो प्रवृत्तियों के बीच-जो सतही तौर से समझने पर परस्पर विरोधी जान पड़ती हैं—सामंजस्य पैदा कर सकता है—सीमित और आत्मकेन्द्रित के त्याग की प्रवृत्ति और जीवन से पूर्णतम आनन्द प्राप्त करने की प्रवृत्ति। रुडोल्फ इयुकेन की भाँति टैगोर मानते हैं कि "आत्मा संघर्ष है और जीवन एक कर्म।"[२०१] नैतिक प्रगति का अर्थ कर्म से मुक्ति नहीं, कर्म में और कर्म के द्वारा मुक्ति है। "मनुष्य जितना अधिक कर्म करता है और अपने भीतर निहित को यथार्थ बनाता है, उतना ही अधिक समीप वह सुदूर अनागत को लाता है। उस यथार्थीकरण में ही मनुष्य अपने-आपको अधिकाधिक विशिष्ट बनाता चलता है और अपनी विविध गति-

विधियों के बीच नित-नवीन स्थितियों में अपने को स्पष्टतः देख पाता है।"[२०२]

किन्तु क्रियावाद के भी एकांगी होने का डर है। यह मानते हुए भी कि यूरोपीय चिन्तन ने समाज को उल्लेखनीय गतिशीलता प्रदान की है, टैगोर 'कर्म के लिए' के खतरों के विरुद्ध चेतावनी की घंटी बजाते हैं। उन्होंने कई निबन्धों में पश्चिम द्वारा स्वीकृत 'काम करते-करते मरने' के आदर्श की जाँच की है।[२०३] यदि भारत मुक्ति के लक्ष्य से बहुत अधिक उलझता रहा है, तो यूरोप दूसरे छोर पर चला गया जान पड़ता है। वह भूल जाता है कि लक्ष्य-जैसी भी कोई चीज़ है और तर्क-प्रधान प्राणी के लिए लक्ष्य को अन्दर से समझना आवश्यक है। सड़क पर होना अच्छी बात है, पर कहीं पहुँचना भी तो चाहिए। 'मरना' कहीं एक खब्त, अपने-आपमें एक लक्ष्य, न हो जाए। और न ही कार्यों को केवल उनकी उपयोगिता की दृष्टि से आँकना चाहिए। आधुनिक समाज में गंतव्य को इसीलिए किसी महत्त्व का नहीं माना जाता, क्योंकि मानव-कर्म हमारे भीतर की आध्यात्मिक समग्रता से अधिकाधिक विच्छिन्न होता जा रहा है। हमें मुक्त करने की बजाय, कर्म हमें निकटस्थ आवश्यकताओं के जाल में बाँधता जा रहा है। यह "उपयोगिता के राक्षस को भोजन देना"[२०४] है। यह हमारे जीवन का यंत्रीकरण है और मनुष्यों को "चलते-फिरते मस्तिष्क और पेट"[२०५] बना देना है। हमारी आवश्यकताएँ "झपटती और वेग से बढ़ती हैं, वे अपरिष्कृत और धृष्ट हैं, उनमें न बचत है न अवकाश।"[२०६]

इसलिए टैगोर कर्म और चिन्तन के बीच, 'करने' और 'पहुँचने' के बीच, ईश्वरोन्माद और कर्मोन्माद के बीच, मध्यम-मार्ग का समर्थन करते हैं। यह मध्यम-मार्ग आत्मसिद्धि या साधना का मार्ग है। इस अत्यन्त व्यंजनापूर्ण शब्द का प्रयोग नीतिशास्त्र के एक अन्य मूलभूत प्रश्न से—स्वतन्त्रता के प्रश्न से—जुड़ा हुआ है। कुछेक अपवादों को छोड़कर, सब नैतिक सिद्धान्त स्वतन्त्रता को नैतिक आचरण का एक आधारभूत तत्त्व मानते हैं। ईश्वरवादी धर्मों में स्वतन्त्र संकल्प एक मूलभूत मान्यता है। बौद्ध धर्म-जैसे निर्धारणवादी धर्मों में भी चरम अर्थ में स्वतन्त्रता को अस्वीकर नहीं किया जाता। अपने शिष्यों के लिए बुद्ध के अन्तिम शब्द थे—"अपने लिए दीपक बनो। अपना निर्वाण प्राप्त करो।"

हम यह पहले ही देख चुके हैं कि सृष्टि-क्रम में मनुष्य का गौरवपूर्ण स्थान ज्ञान अथवा शक्ति पर इतना निर्भर नहीं जितना उसकी स्वतन्त्रता पर है। "अन्य सब प्राणियों के लिए प्रकृति ही अन्त है। वे कभी जीवन की सीमाओं से मुक्ति की पुकार नहीं करते।"[२०७] पर मनुष्य का चिरन्तन गौरव

ही यह है कि वह अपनी स्वतन्त्रता की दृढ़तापूर्वक घोषणा करता है। उसकी पुकार सदा यही होती है—

"मुझे मुक्त कर दो—
वैसे जैसे मन के आनन्द से जंगल के पक्षी होते हैं, जैसी बन्धनहीन श्रावण की घनधारा होती है,
जिस तरह बादल लदी हवा डाकू की भाँति आकाश को लूटती फिरती है,
मुझे ऐसे मुक्त कर दो जैसे दावानल का नृत्य सारे वन को घेर लेता है,
जैसे तूफ़ानी बादलों के बीच गरजता वज्र अपने अट्टहास से समस्त विघ्न-बाधाओं का हृदय चीर देता है।"[२०८]

परन्तु स्वतन्त्रता की तीव्र लालसा-मात्र, अथवा उसकी प्रबल घोषणा से ही हमें सन्तोष नहीं होता। हम अपनी स्वतन्त्रता की अवधारणा का विश्लेषण भी करना चाहते हैं। जब हम यह विश्लेषण गहराई के साथ करते हैं तो हम अनुभव करते हैं कि अन्ततः स्वतन्त्रता जीवन के प्रति हमारे अपने आन्तरिक दृष्टिकोण पर ही निर्भर है। टैगोर कहते हैं—"स्वतन्त्रता के अभाव का आधार है विजातीयता की भावना, एकता की हमारी अपूर्ण प्रतीति।"[२०९] जब हम चरम अर्थ में स्वतन्त्र होना चाहते हैं तो हम सम्बद्धता के तथ्य के विरुद्ध विद्रोह करते हैं। "गला पकड़कर स्वाधीनता प्राप्त करने का कोई बाहरी साधन नहीं है। अपने-आपको विलीन कर देने की आन्तरिक प्रक्रिया ही हमें उस तक ले जाती है। बन्धन का दुर्ग हमारी अन्तरात्मा में होता है, बाह्य जगत् में नहीं। बन्धन हमारी चेतना के मद्धिम पड़ने में, हमारे बोध के संकीर्ण होने में, वस्तुओं के ग़लत मूल्यांकन में है।"[२१०]

यदि एक बार हम यह तथ्य समझ लें कि स्वतन्त्रता और बन्धन आपेक्षिक शब्द हैं, और वे अपने अर्थ के लिए हमारे अपने दृष्टिकोण पर निर्भर हैं, तो हम समझ सकेंगे कि सामंजस्य का नियम जीवन के इस पक्ष में अन्य पक्षों की अपेक्षा कम सक्रिय नहीं है। तब हम स्वतन्त्रता के संयम का विलोम मानना छोड़ देते हैं और दोनों को नैतिक व्यवस्था के परस्पर-पूरक अंग समझने लगते हैं। टैगोर कहते हैं कि जीवन-नदी के एक किनारे पर है स्वतन्त्रता और दूसरे पर संयम।[२११]

स्पिनोज़ा का कथन है—"अनिवार्यता की स्वीकृति ही स्वतन्त्रता है।" वास्तव में किसी-न-किसी प्रकार की अनिवार्यता सदा ही होगी, पर मनुष्य को

यह माँग करने का अधिकार है कि यह अनिवार्यता आत्मदत्त होनी चाहिए। कान्ट की भाँति टैगोर भी मानते हैं कि नैतिक नियम हमें प्राकृतिक व्यवस्था से इसलिए नहीं ऊपर उठाता कि हमें फिर अराजकता के गह्वर में धकेल दे, बल्कि इसलिए कि हम आत्म-नियन्त्रण के स्तर तक उठ जाएँ। यही कारण है कि मनुष्य के लिए स्वयं अनिवार्यता भी आनन्द का साधन बन सकती है। "जो यह जानता है कि आनन्द और स्वतन्त्रता नियम में अपने-आपको अभिव्यक्त करती है, वह पहले ही नियम से ऊपर उठ चुका है। यह नहीं कि उस पर कोई बन्धन नहीं रहता, बल्कि यह कि स्वयं बन्धन ही, प्रेमिका की घेरने वाली बाँहों की तरह, परमानन्द का साधन हो जाता है।"[२१२]

सारा अस्तित्व सम्बद्धता से बुना हुआ है। कोई वस्तु सर्वथा अनियन्त्रित, सर्वथा स्वतन्त्र नहीं होती। इस बात पर बल देने के लिए टैगोर स्वयं ईश्वर को "अपनी सृष्टि की शृंखलाओं में जकड़ा"[२१३] और इस अर्थ में 'बँधा हुआ' कहते हैं। नैतिक जीवन स्वतन्त्रता से शुरू होकर नियम द्वारा विकसित होता है। नैतिक सम्पूर्णता के लिए नियम-शोधन और परिष्कार आवश्यक है, परित्याग नहीं। टैगोर इस भाव को कई सुन्दर बिम्बों द्वारा व्यक्त करते हैं। प्रथम तो संगीतज्ञ द्वारा अपनी वीणा के तारों को ठीक करने का बिम्ब है। उसकी 'स्वतन्त्रता' उन तारों को ढीला करने में नहीं, वल्कि अपनी कला की सर्वोच्च आवश्यकताओं के अनुसार उन्हें कसने में है।[२१४] कवि अपनी भावनाओं को तुक और छन्द द्वारा—कम-से-कम लययुक्त भाषा में—व्यक्त करता है। कवि की स्वतन्त्रता अपनी लय अपने-आप चुनने में है, लय-मात्र को त्याग देने में नहीं।[२१५] अन्त में पर्वतारोहियों का रूपक है जो बर्फ से ढँके पहाड़ों पर चढ़ते समय अपने-आपको एक रस्सी से बाँध लेते हैं। साधारणतः हम रस्सी को कठोर बन्धन ही मानते हैं। पर पर्वतारोहियों के लिए वह प्रगति का आवश्यक साधन है। यदि रस्सी टूट जाए तो उन्हें 'स्वतन्त्रता' नहीं विनाश प्राप्त होगा।[२१६]

अपनी स्वतन्त्रता की अवधारणा का सारांश बताते हुए टैगोर कहते हैं—"सत्य के एक ओर स्वतन्त्रता है, दूसरी ओर संयम। उसका एक पक्ष कहता है—'उसके भय से अग्नि जलती है।' उसका दूसरा पक्ष कहता है—'आनन्द से सब वस्तुएँ उत्पन्न होती हैं।' एक ओर नियम को अस्वीकार करना दूसरी ओर की स्वतन्त्रता को काम में लाने की सम्भावना से इन्कार करना है। स्वयं परम सत्ता भी स्वतन्त्र और अ-स्वतन्त्र दोनों है। ब्रह्म अपने सत्य से बँधा हुआ और अपने आनन्द में मुक्त है। हम भी स्वतन्त्रता की परिपूर्णता

का उपभोग केवल तभी कर सकते हैं जब हम सत्य के बन्धन स्वीकार करें।"[२१७]

इस व्यापक अर्थ में स्वतन्त्रता को स्थापित और विकसित करना भी आत्मसिद्धि या साधना ही है। हम अपनी सर्वोच्च आत्मा की सिद्धि तब तक नहीं कर सकते जब तक हम यह नहीं समझ लेते कि चरम स्वतन्त्रता अराजकता है और चरम अनिवार्यता मृत्यु। इस भाँति टैगोर की नैतिकता की चरम परिणति इस फलदायी, यद्यपि विरोधाभासपूर्ण, ज्ञान में होती है कि नैतिक प्राणी के रूप में मनुष्य की सर्वोच्च स्वतन्त्रता उस स्वतन्त्रता के आनन्दपूर्वक समर्पण की क्षमता में ही है।

: ११ :

सृजनात्मक मध्यम मार्ग का प्रखरतम विवेचन, सामंजस्य के सार्वभौमिक नियम का श्रेष्ठतम उपयोग, टैगोर के सौन्दर्य-शास्त्र में देखा जा सकता है, जिसे उनके समस्त चिन्तन-भवन के शिखर का पत्थर कहना अनुचित न होगा।[२१८] सामंजस्य की आवश्यकता और कहीं इतनी प्रबलता और तात्कालिकता के साथ नहीं अनुभव होती, जितनी कला के क्षेत्र में, किन्तु आश्चर्य की बात है कि फिर भी जीवन के ठीक इसी पक्ष में आलोचकों और दार्शनिकों ने विवाद की सबसे अधिक धूल उड़ाई है। कला का लक्ष्य अस्तित्व का सर्वथा यथावत् अनुकरण है, अथवा उसका निवास विशुद्ध भाव-जगत् में है? सौन्दर्याभिरुचि सर्वथा आत्मनिष्ठ है, या उसका कोई वस्तुनिष्ठ सन्दर्भ होता है? तर्क का सौन्दर्य के लोक से निष्कासन होना चाहिए या उसे उपयोगी मार्ग-दर्शक के रूप में रखा जा सकता है? इन तथा अन्य प्रश्नों के विषय में एकांगी वक्तव्यों पर—पक्ष और उसके बाद प्रतिपक्ष पर—बल दिया गया है, जिससे कट्टरता और असहिष्णुता उत्पन्न हुई है। आधुनिक युग में विशेष-रूप से बहुत-से परस्पर-विरोधी—मनोवैज्ञानिक और समाजशास्त्रीय, उपयोगितावादी और रहस्यवादी, सादृश्यमूलक और अभिव्यंजनावादी—सिद्धान्त रचे गए हैं, जिनमें से प्रत्येक सौन्दर्य के विशाल साम्राज्य का विधायक होने का दावा करता है।

टैगोर मानते हैं कि इस विषय में प्राचीनों का दृष्टिकोण अधिक सौम्य और संयत था। **छबिर अंग**[२१९] नामक एक निबन्ध में वे प्राचीन सौन्दर्यशास्त्र में सामंजस्य के सिद्धान्त का विवेचन करते हैं। उनके इस विवेचन की चर्चा रोचक होगी। किसी कलाकृति का—उदाहरण के लिए एक चित्र का—प्रारम्भ कैसे होता है? उसका प्रारम्भ होता है रूप-भेद से। किन्तु कलात्मक रूप-संयोजन दोहरा होता है—जहाँ अन्तर हो वहाँ अनेक से और जहाँ संयोग हो

वहाँ एक से। भेद के बिना रूप की कल्पना नहीं हो सकती; उसका पहला रूपायन उसकी विस्मयकारी अनेकता द्वारा होता है। जब पवन शान्त होती है तो एक से दूसरे छोर तक 'एक' होती है। पर जैसे ही हम वीणा के तार छेड़ते हैं तो हवा 'अनेक' हो जाती है। जब ये 'अनेक' एक-दूसरे के अधिकारों का आदर करते हैं तो संगीत की सृष्टि होती है। नितान्त एकत्व में कोई संगीत नहीं।

पर भेद अपने-आपमें तो संघर्ष है। रूप को सानुपात होना चाहिए; रूप-भेद से 'प्रमाणानि' की ओर बढ़ना आवश्यक है। जब रूप अनुपात की उपेक्षा करता है तो वह सम्पूर्ण के प्रकाशन में बाधा बन जाता है। तब उसे असुन्दर कहते हैं। असुन्दर तर्कहीन की भाँति है; उसमें एक का अनेक के साथ उचित सम्बन्ध नहीं स्थापित होता। पर रूप और अनुपात भी बाह्य तत्त्व-मात्र हैं। आखिरकार, हम केवल दृष्टिपटल से नहीं देखते। पार्थिव नेत्र के पीछे चित्त है जिसके योग से ही देखना सम्भव होता है। बाह्य अनुपात का आन्तरिक सामंजस्य से समृद्ध होना आवश्यक है, जो कलाकृति द्वारा उत्पन्न भाव पर निर्भर है। किसी मुखाकृति का सही-सही अंकन नक्शानवीसी है, उसका भाव-पूर्वक अंकन कला है।

रूप की भाँति भाव के विषय में भी भेद और अन्विति दोनों समान रूप से आवश्यक हैं। यदि भाव केवल भेद को प्रकट करता है, तो वह आक्रामक हो जाता है और रचना को विरूप, बल्कि बीभत्स, बना देता है। सौन्दर्यात्मक भाव को अपने परिवेश के सत्य का आदेश मानना चाहिए; उसे "जगत् को स्वीकार करना" चाहिए। जब आन्तरिक सामंजस्य वाह्य रूप और अनुपात में प्रतिबिम्बित होता है तो हम कहते हैं कि सच्चा सम्प्रेषण सम्भव हो सका है। कला में "जो कुछ दिया नहीं जाता वह नष्ट हो जाता है"— तन्नष्टं यन्न्-दीयते। सच्ची कलाकृति बैंक के समान है जिसमें भावानुभूति जमा की जाती है. सदा के लिए बन्द पड़ी रहने के लिए नहीं, बल्कि बार-बार उधार दिये जाने के लिए। धन की भाँति रस भी संचरित होने के लिए है।

पर चित्रकला के एक अन्य पक्ष, रंगयोजना पर भी ध्यान देना आव-श्यक है। रंग के बिना रूप, अनुपात, भाव जैसे अन्य तत्त्व दुखी रहेंगे, जैसे द्रौपदी के बिना पांडव दुखी होंगे। समस्त रूपरेखा और रंग के युगल पक्षों में प्रस्तुत होता है। इनमें से रेखा सीमा निर्धारित करती है जबकि रंग स्वतन्त्रता के पक्ष को सूचित करता है। साथ ही आलोक तथा अनालोक के बीच चिरन्तन संघर्ष तो है ही। रंग उनके बीच मध्यस्थता करके युद्धविराम स्थापित करता

है। यह युद्धविराम ही हमारा चित्र है।

काव्य में भी सामंजस्य का सिद्धान्त एकता और भिन्नता दोनों को स्वीकार करके लागू होता है। "यदि चित्र का मुख्य तत्त्व रेखा है तो काव्य का मुख्य तत्त्व शब्द है। रेखाओं की भाँति शब्दों में भी सन्तुलन और अनुपात होना आवश्यक है। इस सन्तुलन को हम छन्द का नाम देते हैं।" पर छन्द तो केवल बाह्य पक्ष है। कविता आन्तरिक सामंजस्य की, भावना के सामंजस्य की भी अपेक्षा रखती है और चित्र में रंग के अनुरूप काव्य में व्यंजना होती है। जिस प्रकार रंग के द्वारा रेखा स्वयं अपनी सीमा का अतिक्रमण करके अ-रेखा के प्रदेश में पहुँच जाती है, उसी प्रकार व्यंजना द्वारा शब्द स्वयं अपने अर्थों का अतिक्रमण करते हैं। "आन्तरिक में और उसके द्वारा बाह्य को देखना और बाह्य के माध्यम से आन्तरिक को अभिव्यक्त करना, चित्रकला, काव्य और समस्त कला का यही दोहरा लक्ष्य है।"

टैगोर ने प्राचीन दृष्टिकोण को इसी प्रकार प्रस्तुत किया है। इस दृष्टिकोण में सामंजस्य के सिद्धान्त की तुलना में कला के अन्य सब पक्ष गौण हो जाते हैं। आधुनिक सौन्दर्यशास्त्रीय चिन्तन में व्यक्तित्व की अवधारणा पर बल है, जिसे सृजन में गतिमान तत्त्व माना जाता है। प्रायः यह कहा जाता है कि इसी कारण सौन्दर्य-सम्बन्धी प्राचीन और अर्वाचीन विचार मूलतः परस्पर-विरोधी हैं। किन्तु टैगोर उन्हें परस्पर-विरोधी के बजाय परस्पर-पूरक मानते हैं। सामंजस्य और अनेकता में एकता तब तक निरी अमूर्त धारणाएँ बनी रहेंगी जब तक किसी वास्तविक व्यक्ति की अनुभूति में वे प्रमाणित न हो जाएँ। केवल व्यक्ति के लिए ही एकता के विचार का महत्त्व हो सकता है।

यह वैयक्तिक तत्त्व ही कला को विज्ञान से भिन्न बनाता है। कला को सत्ता के प्रति निर्वैयक्तिक यान्त्रिक दृष्टिकोण स्वीकार नहीं, जबकि विज्ञान अपने अनुसन्धान के क्षेत्र से उस सबको निकाल फेंकना चाहता है जिस पर व्यक्तित्व की मुहर हो। वैज्ञानिक के लिए कोई प्राकृतिक दृश्य भौतिक, रासायनिक और भूवैज्ञानिकीय तथ्यों का जटिल पुंज-मात्र है—ऐसा पुंज जिसका विश्लेषण परिप्रेक्ष्य, प्रकाश-तरंगों और ध्वनि-आकृतियों इत्यादि के रूप में किया जा सकता है। कलाकार के लिए वही दृश्य तीव्र वैयक्तिक सार्थकता-युक्त जीवंत सत्ता है जिसे चित्र अथवा गीत द्वारा ज़ीवित रखा जा सकता है। "जहाँ वैज्ञानिक किसी दृश्य के बारे में जानता अधिक है, वहाँ कलाकार उससे कहीं अधिक प्राप्त करता है।"[२०]

व्यक्तित्व के विचार का कला में बड़ा दूरव्यापी महत्त्व है। सबसे पहले

तो व्यक्तित्व की स्वीकृति में यह निहित है कि अभिव्यक्ति ही कला की आत्मा है। टैगोर अपने एक पत्र में कहते हैं—"अभिव्यक्ति ही मेरा धर्म है।"[२२१] वास्तव में वे अभिव्यक्ति को लगभग एक ब्रह्माण्डीय शक्ति के रूप में देखते हैं। हर जगह – प्रकृति में, मानव-जीवन में, स्वयं परम सत्ता में—रूपायन की प्रवृत्ति सनातन रूप में विद्यमान है। "समस्त विश्व रेखाओं और रंगों की, संगीत और गतियों की, इंगितों और संकेतों की, अनन्त लय में अभिव्यक्ति के लिए बेकल है"[२२२] कला व्यक्त और अव्यक्त का संयोग है।[२२३]

पिछले दिनों 'शुद्ध अन्तर्दृष्टि' और 'शुद्ध भावना' के सम्प्रदायों ने कला में सम्प्रेषण के महत्त्व को कम करने का प्रयास किया है। क्रोचे का कहना है कि अन्तर्दृष्टि अथवा दर्शन अपने-आपमें अन्तिम हैं और कोई अन्य अभिव्यक्ति अनावश्यक है।[२२४] वास्तव में वे अभिव्यक्ति और अन्तर्दृष्टि को एक ही मानते हैं। जेन्टाइल का कथन है—"कला को धारण करने वाले प्रत्येक विचार का शुद्ध आत्मनिष्ठ रूप केवल भावना ही हो सकती है। कला भावना की अभिव्यक्ति नहीं स्वयं भावना है।"[२२५] टैगोर इसको स्पष्ट ही एकांगी विचार मानते हैं। अभिव्यक्ति को वर्जित करके सौन्दर्यात्मक कार्य को सुन्दर के मनन अथवा भावना-मात्र तक सीमित करने से हम इस आत्म-विरोधी स्थिति पर पहुँच जाएँगे कि कला सृजनात्मक है ही नहीं। **साहित्येर मूल्य** नामक एक टिप्पणी में टैगोर कहते हैं—"रसोत्पत्ति ही कला का एकमात्र लक्ष्य नहीं है। उसका अन्य पक्ष रूप की सृष्टि और अभिव्यक्ति का भी है।"[२२६] और संगीत में भावना और सम्प्रेषण की मैत्री का उल्लेख करते हुए वे कहते हैं—"गायक के लिए भाव और अभिव्यक्ति भाई-बहन हैं। बहुत बार वे जुड़वाँ ही जन्म लेते हैं।"[२२७]

दूसरे कला में यह व्यक्तित्व की अभिव्यक्ति उपयोगिता की आवश्यकताओं से संचालित नहीं होती। घोर उपयोगितावाद की सगतिहीनता और किसी क्षेत्र में इतनी स्पष्टता से नहीं अनुभव होती जितनी सौन्दर्यानुभूति के क्षेत्र में। उपयोगितावादी कला को किसी-न-किसी व्यावहारिक आवश्यकता को पूरा करने का साधन मानता है। इस मामले में नैतिकतावादी, प्रकृतिवादी और आर्थिक निर्धारणवादी लोगों के विचार समान होते हैं। आदर्शवादी प्लैटो, व्यवहारवादी वाटसन, द्वन्द्वात्मक भौतिकवादी लेनिन परस्पर इतने विपरीत होने पर भी इस प्रश्न पर हाथ मिलाते जान पड़ते हैं। पहला कला की व्याख्या नैतिक उद्देश्य की दृष्टि से करता है; दूसरा स्नायविक अनुकूलन की शब्दावली में बोलता है; तीसरा मानता है कि कला वर्ग-संघर्ष का दर्पण है। पर वे सभी

व्यावहारिक कसौटी को ही स्वीकार करते हैं।

टैगोर के विचार में इन सब सिद्धान्तों की समान भूल यह है कि वे प्रासंगिक को मूलभूत मान बैठते हैं। टैगोर यह अस्वीकार नहीं करते कि कला से कोई उद्देश्य पूरा होने की सम्भावना है। वे सबसे पहले आस्कर वाइल्ड के इस कथन का विरोध करेंगे कि "समस्त कला सर्वथा अनुपयोगी होती है।" नैतिक उन्नति, शारीरिक अनुकूलन, सामाजिक कल्याण—ये सभी कलात्मक अभिव्यक्ति के सहवर्ती अथवा अनुगामी हो सकते हैं। पर इनमें से किसी को भी कला का निर्णायक अथवा नियामक तत्त्व नहीं माना जा सकता। "यह तो मानना पड़ेगा कि मनुष्य अपने-आपको उपयोगिता जगत् में प्रकट किये बिना नहीं रह सकता। पर वहाँ आत्माभिव्यक्ति उसका प्राथमिक उद्देश्य नहीं होता।...कला में हम आवश्यकता के दावे अथवा उपयोगिता के लाभों को भूल जाते हैं।"[२२८]

टैगोर द्वारा उपयोगितावाद का विरोध उनके कला के समस्त एकांगी मूल्यांकनों के सामान्य अविश्वास का ही अंग है। एक बार वैयक्तिक अभिव्यक्ति को कला-सृष्टि की कुंजी मान लेने के बाद ऐसी कोई कसौटी सन्तोषप्रद नहीं हो सकती जो मानव-व्यक्ति के किसी एक पक्ष से ही सम्बन्धित हो। "उपयोगिता के ऊपर संकीर्ण बल हमें सम्पूर्ण मानव से हटाकर केवल उपयोगी मानव की ओर ले जाता है।"[२२९] अथवा जैसा वे एक रूपक के सहारे कहते हैं, नदी पार करते समय सम्भव है कि सौभाग्य से हमें कोई मछली भी मिल जाए, पर इस कारण पार करने की नाव मछली पकड़ने की नाव नहीं हो जाती और हमें कोई अधिकार नहीं कि मल्लाह को हम काँटा न देने के लिए दोष दें।[२३०] कला से यह माँग करना कि वह पक्षपूर्वक हमारी आवश्यकताओं की पूर्ति करे, नदी पार करने की नाव को मछली पकड़ने की नाव बनाना है। "दक्षता हमें चकित भले ही करे, वह हमें गाने के लिए कभी नहीं प्रेरित कर सकती।"[२३१] कविताएँ यूनानी अस्थिकलश पर लिखी गई हैं, यूनानी हथौड़ों पर नहीं।[२३२]

तीसरे, व्यक्तित्व की अभिव्यक्ति होने के कारण ही कला में व्याकुलता और असन्तोष के गुण उत्पन्न होते हैं। कला में, विकासक्रम में प्रथम बार, सृष्टि-प्रेरणा शुद्ध और अमिश्रित रूप में दिखाई पड़ती है। कला में मनुष्य अपनी ससीमता के ऊपर उठने का, अपनी कल्पना के इशारे पर चलने का साहस करता है—

"सीमाओं में रहकर मुझे आनन्द मिलता था;
पर जब मैं असीम में उड़ने लगा तो मुझे मेरे गीत मिल गये।"[२३३]

सृजन-प्रेरणा ही मनुष्य को यान्त्रिकता के ऊपर प्राणवत्ता के सिद्धान्त की प्रधानता पर बल देने में सक्षम बनाती है। "कला मनुष्य को उसकी पताकाएँ प्रदान करती है। इन्हीं पताकाओं के नीचे वह समस्त जड़ और शून्य के विरुद्ध अपनी युद्ध-यात्रा के लिए प्रयाण करता है।"[२३४]

इस व्याकुलता की संगिनी है एक अनोखी मुक्ति-भावना। कला सृजन है और सृजन मुक्ति है। इस भाँति स्वतन्त्रता की अवधारणा की नई परिभाषा कला-अनुभूति के रूप में होती है। स्वतन्त्रता आवश्यकताओं का अभाव नहीं, बल्कि चिरन्तन-सृष्टि और नई आवश्यकताओं की नई कामनाओं की पूर्ति है। प्रत्येक गीत, कविता या चित्र इस बात की घोषणा है कि किसी व्याकुल व्यक्तित्व के भीतर एक तीव्र लालसा का स्थान दूसरी ने ले लिया है। टैगोर समस्त कला को 'साहसिकता' मानते हैं। उनकी बहुत-सी कविताओं में बँगला शब्द 'आमि' (अर्थात् 'मैं') कलाकार का, नई विघ्न-बाधाओं को खोजने वाले साहसिक व्यक्ति का सूचक है, जो निरन्तर कल्पना के मायालोक का पता लगाता और अनुसंधान करता भटकता रहता है।

बर्गसाँ की भाँति टैगोर भी कला को अज्ञात और अप्रत्याशित मानते हैं। कलाकार का जिस सत्ता से साक्षात्कार होता है उसका वह निरन्तर रूपान्तरण करता रहता है और इस प्रक्रिया में अपना भी पुनर्निर्माण करता है। समस्त सच्ची सौन्दर्यात्मक क्रिया में यह "आत्मा द्वारा आत्मा की सृष्टि"[२३५] निहित है टैगोर कहते हैं कि प्रत्येक कला प्रक्रिया निहित संभावनाओं की दृष्टि से अचरजों से भरी है। पग-पग पर एक नया व्यक्तित्व कार्य-भार सम्हालता है और सृष्टि का पथ बदल देता है। टैगोर के अपनेचित्रों में कला की यह अप्रत्याशितता बड़े चमत्कारिक रूप में झलकती है।

स्वतन्त्रता और अप्रत्याशितता पर इस बल के कारण टैगोर का सौन्दर्यशास्त्र आधुनिक चिन्तन की बौद्धिकता-विरोधी धारा के समनुकूल हो जाता है। कला की व्याख्या प्रायः ज्ञानात्मक क्रिया के रूप में की गई है और सौन्दर्यशास्त्र को दर्शन की प्रस्तावना-मात्र माना जाने लगा है। प्लेटो सुन्दर को 'बुद्धि की अभिव्यक्ति' कहते हैं। आधुनिक सौन्दर्यशास्त्र में बौमगार्टन सौन्दर्य के सिद्धान्त की परिभाषा, 'इन्द्रियगत परिज्ञान का विज्ञान' अथवा 'सौन्दर्यपूर्वक चिन्तन की कला' के रूप में करते हैं।[२३६] बुद्धिवाद के प्रमुख पुरोहित हेगेल खुल्लमखुल्ला माँग करते हैं कि अन्ततः कला को आत्महत्या करनी पड़ेगी ताकि

उसकी भस्म से तत्त्वमीमांसा का उदय हो सके।[२३७] इन सब मतों के विरुद्ध, जो किसी-न-किसी रूप में कला को चिन्तन के अधीन करते हैं, टैगोर तात्कालिक अनुभूति की प्राथमिकता पर बल देते हैं। वे कहते हैं—"कला में सत्य का एकमात्र प्रमाण तभी प्रस्तुत होता है जब वह मुझे यह कहने को बाध्य कर दे कि 'मैं देखता हूँ'।"[२३८] उनके विचार कांट से बहुत-कुछ मिलते-जुलते हैं जो रुचि-विषयक निर्णय और ज्ञान-विषयक निर्णय में अन्तर करते हैं। सौन्दर्य का बोध होता है ज्ञान नहीं। कलाकार अपने विषय स्पष्टतः 'देखता है'.—औपनिषद् उपमा द्वारा कहें तो उतनी ही स्पष्टता से देखता है जितना वह हथेली पर रखे फल को देख सकता है। पर वह अपनी अनुभूतियों का विश्लेषण नहीं करता। "आलोक को हम ईश्वर-तरंगों के रूप में नहीं ग्रहण करते। प्रभात को किसी वैज्ञानिक द्वारा परिचित कराए जाने की प्रतीक्षा नहीं।"[२३९]

किन्तु यद्यपि टैगोर अपनी कला की रंगशाला में बुद्धि को पीछे स्थान देते हैं, पर वे, घोर बौद्धिकता-विरोधियों की भाँति, अर्थ का—ज्ञानात्मक रूप में भी अर्थ का—बहिष्कार नहीं करते। ज्ञान द्वारा कलाकार के ऊपर लादे गए कठोर नियमों के विरुद्ध विद्रोह में टैगोर स्वच्छन्दतावादियों के साथ हैं। पर जब स्वच्छन्दवादी ज्ञान द्वारा प्राप्त अनुशासन, संयम और सन्तुलन का तिरस्कार करते हैं तो टैगोर उनका साथ नहीं देते। कला को तर्क से छुटकारा दिलाने का यह अर्थ नहीं कि कला तर्कहीन है। ठीक जिस प्रकार अतिशय उपयोगिता-विरोध का अन्त इस विचार में होता है कि "समस्त कला सर्वथा उपयोगहीन है", उसी प्रकार अतिशय बौद्धिकता-विरोध अन्त में इस विचार की ओर ले जाता है कि "समस्त कला सर्वथा अर्थहीन है।" और इस मतिभ्रम की निन्दा में टैगोर प्रबल रूप में अभिजातवाद के साथ हैं।

इस भाँति टैगोर के सौन्दर्यशास्त्र में भी हम सृजनात्मक सामंजस्य की उसी पद्धति की परिपूर्णता देखते हैं जो उनके चिन्तन के विभिन्न पक्षों को जोड़ती है। वे मानते हैं कि कला उपयोगिता से ऊपर उठ जाती है, पर फिर भी उच्चतम रूप में सोद्देश्य है; ज्ञान के ऊपर उठकर भी सर्वोच्च सार्थकता-पूर्ण है। प्राचीन युग में सामंजस्य के सिद्धान्त के पूरे महत्त्व को तो समझने की दृष्टि थी। पर व्यक्तिगत अभिव्यक्ति को, विशिष्ट को, अनुपम को, समुचित महत्त्व नहीं दिया गया। टैगोर की महान् उपलब्धि यह है कि व्यक्तिगत अभि-व्यंजनाशीलता को विसंवाद की बजाय मैत्री का साधन बनाकर, सामंजस्य के सिद्धान्त को किस प्रकार अधिक व्यापक बनाया और अधिक संतोषप्रद आधार पर फिर से स्थापित किया जा सकता है। वे मानते हैं कि सृजनात्मक अर्थ में

व्यक्तित्व उस समग्रता का नाम है जिसमें मानव-स्वभाव को बहुमुखी अभिव्यक्ति प्राप्त होती है और जिसमें बुद्धि और अन्तःप्रज्ञा, भावना और प्रेषणीयता, स्वतन्त्रता और संयम की अपनी-अपनी सीमाएँ और सम्भावनाएँ उजागर होती हैं।

टैगोर के सौन्दर्यशास्त्र का और उनके समस्त दर्शन का—महान् चरम रूप उनकी सुन्दर कविता दुइनारी [२४०] में मिलता है। इसमें एकता में अनेकता के नियम का गंभीर और कल्पनाशील संक्षेप है, कला और चिन्तन में जो कुछ भी प्राणवान है उसका समग्रीकरण है।

"सृष्टि के समुद्र मंथन में किसी क्षण
अतल की शैया छोड़कर
दो नारियाँ ऊपर आई थीं।
एक थी उर्वशी, सुन्दरी, विश्व के कामना-राज्य की रानी
स्वर्ग की अप्सरा।
दूसरी थी लक्ष्मी, कल्याणी, विश्व-जननी, स्वर्ग की स्वामिनी।
उर्वशी तपोभंग करके
उफनते अग्निरस से फाल्गुन का सुरापात्र भरके
प्राणमन हर ले जाती है,
और उसे दोनों हाथों से वसंत के पुष्पित प्रलाप में,
रागरक्त किंशुक में, गुलाब में,
निद्राहीन यौवन के गान में लुटा देती है।
दूसरी लक्ष्मी, लौटा लाती है अश्रु के शिशिर-स्नान में,
स्निग्ध वासना में,
हेमन्त की हेमकान्त सफल शान्ति की पूर्णता में;
लौटा लाती है विश्व के
अचंचल लावण्य की स्मित हास्य सुधा से मधुर आशीर्वाद की ओर।
लौटा लाती है धीरे-धीरे
जीवन-मरण के पवित्र संगम-तीर्थ के किनारे
असीम की पूजा के मन्दिर में।"

टैगोर की कविता में उर्वशी और लक्ष्मी के प्रतीक नीत्शे द्वारा कला में अपोलोनीय और डायोनीसीय तत्त्वों के बीच अन्तर की याद दिलाते हैं। वास्तव में वह सुन्दर और उदात्त के बीच अन्तर के समान ही है। पर जहाँ नीत्शे को निरा विरोध ही दीखता है वहाँ टैगोर केवल विविधता देखते हैं। आक्रामक और शान्तिपूर्ण, बाह्य और आन्तरिक, संकल्प और भाव ऊपर से

एक-दूसरे के विरोध में खड़े जान पड़ते हैं। पर उनका संघर्ष अन्तिम नहीं है। कविता सामंजस्य के स्तर पर समाप्त होती है। उर्वशी द्वारा विक्षुब्ध सामजस्य को लक्ष्मी फिर से स्थापित कर देती है। हमें कवि "जीवन और मरण के पवित्र संगम" के दर्शन के लिए आमंत्रित करता है, जहाँ समस्त कला को अपना सच्चा निवास प्राप्त होता है और जहाँ सृष्टि के एकमात्र असीम सिद्धान्त की पूजा के लिए एक मन्दिर निर्मित है।

संदर्भ

१. **कनिका**।

२. देखिए, **महात्मा गांधी** (बँगला), विश्व भारती, १९४८।

३. शान्ति निकेतन में भाषण, १९३१; देखिए, **आत्म परिचय**, पृ० १०४।

४. तुलनीय, "यह जगत तो नित-नवीन है। फिर कवि क्यों वृद्ध हो?"

५. "आमि चंचल है, आमि सुदूरेर पियासी।"

६. यात्रा के सम्बन्ध में कुछ रोचक वृत्तान्त के लिए देखिए निबन्ध **यात्रा पूर्व पत्र**।

७. तुलनीय **रेमिनीसेंसेज**, अध्याय ७ : 'विविध शिक्षा'।

८. घर पर टैगोर की शिक्षा के विस्तृत विवरण के लिए देखिए, कृष्ण कृपालानी की पुस्तक—**टैगोर : एबायोग्रॉफ़ी**, अध्याय १।

९. **तत्त्वबोधिनी पत्रिका** का कलकत्ता के सांस्कृतिक जीवन में कई दशाब्दियों तक महत्त्वपूर्ण योग रहा।

१०. एडवर्ड थामसन : **रवीन्द्रनाथ टैगोर—हिज लाइफ़ एण्ड वर्क**, पृ० ७।

११. **रेमिनीसेंसेज**, अध्याय ३।

१२. महर्षि देवेन्द्रनाथ टैगोर की **आत्मकथा** में इस हिमालय-यात्रा का रोचक वर्णन है।

१३. अपने शिक्षा-सम्बन्धी निबन्धों में बहुत जगह टैगोर अंग्रेजी कवियों पर मोरले के प्रेरणादायक व्याख्यानों का उल्लेख करते हैं।

१४. इस पुस्तक में ह्यूगो और शेली के अनुवाद भी हैं।

१५. **निर्झरेर स्वप्नभंग**।

१६. इस नाटक के महत्त्व के सम्बन्ध में टैगोर के विचारों के लिए देखिए **रेमिनीसेंसेज**, पृ० २३६।

१७. अंग्रेज़ी में कवि की जीवनियों में कृष्ण कृपालानी द्वारा लिखित जीवनी (ऑक्सफ़ोर्ड १९६२) चिन्तक के रूप में टैगोर के विकास के अध्ययन के लिए सबसे उपयोगी है।

१८. **गोल्डन बुक ऑफ़ टैगोर**, पृ० १२७ ।

१९. ब्रजेन्द्रनाथ सील : **न्यू ऐसेज़ इन क्रिटिसिज़्म** ।

२०. **गोल्डन बुक ऑफ़ टैगोर**, पृ० ९२ ।

२१. देखिए इस पुस्तक का अध्याय दो, खंड दो ।

२२. विशेषकर **धर्म** नामक पुस्तक में संकलित ।

२३. **नैवेद्य** नामक काव्य-संग्रह में औपनिषद् विषयों पर कविताएँ हैं।

२४. प्रभात मुकर्जी : **रवीन्द्र जीवनी**, खंड १, पृ० ३२ ।

२५. देखिए राधाकृष्णन के ग्रंथ **फिलासफ़ी आफ़ द उपनिषद्स** में टैगोर की भूमिका ।

२६. यहाँ हमें टैगोर के 'जीवनदेवता' भाव का बीज मिलता है ।

२७. उपनिषदों से उनका एक प्रिय वाक्य है : "जो अमरता नहीं प्रदान करता है उसका मैं क्या करूँगा ?"

२८. श्री निशिकान्त चटर्जी ने इस काल्पनिक कवि की कृतियों पर प्रबन्ध लिखा था, जिस पर उन्हें एक यूरोपीय विश्वविद्यालय से पी-एच० डी० की उपाधि भी मिल गई थी ।

२९. एस० एन० दास गुप्त, **रवि दीपिता**, पृ० १८ ।

३०. कबीर की सौ कविताओं का उनका अनुवाद १९१४ में प्रकाशित हुआ था ।

३१. तुलनीय, निबन्ध **बौद्ध धर्मे भक्तिवाद** तथा **बुद्धदेवेर प्रति** ।

३२. केवल दो उदाहरण लें तो एक कविता बोरोबुदुर पर है, और दूसरी है वासवदत्ता और उपगुप्त की बौद्ध-कथा पर आधारित ।

३३. **शान्ति निकेतन**, खंड ११ : **रसेर धर्म** ।

३४. **क्रिएटिव यूनिटी**, पृ० ७१ ।

३५. **शान्ति निकेतन**, खंड १३ में उद्धृत ।

३६. **क्रिएटिवी यूनिट**, पृ० ९८ ।

३७. **मॉडर्न रिव्यू**, जून १९१८ ।

३८. ९ मई, १९३७ का एक पत्र ।

३९. ए० एरोनसन : **रवीन्द्रनाथ थ्रू वेस्टर्न आईज़** ।

४०. **टाइम्स लिटररी सप्लिमेंट**, नवम्बर ७, १९१४ ।

४१. यह बात रेव० सांडर्स ने कही थी; राधाकृष्णन द्वारा **फिलासफ़ी ऑफ़ रवीन्द्रनाथ टैगोर** में उद्धृत ।

४२. **द बैप्टिस्ट टाइम्स**, फ़रवरी १३, १९१४ ।

४३. **परारी इंडियन फिलासफ़ी में द रिलीजन ऑफ़ एन आर्टिस्ट** (राधाकृष्णन और म्योर हैड द्वारा संपादित) ।

४४. गिलबर्ट मरे का पत्र और टैगोर का उत्तर बाद में **ईस्ट एण्ड वेस्ट** नामक पुस्तिका में प्रकाशित हुआ था ।

४५. टैगोर जन्म-शताब्दी समारोह के अन्तर्गत १ जनवरी १९६१ को बम्बई में बँगला साहित्य सम्मेलन में दिया गया भाषण ।

४६. वर्ड्सवर्थ : **लैटर टु लेडी ब्योमोंट** ।

४७ **कंटेम्पररी इण्डियन फ़िलासफ़ी में रिलीजन ऑफ़ एन आर्टिस्ट**, पृ० ३२ ।

४८. तुलनीय' निबन्ध : **ए पोयट्स रिलीजन** ।

४९. **द रिलीजन ऑफ़ मैन**, पृ० २२ ।

५०. **उत्सर्ग** संग्रह में कविता संख्या १७ ।

५१. **पूरबी** संग्रह में **प्रवाहिनी** कविता से ।

५२. **पथे ओ पथेर प्रान्ते**, पृ० ३१ ।

५३. बाद में **ए विजन ऑफ़ इण्डियन हिस्ट्री** में अँग्रेज़ी में प्रकाशित ।

५४. राममोहन राय पर टैगोर का एक निबन्ध १८८५ में ही प्रकाशित हुआ था ।

५५. **विसर्जन** उनके सशक्ततम नाटकों में से है । इसमें पुरोहित की भूमिका में स्वयं टैगोर ने कई बार अभिनय किया था ।

५६. यह विचार उनकी कई कविताओं में मिलता है जहाँ वे अज्ञात ईश्वर को 'छूने' और 'अनुभव करने' की बात करते हैं ।

५७. **पर्सनेलिटी**, पृ० ५६ ।

५८. **धर्म**, पृ० २९ ।

५९. **गीत वितान**, संख्या १८४ ।

६०. **गीतांजलि**, कविता संख्या ६२ ।

६१. **शान्तिनिकेतन**, खंड ४ ।

६२. राधाकृष्णन की पुस्तक **फ़िलासफ़ी ऑफ़ द उपनिषद्स** की भूमिका से ।

६३. **आमार धर्म** ।

६४. ईश्वर को उन्होंने 'मनेर मानुष' कहा है।

६५. पर्सनेलिटी, पृ० ५८।

६६. क्रिएटिव यूनिटी, पृ० ३५।

६७. पर्सनेलिटी, पृ० ७१।

६८. इसीलिए ईश्वर को 'बंधु' रूप में सम्बोधित किया गया है।

६९. शान्तिनिकेतन खंड ८।

७०. पर्सनेलिटी, ६९।

७१. मैन, पृ० ५६।

७२. पर्सनेलिटी, पृ० ३८।

७३. पर्सनेलिटी, पृ० ३३।

७४. शान्तिनिकेतन, खंड १० : सामंजस्य।

७५. आत्मपरिचय, पृ० १२।

७६. गीतांजलि, कविता संख्या ८४।

७७. बहुत-सी कविताओं में वे ईश्वर और जगत् के बीच 'विभक्त' होने की अवस्था से होने वाले 'दुःख' का उल्लेख करते हैं।

७८. साधना, पृ० ८१।

७९. शान्तिनिकेतन, खंड २।

८०. पर्सनेलिटी, पृ० १०५।

८१. एच० लोट्ज़ : माइक्रोकॉस्मस, खंड २।

८२. शान्तिनिकेतन, खंड १३।

८३. शान्तिनिकेतन, खंड ८।

८४. क्रिएटिव यूनिटी, पृ० १५।

८५. साधना, पृ० ८१।

८६. फायरफ्लाईज, संख्या ७२।

८७. वही, संख्या ५२।

८८. साधना, पृ० ८१।

८९. गीतांजलि, कविता-संख्या १२०।

९०. एक अन्य रूपक है फल का जो पक जाने पर डाल से अलग हो जाता है।

९१. वेलेस : द लॉजिक ऑफ़ हेगेल, पृ० १४८।

साधना, पृ० १०४।

९३. आमार धर्म।

९४. **पर्सनेलिटी**, पृ० ५४।

९५. एफ० एच० ब्रैडले : **एपीयरेन्स एंड रीयैलिटी**, पृ० २००।

९६. **उत्सर्ग**, कविता-संख्या २२।

९७. **नैवेद्य**, कविता-संख्या ८८।

९८. **आत्मपरिचय**, पृ० १८।

९९. श्री जीव गोस्वामी के अचिंत्य-भेदाभेद सिद्धान्त के लिए, तुलनीय दासगुप्त : **इण्डियन फ़िलासफ़ी**, खंड ३।

१००. **शान्तिनिकेतन**, खंड ७ : **अहं**।

१०१. **गीतांजलि**, कविता-संख्या १०१।

१०२. **गीतिमाल्य**, कविता-संख्या १५।

१०३. **शान्तिनिकेतन**, खंड २।

१०४. **साधना**, पृ० ११४।

१०५. **साधना**, पृ० १०४।

१०६. डावेस हिक्स द्वारा **फिलॉसाफीकल बेस ऑफ़ थीइज्म** में उद्धृत, पृ० १४८।

१०७. जेम्स वार्ड : **प्लूरलिज्म एण्ड थीइज्म**, पृ० ४५३।

१०८. ए० एस० प्रिंगल-पैटीसन : **द आइडिया ऑफ़ गॉड**, पृ० २८९।

१०९. **आत्मपरिचय**, पृ० ७८।

११०. **शान्तिनिकेतन**, खंड ३।

१११. **शान्तिनिकेतन**, खंड ४ : **माता**।

११२. **शान्तिनिकेतन**, खंड ३ : **पार्थक्य**।

११३. तुलनीय, 'प्रसन्नता ही हमारी सत्य की एकमात्र कसौटी है।'

११४. **सोनारतरी** में मायावाद कविता।

११५. **साधना**, पृ० ८०।

११६. **पर्सनेलिटी**, पृ० ५१।

११७. **ईशोपनिषद**।

११८. **पर्सनेलिटी**, पृ० ५६।

११९. टैगोर और वल्लभाचार्य के विचारों में समानता के लिए देखिये पी० टी० राजू : **आइडियलिस्टिक थॉट इन इण्डिया**।

१२०. **साधना**, पृ० ९५।

१२१. **कनिका**।

१२२. **साधना**, पृ० ८५।

१२३. प्रायः आम बोलचाल में भी **माया** शब्द सामान्यतः वस्तुओं और जीवन की क्षणभंगुरता का सूचक है।

१२४. **क्रिएटिव यूनिटी**, पृ० १०।

१२५. **कंटेम्परेरी इण्डियन फ़िलासफ़ी** में **रिलीजन ऑफ़ एन आर्टिस्ट**, पृ० ३८।

१२६. **शान्तिनिकेतन**, खंड १।

१२७. **धर्म**।

१२८. **साधना**, पृ० ७।

१२९. तुलनीय, **तपोवन**, **आमार जगत**, **आत्मबोध** शीर्षक निबन्ध।

१३०. **क्रिएटिव यूनिटी**, पृ० ४७।

१३१. **क्रिएटिव यूनिटी**, पृ० ५०।

१३२. **साधना**, पृ० ५।

१३३. **पर्सनेलिटी**, पृ० ६४।

१३४. **रिलीजन ऑफ़ मैन**, पृ० १७६।

१३५. **साधना**, पृ० ८।

१३६. **क्रिएटिव यूनिटी**, पृ० २७।

१३७. **सोनारतरी** से **वसुंधरा** कविता।

१३८. **पर्सनेलिटी**, पृ० ७४।

१३९. तुलनीय, **बलाका** में कविता-संख्या ४४।

१४०. **साधना**, पृ० १०।

१४१. **रिलीजन ऑफ़ मैन**, पृ० १९५।

१४२. **पर्सनेलिटी**, पृ० ३१।

१४३. १९३१ में प्रकाशित।

१४४. कविता का शीर्षक है, **वृक्षवन्दना**।

१४५. **शान्तिनिकेतन**, खंड ४ : **समग्र**।

१४६. **शान्तिनिकेतन**, खण्ड ११, **द्विधा**।

१४७. **द रिलीजन ऑफ़ मैन**, पृ० १७४।

१४८. वैलेस : **द लॉजिक ऑफ़ हेगेल**, पृ० १८९।

१४९. तुलनीय, मैक्डूगल : **आउट लाइ स ऑफ़ साइकालॉजी**, पृ० ११३।

१५०. **बंगभाषार लेखक**।

१५१. **आमार धर्म** में स्वयं टैगोर द्वारा उद्धृत एक पुराना पत्र।

१५२. **नैवेद्य**, कविता-संख्या २६।

१५३. **नैवेद्य**, कविता-संख्या २६।

१५४. अजित चक्रवर्ती द्वारा अपनी पुस्तक **काव्यपरिक्रमा** में उद्धृत पत्र।

१५५. **क्रिएटिव यूनिटी**, पृ० १०।

१५६. **क्रिएटिव यूनिटी**, पृ० ७।

१५७. एक और रूपक है : ईश्वर वीणा बजाता है और मनुष्य मृदंग पर ताल देता है। दोनों मिलकर ही प्रकृति के संगीत को निर्मित करते हैं।

१५८. बाद की ऋचाओं में प्रजापति और सविता दोनों प्राण को समर्पण करते हैं।

१५९. **वर्ड्सवर्थ : ऐक्सकर्शन**।

१६०. **साधना**, पृ० ४१।

१६१. **शान्तिनिकेतन**, खण्ड ३ : **विशेष**।

१६२. शान्तिनिकेतन में १९३१ में दिया गया एक भाषण।

१६३. **मैन**, पृ० ४।

१६४. **द रिलीजन ऑफ़ मैन**, पृ० १६२।

१६५. **द रिलीजन ऑफ़ मैन**, पृ० ५२।

१६६. **उत्सर्ग** में कविता-संख्या ८।

१६७. **क्रिएटिव यूनिटी**, पृ० ८३।

१६८. **कनिका**।

१६९. **बलाका**, कविता-संख्या २८।

१७०. तुलनीय, डॉ० अमिय चक्रवर्ती की पुस्तक **रवीन्द्रनाथ टैगोर—द पोयट ऑफ़ मॉडर्न एज**, में **नवजातक** पर उनके विचार।

१७१. **द रिलीजन ऑफ़ मैन**, पृ० २०५।

१७२. **क्रिएटिव यूनिटी**, पृ० ८०।

१७३. **द रिलीजन ऑफ़ मैन**, पृ० ९६।

१७४. **मैन**, पृ० २६।

१७५. **पूरबी** संग्रह से **पूर्णता** कविता।

१७६. **गीतिमाल्य**, कविता-संख्या १५।

१७७. **बलाका**।

१७८. **बलाका**, कविता-संख्या २९।

१७९. **मैन**, पृ० ६८।

१८०. तुलनीय, डविस हिक्स : **द फ़िलासाफ़ीकल बेसिस ऑफ थीइज्म,** पृ० ५१।

१८१. **द रिलीजन ऑफ़ मैन,** पृ० ११४।

१८२. **साधना,** पृ० ५६।

१८३. **पर्सनेलिटी,** पृ० ८०।

१८४. गाउग : **फ़िलासफ़ी ऑफ़ द उपनिषद्स,** पृ० २६६।

१८५. टैगोर विशेष रूप से तैत्रेय उपनिषद् में संन्यास-विरोधी विचारों का उल्लेख करते हैं।

१८६. **शान्तिनिकेतन,** खण्ड १३ में उद्धृत।

१८७. आनन्द कुमार स्वामी : **द सांग्स ऑफ रवीन्द्रनाथ टैगोर (आर्ट एण्ड स्वदेशी** निबन्ध संग्रह में)।

१८८. **गीतांजलि,** कविता संख्या १४२।

१८९. **कड़ि ओ कोमल में प्राण** शीर्षक कविता।

१९०. इस नाटक पर टैगोर के अपने विचारों के लिए देखिए, **रेमिनीसेंसेज़,** पृ० २३८।

१९१. **एबार फिराओ मोरे,** कविता।

१९२. **साधना,** पृ० १२९।

१९३. तुलनीय **आमार धर्म** में टैगोर का कथन—"धर्म दो प्रकार के लोगों के लिए पलायन है—संन्यासियों के लिए और विलासियों के लिए।"

१९४. **नैवेद्य,** कविता-संख्या ३०।

१९५. **गीतांजलि** में कविता-संख्या ११९।

१९६. **चैताली** से।

१९७. यह विचार एक अन्य कविता में भी व्यक्त हुआ है जहाँ 'लघु आत्मा' अपने क्षुद्र मोह-सहित वास्तविक आत्मा के पीछे पड़ी बताई गई है।

१९८. **साधना,** पृ० ५७।

१९९. **साधना,** पृ० ५५।

२००. **आलोचना।**

२०१. विलियम जेम्स और वाल्ट ह्विटमैन का दृष्टिकोण भी यही है। तुलनीय **नैवेद्य,** कविता-संख्या ४।

२०२. **साधना,** पृ० १२०।

२०३. तुलनीय, **कर्मयोग** निबन्ध।

२०४. उनके कुछ नाटकों में उपयोगिता को एक राक्षस बताया गया है

जिसे शान्त करना आवश्यक होता है।

२०५. **क्रिएटिव यूनिटी**, पृ० २४।

२०६. **क्रिएटिव यूनिटी**, पृ० ३।

२०७. **पर्सनेलिटी**, पृ० ८७।

२०८. **गीत वितान**, संख्या ४८।

२०९. एक प्रवचन में टैगोर कहते हैं—"अद्वैत का ज्ञान स्वतन्त्रता है, उसका अज्ञान ही बन्धन है।"

२१०. इस विचार के सामाजिक और राजनीतिक पक्षों का विवेचन **मुक्ति की भावना** में किया गया है।

२११. टैगोर इस बात पर बल देते हैं कि नदी स्वतन्त्र और अ-स्वतन्त्र दोनों है।

२१२. **शान्तिनिकेतन**, खण्ड १४।

२१३. **गीतांजलि**, कविता-संख्या ११९।

२१४. तुलनीय, **कर्मयोग** निबन्ध।

२१५. यह भी टैगोर की प्रिय उपमा है।

२१६. **भारतवर्षे इतिहासेर धारा**।

२१७. **शान्तिनिकेतन**, खण्ड १४।

२१८. शायद यह कहना अधिक सही होगा कि टैगोर के दर्शन में सौन्दर्यशास्त्र नींव भी है और शिखर भी, जबकि कांट के दर्शन में केवल नींव है।

२१९. **छबिर अंग**।

२२०. कभी-कभी टैगोर कहते हैं कि वैज्ञानिक दृश्य के बारे में कलाकार के बराबर जानता भी नहीं, क्योंकि ज्ञानमूलक परिचय गम्भीर अर्थ में ज्ञान नहीं है।

२२१. 'प्रकाश आमार धर्म' (डा० सुनीति कुमार चटर्जी को एक पत्र)।

२२२. **पर्सनेलिटी**, पृ० ३२।

२२३. **साहित्येर स्वरूप** में **काव्येर गद्यरीति** निबन्ध, पृ० ३०।

२२४. अपने परवर्ती लेखन में क्रोचे ने इस सिद्धान्त को कुछ हलका कर दिया था।

२२५. जेन्टाइल इस विषय में सौन्दर्यशास्त्र की स्वच्छन्दतावादी विचार-धारा की विशेष रूप से आलोचना करता है।

२२६. साहित्येर स्वरूप में साहित्येर मूल्य, पृ० ३४।

२२७. साधना, पृ० १४३।

२२८. पर्सनेलिटी, पृ० १७।

२२९. विपरीत दृष्टिकोण के लिए देखिए ह्यू म : एट्रिएटाइज़ ऑफ़ ह्यू मन नेचर।

२३०. तुलनीय, ह्वाट इज़ आर्ट, निबन्ध।

२३१. डॉ० अमिय चक्रवर्ती को पत्र (कविता पत्रिका में उद्धृत, खण्ड ६, अंक १)।

२३२. वही।

२३३. द क्रिएटिव आइडियल नामक निबन्ध में एक मध्ययुगीन कवि से उद्धृत।

२३४. द रिलीजन ऑफ़ मैन में टैगोर विस्तार से प्रकृति के ऊपर मनुष्य की प्रगति को निश्चित करने में कला के योग का विवेचन करते हैं।

२३५. बर्गसाँ : क्रिएटिव इवोल्यूशन, पृ० ७।

२३६. बोसांके द्वारा अपनी पुस्तक हिस्ट्री ऑफ़ एस्थेटिक्स में उद्धृत।

२३७. हेगेल : इंट्रोडक्शन टु द फ़िलासफ़ी ऑफ़ आर्ट।

२३८. द रिलीजन ऑफ़ मैन, पृ० १३७।

२३९. द रिलीजन ऑफ़ मैन, पृ० १०७।

२४०. बलाका में दुइनारी कविता, संख्या २३।

छठा अध्याय

गांधी

: १ :

"उनमें मिट्टी से वीर पैदा करने की शक्ति है," इन शब्दों में गोपालकृष्ण गोखले ने गांधी का वर्णन किया था जो उस समय अपने महान् जीवन का प्रारम्भ ही कर रहे थे और किसी ने हाल ही में कहा है कि हम गांधी के बारे में वे ही शब्द दोहरा सकते हैं जो अलसीबियादीस ने सुकरात के बारे में कहे थे—'केवल वही ऐसे व्यक्ति हैं जो हमें सचमुच लज्जित कर सकते हैं।"

किसी व्यक्ति के अपने देशवासियों के ऊपर प्रभाव के प्रति इससे बड़ी श्रद्धांजलि की कल्पना करना भी कठिन है। और विस्मय की बात यह है कि यह प्रभाव विनय और नम्रता के साथ-साथ ही था। एक अमरीकी प्रशंसक ने एक बार कहा था कि गांधी की याद करते ही मैथ्यू आर्नल्ड की उक्ति 'मधुरता और आलोक'[1] की याद आती है। यह आलोक का, स्नेह और कोमलता का, प्रभाव वे जीवन-भर बिखेरते रहे। उनकी मृत्यु के बाद उनके सबसे बड़े शिष्य ने कहा था—"एक गरिमा चली गई। हमारे जीवन को ऊष्मा और आलोक देने वाला सूरज डूब गया है और हम शीत और अँधेरे में खड़े काँपते हैं।"[2]

बुद्ध के बाद से किसी भी अन्य मनुष्य के जीवन का अन्त होने पर दीपक बुझ जाने का-सा प्रभाव नहीं हुआ था। गांधी के शब्द और कार्य देश में प्रकाश की तरंगों की भाँति छाये हुए थे। उसमें कोई लादने अथवा जोर डालने की बात नहीं थी। उसमें शुरू से आखिर तक समझाने-बुझाने का ही भाव था। फिर भी उस समझाने-बुझाने के पीछे शक्ति सुस्पष्ट थी। "इस दुबले-पतले छोटे-से इन्सान के भीतर इस्पात का कुछ था, चट्टान जैसा।......उसमें ऐसी राजसीयता और गरिमा थी जो दूसरों को खुशी-खुशी उसकी बात मान लेने के लिए बाध्य करती थी।"[3] वे पृथ्वी के महान्-से-महान् व्यक्तियों के साथ अधिकतम आत्म-विश्वास के साथ मिलते-जुलते थे। एक अंग्रेज पत्रकार ने कहा था—

"गांधी को देखते ही राजसीयता का वातावरण छा जाता है।"[४]

दुनिया ने ऐसे बहुत-से महापुरुष देखे हैं जिन्होंने राष्ट्रों के विचारों को प्रभावित किया है। कुछ लोग ऐसे भी हुए हैं जिन्होंने मानव-हृदय की गहराइयों को आलोड़ित किया है, यद्यपि बुद्धि को वे बहुत कम आकर्षित कर पाए हैं। इस अन्तर का विख्यात उदाहरण वाल्तेयर और रूसो के बीच है। महापुरुषों की एक तीसरी कोटि उन लोगों की है जिन्होंने बड़ी भारी संख्या में मनुष्यों की वृत्तियों और कार्यों का संचालन किया है। लेकिन इसके अच्छे उदाहरण हैं। विचार सब उन्होंने अपने एक विख्यात पूर्ववर्ती के स्वीकार कर लिए थे; और जिन आवेगों को उन्होंने दिशा दी वे पहले से ही जाग्रत थे। उनका जादू मुख्यतः मानवीय कार्यों पर था। किन्तु गांधी एक ऐसे व्यक्ति के अनुपम उदाहरण हैं जिसने विशाल जनसमुदाय के विचारों, भावों और कार्यों को एक साथ प्रभावित किया। वे सम्पूर्ण व्यक्तित्व को आकर्षित करते थे— हृदय को, मस्तिष्क को, और उन प्रवृत्तियों को जो मनुष्य को सम्पूर्ण आत्मदान के लिए प्रेरित करती हैं।

इस असाधारण शक्ति का स्रोत क्या था ? एक हद तक वह उस राष्ट्र की विहित ऊर्जा से प्राप्त हुई थी जिसके नेतृत्व का भार उन पर पड़ा। उनके कुछ समकालीन इसे अनुभव तो करते थे, यद्यपि वे इस स्रोत को निश्चित न बता पाते थे। गांधी के व्यापक प्रभाव का वर्णन करते हुए नेहरू ने तीस वर्ष पहले लिखा था—"वे किसी महत्तर शक्ति के वाहक और प्रतिमूर्ति जान पड़ते हैं जिसे शायद वे स्वयं भी धुँधला-सा ही पहचानते हैं। क्या वह शक्ति भारत की आत्मा है, हजारों वर्षों से हमारी जाति के जीवन में संचित आत्मा, हजारों पीड़ित जिन्दगियों की स्मृति है ?"[५] और फिर— "क्या वे कहीं जीवन के उस पवित्र निर्झर का जलपान कर आए हैं जिसने युगों से भारत को शक्ति दी है ?"[६] किन्तु यह कल्पना सम्भव होने पर भी कि किसी देश में आध्यात्मिक प्राणवत्ता ऐसे संचित होती रहे कि उसके महानतम प्रवक्ताओं के माध्यम से कभी-कभी फूट पड़े, गांधी के समस्त प्रभाव को इस रूप में नहीं समझा जा सकता। हमें उनकी शक्ति के स्वरूप को और भी गहराई से देखना होगा।

उनकी शक्ति लगभग सम्पूर्णतः आत्मा की थी। उनके पास न तो कोई भौतिक सम्पत्ति थी, न कोई पद, न वे किसी विधानसभा के संचालक थे। न वे राजनयिज्ञ थे, न शास्त्रीय दार्शनिक, न सृजनात्मक कलाकार। परम्परागत अर्थ में वे कोई साधु-महात्मा भी नहीं थे। उनकी शक्ति का लक्ष्य था अंतरात्मा, मानवता के मन्दिर का अंतरतम गर्भगृह। फ्रैंसिस नील्सन अपनी महत्त्वपूर्ण

पुस्तक द ट्रैजेडी ऑफ यूरोप में कहते हैं—गांधी अद्वितीय हैं। अन्य किसी ऐसे व्यक्ति का उल्लेख नहीं मिलता जिसने उनकी-सी स्थिति में एक महान् साम्राज्य को चुनौती दी हो। कर्म में डायोजेनीस, विनम्रता में संत फ्रैंसिस, मनीषा में सुकरात की भाँति उन्होंने संसार के आगे यह उजागर कर दिया कि राजमर्मज्ञ अपना उद्देश्य पूरा करने के लिए जिन उपायों का प्रयोग करता है वे कितने क्षुद्र हैं।...इस संघर्ष में आध्यात्मिक दृढ़ता राज्य की शक्तियों के भौतिक विरोध के ऊपर विजयी हुई है।"[७] यह कहना न होगा कि गांधी स्वयं भी अपनी शक्ति के स्वरूप को पूरी तरह समझते थे और उनकी समस्त कर्म योजना इस चेतना पर आधारित थी। उन्होंने लिखा था—"सत्याग्रह का यह मूलभूत सिद्धान्त है कि सत्याग्रही जिस अत्याचारी का प्रतिरोध करना चाहता है उसे केवल सत्याग्रही के शरीर तथा भौतिक सम्पत्ति पर ही अधिकार प्राप्त है, उसकी आत्मा पर अत्याचारी का कोई अधिकार नहीं हो सकता। शरीर के बन्दी हो जाने पर भी आत्मा अविजित और अजेय रह सकती है। सत्याग्रह का सारा विज्ञान ही इस मूलभूत सत्य के ज्ञान से उत्पन्न हुआ है।"[८]

जैसा हम बाद में देखेंगे, गांधीवादी चिन्तन में इस आध्यात्मिक शक्ति का थोड़े-से अन्तर के साथ अनेक प्रकार से विवेचन हुआ है। स्वतःस्फूर्तता, आस्था और भक्ति पर बल, प्रेम की चरम मूल्य के रूप में स्वीकृति, सेवा और त्याग की माँग, सत्य की दिव्यता पर आग्रह—ये सब उस केन्द्रीय सिद्धान्त से जुड़े हुए हैं जो मानव-आत्मा को सत्ता और शक्ति का सर्वोच्च कोष बनाता है।

: २ :

आधुनिक युग में भारत में जितने महान् चिन्तक हुए हैं उनमें गांधी को समझना और प्रस्तुत करना एक प्रकार से सबसे आसान है। पर अन्य प्रकार से वही सबसे कठिन भी है।

उनके चिन्तन को प्रस्तुत करना आसान इसलिए है, क्योंकि वह केवल कुछ ही मूलभूत मान्यताओं के चारों ओर बुना हुआ है जिनमें से कोई भी जटिल चिन्तनात्मक प्रक्रिया से जुड़ी हुई नहीं है। गांधीवादी चिन्तन के इतिहासकार को अवधारणाओं के विकास को समझने में बहुत शक्ति नहीं लगानी पड़ती। यह सच है कि गांधी का मन बहुत ग्रहणशील था। पर जो कुछ भी उन्होंने ग्रहण किया वह पूरी तरह उन विचारों के विन्यास में आत्मसात् हो गया था जिन्हें उन्होंने स्थायी रूप से स्वीकार कर लिया था। जब वे तीस वर्ष की आयु में दक्षिण अफ्रीका से लौटे, तो उनका दर्शन निश्चित हो चुका था। निस्सन्देह उनमें प्रयोगशील प्रवृत्ति भी थी। जैसा कि उनकी विख्यात

आत्मकथा[९] से प्रकट है, उन्होंने सत्य के प्रयोग भी उसी आत्म-विश्वास के साथ किये जिससे उन्होंने भोजन, वस्त्र और चिकित्सा आदि में किये थे। पर ये प्रयोग कभी उन्हें विचारों के क्षेत्र में कहीं बहुत दूर नहीं ले जाते। उनको केवल इस सीमित अर्थ में ही प्रयोगवादी कहा जा सकता है कि वे अपने सिद्धान्तों को नई-से-नई परिस्थितियों पर भी लागू करने में नहीं हिचकते थे। चिन्तक गांधी में कोई विशेष साहसिकता नहीं थी।

पर फिर भी एक अर्थ में गांधी का चिन्तन अत्यन्त कठिन भी है। उनके बुनियादी विचार उनके लेखन के लगभग प्रत्येक पैराग्राफ में एक-दूसरे में अंतर्ग्रथित हैं। दर्शन का विद्यार्थी जैसे ही गांधी की धारणाओं को अलगाने का प्रयास करता है तो उसकी उलझन का कोई ठिकाना नहीं रहता। एक उद्धरण लीजिये--"सत्याग्रह सत्य पर जमे रहना है। इसलिए उसका अर्थ है सत्य-शक्ति। पर सत्य आत्मा है, इसलिए वह आत्म-शक्ति भी है।"[१०] और आगे वे कहते हैं कि आत्मा दिव्य है—केवल वही सत्य है। अब यहाँ पर सत्य के विषय में एक ज्ञान-मीमांसीय आस्था, सत्ता के विषय में एक तत्त्वमीमांसीय कथन और नैतिक आचरण की एक कसौटी—तीनों को मिलाकर एक कर दिया गया है। यह अनिवार्य था क्योंकि गांधी के सैद्धान्तिक विचार अनिवार्यतः व्यावहारिक समस्याओं के सन्दर्भ में अभिव्यक्त होते थे; और व्यवहार सदा ही बहु-विन्यासीय होता है। बल्कि यह भी कहा जा सकता है कि यदि सामाजिक-राजनीतिक कर्म की आवश्यकताओं ने बाध्य न किया होता तो वे कभी अपनी दार्शनिक अवधारणाओं की परिभाषा की चिन्ता ही न करते।[११]

किन्तु इस कठिनाई का सामना करना आवश्यक है। इसे दूर करने के लिए धीरजपूर्वक उनके चिन्तन के स्रोतों और उनकी विश्वदृष्टि की विशिष्टताओं को अलगाना होगा। और इसके लिए आवश्यक है कि उनके प्रारम्भिक जीवन का और निर्माणकारी वर्षों में उन पर पड़ने वाले प्रभावों का अध्ययन किया जाए।

गांधी का जन्म २ अक्टूबर १८६९ को काठियावाड़ के एक संभ्रांत वैश्य-परिवार में हुआ था। वह परिवार वैष्णव था और घर, धर्म, प्रेम और एक वैयक्तिक तथा दयालु ईश्वर के प्रति भक्ति के वातावरण से अनुप्राणित था। गांधी ने **रामायण, भागवत** और गुजरात के वैष्णव कवियों तथा जैनों के लोक-प्रिय ग्रन्थों का अध्ययन किया। धार्मिक साहित्य के इस अध्ययन से और घर के बड़े-बूढ़ों के उदाहरण से, बचपन से ही दुनिया के प्रति उनका दृष्टिकोण मुख्यतः नैतिक बना। अपनी आत्मकथा में उन्होंने अपने बचपन की कुछ ऐसी

सरल पर हृदयस्पर्शी घटनाओं का वर्णन किया है जिनसे सत्य और प्रेम की शक्ति उनके आगे प्रकट हुई ।[१२]

१८८८ में गांधी कानून के अध्ययन के लिए इंगलैंड गये । वे परिश्रमी और व्यवस्था-प्रेमी विद्यार्थी थे । पर बहुत सारे तथ्य संग्रह करने के लिए प्रस्तुत होने के अतिरिक्त अपने चुने हुए पेशे के प्रति उनका जो दृष्टिकोण था वह भी विचारणीय है । विद्यार्थी-अवस्था में ही वे मानने लगे थे कि वकील का कर्त्तव्य है कि वह अपने मवक्किल के दावे को अदालत में ले जाने से पहले दोनों पक्षों के बीच समझौता कराने का प्रयास करे । वकालत शुरू करने पर गांधी अपनी इस आदर्शवादी मान्यता पर दृढ़ रहे ।

गांधी १८९१ में भारत लौटे, पर कुछ ही दिन ठहरने के बाद दक्षिण अफ्रीका चले गये । दक्षिण अफ्रीका में ही उन्होंने अपनी नैतिक मान्यताओं पर ऐसी परिस्थिति में अमल किया जिसमें हजारों असहाय और पीड़ित व्यक्तियों के हिताहित का प्रश्न सामने था । जातीय भेदभाव के विरुद्ध उनके अहिंसात्मक संघर्ष ने उनके जीवन के मूलभूत दर्शन को और भी दृढ़ कर दिया । उन्होंने एक ऐसा फार्म स्थापित किया जहाँ उन्हें अपने सामाजिक और आर्थिक दर्शन पर अमल करने का अवसर मिला । उन्होंने स्कूलशिक्षक, डॉक्टर, लेखाकार और एक पत्र के सम्पादक का कार्य किया । उन्होंने बागबानी, दर्ज़ीगीरी और रसोई बनाने का काम अपने-आप किया । यहाँ हमें आश्रम का आदर्श, देहाती आत्म-सम्पूर्णता, जीवन की साधारण बातों में सम्पूर्णता और स्वच्छता आदि उन बातों की पहली झाँकी मिलती है जो गांधीवादी जीवन-पद्धति की विशेषताएँ हैं ।

इंगलैंड और दक्षिण अफ्रीका के निवास में वे तत्कालीन धार्मिक और नैतिक आन्दोलनों का बड़ी रुचि से अध्ययन करते रहे । उन्होंने बौद्ध धर्म पर ग्रन्थ पढ़े और भगवद्गीता का गहन अध्ययन किया । थियासफी-पन्थियों की रचनाओं ने भी उन्हें प्रभावित किया और क्वेकरों तथा ईसाई धर्म-प्रचारकों के साथ चर्चा ने भी । उनकी रुचि की कुछ पुस्तकों के नाम इस प्रकार हैं—नर्मदाशंकर की **धर्म विचार**, मैक्समूलर की **इण्डिया—ह्वाट इट कैन टीच अस ?** उपनिषदों के अंग्रेज़ी अनुवाद, वाशिंगटन इरविंग की **लाइफ़ ऑफ़ मुहम्मद**, **सेविंग्स ऑफ़ जरथुस्ट्र**, **कुरान** का सेल्स द्वारा अनुवाद, एडविन आर्नल्ड की **लाइट आफ़ एशिया**, एनी बेसंट की **हाउ आइ बिकेम ए थियोसॉफिस्ट**, रस्किन की **अनटु दिस लास्ट**, कार्लाइल की **हीरोज एण्ड हीरोवर्शिप** ।[१३]

पर इन तथा अन्य पुस्तकों में जो कुछ लिखा था उससे कहीं अधिक गांधी ने उनसे प्राप्त किया । जैसा कि लुई फिशर ने कहा है, वे "सृजनशील

पाठक थे ।" किसी पुस्तक के प्रभाव की सृष्टि में उसके लेखक के साथ-साथ उनका अपना योग भी कम नहीं होता था । वे पुस्तक में पहले अपनी ओर से कुछ विचारों की स्थापना करते और फिर बड़ी रुचि से उन्हें उस पुस्तक के ही मानकर स्वीकार कर लेते थे ।"[१४] यह बात उनके धार्मिक पुस्तकों के अध्ययन के बारे में विशेष रूप से सही है । गांधी का चिन्तन हिन्दू धर्म, इस्लाम, ईसाई धर्म और जैन धर्म के शास्त्रों का बहुत ऋणी है । गांधी उन पर गहराई से विचार करके इस निष्कर्ष पर पहुँचे थे कि जहाँ कुछ बातों की ओर वे सब मुड़ते हैं; वहीं प्रत्येक में कुछ-न-कुछ अपना अलग विशेष मूल्यवान भी है । आधुनिक युग के कुछ अन्य महान् धर्म-शिक्षकों से भिन्न, गांधी यह आवश्यक नहीं समझते थे कि सार्वजनीन धर्म, मानवता के धर्म, की स्थापना के लिए ऐतिहासिक धर्मों के ऊपर उठना जरूरी है ।[१५]

भारत के अन्य प्रदेशों की अपेक्षा गुजरात में जैन धर्म अधिक जीवंत शक्ति रहा है । गांधी ने न केवल महावीरजी के जीवन तथा जैन नीतिशास्त्र का अध्ययन किया, बल्कि वे हरिभद्र सूर के **षड्दर्शन समुच्चय**-जैसे दार्शनिक ग्रन्थों से भी जूझे और इस्लाम के बारे में तो उन्होंने कहा है कि "भ्रातृत्व की भावना जैसी इस्लाम में प्रकट हुई है वैसी किसी अन्य धर्म में नहीं ।"[१६] उनकी प्रार्थना-सभाओं में गीता के श्लोकों के साथ कुरान की आयतें भी अनिवार्य रूप से पढ़ी जाती थीं ।

पर ईसाई धर्म के विषय में गांधी का दृष्टिकोण ठीक-ठीक बता सकना कठिन है । प्रारम्भिक दिनों में ईसाई धर्म से उन्हें बड़ी अरुचि हुई थी, पर यह स्पष्ट ही उन ईसाई धर्मप्रचारकों की असहिष्णुता की प्रक्रिया थी जो हिन्दू धर्म को तिरस्कार की दृष्टि से देखते थे । इंगलैण्ड में उन्होंने ईसाई धर्म का सकारात्मक पक्ष देखा और बाइबिल का नये सिरे से अध्ययन किया । बहुत दिनों बाद उन्होंने कहा—"जीसस का मेरे जीवन पर बड़ा प्रभाव रहा है । इसमें कितना अचेतन है, यह मैं नहीं जानता, पर जितना सचेतन रूप में हुआ है, वह मैं जानता हूँ । जब मैंने 'सर्मन ऑन द माउंट' पढ़ा तो मुझे उसके सौंदर्य का अनुभव हुआ । यह तो मैं नहीं कह सकता कि वह अनुपम है, या वैसा अन्य धर्मों में नहीं मिलता । पर उसका प्रस्तुतिकरण अपूर्व है ।····· मेरे कितने सारे शब्द बाइबिल से आये हैं । अपनी बातचीत में मैं बाइबिल के उल्लेख से नहीं बच पाता; उसके उल्लेख के बिना मैं बोल ही नहीं सकता ।"[१७]

रोम में सेंट पीटर्स में क्राइस्ट की मूर्ति देखकर गांधी की आँखें भर आई थीं । कहा गया कि गांधी ने "ईसा को हृदय से लगाया पर ईसाई धर्म

को अस्वीकार किया।"[१८] जीसस के प्रति उनकी अगाध भक्ति थी; पर ईसाई धर्म के बहुत पक्षों से उन्हें सन्तोष नहीं होता था। उन्होंने एक बार लिखा था--"ईसाई धर्म के नाम पर चलने वाला बहुत-कुछ 'सर्मन ऑन द माउंट' के विपरीत है।......पॉल यहूदी नहीं था। वह यूनानी था, उसका दिमाग वक्ता का, द्वन्द्वात्मक प्रकार का था और उसने जीसस को तोड़ा-मरोड़ा है। क्राइस्ट में बड़ी भारी शक्ति—प्रेम की शक्ति—थी, पर पश्चिम में पहुँचकर ईसाई धर्म विकृत हो गया। वह बादशाहों का धर्म बन गया।"[१९] ये वाक्य प्रकट करते हैं कि अपने पूर्ववर्ती केशवचन्द्र सेन की भाँति गांधी भी प्रारम्भिक ईसाई धर्म को मूलतः पूर्वीय, हिन्दू मूल्यों के साथ सामजस्यपूर्ण, मानते थे। पर 'अधिकृत' ईसाई धर्म के बारे में उनके मन में शंकाएँ थीं। डॉक्टर स्टैनले जोन्स ने गांधी के बारे में कहा है—"इतिहास के एक सर्वाधिक ईसाई-जैसे व्यक्ति को एक बार भी ईसाई नहीं कहा गया।"[२०]

इस प्रकार गांधी यद्यपि अन्य बहुत-से धर्मों के प्रभाव में रहे, पर अधिकतम आध्यात्मिक संतोष उन्हें हिन्दू धर्म से ही मिला। उन्होंने हिन्दू धर्म के परम्परागत मूल्यों को साधार और उपयुक्त मानकर स्वीकार किया। साथ ही वे बौद्ध तथा जैन धर्म को भी हिन्दू धर्म की विश्वदृष्टि से मूलतः भिन्न नहीं मानते थे। किसी अन्य पुस्तक ने उन्हें इतनी गहराई से प्रभावित नहीं किया जितना **भगवद्गीता** ने।[२१] एक बार उन्होंने कहा था—"हिन्दू धर्म के केवल दो ग्रन्थों **गीता** और तुलसीदास की **रामायण** को ही मैं जानता हूँ।"[२२] वे गीता को 'आध्यात्मिक संदर्भ-ग्रन्थ' कहते थे और उसको बड़ी मार्मिक अन्योक्ति मानते थे।[२३] उनके लिए कृष्ण ने जिस युद्ध-भूमि पर उपदेश दिया था वह मानव-हृदय ही है जिसमें सत् और असत् की शक्तियों में प्रधानता के लिए होड़ लगी है; और अर्जुन को जिस युद्ध के लिए प्रेरित किया गया वह अज्ञान, कायरता और अहंकार के विरुद्ध आत्मा के चिरन्तन संघर्ष के अतिरिक्त और कुछ नहीं। अपने जीवन की हर अवस्था में उन्होंने मार्गदर्शन के लिए **गीता** का सहारा लिया।" जब भी संशय मुझे घेरता है......और क्षितिज पर प्रकाश की एक भी किरण नहीं दिखाई पड़ती, तो मैं **भगवद्गीता** की ओर उन्मुख होता हूँ और उसमें कोई-न-कोई श्लोक मुझे सान्त्वना देने को मिल जाता है।[२४] उनके सचिव महादेव देसाई ने तो यहाँ तक कहा है कि "गांधी के जीवन का प्रत्येक क्षण गीता के सन्देश के अनुरूप जीवनयापन का सजग प्रयत्न है।"

इन परम्परागत स्रोतों के अलावा दो आधुनिक लेखकों, थोरो और तालस्ताय, का प्रभाव भी गांधी पर पड़ा। **सविनय अवज्ञा** पर थोरो की पुस्तक

से गांधी को पहली बार यह अनुभव हुआ कि अहिंसा के दर्शन का उपयोग राजनीतिक उद्देश्य के लिए किस प्रकार किया जा सकता है।[२५] गांधी इस बात से बड़े प्रभावित हुए कि थोरो-जैसे व्यक्ति को कभी जेल की दीवारों में नहीं बाँधा जा सकता; कोई सरकार आत्मा को गिरफ्तार नहीं कर सकती! थोरो की नैतिकता क्रान्तिकारी थी। उन्होंने कहा था—"नियमपालक होने की अपेक्षा सही होना अधिक सम्मानपूर्ण है।" गांधी इस कथन के ऊपर अपने अनुभवों के आधार पर विचार करते रहे और उन्हें विश्वास हो गया कि कभी-कभी स्थापित कानून से मतभेद, बल्कि उसकी नितान्त अवज्ञा, न केवल अधिकार बल्कि कर्तव्य हो जाता है।

तालसताय का प्रभाव कहीं अधिक गहरा था।[२६] गांधी इस रूसी लेखक की ओर १८८६ में प्रकाशित उनकी एक कहानी **इवान इलिच की मृत्यु** पढ़कर आकर्षित हुए थे। इस कहानी ने उन्हें बहुत प्रभावित किया और १८९३ में उन्होंने तालसताय के लगभग सभी ग्रंथ पढ़ डाले। तालसताय के इस युग की रचनाओं में—**पावर ऑफ़ डार्कनेस, क्रुट्‌जर सोनाटा** और **द डेविल** में—जीवन के शारीरिक उपभोग के प्रति विरक्ति का भाव है। तालसताय स्वयं उस समय बौद्ध धर्म का अध्ययन कर रहे थे और कुछ-कुछ निराशावादी मनःस्थिति से गुज़र रहे थे। गांधी ने इन पुस्तकों को ध्यान से पढ़ा, पर उनमें से किसी ने भी उन पर उतना गहरा प्रभाव न डाला जितना तालसताय की **द किंगडम ऑफ़ गॉड इज विदिन यू** ने। इसमें गांधी को न केवल सत्य और अ-प्रतिरोध का मुखर समर्थन मिला, बल्कि कष्ट-सहन की सुन्दरता और गरिमा की मार्मिक अभिव्यक्ति भी मिली। तालसताय ने दिखाया था कि किस प्रकार एक व्यक्ति कष्ट सहन करके अपने-आपको मुक्त और पाप की शक्ति को नष्ट कर सकता है।

हमने यह विवेचन गांधी के प्रारम्भिक जीवन के संक्षिप्त सर्वेक्षण से शुरू किया था और उसके बाद उन कुछेक पुस्तकों और विचारकों पर ध्यान दिया जिनका उन पर प्रभाव पड़ा। अब थोड़ी देर के लिए उनके जीवन के शेष वृत्तान्त को भी देख लें। दक्षिण अफ्रीका में लगभग बीस वर्ष बिताने के बाद गांधी भारत लौटे और शीघ्र ही उन्होंने राष्ट्रीय स्वतन्त्रता आन्दोलन की बागडोर सम्हाल ली। इस संघर्ष से सम्बन्धित घटनाएँ और हिन्दू-मुस्लिम एकता स्थापित करने तथा पिछड़े वर्गों की दशा सुधारने के लिए गांधी के प्रयत्न सर्वविदित हैं और यहाँ उनकी चर्चा आवश्यक नहीं। गांधी की दृष्टि सदा गाँव पर केन्द्रित रही; वे आश्रमों में रहे—पहले साबरमती में और फिर वर्धा के निकट सेवाग्राम में—और निष्ठापूर्वक उस जीवन-दर्शन पर अमल करते रहे

जिसका उपदेश देते थे। समय-समय पर वे अपने कार्यों से संसार को चौंका देते थे—लाठी लेकर दो सौ मील दूर किसी आपत्तिजनक क़ानून को तोड़ने चल पड़ते, अथवा आत्मशुद्धि के लिए उपवास करते और किसी सिद्धान्त के समर्थन में अपने प्राणों की बाज़ी लगा देते। १६२१, १६३१ और १६४२ के सविनय अवज्ञा आन्दोलनों के द्वारा उन्होंने भारत का स्वाधीनता-संग्राम में नेतृत्व किया और आखिरकार १६४७ में भारत स्वतन्त्र राष्ट्र हो गया।

प्रशासनिक और राजनयिक प्रश्नों को राजनीतिज्ञों के लिए छोड़कर गांधी सामाजिक कार्य करते रहे और आधी शताब्दी पहले जो दर्शन उन्होंने अपने लिए तैयार किया था उसी पर दृढ़तापूर्वक डटे रहे। साम्प्रदायिक और धार्मिक विद्वेष का उन्होंने अपूर्व साहस से सामना किया। ३० जनवरी १६४८ को एक प्रार्थना-सभा में होंठों पर ईश्वर का नाम लिये वे एक धर्मान्ध की गोली से शहीद हुए।

"सुदूर भारत का एक लँगोटीधारी वृद्ध व्यक्ति। किन्तु उनकी मृत्यु पर मानवता ने आँसू बहाये।"[२७] उनकी मृत्यु एक अनोखी तीर्थयात्रा की समाप्ति-जैसी थी। जब वे जीवित थे तो दुनिया कभी-कभी उनकी बात की उपेक्षा भी कर देती थी; क्योंकि उनका जीवन ऐसे संगीत के समान था जो इतना धीमा बज रहा हो कि उस पर ध्यान ही न जाए, पर उसके थमते ही लगे कि जैसे कुछ छिन गया। पर भारत में तो गांधी लगभग पुराण-पुरुष का स्थान प्राप्त कर चुके थे। किसी ने कहा है कि शताब्दियों तक भारत का काल-क्रम 'गांधी पूर्व' और 'गांधी के बाद' के रूप में लिखा जाएगा।[२८] नेहरू ने उनकी मृत्यु के बाद लिखा था, "महान् और विख्यात व्यक्तियों के स्मारक संगमर्मर या काँसे के बना करते हैं। पर स्वर्गिक तेज-सम्पन्न इस व्यक्ति ने अपने जीवन-काल में ही लाखों-करोड़ों इन्सानों के हृदयों में अपना स्मारक बना लिया था।"[२६]

: ३ :

गांधी के जीवन और उस पर पड़ने वाले प्रभावों को देखते हुए उनके दर्शन की सामान्य विशेषताओं की रूपरेखा सहज ही बनाई जा सकती है।

सर्वप्रथम तो वे जटिलता की बजाय सरलता के पक्के समर्थक थे। यह समर्थन सर्वव्यापी और बिना शर्त है और दार्शनिक दृष्टि से महत्त्वपूर्ण है। गांधी की जगत् और ईश्वर-सम्बन्धी, प्रकृति और मानव-जीवन सम्बन्धी, अवधारणा में विलक्षण ऋजुता है और गूढ़ता का प्रभाव। वे मानते थे कि मानव-स्वभाव उतना जटिल नहीं है जितना समाजशास्त्रियों और मनोवैज्ञानिकों ने उसे बना रखा है। न तो व्यक्तियों को और न राष्ट्रों को निरन्तर आत्म-

विभाजित, परस्पर-विरोधी प्रेरणाओं का खिलौना, अपने-आपसे जूझते रहने की नियति से ग्रस्त, मानना आवश्यक है। गाँधी आधुनिक संसार के तनावों को जटिलता की लालसा का परिणाम मानते थे; और विज्ञान का जन्मजात पाप यह है कि वह इस जटिलता को भ्रमवश प्रगति समझता है। यह विचारधारा गांधी को प्रकृति के अनुरूप जीवन'[३०] के आदर्श की ओर ले जाती है। गांधीवाद में रूसीवाद का तत्त्व बड़ा प्रबल है। गांधी और प्राचीन निवृत्तिवादी दार्शनिकों के विचारों में भी बड़ी समानता है।

दूसरे, गांधीवादी चिन्तन इस दृढ़ विश्वास पर आधारित है कि सत्ता न केवल प्राकृतिक व्यवस्था है बल्कि नैतिक व्यवस्था भी है। गांधी उचित और उपयोगी या लाभदायक के बीच कोई अन्तर नहीं स्वीकार करते। उनका समस्त दर्शन नैतिक आदेशों से परिव्याप्त है। यह उन्हें कांट के बहुत समीप ले आता है। यह समानता केवल कर्त्तव्य पर बल और जीवन के कठोरतावादी मूल्यांकन तक ही सीमित नहीं है। यह इस बात में भी देखी जा सकती है कि वे स्वतन्त्रता को नैतिकता का मूलाधार मानने पर बल देते हैं। कांट से भिन्न, गांधी सकल्प की स्वतंत्रता में आस्था के लिए कोई तर्कपरक या तत्त्वमीमांसीय आधार नहीं प्रस्तुत करते। वे अपनी स्वतन्त्रता की अवधारणा को साधनों की श्रेष्ठता के रूप में समृद्ध करके संतुष्ट हैं।

तीसरे—और इस विशेषता की हम पहले ही चर्चा कर चुके हैं—गांधीवादी चिन्तन में सत्ता को सम्पूर्णतः आध्यात्मिक माना जाता है। यह नैतिक व्यवस्था के रूप में सत्ता के विचार का पूरक है; आत्मा के लिए ही शिव की खोज की सार्थकता हो सकती है। इस दृष्टिकोण के अन्य उपसिद्धान्त भी हैं—परमात्मा के रूप में ईश्वर स्वतःसिद्ध है; मानव व्यक्ति की स्वायत्तता का मूल्य बहुत ऊँचा है, समाज को जैव रूप में परिचालित प्राणियों के बजाय आत्माओं का समुदाय मानना उचित है, नैतिक आवश्यकताएँ 'अन्तरात्मा' से सम्बद्ध हैं और मानवतावाद सामान्य रूप में मानवता से अमूर्त प्रेम की बजाय वास्तविक जीवित मनुष्यों से, आत्माओं से, प्रेम का ही नाम है।

इन सामान्य विशेषताओं को ध्यान में रखते हुए हम अब दर्शन की विशिष्ट समस्याओं के लिए गांधीवादी चिन्तन के निहित अर्थों की थोड़ी और सूक्ष्मता से परीक्षा कर सकते हैं। गांधी की ईश्वर की अवधारणा वास्तव में उनकी सत्य की अवधारणा से पृथक् नहीं की जा सकती। इससे कोई अन्तर नहीं पड़ता कि हम पहली से प्रारम्भ करें या दूसरी से। किन्तु चूंकि ईश्वर का प्रश्न दार्शनिक विवेचन का परम्परागत प्रारम्भ बिन्दु है, इसलिए हम गांधी के

ईश्वर-सम्बन्धी कथनों पर विचार करके यह समझने का प्रयत्न कर सकते हैं कि किस हद तक उन्हें एक तर्कसंगत विश्व-दृष्टि का आधार बनाया जा सकता है।

गांधी ने ईश्वर का अस्तित्व 'सिद्ध' नहीं किया। उनका ऐसा करना ही आश्चर्य की बात होती। शास्त्रीय दर्शन के अस्त्रों का उपयोग करने की अनिच्छा के अतिरिक्त, ईश्वर उनके लिए इतना प्रखर अनुभव था कि उसका अस्तित्व स्थापित करने का प्रश्न ही नहीं उठता था। फिर भी ईश्वर के सम्बन्ध में कुछ चिरप्रचलित प्रमाण' उन्होंने अवश्य रखे हैं। एक महत्त्वपूर्ण उद्धरण है—"ईश्वर के अस्तित्व के सीमित प्रमाण देना सम्भव है। जगत् में व्यवस्था है और प्रत्येक पदार्थ और प्रत्येक जीवित प्राणी एक अटल नियम से बँधा हुआ है। यह नियम अन्धा नहीं है, क्योंकि मनुष्यों के आचरण को किसी अन्ध-नियम के अनुसार नहीं चलाया जा सकता।"..... तो फिर समस्त जीवन को चलाने वाला वह नियम ईश्वर ही है।"[३१]

कभी-कभी वे अटलता के सिद्धान्त के आधार पर तर्क करते जान पड़ते हैं, जिस पर उपनिषदों में इतना बल दिया गया है। समस्त अनित्य व्यापार के पीछे कुछ-न-कुछ तो नित्य होना ही चाहिए। वे कहते हैं—"मुझे लगता है कि यद्यपि मेरे चारों ओर की हर वस्तु परिवतनशील है, मरणशील है, फिर भी इस समस्त परिवर्तन के तल में ऐसी कोई जीवन्त शक्ति अवश्य है जो परिवर्तनहीन है, जो सबको एक साथ बाँधे हुए है, जो रचती है, मिटाती है, और फिर से रचती है। वह प्राणदायी शक्ति या आत्मा ही ईश्वर है।"[३२] कुछ अन्य वक्तव्यों में बल नित्यता की बजाय अमरता पर है। "मृत्यु के बीच भी जीवन अटल है असत्य के बीच भी सत्य अटल है। अन्धकार के बीच भी प्रकाश अटल है। इसलिए मैं समझता हूँ कि ईश्वर जीवन, सत्य प्रेम है।"[३३] यहाँ यह जोड़ना आवश्यक है कि गांधी बार-बार कहते हैं कि सत्य अमर है, अथवा उन्हीं के शब्दों में 'मृत्युहीन' है।

किन्तु गांधीवादी चिन्तन की सामान्य प्रवृत्ति, जहाँ तक ईश्वर-सम्बन्धी धारणा का प्रश्न है, बौद्धिक दृष्टिकोण को दूसरा स्थान देने की है। "जो केवल बुद्धि को सन्तोष दे, यदि यह सम्भव भी हो तो वह ईश्वर नहीं है। ईश्वर होने के लिए ईश्वर का हृदय पर राज्य करना और उसको नया रूप देना आवश्यक है।"[३४] इस भाँति वास्तविक अनुभूति द्वारा ही ईश्वर को अनुभव किया जा सकता है। इस अनुभूति का स्वरूप निर्धारित नहीं है। कभी-कभी गांधी नैतिक अनुभूति को ईश्वर के अस्तित्व की सर्वश्रेष्ठ कसौटी मानते हैं। तब ईश्वर

नैतिक नियम का ही दूसरा नाम हो जाता है। कई बार वे मानवीय इन्द्रियबोध और चिन्तन दोनों को ही अपर्याप्त बताते हैं, वे अलग-अलग अथवा मिलकर भी परम सत्ता की थाह नहीं पा सकते। "कोई ऐसी वचनातीत और रहस्यमयी शक्ति अवश्य है जो सबमें व्याप्त है। मैं उसे देखता नहीं, पर उसे अनुभव करता हूँ। यह अदृश्य शक्ति ही भिन्नता का अनुभव कराती है। फिर भी वह प्रमाणों द्वारा नहीं सिद्ध होती क्योंकि वह इन्द्रियों द्वारा गम्य हर वस्तु से इतनी भिन्न है। वह इन्द्रियातीत है।"[३५]

गांधी के वक्तव्यों का कभी-कभी यह प्रभाव पड़ता है कि वे इसलिए ईश्वर की व्याख्या नहीं करते क्योंकि उन्हें विश्वास है कि सब मनुष्यों के लिए ईश्वर समान नहीं है। उनके लिए ईश्वर की सत्ता बहुमुखी है और वे उसे निश्चित शब्दों में नहीं बाँध देना चाहते। वे कहते हैं—"मेरे लिए ईश्वर सत्य और प्रेम है, ईश्वर नीति और नैतिकता है, ईश्वर निर्भयता है, ईश्वर जीवन और आलोक का स्रोत है...... ईश्वर अन्तरात्मा है।...... और फिर भी वह इन सबसे ऊपर और परे है। जिन्हें उसकी व्यक्तिगत उपस्थिति की आवश्यकता है उनके लिए वह वैयक्तिक ईश्वर है। जिन्हें उसका स्पर्श चाहिए उनके लिए वह साकार है। वह पवित्रतम सार है। जिनमें आस्था है उनके लिए वह बस है। वह हमारे भीतर है और फिर भी हमसे ऊपर और हमसे परे है।"[३६]

किन्तु दार्शनिक जिज्ञासा इतने से सन्तुष्ट नही हो सकती। हम यह पूछने को बाध्य होते हैं कि गांधीवादी चिन्तन में ईश्वर वैयक्तिक है या निर्वैयक्तिक। जैसा हम पहले देख चुके हैं, गांधी के मस्तिष्क और हृदय की पृष्ठभूमि और शिक्षा निश्चित रूप से उन्हें वैयक्तिक ईश्वर को स्वीकार करने के लिए प्रेरित करती थी। वैष्णव-प्रभाव इतना गहरा था कि वह कभी सम्पूर्णतः नहीं दबाया जा सकता था। कुरान के अध्ययन ने जगत् के स्रष्टा और पालक दयालु ईश्वर में उनकी आस्था और भी पुष्ट कर दी थी। ईश्वर हमारी भक्ति और प्रार्थना का अधिकारी है, उसकी शक्ति और अच्छाई जीवन में मूर्त रूप में प्रतिबिम्बित होनी चाहिए। ईश्वर को वैयक्तिक रूप में देखने पर ही वह हमारे लिए सत्य होता है। गांधी कहते हैं—"ईश्वर को प्राप्त करने का एक ही उपाय है कि उसे उसकी सृष्टि में देखा और उसके साथ एकाकार हुआ जाए।"[३७] सर्वोच्च सत्ता पूर्णतः अमूर्त नहीं हो सकती और न वह हमारे लिए सर्वथा अगम्य हो सकती है। यदि ऐसा होता तो समस्त धार्मिक प्रयास अर्थहीन हो जाता। गांधी ईश्वर को ऐसे क्षेत्र में खोजने से इन्कार करते हैं जिससे मानव-जीवन का कोई सम्बन्ध न हो। वे कहते हैं—"यदि मैं यह विश्वास कर पाता कि ईश्वर

मुझे हिमालय की गुफा में मिलेगा तो मैं तुरन्त वहाँ पहुँचता। पर मैं जानता हूँ कि मैं उसे मानवता से पृथक् नहीं पा सकता।"[३८]

वैयक्तिक ईश्वर में विश्वास अस्तित्व के आधार-रूप में चरम शिवत्व की मान्यता से जुड़ा हुआ है। इस शिवत्व का एक पक्ष यह है कि नैतिक नियम का प्राकृतिक नियम से कोई विरोध नहीं। इस विषय में गांधी एक प्रकार का 'पूर्व स्थापित सामंजस्य' स्वीकार करते जान पड़ते हैं। सम्भव है कि कभी-कभी ईश्वर की शक्ति विध्वंसात्मक लगे। पर गांधी कहते हैं—"ईश्वर केवल प्रेमवश ही विध्वंस कर सकता है, घृणावश नहीं।" "विध्वंस ईश्वर का विशेपाधिकार है, हमें वह प्राप्त नहीं। ईश्वर का विध्वंस सर्वनाश नहीं होता।[३९] यहाँ अभिप्राय यह है कि विध्वंस का सृष्टि के रचनात्मक उद्देश्य से विरोध नहीं, वह समग्र प्रक्रिया में प्रयुक्त एक साधन-मात्र है। जहाँ तक अशिव का प्रश्न है, गांधी उसका "ग़लत स्थान में शिव" के रूप में वर्णन करते हैं। "अशिव का कोई अलग अस्तित्व है ही नहीं, वह अनुपयुक्त स्थिति में सत्य या शिव ही है।"[४०] गांधी-वादी चिन्तन मूलतः आशावादी है। ईश्वर में आस्था और मनुष्य में आस्था साथ-साथ ही हैं। प्रकृति की भाँति ही मानव-जीवन में भी मैत्री विग्रह से अधिक प्रबल है। "मानवता समुद्र के समान है। उसकी थोड़ी-सी बूँदें गन्दी हो भी जाएँ तो सारा समुद्र अशुचि नहीं हो जाता।"[४१]

पर गांधी के विचारों में एक और भी प्रवृत्ति है जो उन्हें वैयक्तिक ईश्वर की अवधारणा से दूर ले जाती जान पड़ती है। यह उनके नियम पर आग्रह में दिखाई पड़ती है जिसका उल्लेख पहले हो चुका है। इस दृष्टि-कोण से सम्बन्धित एक अत्यन्त स्पष्ट कथन इस प्रकार है—"मैं ईश्वर को व्यक्ति नहीं मानता······ईश्वर का नियम और ईश्वर दो पृथक् पदार्थ या तथ्य नहीं हैं, जैसे लौकिक राजा और उसके नियम पृथक् होते हैं। ईश्वर तो प्रत्यय है, स्वयं नियम है, इसलिए ईश्वर द्वारा नियम तोड़े जाने की कल्पना असम्भव है।"[४२] और भी—"समस्त जीवन को चलाने वाला नियम ही ईश्वर है। नियम और नियम का स्रष्टा एक ही है।"[४३]

और यह अनिवार्य रूप से हमें सत्य के प्रश्न पर ले आता है, क्योंकि गांधी प्रायः सत्य के रूप में नियम की चर्चा करते हैं। सर्वोच्च सत्ता को सत्य मानना वैयक्तिक को छोड़कर निर्वैयक्तिक दृष्टिकोण अपना लेना है। किन्तु यह स्मरण रखना चाहिए कि दर्शन में यह संक्रमण निर्मम नहीं है क्योंकि सत्य को भी प्रेम बताया गया है और प्रेम कभी सम्पूर्णतः निर्वैयक्तिक नहीं हो सकता। ये सब अवधारणाएँ एक-दूसरे में गडमड हो जाती हैं और लगता है कि गांधी-

वादी विचारधारा की स्थिति स्पष्ट नहीं है। पर पहले सत्य के सम्बन्ध में उनके विचारों को तनिक और सम्पूर्णता के साथ देख लें।

उनकी आत्मकथा में एक उल्लेखनीय स्थल है जहाँ वे कहते हैं कि अन्तिम विश्लेषण में सत्य ही ईश्वर है, पर वह निर्वैयक्तिक सत्य कदाचित् ही प्राप्त होता है। वह सदा ही हमारी खोज का लक्ष्य बना रहता है। "ईश्वर की असंख्य परिभाषाएँ हैं, क्योंकि उसके रूप भी असंख्य हैं। वे मुझे विस्मय और भय से विह्वल कर देते हैं और पल-भर के लिए मैं स्तम्भित हो जाता हूँ। पर मैं सत्य के रूप में ही ईश्वर की पूजा करता हूँ। मैं अभी तक उसे पा नहीं सका हूँ, अभी भी मुझे उसकी तलाश है। इस तलाश में मैं अपनी प्रिय-से-प्रिय वस्तु का त्याग करने को भी प्रस्तुत हूँ। पर जब तक मैं इस चरम सत्य की उपलब्धि नहीं कर लेता तब तक अपने सापेक्ष सत्य पर दृढ़ रहना आवश्यक है। तब तक वह सापेक्ष सत्य ही मेरा मार्गदर्शक, मेरा कवच, मेरी ढाल है।"[४७]

यहाँ महात्मा गांधी वेदान्तियों की भाँति तत्त्वमीमासा के उच्च और निम्न दृष्टिबिन्दुओं के बीच अन्तर नहीं कर रहे हैं, बल्कि उनका उद्देश्य सत्य के सवाल पर सहिष्णुतापूर्ण प्रवृत्ति के लिए पृष्ठभूमि तैयार करना है। जोन बोनडुरेन्ट कहती हैं—"गांधी कभी चरम अर्थ में सत्य को जानने का दावा नहीं करते थे और वे बार-बार दूसरों को याद दिलाते रहते थे कि सत्य को जानने में मनुष्य की असमर्थता के कारण यह ज़रूरी है कि वह अपने से भिन्न मत रखने वालों के प्रति निरन्तर खुला रवैया अपनाये।[४५] सुकरातीय विनय से गांधी कहते हैं—"सत्य को पूर्णतः प्राप्त कर लेना अपने-आपकी और अपनी नियति की उपलब्धि कर लेना है, अर्थात् सर्व-सम्पूर्ण हो जाना है। मैं तो अपनी अपर्णताओं को जानता हूँ और इसी में मेरी सारी शक्ति निहित है।"[४८]

फिर भी इस बात से इन्कार नहीं किया जा सकता कि अपने विकास की एक अवस्था में पहुँचकर गांधी निश्चित रूप से विधाता अथवा वैयक्तिक ईश्वर के रूप की बजाय सत्य के रूप में सत्ता की व्याख्या को अधिक प्रश्रय देने लगे थे। वे ईश्वर और सत्य को एक-दूसरे का पर्याय मानते थे। किन्तु जहाँ पहले वे आग्रह करते थे कि "ईश्वर ही सत्य है", वहाँ बाद में वे सचेत-रूप से सूत्र को बदलकर कहने लगे थे कि "सत्य ही ईश्वर है"। पहले इस सूत्र के प्रथम रूप पर विचार करें। गांधी उसे इस प्रकार समझाते हैं—"'ईश्वर ही सत्य है' में 'है' शब्द का अर्थ निश्चय ही 'बराबर है' नहीं है; न उसका

अर्थ है केवल 'सच्चा है'। सत्य ईश्वर का केवल एक गुण-मात्र नहीं, वह है ही सत्य। वह सत्य नहीं तो और कुछ नहीं। सत्य अर्थात् सत् जिसका अर्थ है 'है'। इसलिए 'सत्' में सत्य निहित है। ईश्वर है, और कुछ नहीं है। इसलिए हम जितने सच्चे होंगे उतने ही ईश्वर के समीप होंगे। जिस हद तक हम सच्चे होते हैं उसी हद तक हम 'हैं'।"[४७]

उपरोक्त उद्धरण मे प्रस्तुत तथ्य पर—अर्थात् इस बात पर कि सत्य ईश्वरत्व का गुण नहीं बल्कि उसका सार है—और बल देने के लिए गांधी सत्य को ईश्वर से पहले रखते हैं। इस बल-परिवर्तन को वे इस प्रकार समझाते हैं—"मानव जिह्वा के लिए ईश्वर का पूर्णतम वर्णन किसी तरह सम्भव हो भी ...तो हमें कहना होगा कि ईश्वर सत्य है .....पर मैंने एक कदम आगे बढ़कर कहा-सत्य ईश्वर है......मुझे सत्य के सम्बन्ध में कभी दोहरा अर्थ नहीं मिला, और नास्तिक लोग तक सत्य की शक्ति या आवश्यकता के आगे झुकते हैं,... इसलिए 'सत्य ईश्वर है' यह परिभाषा मुझे अधिकतम सन्तोष देती है।"[४८]

गांधी यहाँ स्थापित करना चाहते हैं कि ईश्वर की धारणा में तो अस्पष्टता हो सकती है पर सत्य स्फटिक की भाँति निर्मल है, और वे हमे याद दिलाते हैं 'सत्य' शब्द 'सत्' से निकला है, जिसका अर्थ है सत्ता या अस्तित्व। यह आशावाद तत्त्वमीमांसा या ज्ञानमीमांसा के इतिहास से पुष्ट नहीं होता। सत्य-विषयक विवाद उतने ही अनन्त रहे हैं जितने ईश्वर के स्वरूप के बारे में। किन्तु व्यवहारवादी दृष्टि से गांधी की यह बात ठीक है कि भिन्न-भिन्न मान्यताओं वाले व्यक्ति भी सत्य के मंच पर एकत्र हो सकते हैं। इस भाँति सत्य जीवन का एकता लाने वाला तत्त्व हो जाता है और उसे ईश्वर से भी पहले स्थान देना उचित ही है। एक अर्वाचीन लेखक ने इस बात को बहुत ही स्पष्ट रूप से इन शब्दों में कहा है—"अपनी बदली हुई मान्यता के कारण गांधी ऐसे व्यक्तियों को भी सह-खोजियों के रूप में साथ ले सकते थे जो मानवता या अन्य किसी व्यक्ति को अपना ईश्वर मानते हैं और जिसके लिए वे अपना सर्वस्व त्यागने को तैयार हैं। इस भाँति सत्य को सर्वोच्च स्थान देने से गांधी सचमुच उदार हो गए और उन्होंने अपने से भिन्न किसी भी ईश्वर की पूजा करने वाले प्रत्येक अन्य ईमानदार व्यक्ति से पृथक्‌ता के सभी चिह्न मिटा दिए।"[४६]

यदि सत्य ईश्वर है तो चरम मूल्य की खोज में बौद्ध और मार्क्सवादी भी अधिक-से-अधिक धार्मिक हिन्दू, मुस्लिम या ईसाई के सहभागी बन सकते हैं। सच पूछिये तो, इस स्थिति में विरोधाभास के बावजूद, ईश्वर को अस्वीकार करने वाला भी नास्तिक नहीं रहता। यदि सत्य ईश्वर है तो सच्चे

नास्तिक की नास्तिकता में भी ईश्वरत्व है। इसके अलावा, सत्य-प्राप्ति की प्रक्रिया ही अन्वेषी को आचरण के उन सार्थक पथों से ले जाती है जो ईश्वर की खोज में शायद छूट जाएँ। गांधी कहते हैं—"जब आप सत्य को ईश्वर-रूप में पाना चाहते हैं, तो एकमात्र अनिवार्य साधन प्रेम, अर्थात् अहिंसा है। और चूंकि मैं मानता हूँ कि साधन और साध्य पर्यायवाची हैं, मुझे यह कहने में कोई हिचक नहीं कि ईश्वर प्रेम है।"[५०]

इस भाँति 'सत्य ईश्वर है' सूत्र कुछेक व्यवहारवादी आवश्यकताएँ पूरी करने और एक सार्वजनीन नैतिकता के लिए रास्ता बनाने के अलावा, स्वयं गांधी की अपनी मूलभूत मान्यताओं को एक समग्र जीवन-दृष्टि में सँजोने में सहायता करता है।

: ४ :

इस परम सत्ता सत्य का ज्ञान गांधी के लिए बौद्धिक निगमन का परिणाम नहीं है। सत्य ऐसा लक्ष्य अवश्य है जहाँ तर्क का रास्ता भी जाता है; पर वह रास्ता लम्बा, टेढ़ा-मेढ़ा और गढ़ों से भरा है। उसका एक और भी पास का रास्ता है जो हृदय से बनता है। उसे चाहे वृत्ति कहिये, चाहे अन्तरात्मा कहिए, चाहे अन्तरवाणी कहिए। नाम से कोई अन्तर नहीं पड़ता। ऐसी कोई आन्तरिक शक्ति अवश्य है जो हमें सीधी सत्य तक पहुँचाती है। जब हम इस शक्ति को नैतिक मानते हैं तो उसे अन्तरात्मा कहते हैं। जब वह किसी प्रबल नैतिक दबाव के बिना हमें प्रेरित करती है तो हम उसे अधिक सामान्य नाम वृत्ति देते हैं।

गांधी तर्कमूलक संगति को बहुत महत्त्व न देते थे, यद्यपि वे अपने विचारों में से अन्तर्विरोध मिटाने के लिए सदा प्रयत्नशील रहे। वे इमर्सन का यह प्रसिद्ध कथन प्रायः समर्थनपूर्वक उद्धृत किया करते थे—"मूर्खतापूर्ण तर्कसंगति छोटे दिमागों का हौआ है।" यह रवैया अंशतः तो उनके ऊपर राजनीतिक नेतृत्व की आवश्यकताओं के कारण आ पड़ा था। उन्हें शीघ्रतापूर्वक ऐसे निर्णय लेने पड़ते थे जिन पर विस्तार से तर्कसंगत रूप में सोचने का अवकाश न होता था। अपने हृदय की आवाज़ को मानकर बड़े-बड़े निर्णय करने में अपनी सफलता के आधार पर उन्होंने कहा था—"हृदय किसी निष्कर्ष को स्वीकार करता है तो बुद्धि बाद में उसके लिए तर्क ढूंढ लेती है। दलीलें विश्वास के बाद सूझती हैं। मनुष्य प्रायः जो-कुछ करता है या करना चाहता है उसके समर्थन में कारण खोज लेता है।"[५१]

गांधी के आलोचक प्रायः उनके तर्क की तुलना में वृत्ति को प्रश्रय देने

को बढ़ा-चढ़ाकर बताते रहे हैं। उन्हें ऐसा हठधर्मी चिन्तक बताया जाता है जो अपने व्यक्तिगत विश्वासों को दूसरों पर बिना कोई कारण बताये लादता था। ग्रेहम वेलेस कहते हैं—"भारत को शायद शताब्दियों तक इस बात का अफ़सोस रहे कि गांधी अपने 'तर्क' को अपनी 'वृत्ति' या आन्तरिक आवाज़ के साथ सहयोग करने की अनुमति नहीं देते थे।"[५२] यह भविष्यवाणी १६३१ में की गई थी और परवर्ती घटनाओं ने उसे झूठा सिद्ध कर दिया है। साथ ही, यह कहना सच नहीं है कि गांधी तर्क का सहयोग अस्वीकार करते थे। नेहरू ने इस बात की संपुष्टि की है कि कभी-कभी उनकी गांधी की आन्तरिक आवाज़ द्वारा सुझाये रास्ते के विरुद्ध विद्रोह करने की इच्छा होती, पर बाद में केवल वही तर्कसंगत रास्ता सिद्ध होता।

गांधी द्वारा आन्तरिक आवाज़ की आज्ञा पालन करने में कोई कठमुल्लापन न था। वे मानते थे कि तर्क का कठमुल्लापन उतना ही कष्टकारक हो सकता है जितना वृत्ति का। एक बार उन्होंने कहा था—"तर्कवादी बड़े भले लोग होते हैं; पर तर्कनावाद यदि सर्वज्ञता का दावा करने लगे तो उसके भयानक राक्षस बन जाने की आशंका है। तर्क में सर्वज्ञता का आरोप उतनी ही बुरी मूर्तिपूजा है जितनी किसी पत्थर या लकड़ी को देवता मानकर पूजा करना। मैं तर्क के दमन की माँग नहीं करता बल्कि अपने भीतर के उस तत्त्व को मान्यता देने की माँग करता हूँ जो तर्क को पावनता प्रदान करता है।"[५३]

विचारधारा-सम्बन्धी संगति के बारे में भी उनका दृष्टिकोण सन्तुलित था। वे संगति का 'हौआ' खड़ा करने का विरोध करते थे, पर कहते थे कि 'वृहत्तर और गहनतर आत्म-संगति' के लिए किसी आदमी द्वारा कहे गए एक वाक्य का उसके अन्य सभी वाक्यों के अनुरूप होना आवश्यक नहीं है। वे कहते थे—"मेरा उद्देश्य किसी भी प्रश्न पर अपने ही पहले कहे हुए किसी वाक्य से संगतिपूर्ण होना नहीं, बल्कि किसी भी क्षण में प्रस्तुत सत्य के प्रति संगतिपूर्ण होना है। मैं प्रत्येक सत्य के साथ विकसित होना चाहता हूँ।"[५४] साथ ही गांधीवादी चिन्तन में एक रहस्यवादी तत्त्व भी है जो तर्क-सम्बन्धी आवश्यकताओं की उपेक्षा में झलकता है। इस तत्त्व पर विशेष ध्यान इसलिए नहीं दिया गया क्योंकि गांधी निरन्तर व्यावहारिक कार्य में डूबे रहे और उनमें रहस्यवादियों की परम्परागत विशेषताएँ नहीं दिखाई पड़ती थीं। न उन्हें मूर्च्छाएँ आती थीं न दर्शन। उनके भीतर कोई 'राक्षस' नहीं था जैसा सुकरात के भीतर था।

गांधी इस अर्थ में रहस्यवादी थे कि उनके विचार से तीव्र ध्यान के

क्षणों में ही मनुष्य को सत्य का 'उद्घाटन' होता है। इस सन्दर्भ में उनका सप्ताह में एक दिन मौन रखना महत्त्वपूर्ण है। होम्स कहते हैं—"अन्तिम विश्लेषण में, गांधी रहस्यवादी थे। सब रहस्यवादियों की भाँति, जिनमें अपने से परे की कोई शक्ति होती है, वे अपना जीवन ईश्वर से प्राप्त करते थे। पर ईश्वर से उनका सम्पर्क इतना सहज, इतना सरल था कि वह इस रूप में माना नहीं जाता था, विशेषकर इसलिए भी कि उसमें उस सब भावातिरेक और विह्वलता आदि का अभाव था जिसे ईश्वर की प्रत्यक्ष अनुभूति से सम्बद्ध समझा जाता है।"[५५] उन्होंने लोगों से घिरे होने पर भी गहरे ध्यान में मग्न होने की क्षमता आजीवन अक्षुण्ण रखी। एकांत उन्हें सर्वथा अनिवार्य नहीं लगता था; उनके लिए सिद्धि और सम्प्रेषण साथ-साथ चल सकते थे। उनकी आँखों में एक रहस्यमयी चेतना का उल्लेख उनके बहुत-से अनुयाइयों ने किया है। नेहरू अपनी **ऑटोबायोग्राफी** में कहते हैं—"प्रायः लगता था कि अज्ञात उनकी आँखों से हमें ताक रहा है।"[५६]

किन्तु गांधी की इस रहस्यमय धारा को बहुत अधिक महत्त्व देना भूल होगा। वे तर्कनावाद से सन्तुष्ट न थे। पर यह असन्तोष धार्मिक तन्मयता की बजाय व्यावहारिक कार्यों द्वारा सत्य की परीक्षा के प्रयासों में प्रतिबिम्बित होता है। इस विषय में भी उनका बुद्धिवाद-विरोध उन्हें अन्तःप्रज्ञावाद की बजाय व्यवहारवाद की ओर ले गया। इस सन्दर्भ में विलियम जेम्स का उदाहरण तुरन्त सूझता है। जेम्स को भी रहस्यवादी रुझान का बड़ा आकर्षण था। उनका ग्रन्थ **वैराइटीज़ ऑफ़ रिलीजस ऐक्सपीरियन्स** इस बात का प्रमाण है। पर उनके दर्शन का सार यह विश्वास है कि सत्य और सत्ता को मूर्त व्यावहारिक कसौटी पर कसना सम्भव होना चाहिए। यह सही है कि व्यवहारवाद कभी-कभी आत्मनिष्ठता के स्तर पर उतर आता है, या कि अहवादी व्यक्तिवाद का औचित्य ठहराने के लिए उसका उपयोग हो सकता है। किन्तु इस कारण गांधी को अधिक उच्च और अधिक गहरे अर्थ में व्यवहारवादी कहने में हमें कोई हिचक न होनी चाहिए।

रहस्यवाद और क्रियावाद के इस संगम के अनुरूप ही गांधीवादी चिन्तन में आदर्शवाद और यथार्थवाद का भी विलक्षण संगम है। इतिहास-प्रसिद्ध कुछ अन्य नेताओं की भाँति—लूथर, क्रामवेल, लिंकन, लेनिन की भाँति—गांधी में आदर्श समाज के लिए लगभग स्वप्नदर्शी-जैसी लालसा और कठोर यथार्थवादिता साथ-साथ मिलती हैं। एक बार उन्होंने कहा—"मैं स्वप्नदर्शी नहीं हूँ; मैं व्यावहारिक आदर्शवादी होने का दावा करता हूँ। अहिंसा का धर्म केवल

ऋषियों और सन्तों के लिए नहीं है। वह जन-साधारण के लिए भी है।"[५७] बुद्ध की भाँति गांधी भी इस बात पर ज़ोर देते हैं कि आदर्श वास्तविक जीवन के समीप हों। सब सच्चे आदर्शों की जड़ें वर्तमान में होती हैं, यद्यपि वे भविष्य की ओर संकेत करते हैं। एक स्थल पर उल्लेखनीय रूप में वे आदर्श के इन दोनों पक्षों में सामंजस्य करने का प्रयास करते हैं—"आदर्श का गुण उसकी निस्सीमता है। किन्तु धार्मिक आदर्श अपने स्वभाव से ही अपूर्ण मनुष्यों द्वारा अप्राप्य रहते हैं, यद्यपि अपनी निस्सीमता के कारण वे जितना हम उनके समीप पहुँचते हैं उतने ही हमसे अधिकाधिक दूर होते जाते जान पड़ते हैं, फिर भी वे हाथ-पैरों से भी हमारे अधिक समीप हैं, क्योंकि हम उनकी सत्ता और सचाई के बारे में अपने भौतिक अस्तित्व से भी अधिक निश्चित होते हैं।"[५८]

अब हम गांधी के चिन्तन के कुछेक स्रोत, उनके दर्शन की कुछ सामान्य विशेषताएँ, उनका सत्य को ईश्वर मानना आदि देख चुके और इस मान्यता से भी परिचित हो गए कि सत्य का ज्ञान तर्क से उतना सम्भव नहीं जितना वृत्ति और व्यावहारिक परीक्षण से। स्पष्ट ही गांधीवादी तत्त्वमीमांसा और ज्ञान-मीमांसा का यह विवरण अपूर्ण है; पर हम इससे ही सन्तोष करने को बाध्य हैं क्योंकि गांधी ने अपनी सत्ता और ज्ञान-सम्बन्धी अवधारणाओं को व्यवस्थित करने का कोई प्रयास नहीं किया। अब हम उनके नीतिशास्त्र-सम्बन्धी विचारों और सामाजिक दर्शन पर विचार करें। उनकी वास्तविक देन इन्हीं क्षेत्रों में है। इन क्षेत्रों में ही वे अधिकतम महत्त्व के क्रान्तिकारी चिन्तक सिद्ध हुए और उन्होंने भारत के परम्परागत मूल्यों को आधुनिक परिस्थितियों पर लागू किया।

अब यह आम तौर पर माना जाने लगा है कि गांधीवादी सामाजिक दर्शन की व्यावहारिकता सर्वव्यापी है। रेजिनाल्ड रेनोल्ड्स कहते हैं—"इस भ्रम के कारण कि गांधी 'अनुकूल परिस्थितियों' में सक्रिय रहे, यह धारणा बना ली गई है कि उनकी पद्धतियाँ भिन्न धार्मिक और सांस्कृतिक परम्परा वाले किसी अन्य देश में उतनी व्यावहारिक नहीं होंगी।" रेजिनाल्ड आगे इस धारणा की तर्कहीनता दिखाते हुए कहते हैं—"इसकी बहुत ही सम्भावना है कि गांधी की नियति भी अन्य अनेक पैग़म्बरों-जैसी होगी जिनका चरम प्रभाव उनके अपने देश के बाहर ही अधिक गहरा पड़ा है।"[५९] अवश्य ही यह उतावली भविष्य-वाणी है; किन्तु सामाजिक और नैतिक समस्याओं पर गांधीवादी दृष्टिकोण का बहुत-से पाश्चात्य देशों में बड़ी तत्परता से अध्ययन किया जाने लगा है। उनके विदेशी शिष्यों की संख्या काफ़ी बड़ी है। गांधी ने स्वयं भी संसार-भर के

सामाजिक आन्दोलनों से सदा सम्पर्क बनाये रखा। अन्तर्राष्ट्रीय समस्याओं पर बातचीत करने से वे बचते थे तो उसका कारण यही था कि वे भारत के मामलों में पूरी तरह डूबे हुए थे। पर वे प्रायः कहा करते थे कि उनके सामाजिक सिद्धान्त 'मनुष्य की मूलभूत एकता' पर आधारित हैं। वे कहते थे—"मैं मानता हूँ कि आध्यात्मिक दृष्टि से एक मनुष्य को भी लाभ हो तो सारा संसार उसके साथ लाभान्वित होगा; और यदि एक भी मनुष्य गिरे तो उस हद तक सारा संसार गिरता है।"[६०]

उनके तत्वमीमांसीय विचारों की भाँति ही उनके सामाजिक-नैतिक विचारों में भी अध्येता को सबसे बड़ी कठिनाई विभिन्न धारणाओं के एक-दूसरे में अन्तर्ग्रथित होने के कारण होती है। सबसे पहले तो सत्याग्रह का प्रश्न है जो वास्तव में सिद्धान्त की अपेक्षा सामाजिक परिवर्तन की एक पद्धति अधिक है। इसी के साथ जुड़ी हुई हैं स्वतन्त्रता और पूर्व-निर्धारण की समस्याएँ, व्यक्तिगत कर्म और 'हृदय-परिवर्तन' की समस्याएँ। फिर साध्य और साधन का प्रश्न है, जिससे अहिंसा का गांधीवादी निरूपण सम्बद्ध है। और फिर उसके साथ प्रेम और कष्ट-सहन की अवधारणाएँ अभिन्न रूप में जुड़ी हुई हैं। इन प्रश्नों पर हम एक-एक करके विचार करें, पर यह याद रखें कि उनको सुविधा के लिए ही पृथक् किया जा सकता है और एक-दूसरे के सम्बन्ध में उनका परस्पर उल्लेख प्रत्येक चरण पर अनिवार्य है।

: ५ :

सत्याग्रह की धारणा गांधी के सत्ता और मूल्य को सत्य का पर्याय समझने से सीधी जुड़ी हुई है। वह इस विचार से भी जुड़ा है कि आत्मा ही सर्वोच्च शक्ति है। गांधी अपने अनुयायियों को प्रायः 'सत्याग्रह' शब्द की व्युत्पत्ति का ध्यान दिलाया करते थे—उसका अर्थ है सत्य का आग्रह। वह सत्य शक्ति है। "पर सत्य आत्मा है, इसलिए वह आत्म-शक्ति भी है।" ज्ञानीजन प्राचीनकाल से यह जानते रहे हैं कि ऐसी शक्ति अत्यन्त प्रबल होती है। जीसस और बुद्ध ने इसी ज्ञान से प्रेरणा और विश्वास प्राप्त किया था। किन्तु आधुनिक संसार में इस शक्ति की महान् संभावनाएँ भुला दी गई हैं। गांधी ने थोरो और तालसताय द्वारा सुझाये हुए विचारों को आगे बढ़ाकर इस छोड़े हुए अस्त्र का परीक्षण किया और उन्हें पता चला कि इससे तो बहुत-कुछ किया जा सकता है। दक्षिण अफ्रीका के संघर्ष के बाद गांधी ने लिखा था—"यह ऐसी शक्ति है जो सामाजिक आदर्शों में क्रान्ति कर देगी और उन निरंकुश शासनों तथा दिन-रात बढ़ते सैन्यवाद का अंत कर देगी जिनके नीचे पाश्चात्य राष्ट्र

कराह रहे हैं।"[६१] पश्चिम के कुछ दूरदर्शी पर्यवेक्षकों ने गांधी के विचारों के महत्त्व को पहचाना था। गिलबर्ट मरे ने १९१४ में एक लेख लिखकर सत्याग्रह की शक्ति के प्रति अपनी श्रद्धा प्रकट की थी।[६२]

'सत्य का आग्रह' सत्याग्रह के सकारात्मक पक्ष का सूचक है। इसका विपरीत पक्ष 'अप्रतिरोध' शब्द से सूचित होता है। इस विषय में गांधी पर आत्म-विरोध का दोष लगाया गया है—यदि आप प्रतिरोध न करें तो आप शत्रु का विरोध कैसे कर सकते हैं? उससे लड़ कैसे सकते हैं? संघर्ष और प्रतिरोध में भेद करना बाल की खाल निकालना नहीं है? गांधी का उत्तर है कि सत्याग्रही की दृष्टि में 'शत्रु' कोई होता ही नहीं। 'दोषी' होता है जिसे दोष त्यागने के लिए समझाया-बुझाया जाना चाहिए। इस भाँति अप्रतिरोध का ठीक अर्थ है प्रत्याक्रमण न करना। शायद ठीक यह होता कि गांधी सब जगह 'अहिंसा' शब्द का ही प्रयोग करते। उससे उनकी स्थिति स्पष्ट हो जाती। वह जो भी हो, आधुनिक राजनीतिक जीवन में यह एक नया ही विचार था। गांधी इसे "राजनीति में धार्मिक भावना का समावेश"[६३] कहते हैं। यह इस माँग में स्पष्ट दीख पड़ता है कि हमें घृणा के बदले में घृणा, हिंसा के बदले में हिंसा और बुराई के बदले में बुराई करना अस्वीकार करना चाहिए। हमें 'थप्पड़ का जवाब घूँसा' की अवधारणा को छोड़ना चाहिए जो अधिकांश राजनीतिज्ञ मानकर चलते हैं।

इस कारण क्या सत्याग्रह और अहिंसा के सिद्धान्त नकारात्मक हो जाते हैं? क्या उनसे जड़ता और दुर्बलता उत्पन्न होगी? गांधी कहते हैं, बिल्कुल नहीं। वे कहते हैं—"अहिंसा अनिष्टहीनता की नकारात्मक स्थिति नहीं है, बल्कि प्रेम की, बुराई करने वाले की भी भलाई करने की, सकारात्मक स्थिति है।"[६४] इसके अतिरिक्त, अहिंसा सत्य है और सत्य केवल सकारात्मक ही हो सकता है। गांधी अहिंसा और सत्य की अविच्छिन्नता पर बार-बार बल देते हैं। वे कहते हैं—"वे इतने अन्तर्ग्रंथित हैं कि उन्हें अलग कर सकना लगभग असम्भव है। वे एक ही सिक्के के दो पक्ष हैं, बल्कि एक चिकनी सपाट धातु की टिकिया के दो पक्ष हैं—कौन कह सकता है कि यह सीधा है और यह उलटा?"[६५] कभी-कभी वे सत्य और अहिंसा के बीच साध्य और साधन-जैसा अन्तर करते जान पड़ते हैं। पर यह अन्तर भी सन्तोषजनक नहीं लगता, क्योंकि साध्य और साधन भी अविभाज्य हैं। शायद यह कहना अधिक सहायक हो कि गांधीवादी चिन्तन में सत्य प्राथमिक और अहिंसा-व्युत्पन्न सत्ता है; अथवा कि सत्य अभ्युपगम है और अहिंसा उसका अपरिहार्य उप-सिद्धान्त। गांधी स्वीकार

करते हैं कि अपने जीवन के एक चरण में वे "सत्य के लिए अहिंसा का बलिदान करने को तैयार थे।"[६६]

मुख्य बात की ओर लौटें तो, अहिंसा—जो सत्याग्रह का आधार है—अंगीकार-सूचक और सकारात्मक है। इस बात में निहित अर्थों का उद्घाटन गांधी बहुत प्रकार से करते हैं। सबसे पहले तो यह कि अहिंसा मनुष्य के लिए स्वाभाविक है। वह कोई कृत्रिम या लादी हुई चीज़ नहीं, बल्कि मनुष्य की जन्मजात सामर्थ्य का ही एक अंग है। "पशु-रूप में मनुष्य हिंसक है, पर आत्मा-रूप में वह अहिंसक है। उसके भीतर की आत्मा जाग्रत होते ही वह हिंसक नहीं रह सकता। या तो वह अहिंसा की ओर प्रगति करता है या फिर विनाश की ओर।"[६७] या, जैसा वह और भी स्पष्ट कहते हैं—"अहिंसा ही हमारी जीव-जाति का नियम है।" पशु "शारीरिक बल के अलावा और कोई नियम नहीं जानता", पर "मनुष्य की महिमा के लिए उच्चतर नियम का पालन आवश्यक है।"[६८] वह उच्चतर नियम आत्मा के सत्य पर आधारित अहिंसा का नियम है।

दूसरे, अहिंसा दुर्बल के लिए नहीं सबल आत्मा के लिए है। यह प्रायः समझा जाता है कि आक्रमणकारी को आघात पहुँचाने से इन्कार का कारण केवल शक्ति का अभाव ही हो सकता है। नीत्शे द्वारा ईसाई धर्म की निंदा से प्रकट है कि ऐसी मान्यता के कैसे दुष्परिणाम हो सकते हैं।[६६] "अहिंसा का अर्थ बुराई करने वाले की इच्छा के सामने दबकर आत्मसमर्पण करना नहीं। उसका अर्थ है अत्याचारी की इच्छा के विरुद्ध अपनी सम्पूर्ण आत्मा को सन्नद्ध करना। अपने अस्तित्व के इस नियम के अनुसार चलकर अकेले एक व्यक्ति के लिए भी किसी अन्यायी साम्राज्य की समस्त शक्ति की अवज्ञा करना सम्भव है।"[७०] केवल वही व्यक्ति सचमुच अहिंसक हो सकता है जिसने भय को जीत लिया हो। भय से काँपते हुए दुर्बल प्राणी के लिए हिंसा त्यागने का प्रश्न ही नहीं उठता। "असहाय चूहा अहिंसक नहीं होता क्योंकि उसे हमेशा बिल्ली खा जाती है। उसका वश चले तो वह भी सहर्ष हत्यारिन को खा जाए, पर वह निरन्तर उससे डरकर भागता रहता है।"[७१] हिंसा भले ही देखने में शक्ति का भ्रम पैदा करे। पर वास्तव में उसकी शक्ति बहुत खोखली होती है। गांधी कहते हैं—"मेरा पक्का विश्वास है कि हिंसा के आधार पर कोई स्थायी वस्तु नहीं निर्मित की जा सकती।"[७२]

तीसरे, अहिंसा कर्म का दर्शन है, निष्क्रियता का नहीं। सत्याग्रह गतिमान है, स्थिर नहीं। जैसा कि एक अर्वाचीन लेखक ने कहा है—गांधीवादी

द्वन्द्ववाद, जो सत्याग्रह के मूल में है, ऐसी प्रक्रिया है जो मानव-कर्म द्वारा सुव्यक्त होती है, वस्तुओं के स्वभाव में अथवा समय की प्रगति में निहित नहीं होती।" वही लेखक आगे गांधी के द्वन्द्ववाद की मार्क्स के द्वन्द्ववाद से तुलना करता है। "गांधी मार्क्स की इस बात से सहमत होते कि केवल कर्म द्वारा ही मान्यताओं की परीक्षा हो सकती है। पर गांधी ने आगे बढ़कर अनुभव के नियंत्रण की स्थापना की जिसे मार्क्स ने इतिहासवाद के लिए छोड़ दिया था।"[७३] यह 'अनुभव का नियंत्रण' प्रतिशोध लेने की प्रवृत्ति को वश में रखने की सचेतन क्षमता से कम कुछ नहीं है।

चौथे, अहिंसा न केवल प्रतिपक्षी पर हमारी विजय सम्भव बनाती है, बल्कि हमें भीतर से अधिक उदात्त बनाकर अपने मानव-बन्धुओं के साथ संयुक्त करती है। वह हमारे भीतर सबसे उच्च और सबसे श्रेष्ठ तत्त्वों को जाग्रत करती है क्योंकि वह प्रेम पर आधारित है। "अपने विशुद्धतम रूप में अहिंसा का अर्थ है अधिकतम प्रेम, अधिकतम उदारता।'[७४] यहाँ गांधी जीसस और बुद्ध द्वारा मानवता को दुःख और पीड़न से मुक्त करने के संघर्ष का उल्लेख करते हैं। "बुद्ध और क्राइस्ट किस बृहत्तर सहजीवन का उपदेश देते हैं? कोमलता और प्रेम का। बुद्ध निर्भीक होकर प्रतिपक्षी के शिविर में ही युद्ध करते रहे और एक दम्भी पुरोहित-वर्ग को झुकाने में सफल हुए। क्राइस्ट ने जेरूसलम के मन्दिर से सर्राफ़ों को भगाया और ढोंगियों और पाखण्डियों के ऊपर ईश्वर का शाप पड़ा। दोनों ही अत्यन्त ही प्रत्यक्ष कर्म के समर्थक थे। पर बुद्ध और क्राइस्ट के दण्ड देने में भी उनके प्रत्येक कार्य के पीछे असंदिग्ध प्रेम और दया प्रकट होती थी।"[७५]

कभी-कभी तो गांधी अहिंसा और प्रेम को एकाकार कर देते हैं। वे प्रेम के अन्तर्गत आन्तरिक संस्कार सूचित करने वाले सभी गुणों को—करुणा, उदारता, क्षमा, सहिष्णुता, सहानुभूति आदि को—सम्मिलित कर लेते हैं। वे प्रेम को ऐसी ऊर्जा कहते हैं जो अनजाने ही, पर निश्चित रूप से मानव-जाति के उत्थान के लिए सक्रिय रहती है। वे कहते हैं—"सम्पूर्ण प्रेम का नियम ही मेरे अस्तित्व का नियम है।"[७६] गांधी की प्रेम-सम्बन्धी मान्यताओं में तालसताय का प्रभाव स्पष्ट दीखता है। १६१० में गांधी को एक पत्र में तालसताय ने लिखा था—'जिसे अ-प्रतिरोध कहा जाता है वह वास्तव में मिथ्या व्याख्या द्वारा अ-विकृत प्रेम के अनुशासन के अतिरिक्त और कुछ नहीं। अन्य आत्माओं के साथ ऐक्य और संसर्ग की आकांक्षा ही प्रेम है, और वह आकांक्षा सदा उच्च कार्यों के स्रोत को उन्मुक्त करती है। वह प्रेम मानव-जीवन का चरम और

अनुपम नियम है जिसे हर व्यक्ति अपनी आत्मा की गहराई में अनुभव करता है।" तालसताय आगे कहते हैं—"प्रतिरोध और प्रेम में मेल नहीं हो सकता। प्रतिरोध को मान लेने पर, प्रेम जीवन के नियम के रूप में नहीं रह सकता··· और फिर केवल एक ही नियम बच रहता है, वह है शक्ति का नियम।"[७७]

गांधी तालसताय की यह स्थापना सम्पूर्णतः स्वीकार करते हैं और प्रेम को अपने जीवन-दर्शन में ऊंचा स्थान देते हैं। यदि सत्य अहिंसा का कठोरतर पक्ष है तो प्रेम कोमलतर। इसके अतिरिक्त प्रेम पूर्णतः हमारी पहुँच के भीतर है जबकि सत्य नहीं है। "हम जानते हैं कि प्रेम क्या है, चाहे हमें प्रेम के नियम का पालन करने में कितनी ही कठिनाई क्यों न होती हो। किन्तु जहाँ तक सत्य का प्रश्न है, हम उसका एक अंश-मात्र ही जानते हैं।"[७८]

पाँचवें, अहिंसा, अप्रत्याशित ढंग से हमारे सामने दुःख सहने की शक्ति को प्रकट करती है। वास्तव में स्वयं प्रेम में उच्चतम अर्थ में पीड़ा निहित है। "प्रेम की कसौटी है तपस्या और तपस्या है आत्म-पीड़ा।"[७६] प्रेम में लोभ नहीं होता, उसकी जड़ें बलिदान में हैं। "प्रेम कभी कुछ माँगता नहीं, सदा देता ही है। प्रेम सदा दुःख सहन करता है, कभी क्रुद्ध नहीं होता, कभी प्रतिशोध नहीं चाहता।"[८०] इसलिए गांधी अहिंसा को 'सचेतन दुःख' कहते हैं। गांधी के चिन्तन में इस त्यागमूलक तत्त्व ने, इस निवृत्ति और दुःख-सहन पर बल ने, भारतीय चेतना में तुरन्त प्रतिध्वनि उत्पन्न की और गांधी की करोड़ों लोगों के बीच अपूर्व लोकप्रियता का एक कारण यह भी था।[८१] वे जानते थे कि दुःख सहने की माँग दीर्घ परम्परा से सम्मत माँग है।

वे कहते हैं—"मैंने भारत के सम्मुख आत्म-बलिदान का प्राचीन नियम रखने का साहस किया है। सत्याग्रह और उसके जुड़े हुए असहयोग और सविनय अवज्ञा दुःख-सहन के नियम के आधुनिक नामों के अतिरिक्त कुछ नहीं हैं। इसको खोजने वाले ऋषि न्यूटन से अधिक प्रतिभाशाली थे। वे वैलिंगटन से बड़े योद्धा थे। स्वयं अस्त्र-शस्त्रों का प्रयोग जानकर भी वे उनकी निरर्थकता पहचानते थे और उन्होंने श्रान्त संसार को शिक्षा दी कि उसकी मुक्ति हिंसा में नहीं अहिंसा में है।"[८२] केवल व्यक्ति ही नहीं राष्ट्र भी दुःख सहन करके ही बनते हैं। "व्यक्तियों की भाँति ही राष्ट्र भी सूली का दुःख सहन करके ही निर्मित होते हैं अन्य किसी प्रकार नहीं। आनन्द दूसरों को दुःख देकर नहीं, बल्कि इच्छापूर्वक स्वयं दुःख झेलने से ही प्राप्त होता है।"[८३]

दुःख-सहन की धारणा गांधी-दर्शन में मूलभूत महत्त्व की है। वह संगतिपूर्वक धार्मिक—सार्वभौमिक अर्थ में धार्मिक—दृष्टिकोण अपनाए रहने को प्रकट

करती है। अपने सबसे विशुद्ध और आद्य रूप में धर्म सदा दुःख सहने की आवश्यकता पर आग्रह करता रहा है। यह हम बोधिसत्व के आदर्श में देखते हैं, प्रारम्भिक ईसाइयों के बलिदान में, इस्लाम की शहादत में देखते हैं। आधुनिक युग में यह विचार तालसताय और दास्तोएव्स्की, कैथलिक अस्तित्ववादियों और स्टीफ़ेन ज़्विग की रचनाओं में मौजूद है। ज़्विग के प्रथम महत्त्वपूर्ण नाटक **जेरेमिआ** में विजेता से पराजित की नैतिक श्रेष्ठता बड़े प्रभावोत्पादक ढंग से अभिव्यक्त हुई है। पराजित दुःख सहन करने के द्वारा ही ऐसी शक्ति प्राप्त करता है जो उसे अन्त में अजेय बना देती है। पीड़ित जो दुःख सहन करता है वह अत्याचारी पर ही टूटता है और उसे धराशायी कर देता है।[८४]

गांधी कहते हैं कि जहाँ तर्क दोषी को समझाने में असफल रहे वहाँ दुःख-सहन सफल हो सकता है। जहाँ स्वार्थ-साधन अथवा भविष्य का लालच भी कोई प्रभाव न डाल सके वहाँ भी दुःख सहन की सफलता सम्भव है। यह अकारण ही नहीं है कि प्रत्येक धार्मिक परम्परा की कथाओं और आख्यानों में तपस्या की शक्ति का संकेत मिलता है। गांधी की मौलिकता दुःख-सहन के सिद्धान्त को सामूहिक राजनीतिक कार्य पर लागू करने के प्रयास में है। वे कहते हैं—"जनता के लिए मूलभूत महत्त्व की वस्तुएँ केवल तर्क द्वारा नहीं प्राप्त होतीं, बल्कि दुःख सहकर उन्हें प्राप्त करना होता है।...विरोधी को बदलने के लिए और विवेक की आवाज़ के लिए उसके कान खोलने के लिए जंगल के क़ानून (युद्ध) की अपेक्षा दुख-सहन कहीं अधिक सक्षम है। तर्क का प्रभाव मस्तिष्क पर अधिक पड़ता है, पर हृदय में प्रवेश दुख द्वारा ही होता है। वह मनुष्य के आन्तरिक बाँध को जाग्रत कर देता है। तलवार नहीं दुख-सहन ही मानव-जाति का चिह्न है।"[८५]

दुःख-सहन के सम्बन्ध में गांधी के विचार न केवल उनके प्रबल धार्मिक विश्वास को प्रकट करते हैं, बल्कि मानव-चित्त की उनकी समझ को भी। वे मानते हैं कि सारे सामाजिक संघर्ष अविश्वास और क्रोध की उपज हैं। इनकी जड़ें हृदय से निकालनी हैं। इस लक्ष्य की प्राप्ति का एक प्रभावी उपाय यह है प्रतिपक्षी के क्रोध को चुकने, भड़क लेने दिया जाए। प्रतिरोध करके हम उसके क्रोध को और भी भड़काते हैं, हम उसे जीतते नहीं। चुपचाप दुख सहन करके हम उसे अपने कार्य के विषय में सोचने को मजबूर करते हैं, उसे अपनी भूल पहचानने का एक अवसर देते हैं। गांधी का विख्यात 'हृदय-परिवर्तन द्वारा क्रांति' का सिद्धान्त इसी मनोवैज्ञानिक तथ्य पर आधारित है। दुख-सहन में

अपनी आस्था के औचित्य के सिलसिले में गाधी शैली में पंक्तियाँ उद्धृत करते हैं।[८६]

'हाथ बाँधे और स्थिर दृष्टि से,
अल्पभय और अल्पतर विस्मय से
उन्हें वध करते देखते रहो
तब तक जब तक उनका क्रोध भर न जाए।'

: ६ :

अब हम स्वतन्त्रता, सामाजिक और नैतिक प्रगति में व्यक्ति के स्थान, तथा साधन और साध्य के प्रश्नों पर विचार करें। ये गांधी-दर्शन के विवादास्पद अंश हैं; और चूंकि इन समस्याओं पर गांधी के विचार परस्पर अत्यन्त भिन्न व्यावहारिक परिस्थितियों के संदर्भ में विकसित हुए थे, हमें किसी हद तक अर्थ की अनिश्चितता के लिए भी तैयार रहना चाहिए।

गांधी के लेखों में से कुछेक ऐसे असम्बद्ध वाक्य अवश्य निकाले जा सकते हैं जिनमें निर्धारणवादी रुझान, कर्म के अटल विधान के आगे समर्पण, भाग्यवादी दृष्टिकोण प्रकट होता हो। पर गांधीवाद की सम्पूर्ण भावना मानव-स्वतन्त्रता में आस्था की माँग करती है। काण्ट की भाँति गांधी के लिए भी स्वतन्त्रता, नैतिकता और धर्म दोनों का मूलभूत सिद्धान्त है। यह स्मरणीय है कि बुद्ध ने, जिनकी शिक्षाएँ परम्परा से निर्धारणवादी मानी जाती हैं, अपनी मृत्यु से पूर्व कहा था—"अपने लिए दीपक बनो। अपनी मुक्ति स्वयं खोजो।" गांधी, जिनकी रुझान उन्हें बौद्ध धर्म की बजाय गीता की ओर ले गई, ऐसे दर्शन को और भी कम स्वीकार करने वाले थे जो मानव-आत्मा को उसकी स्वाधीनता से वंचित करता हो।

गांधी में हमें इक़बाल का उत्कट मानवतावाद नहीं मिलता, मनुष्य के लिए वह सौंदर्यमूलक अभिमान नहीं मिलता जिसने टैगोर को यह कहने की प्रेरणा दी कि ईश्वर को भी मनुष्य की उतनी ही तीव्र आवश्यकता है जितनी मनुष्य को ईश्वर की। गांधी निश्छल भाव से उन धार्मिक परम्पराओं को अधिक पसन्द करते हैं जो ईश्वरेच्छा के आगे सम्पूर्ण और बिना शर्त समर्पण का समर्थन करती हैं। पर उनकी दृष्टि में इससे नैतिक प्राणी के रूप में मनुष्य के अधिकार और दायित्व नहीं छिनते। वे कहते हैं—"हमारी टूटी नैया को पार लगाने का भार ईश्वर पर है; पर यदि उसमें कोई छेद हो जाए तो उसे बंद करने, या पानी भर जाए तो उसे बाहर फेंकने की ज़िम्मेदारी तो हमारी ही है। उस स्थिति में नाव छेद के बावजूद तिरती रहेगी। पर वह तभी तिरेगी जब ईश्वर

का हाथ उसके पीछे हो। इसलिए मैं तो कहूँगा कि प्रयास करना आदमी का काम है, पर परिणाम के लिए उसे ईश्वर की कृपा पर निर्भर रहना चाहिए।"[८७]

जहाँ गांधी तत्त्वमीमांसीय स्तर पर स्वतन्त्रता का—सामान्य मानव-जाति के लिए स्वतन्त्रता का—आग्रह करने में सतर्क थे, वहाँ समाज में व्यक्ति की स्वतन्त्रता को कहीं अधिक प्रबलतापूर्वक स्वीकार करते थे। वे व्यक्ति को बहुत ऊँचा स्थान देते थे और यह आग्रह करते थे कि व्यक्ति का संकल्प और आवेग सामाजिक और राजनीतिक परिवर्तन को प्रभावित कर सकता है। वास्तव में उनके कुछ अनुयाइयों, विशेषकर नेहरू ने, कहा है कि वे व्यक्ति के बारे में बहुत अधिक सोचते थे और समाज के बारे में बहुत कम। इस रवैये को ये लोग पुराना और अवैज्ञानिक मानते थे।[८८]

इस व्यक्तिवाद के और इसके साथ ही सत्याग्रह के समर्थन के कारण, जो विद्रोह और 'अवज्ञा' पर आधारित है, कुछ लेखक गांधी को अराजकतावादी कहते हैं। किन्तु गांधी-जैसे व्यक्ति की विचार-प्रक्रियाओं पर दो-टूक लेबिल नहीं लगाये जा सकते। फिर भी यह जाँच दिलचस्प होगी कि गांधी के चिन्तन में अराजकतावाद के कुछ तत्त्व हैं या नहीं। आधुनिक राजनीतिक दर्शन में अराज-कतावाद के बहुत-से रूप हैं और उनमें से कुछेक को तो गांधी कभी स्वीकार न करेंगे। उनके विचारों में मैक्स स्टर्नर की अहंवादी तर्कनाहीनता के साथ कोई साम्य नहीं। क्रोपाट्किन के कुछ विचारों से वे शायद सहमत हों, पर वे विकास की बात कदाचित् ही सोचते हों। उनकी समानता ईसाई अराजकतावाद के साथ कहीं अधिक है। इनके एक प्रतिनिधि लुडलो कहते हैं—"गांधी के चिन्तन से समाजवादी तत्त्वों को निकाल देने से जो कुछ विचारधारा और कर्म-योजना बचेगी वह वास्तव में अराजतावादी होगी और इस भाँति शासन-पद्धति के रूप में राज्य को अस्वीकार करेगी।"[८९]

किन्तु गांधी के राज्य के विरोध को बढ़ा-चढ़ाकर न देखना चाहिए। उनके वक्तव्य इस बात से निर्धारित होते थे कि जिस राज्य से उन्हें काम पड़ा वह विदेशी और क्रूर था तथा जिन पर शासन करता था उनका उसे विश्वास न था। वे राज्य के विघटन की माँग नहीं करते थे और एक हद तक राज्य-संगठन और नियंत्रण को स्वीकार करते थे। स्वयं सत्याग्रह की अवधारणा की जड़ें, जिसके कारण कुछ लोगों ने गांधीवाद की रुझान अराजकतावाद की तरफ़ बताई है, सामाजिक अनुशासन की आवश्यकता में पक्की जमी हुई हैं। यदि सत्याग्रह का अर्थ प्रचलित मान्यताओं से मतभेद है, तो उसका अर्थ

संयम भी है। इसलिए जोन बोनड्यूरैन्ट का कथन ठीक है कि गांधीवादी चिन्तन संगठन और अराजकतावाद के बीच मेल की ओर इंगित करता है।[६०] उसी लेखिका द्वारा गांधी की टी० एच० ग्रीन के साथ तुलना भी उपयुक्त है। "टी० एच० ग्रीन की निश्चित स्वतन्त्रता की अवधारणा और केवल सामाजिक संगठन के भीतर ही व्यक्ति की सम्पूर्ण क्षमताओं की सिद्धि, गांधी से बहुत मिलती-जुलती हैं।"[६१] ग्रीन और गांधी दोनों ही निजी अधिकारों के तल में सामूहिक समृद्धि अथवा सामूहिक कल्याण के निहित होने की धारणा को स्वीकार करते हैं; और दोनों में से किसी को भी राज्य को अधिक गौरव देना स्वीकार नहीं।

साधन और साध्य के सम्बन्ध में गांधी के विचारों ने उनके व्याख्याकारों और आलोचकों के बीच वहुत विवाद उत्पन्न किया है। एक ओर तो यह कहा जाता है कि गांधी साधनों के विषय में बहुत कठोर थे और यह कठोरता सामाजिक प्रगति की अवधारणा के विपरीत पड़ती थी, क्योंकि सामाजिक परिवर्तन के लिए कभी-कभी बहुत रूढ़ि-विरुद्ध उपायों की आवश्यकता होती है। क्रान्ति में आप प्रत्येक पग की उपयुक्तता के विषय में बहुत हठी नहीं हो सकते। महत्त्वपूर्ण बात लक्ष्य की उपयुक्त है। दूसरी ओर वे लोगं हैं जो कहते हैं कि गांधी की मृत्यु के बाद की दशाब्दी ने उनके साधनों की शुद्धता पर आग्रह की बुद्धिमत्ता को सिद्ध कर दिया है। साध्य ही साधन का औचित्य है, इसके नाम पर हर प्रकार की हिंसा और आक्रमण का सहारा लिया गया है, मानव-जीवन के आध्यात्मिक आधार नष्ट किये जा रहे हैं और मानवता का अस्तित्व तक संकट में है।

गांधी यह भली भाँति समझते थे कि साध्य और साधन को अलग खानों में नहीं रखा जा सकता। लक्ष्यों के महत्त्व को अस्वीकार करना तो अर्थहीन है। ऐसा करना समस्त कर्म को, चाहे वह व्यक्तियों का हो चाहे समूहों का, अन्धे की भाँति राह टटोलने के बराबर है। गांधी स्वयं अपने सामाजिक और राजनीतिक 'लक्ष्यों' के बारे में अपने मन में बहुत स्पष्ट थे। अंततः, आदर्श क्या हैं ? आदर्श ऐसे लक्ष्य हैं जिनकी प्राप्ति के लिए प्रयास करना अच्छा समझा जाता है, जो कार्यशीलता की माँग करते हैं और मूल्य का रक्षण करते हैं। और ऐसे किसी चिन्तक की कल्पना भी कठिन है जो गांधी से अधिक उत्साह से आदर्शों के लिए उत्सुक हो। तो फिर प्रश्न यह नहीं है कि लक्ष्य 'अच्छा' हो या न हो। प्रश्न यह है कि यदि किसी लक्ष्य को प्राप्त करने के लिए अपनाये गए साधन अनुचित हों तो क्या वह लक्ष्य 'अच्छा' रह सकता है। हमारे युग के अन्य मानववादियों की—उदाहरण के लिए ऐल्डूस हक्सले

ग्रौर गिलबर्ट मरे की—भाँति गांधी भी यह ग्रनुभव करते थे कि जिस साध्य की प्राप्ति के लिए ग्रनुचित साधन ग्रावश्यक हों ग्रथवा उचित ठहराये जाएँ, वह ग्रच्छा हो ही नहीं सकता। जो धूल साधन को मैला करती है, वही साध्य को भी मैला करती है।

सत्य प्रत्येक नैतिक व्यक्ति का साध्य, चरम लक्ष्य है। क्या ग्राप हिंसा, धोखे ग्रौर चालाकी से सत्य को प्राप्त कर सकते हैं? उसे ऐसे साधनों द्वारा प्राप्त करने की धारणा तक बनाते ही वह सत्य नहीं रहता। इसके ग्रतिरिक्त, जैसा कि पहले कहा जा चुका है, गांधी चरम लक्ष्य को—ग्रंतिम ग्रर्थ में सत्य की सिद्धि को—ग्रप्राप्य मानते थे। हमारी शक्ति हमारे साधनों के चयन द्वारा सीमित है। जहाँ तक ससीम प्राणी के लिए सम्भव है, पथ के निर्माण की प्रक्रिया में ही हम गंतव्य को भी निर्धारित करते हैं। १९२४ में प्रकाशित एक लेख में गांधी ने लिखा था—"लोग कहते हैं 'साधन ग्राखिर तो साधन ही हैं'। मैं कहूँगा 'साधन ही ग्राखिरकार सब-कुछ हैं'। जैसे साधन वैसा साध्य। स्रष्टा ने हमें साधनों पर तो कुछ नियन्त्रण दिया है, साध्य पर कुछ नहीं। शिव की प्राप्ति का ग्रनुपात ठीक साधनों के ग्रनुपात के बराबर होता है। यह ऐसी स्थापना है जिसका कोई ग्रपवाद नहीं।"[९२]

साधन हमारी पहुँच के भीतर हैं, निर्धारित हैं, जबकि साध्य—ग्रसीम की सिद्धि—ग्रनिर्धारित है। यह कहा जा सकता है कि ऐसे निकटस्थ साध्य होते हैं जो सत्य-सिद्धि के सामान्य लक्ष्य से ग्रधिक मूर्त होते हैं। पर निकटस्थ साध्य भी भविष्य में ही होते हैं, इन साध्यों के राज्य में भी हमारा ग्रादेश उतना प्रभावशाली नहीं जितना साधनों के राज्य में। हमारा तात्कालिक दायित्व ग्रपने ग्राचरण को ठीक रखना है। उससे हम नहीं बच सकते। ऐसा किया तो उसका मूल्य चुकाना पड़ेगा। 'ग्रच्छाई पाने के लिए कभी कोई बुराई को नहीं चुनता। जीसस ने नहीं कहा है—'काँटों से इन्सान अंजीर नहीं तोड़ते, ग्रौर न झरबेरी से अंगूर चुनते हैं'?"[९३]

तो फिर ऐसा क्यों है कि कुछ उनके ग्रनुयाइयों को ही गांधीवादी स्थिति के बारे में संशय था? संशय दो बातों पर उठे। पहले, सामाजिक भलाई की दृष्टि से साधनों की तुलना में साध्यों का ग्रधिक पूर्णता ग्रौर स्पष्टता से विवेचन हो सकता है। साधनों पर बल ग्राधुनिक समाजशास्त्रीय दृष्टिकोण से ग्रसंगतिपूर्ण जान पड़ता था। दूसरे, साधनों पर बल से तर्कना की ग्रवहेलना करके चरित्र का महत्त्व बढ़ाया जाता जान पड़ता था। वैयक्तिक सदाचार से ग्रधिक कुछ न माँगकर गांधी ग्रस्पष्ट ग्रौर ग्रप्रत्यक्ष रूप से मानव-समाज के भविष्य के

विषय में वैज्ञानिक और तर्कसंगत दृष्टिकोण को तुच्छ करते जान पड़ते थे। नेहरू ने इन शंकाओं को अपने विशेष ढंग से व्यक्त किया है—"एक क़दम मेरे लिए यथेष्ट है, वे कहते हैं; और वे भविष्य में झाँकने अथवा अपने सामने कोई स्पष्ट लक्ष्य रखने का प्रयास नहीं करते। साधनों पर ध्यान दो, साध्य अपने आप ठीक हो जाएगा. वे कभी यह दुहराते नहीं थकते। अपने निजी वैयक्तिक जीवन में भले बनो और बाकी सब अपने-आप हो जाएगा। यह राजनीतिक या वैज्ञानिक दृष्टिकोण नहीं है। गांधी सारा बल चरित्र पर देते हैं और बौद्धिक प्रशिक्षण को बहुत कम। चरित्र के बिना बुद्धि खतरनाक हो सकती है, पर बुद्धि के बिना चरित्र कैसा ?"[६४]

: ७ :

गांधी के नीतिशास्त्र और सामाजिक दर्शन के विषय में तो बहुत-सा साहित्य रचा गया है; पर उनके सौन्दर्य-सम्बन्धी विचारों का बहुत कम मूल्यांकन हुआ है। यह उपेक्षा इस अचेतन धारणा का परिणाम है कि जीवन के प्रति नैतिक दृष्टिकोण सौन्दर्यपरक दृष्टिकोण से न केवल भिन्न है, बल्कि किसी-न-किसी प्रकार उसके विपरीत भी है। पर फिर भी इतिहास के कुछ महानतम नीतिकार प्रकृति के सौन्दर्य के प्रति अत्यन्त संवेदनशील रहे हैं और उन्होंने कला के अर्थ और धर्म के विषय में बहुत ध्यान दिया है। अफ़लातून, प्लाटीनस, सन्त अगस्तीन, रस्किन, ताल्सताय—ये नाम इस सन्दर्भ में तुरन्त ही सूझते हैं। हम और भी अतीत में जाकर बुद्ध का नाम ले सकते हैं। प्रायः यह समझा जाता है कि बौद्ध धर्म तो त्याग का धर्म है जो सौन्दर्य और कला को मुक्ति के मार्ग में विघ्न समझता है। वास्तव में बुद्ध ने कहा था कि अच्छे जीवन का सार है 'सुन्दर का मनन'।

गांधी के लिए सौन्दर्य सत्ता का कोई पृथक् पक्ष नहीं, और न वे कला को जीवन का विशेषीकृत अंश ही मानते थे। सौन्दर्य सत्य और शिव से अविच्छिन्न रूप से जुड़ा है और इसलिए अस्तित्व का ही अभिन्न अंग है। और वे जीवन को ही एक कला मानते थे। इस प्रश्न पर वे आधुनिक युग में प्राचीन संसार के प्रतिनिधि थे। आज के औद्योगिकी-प्रधान समाज में कला को अधिकाधिक जीवन की उन प्रक्रियाओं में ऊपर से जोड़ी हुई अतिरिक्त वस्तु माना जाने लगा है जो कार्यमूलक दृष्टि से आत्म-सम्पूर्ण समझी जाती हैं। इसके विपरीत प्राचीन युग के लोगों के लिए कला दैनिक जीवन के ताने-बाने में बुनी हुई वस्तु थी। जैसा आनन्दकुमार स्वामी ने कहा है, पन्द्रहवीं शताब्दी के बाद पश्चिम ने कला और प्रकृति के विषय में भिन्न रवैया अपनाया, जबकि पूर्व

में—विशेषकर भारत में—परम्परागत रवैया ही चलता रहा।[९५]

यह परम्परागत सौन्दर्य-सम्बन्धी रवैया हमें कला और धार्मिक अनुभूति के बीच घनिष्ठ सम्बन्ध में, और अभिव्यक्ति की अद्वितीयता के बजाय सामंजस्य पर बल में, दिखाई पड़ता है। वही दृष्टिकोण प्राकृतिक जीवन और मानव-जीवन के बीच वैषम्य में, और कला तथा शिल्प के बीच भेद की दीवार खड़ी करने की अनिच्छा में झलकता है जो भारतीय कला और सौन्दर्य-शास्त्र की विशेषताएँ हैं। पाश्चात्य सभ्यता के अपने तीव्र नागर और औद्योगिक रूप में आगमन के पहले प्राचीन दृष्टिकोण की ये विशेषताएँ भारत में गम्भीर विच्छेद के बिना चलती नहीं। इस अर्थ में भारतीय सौन्दर्यशास्त्र की भरत के **नाट्यशास्त्र** से लगाकर रवीन्द्रनाथ के **रिलीजन ऑफ़ एन आर्टिस्ट** तक अविच्छिन्न परम्परा है। गांधी इस परम्परा के सामाजिक-नैतिक पक्ष के प्रवक्ता हैं।[९६]

यद्यपि गांधी ने कभी किसी कलाकृति की रचना नहीं की और न सौन्दर्य का कोई सिद्धान्त प्रतिपादित किया, फिर भी वे स्वभाव से ही प्रत्येक सामंजस्यपूर्ण और सुन्दर वस्तु की ओर आकर्षित होते थे। सरोजिनी नायडू ने एक बार उन्हें 'कर्म के कवि' कहा था। गांधी के शान्तिनिकेतन। आगमन का वर्णन करने के बाद एक विख्यात कलाकार ने कहा—"वे कला के चैत्य थे जिनके कार्य, जीवन-यापन की पद्धति और मनुष्यों से व्यवहार मूलतः कलात्मक थे। कठोर-से-कठोर कार्य करने में भी वे कभी अभद्र न होते थे।"[९७] उनके आश्रम में हर वस्तु निर्दोष, सुरुचि के साथ व्यवस्थित रहती थी। सामान सब कठोरता की हद तक सादा था, पर फिर भी उनका प्रभाव सुन्दरता और सामंजस्य का ही पड़ता था। बहुत-से विख्यात यूरोपवासियों ने इस बात की पुष्टि की है कि गांधी से मिलने पर उन्हें एक कलाकार की उपस्थिति का अनुभव होता था।

इस पृष्ठभूमि से हमें उनके सौन्दर्य-सम्बन्धी दृष्टिकोण को समझने में सहायता मिलती है। उनकी पसन्द निश्चित रूप से जटिल और अध्ययन-साध्य की तुलना में सरल और स्वतः-स्फूर्त के लिए थी। और सच्ची सरलता तो प्रकृति में ही मिलती है। इसलिए गांधीवादी सौन्दर्यशास्त्र को कला और प्रकृति के बीच की खाई को पाटने का प्रयास कहा जा सकता है। उन्होंने लिखा था—"मेरे कमरे की दीवारें खाली हो सकती हैं और मैं छत को भी हटा सकता हूँ, जिससे मैं ऊपर उस तारों-भरे आसमान को ताक सकूँ जो अपनी अनन्त सुन्दरता में फैला रहता है। मनुष्य की कौन-सी सचेतन कला मुझे वे अपूर्व

दृश्य दिखा सकती है जो ऊपर आकाश की ओर दृष्टि उठाते ही मेरी आँखों के आगे खुल जाते हैं ?"[९८]

वे समझते थे कि इन कथनों को कला का तिरस्कार समझा जा सकता है, और इसलिए उन्होंने आगे कहा—"किन्तु इसका यह अर्थ नहीं कि मैं कला-कृतियों का मूल्य नहीं स्वीकार करता। इसका अर्थ केवल इतना ही है कि व्यक्तिगत रूप से मुझे लगता है कि प्रकृति में सौन्दर्य के सनातन प्रतीकों की तुलना में वे कितनी अपर्याप्त होती हैं।"[९९] गांधी प्रायः प्राचीन भारतीयों के लेखन में प्राकृतिक सौन्दर्य के प्रति अपूर्व-भावना से बड़े प्रभावित होते थे। अपनी आत्मकथा में उन्होंने हिमालय के प्रति अपने प्रशंसाभाव को इन शब्दों में व्यक्त किया है—"मैं प्राकृतिक दृश्य से मुग्ध हो गया और अपने पूर्वजों के प्रकृति के सौन्दर्य को पहचानने तथा प्रकृति के सुन्दर रूपों को धार्मिक महत्त्व प्रदान करने की दूरदर्शिता के लिए मेरा सिर श्रद्धा से झुक गया।"[१००] भारत में प्राकृतिक व्यापारों के प्रति सदा ही श्रद्धा प्रकट की जाती रही है। इसका कारण 'जादू-टोना' और 'सर्वात्मवाद' बताया जाता है। पर यह अत्यन्त ही सतही व्याख्या है जो प्रकृति-पूजा के सौन्दर्यमूलक आधार की उपेक्षा करती है। गांधी प्राचीन लोगों का यह दृष्टिकोण स्वीकार करते थे कि सौन्दर्य का मूल-स्रोत ईश्वर है, और अपने विविध व्यापारों सहित प्रकृति दिव्य सौन्दर्य की प्रथम अभिव्यक्ति है। वृक्ष-पूजा के सम्बन्ध में वे कहते हैं—"मुझे उसमें गहरी करुणा और काव्यात्मक सौन्दर्य दीख पड़ता है। वह उस समस्त वनस्पति जगत् के प्रति सच्ची श्रद्धा का प्रतीक है, जो अपने सुन्दर आकारों और रूपों के अनन्त दृश्य-पटल द्वारा मानो करोड़ों जिह्वाओं से ईश्वर की महिमा और गरिमा की घोषणा करता है।"[१०१]

इसलिए गांधी का मानव कला के प्रकृति के साथ समन्वय की आवश्यकता पर आग्रह था। उनके बहुत-से कथन इस आदर्श की ओर इंगित करते हैं। किसी अत्यधिक सजी हुई और साज-सामान से भरपूर विशाल इमारत में उन्हें कोई कलात्मकता नहीं दीखती थी; पर साधारण देहाती स्त्रियाँ जिन युगों-पुराने मॉडलों से अपने घर की देहली सजाती हैं उनको वे देर तक बड़े प्यार से देखते रहते थे। उनकी दृष्टि में केले के खम्भों और पत्तियों से बनी महराबों पर अपना मीठा प्रकाश डालने वाले मिट्टी के दीये रंगबिरंगी बिजली की बत्तियोंसे कहीं अधिक सुन्दर थे। मिल में बना अधिक-से-अधिक मूल्यवान महीन कपड़ा—उन्हीं के शब्दों में—उनके मन में 'मृत पालिश' का प्रभाव पैदा करता था, पर खद्दर के वस्त्र कोमल और सुखद थे। मशीनें उन्हें कुत्सित और कुरूप लगती थीं, पर

चरखा तो सुन्दरता की मूर्ति है। वे चरखे की आवाज़ को 'पहिये का संगीत' कहते थे।[१०२]

अब गांधीवादी सौन्दर्यशास्त्र के नैतिक पक्ष पर विचार करें। वे कला को 'सत्य का दर्पण' कहते हैं, और जैसा हम पहले ही देख चुके हैं, सत्य उनके लिए ठोस और व्यावहारिक वस्तु है, कोई अमूर्त मूल्य नहीं। वे कहते हैं—"जब मनुष्य सत्य में सौन्दर्य देखने लगता है, तो सच्ची कला का उदय होता है।"[१०३] पर सत्य तो सचेतन रूप में स्वीकृत कर्तव्य में लगे हुए मनुष्यों के कार्यों में मिलता है। इसलिए सौन्दर्य की सबसे सन्तोषदायक अभिव्यक्ति एक सम्पूर्णतः नैतिक व्यक्ति के विचारों, भावों और आचरण में ही होती है। दूसरे शब्दों में, यदि सौन्दर्य सत्य है तो वह शिव भी अवश्य होगा।

कांट की भाँति गांधी भी इस बात में पक्का विश्वास करते थे कि कला और नैतिकता को किसी-न-किसी प्रकार संयुक्त होना चाहिए चाहे यह संयोग तर्कनापूर्वक दिखाया न जा सके। वे कहते हैं—"जीवन की शुद्धता सबसे ऊँची और सबसे सच्ची कला है। संस्कारी कण्ठ से अच्छा संगीत उत्पन्न करने की कला तो बहुत लोग प्राप्त कर सकते हैं, पर शुद्ध जीवन की सुसंगति से संगीत उत्पन्न करने की कला कदाचित् ही उपलब्ध होती है।"[१०४] कभी-कभी वे उद्देश्य और आचरण की शुद्धता के लिए 'तपस्या' शब्द का प्रयोग करते हैं। वे कहते हैं—"तपस्या सबसे महान् कला है, क्योंकि सादगी में सुन्दरता के सिवाय कला और क्या है? और तपस्या यदि कृत्रिमता तथा मिथ्या से मुक्त दैनिक जीवन में सरल सौन्दर्य की भव्यतम अभिव्यक्ति नहीं तो और क्या है? इसीलिए मैं हमेशा कहता हूँ कि सच्चा तपस्वी न केवल कला की सृष्टि करता है बल्कि कला जीता है।"[१०५]

पर यह अनिवार्य रूप से हमें गांधी-दर्शन के केन्द्रीय विचार, सत्य के विचार, पर ले आता है। गांधी के लिए तपस्वी वह है जो सत्य का अनुसरण यहीं और अभी करता है, और उसे अपना एक अंग बना लेता है। सर्वोच्च सत्य में उसकी सार्वभौमिकता के बावजूद, एक अन्तर्मुखता का भाव होना आवश्यक है। उसका आपके लिए, मेरे लिए सत्य होना आवश्यक है। उससे वास्तविक व्यक्तियों के वास्तविक कार्यों में अन्तर पड़ना चाहिए। गांधी कहते हैं कि जब सत्य को इस रूप में देखा जाता है तो हम कला और आन्तरिक उच्चता के बीच सम्बन्ध को अनुभव कर सकते हैं। "पदार्थों के दो पक्ष होते हैं, बाह्य और आन्तरिक। बाह्य का इसके सिवा कोई अर्थ नहीं कि वह आन्तरिक की सहायता करे। समस्त सच्ची कला आत्मा की अभिव्यक्ति है। बाह्य

रूपों का मूल्य तभी है जब वे मनुष्य की आन्तरिक भावना को अभिव्यक्त करें। ऐसी कला का ही मेरे लिए सबसे अधिक आकर्षण है। पर मैं जानता हूँ कि बहुत लोग अपने-आपको कलाकार कहते हैं और फिर भी उनके कृतित्व में आत्मा के ऊर्ध्वमुखी उत्थान का कोई चिह्न तक नहीं होता।"[१०६]

गांधी कला में प्रचलित अनैतिकवाद का कारण औद्योगिकी-प्रधान समाज के अर्थपरायण स्वरूप को बताते हैं। कला या तो राजनीतिक उपयोगिता के अधीन हो जाती है या सत्य के जगत् से कल्पना-लोक में पलायन का साधन बनती है—ऐसा पलायन जो उत्तेजनात्मकता और विचित्र तथा अद्भुत के ऊपर जान-बूझकर बल देने के द्वारा सम्भव होता है।[१०७] वे कुछ दुःखी होकर पूछते हैं—"जीवन-आत्मा तथा स्थिर उचित जीवन की पृष्ठभूमि के बिना तुम्हारा यह बनावटी गरमी में पला कला का पौधा क्या है? उसका दिखावा करने से सन्तोष भले ही मिलता हो, पर यदि यह कला जीवन को उठाने के बजाय उसे जड़ बनाती है तो उसका इतना हल्ला मचाने से क्या लाभ?"[१०८]

इस दृष्टिकोण के अनुसार, सहानुभूति, वफ़ादारी, करुणा, आत्मत्याग और आन्तरिक अनुशासन से हमें न केवल नैतिक सन्तोष बल्कि सौन्दर्यमूलक आनन्द भी प्राप्त हो सकता है। सुकरात का उल्लेख करते हुए गांधी कहते हैं—"सुकरात अपने समय के सबसे सच्चे व्यक्ति थे; पर कहा जाता है कि वे यूनान के सबसे कुरूप व्यक्ति थे। मेरे विचार में वे सुन्दर थे क्योंकि उनका सारा जीवन सत्य के अनुसरण में बीता था और आपको शायद याद हो कि उनकी बाहरी कुरूपता के बावजूद फिदियास ने उनके भीतर सत्य का सौन्दर्य देखा, यद्यपि कलाकार की हैसियत फिदियास को बाहरी रूपों के द्वारा ही सौन्दर्य का निर्णय करने का अभ्यास था।"[१०९]

इन सब मन्तव्यों से स्पष्ट है कि गांधी सामाजिक चिन्तन की भाँति सौन्दर्य-शास्त्र में भी परम्परागत धार्मिक दृष्टिकोण के प्रतिनिधि हैं। उनके विचार से सौन्दर्य न केवल नैतिकता के साथ एकरूप है, बल्कि धार्मिक सिद्धि के उच्चतम रूप के साथ भी। धर्म का सार सत्य है। जब गांधी कहते हैं कि "नास्तिक की नास्तिकता भी ईश्वर ही है," तो उनका अर्थ यही है कि ईश्वर को प्रत्येक व्यक्ति अपनी अन्तरात्मा के भीतर, स्वयं अपने अन्तरतम सत्य में, उपलब्ध करता है। इसलिए कला को सत्य के साथ एकाकार करना कला को ईश्वर-प्राप्ति के बराबर मानना है। इसीलिए गांधी जीसस को "सर्वश्रेष्ठ

कलाकार" कहते हैं। और मुहम्मद के बारे में वे लिखते हैं—"कुरान समस्त अरबी साहित्य की सर्वश्रेष्ठ रचना है···मुहम्मद सत्य के लिए प्रयत्नशील थे, इसीलिए उसमें अभिव्यक्ति की सुन्दरता आ गई···फिर भी जीसस या मुहम्मद ने कला के बारे में कुछ नहीं लिखा है···मैं इसी सुन्दर और सत्य के लिए लालायित हूँ, उसके लिए जीवित हूँ और उसके लिए मरने को प्रस्तुत हूँ।"[११०]

संदर्भ

१. जे० एच० होम्स : **माइ गांधी**, पृ० ६६।

२. **नेहरू ऑन गांधी** (सिग्नेट प्रेस), पृ० १५४।

३. नेहरू : **आटोबायोग्रैफ़ी**, पृ० १२६।

४. बर्ने की टिप्पणी होम्स द्वारा **माइ गांधी** में उद्धृत, पृ० ४२।

५. **नेहरू ऑन गांधी**, पृ० ७।

६. वही, पृ० ८।

७. होम्स द्वारा उद्धृत, **माइ गांधी**, पृ० ६०।

८. **यंग इण्डिया** में प्रकाशित, मई २१, १६३१।

६. 'मेरे सत्य के प्रयोगों की कहानी'।

१०. **यंग इण्डिया**, खण्ड १, पृ० २६२।

११. तुलनीय, पी० टी० राजू : **आइडियलिरिटक थॉट इन इण्डिया**, पृ० २६२।

१२. वे अपनी भूलों की स्वीकृति का ज़िक्र करते हैं जो उन्होंने अपने पिता के सामने दण्ड पाने की आशा से की थीं, पर जिससे वास्तव में क्षमा ही मिली। इससे जो दोहरी शिक्षा उन्होंने ग्रहण की वह थी सत्य की प्रेम जाग्रत करने की शक्ति और प्रेम में हृदय को सुधारने की शक्ति।

१३. **तालसताय और गांधी** में कालिदास नाग बहुत-सी पुस्तकों का ब्योरा देते हैं जो इन दिनों गांधी ने पढ़ीं।

१४. लुई फ़िशर : **गांधी**, पृ० ३०।

१५. गांधी के इन विचारों की तुलना राधाकृष्णन् के कुछेक हाल के वक्तव्यों से की जा सकती है, जिनमें वे कहते हैं कि धर्म को जीवित रहना है तो ऐतिहासिक धर्मों को जानना होगा।

१६. "गांधी का सरकार से पत्र-व्यवहार" से सी० एस० शुक्ल द्वारा उद्धृत : **गांधीज़ व्यू ऑफ़ लाइफ़**, पृ० १८६।

१७. वही, पृ० १८७।

१८. लुई फ़िशर : **गांधी**, पृ १३१ ।

१९. फ़िशर द्वारा उद्धृत : वही, पृ० १३२ ।

२०. एस० के० जॉर्ज द्वारा उद्धृत : **गांधीज़ चेलेंज टु क्रिश्चियेनिटी** ।

२१. तुलनीय, महादेव देसाई : **गीता ऐकॉर्डिंग टु गांधी** ।

२२. **यंग इण्डिया**, अक्तूबर ६, १९२१ ।

२३. १८८८ में ही गांधी ने गीता की सार्वभौमिक महत्त्व की अन्योक्ति के रूप में व्याख्या करने का प्रयास किया था ।

२४. सी० एस० शुक्ल द्वारा उद्धृत : **गांधीज व्यू ऑफ़ लाइफ़**, पृ० १८९ ।

२५. गांधी ने थोरो की पुस्तक को 'अनुपम ग्रन्थ' बताया था ।

२६. गांधी पर तॉलसतॉय के प्रभाव के ब्यौरे के लिए तुलनीय, कालिदास नाग : **ताल्सताय एण्ड गांधी** ।

२७. लुई फ़िशर की एक टिप्पणी होम्स द्वारा उद्धृत : **माइ गांधी**, पृ० १२६ ।

२८. होम्स : वही, पृ० १३४ ।

२९. **नेहरू ऑन गांधी**, पृ० १५४ ।

३०. ऐसे भी अवसर आये जब गांधी ने विज्ञान के सब लाभों को पूरी तरह अस्वीकार करने की माँग की । तुलनीय, "भारत की मुक्ति इसी में है कि उसने पिछले पचास साल में जो कुछ सीखा है उसे भूल जाए," रेलें, तार सब खत्म होने चाहिए । तथाकथित उच्च वर्गों को सचेतन भाव से इच्छापूर्वक किसान की सरल जिन्दगी स्वीकार करनी चाहिए ।"

३१. फ़िशर द्वारा उद्धृत, **गांधी**, पृ० १०८ ।

३२. वही, पृ० १०९ ।

३३. गांधी यहाँ 'असतो मा सद्गमय' शब्दों से शुरू होने वाली सुपरिचित औपनिषद् प्रार्थना को ही दूसरे शब्दों में कहते हैं ।

३४. तुलनीय "यदि मनुष्य में ईश्वर का कोई रूप न हो तो मानव-जाति मर जाए ।"

३५. यहाँ गांधी यह इशारा करते हैं कि प्रकृति और मानव-जीवन की समस्त विविधता और विभिन्नता के पीछे की शक्ति ईश्वर ही है ।

३६. **यंग इण्डिया**, मार्च ३, १९२५ ।

३७. **हरिजन**, अगस्त २९, १९३६ ।

३८. वही ।

३९. सी० एफ़० ऐंड्रूज़ के साथ वार्तालाप।

४०. सी० एस० शुक्ल द्वारा **गांधीज व्यू ऑफ़ लाइफ़** में उद्धृत, पृ० ३७।

४१. फ़िशर द्वारा **गांधी** में उद्धृत, पृ० १४४।

४२. एन० के० बोस : **सेलेक्शन्स फ्रॉम गांधी**, पृ० ६।

४३. सी० एफ़० ऐंड्रूज़ : **महात्मा गांधीज आइडियाज**, पृ० ४३।

४४. गांधी की आत्मकथा से जोन बौनड्यूरैंट द्वारा उद्धृत।

४५. जोन बौनड्यूरैंट : **द कॉन्क्वेस्ट ऑफ़ वायलेंस**, पृ० १६।

४६. उसी पुस्तक में उद्धृत, पृ० १७।

४७. पी० जी० मैथ्यू को ६ जुलाई १९३२ के एक पत्र से।

४८. **यंग इण्डिया**, दिसम्बर ३१, १९३१।

४९. एन० के० बोस : **स्टडीज इन गांधीइज्म**, पृ० २६९।

५०. तेंडुलकर : **द महात्मा**, खंड २, पृ० ३१२।

५१. **यंग इण्डिया**, नवम्बर १२, १९२५।

५२. १९३१ में दिये गए भाषण से।

५३. **यंग इण्डिया**, अक्तूबर १४, १९२६।

५४. फिशर द्वारा उद्धृत : **गांधी**, पृ० ५६।

५५. होम्स : **माइ गांधी**, पृ० १५९।

५६. नेहरू : **ऑटोबायोग्रैफ़ी**, पृ० २५३।

५७. देखिए, **नेहरू ऑन गांधी** (सिग्नेट प्रेस), पृ० ४८।

५८. **यंग इण्डिया**, नवम्बर २२, १९२८।

५९. रेजिनाल्ड रेनाल्ड्स : **टु लिव इन मैनकाइंड**, पृ० १९८।

६०. **यंग इण्डिया**, दिसम्बर ४, १९२४।

६१. यह समझाते हुए उन्होंने कहा था कि सत्याग्रह की शक्ति संख्या पर निर्भर नहीं; वह गुण से उपजती है परिणाम से नहीं; और वह मानव-स्वभाव में विश्वास पर आधारित है।

६२. यह लेख हिबर्ट जनरल में प्रकाशित हुआ था।

६३. गांधीजी के नेतृत्व में काम करने वाले सत्याग्रहियों के लिए निर्धारित 'शपथ' का उद्देश्य राजनीतिक कार्य के धार्मिक आधार को दृढ़ करना था।

६४. **यंग इण्डिया**, जनवरी १९२१।

६५. एन० के० बोस : **सेलेक्शंस फ्रॉम गांधी**, पृष्ठ १४।

६६. **हरिजन**, मार्च २८, १९३६ ।

६७. हरिजन, अगस्त ११, १९४० ।

६८. देखिए **नेहरू ऑन गांधी**, (सिग्नेट प्रेस), पृष्ठ ४८ ।

६९. स्मरणीय है कि नीत्शे ने ईसाई धर्म की 'गुलामों का धर्म' कहकर हँसी उड़ाई थी ।

७०. **यंग इण्डिया**, अगस्त १?, १९२० ।

७१. **हरिजन**, जुलाई २०, १९३५ ।

७२. **यंग इण्डिया**, जुलाई २, १९३१ ।

७३. जोन बौनड्यूरैंट : **कॉन्क्वेस्ट ऑफ़ वायलेंस**, पृष्ठ १९४ ।

७४. तुलनीय, दान की ईसाई अवधारणा यूनानी अवधारणा 'एगेप' के साथ ।

७५. **यंग इण्डिया**, मई १२, १९२० ।

७६. **यंग इण्डिया**, मार्च ९, १९२२ ।

७७. ७ सितम्बर १९१० को लिखा तालसताय का गांधी को पत्र ।

७८. **यरवदा मंदिर से**, पृष्ठ १९ ।

७९. **यंग इण्डिया**, जून १२, १९२२ ।

८०. **यंग इण्डिया**, जुलाई ९, १९२५ ।

८१. नेहरू ने कई अवसरों पर गांधी के प्रभाव के इस पक्ष की ओर ध्यान आकर्षित किया है ।

८२. देखिए, **नेहरू ऑन गांधी** (सिग्नेट प्रेस), पृष्ठ ४८ ।

८३. **यंग इण्डिया**, दिसम्बर ३१, १९३१ ।

८४. स्टीफेन ज्वीग ने इस विचार की अपूर्व व्याख्या अपनी आत्मजीवनी, **द वर्ल्ड ऑफ़ यस्टरडे**, में की है ।

८५. **यंग इण्डिया**, नवम्बर ५, १९३१ ।

८६. भारत में एक ईसाई सभा में गांधी द्वारा पठित ।

८७. सी० एस० शुक्ल द्वारा उद्धृत : **गांधीज व्यू ऑफ़ लाइफ़**, पृष्ठ ६७ ।

८८. देखिए **नेहरू ऑन गांधी** (सिग्नेट प्रेस), पृष्ठ १२० ।

८९. राबर्ट लुडलो : 'द गांधियन रिवोल्यूशन' (न्यूयार्क के **कैथलिक वर्कर** में फरवरी १९५० में प्रकाशित) ।

९०. जोन बौनड्यूरैंट : **कॉन्क्वैस्ट ऑफ़ वायलेंस**, पृष्ठ १७२ ।

९१. यह बात महत्त्वपूर्ण है कि स्वतन्त्रता के सवाल पर ग्रीन के

विचारों और गीता के उन उपदेशों के बीच बड़ी भारी समानता है जिन्होंने गांधी को गहरा प्रभावित किया था।

९२. एन० के० बोस : **सेलेक्शंस फ्रॉम गांधी**, पृष्ठ ३७।

९३. **महात्मा गांधी** (एस० राधाकृष्णन द्वारा सम्पादित), पृ० १००।

९४. देखिए, **नेहरू ऑन गांधी** (सिग्नेट प्रेस), पृष्ठ ११९।

९५. तुलनीय, इस पुस्तक का अध्याय ९, खंड १।

९६. गांधी और टैगोर के बीच अन्तर को प्रायः बढ़ा-चढ़ाकर रखा जाता है। उनके सौन्दर्य-सम्बन्धी विचारों में भी जितना समझा जाता है उससे कहीं अधिक समानता है।

९७. मुकुल डे, १९४९ में **अमृत बाजार पत्रिका** में प्रकाशित एक लेख।

९८. एन० के० बोस : **सेलेक्शंस फ्रॉम गांधी**, पृ० २७३।

९९. वही।

१००. हिमालय से प्रेम के विषय में गांधी की आधुनिक युग के बहुत-से महान् चिन्तकों के साथ समानता है। उनमें से दो हैं, टैगोर और विवेकानन्द।

१०१. यहाँ हमें प्रकृति के सम्बन्ध में टैगोर के रवैये की याद आती है, विशेषकर **वनवाणी** संग्रह में संकलित कविताओं में।

१०२. गांधी को कबीर के बहुत-से पद बड़े प्रिय थे जिनमें जुलाहे कवि ने अपने कार्य की सरल लय में प्रशंसा की है।

१०३. **यंग इण्डिया**, नवम्बर १३, १९२४।

१०४. आधुनिक साहित्य में ग्राम्यता के विषय में गांधी के कुछ वक्तव्य निस्सन्देह ताल्सताय के प्रभाव का परिणाम थे।

१०५. दिलीपकुमार राय द्वारा उद्धृत : **अमंग द ग्रेट**, पृष्ठ ७५।

१०६ यही कारण है कि वे 'सत्य सौन्दर्य है' सूत्र को तो स्वीकार करते थे, पर उसके उलटे 'सौन्दर्य सत्य है' को नहीं। तुलनीय, **यंग इण्डिया**, नवम्बर १३, १९२४।

१०७. यह बात बड़ी दिलचस्प है कि ताल्सतॉय और गांधी दोनों को पेरिस का इफील टावर बड़ा कुरूप लगा था।

१०८. दिलीपकुमार राय द्वारा उद्धृत : **अमंग द ग्रेट**, पृष्ठ २२७।

१०९. **यंग इण्डिया**, नवम्बर १३, १९२४।

११०. दिलीपकुमार राय द्वारा उद्धृत : **अमंग द ग्रेट**, पृष्ठ २३६।

सातवाँ अध्याय

अरविन्द

: १ :

अरविन्द का दर्शन भारतीय चिन्तन की नदी में एक सुन्दर किन्तु कुछ-कुछ अगम्य द्वीप के समान है।

स्वयं नदी ने बहुत-सी सहायक धारांओं का जल आत्मसात् किया है और वह हर दशाब्दी में अधिकाधिक प्रशान्त और विस्तृत होती गई है। द्वीप मुख्य धारा से अलग पड़ गया है, यद्यपि वह भी उसी वायु से प्रफुल्लित होता है जो नदी के ऊपर बहती है। इस द्वीप में बहुत-से गौरवशाली शिखर हैं जहाँ से क्षितिज के भव्य दृश्य दीख पड़ते हैं। इन शिखरों पर चढ़ने वालों को लगता है कि मार्ग ऊबड़-खाबड़ है और वे उसके विरलित वायुमंडल में हाँफने लगते हैं। किन्तु एक बार अनुकूलन होने के बाद शुद्ध वायु उनके प्राणों को उदात्त बनाती है। खेद की बात है कि नदी में यात्रा करने वाले बहुत-से लोग तो इस द्वीप से बचकर निकल जाते हैं; और कुछ लोग द्वीप में ऐसे प्राणियों से सामना होने के कारण, जिनकी भाषा समझ में नहीं आती, शिखरों पर चढ़े बिना ही लौट जाते हैं।

क्या कारण है कि अरविन्द भारतीय राष्ट्रवाद की एक अत्यन्त विलक्षण उपज और प्राचीन भारतीय प्रज्ञान के मेधावी प्रवक्ता होने के बावजूद, आधुनिक भारतीय चिन्तन की मुख्य धारा से कटे हुए-से प्रतीत होते हैं। कुछेक कारण तो बाह्य और सतही हैं। कभी-कभी उनकी दूरी का कारण यह बताया जाता है कि पांडिचेरी के आश्रम में आध्यात्मिक साधना में लगे रहने के फलस्वरूप वे भारतीय जीवन के तीव्र राजनीतिक और सामाजिक गतिविधि के क्षेत्र से भौतिक रूप में विलग बने रहे। पर यह कारण बहुत अविश्वसनीय लगता है। बहुत-से महान् दार्शनिक —जैसे कांट और स्पिनोज़ा—एकान्तसेवी रहे हैं, पर ठोस ज़िन्दगी की धाराओं से उनका सम्पर्क नहीं टूटा। अरविन्द ने भी उन घटनाबहुल दशाब्दियों में भारत में जो कुछ भी होता रहा उससे अपने-

आपको पूरी तरह अभिज्ञ रखा।

इसी प्रकार उनकी लेखन-शैली और प्रस्तुतीकरण के योग को भी बढ़ा-चढ़ाकर नहीं देखना चाहिए। यह सही है कि अरविन्द की दार्शनिक शब्दावली कुछ ऐसी है कि पाठक कभी-कभी घबरा जाता है और बहुत बार समझ नहीं पाता कि शब्दों के प्रचलित रूपों के स्थान पर उन्हीं के कुछ नये गढ़े हुए रूपों का क्यों व्यवहार किया गया है। यह भी सही है कि अरविन्द संसार के उन बहुत थोड़े रहस्यवादियों में हैं जिन्होंने संक्षेप में कला की उपेक्षा की है। उनके लेखन में कई बार इतनी अधिक शब्दबहुलता और पुनरावृत्ति है कि फूल-पत्रियों के भीतर छिप जाते हैं। पर यह याद रखना चाहिए कि बहुत-से महान् दार्शनिक उलझे हुए और बेहद लम्बे वाक्य लिखने के दोषी रहे हैं। इसके अतिरिक्त अरविन्द के गद्य में स्थान-स्थान पर सुन्दर रूपकों और चित्रात्मक बिम्बों की प्रचुरता है। जो भी हो, प्रस्तुतीकरण का पक्ष कुल मिलाकर गौण और बाह्य ही है। हमारा प्रधान लक्ष्य स्वयं विचार ही है, उनके वस्त्र नहीं।

इसलिए इस तथ्य का हमें गहरा कारण ढूंढ़ना चाहिए कि अरविन्द आधुनिक भारतीय चिन्तन में अपेक्षाकृत 'दूरस्थ', यद्यपि अत्यन्त श्रद्धास्पद व्यक्ति बने रहे हैं और यद्यपि उनके उपदेशों का सारे संसार में छोटे बौद्धिक समुदायों में भक्तिपूर्ण उत्साह से अध्ययन किया जाता है, फिर भी उन्होंने गांधी, टैगोर और विवेकानन्द के उपदेशों की भाँति बहुसंख्यक जनसमुदाय के मन को आन्दोलित नहीं किया है। यह गहरा कारण भारतीय सांस्कृतिक इतिहास के प्रति अरबिन्द के दृष्टिकोण में मिलता है। जैसा कि हम पिछले अध्यायों में देख चुके हैं, उन्नीसवीं और बीसवीं शताब्दी के भारतीय चिन्तन की जड़ें उस संयुक्त और बहुमुखी संस्कृति में हैं जो मध्ययुग में फली-फूली। इस संस्कृति की नींव सुदूर अतीत में रखी गई थी और उसके प्रवक्ता सदा हिन्दू धर्म-ग्रन्थों पर ध्यान देते रहे हैं। फिर भी राममोहन राय के समय तक आते-आते यह संस्कृति बौद्ध धर्म, इस्लाम, ईसाई धर्म और पाश्चात्य उदारतावादी दर्शन और विज्ञान के तत्त्वों को आत्मसात् कर चुकी थी। इस युग के टैगोर तथा अन्य चिन्तकों से भिन्न, अरविन्द इस संस्कृति के केवल एक विशेष तत्त्व पर, उसकी सम्पूर्ण शुद्धता में विचार करते हैं, अन्य तत्त्वों पर बल देना आवश्यक नहीं समझते।

भारतीय संस्कृति के सम्बन्ध में अरविन्द का सम्पूर्ण दृष्टिकोण इस मान्यता पर आधारित है कि दर्शन, सामाजिक जीवन, यहाँ तक कि विज्ञान के चरम सत्य वेदों में ही मौजूद हैं। तत्त्व-मीमांसीय स्तर पर, वे हमारे सामने एक विराट् समन्वय प्रस्तुत करते हैं जिसमें आधुनिक वैज्ञानिक चिन्तन की

उपलब्धियों को पूर्ण मान्यता दी गई है और सब दार्शनिक दृष्टिकोणों को—भौतिकवादियों तक को भी—उनका प्राप्य श्रेय दिया गया है। पर भारतीय चिन्तन के व्याख्याता के रूप में वे उन परम्पराओं के महत्त्व को कम आँकते जान पड़ते हैं जिन्हें अशास्त्रीय कहा जा सकता है। बौद्ध धर्म का उल्लेख उन्होंने नहीं के बराबर किया है।[1] उनके लेखन में बुद्ध के व्यक्तित्व और उपदेशों के भारतीय कला और चिन्तन पर विस्मयकारी प्रभाव का उल्लेख विरल ही है। इस्लाम का विविध और व्यापक प्रभाव लगभग छोड़ ही दिया गया है।[2] मध्ययुगीन भारत के सन्त-कवियों ने, जिनका कृतित्व अधिकतर इस्लाम और ईश्वरवादी हिन्दू धर्म के उस संगम से प्रेरित था जिसका इस पुस्तक के प्रारम्भिक अध्याय में उल्लेख हो चुका है, अरविन्द को बहुत कम ही उत्साहित किया है।[3] और न वे भारतीय चिन्तन की अर्वाचीन धाराओं का ही कोई मूल्यांकन प्रस्तुत करते हैं—स्वयं गांधी द्वारा लाई गई दूरव्यापी क्रान्ति तक का नहीं, जो आधुनिक युग के सबसे प्रभावशाली भारतीय चिन्तक हैं।[4]

इस सबका ज़िक्र केवल यह दिखाने के लिए किया गया है कि अरविन्द आधुनिक भारतीय चिन्तन की विस्तृत परम्पराओं में पूरी तरह क्यों नहीं मेल खाते। प्राचीन वेदों को आधार बनाना तो अवश्य ही एक महत्त्वपूर्ण कार्य था। वेद भारतीय ज्ञान के मूल स्रोत हैं। उनका गहन महत्त्व कुछ तो शंकराचार्य के भाष्यों पर अत्यधिक निर्भरता के कारण ढँक गया था और कुछ पाश्चात्य विद्वानों के प्रयासों के कारण जो उनमें बहु-ईश्वरवादी कर्मकांड और प्रकृति-पूजा के अतिरिक्त कुछ देखते ही न थे। अन्य लोगों के अतिरिक्त स्वामी दयानन्द सरस्वती और बंकिमचन्द्र चटर्जी ने इस स्थिति को सुधारने का प्रयत्न किया था। पर उनमें से किसी में न तो इतना पांडित्य था, और न इतनी दार्शनिक अन्तर्दृष्टि अथवा तुलनात्मक धर्म का ज्ञान, जितना अरविन्द में था। अपने निबन्धों और पत्रों में अरविन्द न केवल वेदों का गहन और ज्ञानदायक विवेचन करते हैं, बल्कि यह भी दिखाते हैं कि किस प्रकार उपनिषद और गीता में बहुत-से महत्त्वपूर्ण प्रश्नों पर वेदों के विचारों की ही निरन्तरता मौजूद है।[5]

कोई व्यक्ति यदि जड़ों और तनों को समझे बिना फूल और फल की प्रशंसा करके सन्तुष्ट हो जाए तो निश्चय ही उसे पेड़ का ज्ञान बहुत सतही होगा। अरविन्द बताते हैं कि किस प्रकार भारतीय संस्कृति के पेड़ की जड़ें वेदों में हैं। वे यह भी बताते हैं कि ये जड़ें कितनी गहरी, सबल और पक्की हैं। फिर भी केवल जड़ों और तने को पेड़ नहीं कहा जा सकता। आधुनिक भारतीय चिन्तन का मुख्य प्रयास यह बताना रहा है कि शताब्दियों से जड़ें

किन-किन स्रोतों से पोषण प्राप्त करती रहीं जिससे अन्त में पेड़ में फूल खिले और उससे फलों की बढ़िया फसल उतरी।

: २ :

"......आग्नेय सन्देशवाहक जो दिव्य प्रदीप लेकर आया है।.. मुझे आशा के अमर वैभव से प्रतिध्वनित आत्मा का महान् और उल्लासपूर्ण गीत सुनाई पड़ा।"[७] टैगोर ने इन शब्दों में अपनी एक सुन्दर कविता में अरविन्द की प्रशंसा की है। यह प्रशंसा सर्वथा उपयुक्त है, क्योंकि अरविन्द के उपदेशों का हमारे ऊपर सबसे स्थायी प्रभाव प्रकाशमयता और आशावादिता का ही पड़ता है। हमारे युग के किसी चिन्तक ने मानव-जाति के भविष्य पर इतने विश्वास के साथ ध्यान नहीं दिया है और न उस भविष्य की इतने तेजोमय रूपों में कल्पना ही की है। अरविन्द का ध्यान इस पर इतना नहीं है कि हमारा उत्तराधिकार क्या है, अथवा कि आज हम क्या हैं, बल्कि इस पर है कि क्या हमें अभी होना है।

१९१२ में ही अरविन्द ने अपने आदर्शों को इस प्रकार प्रस्तुत किया था—"मानव-जाति की एकता आन्तरिक एकत्व द्वारा, केवल हितों के आधार पर बाह्य सम्बन्धों द्वारा ही नहीं; केवल पशुवत अथवा आर्थिक, अथवा केवल बौद्धिक और सौन्दर्यात्मक जीवन में से, आध्यात्मिक जीवन के गौरव तक मनुष्य का उत्कर्ष, शारीरिक साँचे और बौद्धिक यन्त्र में आत्मा की शक्ति का सेचन जिससे मनुष्य अपने मानवत्व को सच्चे अतिमानवत्व में विकसित कर सके। यह अतिमानवत्व हमारी वर्तमान अवस्था से उसी प्रकार आगे होगा जिस प्रकार वर्तमान अवस्था पशु-अवस्था से आगे है जिसमें से, विज्ञान के अनुसार, हम निकलकर आये हैं। ये तीनों वास्तव में एक ही हैं, क्योंकि मनुष्य की एकता और मनुष्य की आत्मोपरिता केवल आत्मा में जीने के द्वारा ही प्राप्त हो सकती है।"[८] अरविन्द का विश्वास था कि इन आदर्शों की प्राप्ति में बड़ा भारी योग देने की भारत की नियति है। "उसको ही स्वयं अपने पास से संसार का भावी धर्म भेजना होगा, ऐसा सनातन धर्म जो सभी धर्मों, विज्ञानों और दर्शनों में सामंजस्य करके मानव-जाति को एक आत्मा बना देगा।"[९] यह विश्वास बड़े गहन अध्ययन पर आधारित था, पश्चिम के विरुद्ध किसी पूर्वग्रह का परिणाम नहीं। यह बात अरविन्द के जीवन पर एक दृष्टि डालते ही स्पष्ट हो जाती है, क्योंकि उससे पता चलता है कि न केवल आधुनिक यूरोपीय संस्कृति का, बल्कि उस संस्कृति के प्राचीन आधारों का भी, उनका ज्ञान कितना सम्पूर्ण और गहरा था।

अरविन्द घोष का जन्म १५ अगस्त १८७२ को पश्चिमी बंगाल में कोननगर के एक संभ्रान्त परिवार में हुआ था। उनके पितामह विख्यात डेविड हेअर के शिष्य थे और ब्राह्म समाज से घनिष्ठ रूप में सम्बद्ध थे। उनके पिता कृष्णधन घोष ब्राह्म समाज के उदारतावाद से सन्तुष्ट न हो सके और प्रत्येक पाश्चात्य वस्तु के समर्थक हो गए।[१०] इंगलैंड में चिकित्सा-शास्त्र का अध्ययन पूरा करने के बाद जब वे लौटे तो पाश्चात्य चिन्तन, विज्ञान और सभ्यता से उनके इस प्रेम ने लगभग एक धर्म का रूप ले लिया। भारतीय शिक्षा में उनका अविश्वास इतना अधिक था कि उन्होंने अपने सभी बच्चों को पढ़ने के लिए पहले भारतीयों द्वारा चलाये जाने वाले कन्वेन्टों में और फिर इंगलैंड भेजा।

अरविन्द की पढ़ाई दार्जिलिंग के लोरेटो कन्वेन्ट स्कूल से प्रारम्भ हुई। सात बरस के होते-न-होते उनके पिता उन्हें इंगलैंड ले गये और उन्हें ड्रिवेट नामक एक पादरी के संरक्षण में सौंप दिया। ड्रिवेट-परिवार में अरविन्द ने न केवल बाइबिल-सम्बन्धी साहित्य का अध्ययन किया बल्कि महान् अंग्रेज़ी कवियों से भी, विशेषकर शेक्सपियर, शेली और कीट्स से, परिचय प्राप्त किया। जब १८८५ में ड्रिवेट-परिवार आस्ट्रेलिया चला गया तो अरविन्द को लन्दन के सन्त पॉल स्कूल में भेजा गया। तब तक वे लैटिन भाषा में बहुत प्रगति कर चुके थे। अब उनकी ग्रीक भाषा की पढ़ाई शुरू हुई और उस भाषा पर जिस तेज़ी से उन्होंने अधिकार प्राप्त किया उससे उनके प्रधानाध्यापक भी चकित हो गए। चार वर्ष बाद उन्हें किंग्स कालेज में उच्च प्राचीन अध्ययन की छात्रवृत्ति मिली जहाँ ग्रीक और लैटिन भाषाओं में पद्य-रचना के सभी पुरस्कार उन्होंने ही जीते। किन्तु उनकी रुचि केवल प्राचीन विषयों तक ही सीमित न थी, आधुनिक यूरोपीय साहित्य से परिचित होने का भी वे गम्भीर और निरन्तर प्रयत्न करते रहे।

अरविन्द अध्ययन और मननशील तरुण थे और कोई ऊँचा प्रशासनिक ओहदा प्राप्त करने में उनकी तनिक भी रुचि न थी। अपने पिता के आग्रह पर वे आई० सी० एस० की परीक्षा में बैठे और लिखित परीक्षाओं में भी उत्तीर्ण हुए, पर घुड़सवारी की परीक्षा में सफल न होने के कारण उनको नहीं लिया गया। १८९३ में अरविन्द भारत लौटे और बड़ोदा राज्य में नियुक्त हो गए। अब तक उनकी शिक्षा सम्पूर्णतः पाश्चात्य ही हुई थी और भारतीय भाषाओं का उनका ज्ञान बहुत ही साधारण था। पर देश-भक्ति के बीज उनके मन में इंगलैंड में रहते ही बोये जा चुके थे, वहाँ उनका सम्पर्क भारतीय क्रान्तिकारियों से भी हुआ था जिन्होंने 'कमल और तलवार' नाम से एक गुप्त संगठन

बना रखा था। इसके अतिरिक्त, उनके पिता का किसी भारतीय बात से कोई सम्बन्ध न होने पर भी, उनकी माँ का प्रभाव विपरीत दिशा में कार्यशील रहा था। वे राजनारायण बोस की पुत्री थीं, जो अपने ज़माने में वेदान्त के प्रकाण्डतम पंडितों में गिने जाते थे। भारत लौटने पर अरविन्द ने प्राचीन भारतीय साहित्य, दर्शन और धर्म का गहन अध्ययन प्रारम्भ किया। यह अध्ययन उनके राजनीति के तूफान में खिंच जाने तक, लमभग दस वर्ष निर्विघ्न चलता रहा।

अरविन्द के राजनीतिक जीवन का ब्यौरा देने की यहाँ आवश्यकता नहीं। एक समय वे सबसे लोकप्रिय क्रान्तिकारी नेता थे और ओजस्वी वक्ता तथा पत्रकार के रूप में बड़ी ख्याति अर्जित कर चुके थे। राजनीतिक क्षेत्र में गांधी के पदार्पण के बहुत पहले ही अरविन्द घोषणा कर चुके थे कि विदेशी शासन के विरुद्ध राजनीतिक संघर्ष शान्तिपूर्ण उपायों द्वारा किया जा सकता है। अपने राजनीतिक कार्य में वे बड़ी निष्ठा और दृढ़ता के साथ सत्य और विश्व-प्रेम के उन उच्च आदर्शों का पालन करते रहे, जिन्हें उन्होंने पूरी तरह अपना लिया था। उनके राष्ट्रवाद में कोई आक्रामक या अन्ध राष्ट्रवादी तत्त्व न था, और उनकी अपनी ही एक पुस्तक के शीर्षक द्वारा कहें तो, 'मानव एकता का आदर्श' उनके देश-प्रेम को सदा उदात्त बनाता रहा। राजनीतिक स्वाधीनता की व्याख्या वे आध्यात्मिक सम्पूर्णता के अतिरिक्त अन्य किसी रूप में मानने को तैयार न थे। उन्होंने लिखा था—"केवल आत्मा ही रक्षा करती है और हृदय से महान् और स्वतन्त्र होकर ही हम राजनीतिक दृष्टि से भी महान् और स्वतन्त्र हो सकते हैं।"[११]

१९०८ में अरविन्द को गिरफ्तार करके अलीपुर जेल में रखा गया। इस विश्वास के पर्याप्त कारण हैं कि जेल से छूटने पर उन्हें स्वाधीनता आन्दोलन का निर्विवाद नेता माना जाता। पर अपने बन्दी जीवन में वे अधिकाधिक आध्यात्मिक सिद्धि की ओर खिंचते गए। उनमें एक निर्णायक परिवर्तन हुआ। उन्हें लगा कि अपने सच्चे कर्त्तव्य से वे अभी तक दूर ही रहे हैं। "ईश्वर मेरे कान में कहता जान पड़ा—'मेरे पास तुम्हारे लिए एक और काम है, और उसी के लिए मैं तुम्हें यहाँ लाया हूँ—वह सिखाने के लिए जो तुम अपने-आप न सीख सकते थे, और अपने काम के लिए तैयार करने के लिए'।"[१२] उन्होंने निश्चय किया कि कर्मक्षेत्र को त्यागकर अपने-आपको योग की आत्म-विद्या में लगायेंगे और भारत के 'चिरन्तन सन्देश' के प्रसारण के लिए अपने-आपको तैयार करेंगे।

अरविन्द कुछ दिन कलकत्ता के पास चन्द्रनगर में रहे और अप्रैल १९१० में पाँडिचेरी चले गये जहाँ उन्होंने अपने जीवन के बाकी चालीस वर्ष बिताये। १९१४ से १९२१ तक उन्होंने द आर्य नामक एक दार्शनिक पत्रिका प्रकाशित की जिसमें उनकी अधिकांश महत्त्वपूर्ण रचनाएँ क्रमशः प्रकाशित होती रहीं। पत्रिका के पहले अंक में ही घोषित उद्देश्य थे : (१) अस्तित्व की उच्चतर समस्याओं का व्यवस्थित अध्ययन, और (२) ज्ञान के ऐसे समन्वय का सूत्रीकरण जिसमें मानवता की विविध, पाश्चात्य तथा पौर्वात्य दोनों, धार्मिक परंपराओं का सामंजस्य हो।

पांडिचेरी में अरविन्द का आश्रम शीघ्र ही संसार-भर के दार्शनिकों और आध्यात्मिक अन्वेषियों को आकर्षित करने लगा। कुछ ही वर्षों बाद आश्रम का प्रबन्ध उनकी एक शिष्या मीरा रिचर्ड ने, जो माँ के रूप में प्रसिद्ध हुई, अपने हाथ में ले लिया। समकालीन भारत के कुछेक प्रमुखतम कवियों, चिन्तकों और धर्मसाधकों ने अरविन्द आश्रम में प्रेरणा खोजी और प्राप्त की है। जब ५ दिसम्बर १९५० को अरविन्द का देहान्त हुआ तो उन्होंने पीछे ऐसा शिष्य-समुदाय छोड़ा जो भारतीय आध्यात्मिकता के असाधारणतः व्यापक स्तरों का प्रतिनिधि है।

विचारों की मौलिकता और महत्त्व के अलावा भी, अरविन्द के व्यक्तिगत प्रभाव की उपेक्षा उस व्यक्ति के लिए संभव नहीं जो पिछली दो दशाब्दियों में भारतीय चिंतन की दिशाओं को समझना चाहता है। उचित ही इस युग के महानतम भारतीयों में उनकी गिनती होती है। प्रकांड पांडित्य और गहन अंतर्दृष्टि के व्यक्ति होने के साथ ही वे सदा उच्चतम उद्देश्यों से प्रेरित रहे। उनका जीवन पूर्णतः आत्मविजय और बोध के लिए समर्पित रहा। राष्ट्रीय आन्दोलन का नेतृत्व और उससे जुड़े हुए लाखों-करोड़ों लोगों की भक्ति का मोड़ ठुकरा देना कोई छोटा त्याग न था। कवि, दार्शनिक और रहस्यसाधक के रूप में अरविन्द को उच्चतम स्थान प्राप्त है। यह दुर्भाग्य की बात है कि उनके बहुत-से अनुयायी अतिशयोक्ति के मोह में पड़कर उनके नाम को अमोघता में लपेटते रहे हैं। इस शताब्दी के भारतीय चिन्तकों में केवल उन्हीं के नाम के साथ चमत्कार और अतिमानवीय तथा रहस्यपूर्ण शक्तियाँ जोड़ी गई हैं।[13] रामकृष्ण के शिष्य तक उन्हें मसीहा, ईश्वर का अवतार घोषित करने में हिचकते रहे। पर अरविन्द के भक्तों ने यही नहीं और भी किया है। सौभाग्यवश अरविन्द की महानता इतनी स्पष्ट है कि उसे ऐसी बैसाखियों की आवश्यकता नहीं; और यह बात विश्वासपूर्वक कही जा सकती है कि उनकी ख्याति उस विचारहीन

गुणगान के बाद भी बनी रहेगी जो उनके अनुयाइयों ने उन पर थोप दिया है।"[१८]

: ३ :

कभी-कभी यह कहा जाता है कि अरविन्द का दर्शन उनकी योग अनुभूतियों से इस प्रकार एकाकार है कि उसके अध्ययन की सफलता योग का रहस्य जाने बिना असम्भव है। यह ऐसा अर्द्ध-सत्य है जिसके कारण हर युग में दार्शनिक अन्वेषण में सदा बाधा पड़ती रही है। प्रत्येक महान् चिन्तक के विचारों में अनिवार्य रूप से बौद्धिक और अंत:प्रज्ञात्मक प्रक्रियाओं का ऐसा एकीकरण झलकता है; और जिनकी समान अनुभूतियाँ रही हैं वे दूसरों की अपेक्षा एक चिन्तक के विचारों की समग्रता समझने में अधिक समर्थ होंगे ही। पर व्यक्तिगत अनुभूति की समानता को दार्शनिक अध्ययन की पूर्वापेक्षा नहीं बनाया जा सकता। यदि ऐसा होता तो दर्शन का कोई ईमानदार इतिहासकार अफलातून, प्लॉटीनस, बुद्ध और नीत्शे के विचारों के प्रतिपादन का साहस न करता।

वास्तव में हमारे युग के अन्य भारतीय चिन्तकों के दर्शनों की अपेक्षा अरविन्द-दर्शन का तर्कनासंगत विवेचन कहीं अधिक सहज है। उनकी अपूर्व उपलब्धि यह है कि जिस समय अन्य लोग विश्व-दृष्टियों और 'अभिवृत्तियों' के बारे में सामान्य रूप में चर्चा करके ही सन्तुष्ट थे, उस समय उन्होंने एक सम्पूर्ण और व्यापक 'पद्धति' का निर्माण किया। उन्होंने दर्शन के सभी परम्परागत प्रश्नों के उत्तर प्रस्तुत किये हैं; उन्होंने 'क्यों' और 'कैसे' की, पाप और दु:ख के अस्तितव की, सत्ता के स्वरूप की, व्यक्ति-आत्मा के स्थान की, मानव-ज्ञान के स्रोतों और प्रकारों की, मूल्यों के स्वरूप की, व्याख्या करने का प्रयास किया है। उनके उत्तर हमें विश्वसनीय लगें या न लगें पर विवेचन के लिए वे निश्चय ही पर्याप्त आधार प्रस्तुत करते हैं।

और फिर भी विचित्र बात यह है कि अरविन्द पर ऐसी एक भी पुस्तक नहीं है जिसमें उनके दार्शनिक विचारों का उनकी समस्त शक्ति और सीमाओं के साथ तर्कनासंगत और वस्तुनिष्ठ विवेचन मिल सके। अधिकांश लेखक उन्हें सब चिन्तकों, विशेषकर पाश्चात्य चिन्तन के इतिहास में, सबसे ऊँचा सिद्ध करने का प्रयास मात्र करते है। उनके कृतित्व के अलग-अलग पक्षों को लेकर अनिवार्य रूप से यही 'दर्शाया' जाता है कि प्रत्येक पक्ष में ही उनका योग विशिष्ट है जिसे अंतिम मान लेना आवश्यक है। इस भाँति उन्हें इस युग के महानतम तत्वमीमांसक के अतिरिक्त इतिहास का महानतम दार्शनिक, सामाजिक और राजनतिक चिन्तक और शिक्षाविद् बताया जाता है।

एक और प्रिय पद्धति यह है कि अरविन्द के किसी विशेष सिद्धान्त को लेकर उसकी किसी यूरोपीय चिन्तक के समान सिद्धान्त से तुलना की जाए और अरविन्द के सिद्धांत को श्रेष्ठतर सिद्ध किया जाए। कुछेक उदाहरण देखिये। कहा जाता है कि अरविन्द की भाँति बर्गसाँ भी अंतःप्रज्ञा का महत्त्व समझते हैं और विकासात्मक दृष्टिकोण अपनाते हैं; पर उनके विकास में उद्देश्य का अभाव है और उनके अंतःप्रज्ञा के सिद्धान्त में आंतःप्रज्ञ ज्ञान के उच्च और निम्न प्रकारों में भेद नहीं किया गया है। अरविन्द की भाँति हेगेल भी एकता और विभेद दोनों की रक्षा चाहते हैं; पर वे परम सत्ता को मानव-चेतना से एकाकार मानते हैं और उनके यहाँ दिव्य करुणा की अवधारणा नहीं है। अरविन्द की भाँति ही अफलातून भी अतिमन की खोज करते हैं; पर उनका ईश्वर जितनी कठिनाइयाँ पैदा करता है उतनी सुलझाता नहीं। अरविन्द की भाँति हार्टमैन भी मूल्यपरक दृष्टिकोण अपनाते हैं; पर वे मूल्य और अमूल्य में द्वित्व पैदा कर देते हैं। अरविन्द की भाँति ह्वाइटहैड भी सत्ता के विषय में समन्वित दृष्टि पर बल देते हैं; पर उनका सिद्धात यथार्थवाद से दूषित है।[१५] और इसी प्रकार ही प्लॉटिनस, गेटे, स्पेंगलर और अन्य चिन्तकों के बारे में भी कहा जाता है। यहाँ तक कि हम इस निष्कर्ष पर पहुँच जाते हैं कि अरविन्द मे महान् पाश्चात्य दर्शनों की सब भूलों और सीमाओं का परिहार हो गया है।[१६]

किन्तु यह सचमुच दुर्भाग्य की बात होगी कि ऐसी अन्ध प्रशंसाओं की प्रतिक्रिया-स्वरूप अरविन्द के दर्शन के चिरस्थायी गुणों की भी उपेक्षा की जाए। इनमें सबसे बड़ा गुण यह है कि वे विज्ञान, तत्त्वमीमांसा और धर्म का आदर्शवाद और भौतिकवाद के बहुमुखी समन्वय का प्रयास करते हैं—ऐसा समन्वय जो उस प्रकार की शिथिलता और अस्पष्टता से मुक्त है जैसी आम तौर पर 'सेतु-निर्माता दर्शनों' में पाई जाती हैं। अरविन्द जो समन्वय प्रस्तुत करते हैं वह सुगठित और उचित रूप में निश्चित है; परस्पर-विरोधी दृष्टिकोणों का मेल बैठाने की अभिलाषा की अस्पष्ट अभिव्यक्ति-मात्र नहीं। अरविन्द के विषय में लिखने वाले प्रायः उनके योग और उनकी दर्शन-पद्धति के लिए 'अखंड' शब्द का प्रयोग करते हैं।[१७] यह अत्यन्त ही व्यंजनापूर्ण और सार्थक विशेषण है, यद्यपि अत्यधिक व्यवहार के कारण उसकी कुछेक क्षमता नष्ट हो चुकी है।

यहाँ स्वभावतः ही टैगोर और अरविन्द के बीच समानता पर हमारा ध्यान जाता है। किन्तु जहाँ टैगोर मूल्यों और मूर्त सांस्कृतिक अभिव्यक्तियों के रूप में सर्वव्यापी सामंजस्य का प्रयास करते हैं, वहाँ अरविन्द गहरे जाकर

समस्त अस्तित्व के मूलभूत तत्त्वों के समन्वय की खोज करते हैं। अपने श्रेष्ठतर दार्शनिक प्रशिक्षण के कारण वे अपने समन्वय को अधिक धैर्य और संगति के साथ स्थापित कर पाते हैं। वे न केवल प्रकृति और मानव-जीवन में अभिव्यक्त अनेकता और विविधता के संसार को, बल्कि तत्त्वमीमांसीय अर्थ में पदार्थ-मात्र को, स्वीकार करते हैं : अरविन्द दोनों 'अस्वीकृतियों' की निन्दा करते हैं—भौतिकवादी की जो आत्मा को अस्वीकार करता है और अध्यात्मवादी की जो पदार्थ को अस्वीकार करता है। वास्तव में वे अध्यात्मवादी की अस्वीकृति को—जिसे वे 'संन्यासी की अस्वीकृति'[१८] कहते हैं—"अधिक सम्पूर्ण, अधिक अन्तिम और अधिक संकटपूर्ण" मानते हैं। वे कहते हैं—"पृथ्वी पर दिव्य-जीवन की स्वीकृति का तब तक कोई आधार नहीं हो सकता जब तक हम न केवल यह मानें कि नित्य आत्मा शरीर प्रासाद की निवासी है, इस नाशवान वस्त्र को धारण करने वाली है, बल्कि पदार्थ को भी स्वीकार करें जिसमें से वह उपयुक्त और भव्य वस्तु तैयार होती है जिससे 'वह' निरन्तर अपने वस्त्र बुनता रहता है।"[१९] कट्टर एकसत्तावाद, चाहे भौतिकवादी हो चाहे आदर्शवादी, अरविन्द के दर्शन के प्रतिकूल है। उनकी स्थिति को 'अखंड अद्वैतवादी' कहा गया है। अतिभौतिक ज्ञान प्राप्त करने के लिए भी 'धरती का प्राणदायी स्पर्श' आवश्यक है। "अति-भौतिक को वास्तव में सम्पूर्णतः तभी वश में किया जा सकता है जब हम अपने पैर दृढ़तापूर्वक भौतिक पर रखे रहें।"[२०]

: ४ :

अब अरविन्द की दार्शनिक पद्धति पर और सूक्ष्मता से विचार करें। वे चरम सत्ता को उसके सार-रूप में पूर्णतः इन्द्रियातीत मानते हैं। उसका वर्णन नहीं हो सकता। उसके बारे में केवल यही कहा जा सकता है कि वह जो कुछ भी विचार और कल्पनागम्य है उस सबके परे है। पर मानव चेतना के दृष्टिकोण से यह कहा जा सकता है कि सत्ता का त्रिमुखी स्वरूप है। न वह नितान्त एकत्व है, न द्वित्व है, न बहुत्व है। वह त्रिगुणात्मक तत्त्व है—वह सत् है, चैतन्य है और आनन्द है। इसलिए अरविन्द प्रायः परम सत्ता को सच्चिदानन्द कहते हैं।[२१]

तो फिर भौतिक जगत् को कैसे सत्य माना जा सकता है? जगत् की कोई आवश्यकता ही क्यों है? यहाँ सृष्टि के उद्गम का चिरन्तन प्रश्न सामने आ जाता है। अरविन्द के लिए उसका उत्तर चरम सत्ता के आनन्ददायक स्वरूप में है। यदि ईश्वर केवल सत्-मात्र होता, अथवा अपनी सत्ता के विषय

में चैतन्य मात्र होता, तो इस गोचर जगत् का उदय ही न होता। ब्रह्म आनन्द है इसीलिए सृष्टि का प्रारम्भ होता है। "विश्वसत्ता शिव का आनन्द नृत्य है जो ईश्वर को अनगिनती रूपों में दृश्य बनाता है, पर वह उस परम सत्ता को ठीक वहीं और उसी रूप में रहने देता है; उसका एकमात्र उद्देश्य है नृत्य का आनन्द।"[२२] इसलिए जगत् को एक तथ्य के रूप में स्वीकार कर लेना चाहिए क्योंकि वह ब्रह्म के आनन्द की सृष्टि है। इसका अर्थ है कि एकत्व और बहुत्व, सत् और सम्भवन दोनों को स्वीकार किया जाना चाहिए, यद्यपि हमें यह न भूलना चाहिए कि अपने मूल स्वरूप में चरम सत्ता हमारी मानसिक धारणाओं से अगम्य है।

गोचर जगत् को स्वीकार करने में झिझक क्यों होती है? क्योंकि उसका स्वरूप ब्रह्म से सर्वथा विपरीत जान पड़ता है। ब्रह्म शुद्ध सत् है, पर जगत् भ्रमपूर्ण जान पड़ता है; ब्रह्म शुद्ध चैतन्य है, पर जगत् अन्ध और अचेतन शक्तियों द्वारा चालित जान पड़ता है, ब्रह्म शुद्ध आनन्द है, जबकि जगत् दुःख और पीड़ा से भरा है।[२३] इसलिए यह स्वाभाविक ही है कि हमारी दार्शनिक प्रवृत्ति हमें ऐसे जगत् की प्रामाणिकता को अस्वीकार करने, कम-से-कम उसमें सन्देह करने, के लिए प्रेरित करे। पर, अरविन्द कहते हैं, एक बार हम यह समझ लें कि स्वयं ब्रह्म ही अपनी इच्छा से जगत् बन गया है तो फिर किसी हिचक या शंका के लिए अवकाश नहीं बचता। इस विचार की व्याख्या के लिए वे अवरोहण या प्रत्यावर्तन का सिद्धान्त प्रतिपादित करते हैं।

दर्शन और विज्ञान दोनों, विशेषकर आधुनिक युग में, इससे विपरीत प्रक्रिया के साथ, आरोहण या विकास की प्रक्रिया के साथ, जूझते रहे हैं। विभिन्न सिद्धान्त यह दिखाने के लिए प्रस्तुत किये गए हैं कि किस प्रकार बुद्धि तथा जीवन-जैसे अस्तित्व के उच्चतर रूप निम्नतर भौतिक रूपों से विकसित हुए हैं। पर अरविन्द मानते हैं कि जब तक हम प्रत्यावर्तन का सिद्धान्त नहीं समझ लेते तब तक विकास को नहीं समझा जा सकता। **द लाइफ़ डिवाइन** में वे विस्तार से विवेचन करते हैं कि किस प्रकार ब्रह्म शुद्ध चैतन्य के स्तर से स्थूल पदार्थ के स्तर तक अवरोहण में कौन-कौन से चरण ग्रहण करता है। इन चरणों के वर्णन के लिए अरविन्द ने अपनी अलग शब्दावली गढ़ी है।

हम आम तौर पर यह मानकर चलते हैं कि मानव-मन ही हमारे इस ज्ञात जगत् में अस्तित्व का सर्वोच्च रूप है और यह रूप केवल ईश्वर से ही निम्न है। अरविन्द का दर्शन इस मान्यता के अस्वीकार से प्रारम्भ होता है। उनके अनुसार ईश्वर मानव-चेतना में सीधे नहीं उतरता। ब्रह्म अथवा अतिचैतन्य

तथा मन अथवा साधारण चैतन्य के बीच एक कड़ी आवश्यक है। इस कड़ी या बीच की सत्ता को अरविन्द अति-मन कहते हैं। केवल अति मन के माध्यम से ही मन ब्रह्म तक उठ सकता है और ब्रह्म मन तक उतर सकता है। अति-मन "ब्रह्म के तीनों पक्षों को विभाजित या पृथक् किये बिना ही विकसित करता है।[२४] वह व्यापक और सृजनशील है।" उसे 'एक' का ज्ञान है, पर वह 'एक' के भीतर से छिपे हुए अनेक को बाहर निकालने में समर्थ है; वह अनेक को रूपायित करता है पर उनके विभेदों में अपने-आपको विलीन नहीं हो जाने देता। वह एक के अनेक में विकीरण को धारण करता और स्थित रखता है और उसको वास्तविक विघटन से बचाता है।[२५]

अरविन्द अति-मन की अवधारणा को बहुत महत्त्व देते हैं। वह उसका वर्णन इस प्रकार करते हैं—"वह चेतन-शक्ति की एक क्षमता है जो ईश्वर को अभिव्यक्त करती है, ईश्वर से जन्म लेती है और उसके स्वरूप के अंश प्राप्त करती है। न तो वह शून्य की उपज है न कल्पनाओं की रचयिता। वह चेतन सत्ता है जो अपने अविनाशी और नित्य पदार्थ को अनित्य रूपों में डालती है।"[२६] वह मन की संसिद्धि है। वह सब-कुछ है जिसके लिए मन प्रयास करता है पर कभी प्राप्त नहीं कर सकता। मन ज्ञान का सिद्धान्त नहीं है जैसा हम उसे माना करते हैं। वह केवल "ज्ञान की खोज के लिए आपेक्षिक चिन्तन के कुछ रूपों में जो कुछ प्राप्त कर सके उसकी अभिव्यक्ति के लिए एक क्षमता"[२७] मात्र है। मन विश्वसत्ता के सत्य की केवल व्यावहारिक उपयोगों के लिए व्याख्या करता है। वह ऊर्ध्व-मन से पतन का सूचक है और उसकी मुक्ति अपनी मूल अवस्था तक 'आरोहण' में ही निहित है।

मन की अपूर्णताओं और दुर्बलताओं को समझाते हुए अरविन्द कहते हैं—"अपने स्वभाव से ही, मन वस्तुओं के रूप को काटकर उन्हें उनकी अविभाज्य सम्पूर्णता से अलग करता है।" मन और अति-मन के बीच खाई इतनी बड़ी है कि और भी मध्यस्थों की आवश्यकता है। अति-मन से अवरोहण पहले ऊर्ध्व-मन पर होता है। इस अवस्था में एकत्व का स्थान अनेकत्व लेने लगता है। यद्यपि अति-मन ही असीम का व्यक्तित्व में प्रथम मणिभीकरण है, फिर भी केवल ऊर्ध्वमन में ही अस्तित्व के व्यक्तिगत केन्द्रों का पृथक्करण होता है। यह वैयक्तीकरण की प्रवृत्ति ही अन्त में मन की ओर ले जाती है। मन की चेतना "एक बिन्दु वाली तथा विश्लेषणात्मक" है। जहाँ अति-मन की दृष्टि अखण्ड है, और ऊर्ध्व-मन में भी एक सीमा तक वस्तुओं के सम्पूर्ण संग्रह को ग्रहण करने की क्षमता होती है, वहाँ मन अपनी वस्तुओं को विभाजित करके

ही देख सकता है। उसमें संश्लिष्ट दृष्टि का अभाव है। वह वस्तुओं को खंड रूप में, उन्हें विघटित और पृथक् करके और एक-एक पर ध्यान देकर ही देखता है।

मन से जीवन तक संक्रमण में हम परम चैतन्य का आगे दुर्बोधता के क्षेत्रों में अवरोहण देखते हैं। अब "प्रत्येक अंश अपने चारों ओर के यथार्थ से और भी पीछे हटने लगता है...केवल अपने ही पृथकतात्मक अस्तित्व पर और भी संकीर्णतर संकेन्द्रन हो जाता है।...जो प्रकाश मन में पहले ही धुँधला और क्षीण हो चुका था यहाँ अब म्लान ज्योतिमात्र रह जाता है।"[२८] इस अवस्था में वासना और वृत्ति का उदय होता है। अरविन्द इस धरातल की तीन उप-अवस्थाओं का उल्लेख करते हैं—ऊर्ध्वप्राण, मध्यप्राण, निम्नप्राण। उच्चतम उप-अवस्था में मन और जीवन का संगम है और निम्नतम उप-अवस्था में लगभग सम्पूर्णतः शरीर से सम्बद्ध क्षुद्र इच्छाओं, अन्ध लालसाओं, उत्तेजनाओं के अतिरिक्त और कुछ नहीं होता।

और तब और भी गहरे उतरकर सत्ता पदार्थ के स्तर तक पहुँचती है। यहाँ चैतन्य का लगभग लोप हो चुका होता है। यह अन्धकार और कठोरता का प्रदेश है, जहाँ अस्तित्व पिसकर परस्पर वर्जनकारी इकाइयों का रूप ले लेता है। इस प्रकार ब्रह्म अपनी अधोमुखी यात्रा पूरी करता है। वह जान-बूझकर अपने-आपको म्लान करके अज्ञान में डूब जाता है। वह मूर्त हो जाता है। अरूप रूप ग्रहण करता है, निराकार साकार हो जाता है। इस डुबकी का उद्देश्य यही है कि सृष्टि का पूरा सरगम पार करके फिर अपनी सम्पूर्ण अवस्था में लौट आया जाए। किन्तु डुबकी सत्य है, और उसके परिणामस्वरूप प्रकट होनेवाला मन, जीवन और पदार्थ का जगत् भी सत्य है। हमें जड़ को परम चैतन्य का विरोधी नहीं, बल्कि उसका अपना इच्छित एक—यद्यपि निम्नतम—रूप मानना चाहिए। इसी प्रकार हमें अज्ञान को अन्तिम अर्थ में ज्ञान का अभाव नहीं मानना चाहिए। उच्चतर दृष्टि से, अज्ञान केवल परम चैतन्य की उस समय के लिए अपने-आपको रोके रखने की शक्तिमात्र है। इस भाँति कहा जा सकता है कि वह ज्ञान की ही एक शक्ति है। चूँकि शुद्ध सत्ता अचेतन के लोक में अपनी ही इच्छा से प्रवेश करती है, इसलिए सृष्टि के कार्य से चरम सत्ता की उच्चता और शुद्धता दूषित नहीं होती।

किन्तु यह साधारण अवरोहण—अज्ञान द्वारा अवरोहण—विश्व-प्रक्रिया को बनाए रखने के लिए सदा पर्याप्त नहीं होता। अरविन्द अवरोहण के विशेष रूप की चर्चा करते हैं। यह विशेष प्रकार का आत्मा का अवरोहण मानव-रूप में

दिव्य पुरुष का अवतार है। साधारणतः अवतार के विषय में हम अवतार को नैतिक और धार्मिक आवश्यकताओं की दृष्टि से ही सोचते हैं। गीता के प्रसिद्ध श्लोक में कहा गया है कि ईश्वर धर्म की रक्षा के लिए ही मनुष्य-रूप में अवतरित होता है। पर प्राचीन शास्त्रों में एक और भी इंगित है जिसको अरविन्द का कहना है, अब तक पर्याप्त महत्त्व नहीं दिया गया है। यह अवधारणा है ईश्वर द्वारा मानव-रूप ग्रहण करने से भिन्न मनुष्य द्वारा ईश्वरत्व का रूप ग्रहण करने की। केवल धर्म की संस्थापना के लिए अवतरण 'निरर्थक व्यापार'-मात्र होगा। केवल 'औचित्य' अथवा 'न्याय' का संरक्षण तो ईश्वर की सर्वशक्तिमानता सदा साधारण उपायों द्वारा भी—उदाहरण के लिए, महापुरुषों, ऐतिहासिक आन्दोलनों और सन्तों के जीवन-कार्य द्वारा भी—कर सकती है। अवतार तो मानव-प्रकृति में दिव्य प्रकृति की अभिव्यक्ति के रूप में होता है, जिससे मनुष्य अपने-आपको पुनर्निर्मित और रूपान्तरित कर सके। इसलिए इस विशेष अवरोहण का उद्देश्य यह है कि निम्न अपनी निहित सम्भावनाओं को सिद्ध करने में सहायक हो सके। इसीलिए ही ब्रह्म "अपने और मानवता के बीच के परदे को फाड़ता है।"

: ५ :

अपने विलोम की अन्तिम सीमा तक पहुँचने के बाद चैतन्य मुड़कर वे ही सीढ़ियाँ चढ़ने लगता है जिन पर होकर वह उतरा था और इस भाँति हम विकास-प्रक्रिया पर पहुँचते हैं। यह बात याद रखना महत्त्वपूर्ण है कि अरविन्द के मतानुसार यदि हम विकास के पहले प्रत्यावर्तन का होना स्वीकार न करें तो विकास निरर्थक हो जाता है। उच्चतर रूप निम्नतर में से इसीलिए प्रकट हो पाता है क्योंकि वह निम्नतर में छिपा ही रहता है। "पदार्थ में से जीवन के अथवा जीव में से मन के विकसित होने का कोई कारण तब तक समझ में नहीं आता जब तक हम इस वेदान्तीय समाधान को स्वीकार न करें कि पदार्थ में जीव और जीव में मन पहले से ही निहित है, कि जीवन छिपी हुई चेतना का ही एक रूप है। और तब इस क्रम में आगे के चरण और इस स्वीकृति के लिए कोई आपत्ति नहीं बचती कि मानसिक चेतना स्वयं भी ऐसी उच्चतर अवस्थाओं का एक आवरण और रूप मात्र हो जो मन के परे हैं।"[२६] इसका अर्थ है कि स्वयं अति-मन का सिद्धान्त तभी युक्तिसगत होता है जब विकास को प्रत्यावर्तन के बाद में होने वाली प्रक्रिया माना जाए।

अरविन्द दर्शन के भाष्यकारों का कहना है कि उनका उद्देश्य विकास के पाश्चात्य और पौर्वात्य सिद्धान्तों को मिलाना है। यह कहा जाता है कि

पाश्चात्य सिद्धान्तों का दृष्टिकोण बौद्धिक और जागतिक है, आध्यात्मिक नहीं है। पौर्वात्य, विशेषकर भारतीय, सिद्धान्त मूलतः आध्यात्मिक हैं; पर वे व्यक्तिपरक हैं और उनमें जागतिक दृष्टि का अभाव है।[30] यह संदिग्ध है कि स्वयं अरविन्द इस स्थापना को सहज ही स्वीकार करते। फिर भी यह सच है कि उनके विकास सिद्धान्त में पाश्चात्य विकासवाद के जैविक आग्रह के स्थान पर मूलतः आध्यात्मिक व्याख्या करने पर बल है। यह इस स्थापना से ही स्पष्ट है कि समस्त विकास चेतना का विकास है जो अपनी ही इच्छा से जड़ पदार्थ में प्रसुप्त पड़ी रहती है। अरविन्द कहते हैं—"आध्यात्मिक विकास ही इस पार्थिव अस्तित्व का मूल स्वर, इसका केन्द्रीय सार्थक हेतु है—निरन्तर विकासशील स्व-रूपायन के रूप में पदार्थ में चेतना का तब तक विकास है जब तक रूप अन्तर्वासी आत्मा का उद्घाटन न कर दे। यह सार्थकता प्रारम्भ में आत्मा के, दैवी सत्ता के, सघन भौतिक अ-चेतन में, अचेतन के आवरण में, प्रत्यावर्तन के कारण छिपी रहती है। पदार्थ की संवेदनहीनता का आवरण उस सर्वव्यापी चेतना-शक्ति को छिपाए रखता है जो उस पदार्थ के भीतर सक्रिय है, जिससे कि ऊर्जा, जो भौतिक जगत् में सृष्टि की शक्ति द्वारा ग्रहण किया गया पहला रूप है, स्वयं तो 'अचेत' जान पड़ती है और फिर भी एक विराट् गूढ बुद्धि का कार्य करती है।"[31] यहाँ 'अचेत' शब्द का जान-बूझकर 'अचेतन' के बजाय व्यवहार किया गया है, विचार यह है कि जड़ पदार्थ के भीतर चेतना छिपी हुई मौजूद रहती है।

अरविन्द के विकास-सिद्धान्त की मूलभूत विशेषताओं को बताते हुए एक लेखक ने कहा है—"विकास संयोग की अध्यक्षता में चलने वाला पदार्थ और गति का कोई अधिकाधिक जटिल होता हुआ संरूपण-मात्र नहीं है। न वह असंख्य वर्षों पहले गढ़ी गई शृंखला की खड़खड़ है जो किसी अति-ब्रह्माण्डीय दिव्य मन की अध्यक्षता में हो रही है। और न वह शून्य में से अचानक ही नये गुणों और श्रेष्ठतर मूल्यों का क्रमशः प्रकटन ही है। विकास की प्रक्रिया मूलतः अनिर्धारणीय सत्ता का असीम रूप में विविधीकृत आत्म-निर्धारण है।... विकास अचेतनता के अपरिचित समुद्र में विश्व-आत्मा की सृजनात्मक साहसिक यात्रा है ताकि सत्ता में निहित अनन्त सम्भावनाएँ भौतिक परिस्थितियों में अनन्त अभिव्यक्ति पा सकें।"[32] स्वयं अरविन्द ने अपने सिद्धान्त का विशिष्ट स्वरूप यह कहकर समझाया है कि विकास का त्रिविध रूप है। वह विस्तारण है, ऊर्ध्वीकरण है और समग्रीकरण है। इन अवधारणाओं को और अधिक समझाना आवश्यक है।

विस्तारण से अरविन्द का अभिप्राय है विभेदीकरण, संगठन, अभिव्यक्ति की विविधता, अनुकूलन। जब शरीर संगठित, सूक्ष्म और जटिल हो जाता है तो जीवन प्रकट होता है। इसी भाँति जब जीव-शरीर अधिकाधिक जटिल हो जाता है तो मन प्रकट होता है। पर इसके साथ-ही-साथ ऊर्ध्वीकरण भी चलता रहता है—रूपायन के स्तर में चेतना की शक्ति का अधिकाधिक ऊर्ध्व होते जाना। इस प्रकार ऊर्ध्वीकरण का अर्थ फैलाव या विस्तार नहीं बल्कि एक से दूसरे स्तर पर आरोहण है। पर अरविन्द के लिए विकास की सबसे महत्त्वपूर्ण विशेषता है उसकी अखण्डता। जब निम्न उठकर उच्च बनता है तो इससे उसका अस्तित्व नहीं मिट जाता। इसके विपरीत वह उच्चतर में उठकर अनुप्राणित और संस्कारित होता है। जड़ पदार्थ से जीवन प्रकट होने पर पदार्थ नष्ट नहीं हो जाता और न मन के प्रकट होने पर जीवन ही नष्ट होता है। अरविन्द का विश्वास है कि पाश्चात्य विकास-सिद्धान्तों का एक दोष इस प्रवृत्ति में है कि उनके अनुसार उच्च सिद्धान्तों के उदित होने पर निम्नतर सिद्धान्त का विनाश, अथवा सदा अपनी निम्नतर अवस्था में ही बना रहना, अवश्यम्भावी है। अद्वैत वेदान्त भी ऐसी ही भूल का दोषी है, क्योंकि वह मानता है कि मनुष्य की उच्चतर आत्मा को शरीर और जीवन के निम्नतर सिद्धान्तों से अपने को पृथक् करना चाहिए। अरविन्द कहते हैं—"दिव्य अथवा आध्यात्मिक जीवन न केवल मानसिक, जैविक और शारीरिक जीवन को अपने भीतर रूपान्तरित और आध्यात्मीकृत कर लेगा, बल्कि अपने धरातल पर जीवित रहने में जितना सुलभ था उससे कहीं अधिक विस्तृत और सम्पूर्णतर अवकाश देगा। हमारे आत्म-विस्तार से हमारे मानसिक, शारीरिक और जैविक अस्तित्व का नष्ट होना आवश्यक नहीं और न आध्यात्मीकरण से वे क्षीण या क्षत-विक्षत होते हैं। वे अधिक समृद्ध, अधिक महानतर, अधिक सशक्त और अधिक सम्पूर्ण हो सकते हैं और होते भी हैं—अपने दिव्य परिवर्तन में वे ऐसी सम्भावनाओं में पहुँच जाते हैं जो उनकी अनाध्यात्मीकृत अवस्था में व्यावहारिक अथवा कल्पनासम्भव नहीं हो सकती थीं।"[33]

अब हम आरोहण प्रक्रिया के वास्तविक चरणों पर विचार करें। विकास पदार्थ से शुरू होता है क्योंकि पदार्थ के स्तर तक उतरने के बाद चैतन्य अनुभव करता है कि आवरण अथवा प्रच्छन्नता की प्रक्रिया चरम सीमा तक पहुँच चुकी है। स्वयं चैतन्य ही, जो अब पदार्थ का बन्दी बन चुका है, पदार्थ को ऊर्ध्व संचरण के लिए बाध्य करता है। "इस तनाव से एक प्रकार से पदार्थ के हृदय में अग्नि की सृष्टि होती है, वस्तु के सारभाग में प्रबल दहन और आवर्त की

सृष्टि होती है। इस सब दबाव, ताप, संघटन और विस्फोट का अर्थ है जो कुछ गर्भस्थ है उसको जन्म देने के लिए प्रबल संघर्ष।"[३४] और इस प्रकार जीवन का उदय होता है। जीवन जड़-पदार्थ में चैतन्य के प्रथम अंकुर का सूचक है। वनस्पति-जगत् में उसकी अभिव्यक्ति प्रारम्भिक है। चैतन्य अपनी अभिव्यक्ति से स्वयं ही असन्तुष्ट होकर पशु धरातल पर उठता है जहाँ वह अधिक स्वतन्त्र और सुघट्य हो जाता है। अब वह ऐसे प्राणी में शरीरस्थ है जो संवेग और संवेदना से युक्त है। इस अवस्था में प्राणवान पदार्थ में 'मानसिकता' की क्रीड़ा दिखाई पड़ने लगी है। पर चैतन्य अब भी असन्तुष्ट है। वह और भी ऊपर आरोहण करता है और ऐसे मन अथवा बुद्धि के रूप में और भी अधिक सम्पूर्ण अभिव्यक्ति प्राप्त करता है, जिसमें स्वचेतना, भेदाभेद तथा विश्लेषण की क्षमता मौजूद है। अभी तक विकास केवल इसी अवस्था में पहुँच पाया है। पर यह मानने का कोई कारण नहीं कि वह यहीं रुक जाएगा। अरविन्द का विश्वास है कि विकास का अगला चरण अनिवार्य रूप से अति-मन के धरातल पर आरोहण का ही होगा।

: ६ :

यह अगला चरण रूपान्तरण की विविध प्रक्रिया द्वारा सम्पन्न होगा। रूपान्तरण के इन तीन पक्षों को अरविन्द 'आत्मिक परिवर्तन', 'आध्यात्मिक परिवर्तन' और 'मानसोपरि परिवर्तन' कहते हैं।

आत्मिक परिवर्तन हमारे मानस या आत्मा को छिपाए रखने वाले परदे के हटने को कहते हैं। अरविन्द आत्मा को "वस्तुओं में दिव्यत्व की नित्य-शुद्ध ज्वाला" कहते हैं। यह दिव्यत्व हमारे जीवन के समस्त अनुभवों के बाद भी अदूषित और अम्लान रहता है। पर आन्तरिक चेतना का ज्वलन्त और शुद्ध रहना ही पर्याप्त नहीं; यह भी आवश्यक है कि आत्मा का प्रकाश हमारे समस्त अस्तित्व में प्रवाहित हो और हमारे भीतर के जीवन, मन और पदार्थ में परिव्याप्त हो जाए। आत्मिक परिवर्तन द्वारा यही कार्य पूरा होता है। इस सन्दर्भ में अरविन्द आवेगों के शिक्षण को बड़ा महत्त्व देते हैं, क्योंकि ऐसी शिक्षा के द्वारा ही हम आत्मिक रूपान्तरण की तीव्र आवश्यकता को अनुभव कर सकते हैं। एक अर्थ में, योग ऐसी ही शिक्षा है जो हमारे भीतर स्थित आत्मा को जाग्रत करती है।

पर आत्मिक परिवर्तन भी पर्याप्त नहीं है। उसका आध्यात्मिक परिवर्तन द्वारा, हमारे भीतर एक उच्चतर प्रकाश के अवरोहण द्वारा, सम्पूरण आवश्यक है। ऊपर से ऐसा परिव्याप्तन नहीं होगा तो हमारे आत्मिक

व्यक्तित्व की वृद्धि पदार्थ, जीवन और मन के सीमित क्षेत्र तक ही रह जाएगी। मानसिक रूपान्तरण से आध्यात्मिक रूपान्तरण में सहायता तो मिलती है, पर वह उसका पर्याय नहीं हो सकता। सम्भव है कि आत्मिक सत्ता का आरोहण कभी हमें असीम की झाँकी दिखा दे। पर वह क्षणिक ही हो सकती है, जब तक आध्यात्मिक परिवर्तन हमारी सीमाओं को न तोड़ दे तब तक ऐसी झाँकियाँ चंचल दृश्यों से अधिक कुछ नहीं हो सकतीं। आध्यात्मिक परिवर्तन द्वारा हमें असीम का स्थायी भान होने लगता है, हमारे स्वभाव का विस्तार होता है, अमरता हमारे लिए एक सामान्य आत्म-अभिज्ञता हो जाती है। "दिव्य सत्ता की घनिष्ठ समीपता, उसका जगत् के ऊपर, हमारे ऊपर और प्राकृतिक तत्त्वों के ऊपर शासन, हमारे भीतर और हर जगह सक्रिय उसकी शक्ति असीम की शान्ति और उसका आनन्द—ये सब अब हमारे भीतर मूर्त और स्थायी हो जाते हैं; समस्त दृश्यों और रूपों में सनातन का, परम सत्ता का दर्शन होता है, प्रत्येक ध्वनि में उसी का नाद सुनाई देता है, प्रत्येक स्पर्श में उसी का अनुभव होने लगता है।"[३५] ऐसा ही है आध्यात्मिक परिवर्तन का प्रभाव—हृदय का आनन्द अथवा प्यार, समस्त अस्तित्व का आलिंगन, आत्मा की एकता सब स्थायी सत्य बन जाते हैं।

अन्त में, तीसरा रूपान्तरण अचेतनता से ज्ञान में संक्रमण को पूरा कर देता है। यह है मानसोपरि परिवर्तन, जो हमारे अतिमन तक आरोहण तथा तदनुकूल अतिमन के हमारे भीतर अवरोहण द्वारा सम्पन्न होता है। अरविन्द कहते हैं कि विकास के विभिन्न चरण मानसोपरि अवरोहण के लिए प्रारम्भिक परिस्थितियाँ-मात्र हैं। "वास्तविक रूपान्तरण के लिए ऊपर से प्रत्यक्ष और आवरणमुक्त हस्तक्षेप आवश्यक है। यह निम्न चेतना का सम्पूर्ण समर्पण और आनुगत्य है, उसके अपने अलग कर्म के नियम की इच्छा या आग्रह का पूर्ण विराम है, जिसका रूपान्तरण द्वारा पूर्णतः अन्त होता है और हमारी सत्ता पर उसका समस्त अधिकार समाप्त हो जाता है।"[३६] यह स्मरण रहे कि एक सीमा तक अवरोहण विकास के प्रत्येक चरण में आवश्यक है। जब तक जीवन स्वयं पदार्थ में न अवरोहण करे तब तक पदार्थ पूरी तरह जीवन के धरातल तक नहीं उठ सकता। इसी प्रकार जीवन से मन तक की प्रगति तभी पूरी होती है जब जीवन द्वारा अपने-आपको तैयार होने के बाद मन उसमें अवरोहण करता है। किन्तु अतिमन के मन में अवरोहण की कहीं अधिक तात्कालिक आवश्यकता है। हम अपने प्रयासों से अतिमन को अवरोहण के लिए बाध्य नहीं कर सकते। हम केवल इतना ही कर सकते हैं कि जब वह सचमुच हमारे भीतर आये

तो हम उसकी अगवानी के लिए तैयार हों और जब अन्त में अतिमन अवरोहण करके हमारे पास तक आएगा तो हमारे व्यक्तित्व का सम्पूर्ण रूपान्तरण हो जाएगा। तब "व्यक्ति का जागतिक चैतन्य-शक्ति के कार्य में वास्तविक सहयोग होगा; व्यक्ति पुरुष स्वयं अपनी कार्यकारी ऊर्जा का स्वामी भी हो जाएगा और साथ ही जागतिक ऊर्जा के कार्य में ब्रह्माण्डीय आत्मा का एक सचेतन साधन, प्रतिनिधि, भागीदार भी। जागतिक ऊर्जा उसके माध्यम से कार्य करेगी, पर वह भी उसके माध्यम से कार्य करेगा, और अन्तःप्रज्ञात्मक सत्य का सामंजस्य इस दोहरी कार्यशीलता को एक ही कर्म बना देगा।"[37]

मानसोपरि रूपान्तरण अन्य प्रकार के परिवर्तनों से इतना भिन्न है कि उसका वर्णन हमारी चेतना की सीमित क्षमताओं के परे है। वह हमारे भाषागत साधनों से भी परे है। किन्तु इतना कहा जा सकता है कि यह परिवर्तन विस्मयकारी ऐश्वर्य और महानता के नए जीवन का सूत्रपात करेगा। मानवता आध्यात्मिक ज्ञानसम्पन्न प्राणियों की जाति का रूप ले लेगी। यह एक नये जन्म का, दिव्य जन्म का सूचक होगा। आध्यात्मिक ज्ञान-सम्पन्न प्राणियों के लिए स्वयं शरीर भी ईश्वरत्व के उद्‌घाटन का साधन होगा।

अरविन्द के दर्शन में 'आध्यात्मिक ज्ञानसम्पन्न प्राणी' शब्दावली का प्रयोग लगभग 'अतिमानव' के अर्थ में ही होता है। अतिमानव के जीवन और क्षमताओं के स्वरूप का वर्णन नहीं हो सकता क्योंकि, जैसा पहले ही कहा जा चुका है, मानसोपरि अस्तित्व अपने स्वभाव से ही मानसिक कोटियों में नहीं बाँधा जा सकता। "साथ ही स्वरूप की भिन्नता के इस तथ्य से ही कुछ ऐसे निष्कर्ष निकाले जा सकते हैं जो अतिमन में संक्रमण के सामान्य वर्णन के लिए मान्य हों।" हम कम-से-कम "विकासशील मानसोपरि अस्तित्व की प्रथम स्थिति की एक अस्पष्ट-सी कल्पना"[38] तो कर ही सकते हैं।

उदाहरण के लिए, हम कह सकते हैं कि आध्यात्मिक ज्ञान-सम्पन्न मानव का सम्पूर्ण अस्तित्व आध्यात्मिकता की शक्ति से संचालित होगा। यह आध्यात्मिकता सर्वव्यापक होगी। "उसमें जागतिक चेतना, संवेदन, संवेग होंगे जिससे समस्त वस्तुनिष्ठ जीवन उसके आत्मनिष्ठ अस्तित्व का अंग बन जाएगा और जिससे वह ईश्वर को सब रूपों में देख, सुन, छू सकेगा, उसका प्रत्यक्ष ज्ञान और सिद्धि प्राप्त कर सकेगा; समस्त रूप और गति इस प्रकार देखे, सुने, छुए, जाने और सिद्ध किये जाएँगे जैसे वे सब उसके अपने विराट् स्व में घटित हो रहे हों।"[39] आध्यात्मिक ज्ञानसम्पन्न प्राणी, दूसरे व्यक्तियों की चेतना की क्षमताओं और रीतियों को स्वयं अपने व्यक्तित्व की क्षमताओं और रीतियों की

भाँति ही अनुभव करेगा। वह अपने व्यक्तिगत स्व के सम्पूर्ण संकल्प के साथ, अपने व्यक्तिगत कर्म के सम्पूर्ण कर्म के साथ, सामंजस्य और सर्वव्यापक अभिज्ञता में कार्य करेगा। पीड़ा और दुःख अब उसको वैसे प्रभावित न कर सकेंगे जैसे वे साधारण लोगों को करते हैं। उसे एक नई शान्ति और समस्त सुख-दुःख को चरम तटस्थता से देख सकने की क्षमता प्राप्त हो जाएगी। वह अपने अस्तित्व के भौतिक आधार को सहर्ष स्वीकार कर सकेगा क्योंकि तब वह उसकी आध्यात्मिकता को आच्छादित न कर सकेगी। "बृहत्तर ज्ञान के प्रकाश में पदार्थ को भी ब्रह्म, ब्रह्म द्वारा प्रस्तुत आत्म-ऊर्जा माना जा सकेगा।"[४०]

अपनी कुछ बाद की कविताओं में अरविन्द ने उस विराट् विस्तार का विशद चित्र खींचा है जो मानसोपरि रूपान्तरण से, उस परिवर्तन से, आएगा जिसमें प्रत्येक वस्तु सुरक्षित रहेगी और प्रत्येक वस्तु का अतिक्रमण भी होगा।

"एक क्षणहीन सघनता शुद्ध और नंगी,
मैं हर जगह एक सनातन तक फैलाता हूँ।"[४१]

इस प्रकार के परिवर्तन के फलस्वरूप मनुष्य कह सकेगा—

"मैं वह हो गया जो काल के पहले था;
एक गूढ स्पर्श ने विचार और संवेदना को शान्त कर दिया है।
मन द्वारा रची हुई सभी वस्तुएँ
एक शून्य और मूक ऐश्वर्य में संक्रमित हो गई हैं।"[४२]

इससे भी अधिक व्यंजनापूर्ण ये पंक्तियाँ हैं जिनमें अरविन्द विश्वचेतना का वर्णन करते हैं जो मानसोपरि परिवर्तन से प्रकट होगी—

"मैंने विस्तृत संसार को अपने और भी विस्तृत स्व में लपेट लिया है,
और देश तथा काल हैं जिन्हें मेरी आत्मा देख रही है।
मैं दोनों हूँ देवता और राक्षस, प्रेत और पिशाच,
मैं पवन की गति और जलता सितारा दोनों हूँ।
समस्त प्रकृति मेरे पालन-पोषण में बड़ी हुई है
मैं उसका संघर्ष हूँ और चिरन्तन विश्राम भी;
संसार का हर्ष मुझे रोमांचित करता है
मैं अपने एकाकी हृदय में करोड़ों का दुःख वहन करता हूँ।
मैंने सबसे घनिष्ठ एकता प्राप्त कर ली है,
फिर भी जो कुछ होता हूँ उससे बँधा नहीं हूँ।
अपने भीतर विश्व का आह्वान लिये हुए
मैं अपने अविनाशी गृह को चला जाता हूँ।

मैं बेमाप पंखों पर काल और जीवन के परे संक्रमण करता हूँ,
फिर भी जन्मी और अजन्मी वस्तुओं से एकाकार हूँ।"[43]

किन्तु अरविन्द मानसोपरि रूपान्तरण के बाद सदृशता की स्थिति की कल्पना नहीं करते। यद्यपि समस्त आध्यात्मिक ज्ञान-सम्पन्न प्राणियों के जीवन की सामान्य रूपरेखा अत्यन्त मिलती-जुलती होगी, फिर भी विविधता का अन्त नहीं हो जाएगा। "मानसोपरि अथवा आध्यात्मिक ज्ञान-सम्पन्न प्राणियों की जाति एक ही प्रकार से बनी हुई, एकमात्र स्थायी रूप में ढली हुई, जाति नहीं होगी; क्योंकि अति-मन का नियम है अनेकता में परिपूर्ण एकता, और इसलिए विश्वचेतना की अभिव्यक्ति अनन्त विविधता में होगी, यद्यपि अपने आधार में, अपने विधान में, अपने सर्व-उद्घाटक और सर्व-संयोजक क्रम में, चेतना एक ही होगी।"[44] हमारे विकास की वर्तमान अवस्था में अभी तक विविधता और विग्रह का चोली-दामन का साथ है। शारीरिक, जैविक तथा मानसिक धरातलों पर हमारे उद्देश्यों की अस्पष्टता और अहं की दासता के कारण विभिन्न हितों में कलह पैदा हो जाती है। हम अँधेरे में टटोलते रहते हैं क्योंकि हमारा ज्ञान, विज्ञान और सामाजिक संगठन में प्राप्त सफलता के बावजूद, अभी तक खण्डमूलक और अपूर्ण है। मानसोपरि परिवर्तन होने पर विविधता प्रतिद्वन्द्विता अथवा संघर्ष की प्रस्तावना न बनेगी, बल्कि वह सामंजस्य के एक प्रमुख नियम का कार्य-क्षेत्र होगी।

वैसा होने पर उजेले और अंधेरे के बीच संघर्ष का स्थान, प्रकाश से अधिकतर प्रकाश की ओर प्रगति ले लेगी। "विग्रह, अन्धी तलाश, संघर्ष की टकराहट, स्फीति तथा विस्फीति के असामान्य विपर्यय और अपने मिश्रण तथा संघर्ष में सक्रिय दृष्टिहीन शक्तियों का अस्थिर सन्तुलन—सब उस प्रभाव को अनुभव करेंगे और उनकी जगह...प्रगति करते हुए जीवन और चेतना की अधिक उद्घाटनकारी व्यवस्था, एक श्रेष्ठतर जीवन-व्यवस्था स्थापित होगी।"[45] वास्तव में आध्यात्मिक ज्ञानसम्पन्न प्राणियों के धरातल पर आरोहण मनुष्य के लिए पृथ्वी पर दिव्य जीवन की स्थापना से किसी प्रकार कम न होगा।

: ७ :

अभी तक दार्शनिक के रूप में अरविन्द की ख्याति उनके ग्रंथ **द लाइफ़ डिवाइन** पर ही आधारित है। पर यदि भविष्यवाणी का साहस किया जाए तो कहा जा सकता है कि भविष्य में भारतीय चिन्तन का इतिहासकार अरविन्द-दर्शन के स्थायी और सुस्पष्ट तत्त्वों के लिए संभवतः इनकी अधिक संक्षिप्त

रचना **द ह्यूमैन साइकिल**[४६] का सहारा लेगा। इस पुस्तक में **द लाइफ डिवाइन** की अपेक्षा अधिक कसावट है और यह अपेक्षाकृत शब्द-बहुलता की प्रवृत्ति से मुक्त है जो अरविन्द के विशाल ग्रन्थ के बहुत-से अध्यायों का महत्त्व कम कर देती है। इसके अतिरिक्त **द ह्यूमैन साइकिल** में न लेखक ने केवल तत्त्वमीमांसीय विश्व-दृष्टि प्रस्तुत की है बल्कि उसमें समाज और इतिहास के दर्शन भी हैं जो भविष्य की गहन आध्यात्मिक दृष्टि से आलोकित हैं।

अरविन्द ने मानव-जाति की आध्यात्मिक नियति के विवरण के पहले समाज के विकास की मुख्य अवस्थाओं का विश्लेषण प्रस्तुत किया है। वे कहते हैं कि सबसे प्राथमिक अवस्था में प्रतीकपरक प्रवृत्ति प्रधान है। प्रतीकपरक दृष्टिकोण, जो सामाजिक प्रगति के इस धरातल पर जगत्-सम्बन्धी धार्मिक-काल्पनिक दृष्टिकोण में मिल जाता है, मनुष्य को स्वयं अपने और प्रकृति के जीवन के पीछे एक दिव्य सत्ता की अवधारणा की ओर प्रेरित करता है। इस प्रतीकपरक दृष्टिकोण का वर्णन करते हुए अरविन्द रूढि और कर्मकाण्ड के उद्गम का विवेचन करते हैं। वे ऐसे बहुत-से धार्मिक रूपकों के गहरे अर्थों को प्रकट करते हैं जिन्हें आम तौर पर केवल कवि-कल्पना ही माना जाता है। विशेष रूप से प्रसिद्ध वैदिक ऋचा, पुरुषसूक्त का उल्लेख करते हुए अरविन्द आग्रह करते हैं कि वह केवल काव्य का बिम्ब-मात्र नहीं है बल्कि मनुष्य और समस्त ब्रह्माण्ड का वर्णन छिपी हुई दिव्य सत्ता के प्रतीक-रूप में करने का प्रयास है।[४७]

प्रतीकपरक अवस्था के बाद प्ररूपात्मक अवस्था आती है। पहली मुख्यतः धार्मिक है तो दूसरी मनोवैज्ञानिक और नैतिक। धर्म का, आचरण और संयम का, आदर्श मानव-विकास की इस अवस्था में निर्धारित होता है। ईश्वर की, विश्व-तत्त्व की, कोई प्रत्यक्ष अभिव्यक्ति नहीं होती, फिर भी प्ररूपात्मक दृष्टिकोण मूल्यवान है क्योंकि उसके कारण कुछेक सामाजिक आदर्शों का, विशेषकर मान के आदर्श का, विशदीकरण होता है।[४८] किन्तु अन्त में ये आदर्श निरी रूढियाँ-मात्र रह जाते हैं क्योंकि उनकी जड़ें मनुष्य के आन्तरिक जीवन में नहीं होतीं। इसलिए मानव-जाति तीसरी रूढिपरक -अवस्था में पहुँचती है, जिसमें सच्ची नैतिक सम्पूर्णता के बजाय बाह्य तत्त्वों का महत्त्व बढ़ जाता है। रूढि-परक अवस्था के स्वर्णयुग में समाज में एक प्रकार की 'वास्तुपरक प्रक्रिया' सक्रिय होती है। जीवन व्यवस्थित हो जाता है और तैल-स्निग्ध मशीन की भाँति संगठित हो जाता है। पर उसका ह्रास अनिवार्य है; क्योंकि उसम रूप की प्रधानता रहती है, आत्मा पिछड़ जाती है। महापुरुष पैदा होकर इस बाढ़ को रोकने का प्रयत्न करते हैं पर उनके प्रयास क्षणजीवी सिद्ध होते हैं। अन्त

में रूढि और सत्य के बीच खाई असह्य हो जाती है और एक नये युग का—व्यक्तिवाद के युग का—प्रारम्भ होता है।

अरविन्द व्यक्तिवादपरक अवस्था का वर्णन बड़ी सहानुभूति से करते हैं और आधुनिक व्यक्तिवाद की देन को पूरी तरह स्वीकार करते हैं। वे उसे स्वतन्त्रता और गतिशील तर्कनावाद की अवधारणाओं से संचालित अननुवर्तिता तथा विद्रोह की दिशा में आवश्यक चरण मानते हैं। व्यक्ति अन्वेषी के रूप में सामने आता है और जीवन-पद्धति को अधिक सप्राण रूप में फिर से ढालने में सहायक होता है।[४६] वह कुछ भी मानकर नहीं चलता, अधिकार-सत्ता के विषय में आपत्ति उठाता है, प्रत्येक वस्तु को तथ्य और अनुभव के आधार पर जाँचता है। वह निजी जागरूकता और प्रबुद्धता का सहारा लेता है। वह अचरज और कुतूहल से प्रेरित होता है, इसीलिए पुनर्जागरण-काल के मनुष्यों के मन में यूनानी जीव-दृष्टि के प्रति इतना आकर्षण था।

पर व्यक्तिवाद के खतरे स्पष्ट हैं। निजी प्रबुद्धता या निर्णय का प्रयोग अनियंत्रित हो जाने पर मतामत की अव्यवस्था और मूल्यों का उतार-चढ़ाव पैदा हो जाता है। समाज के जीवन में व्यक्तिगत अधिकारों के सामाजिक न्याय की खोज के साथ सामंजस्य की समस्या निरन्तर तात्कालिक होती जाती है। यह मनुष्य पर दो आवश्यकताएँ लादता है—सत्य का सामान्य मानक निर्धारित करने की और सामाजिक व्यवस्था के किसी सर्व-स्वीकृत सिद्धान्त के विकास की।

यूरोप ने इन समस्याओं का समाधान विज्ञान द्वारा प्राप्त करने का प्रयास किया। विज्ञान में उसे ऐसे नियम और सामान्य सिद्धान्त स्थापित करने की सम्भावना मिली जिन्हें सामाजिक जीवन में लागू करने पर यूरोप को अखंडता का भाव प्राप्त हुआ। पर यह प्रक्रिया उस वैयक्तिकता और स्वतन्त्रता को नकारती जान पड़ी जिससे नये आन्दोलन का प्रारम्भ हुआ था। पुरोहित की जगह अब प्राविधिज्ञ आ पहुँचा; निरंकुश शासक का स्थान राज्य ने ले लिया। विशेषज्ञता की वृद्धि ने प्रस्तरण और शुष्कीकरण उत्पन्न किया। इससे नये विद्रोह को, एक नई अराजकतापूर्ण व्यक्तिवादिता को प्रश्रय मिला और इस प्रकार पलड़ा कभी इधर कभी उधर झुकने लगा।

इस परिस्थिति ने एक मिथ्या आत्मनिष्ठता[५०] उत्पन्न की जिसके कारण यह सत्य उपेक्षित हो गया कि अहं आत्मा नहीं है। वैयक्तिक अहंकार क्रमशः सामाजिक अहंकार का रूप लेने लगा। राष्ट्रीय अथवा जातीय श्रेष्ठता के सिद्धान्तों को भूमि तैयार मिली और आक्रमण का दौर चल निकला। अरविन्द

इसे आधुनिक वैज्ञानिक समाज का अनिवार्य विरोधाभास मानते हैं। एक ओर वह प्राणवादी अहंवादिता के सभी अतिरेकों से जुड़ा है और दूसरी ओर वह सामूहिकता के विपरीत आदर्श की ओर भी इंगित करता है। विज्ञान को प्रकृति में आक्रमण और आत्मारोपण के प्रमाण मिलते हैं—ऐसा जीवन-संघर्ष मिलता है जो अपरिहार्य और सर्वव्यापी जान पड़ता है। पर उसे यह भी पता चलता है कि प्रकृति 'प्ररूप' को सुरक्षित रखती है, व्यक्ति को नहीं कि इकाई के ऊपर समूह की प्राथमिकता है।

अरविन्द आत्मनिष्ठ और वस्तुनिष्ठ दृष्टिकोणों की एक साथ सक्रियता की तथा मानव-संस्कृति के लिए उनके घात-प्रतिघात की, सम्भावनाओं की विस्तार से जाँच करते हैं। वे इन दोनों दृष्टिकोणों के उपयोग द्वारा प्राप्त पाश्चात्य समाज की प्रगति को स्वीकार करते हैं। किन्तु इस सफल उपयोग के बावजूद यदि आज जीवन में संकट है तो उसका कारण दोहरा है। एक तो वैज्ञानिक और समाजशास्त्री दोनों ही यह भूल गए जान पड़ते हैं कि विकास के सच्चे नियम को समझने के लिए न केवल मनुष्य का अतीत बल्कि उसका भविष्य भी—उसकी मानसिक और आध्यात्मिक नियति भी—जानना आवश्यक है।[५१] दूसरे, मानव-विकास के साधन के रूप में तर्कना पर अत्यधिक भरोसा किया जाता है। दूसरी कठिनाई वास्तव में पहली से अलग नहीं की जा सकती। चूँकि हम जो कुछ हमसे नीचे या तत्काल हमारे सामने है उसे देखकर ही सन्तुष्ट हो जाते हैं, ठीक इसीलिए जो क्षेत्र हमसे ऊपर हैं उन्हें जानने की पद्धतियों को पहचानने में हम असमर्थ रहते हैं।

द ह्यूमैन साइक्लि के बहुत-से अध्यायों में अरविन्द इन बातों का विस्तार करते हैं और इस विस्तार के बीच यह भी दिखाते हैं कि किस प्रकार उनके सामान्य दार्शनिक दृष्टिकोण को संस्कृति और सामान्य जीवन की विशेष समस्याओं पर लागू किया जा सकता है। वे मानव-विकास में तर्कना के निर्णायक स्थान को पूरी मान्यता देते हैं। तर्कना के द्वारा ही मनुष्य ने अपने आन्तरिक तथा बाह्य जीवन में व्यवस्था लाना, अपने परिवेश पर शासन करना और एक प्रगतिशील भविष्य की कल्पना करना सीखा है। जीवन के अभियान में विकसित सारी क्षमताओं में केवल तर्कना ही ऐसी है जिसमें अपने-आपको काम से विलग करने की, 'पीछे हटकर खड़े रहने' की, अध्ययन और विश्लेषण करने की सामर्थ्य है।"[५२] वह नितान्त ज्ञान के ही लिए मौजूद रह सकती है; वह कर्म के आवर्त और भावावेग की बाढ़ से अपने-आपको बचा सकती है। फिर भी, आत्मा तर्कना अथवा बुद्धि से अधिक महान् और अधिक गहन है।

बुद्धि हमारे जीवन के नियम निर्धारित करने के लिए **अधोमुख** अथवा **बहिर्मुख** संचरण करती है। पर एक और क्षमता है जो अधिक आलोकपूर्वक कार्य करती है—ऐसी आँख है जो **ऊर्ध्वमुख** और **अन्तर्मुख** है।[५३] हम इतिहास के ऐसे नाजुक संगम पर आ पहुँचे हैं जहाँ हमें इस उच्चतर क्षमता की ओर उन्मुख होकर विकास का नया पथ निर्मित करना है।

वास्तव में तर्कना के दो कार्य हैं। अपने एक पक्ष में वह सत्य के निरपेक्ष अन्वेषण की सूचक है। पर उसमें व्यावहारिकता का भी भारी मोह होता है। बर्गसाँ की भाँति अरविन्द भी कहते हैं कि तर्कना का व्यावहारिक उपयोगिता के साधन का कार्य उसके ज्ञान के साधन के कार्य को दबा देता है। यह नहीं कि पहला कार्य अनुचित है; बल्कि वह तो तर्कना को मनुष्य को बन्दी रखने वाली अन्धी शक्तियों को वश में करने के लिए प्रेरित करता है। पर अपना कार्य पूरा करने के बाद तर्कना के ऊपर उठने की आवश्यकता है। मानव-जीवन की 'मूल शक्तियाँ' जितनी उसके नीचे हैं उतनी ही उसके ऊपर भी हैं।[५४] नीचेवाली शक्तियों के शुद्ध और परिष्कृत होने के बाद स्वयं तर्कना को उन शक्तियों का भान होने लगता है जो ऊपर हैं। वह अपने-आप अतिक्रमण करने वाले प्रकाश को, निष्क्रिय ढंग से किन्तु सहानुभूतिपूर्वक, प्रतिबिम्बित करने में समर्थ है। उसकी सीमा आ जाने पर वह तर्कोपरि की ओर इंगित करने का अपना अंतिम—और शायद सबसे गौरवपूर्ण—कर्तव्य पूरा करती है। वह मनुष्य से कहती है—"जगत् और मनुष्य में एक स्व, एक आत्मा, एक ईश्वर है और सब कुछ उसी का आत्म-संगोपन और आत्मोद्घाटन ही है। मैं उसकी सेविका इसीलिए बनी हूँ कि धीरे-धीरे तुम्हारी आँखों की पट्टी खोलकर तुम्हारी दृष्टि के मोटे आच्छादन दूर कर दूँ, यहाँ तक कि तुम्हारे और उसके बीच केवल मेरा अपना प्रकाशित आवरण ही शेष रह जाए। उसे भी हटाकर अपनी आत्मा को दिव्य के साथ एकाकार कर दो। तब तुम अपने-आपको जानोगे, अपने अस्तित्व का सर्वोच्च और सर्वव्यापक नियम पा सकोगे, मुझसे उच्चतर इच्छा और ज्ञान के स्वामी नहीं तो कम-से-कम साधन अवश्य बन सकोगे और एक मानव तथापि दिव्य जीवन के सच्चे रहस्य और सम्पूर्ण अर्थ को समझ सकोगे।"[५५]

: ८ :

तो फिर आवश्यकता मानव-जीवन के मूलभूत रूपान्तरण की है ऐसा रूपान्तरण जो बुद्धि को पीछे छोड़ दे, यद्यपि स्वयं बुद्धि ही उसकी अनिवार्यता की बात चुपके-से कान में कहती है। अरविन्द का विश्वास है कि मनुष्य अब

एक नये आध्यात्मिक युग के द्वार पर है जो ऐसे रूपान्तरण से प्रारम्भ होगा। अवश्य ही उसका प्रतिरोध भी होगा, किसी बाह्य शक्ति द्वारा प्रतिरोध नहीं, बल्कि स्वयं मनुष्य द्वारा। हमारा यही स्वभाव है कि अपने-आप द्वारा भी आगे बढ़ जाना, पीछे छोड़ दिए जाना हम पसन्द नहीं करते। पर जब मनुष्य यह समझ लेगा कि आध्यात्मिक युग उसकी सामान्य मानवता को नकारने की माँग नहीं करेगा तो यह प्रतिरोध दूर हो जाएगा।[५६]

वास्तव में, जिसे हम 'सामान्य मानवता' मानते हैं, वह स्वयं प्रकृति में बहुत असामान्य है, एक आकस्मिक घटना, एक चमत्कार है। मनुष्य एक "अर्ध-देवता है जो अपने पशु-स्वभाव से उदित होकर बाहर निकला है, उसमें गौरव-पूर्वक असामान्य है।" पर वह 'सम्पूर्ण देवता' बनने के पथ पर है, और यह स्थिति उसे अपनी तुलना में उतनी ही असामान्य लगती है जितना वह स्वयं पशु की तुलना में है।[५७] और फिर भी यह चरण रखा तो जाना ही है, क्योंकि केवल इसी प्रकार वह अपने-आपको परिपूर्ण कर सकेगा। सभ्यता का गति-चक्र तब तक पूरा न होगा जब तक यह परिवर्तन न हो जाए। पिछले युगों में मानव-विकास की धारा पर दृष्टिपात मात्र हमें इसका विश्वास दिलाने के लिए पर्याप्त है।

सभ्यता के पहले चरण में मानव-चेतना जड़ पदार्थ की सम्भावनाओं को समाप्त करती है। वह जीवन और जगत् जड़ पदार्थ के आधार पर काम लेती है। वह कहती है—'अन्नम् ब्रह्म'। दूसरे चरण में मनुष्य अस्तित्व को विकासमान जीवन का स्पन्दन मानता है। चिरन्तन पदार्थ की बजाय वह चिरन्तन जीवन की चाह करता है। वह कहता है—'प्राण ब्रह्म'। और भी ऊपर उठकर वह महान् आत्माभिव्यक्तिकारी और आत्मान्वेषणकारी मन से साक्षात्कार करता है। वह कहता है—'मनोमय ब्रह्म'। अब वह समय आ गया है जब हम चिरन्तन मन से चिरन्तन आत्मा की ओर बढ़ें और कहें—'अयमात्म ब्रह्म'। केवल इस प्रकार ही समाज का आध्यात्मीकरण हो सकता है। और जब वह होगा तब पूरी मानव-जाति अपने आध्यात्मिक व्यक्तियों की भाँति जीवित रहेगी—सामूहिक अहंकार में नहीं बल्कि सामूहिक आत्मा में।[५८]

आध्यात्मिक प्रकार के वैयक्तिक मनुष्यत्व का गतिशील पुनःसर्जन बहुत प्राचीन काल से ही बोधशील व्यक्तियों का सर्वोच्च आदर्श रहा है। किन्तु अभी तक यह आदर्श केवल प्रेरणा-मात्र ही रहता आया है। उसने जीवन को रँगा तो है, पर रचा नहीं है।[५९] आध्यात्मिक युग की घोषणा चेतना में सम्पूर्ण

रूपान्तरण की लालसा के अधिकाधिक परिव्याप्त होने से होगी। मानव-जीवन अपनी वर्तमान सीमाओं से वृहत्तर और शुद्धतर क्षितिजों में संक्रमण का साक्षी होगा। "पार्थिव विकास अपनी महान् ऊर्ध्वमुखी गति प्राप्त कर लेगा और उस दिव्य प्रगति के पथ पर एक उद्घाटनकारी चरण रखेगा जिस पर पशु-स्वभाव से विचारशील और आकांक्षावान मनुष्य का उदय केवल एक अस्पष्ट तैयारी और सुदूर आश्वासन-मात्र था।"[६०]

संदर्भ

१. अरविन्द ने बुद्ध का उल्लेख बड़ी भक्ति से किया है, पर उनकी विश्व-दृष्टि की रचना में बौद्ध धर्म का योग नगण्य है।

२. आधुनिक भारत में अरविन्द ही एकमात्र महत्त्वपूर्ण चिन्तक हैं जो इस्लाम के प्रभाव से सम्पूर्णतः मुक्त रहे हैं। भारतीय संस्कृति के विषय में उनके प्रचुर लेखन से यह लगता है जैसे भारत में इस्लाम के एक हज़ार वर्ष से कोई अन्तर ही नहीं पड़ा।

३. इसका यह अर्थ नहीं कि दार्शनिक धरातल पर अरविन्द ने ईश्वर-वादी दृष्टिकोण की उपेक्षा की है।

४. जैसा हम बाद में देखेंगे, बहुत-सी बातों में अरविन्द के विचारों में गांधी के विचारों के साथ घनिष्ठ साम्य है। पर गांधी के आकर्षण की सर्व-व्यापकता को वे स्वीकार करते नहीं जान पड़ते।

५. तुलनीय, दयानन्द, बंकिम और तिलक पर अरविन्द का निबन्ध।

६. उनके ग्रन्थ **ऐसेज ऑन गीता** का स्थान विशुद्ध शास्त्रीय दृष्टिकोण से भी ऊँचा है।

७. **विश्वभारती क्वार्टरली** (खंड ६, पृ० ३३६) में प्रकाशित एक कविता से।

८. **श्री अरविन्द** में लैंगले द्वारा उद्धृत, पृ० १८।

९. उपरोक्त पुस्तक की भूमिका में ज़ेटलैंड द्वारा उद्धृत।

१०. वे घोषित, नास्तिक और हर प्रकार के धार्मिक कार्य के विरोधी भी थे।

११. 'कर्मयोगिन्' में निबन्ध, १९०९।

१२. लैंगले द्वारा **श्री अरविन्द** में उद्धृत, पृ० १६।

१३. उन्हें अपनी मृत्यु के बाद होने वाली राजनीतिक घटनाओं के पूर्व-दर्शन का भी श्रेय दिया जाता है।

१४. अरविन्द के कार्य के विषय में प्रकाशित विशाल सामग्री में किसी भी लेखक की हलकी-सी भी असहमति की अभिव्यक्ति मिलना कठिन है।

१५. तुलनीय, एस० के० मैत्र : **इन्ट्रोडक्शन टु द फिलासफी ऑफ श्री अरविन्द**।

१६. भारतीय चिन्तन की विभिन्न धाराओं के समस्त दोषों का निराकरण भी।

१७. तुलनीय, चौधरी और स्पीगलबर्ग द्वारा सम्पादित परिसंवाद, **'द इन्टिग्रल फ़िलासफ़ी ऑफ़ श्री अरविन्द'** (१९५८)।

१८. वे 'महान् अस्वीकृति' कहकर इस बात पर बल देते हैं।

१९. **द लाइफ़ डिवाइन**, पृ० ८।

२०. तुलनीय, दोंड़ें : **श्री अरविन्द्स सिनथेसिस ऑफ़ आयडियलिज्म एण्ड मैटिरियलिज्म**।

२१. अरविन्द कहते हैं कि इन तीनों में से कोई पक्ष भी, आनन्द भी, दूसरों से 'अधिक सत्य' नहीं है।

२२. **द लाइफ़ डिवाइन**, पृ० ११९।

२३. तुलनीय, नलिनीकान्त गुप्त : **द लाइन्स ऑफ़ डिसेन्ट ऑफ़ कांशसनेस**।

२४. एस० सी० चटर्जी : **माइन्ड एण्ड सुपरमाइन्ड इन श्री अरविन्द्स इन्टिग्रलिज्म'**।

२५. वही।

२६. **द लाइफ़ डिवाइन**, पृ० १७७।

२७. वही, पृ० १७८।

२८. नलिनीकान्त गुप्त : **लाइन्स ऑफ डिसेंट ऑफ कांशसनेस**।

२९. **द लाइफ़ डिवाइन**, पृ० ५।

३०. आर० एस० श्रीवास्तव : **द इन्टिग्रल थ्योरी ऑफ इवॉल्यूशन (द इन्टिग्रल फ़िलॉसफ़ी ऑफ़ श्री अरविन्द, ए सिम्पोजियम** से, पृ० १३३)।

३१. **द लाइफ डिवाइन**, पृ० ७३४।

३२. हरिदास चौधरी : **द इन्टिग्रल फ़िलासफ़ी ऑफ़ श्री अरविन्द** (इसी शीर्षक के एक परिसंवाद से, पृ० ३१)।

३३. **द लाइफ़ डिवाइन** पृ० ६४८।

३४. नलिनीकान्त गुप्त : **लाइन्स ऑफ़ डिसेन्ट ऑफ़ कांशसनेस** (अरविन्द मन्दिर, द्वितीय वार्षिकी, १९४३)।

३५. **द लाइफ डिवाइन**, पृ० ९४६।

३६. वही, पृ० ९५९।

३७. वहीं, पृ० ६६२।

३८. एस० के० मैत्र द्वारा **इन्ट्रोडक्शन टु द फ़िलॉसफ़ी ऑफ़ श्री अरविन्द** में उद्‌धृत, पृ० ८६।

३९. उसी पुस्तक में उद्‌धृत, पृ० ८९।

४०. अरविन्द यह भी कहते हैं कि आध्यात्मिक ज्ञानसम्पन्न प्राणी जड़ पदार्थ को स्वीकार कर सकता है, क्योंकि उसके लिए "पदार्थ के साथ आत्मा का सम्पर्क बदल चुका है", "उस अन्योन्य क्रिया का वर्तमान सन्तुलन पलट चुका है जो आत्मा के ऊपर भौतिक प्रकृति के आवरण और प्रभुत्व को चलने देती है।"

४१. श्री अरविन्द : **लास्ट पोइम्स**, पृ० २०।

४२. वही !

४३. वही, पृ० ९।

४४. **द लाइफ़ डिवाइन**, पृ० १०३४।

४५. वही पृ० १०३१।

४६. अगस्त १९१६ से जुलाई १९१८ तक **द आर्य** में क्रमशः प्रकाशित। पुस्तक-रूप में १९४९ में प्रकाशित।

४७. **द ह्यूमैन साइकिल**, पृ० ६।

४८. वही, पृ० ९।

४९. वही, पृ० १४।

५०. 'सच्ची और झूठी आत्मनिष्ठता' का अन्तर **द ह्यूमैन साइकिल** के पाँचवें अध्याय में समझाया गया है।

५१. **द ह्यूमैन साइकिल**, पृ० ७४।

५२. वही, पृ० १२५।

५३. तुलनीय, अध्याय १२, **द ऑफ़िस एण्ड लिमिटेन्शन्स ऑफ़ रीजन**।

५४. **द ह्यूमैन साइकिल**, पृ० १४९।

५५. वही, पृ० १५०।

५६. वही, पृ० २९०।

५७. वही, पृ० २९१।

५८. वही, पृ० ३१६।

५९. वही, पृ० ३२५।

६०. वही, पृ० ३३४।

आठवाँ अध्याय

राधाकृष्णन

: १ :

दर्शन के विषय में दो धारणाएँ ऐसी हैं जो किसी तरह नहीं मिटतीं। एक तो यह कि दार्शनिक व्यावहारिक कार्यों से असंपृक्त होता है और दूसरे यह कि दर्शन गहरा तभी हो सकता है जब वह नीरस भी हो। राधाकृष्णन का जीवन इन दोनों भ्रान्त धारणाओं का जीता-जागता खंडन है।

यह एक ऐसे शास्त्रीय दार्शनिक का प्रेरणादायक उदाहरण है जो न केवल राज्य के सर्वोच्च पद पर आसीन है बल्कि जिसकी छाप देश के सामाजिक, शैक्षिक और सांस्कृतिक विकास पर पड़ी है। दुनिया राधाकृष्णन को एक ऐसे दार्शनिक राजमर्मज्ञ के रूप में, राजनयिक और राजनीतिज्ञ के रूप में ही जानती है जो निरन्तर उन सर्वोच्च मूल्यों से संचालित होता रहा है जो मानव-जाति ने अपने लम्बे और उत्थान-पतन-भरे इतिहास में विकसित किये हैं। पर बहुत कम लोगों को कई विश्वविद्यालयों के उप-कुलपति तथा विश्वविद्यालय अनुदान आयोग[1] के अध्यक्ष के रूप में उनके कार्य की याद है। उनकी साहित्यिक रुचियों से तो और भी कम लोग परिचित हैं, यद्यपि वे भारतीय पी० ई० एन० के अध्यक्ष तथा साहित्य अकादेमी के उपाध्यक्ष हैं।[2]

यह लगभग अविश्वसनीय लगता है कि उन्होंने ये सब ज़िम्मेदारियाँ सम्हालने के साथ-साथ इतना अवकाश और शक्ति बचा पाई कि दर्शन की गहनतम समस्याओं पर पुस्तकें लिखें, हिन्दू और बौद्ध धर्म के कालजयी ग्रन्थों का सम्पादन और सुन्दर अंग्रेज़ी में अनुवाद करें, संसार-भर की विद्वन्मंडली के समक्ष भाषण दें और बहुसंख्यक शोधकर्त्ताओं का मार्गदर्शन करें। यह आश्चर्य और भी बढ़ जाता है जब हम देखते हैं कि उनके समस्त लेखन में विषयवस्तु की महत्ता से साहित्यिक रूप की उत्कृष्टता किसी प्रकार कम नहीं है। उनकी अभिव्यक्ति की सहजता विस्मयकारी है। उनकी गणना दर्शन के

इतिहास में महानतम शैलीकारों में होगी और उन्हें शैलिंग, शापनहावर और बर्गसाँ के साथ उन लोगों की कोटि में रखा जा सकता है जिन्होंने दार्शनिक गद्य को सृजनात्मक साहित्य के स्तर तक उठा दिया है। उनकी उपमाएँ जितनी चमत्कारपूर्ण हैं उतनी ही स्पष्ट भी, उनके शब्दचित्र जितने रंगीन हैं उतने ही विशद भी। वे अपने वाक्यों में ऐसी प्राणवत्ता भर देते हैं कि दीर्घ-विस्मृत विचारों के जमे हुए शिलाखंडों में नया जीवन फूट पड़ता है।

स्मरणीय वाक्यांश राधाकृष्णन की लेखनी से अपूर्व सहजता से निकलते चले आते हैं। उनकी पुस्तकों के पृष्ठ ऐसे वाक्यों से भरे पड़े हैं—"आध्यात्मिक होना इतनी तीव्रता से सोचना है कि चिन्तन दर्शन बन जाए"; "मुक्ति में मनुष्य स्वयं अपनी महान् कृति बन जाता है"; "सुन्दर फूल उन कीचड़-भरी जड़ों का औचित्य सिद्ध करते हैं जिनसे वे निकले हैं"; "जीवन-पथ का अन्तिम अंश अकेले ही पूरा करना पड़ता है"; "बत्ती का सिरा जलने लगे तो सारे दीपक को जलता हुआ कहा जाता है"; "हम अपनी आत्माओं को वर्दी नहीं पहना सकते"; "सम्पूर्णता का पथ सीढ़ी नहीं एक चढ़ाई है"; "स्वर्णयुग वह समय है जब सब सिर कठोर होंगे और सब तकिए नरम"; "सत्य के गृह में कोई अनिवार्य सैनिक-भर्ती नहीं हो सकती"; "शताब्दियों के जीवन से तनिक-सा इतिहास बनता है, और शताब्दियों के इतिहास से थोड़ी-सी परम्परा।"

यह अभिव्यक्ति की क्षमता उनके लेखन तक ही सीमित नहीं है। यह उनके वार्तालाप और भाषणों में भी उतनी ही प्रकट है। इसमें कोई सन्देह नहीं कि आधुनिक दार्शनिक क्षेत्रों में राधाकृष्णन के व्यापक प्रभाव का कारण अंशतः उनकी वाग्मिता है। फिर भी इससे अधिक भ्रामक कोई बात नहीं हो सकती कि उन्हें केवल ऐसा प्रवाहशील वक्ता या शब्द-शिल्पी-मात्र मान लिया जाए जिसे परिश्रमपूर्वक अध्ययन की आवश्यकता नहीं होती। सूक्तियाँ युक्तियों का स्थान नहीं ले सकतीं—कम-से-कम देर तक तो नहीं ही टिक सकतीं। राधाकृष्णन की स्थापनाएँ और समीक्षात्मक निष्कर्ष ठोस तर्कसंगति पर आधारित हैं। उनके देखने में सहज लगने वाले विवेचन के पीछे वर्षों का कठोर परिश्रम है।

: २ :

उनकी इतनी प्रतिष्ठा और विश्वव्यापी ख्याति को देखते हुए, उनके पाठक उनके व्यक्तिगत अथवा प्रारम्भिक जीवन के बारे में इतना कम जानते हैं कि आश्चर्य होता है। यह अधिकतर अपनी कठिनाइयों, संघर्षों, रुचियों, आशाओं और आशंकाओं के विषय में उनकी ही चुप्पी का परिणाम है। एक-

मात्र आत्मजीवनीपरक लेख जो उन्होंने लिखा है वह एक अपेक्षाकृत अपरिचित पुस्तक **रिलीजन इन ट्रांज़ीशन**[3] में छपा है जो १६३७ में प्रकाशित हुई थी। यह निबन्ध—**माइ सर्च फ़ॉर ट्रूथ**—उनके लेखों में सबसे कम सुविदित है। लगता है कि व्यक्तिगत प्रचार में अरुचि उन्होंने अपने दार्शनिक पूर्वजों से, प्राचीन भारतीय चिन्तकों से, उत्तराधिकार में प्राप्त की है।

जीवित दार्शनिक पुस्तकमाला[४] में उनके चिन्तन से सम्बन्धित खंड में प्रकाशित एक लेख **फ्रैगमेंन्ट्स ऑफ़ ए कन्फ़ेशन**, में राधाकृष्णन स्वयं अपनी इस चुप्पी को स्वीकार करते हैं। वे कहते हैं—"यह मेरा इरादा नहीं है कि अपने वैयक्तिक जीवन, अपने माता-पिता तथा पूर्वज, विवाह और परिवार, अपनी रुचि-अरुचि के विषय में चर्चा करूं। मुझे किसी विशेष सौभाग्य ने उस क्षेत्र से ऊपर नहीं उठाया है जिसमें हमारे जन-साधारण संघर्ष करते रहते हैं, और जीवन का भार और चिन्ता मेरे हिस्से भी पड़ी ही हैं। स्वयं मेरे लिए उनकी सार्थकता बहुत होते हुए भी विवेक मुझे उनकी चर्चा करने से रोकता है।[५] जब पुस्तक के सम्पादक प्रोफ़ेसर शिल्प ने और ब्यौरे के लिए आग्रह किया तो एक पत्र में उन्होंने लिखा—"एक अर्थ में हमारा लेखन हमसे जन्म लेने पर भी हमसे अधिक मूल्यवान होता है। हम उसके लिए बहुत कष्ट उठाते हैं जैसे माता-पिता अपने बच्चों के लिए उठाते हैं। जहाँ तक हमारे भावों और इच्छाओं का प्रश्न है, जिनके कारण जीवन इतना तीव्र और रोचक बनता है, हममें से कितने लोग सीधे अपनी आत्मा में झाँक पाते हैं?"[६]

सर्वपल्ली राधाकृष्णन का जन्म ५ सितम्बर १८८८ को दक्षिण भारत के एक छोटे-से शहर तिरुतनि में हुआ था। तिरुतनि शताब्दियों से एक धार्मिक तीर्थ रहा है। इसके अतिरिक्त माता-पिता के गहरे धार्मिक संस्कारों ने राधाकृष्णन की हिन्दू धर्म के आधारभूत मूल्यों में, आस्था में योग दिया। एक हाल के निबन्ध में उन्होंने लिखा है—"दर्शन के विषय में विज्ञान की बजाय धर्म के दृष्टिकोण की ओर मेरा रुझान मेरी प्रारम्भिक शिक्षा से निर्धारित हुआ।"[७] यह धार्मिक दृष्टि ईसाई संस्थाओं में—लूथरान मिशन हाई स्कूल, तिरुपति, वूरहीस कालेज, वेलोर और मद्रास क्रिश्चियन कालेज में—अध्ययन के दिनों में और भी पुष्ट हुई। बारह वर्ष तक वे ईश्वर में जीवन्त आस्था के वातावरण में साँस लेते रहे। सकारात्मक पक्ष के अलावा, इस ईसाई परिवेश ने उनके चिन्तन को नकारात्मक रूप में भी प्रभावित किया। भारतीय धर्म और चिन्तन की आलोचना, जो वे अपने शिक्षकों से निरन्तर सुनते थे, उनकी सरल आस्था पर आघात करती थी। उनके ही शब्दों में—"इस भाँति हिन्दू विचारों के

आलोचनात्मक अध्ययन के लिए मैं बाध्य हुआ...परम्परा में आस्था डगमगाने पर ही दर्शन की आवश्यकता पैदा होती है।"[८]

राधाकृष्णन को दर्शन की ओर प्रेरित करने में संयोग का भी हाथ रहा है। सत्रह वर्ष की आयु में, जब वे इतिहास, दर्शन और गणित के बीच असमंजस में पड़े थे, उनके रिश्ते के एक बड़े भाई ने अपनी कुछ पुरानी पुस्तकें उन्हें उपहार-स्वरूप दीं—वैल्टन की **लॉजिक**, स्टाउट की **साइकॉलॉजी** और मैकेन्ज़ी की **एथिक्स**। राधाकृष्णन ने ये पुस्तकें बड़े चाव से पढ़ीं और दर्शनशास्त्र के आजीवन उपासक बन गए। इस घटना का उल्लेख करते हुए उन्होंने डिलथे के इन शब्दों को उद्धृत किया है—"जीवन संयोग, भाग्य और चरित्र के ताने-बाने से बुना रहस्यमय कपड़ा है।"[९]

राधाकृष्णन ने अपना कर्म-जीवन प्रेसिडेंसी कालेज, मद्रास में दर्शन के शिक्षक के रूप में प्रारम्भ किया और भारतीय चिन्तन के कालजयी ग्रन्थों के गहन अध्ययन में लग गए। संस्कृतज्ञों की सहायता से उन्होंने प्राचीनपंथी सम्प्रदायों के आधारभूत ग्रन्थ उपनिषदों और भगवद्गीता पर और **ब्रह्मसूत्र** पर, शंकर, रामानुज, माधव और निम्बार्क के भाष्यों पर अधिकार प्राप्त कर लिया। उन्होंने बौद्ध और जैन धर्म के भी आधारभूत ग्रन्थों से परिचय प्राप्त किया। यूरोपीय चिन्तन का उनका अध्ययन भी इतना ही व्यापक था। उन्होंने कहा है कि दार्शनिक के रूप में अफलातून, प्लॉटिनस, कान्ट, ब्रैडले और बर्गसाँ ने उन्हें सबसे अधिक प्रभावित किया। पर ह्वाइटहैड, अलेक्ज़ेंडर, क्रोचे और रसेल-जैसे आधुनिक दार्शनिक भी उनके उतने ही परिचित हैं। यूरोपीय साहित्य भी सदा उन्हें आकर्षित करता रहा है। उनकी रचनाओं में शेक्सपियर, गेटे, दान्ते, आर्नल्ड, ह्विटमैन, ब्राउनिंग, शेली और बॉयरन के अनेक उद्धरण बिखरे पड़े हैं।

राधाकृष्णन सदा ही अध्येता बने रहे हैं। पिछले दिनों उन्होंने मार्क्सवाद और अस्तित्ववाद का अध्ययन भी उसी सम्पूर्णता और उन्मुक्त मन से प्रारम्भ किया जो कई दशाब्दियों पहले दर्शन के अध्यापक के रूप में उनके अध्ययन की विशेषता थी। विश्वव्यापी यात्राओं तथा प्रत्येक विचारधारा के विख्यात प्रतिनिधियों से व्यक्तिगत सम्पर्कों की भी उनकी प्रौढ रचनाओं पर बड़ी सूक्ष्म छाप है। और यद्यपि इन समस्त—प्राचीन और आधुनिक, पाश्चात्य और पौर्वात्य—चिन्तकों और कवियों ने उनके विचारों को ढाला है, फिर भी उन्हें किसी एक व्यक्ति या विचारधारा का अनुयायी नहीं कहा जा सकता। अद्वैत वेदान्त उनकी मान्यताओं के सबसे समीप है, पर वेदान्त की उनकी

व्याख्या इतनी लचीली है कि शंकराचार्य के कट्टर अनुयायी को उसमें बहुत-से दोष दिखाई देंगे। उनके निष्कर्षों का जितना अधिक प्रभाव दूसरों की राय का है, उनकी अपनी अन्तरतम की अनुभूतियों का उससे कम नहीं है। अपने ऊपर प्राचीन दार्शनिकों के ऋण को स्वीकार करते हुए वे कहते हैं—"किन्तु मेरे चिन्तन का एक और भी स्रोत था। वह मेरी अपनी अनुभूति से उपजा था, जो कभी भी वैसी ही नहीं हो सकती जैसी पढ़ने या अध्ययन से प्राप्त होती है। ऐसा चिन्तन तर्कसंगत स्थापनाओं से सिद्ध होने के बजाय आध्यात्मिक चेतना से उपजता है। दर्शन जितना सत्य से साक्षात्कार द्वारा उत्पन्न होता है उतना उन साक्षात्कारों के ऐतिहासिक अध्ययन से नहीं।[१०]

: ३ :

राधाकृष्णन के मुख्य दर्शन-ग्रन्थों का कालक्रमानुसार सर्वेक्षण बड़ा उपयोगी हो सकता है। इन रचनाओं को उनके विचारों के विकास में मील के पत्थर मानकर हम उनकी आदर्शवादी विश्वदृष्टि की सामान्य पुष्टि के साथ-साथ नई प्रवृत्तियों के उदय और हर अवस्था में बल के परिवर्तन को देख सकते हैं। ऐसे सर्वेक्षण से हमें उनके द्वारा अपने दार्शनिक विवेचन में व्यवहृत ऐतिहासिक, आलोचनात्मक और तुलनात्मक पद्धतियों के अन्तर्सम्बन्ध को देखने में भी सहायता मिल सकती है।

राधाकृष्णन के यौवनकालीन लेखन में बहुत-से ऐसे रुझान दिखाई पड़ते हैं जो बाद में भी टिके रहे। **एथिक्स ऑफ़ वेदान्त** नामक उनके एम० ए० के प्रबन्ध से प्रकट है कि विद्यार्थी-जीवन में ही वे अद्वैत दर्शन की प्रचलित अवधारणाओं से असन्तुष्ट थे। यह प्रबन्ध इस आलोचना का उत्तर था कि अद्वैत वेदान्त में व्यावहारिक आचरण का कोई दृढ आधार नहीं है। सत्ताईस वर्ष की आयु के पहले ही राधाकृष्णन के बहुत-से निबन्ध **द मोनिस्ट माइन्ड, जरनल ऑफ़ फिलॉसफी** और **द इंटरनेशनल जरनल ऑफ़ एथिक्स**-जैसी अन्तर्राष्ट्रीय ख्याति की पत्रिकाओं में छप चुके थे। उनके विषयों में रुचि का अपूर्व विस्तार दृष्टिगोचर होता है—'कर्म और स्वतन्त्र संकल्प', 'यूनानी नीतिशास्त्र में प्रकृति और रूढ़ि', 'युद्ध के सम्बन्ध में एक भारतीय दृष्टिकोण', 'शिक्षा में नैतिकता और धर्म', 'बर्गसाँ की ईश्वर-सम्बन्धी धारणा' आदि।

राधाकृष्णन ने गम्भीर दार्शनिक लेखन के क्षेत्र में प्रवेश अपनी पुस्तक **फ़िलॉसफ़ी ऑफ़ रवीन्द्रनाथ टैगोर**[११] से किया जो १९१८ में प्रकाशित हुई। इसमें बल टैगोर के चिन्तन में वैदिक-औपनिषद् तत्त्व पर है और उसकी वैष्णव-ईश्वरवादी पृष्ठभूमि की कुछ उपेक्षा हुई है। फिर भी कवि के सन्देश का सार

बड़े प्रखर शब्दों में रखा गया है—"टैगोर का परमात्मा संसार से सुविधाजनक दूरी पर स्थित कोई अमूर्त सत्ता नहीं है, बल्कि वस्तुओं के केन्द्र में स्थित एक मूर्त, गतिमान जीवन है जो हवाओं के गर्जन और सागर के ज्वार को उत्पन्न करता है। टैगोर में दृष्टि की अखंडता है जो शरीर और मन में, जड़ और चेतन में कोई अटल विभाजन नहीं सहन कर सकती। उनका सन्देश सीधा है—धर्म पर दृढ़ रहो, धर्मों को जाने दो। आत्मा की अखंडता को पाना आवश्यक रूप से परम्परागत मार्गों का अनुसरण करना नहीं है, क्योंकि भक्ति के मार्ग पर कोई चरण-चिह्न नहीं होते।"[१२]

कहा गया है कि इस पुस्तक में राधाकृष्णन "अनजाने ही अन्तर्राष्ट्रीय साहित्य के क्षेत्र में अपनी ही भावी उड़ानों का पूर्वाभ्यास कर रहे" थे। उनके ऊपर टैगोर का प्रभाव गहरा और व्यापक है, यद्यपि कवि का मूलभूत रुझान निरपेक्ष आदर्शवाद के दर्शन से, जिसके लिए राधाकृष्णन का सदा ही आग्रह रहा है, बुनियादी तौर पर भिन्न है। इस बात से एक तो उनकी उदारता प्रकट होती है और दूसरे उनका यह विश्वास कि टैगोर का दर्शन 'वस्तुओं की मूलभूत एकता' के विषय में गहरी अन्तर्दृष्टि को प्रकट करता है। टैगोर की कला और चिन्तन के इस पक्ष पर उस समय बल दिया जाना आवश्यक भी था, क्योंकि इस बात की आशंका थी कि कवि को केवल भावातिरेकपूर्ण गीतों का अनुप्राणित गायक-मात्र माना जाए।

दो वर्ष बाद राधाकृष्णन की पुस्तक **रेन ऑफ़ रिलीजन इन कंटेम्परेरी फ़िलॉसफ़ी** प्रकाशित हुई। इसमें लेखक तर्कना के प्रबल समर्थक और धर्म के तीव्र आलोचक के रूप में सामने आता है। इस पुस्तक का स्वर व्यंग्यपूर्ण और विवादात्मक है और टैगोर पर उनकी पिछली पुस्तक से एकदम भिन्न है। लेखक की द्वन्द्वात्मक कुशलता और उत्साह को मानते हुए भी बहुत-से समीक्षकों ने इस पुस्तक को विवादपूर्ण और कमज़ोर बताया। बाद में स्वयं राधाकृष्णन ने स्वीकार किया कि उनका धर्म को दर्शन से पृथक् करने का प्रयास 'अति-महत्त्वाकांक्षी' था। **द रेन ऑफ़ रिलीजन** का उद्देश्य यह सिद्ध करना है कि तर्कना के आधार पर निरपेक्ष आदर्शवाद अपरिहार्य है और बहुत-से आधुनिक पाश्चात्य चिन्तक अपने धर्मपरक पूर्वग्रह के कारण ही निरपेक्ष-विरोधी मान्यताओं से चिपके रहते हैं।

राधाकृष्णन धर्म को दर्शन में 'विघ्नकारी तत्त्व' बताते हैं। वे कहते हैं—"धर्म-व्यवस्था दार्शनिक अध्ययन का एक छोर अवश्य है, पर उसको अध्ययन में नियामक नहीं होना चाहिए। यह धर्म या दर्शन दोनों में से किसी

के भी भविष्य के लिए शुभ नहीं है कि धर्म ही दर्शन का प्रारम्भ बिन्दु और प्रधान उद्देश्य बन जाए।"[13] वे लीबनीत्ज़, विलियम जेम्स, बर्गसाँ और रूडाल्फ़ यूकेन के विचारों का विवेचन करके यह दिखाते हैं कि ये चिन्तक मुख्यतः अपने ईश्वरवादी धार्मिक रुझानों के कारण ही एक सत्तावाद को अस्वीकार करते हैं। राधाकृष्णन् की किसी अन्य पूर्ववर्त्ती अथवा परवर्त्ती रचना में धार्मिक और दार्शनिक रुझानों के बीच खाई पर इतना अधिक बल नहीं है। वास्तव में बाद में तो उनका प्रयत्न यह दिखाने का रहा है कि दोनों के बीच कोई मूलभूत विरोध नहीं है।

१९२३ और १९२९ के बीच का काल राधाकृष्णन के जीवन का फलदायी युग है। इन वर्षों में उनकी तीन महत्त्वपूर्ण पुस्तकें प्रकाशित हुईं— **इण्डियन फ़िलॉसफ़ी, हिन्दू व्यू ऑफ़ लाइफ़** और **कल्कि**। इनमें से प्रथम, जो उनके बीस वरस के परिश्रम और मनन का फल है, उनकी महान् कृति मानी जाती है। यह पुस्तक विवेचन, आलोचना, तुलना और व्याख्या का अपूर्व मिश्रण है। लेखक अद्वैत वेदान्त के प्रति अपने झुकाव को छिपाता नहीं; पर वह दूसरी पद्धतियों के सकारात्मक तत्त्वों को तुरन्त पहचानने में समर्थ है। धर्म-विरोधी और भौतिकवादी पद्धतियों तक को उनका प्राप्य श्रेय मिलता है। राधाकृष्णन भारतीय चिन्तन की मूलभूत एकता को उजागर करते हैं और हिन्दू, बौद्ध तथा जैन परम्पराओं में निरन्तर पाई जाने वाली सामान्य अवधारणाओं का परीक्षण करते हैं। वे पाश्चात्य लेखकों द्वारा भारतीय दर्शन पर लगाये गए 'आरोपों' का भी विवेचन करते हैं, और यह सिद्ध करते हैं कि भारतीय चिन्तक न तो धर्म-शास्त्रों के ही अन्ध-भक्त थे और न नैतिक तथा सामाजिक समस्याओं के प्रति ही उदासीन थे।

इण्डियन फ़िलॉसफ़ी[14] का उचित ही बीसवीं शताब्दी के पांडित्य में श्रेष्ठतम योगदान के रूप में स्वागत किया गया। इस ग्रन्थ की लोकप्रियता कभी कम नहीं हुई। इसने भारतीय चिन्तन की कई विशिष्ट समस्याओं पर बहुत-से प्रबन्धों को प्रेरणा दी है और शोधकर्ताओं की एक पूरी पीढ़ी की निहित क्षमताओं को उभारा है। किन्तु इस ग्रन्थ का सबसे प्रभावशाली गुण इसकी व्यापकता नहीं, बल्कि इसकी अविरत शैलीगत श्रेष्ठता है। नितान्त पठनीयता में दर्शन के बहुत कम इतिहासों की इससे तुलना हो सकती है।

१९२६ में **हिन्दू व्यू ऑफ लाइफ़** का प्रकाशन हुआ जो राधाकृष्णन के आक्सफ़ोर्ड में दिये गए भाषणों पर आधारित है। इसमें उनका मन्तव्य है कि हिन्दू धर्म कट्टर सिद्धान्तों का पुंज नहीं बल्कि एक जीवन-पद्धति है, ऐसा दृष्टि-

कोण है जिसकी विशेषताएँ हैं सहिष्णुता, सहानुभूति और दृष्टि की व्यापकता। इसमें हिन्दू परम्पराओं का उनका समर्थन कभी-कभी कुछ अतिरंजित अवश्य लगता है, पर अपने परवर्ती लेखन में उन्होंने इस दोष का निराकरण कर लिया है। किन्तु **हिन्दू व्यू ऑफ़ लाइफ़** के सामान्य निष्कर्षों को निरा पक्ष-समर्थन-मात्र नहीं कहा जा सकता। इसमें भारतीय चिन्तन की अवधारणाओं को स्थायी मूल्यों और मान्यताओं के व्यापक परिप्रेक्ष्य में देखने का प्रयास किया गया है। भारतीय चिन्तन के सकारात्मक तत्त्व, जिन पर राधाकृष्णन् का ध्यान **इण्डियन फ़िलॉसफ़ी** पर कार्य करते समय गया था, यहाँ विस्तार से रखे गए हैं। **हिन्दू व्यू ऑफ़ लाइफ़** उनकी साहित्यिक क्षमताओं की ओर भी प्रौढता सूचित करती है। इस अध्याय के एक पूर्ववर्ती अंश में उद्धृत सुन्दर वाक्यों में से कई-एक इसी ग्रन्थ से लिये हुए हैं।

१९२९ में प्रकाशित **कल्कि** कोई सत्तर पृष्ठों की छोटी-सी पुस्तिका है जिसमें ऐसी अज्ञानपूर्ण सूक्तियाँ भरी पड़ी हैं जो आज विशेष रूप से उपयुक्त जान पड़ती हैं। इस पुस्तक में राधाकृष्णन औद्योगिकीमूलक वृद्धि के परिणामों का विवेचन करते हैं। वे ऐसी परिस्थिति के खतरों से सावधान करते हैं जिसमें बाह्य सदृशता और आन्तरिक विघटन साथ-साथ होने लगें और स्वयं प्रगति की अवधारणा को 'समतल बनाने' के औचित्य के लिए काम में लाया जाए। वे आग्रह करते हैं कि सदृशता के विचार का स्थान सामंजस्य के विचार को लेना चाहिए। "जिस संसार में सब-कुछ भूरा हो उसमें प्रकाश और अन्धकार के बीच रेखा नहीं खींची जा सकती।" पर सच्चे अर्थ में सामंजस्य केवल आत्मा का ही हो सकता है। उनका विश्वास है कि ऐसे आध्यात्मिक सामंजस्य के लिए प्राणदायी शक्ति प्रस्तुत करने में धार्मिक आदर्शवाद सबसे अधिक सक्षम होता। लेखक ने **रेन ऑफ रिलीजन** में जिन आशंकाओं को व्यक्त किया था अब तक वह उनको निस्सन्देह दूर कर चुका है।

एन आइडियलिस्ट व्यू ऑफ़ लाइफ़[१५] को बहुत लोग आधुनिक दार्शनिक चिन्तन में राधाकृष्णन् का सबसे महत्त्वपूर्ण योगदान मानते हैं। इसमें उनके दृष्टिकोण में संयम है और प्रस्तुतीकरण जितना विदग्ध है उतना ही सन्तुलित भी। इसमें उसका विवरण है जिसे वे व्यक्तिगत आस्था कहते हैं, और उनकी तर्कना—जो सदा की भाँति ही तीक्ष्ण है—अन्तःप्रज्ञा द्वारा सम्पुष्ट हुई है। इसमें वे पूर्व के प्रवक्ता के रूप में सामने आते हैं, और इस पुस्तक के आधार पर ही सी०ई०एम० जोड ने उनके दर्शन को 'पूर्व का प्रत्याक्रमण'[१६] कहा था। पर यह कथन कुछ-कुछ भ्रामक है, क्योंकि इसमें राधाकृष्णन ने किसी पाश्चात्य

वस्तु का खण्डन करने अथवा पूर्व की श्रेष्ठता दरशाने का प्रयास नहीं किया है। वास्तव में उन्होंने यह दिखाना चाहा है कि पूर्व और पश्चिम की दर्शन-पद्धतियाँ उतनी भिन्न नहीं हैं जितनी जान पड़ती हैं। आदर्शवाद की एक गहरी अन्तर्धारा उन दोनों को एक करती है। उनका विश्वास है कि कुल मिलाकर आदर्शवाद का विकास पूर्व में अधिक संगतिपूर्वक हुआ है। पर यूरोप भी बीच-बीच में उसकी ओर लौटता रहा है।

एन आइडियलिस्ट व्यू ऑफ़ लाइफ़ में प्रतिपादित सिद्धान्तों के लिए किसी मौलिकता का दावा राधाकृष्णन नहीं करते। पर उनकी पुस्तक में बहुत-कुछ ऐसा है जो सुखद रूप में नया है। इसके अतिरिक्त चिन्तन के इतिहास में सम्पूर्णतः नया कुछ हो भी नहीं सकता। मौलिकता निरपेक्ष नहीं सापेक्ष अवधारणा है। इस पुस्तक के सम्बन्ध में म्योरहैड की टिप्पणी उल्लेखनीय है—"यदि मौलिकता, काव्य की भाँति ही दर्शन में भी, न तो कथा की नवीनता में और न उसके वर्णन में प्रकाश और अन्धकार के वितरण में ही, बल्कि उस गहराई में होती है जिसके साथ कथा की सार्थकता को ब्यौरे की बातों से अधिक महत्त्व दिया जाता है, तो **एन आइडियलिस्ट व्यू ऑफ़ लाइफ़** निस्सन्देह इस गुण से रहित नहीं है।"[१७]

एन आइडियलिस्ट व्यू ऑफ़ लाइफ़ में सत्ता और ज्ञान-विषयक बहुत-सी विशेषित समस्याओं को लेकर उनके सम्बन्ध में भारतीय और पाश्चात्य चिन्तन में प्रस्तुत समाधानों का तुलनात्मक और रचनात्मक दृष्टि से विवेचन किया गया है। पर राधाकृष्णन का 'आदर्शवाद' शब्द का उपयोग बड़ा व्यापक है। वे आदर्शवाद की पूर्वापेक्षा के रूप में किसी विशेष ज्ञानमीमांसीय सिद्धान्त पर आग्रह नहीं करते। "जीवन की आदर्शवादी दृष्टि का यही आग्रह है कि इस जगत् में अर्थ है, मूल्य है। आदर्श मूल्य गतिमान तत्त्व हैं; वे ही जगत् की संचालक शक्ति हैं। संसार लक्ष्यों की व्यवस्था के रूप में ही बुद्धिगम्य है। ऐसे दृष्टिकोण का इस समस्या से कोई सरोकार नहीं कि कोई वस्तु विशेष बिम्ब है अथवा सामान्य सम्बन्ध।"[१८]

एन आइडियलिस्ट व्यू ऑफ़ लाइफ़ दर्शन के मूलभूत प्रश्नों पर राधाकृष्णन की मान्यताओं में स्थिरता आने की सूचक है। उनकी परवर्ती रचनाओं में विभिन्न दिशाओं से और बल की विभिन्न मात्राओं में, आदर्शवादी और मूल्यपरक दृष्टिकोण को जीवन के विशेष क्षेत्रों में लागू करने का प्रयास है। **एन आइडियलिस्ट व्यू ऑफ़ लाइफ़** के बाद जो बीस वर्ष बीते हैं उनमें राधाकृष्णन अधिकाधिक घनिष्ठता के साथ व्यावहारिक—शैक्षिक, सांस्कृतिक,

राजनयिक, राजनीतिक और सामाजिक—मामलों में खिचते गए हैं। उनकी इस काल में लिखी पुस्तकें बौद्धिक रुचियों का और भी विस्तार सूचित करती हैं। उनका ध्यान दर्शन के केन्द्र से हटकर उसकी परिधि पर, तत्त्वमीमांसा से हटकर नीतिशास्त्र, सौन्दर्यशास्त्र और राजनीतिक चिन्तन पर चला गया है।

इन पुस्तकों के शीर्षकों से ही यह प्रकट है कि उनके विचार किस ओर बढ़ते रहे हैं। **गौतम, द बुद्ध,**[१९] **धम्मपद,**[२०] **द टीचिंग ऑफ़ द बुद्ध,**[२१] भारतीय संस्कृति में बौद्ध धर्म के अखण्ड स्थान की गहरी प्रतीति को प्रकट करती हैं। **महात्मा गांधी**[२२] और **ग्रेट इण्डियन्स**[२३] राष्ट्रीयता की भावना के रूप में चिन्तन-धाराओं की व्याख्या की बढ़ती हुई इच्छा को प्रकट करती हैं। **एजुकेशन, पॉलिटिक्स एण्ड वार,**[२४] **फ्रीडम एण्ड कल्चर,**[२५] **इज़ दिस पीस?**[२६] और **द स्पिरिट इन मैन**[२७] इस उतनी ही तीव्र चेतना को व्यक्त करती हैं कि हमारे इस जटिल युग में मानवता के सामने जो व्यावहारिक समस्याएँ हैं उनके साथ दार्शनिक चिन्तन का गठबन्धन होना चाहिए। **ईस्ट एण्ड वेस्ट इन रिलीजन**[२८], **ईस्टर्न रिलीजन्स एण्ड वेस्टर्न थॉट,**[२९] **रिलीजन एण्ड सोसाइटी,**[३०] और **द रिलीजन ऑफ़ द स्पिरिट एण्ड द वर्ल्ड्स नीड**[३१] में दर्शन तथा व्यापकतम अर्थ में धर्म की मूलभूत एकता में स्थायी आस्था को अभिव्यक्ति मिली है।

यहाँ इन पुस्तकों का उल्लेख उनके कालक्रम में नहीं किया गया है। पर वे सभी १९३२ के बाद लिखी गई थीं। सैद्धान्तिक दृष्टि से वे राधाकृष्णन के चिन्तन को **एन आइडियलिस्ट व्यू ऑफ़ लाइफ** की मान्यताओं से बहुत आगे नहीं ले जातीं। फिर भी उनका बहुत बड़ा महत्त्व है। उनके द्वारा ही राधाकृष्णन को प्रथम कोटि के रचनात्मक दार्शनिक के रूप में मान्यता मिली है, ऐसे मानववादी के रूप में स्वीकार किया गया है जिनकी आवाज़ सदा विवादी और विभाजक तत्त्वों के विरुद्ध मेल-मिलाप, एकता और अखंडता के पक्ष में उठती रही है। उनके हाल के लेखन में ऐसी सौम्यता और सहिष्णुता प्रकट होती है जो उनकी प्रारम्भिक रचनाओं में सदा नहीं दिखाई पड़ती थी। उनमें राष्ट्रीय तथा धार्मिक पक्षपात का पूर्णतः अभाव है। राजनीतिक क्षेत्र में वे शक्ति से अधिक अनुनय को, संगठन से अधिक स्वाधीनता को, मशीन से अधिक आत्मा को मान्यता देने के दृढ़ निश्चय की सूचक हैं। इस बौद्धिक प्रौढता के अनुरूप ही राधाकृष्णन की शैली में भी एक नई गम्भीरता और राजसीयता आ गई है। उसकी पुरानी विवादमूलक उग्रता कुछ कम हो गई है। वह अब पहले-जैसी सूक्तिपूर्ण, भड़कीली और उत्तेजक तो नहीं है; पर सर्वांगीण प्रज्ञान की अभिव्यक्ति के लिए अधिक विश्वसनीय माध्यम बन गई है।

: ४ :

दर्शन के सम्बन्ध में राधाकृष्णन का दष्टिकोण संकीर्ण अर्थ में विशेषज्ञ-जैसा नहीं है। "दर्शन अवधारणाएँ रचना नहीं, बल्कि अंतर्दृष्टियों का प्रदर्शन है।"[32] इस कथन से, दर्शन से उनकी अपेक्षाओं का आभास मिलता है। उन्होंने बार-बार यह चेतावनी दी है कि दर्शन असम्पृक्त अवधारणाओं के विषय में निरन्तर विवाद का नाम नहीं। वह जीवन से जुड़ा हुआ है। चिन्तन जीवन से भिन्न है, पर वह उसके प्रति निरपेक्ष नहीं रह सकता।[33] मानव-जीवन की सबसे बड़ी विशेषता यही है कि वह मूल्यों से सिक्त है। इसलिए दर्शन द्वारा मूल्य को समझने और रक्षा करने का बहुमुखी प्रयास आवश्यक है और उसकी निष्पत्ति एक विश्वदृष्टि में होनी चाहिए। यदि उसे उपादेय होना है तो वह 'शुद्ध बौद्धिक कार्य' नहीं रह सकता। उसे बढ़कर 'आत्मा की चिकित्सा' का रूप लेना चाहिए।

उनके इस रुझान को देखते हुए इसमें कोई आश्चर्य नहीं कि ज्ञानमीमांसा के हाल के विवाद—विशेषकर वे जिनमें तार्किक प्रत्यक्षवादी बड़े उत्साह से जुटे रहते हैं—उन्हें बहुत आकर्षित नहीं करते। यह नहीं कि ज्ञानमीमांसा के प्रति वे उदासीन हैं। जैसा कि हम उनके अंतःप्रज्ञा-विषयक विचारों के सम्बन्ध में देखेंगे, राधाकृष्णन यह जानते हैं कि दार्शनिक मतभेद अंततः "जानने की विधियों के विषय में मतभेद ही हैं। पर उन्हें लगता है कि जब ज्ञानमीमांसा अति-विशेषीकृत हो जाती है तो वह दर्शन की सांस्कृतिक प्रासंगिकता को निगलने लगती है। और न वे इस आशंका में अकेले हैं। जोड ने इस विषय में कहा है—"दार्शनिक अपनी विलगता को गुण समझते हैं, और ज्ञानमीमांसा के शुष्क विवाद में उलझकर कोई तर्कसंगत प्रविधि रचने में लगे रहते हैं। व्यावहारिक समस्याओं से इस प्रविधि की विलगता से इस व्यंगपूर्ण उक्ति को बल मिलता है कि दर्शन की समस्याएँ जीवन की समस्याओं के समाधान से अधिक उनसे पलायन हैं।"[34]

कुछ तो इस कारण कि दर्शन प्रायः बड़े संकीर्ण खांचों में चलता रहा है, और कुछ इस कारण कि मानव-जाति के इतिहास ने सदा दर्शन द्वारा प्रस्तुत आदर्शों का समर्थन नहीं किया है; लगभग प्रत्येक युग में यह प्रश्न पूछा गया है—"क्या दर्शन की कोई भी उपादेयता है?" इस प्रश्न को अवज्ञापूर्वक नहीं टाला जा सकता और न उसे केवल अज्ञान या पूर्वग्रह की उपज ही बताया जा सकता है। दर्शन का इतिहास सफलताओं का ही अविच्छिन्न इतिहास नहीं रहा है। राधाकृष्णन "तीस शताब्दियों के अविच्छिन्न दार्शनिक प्रयासों से

सम्वद्ध चिन्ताओं और प्रयत्नों, उत्साहों और विह्वलताओं, आशाओं और निराशाओं"[३५] का उल्लेख करते हैं। इनको देखते हुए, विशेषकर आज के तनावपूर्ण और निर्मम युग में, हम यह पूछने को बाध्य हैं कि इस सबका क्या लाभ हुआ? "क्या यह कुछ अवकाशभोगी लोगों का विलास-मात्र, जनसाधारण के जीवन में एक प्रक्षेप-मात्र ही नहीं रहा है? क्या दर्शन पहाड़ों में मिटती हुई प्रतिध्वनि-मात्र ही नहीं है?"[३६]

ऐसी शंकाएँ स्वाभाविक हैं और उनका हमें उद्विग्न करना अवश्यंभावी है। किन्तु मानव-इतिहास पर तटस्थ होकर दृष्टि डालने पर हमें लगता है कि दर्शन से कोई छुटकारा नहीं। "हम ऐसे संसार में जीवित हैं जहाँ जगत् के स्वरूप पर, उचित-अनुचित के अर्थ पर, मानव-व्यक्ति की नियति पर विचार और चिन्तन करना आवश्यक है।... सभ्यता के सभी गतिशील युगों में दर्शन एक प्रमुख शक्ति रहा है।"[३७] केवल जब हम दर्शन को जीवन से अलग करके देखते हैं, तभी हमें उसकी उपादेयता के बारे में शंका होती है। "दर्शन पद्धतियाँ केवल अपने देश-काल के साथ सम्बन्ध में ही समझी जा सकती हैं। समस्त चिन्तन परिस्थिति से एक प्रकार का संवाद है। वह इतिहास की धारा के तल में आबद्ध है। दर्शन में हम मानव-मन के जीवंत, और इसीलिए परिवर्तनशील, दर्पण में प्रतिबिम्बित सत्य को देखते हैं।"[३८]

इसलिए दर्शन को गतिशील होना चाहिए। उसे अनुकूलनीय होना चाहिए और अपनी उपलब्धि के स्थायी तत्त्वों को छोड़े बिना ही अपने कर्त्तव्यों और पद्धतियों का पुनर्मूल्यांकन करने के लिए निरन्तर तत्पर होना चाहिए। आधुनिक युग में विज्ञान के विकास ने दर्शन को ऐसे अनुकूलन के लिए बाध्य कर दिया है। राधाकृष्णन का आग्रह है कि दर्शन और विज्ञान केवल भले पड़ोसी बन कर ही सन्तुष्ट नहीं रह सकते; उन्हें एक सामान्य प्रयास में सहयोगी के रूप में कार्य करना है। "प्रत्येक युग की अपनी आस्था होती है, और हमारा युग विज्ञान के लिए प्रतिबद्ध है। आज बड़ी भारी संख्या में साधारण-जन, चाहे जितने स्थूल और सतही रूप में ही सही, प्रचलित आस्था से सिक्त होते जा रहे हैं। यह पूर्ववर्ती शताब्दियों से तीव्र रूप में भिन्न है जब समाज की अत्यन्त ही पतली परत विचारों के आन्दोलन में भाग लेती थी।"[३९] दर्शन के महत्त्व को कम करना तो दूर, मानव-जीवन पर विज्ञान का व्यापक प्रभाव उस महत्त्व को और भी प्रमुख बना देता है। इतिहास में पहले कभी भी विज्ञान द्वारा उद्घाटित तथ्यों की व्याख्या की ऐसी तात्कालिक माँग नहीं हुई। "मनन का फल विज्ञान आज केवल अधिकार और कर्त्तव्य ही नहीं, बल्कि परम

आवश्यकता है। वह निर्धारण की दुनिया में स्वतन्त्रता का चिह्न है।"[४०]

गतिशीलता और युगधर्म को समझने की क्षमता के अतिरिक्त दो अन्य गुण राधाकृष्णन युक्तिसंगत दर्शन में आवश्यक मानते हैं। पहले तो दर्शन को जगत् और मानव-जीवन की अन्तर्वर्ती एकता पर आधारित होना चाहिए। राधाकृष्णन के अपने दार्शनिक लेखन में इस शर्त का पूरा पालन होता है। वे वस्तुओं को उनकी व्यापक सम्पूर्णता में ही देखते हैं। एकता और सम्पूर्णता में ठीक इस आस्था के कारण ही उन्हें 'बीसवीं शताब्दी का टामस एक्विनास' कहा गया है। एक आधुनिक आलोचक के शब्दों में—"दर्शन के विषय में राधाकृष्णन की मूलभूत मान्यता है विश्व की, मानव-स्वभाव के बिभिन्न पक्षों की, मनुष्य और विश्व की, ससीम और असीम की, मानवीय और दिव्य की, अन्तर्वर्ती एकता की स्वीकृति और माँग।"[४१] एकता में अपनी आस्था के औचित्य को वे संसार के सांस्कृतिक इतिहास की श्रेष्ठतम परम्पराओं के सन्दर्भ में और स्वयं विज्ञान के साक्ष्य पर सिद्ध करते हैं। टैगोर की भाँति ही राधाकृष्णन भी समस्त पृथकतावादी व्याख्याओं से समस्त अतिशयोक्तिपूर्ण और अतिवादी निर्णयों को अस्वीकार करते हैं; वास्तव में इस दृष्टि से दोनों में अपूर्व समानता है।

दूसरे, दर्शन का मूल्यों से संसर्ग रहना चाहिए। सत्ता के किसी विशेष पक्ष के विषय में मतभेद हो सकता है, पर यह आग्रह कि सत्य मूल्य-रहित है, समस्त दर्शन की जड़ पर ही कुठाराघात करना है। अपनी प्रौढ़तम रचना **'एन आइडियलिस्ट व्यू ऑफ़ लाइफ़'** में राधाकृष्णन 'आदर्शवादी' शब्द की जो व्याख्या करते हैं उसका संक्षिप्त उल्लेख पहले हो चुका है। उनके विचार में आदर्शवाद ज्ञान के किसी कट्टर सिद्धान्त का सहारा नहीं लेता। "वह किसी एक रूपरेखा में अभिव्यक्त नहीं होता। वह बहुरंगी है और उसके रूप विविध हैं। फिर भी समस्त विविधताओं के तल में कुछ ऐसी मूलभूत मान्यताएँ अवश्य होती हैं जो उन सबको उसी भावना की उपज के रूप में प्रकट करती हैं।"[४२] वे बताते हैं कि यह भावना मूल्य की स्वीकृति का परिणाम है।

पर राधाकृष्णन और भी आगे जाते हैं। वे कहते हैं कि गैर-आदर्शवादी दर्शन भी मूल्यमीमांसीय दृष्टिकोण अपना सकते हैं। इस बात के उदाहरण वे भारतीय दर्शन से प्रस्तुत करते हैं। "भारतीय चिन्तन की यथार्थवादी पद्धतियों का भी उपनिषदों की आदर्शवादी परम्परा के मूलभूत अभिप्राय से—अर्थात् वास्तविक सत्य से उच्चतम मूल्य की अपृथकनीयता से—कोई गम्भीर मतभेद नहीं है।...पश्चिम में सुकरात और अफ़लातून से लगाकर ब्रैडले और

अलेक्जेण्डर तक मूल्य और सत्ता के चरम सम्बन्ध की आदर्शवादी दृष्टि बराबर बनी रही है।"[४३]

किन्तु कभी-कभी ऐसा जान पड़ता है कि राधाकृष्णन यह अनुभव करते हैं कि जहाँ पूर्व में दर्शन मूल्य की कसौटी पर निरन्तर खरा उतरता रहा है, वहाँ पश्चिम उससे भटक जाता रहा है जिसके, विशेष रूप से आधुनिक युग में, विनाशकारी परिणाम हुए हैं। जोड ने इस पर एक उपयुक्त टिप्पणी की है। राधाकृष्णन की अखण्ड विश्वदृष्टि को उनके मूल्यपरक रुझान की देन मानते हुए, जोड कहते हैं—"व्यक्तित्व की जिस पूर्णता की ओर राधाकृष्णन के पूर्व की धर्मनिरपेक्ष मनीषा से अनुप्राणित उपदेश हमारा आह्वान करते हैं वह किसी-न-किसी रूप में मूल्य से जुड़ी हुई है। वे हमें बताते हैं कि जिस सभ्यता में मूल्यों और मूल्यों की चेतना का अभाव है वह जीवित नहीं रह सकती।"[४४] वास्तव में जोड मानते हैं कि इसी प्रत्यय में पश्चिम के लिए राधाकृष्णन के सन्देश का सार है! "मूल्यों के पुनरुत्थान और मूल्यबोध की इस माँग में ही पश्चिम के लिए राधाकृष्णन के सन्देश का सार निहित है।"[४५]

संक्षेप में, राधाकृष्णन दर्शन से अपेक्षा करते हैं कि वह गतिशील और व्यावहारिक हो, सत्ता की सम्पूर्णता और जगत् के विभिन्न पक्षों की एकता को मोटे तौर पर स्वीकार करे, और मूल्य की पहचान, रक्षा और प्रगति में सहायता दे। दर्शन के स्वरूप और कर्त्तव्य की ऐसी धारणा होने पर यह स्वाभाविक ही है कि चिन्तन की विभिन्न पद्धतियों के विषय में उनका अपना निर्णय अत्यधिक उदार और सहिष्णु हो। राधाकृष्णन की दृष्टि में उपरोक्त कसौटियों पर खरी उतरनेवाली सभी पद्धतियों और सिद्धान्तों में सत्य का एक अंश विद्यमान है। बार-बार वे यही अनुरोध करते हैं कि जो विचारधाराएँ हमें विश्वसनीय न जान पड़ें उनके विषय में विवादात्मक की बजाय सहानुभूतिपूर्ण रवैया अपनाना उचित है। अपने एक विख्यात वाक्य में वे कहते हैं—"सहिष्णुता असीम की अक्षयशीलता के प्रति ससीम मन की श्रद्धांजलि है।"[४६]

राधाकृष्णन का विश्वास है कि हमें चिन्तकों के सर्वश्रेष्ठ अंश की व्याख्या करनी चाहिए, उनके हीनतम अंश की नहीं।[४७] कवियों का मूल्यांकन हम उनकी उच्चतम प्रेरणाओं के आधार पर करते हैं, उन पद्यों के आधार पर नहीं जो उन्होंने अस्पष्टता अथवा आलस्य के क्षणों में यों ही रचे हों। तो फिर दार्शनिक की देन का मूल्यांकन उसकी सबसे प्रखर अन्तर्दृष्टियों के क्षणों के आधार पर करने में हमें क्यों झिझकना चाहिए? दर्शन में ऐतिहासिक और तुलनात्मक पद्धतियों के उपयोग में राधाकृष्णन की अपनी सफलता भी चिन्तकों

का उनके सर्वश्रेष्ठ अंश के आधार पर मूल्यांकन करने के इस सिद्धान्त का ही परिणाम है। उनका विश्वास है कि दूसरों के विचारों के विवेचन को नकारात्मक पक्ष पर पूरा-पूरा ध्यान तो देना चाहिए; पर उसका बल सकारात्मक तत्त्वों पर होना चाहिए। इस विश्वास के कारण वे मार्क्सवाद-जैसी घोर भौतिकवादी विचारधारा की प्रशंसा करने में भी नहीं झिझके हैं जो कई दृष्टियों से राधाकृष्णन की अपनी बुनियादी मान्यताओं के सर्वथा विपरीत है। अपने विपरीत दृष्टिकोणों के प्रति उनकी सहिष्णुता का उल्लेख करते हुए एक अर्वाचीन लेखक ने लिखा है—"राधाकृष्णन की दूसरे दृष्टिकोणों के साथ कल्पनाशील सहानुभूति इतनी अधिक है कि उससे हमें वाचस्पति मिश्र का स्मरण होता है, जिन्होंने भारतीय चिन्तन की लगभग सभी पद्धतियों पर टीका की और प्रत्येक पर इस प्रकार लिखा मानो वे उसके सिद्धान्तों में स्वयं विश्वास करते हों।"[४८] इस 'कल्पनाशील सहानुभूति' का महत्त्व हमारे अपने इस युग में विशेष रूप से अधिक है जब वैचारिक मतान्धता के कारण इस बात की आशंका है कि मानव-जाति ईसाई धार्मिक अत्याचारों के अन्धयुग की ओर लौट जाए और पुनर्जागरण-काल से अब तक उदार चिन्तन की जो उपलब्धियाँ रही हैं वे नष्ट हो जाएँ।

: ५ :

किन्तु बहुत-से दृष्टिकोणों से सहानुभूति का अर्थ उनमें से किसी एक को अधिक पसन्द न करना नहीं। राधाकृष्णन की सहिष्णुता और दृष्टि की व्यापकता का कभी-कभी यह अर्थ लगाया जाता है कि मूलभूत प्रश्नों पर वे कोई निर्णय नहीं लेना चाहते। ऐसा समझना जितना अनुचित है उतना ही सतही भी। यह सही है कि राधाकृष्णन के कुछेक ग्रंथों पर अस्पष्टता का दोष लगाया जा सकता है। उनके बहुत-से कथन कोई बात सिद्ध करने के बजाय प्रेरणा देने और सुझाने का ही काम करते हैं। ऐसे कथन वे इस चेतना से करते हुए जान पड़ते हैं कि स्पष्टता की कमी सघनता और प्रेरणा की तीव्रता से पूरी हो जाती है। किन्तु दर्शन के सभी मूलभूत प्रश्नों पर उन्होंने निश्चित विचार भी प्रकट किए हैं।

यह सच है कि इन विचारों को कट्टरतापूर्वक माना अथवा अभिव्यक्त नहीं किया गया है। बीच-बीच में उन्हें परवर्ती अनुभव और चिन्तन के आधार पर दोहराया भी गया है। राधाकृष्णन ने दर्शन की विशिष्ट समस्याओं पर अपने विचारों के तल में सत्य को एक विश्वदृष्टि के चौखटे के भीतर संग्रहीत करने का प्रयास किया है। इस प्रक्रिया में उनके चिन्तन की एक अवस्था से दूसरी अवस्था में अनिवार्य रूप से बल में अन्तर पड़ता रहा है। पर सत्ता के स्वरूप

ससीम स्व की स्थिति, ज्ञान के साधन और नैतिक आचरण की कसौटियों के विषय में उनके मूलभूत विचारों में कोई गम्भीर बहकाव नहीं हुआ है। उनके प्रारम्भिक और परवर्ती विचारों में निश्चय ही इतना अन्तर नहीं पड़ा है जितना बर्ट्रेण्ड रसेल के एनैलिसिस ऑफ़ माइण्ड और प्राबलेम्स ऑफ़ फ़िलॉसफी में अभिव्यक्त प्रारम्भिक और परवर्ती विचारों में दिखाई देता है।

क्या राधाकृष्णन के विचार इतने पर्याप्त, निश्चित और स्थिर हैं कि उनके दर्शन के ऊपर कोई लेबिल लगाना उचित हो? एक सीमा तक इस प्रश्न का उत्तर सकारात्मक हो सकता है। हम उन्हें आदर्शवादी कह सकते हैं। अपने कर्म-जीवन की किसी भी अवस्था में राधाकृष्णन आदर्शवादी के अतिरिक्त अन्य कुछ नहीं रहे। उनको 'आध्यात्मवादी' भी कहा जा सकता है। वे कहते हैं कि "सत्य आध्यात्मिक है। सत्ता का चरम तत्त्व ठोस, स्थिर और अचेतन जड़ पदार्थ नहीं। वह आत्मा का सार ही है।"[४९] पर वे स्वयं 'आध्यात्मवादी' की अपेक्षा 'आदर्शवादी' शब्द अधिक पसन्द करते हैं।

राधाकृष्णन आदर्शवाद को विश्वव्यापी स्वीकृति के योग्य दर्शन मानते हैं। "यदि हम दार्शनिक सम्प्रदायों के बीच छिड़े वादविवाद के शोर में बहे बिना उनको बनाने वाली गहरी धाराओं को ध्यान से देखें तो हमें आदर्शवाद की अन्तर्दृष्टियों पर आग्रह की ही प्रबल प्रवृत्ति दिखाई पड़ती है, चाहे उनकी भाषा और शैली कितनी ही भिन्न क्यों न हो।"[५०] यह प्रवृत्ति इस विचार के लिए प्रतिबद्ध नहीं है कि जगत् मन का बना है; न वह किसी संकीर्ण ज्ञानमीमांसीय सिद्धान्त पर आग्रह करती है। पर एक बात पर यह दृढ़ है—"इसमें उस विचार से कोई साम्य नहीं जो सत्ता को तर्कनाहीन अन्ध प्रवृत्ति या असाध्य दयनीय भूल मानता है। यह प्रवृत्ति जीवन को सार्थक और सोद्देश्य मानती है।"[५१] राधाकृष्णन आदर्शवाद को न केवल इसी अर्थ में स्वीकार करते हैं, बल्कि इसके विपरीत पड़ने वाले सभी सिद्धान्तों को अस्वीकार करते हैं। किसी-न-किसी संदर्भ में उन्होंने प्रकृतिवाद, वैज्ञानिक भौतिकवाद, रहस्यवादी राष्ट्रवाद आदि की जांच करके उन्हें—और प्रत्यक्ष-वादी अर्थ में मानववाद को भी—या तो अपर्याप्त अथवा एकांगी और भ्रामक पाया है।

किन्तु आदशवाद शब्द का अर्थबोधन बहुत व्यापक है और कई भिन्न प्रकार के दर्शनों के लिए उसका उपयोग किया गया है। इसलिए यह भी पूछा जा सकता है कि राधाकृष्णन किसी विशेष प्रकार के आदर्शवाद के अनुयायी हैं अथवा आदर्शवादी दृष्टिकोण के साथ सामान्य सम्बद्धता से संतुष्ट हो जाते

हैं। इस बात का उत्तर भी बहुत निश्चित हो सकता है। राधाकृष्णन ने यह बिलकुल स्पष्ट कर दिया है कि आदर्शवाद ने पूर्व या पश्चिम में जितने भी रूप लिये हैं उनमें से निरपेक्ष आदर्शवाद ही, विशेषकर जिस रूप में शंकराचार्य ने उसका प्रतिपादन किया है, उनको सबसे प्रिय है। वे कहते हैं—"मेरा मत है कि जो पद्धतियाँ दर्शन का खेल सीधे-सीधे और ईमानदारी के साथ, पूर्व-कल्पनाओं से मुक्त होकर और धार्मिक तटस्थता के साथ, खेलती हैं वे अन्त में निरपेक्ष आदर्शवाद में ही जा पहुँचती हैं।"[५२] उनका यह भी विश्वास है कि बहुत-से आधुनिक यूरोपीय चिन्तक केवल अपने धार्मिक सम्बन्धों के कारण ही निरक्षेप आदर्शवाद को मानने में असमर्थ रहे हैं, यद्यपि अधिकतर वे स्वयं भी इससे अवगत नहीं।

एक बार यह निश्चय कर लेने के बाद कि शंकराचार्य का दृष्टिकोण ही सबसे अधिक संतोषजनक है, राधाकृष्णन स्वभावतः ही निर्वैयक्तिक ब्रह्म को चरम सत्ता मानते हैं। इसका अर्थ है कि सर्वोच्च दार्शनिक अनुभूति में वैयक्तिक ईश्वर की धारणा से परे जाना आवश्यक है। "यद्यपि ईश्वर का वैयक्तिक स्वरूप कुछ धार्मिक आवश्यकताएँ पूरी करता है, कुछ अन्य आवश्यकताएँ उसके द्वारा पूरी नहीं होतीं। सर्वोच्च आध्यात्मिक अनुभूति में हमें विराम और परिपूर्णता का, नित्यता और सम्पूर्णता का भान होता है। इन आवश्यकताओं ने मानव-चिन्तन के प्रारम्भ ही से ईश्वर को ऐसी रागहीन सत्ता मानने के लिए प्रेरित किया है जो विश्व-जीवन की विरामहीन उथल-पुथल के परे है।"[५३] एक बार ऐसी अवधारणा के चरम रूप में विकसित होने पर, कोई ऐसा देवता, जिसकी निरपेक्षता, चाहे कितनी ही कम मात्रा में क्यों न हो, सीमित हो, हमें सन्तुष्ट नहीं कर सकता। "यदि ईश्वर जगत् से संबद्ध है, काल के अधीन है, यदि उसका कार्य मनुष्य की स्वतन्त्रता और जीवन की परिस्थितियों द्वारा सीमित होता है, तो अपने जीवन के गुण में वह चाहे जितना असीम क्यों न हो, शक्ति, ज्ञान और औचित्य में, वह ईश्वर की ही एक अभिव्यक्ति मात्र है।"[५४]

मानव-मन की सर्वोच्च आकांक्षा है "सत्य को अपने-आपमें, आदि में—बल्कि काल से पहले और अनेकता से भी पहले, ऋग्वेद के शब्दों में उस परम एक को" जानना। चरम सत्ता "शुद्ध, एक और अव्यक्त है, कुछ नहीं और सभी कुछ, जो प्रत्येक निश्चित अभिव्यक्ति रूप के परे है और फिर भी समस्त अभिव्यक्ति का आधार है, वह एक जिसमें समस्त प्राप्त है और फिर भी समस्त विलीन है।" यह विवरण भले ही हमें चकरा दे क्योंकि इसमें ऐसे

विशेषणों का प्रयोग है जो सामान्यतः एक साथ नहीं प्रयुक्त हो सकते। पर यह स्थिति अपरिहार्य है। चरम सत्ता "सर्वथा भिन्न है, ऐसा अज्ञात है जो हमारी अवधारणाओं द्वारा गम्य नहीं, या हमारी समझ द्वारा पकड़ में नहीं आ सकता।...उसका केवल नकारात्मक रूप में ही, अथवा प्रतीयमान विरोधी विवरणों द्वारा ही, वर्णन हो सकता है।"[५५]

पूर्ववर्ती पैराग्राफ़ के अन्तिम वाक्य में 'प्रतीयमान' शब्द से इस कठिन प्रश्न के सम्बन्ध में राधाकृष्णन के रुख का आभास हमें मिलता है। परम सत्ता की हम 'विरोधों से आच्छादित' रूप में कल्पना नहीं कर सकते; और फिर भी जब हम उसके वर्णन का निश्चित प्रयास करने लगते हैं तो हम विरोधी प्रतीत होने वाले शब्दों का प्रयोग करने को बाध्य होते हैं। इस कठिनाई से बचने के लिए नकारात्मक धर्मदर्शन का सहारा लिया गया है, और ईश्वर को कहा गया है 'यह नहीं, पर यह' अथवा केवल 'नेति, नेति'।[५६] राधाकृष्णन इस विधि के उपयोग में कोई बुराई नहीं समझते और बहुत-सी रचनाओं में उन्होंने इसका बड़ा प्रभावकारी उपयोग किया है।

इसका एक अच्छा उदाहरण **द रिलीजन वी नीड** में मिलता है—"चरम सत्ता का पूर्णज्ञान कठिन है और उसका वर्णन असम्भव। हमें इसका निश्चय तो हो सकता है कि ईश्वर क्या नहीं है, पर क्या है इसका नहीं। वह कोई प्रकट होने वाला देवता नहीं..., न कोई अत्यधिक चतुर यांत्रिक इंजीनियर है...न जगत् के काम में चाहे जब हस्तक्षेप करने वाला उसका आधिभौतिक स्वामी। वह ऐसा ईश्वर नहीं जिसके रूप किसी नियम द्वारा अधीन हैं, अथवा जो पक्षपात करने वाला और प्रिय-अप्रिय का अन्तर करने वाला है।"[५७] इसका यह अर्थ नहीं कि परम सत्ता में कोई निश्चित तत्त्व नहीं। वे स्पष्ट करते हुए कहते हैं—"इस नकारात्मक विवरण का उद्देश्य है ईश्वर की, 'उस पूर्णतः अन्य' की अनुभवातीतता के विषय में आत्मा के भाव को व्यक्त करना, जिसके विषय में नकार के अतिरिक्त और कोई निर्देश नहीं हो सकता।"[५८] नकारात्मक दृष्टिकोण का उद्देश्य उसे उसके सुनिश्चित अस्तित्व से वंचित करना नहीं बल्कि उसके स्वरूप को पूर्णतः समझने में हमारी अवधारणाओं की अपर्याप्तता को प्रकट करना है। किन्तु "ईश्वर की अक्षय सुनिश्चितता समस्त अवधारणात्मक रूपों में से फूटती रहती है।"[५९]

यदि चरम सत्ता अवैयक्तिक निरपेक्ष तत्त्व है, जिसके बारे में कोई भी निश्चित निर्देश नहीं किया जा सकता, तो वैयक्तिक ईश्वर की अवधारणा को हम क्या मूल्य दे सकते हैं? यह दर्शन और धर्म दोनों ही का केन्द्रीय प्रश्न

है। "धर्म के दर्शन की महान् समस्या यह रही है कि निरपेक्ष सत्ता के नित्य सम्पूर्ण स्वरूप का उसके ऐसे आत्म-निर्णायक तत्त्वमूलक स्वरूप के साथ सामंजस्य कैसे किया जाए जो ऐसे कालगत विकास में व्यक्त होता है जिसमें प्रकृति और मनुष्य दोनों शामिल हैं।'[६०] निरपेक्ष सत्ता को स्वीकार कर लेने पर क्या ईश्वर अनावश्यक हो जाता है?

राधाकृष्णन का उत्तर है कि वैयक्तिक ईश्वर कुछ बड़ी गहन आवश्यकताओं को पूरा करता है। "हम ऐसे निरपेक्ष की पूजा नहीं कर सकते जिसे किसी ने नहीं देखा न कोई देख सकता है, जो ऐसे प्रकाश में रहता है जिस तक कोई नहीं पहुँच सकता।"[६१] ससीम मन निरपेक्ष की केवल ईश्वर के रूप में ही कल्पना कर सकता है। "सर्वोच्च-सत्ता व्यक्ति को बहुत-से गुणों से युक्त जान पड़ती है।···वैयक्तिक ईश्वर की अवधारणा सर्वोच्च तर्कसम्मत सत्य का गहनतम धार्मिक आस्था के साथ संगम है। यह वैयक्तिक ईश्वर सच्ची पूजा और भक्ति का पात्र है, मनुष्य की आवश्यकताओं और आशंकाओं के प्रति उदासीन कोई ग़ैर-नैतिक देवता नहीं।"[६२] तो फिर सत्ता के दो पक्ष हैं, और इन दो पक्षों के अनुरूप दो दिशाएँ हैं जिनसे सत्ता को देखा जा सकता है। "सत्य के वैयक्तिकोपरि और वैयक्तिक प्रतिरूप एक ही सत्ता को अभिव्यक्त करने के चरम और आपेक्षिक प्रकार हैं।"[६३]

ईश्वर और निरपेक्ष परस्पर निषेधक अवधारणाएँ नहीं हैं और न वे असम्बद्ध हैं। "जगत् का स्रष्टा, पोषक और न्यायकर्ता" ईश्वर चरम तत्त्व से पृथक् किसी तत्त्व अथवा शक्ति का सूचक नहीं। वह "मनुष्य की दिशा से निरपेक्ष"[६४] है। दोनों ही असीम और दिव्य हैं, समस्त ससीम और सीमित से उच्च हैं। पर जहाँ "निरपेक्ष अनुभवोपरि दिव्य है ईश्वर विश्वीय दिव्य है।···कहना चाहिए ईश्वर संसार की प्रतिभा, उसका आधार है।"[६५] इस प्रकार राधाकृष्णन मूलभूत प्रश्नों पर शंकराचार्य की स्थिति स्वीकार करते हैं, पर उनका कट्टरतापूर्वक अनुसरण नहीं करते। वे शंकर के सकारात्मक पक्ष से आकर्षित होते हैं और अनुभव करते हैं कि मूलतः वह ठीक है। पर वे यह भी अनुभव करते हैं कि अन्य सम्प्रदायों की—विशेषकर रामानुज की—आलोचना भी सर्वथा निराधार नहीं है।[६६] तत्त्वमीमांसीय अर्थ में शंकर सत्य के प्रतिनिधि हैं जो निरपेक्ष का सत्य है। "पर रामानुज का मत सत्य की सर्वोच्च अभिव्यक्ति है।"[६७] अवश्य ही शंकर की दृष्टि से तो चरम सत्य की अभिव्यक्ति नहीं हो सकती।

अपने राधाकृष्णनंस मेटाफ़िज़िक्स एण्ड एथिक्स निबन्ध में मूर का

कहना है—"उनका सिद्धान्त ऐसा है जिसे किसी भी संगत निरपेक्ष आदर्शवाद को मानना पड़ेगा, अर्थात् निरपेक्ष ही एकमात्र चरम और सम्पूर्ण सत्ता है, और अनुभूत जगत् स्पष्ट ही गौण सत्ता है, सापेक्ष और पराधीन, पर अनुभूत जगत् इसी कारण असत्य नहीं है।"[६८] वास्तव में राधाकृष्णन का आग्रह है कि शंकर के दर्शन की तर्कसंगत व्याख्या करने पर उसे जगत् की सत्ता का पूर्ण अस्वीकार नहीं माना जा सकता। इस कथन के समर्थन में वे माया की अवधारणा पर भी विचार करते हैं। वे मानते हैं कि माया के सिद्धान्त का भी, निरपेक्ष के नेतिमूलक वर्णन की भाँति, भारतीय चिन्तकों ने विशेष उद्देश्य से प्रयोग किया है। यह उद्देश्य है "काल और नित्यता के बीच, प्रतीति और सत्य के बीच व्यवधान को सूचित करना।"[६९] माया 'जगत् की भंगुरता'[७०] की सूचक है, अनुभवसिद्ध स्व और उसके अनुरूप जगत् के गोचर स्वरूप की सूचक है। "माया का यह अर्थ नहीं कि अनुभूत जगत्, अपने भीतर स्थित आत्माओं सहित भ्रम मात्र है, क्योंकि ब्रह्माण्ड का समस्त प्रयास एक परमात्मा की ओर उन्मुख और उसी के द्वारा सिद्ध है।"[७१] यह परमात्मा, प्रत्येक वस्तु से पृथक् होकर भी प्रत्येक वस्तु में आलिप्त है।

माया का सिद्धान्त सर्वोच्च सत्ता के निम्नतर कोटियों को अलग करने के, निरपेक्ष सत्य और निर्धारित सत्य के बीच अन्तर को मानव-मन पर अंकित करने के, प्रयास का सातत्य मात्र है। यह लक्ष्य व्यावहारिक है—जो कुछ नश्वर है उससे ध्यान हटाकर उस पर स्थित करना जो समस्त मूल्य का आधार है। "जब हिन्दू चिन्तक हमसे अपने-आपको माया से मुक्त कर लेने की बात कहते हैं, तो वे हमें वशीभूत रखने वाले मिथ्या मूल्यों के बन्धनों को तोड़ने के लिए कहते हैं। वे जीवन को भ्रम समझने अथवा संसार के कल्याण के प्रति उदासीन होने की माँग नहीं करते।"[७२] यह मानना पड़ेगा कि यह व्याख्या शंकराचार्य के निरपेक्षवाद की कठोरता को कुछ कम करती है, यद्यपि विद्वज्जन इस बात में शायद असहमत हों कि शास्त्रों के आधार पर ऐसी व्याख्या उचित है।

माया के सिद्धान्त का एक और भी पक्ष है जिसकी ओर राधाकृष्णन ने प्रायः ध्यान खींचा है। यह रहस्य का पक्ष है जो मानव-स्वभाव के कविसुलभ और कल्पनाप्रिय पक्ष को रुचिकर लगता है। निरपेक्ष "असीम सम्भावनाओं का आदर्श निवास है।"[७३] उनमें से एक विशेष सम्भावना के कारण जगत् की सृष्टि हुई है। पर ऐसा क्यों हुआ है? हम नहीं जानते, और 'माया' शब्द केवल इस रहस्य की थाह पाने में मानव-मन की असमर्थता को ही सूचित

करता है। "माया से यह अभिप्राय नहीं कि संसार एक भ्रम है अथवा सर्वथा अस्तित्वहीन है। संसार अपरिमेय और अपरिमित से भिन्न एक सीमा-निर्धारण है। पर यह सीमा-निर्धारण है ही क्यों ? जब तक हम अनुभवसिद्धता के स्तर पर हैं, इस प्रश्न का उत्तर नहीं दिया जा सकता।"[७४] राधाकृष्णन का दावा है कि दर्शन का सम्पूर्ण इतिहास, भारत में तथा यूरोप में, 'सृष्टि की समस्या को सुलझाने में मानव-मन की असमर्थता का एक दीर्घ उदाहरण"[७५] रहा है।

इसका अथ है कि न केवल निरपेक्ष का स्वरूप अपरिभाषेय है, बल्कि अनुभूत जगत् से उसका सम्बन्ध भी उतना ही अपरिभाषेय है। "इस बारे में कि मूल सत्ता, जिसमें दिव्य ज्योति अप्रतिहत जलती रहती है, किस प्रकार समस्त अनुभूत प्राणियों का स्रोत और उद्गम हो सकती है, हम केवल इतना ही कह सकते हैं कि यह एक रहस्य है, माया है।"[७६] राधाकृष्णन आगे कहते हैं—"इस रहस्य को श्रद्धापूर्वक स्वीकर करना आवश्यक है।"[७७] हमारी श्रद्धा प्राप्त करने के अलावा यह रहस्य हमारी अचरज की भावना को भी जाग्रत करता है और इस जगत को और भी अधिक रोचक बना देता है। जिन अंशों में राधाकृष्णन माया की काव्यात्मक व्यंजनाओं का विवेचन करते हैं, उन पर टैगोर का प्रभाव स्पष्ट देखा जा सकता है।

: ६ :

ससीम जगत् में निरपेक्ष के रूपायन के विषय में यह गहरी रहस्य-भावना राधाकृष्णन के अन्तःप्रज्ञा के सिद्धान्त में प्रतिबिम्बित होती है। वे कहते हैं—"संसार की तर्कनासंगति को बुद्धि स्पष्ट देख पाती है, पर उसकी रहस्यात्मकता को केवल अन्तःप्रज्ञा ही ग्रहण कर सकती है।"[७८] यह हमको ज्ञान-मीमांसा के शाश्वत प्रश्न, सत्य के बौद्धिक ज्ञान और उसकी तात्कालिक चेतना के बीच वैषम्य की ओर ले जाता है। राधाकृष्णन द्वारा इस विवादपूर्ण प्रश्न का विवेचन न केवल व्यापक है बल्कि, परम्परा से अन्तःप्रज्ञा के पक्ष या विपक्ष में जो युक्तियाँ प्रस्तुत की जाती रही हैं उनसे, सुखद रूप में भिन्न है।

अन्तःप्रज्ञा के विषय में राधाकृष्णन की मुख्य स्थापना यह है कि उसे तर्कना का विकल्प नहीं मानना चाहिए; और न उसे दार्शनिक प्रयास से विपरीत रहस्यानुभूति में प्रयुक्त ज्ञान का एक उपाय ही समझना चाहिए। अन्तःप्रज्ञा और तर्कना के बीच अधिक सन्तोषजनक आधार पर सम्बन्ध स्थापित करके, राधाकृष्णन ने कट्टरपन्थी अद्वैत वेदान्त के एक गम्भीर दोष को दूर करने का प्रयास किया है। इस बात को आदर्शवाद के ऊपर एक लेखक ने हाल में इन शब्दों में भलीभाँति रखा है—"शंकर के अनुयायी वेदान्ती···इस निष्कर्ष पर

पहुँचे थे कि आत्मा और ब्रह्म बुद्धि के परे हैं और उनको केवल अन्त:प्रज्ञा के द्वारा ही अनुभव किया जा सकता है। पर उन्होंने यह स्पष्ट दर्शाने का कष्ट नहीं किया कि यह अनुभव भी बुद्धि के तर्कपूर्ण ज्ञान में निहित और पूर्वानुमानित ज्ञान का एक ही रूप है, और बुद्धि इस उच्च अनुभूति की अनिवार्यतः विरोधी नहीं है, बल्कि वह उसमें आत्मसात है और उसके द्वारा पूर्ण होती है।"[७९]

राधाकृष्णन ज्ञान के एक रूप के नाते ही अन्त:प्रज्ञा को दर्शन में महत्त्वपूर्ण स्थान देते हैं। रहस्यात्मक चेतना के लिए 'अन्त:प्रज्ञा' शब्द का प्रयोग उनके यहाँ विरल है। रहस्यात्मक चेतना के लिए वे 'अखण्ड अनुभूति' पदावली का प्रयोग अधिक पसन्द करते हैं। किन्तु बहुत बार सामान्य प्रयोग में 'अन्त:प्रज्ञा' शब्द से जुड़ी हुई अस्पष्टता राधाकृष्णन के विवेचन में भी घुस आती है। वे स्वयं भी इस बारे में सचेत हैं। वे कहते हैं—"दुर्भाग्यवश हम वैज्ञानिक प्रतिभा, काव्यात्मक अन्तर्दृष्टि, नैतिक अन्तरात्मा तथा धार्मिक आस्था सभी के लिए एक ही शब्द 'अन्त:प्रज्ञा' व्यवहार करने को बाध्य होते हैं। यद्यपि ये विविध संचरण मन की अखण्ड क्रिया को ही सूचित करते हैं, फिर भी यह क्रिया कुछ क्षेत्रों में ज्ञान की ओर उन्मुख है और कुछ में उपभोग या सृष्टि की ओर।"[८०]

अन्त:प्रज्ञा को न केवल ज्ञान का एक साधन मानना चाहिए, बल्कि उसे चिन्तन का एक रूप भी समझना चाहिए। "अन्त:प्रज्ञा स्वाधीन नहीं है, बल्कि निश्चित रूप से चिन्तन के अधीन है और चिन्तन के स्वरूप में ही निहित है। वह गतिपूर्वक निरन्तर चिन्तन के साथ रहती है और ज्ञान के अवधारणापरक सार को भेद कर उसके तल में जीवन्त सत्य तक जा पहुँचती है।"[८१] किन्तु अन्त:प्रज्ञा तर्कसंगत चिन्तन के साथ असतत होते हुए भी उससे गुणात्मक रूप में भिन्न है।" तर्कसंगत और आन्त:प्रज्ञ दोनों प्रकार के ज्ञान का औचित्य है, और उनके अपने-अपने अलग क्षेत्र हैं। दोनों ही उपयोगी हैं और प्रत्येक का अपना विशिष्ट उद्देश्य होता है। तर्कसंगत चिन्तन हमारे लिए इस दुनिया की परिस्थितियों को जानना और अपने हित के लिए उन पर नियन्त्रण करना सम्भव बनाता है। ठीक से जाने बिना हम सफलतापूर्वक कार्य नहीं कर सकते। पर यदि हम वस्तुओं को उनकी अद्वितीयता में, उनकी अपरिहार्य यथार्थता में जानना चाहते हैं, तो तर्कसंगत चिन्तन से परे जाना आवश्यक है।"[८२] यह बात ध्यान देने योग्य है कि यहाँ बल तर्कसंगत चिन्तन से 'परे जाने' पर है उसके परित्याग पर नहीं।

अन्तःप्रज्ञा तथा ज्ञान के अन्य रूपों के बीच राधाकृष्णन कोई बड़ा क्रमभंग नहीं देखते। "मनुष्य का ज्ञान मोटे तौर पर तीन प्रकार का होता है—प्रत्यक्ष, तर्कमूलक और अन्तःप्रज्ञात्मक; मानस अथवा इन्द्रिय-मन, विज्ञान अथवा तर्कबुद्धि, और आनन्द जिसे वर्तमान उद्देश्यों के लिए आध्यात्मिक अन्तःप्रज्ञा कह सकते हैं, तीनों ही मानव-चेतना के अंग हैं।"[८३] जो लोग अन्तःप्रज्ञा को ज्ञान के अन्य रूपों से श्रेष्ठ बताते हैं वे इस भ्रान्त धारणा से प्रारम्भ करते हैं कि मन पृथक् 'क्षमताओं' का पुंज मात्र है। पर "मानव-मन खण्ड रूप में कार्य नहीं करता। यह मानना आवश्यक नहीं कि इन्द्रियों के स्तर पर अन्तःप्रज्ञा के लिए कोई कार्य नहीं, अथवा अन्तःप्रज्ञा के स्तर पर बुद्धि के लिए कोई कार्य नहीं। अन्तःप्रज्ञा को अखण्ड अन्तर्दृष्टि कहने में इंगित यही है कि उसमें सम्पूर्ण मन सक्रिय होता है।"[८४]

ज्ञान प्रक्रिया की समग्रता पर यह बल राधाकृष्णन के अन्तःप्रज्ञा के सिद्धान्त को जेस्टाल्ट मनोविज्ञान के दार्शनिक आधार के बहुत समीप ले आता है। वर्दीमर और काफ़्का की भाँति राधाकृष्णन भी इन्द्रिय-बोध के कार्य के—इन्द्रिय-बोध को व्यापकतम अर्थ में लें तो—सर्व-समावेशी स्वरूप पर आग्रह करते हैं। वे कहते हैं—"चिन्तन के समस्त गतिशील कार्य, चाहे वे शतरंज के खेल में हों चाहे किसी गणित की समस्या को लेकर, समग्र परिस्थिति के अन्तःप्रज्ञात्मक बोध द्वारा नियन्त्रित होते हैं।"[८५] यह जीवन की साधारण प्रक्रियाओं में निहित सरल चिन्तन से लगाकर तर्कसंगत युक्ति निकालने की जटिल पद्धतियों तक, सभी स्तरों के बारे में सही है। "प्रत्येक तर्कसिद्ध प्रमाण में बौद्धिक समग्रता का बोध, विभिन्न चरणों द्वारा पुष्ट सम्पूर्णता की अन्तः-प्रज्ञा निहित है। न केवल सृजनात्मक अन्तर्दृष्टि बल्कि किसी वस्तु की साधा-रण समझ तक में यह प्रक्रिया विद्यमान रहती है।"[८६] इसलिए यह आवश्यक हो जाता है कि "कोई भी सुस्पष्ट दर्शन अवलोकित तथ्य-सामग्री, तर्कपूर्ण चिन्तन और अन्तःप्रज्ञात्मक अन्तर्दृष्टि को ध्यान में रखे। इन सबको व्यवस्थित ढंग से संग्रथित करना आवश्यक है।"[८७]

इस प्रकार यह मानते हुए कि समस्त चिन्तन उसमें निहित 'समग्रता के बोध' के कारण अन्तःप्रज्ञा से विद्ध होता है, राधाकृष्णन तर्कना को भी सावधानी से उसका उचित स्थान देते हैं। मानो इस तथ्य पर विशेष बल देते हुए कि उनके लिए तर्कना और अन्तःप्रज्ञा में कोई विरोध नहीं है, वे प्रायः 'तर्कनापूर्ण अन्तःप्रज्ञा' शब्दावली का प्रयोग करते हैं। दर्शन में तर्कना का आधारात्मक स्थान स्वीकार करना आवश्यक है। विज्ञान से दर्शन की श्रेष्ठता

इसी बात में है कि दर्शन में तर्कना पद्धति का प्रयोग अधिक व्यापक रीति से करने की क्षमता है। "दर्शन की रीति भी ठीक विज्ञान की रीति ही है। पर दर्शन समस्त मानव-अनुभव के प्रति वैज्ञानिक दृष्टिकोण अपनाता है, केवल यान्त्रिकी विज्ञान द्वारा प्राप्त सकारात्मक तथ्यों के प्रति ही नहीं।"[८८] इस प्रकार ही विज्ञान के आधार-तत्त्व दर्शन के प्रश्न बनते हैं।"[८९] बुद्धि "जो कुछ हम चाहते हैं वह सब हमें नहीं देती, केवल इसी कारण"[९०] अविश्वसनीय नहीं सिद्ध हो जाती।

राधाकृष्णन तर्क को तुच्छ बताने और अन्तःप्रज्ञा के नाम पर दर्शन को निगमन और स्पष्टीकरण की बजाय आवेग और भावना का विषय घोषित करने के खतरे के विरुद्ध बार-बार चेतावनी देते हैं। वे तात्कालिक अनुभव के पैगम्बरों को स्मरण दिलाते हैं—"दर्शन तर्कसंगत आवश्यकताओं से उत्पन्न होता है और सैद्धान्तिक सन्तोष उसका लक्ष्य है।"[९१] दर्शन तर्कसंगत व्याख्या से कम में काम नहीं चला सकता, यद्यपि वह उससे अधिक अवश्य चाहता है। अन्तःप्रज्ञा को यदि बुद्धि का पर्याप्त सहारा प्राप्त न हो, तो वह "आत्मसन्तुष्ट प्राचीनपरकता में जा गिरती है।"[९२] यदि अन्तःप्रज्ञा के सार को गहरा करना है, तो उसे बौद्धिक बनाना आवश्यक है। अन्तःप्रज्ञा का प्रयोग "ऐसे सिद्धान्तों के बचाव के लिए, जो बौद्धिक आधार पर उचित नहीं ठहराए जाते या नहीं ठहराए जा सकते"[९३] कभी नहीं करना चाहिए।

राधाकृष्णन हमें याद दिलाते हैं कि प्राचीन भारतीय चिन्तक अन्तः-प्रज्ञा पर अत्यधिक निर्भरता के खतरों को पहचानते थे। वे जानते थे कि योग की भाँति अन्तःप्रज्ञा के लिए भी बहुत तैयारी की आवश्यकता होती है और उसका तभी भरोसा किया जा सकता है जब सत्य का अन्वेषी उसके उपयोग के लिए सुसज्जित हो। वह न केवल निश्चित बौद्धिक विकास की, बल्कि पर्याप्त नैतिक तैयारी की भी, अपेक्षा रखती है जिसके बिना अन्तःप्रज्ञात्मक विधि से सर्वोच्च फल प्राप्त नहीं हो सकता।[९४] राधाकृष्णन प्राचीनों के इस विचार से सहमत हैं कि सच्ची अन्तःप्रज्ञा में "पहले मन को वासना और चिन्ता से मुक्त होना चाहिए," "परम आन्तरिक शुद्धता और आत्मनियन्त्रण"[९५] होना चाहिए, और आत्मा को पहले "अदृश्य सत्ताओं से सामंजस्यपूर्ण बनाना"[९६] चाहिए। अन्तःप्रज्ञा अनवरत सर्जनात्मक प्रयत्न की माँग करती है, और प्रायः "अध्ययन और विश्लेषण की लम्बी और कठिन प्रक्रिया का परि-णाम"[९७] होती है। अनियन्त्रित कल्पना-शक्ति का नाम अन्तःप्रज्ञा नहीं। "जो कल्पना-शक्ति अन्तःप्रज्ञा द्वारा अनुप्राणित नहीं, जो कल्पना-शक्ति निरा दिवा-

स्वप्न, खयाली पुलाव या अटकलबाज़ी है, वह हमें आकस्मिक स्थिति को छोड़कर कभी सत्य तक नहीं पहुँचा सकती।"[९८]

किन्तु इन सब प्रतिबन्धों को लगाने और चेतावनी देने के बाद, यह सत्य ही है कि राधाकृष्णन के लिए अन्तःप्रज्ञा अन्य उपायों की तुलना में कई दृष्टियों से ज्ञान का श्रेष्ठतर उपाय है। श्रेष्ठतर विधि आवश्यक रूप से एकमात्र विधि नहीं होती, और ऐसे अवसर हो सकते हैं जब "कुल मिलाकर सर्वश्रेष्ठ" कही जाने वाली विधि सर्वथा उपयुक्त न हो। ज्ञान के ऐसे भी पक्ष हैं जिनमें अन्तःप्रज्ञात्मक विधि जानने की प्रक्रिया के गौण तत्त्व के अतिरिक्त अन्य सभी दृष्टियों से लगभग अनुपयोगी होगी। पर ज्ञान के सर्वोच्च स्तरों पर अन्तःप्रज्ञा में ऐसे लाभ हैं जो इन्द्रियबोध अथवा तर्कना में उपलब्ध नहीं। वास्तव में वह "इन्द्रियों के परे के क्षेत्रों में इन्द्रिय-बोध के विस्तार"[९९] को सम्भव बनाती है; वह उन "सच्चे मूल्यों की चेतना, जो न तो देश-काल में स्थित पदार्थ हैं और न चिन्तन के सर्वव्यापी तत्त्व,"[१००] उत्पन्न करती है।

अन्तःप्रज्ञा आत्मनिष्ठ है, घनिष्ठतः वैयक्तिक है। इसको एक सीमा माना जा सकता है, पर यह याद रखना चाहिए कि चिन्तन की सूक्ष्मता और प्रखरता वैयक्तिकता से जुड़ी हुई है, और "यदि वैयक्तिकता न रहे तो कुछ नहीं रहता।"[१०१] इस तथ्य के कारण कि अन्तःप्रज्ञा को वैज्ञानिक अर्थ में प्रमाणित नहीं किया जा सकता, और वह असंप्रेषणीय है, उसकी सत्यता नहीं मिटती। गहनतम अन्तर्दृष्टि वाले लोगों ने उसे "स्व-संस्थापक, स्वतःसिद्ध और स्वतः प्रकाशित"[१०२] कहा है। अन्तःप्रज्ञा की प्रामाणिकता संदिग्ध होना तो दूर, वह "शुद्ध बोध, समस्त सार्थकता, सम्पूर्ण सत्यता"[१०३] प्रस्तुत कर सकती है। अन्तःप्रज्ञा अकल्पनीय गति से कार्य कर सकती है; सच्ची अन्तःप्रज्ञात्मक अनुभूति में "सम्पूर्ण मन एक स्पन्दनशील क्षण में आगे छलाँग भरता माना जाता है।"[१०४] पर यह आपत्ति की जा सकती है कि अन्तःप्रज्ञा की सत्यता का क्या प्रमाण है? राधाकृष्णन का उत्तर है कि उसकी अस्वीकृति असम्भव होना ही उसकी प्रामाणिकता का सबसे बड़ा सबूत है। वे कहते हैं—"अन्तःप्रज्ञात्मक तत्त्व की सत्यता और उसका प्रमाण कुछ-कुछ काण्ट के प्रागनुभव तत्त्वों के प्रमाण की भाँति है। हम उनको अपने चिन्तन द्वारा नहीं मिटा सकते। हम उनमें अविश्वास करके बौद्धिक नहीं रह सकते। वे हमारे मन की रचना में ही विद्यमान हैं।"[१०५]

इस असंदिग्ध सत्यता और उसके लाभों को देखते हुए राधाकृष्णन आग्रहपूर्वक कहते हैं कि अन्तःप्रज्ञा "उस तर्क प्रक्रिया से, जिससे वह उत्पन्न

होती है और जिसके बीच वह अकस्मात घटित होती है, उच्चतर"[१०६] है। बुद्धि से उसका सम्बन्ध वैसा है जैसा "सम्पूर्ण का एक अंश से चिन्तन के सृजनात्मक स्रोत का सर्जित कोटि से"[१०७] होता है। तर्क और भाषा "इस प्रकार के ज्ञान का निम्नतर रूप, लघुतर रूप"[१०८] हैं। कभी-कभी राधाकृष्णन यह भी कहते हैं कि अन्तःप्रज्ञात्मक ज्ञान "प्रयासहीन और स्वतःस्फूर्त"[१०९] होता है। यह उनकी इस पहले उद्धृत राय से विपरीत लग सकता है कि सच्ची अन्तःप्रज्ञा गहरी तैयारी की अपेक्षा रखती है और कुछ कठोर पूर्व-परिस्थितियों पर निर्भर रहती है। पर यह विरोध ऊपरी ही है। अन्तःप्रज्ञा को ज्ञान के प्रभावी साधन के रूप में प्रयोग करने की क्षमता विकसित करने के लिए, उच्चकोटि के बौद्धिक, मानसिक और नैतिक भी, उपकरण आवश्यक होते हैं। पर इस साधन के प्रयोग की वास्तविक प्रक्रिया में सहजता और सरलता होती है जिनका ज्ञान के अन्य प्रकारों में अभाव है। "सन्त की निश्चयात्मकता विचित्र और सरल होती है।"[११०] और जिस प्रकार किसी महाकवि के गहनतम भाव कभी-कभी अपूर्व सादगी-भरे शब्दों द्वारा अभिव्यक्त हो जाते हैं, ठीक उसी प्रकार कोई-कोई दार्शनिक भी कभी-कभी गुरुतर आध्यात्मिक उपलब्धियाँ सरल और प्रयासहीन अन्तःप्रज्ञा द्वारा घोषित कर पाता है। "हम आविष्कार अन्तःप्रज्ञा द्वारा करते हैं, चाहे उसको प्रमाणित भले ही तर्क द्वारा करें।"[१११]

: ७ :

अन्तःप्रज्ञा के सिद्धान्त को ज्ञानमीमांसा का एक आवश्यक मध्यान्तर मानकर, अब हम राधाकृष्णन की आदर्शवादी विश्वदृष्टि की ओर लौटें, और फिर आगे बढ़कर उनकी नीतिशास्त्र-विषयक मान्यताओं पर विचार करें। उनके चिन्तन का कठोर व्यवस्था-प्रेमी विवेचक उनकी तत्त्वमीमांसा से सीधे उनके नीतिशास्त्र तक जाना चाहेगा, क्योंकि हमारे युग के अन्य किसी दार्शनिक ने तत्त्वमीमांसा के ऊपर नीतिशास्त्र की निर्भरता पर इतना प्रबल आग्रह नहीं किया है जितना राधाकृष्णन ने। वे कहते हैं—"किसी भी नैतिक सिद्धान्त का आधार तत्त्वमीमांसा में, मानव-आचरण और चरम सत्ता के बीच सम्बन्ध की दार्शनिक अवधारणा में, होना आवश्यक है। चरम सत्ता को हम जैसा समझते हैं, वैसा ही हम आचरण करते हैं। दृष्टि और कर्म साथ-साथ चलते हैं।"[११२]

तत्त्वमीमांसा के ऊपर नीतिशास्त्र की निर्भरता की व्याख्या राधाकृष्णन मूल्य के आधार पर करते हैं। नैतिक आदर्श का आधार मूल्य में है, ठीक इसी कारण वह सत्ता के स्वरूप के विषय में उदासीन नहीं हो सकता, जो समस्त

मूल्य का चरम स्रोत है। "यह प्रश्न अनिवार्य है कि नैतिक आदर्श निरा स्वप्न है अथवा उसे जगत् का समर्थन प्राप्त है। मनुष्य क्या अंधकार में अकेला ही जूझ रहा है, अथवा कोई ऐसा सर्वोपरि उद्देश्य भी है जो उसकी आदर्शों का खोज में उसके साथ सहयोग कर रहा है, उसकी योजनाओं की चरम पराजय से उसे बचाने में प्रयत्नशील है ? क्या हमारे मूल्य केवल अनुभवजन्य संयोग-मात्र हैं, अधिक-से-अधिक मानव-मन की सृष्टि-मात्र हैं, अथवा वे हमारे सामने ऐसे अस्तित्व का उद्घाटन करते हैं जो मात्र मानवीय से कुछ अधिक है, ऐसी आध्यात्मिक सत्ता को उजागर करते हैं जो कालिक प्रक्रिया में होने वाली घटनाओं की सार्थकता का स्रोत है ?"[११३]

किन्तु यदि नैतिकता तत्त्वमीमांसा पर निर्भर है, और यदि राधाकृष्णन निरपेक्ष आदर्शवाद को सबसे सन्तोषप्रद तत्त्वमीमांसीय सिद्धान्त मानते हैं, तो क्या वे चरम अर्थ में नैतिकता के मूल्य को अस्वीकार करने के लिए नहीं बाध्य होते ? यदि अवैयक्तिक ब्रह्म ही एकमात्र सत्ता है, तो क्या हम नैतिक आचरण के प्रश्नों को मूलभूत सार्थकता प्रदान कर सकते हैं, जो अन्ततः ससीम जगत् में रहने वाले ससीम प्राणियों से ही सम्बन्धित है ? कभी-कभी लगता है कि राधाकृष्णन निरपेक्षवाद के कठोर तर्क को स्वीकार करते हैं और कहते हैं कि चरम विश्लेषण में नैतिकता के परे जाना ही होगा। "नीतिशास्त्र में जीवन के पृथकतावादी दृष्टिकोण की पूर्व-कल्पना है। जब हम उससे परे जाते हैं तो नैतिक नियमों के ही परे पहुंच जाते हैं।"[११४] सत् और असत् के भेद की जड़ें कार्यशीलता में हैं। किन्तु कार्यशीलता तो 'ऐतिहासिक प्रक्रिया की विशेषता है और सम्पूर्णता ऐतिहासिक नहीं है। उसमें कोई अभाव नहीं और उसमें कोई कार्यशीलता नहीं हो सकती।"[११५]

कभी-कभी राधाकृष्णन आध्यात्मिक और नैतिक के बीच अन्तर करते हैं और नैतिक से आध्यात्मिक को श्रेष्ठतर बताते हैं। "आध्यात्मिक धरातल नैतिक धरातल से उच्चतर है। जिस प्रकार जड़ पदार्थ से जीवन प्रकट हुआ, जीवन से मन प्रकट हुआ, मन से मूल्यबोध प्रकट हुआ, वैसे ही मूल्यबोध में से ईश्वर-चेतना प्रकट होती है।...मोक्ष नैतिक व्यक्तिमत्ता से आध्यात्मिक सर्व-व्यापकता तक उठने का ही नाम है। वह काल में अनिश्चित प्रगति में से नित्यता में चरम उपलब्धि तक प्रकट होना है।"[११६] इसका अर्थ है कि नैतिकता को आध्यात्मिक सम्पूर्णता की पूर्वापेक्षा तो माना जा सकता है, पर उसके बराबर नहीं माना जा सकता। "ज्ञान अथवा माया के आवरण के परे देख पाना, मनुष्य की आध्यात्मिक नियति है। वह नैतिक उत्तमता से कुछ अधिक

है यद्यपि उसके बिना वह नहीं प्राप्त हो सकता।"[११७] राधाकृष्णन जन्म-मरण के चक्र से मुक्ति के विचार की व्याख्या भी "मात्र नैतिक से आध्यात्मिक धरातल तक उठने" की उत्कण्ठा के रूप में करते हैं और कहते हैं—"आध्यात्मिक नैतिक का विस्तार मात्र नहीं है। वह सर्वथा नया ही आयाम है जो सनातन वस्तुओं से सम्बद्ध है।"[११८]

इन वक्तव्यों के बावजूद, यह सोचना भूल होगा कि समग्रत: राधाकृष्णन के दर्शन में नैतिक प्रयास का महत्त्व कम माना गया है। इसके विपरीत वे बार-बार आग्रहपूर्वक घोषित करते हैं—"ब्रह्म की एकता के तत्त्वमीमांसीय सत्य से आनुभविक स्तर पर नैतिक अन्तर की प्रामाणिकता किसी प्रकार कम नहीं होती।"[११९] वे इस विरोधाभास की ओर संकेत करते हैं कि नैतिक जीवन सम्पूर्णता की प्राप्ति के लिए, और इस प्रकार स्वयं नैतिक प्रक्रिया के अतिक्रमण के लिए, अपरिहार्य परिस्थिति है।[१२०] जिस प्रकार आनुभविक जगत् इस सत्य के कारण निषेधित नहीं होता कि निरपेक्ष ससीम से परे हो जाता है, उसी प्रकार 'ऐतिहासिक प्रक्रिया' भी, जो नैतिक आचरण का आधार है, इस सत्य के कारण मिट नहीं जाती कि सर्वोच्च आध्यात्मिक अनुभूति में हम उस प्रक्रिया पर लागू होने वाले 'सन्दर्भ सूत्रों' से ऊपर उठ जाते हैं।[१२१]

एक अर्थ में, नैतिकता सम्पूर्ण वैयक्तिक मुक्ति के बाद भी बनी रहती है। मुक्त आत्मा "के लक्ष्य के लिए कोई पदार्थ नहीं रहता क्योंकि उसने सब-कुछ प्राप्त कर लिया है"; पर फिर भी वह संसार के कल्याण के लिए सक्रिय रहता है।[१२२] बुद्ध इसके उदाहरण हैं जिन्होंने, प्रबुद्धता के सर्वोच्च शिखर पर पहुँचने और इच्छा के अन्तिम अवशेषों तक को जीत लेने के बाद भी, अपनी चरम मुक्ति को रोककर चालीस वर्ष तक नैतिक नियम का चक्र चालू रखा। शंकर तक मुक्त आत्मा के लिए नैतिक कर्त्तव्य की कोई सार्थकता न मानते हुए भी इस मुक्ति में नैतिक गुणों का परित्याग नहीं देखते। "सम्पूर्णता से नैतिकता की नहीं, नीतिपरक व्यक्तिवादिता की मृत्यु होती है।"[१२३]

आनुभविक जगत् में अन्तत: हमारा काम वास्तव में इसी जगत् से पड़ता है—नैतिकता का महत्त्व पूरी तरह मानने के कारण ही राधाकृष्णन नैतिकता और धर्म के बीच घनिष्ठ सम्बन्ध देखते हैं। शुद्ध तत्त्वमीमांसा के धरातल पर, नैतिकता के साथ ही धर्म भी पीछे छूट जाता है, क्योंकि निरपेक्ष वैयक्तिक ईश्वर और ससीम आत्मा दोनों के परे है। पर व्यावहारिक धरातल पर धर्म और नैतिकता दोनों ही यथार्थ हैं और परस्पर-सम्बद्ध हैं। प्रगतिशील शक्ति के रूप में धर्म की जड़ें सदा ही नैतिक निर्णयों में रही हैं; और सर्वोच्च

नैतिकता सदा मनुष्यों के मन को जगत् में परिव्याप्त ईश्वरत्व की ओर प्रेरित करती रही है। "यदि नैतिक चिन्तन गहन हो तो वह नैतिकता को विश्वव्यापी उद्देश्य प्रदान करेगा। नैतिक चेतना में आदर्शों की सत्यता में विश्वास होना आवश्यक है। यदि आदर्शों की सत्यता धर्म है, तो नैतिक मानववाद कर्मरूप धर्म के अतिरिक्त और कुछ नहीं।"[१२४]

राधाकृष्णन के नीतिशास्त्र पर टिप्पणी करते हुए जोड लिखते हैं—"नैतिक प्रश्नों पर अपने प्रत्येक कथन में वे नीतिशास्त्र और धर्म के बीच घनिष्ठ सम्बन्ध को मानकर ही चलते हैं—वास्तव में उसकी मूलभूत मान्यता के रूप में जगत् के आध्यात्मिक विचार को, मनुष्य के आध्यात्मिक स्वरूप को और मनुष्य के भीतर अवस्थित ईश्वर की अवधारणा को मानकर चलते हैं।"[१२५] जगत् के समन्वित रूप में राधाकृष्णन की आस्था, जिसका पहले ही उल्लेख हो चुका है, नैतिकता और धर्म की मूलभूत एकता पर उनके आग्रह में प्रतिबिम्बित होती है। "जीवन एक है; और उसमें धार्मिक और धर्म निरपेक्ष के बीच कोई भेद नहीं।···धर्म, अर्थ और काम साथ-साथ ही चलते हैं। दैनिक जीवन के साधारण काम-धन्धे सच्चे अर्थ में परमेश्वर की सेवा ही हैं।"[१२६] सभी उच्चतर धर्मों में "अनुभवातीत में विश्वास और प्राकृतिक में कार्य दोनों ही घनिष्ठता और पारस्परिक प्रभावपूर्वक एक साथ बढ़े हैं।"[१२७]

राधाकृष्णन विश्वास करते हैं कि अपने सर्वोत्कृष्ट रूप में हिन्दू धर्म में नैतिकता और धर्म के बीच इस 'घनिष्ठता और पारस्परिक प्रभाव' का सूक्ष्म बोध प्रकट होता है। धर्म शब्द नैतिक सचाई और धार्मिक सम्पूर्णता दोनों का सूचक है। धर्म मूलतः धर्म और नैतिकता का समन्वय है।[१२८] हिन्दू चिन्तन में धर्म उस सद्गुण के अतिरिक्त और कुछ नहीं जो "वस्तुओं के सत्य के अनुरूप होने में निहित है। नैतिक बुराई उस सत्य के साथ सामंजस्यहीनता है जो संसार को घेरे हुए है और नियन्त्रित करता है।"[१२९] सद्गुण और धार्मिक मूल्य की यह व्यापक व्याख्या धर्म की अवधारणा को कट्टरता से बचाती है। "यद्यपि धर्म निरपेक्ष है, किन्तु उसमें कोई निरपेक्ष और कालहीन सार नहीं। नैतिकता का एकमात्र शाश्वत तत्त्व है मनुष्य की श्रेष्ठतर की आकांक्षा।"[१३०]

नीतिशास्त्र के विशिष्ट प्रश्नों पर राधाकृष्णन का मतामत उनकी मूलभूत आदर्शवादी विश्वदृष्टि से और उनके इस विश्वास से कि 'सच्चे धर्म' और 'सच्ची नैतिकता' में कोई अन्तर नहीं, स्वाभाविक रूप में निकल आता

है। क्योंकि आखिरकार सच्चा धर्म क्या है ? "वह एक आध्यात्मिक निश्चितता है, जो हमें शक्ति और सांत्वना प्रदान करती है।...वह यह विश्वास है कि प्रेम और न्याय जगत् के केन्द्र में हैं।...वह यह आस्था है कि किनारे की लहरें भले ही टूट जाएँ पर फिर भी जीतता महासागर ही है।"[१३१] सभी महान् नीतिकारों ने यही विश्वास प्रकट किए हैं, यद्यपि विशेष गुणों के, तथा मानव-स्वभाव के विभिन्न पक्षों की आवश्यकताओं के, मूल्यांकन में उनके बीच व्यापक मतभेद रहा है।

राधाकृष्णन का अपना सुझाव 'सत् जीवन' के उदार और सहिष्णु मूल्यांकन की ओर है। वैराग्य का मार्ग उन्हें कभी प्रिय नहीं रहा। भगवद्गीता की भाँति ही वे आग्रह करते हैं कि "हमें संसार के त्याग की नहीं मन की तटस्थता की आवश्यकता है।"[१३२] सच्ची तटस्थता "पृथक् अहं के साथ अपने-आपको एकाकार करने की अस्वीकृति" में, स्वार्थपूर्ण हितों के अयथार्थ लक्ष्यों के परित्याग में है।[१३३] अतिशय वैराग्य, जो आत्मपीड़न, कठोर ब्रह्मचर्य तथा अन्य उग्र आदर्शों में प्रकट होता है, जीवन-प्रक्रिया के विरुद्ध युद्ध-घोषणा के समान है। "हमें मानव-जाति के विनाश का खतरा उठाकर आत्मा को बचाने का प्रयत्न नहीं करना चाहिए।"[१३४]

रूढ़िवादी नीति संहिताओं को कट्टरतापूर्वक मानने से सद्गुणों में वृद्धि नहीं हो सकती। रूढ़ियों के जड़ हो जाने पर उनके विरुद्ध विद्रोह एक नैतिक आवश्यकता बन जाता है। बुद्ध और सुकरात का उल्लेख करते हुए राधाकृष्णन हमें याद दिलाते हैं कि यद्यपि नैतिकता अनुवर्तिता की माँग करती है, फिर भी सच्ची नैतिक प्रगति प्रायः चरम अननुवर्तियों के कार्य पर निर्भर रही है।[१३५] आदर्शों का परीक्षण मानव-जाति के वास्तविक अनुभव में करना होता है और उन्हें हर युग में समाज की बदलती हुई आवश्यकताओं को ध्यान में रखकर ही कार्य-रूप देना होता है। अनुभव हमें बताता है कि कुछ आदर्शों को व्यावहारिक रूप में कार्यान्वित करने में असाधारण व्यक्तियों को छोड़कर बाकी सबको कुछ-न-कुछ समझौता करना ही पड़ता है। "हम जहाजों के समान हैं जिनके बन्दरगाह पर पहुँचने की सम्भावना मौसम और हवाओं से थोड़ा-सा समझौता करने पर ही अधिक है।"[१३६] यह सच है कि हम 'दार्शनिक दृष्टि से उदासीन'[१३७] नहीं हो सकते और यदि मूलभूत नैतिक मूल्य दाँव पर लगे हों तो हम तटस्थ नहीं रह सकते। पर हमारा दृष्टिकोण लचीला होना चाहिए और हमें मनुष्य के कार्यों को बहुत कठोर होकर नहीं जाँचना चाहिए।

गांधी से गहरे प्रभावित होने के कारण राधाकृष्णन अहिंसा को—जो प्रेम का ही एक पक्ष है—नैतिक जीवन की सबसे व्यापक और सार्वभौमिक कसौटी मानते हैं। जब तक हमारी दृष्टि प्रेम से सिक्त नहीं होती तब तक सत्य और असत्य अमूर्त धारणाएँ मात्र हैं। अफ़लातून और स्पिनोज़ा की भाँति वे भी आग्रह करते हैं कि हम तब तक सत् नहीं हो सकते जब तक हम 'उत्तमता से प्रेम'[१३८] नहीं करने लगते। क्षमा, त्याग, सहिष्णुता, शान्ति-प्रियता, धैर्य आदि सभी एक ही प्रेम-तत्त्व के विभिन्न रूप-मात्र हैं। किन्तु गांधी से भिन्न, राधाकृष्णन यह मानते हैं कि इस तत्त्व का जीवन की शोभा और सौष्ठव से सामंजस्य होना चाहिए। वे तपस्या का सौन्दर्य देखते तो हैं पर उसको उतना गौरव नहीं देते जितना गांधी देते हैं। सुसंस्कारिता, सुख, शिष्टता, सन्तुलन का प्रेम और सच्चाई के साथ समन्वय होना आवश्यक है।[१३९] जीवन को अधिक भव्य बनाने की प्रक्रिया में वे सब प्रयास भी शामिल होने चाहिए जिनका लक्ष्य उसे अधिक समृद्ध, अधिक सम्पूर्ण, अधिक आनन्दपूर्ण और निश्चिन्त, अधिक शान्तिपूर्ण और गरिमासम्पन्न बनाना है। भौतिक सुविधाओं का उपहास करना आवश्यक नहीं और सभ्यता के फलों को, जिनमें विज्ञान और औद्योगिकी द्वारा प्रस्तुत फल भी शामिल हैं, आभार-पूर्वक स्वीकार करना चाहिए।

सर्वोपरि, सत् जीवन स्वतन्त्रता का जीवन है। जहाँ व्यक्ति का अपने कार्यों पर कोई अधिकार न हो वहाँ भले-बुरे का कोई प्रश्न नहीं उठता। किसी को ज़बर्दस्ती नैतिक नहीं बनाया जा सकता। पिछले दिनों राधाकृष्णन कई—शिक्षा-सम्बन्धी, सामाजिक, आर्थिक और राजनीतिक—संदर्भों में स्वतन्त्रता की परम आवश्यकता की बात उठाते रहे हैं।[१४०] उनके सामाजिक और राजनीतिक दर्शन में दमन और विचार-नियन्त्रण के लिए कोई स्थान नहीं, वह अत्याचार चाहे किसी राष्ट्र का हो, किसी जाति का हो, किसी वर्ग या वर्ण का हो, किसी विचारधारा या धर्म का हो। आधुनिक पाश्चात्य सभ्यता से उनकी जो भी शिकायतें हों, वे लोकतन्त्र, समानता, राष्ट्रवाद और सांस्कृतिक स्वायत्तता को स्वतन्त्रता के हित में, और अन्ततः नैतिक प्रगति के हित में, यूरोप का महान् योगदान मानते हैं।

किन्तु स्वतन्त्र इच्छा-शक्ति के सामान्य दार्शनिक प्रश्न पर राधाकृष्णन की स्थिति कुछ अधिक सावधानी की है। वे इच्छा-शक्ति की स्वतन्त्रता को नैतिकता और धर्म दोनों का आधार तत्त्व मानते हैं। अंध निर्वैयक्तिक बाध्यता के आधार पर आदर्शों और मूल्यों की दुनिया नहीं बनाई जा सकती। भविष्य

तो अभी बनना ही बाकी है। "हम यह नहीं मान सकते कि हर चीज़ शुरू होने के पहले ही ख़त्म हो चुकी है और अन्तिम दिन वही निर्णय पढ़ा जाएगा जो पहले ही दिन लिख दिया गया था।"[१४१] साथ ही वे कर्म की परंपरागत अवधारणा को भी स्वीकार करते हैं और स्वाधीनता के विचार और कर्म-सिद्धान्त के बीच कोई मूलभूत विरोध नहीं देखते। वे कहते हैं कि 'कर्म' की व्याख्या में उसे क़ानून का ही एक व्यापक पर्याय मानना चाहिए; और क़ानून को केवल अराजकतावादी ही अस्वीकार करते हैं, स्वाधीनतावादी नहीं। इस अर्थ में कर्म दिव्य अर्थव्यवस्था का एक कार्य-मात्र है। वह एक परिस्थिति है, नियति नहीं।[१४२]

राधाकृष्णन स्वतन्त्र इच्छा-शक्ति के विषय में अपने विचार को एक बड़े व्यंजनापूर्ण रूपक द्वारा समझाते हैं। "जीवन ब्रिज के खेल की भाँति है। खेल के ताश हमें कोई दूसरा देता है, उन्हें हम स्वयं नहीं चुनते। वे पिछले कर्म के अनुसार हैं; पर हम मनचाहे हाथ बोलने को और ताश चलने को स्वतन्त्र हैं। हमारे ऊपर केवल खेल के नियमों का ही बन्धन है। हम खेल शुरू होते समय जितने अधिक स्वतन्त्र होते हैं उतने बाद को नहीं रहते, जब खेल आगे चलने से हमारा चुनाव सीमित होता जाता है। पर कुछ न-कुछ चुनाव की सम्भावना अन्त तक बनी रहती है। अच्छा खिलाड़ी उन सम्भावनाओं को देखता है जिन्हें कच्चा खिलाड़ी नहीं देख पाता। खिलाड़ी जितना अधिक चतुर होता है उतनी ही अधिक सम्भावनाएँ उसे दीखती हैं। अच्छे ताश भी निपुणताहीन खेल के कारण चौपट हो सकते हैं, और खेल के बुरे होने का कारण केवल भाग्य का कोप होना आवश्यक नहीं। भले ही हम ताशों के फेंटने के ढंग को न पसन्द करें, पर खेल हमें अच्छा लगता है और हम खेलना चाहते हैं।"[१४३]

: ८ :

राधाकृष्णन द्वारा पाश्चात्य और पौर्वात्य चिन्तन के तुलनात्मक अध्ययन की ओर एन आइडियलिस्ट व्यू ऑफ़ लाइफ़ के प्रकाशन के बाद से बहुत ध्यान गया। एक समय इस क्षेत्र में उनके कार्य को बहुत-से पाठक, विशेषकर भारत में, ग़लत कारणों से प्रशंसा किया करते थे। वे उन्हें हिन्दू संस्थाओं का समर्थन समझते थे, उन्हें ऐसा विद्वान समझते थे जिसने यह "सिद्ध कर दिखाया" है कि भारतीय दर्शन में वह सब-कुछ, तथा और भी बहुत, पहले ही मौजूद है जो पश्चिम की देन समझा जाता है, जिसने दिखा दिया है कि शंकर के वेदान्त में सभी सत्य अपने चरम और शाश्वत रूप में मौजूद हैं। पर राधाकृष्णन का दर्शन और धर्म में तुलनात्मक पद्धति का चमत्कारिक प्रयोग ऐसे किसी उद्देश्य

से प्रेरित न था। शीघ्र ही यह पहचान लिया गया कि उनका उद्देश्य प्रत्येक परम्परा के सबल तत्त्वों को उजागर करना था जिससे उनके बीच फलप्रद समन्वय हो सके; उनका कार्य पूर्व और पश्चिम के बीच एक 'सम्पर्क अधिकारी'[१४४] का है, एक 'दार्शनिक दुभाषिये'[१४५] का और भाषान्तरकार का है, जिसके प्रयत्नों से प्रत्येक गोलार्ध दूसरे की भाषा समझ सके, ऐसे पुल-निर्माता का है जो दो राज्यों के बीच बौद्धिक वाणिज्य को आसान बना दे।

भारतीय और पाश्चात्य चिन्तन के उनके विवेचन पर अलग से विचार करना सुविधाजनक होगा। जब राधाकृष्णन ने भारतीय दर्शन पर लिखना शुरू किया, उस समय भारतीय विद्वानों में दो अतिवादी प्रवृत्तियाँ प्रचलित थीं। कुछ लोग तो वे थे जो एक 'सांस्कृतिक हीनता ग्रंथि' से पीड़ित थे और अपनी दार्शनिक परम्परा की समृद्धि देखने में असमर्थ थे। इसके विपरीत कुछ पुनरुत्थानवादी थे जो प्राचीन भारत की विवेकशून्य प्रशंसा करते थे और पश्चिम के प्रति नकारात्मक रवैया अपनाते थे। राधाकृष्णन का उद्देश्य इन दोनों की भूल सुधारना था।

उनका भारतीय चिन्तन का समर्थन उत्कट, प्रतीतिकारी और सुप्रमाणित था। वे भारतीय चिन्तन की सहिष्णुतापूर्ण और आत्मसात्कारी भावना की प्रशंसा करते हैं। "हिन्दू धर्म ने किसी अटल पंथ में कट्टर आस्था के बजाय व्यापक उदारता का रुझान विकसित किया।...बहुत-से मत-मतान्तर को मानने वाले अनेक सम्प्रदाय हिन्दू धर्म के अन्तर्गत हैं...हिन्दू धर्म कुछ अन्य धर्मों की इस विचित्र मनोग्रस्ति से पूर्णत: मुक्त है कि मुक्ति के लिए किसी विशेष धार्मिक तत्त्वमीमांसा की स्वीकृति आवश्यक है और उसको स्वीकार न करना जघन्य पाप है।"[१४६] वे कहते हैं कि हिन्दू धर्म द्वारा बौद्ध, इस्लाम और ईसाई धर्म के सर्वश्रेष्ठ तत्त्वों को आत्मसात् करने की क्षमता उसकी निहित शक्ति को सूचित करती है।

राधाकृष्णन दर्शाते हैं कि कुछ पाश्चात्य लेखकों का यह विचार कितना सतही है कि भारतीय चिन्तन अपने स्वभाव से ही स्थिर, आत्मसंतुष्ट और रूढ़िवादी है। वे कहते हैं कि धर्म और दर्शन दोनों में भारतीय परम्परा सदा ही बुनियादी मूल्यों की निरन्तरता बनाए रखने के साथ-साथ परिवर्तन और अनुयोजन के लिए पर्याप्त अवकाश छोड़ने की रही है। "परम्परा, तर्क और जीवन के माध्यम से धार्मिक प्रगति की द्वन्द्वात्मकता परिवर्तन की गुंजाइश रखकर हिन्दू धर्म की रक्षा में सहायक होती है।"[१४७] भारतीय दर्शन का सुदूर-पूर्व और पश्चिम दोनों में ही दूरव्यापी प्रभाव उसकी प्राणवत्ता और

गतिशीलता का प्रमाण है। "अपने महान् युग में हिन्दू सभ्यता ने समुद्रों को पार करके, उपनिवेशों को बसाकर, संसार को सिखाकर और उससे सीखकर भी, अपनी जीवन्त सक्रियता का परिचय दिया था।"[१४८]

पर इन सब बातों से इस सचाई में अन्तर नहीं पड़ता कि भारतीय चिन्तन अपने पिछले स्तर से गिर चुका है और रूढ़ि तथा विचार-संकीर्णता ने हमारे विचारों के साथ मनमानी की है। "हिन्दू धर्म अब कितना कम जीवन्त है। जहाँ कभी जीवन की धारा उमड़ती थी वहाँ अब जड़ता का राज है। हम भटक रहे हैं,…प्राणवानता का अभाव है, आध्यात्मिक उत्साहहीनता है।"[१४९] हमारे मन अब वैसे साहसिक नहीं रहे, हम नए विचारों के सम्पर्क से कतराते हैं। "लगता है जैसे हम अपने आपसे डरते हैं…और आत्मरक्षा के लिए अपने धर्म के खोल से चिपके रहते हैं। जिस आवरण में हम जीवन को बचा रखना चाहते हैं, वह उसके विस्तार को रोकता है।"[१५०] चिन्तन की यह प्रभावहीनता सामाजिक विधान में भी प्रतिबिम्बित है। जाति-व्यवस्था "पतित होकर पीड़न और असहिष्णुता के साधन का रूप ले चुकी है।"[१५१] वह असमानता को बनाए रखता है और पारस्परिक बहिष्कार की प्रवृत्ति को बढ़ावा देती है।

इसलिए भारत को अपनी उपलब्धियों के प्रति अधिक सन्तुलित और आलोचनात्मक रवैया अपनाना चाहिए। प्राचीन लोग अपनी विशेष दुनिया में रहते थे। हमें उस दुनिया को समझना चाहिए—कृपा के भाव से नहीं, पर विचारहीन प्रशंसा के भाव से भी नहीं। राधाकृष्णन व्यंग्य के साथ कहते हैं—"अपने आध्यात्मिक पूर्वजों का हमारे ऊपर ऋण यह है कि कम-से-कम हम उनका अध्ययन तो करें।"[१५२] कितनी ही बार हम 'परम्पराओं की निरन्तरता' के नाम पर अंधस्वीकृति और श्रद्धा के नाम पर अटलता की मान्यता देते हैं। "किसी पूर्ववर्ती युग के धर्मशास्त्र हमारे युग की समस्याओं का समाधान नहीं कर सकते। भारतीय संस्कृति के महान् प्रतिनिधि गतिशील और साहसिक व्यक्ति थे। यदि इस निरन्तर गतिशील दुनिया में हम एक ही स्थान पर प्रतीक्षा करते हुए चुपचाप बैठे और प्राचीन ऋचाएँ ही गाते रहें, तो हम उन लोगों की भावना के प्रति वफ़ादार नहीं हो सकते। हम सूरज को हिन्दुस्तान के मैदानों में खड़े रहने का आदेश नहीं दे सकते।"[१५३]

इसके बावजूद राधाकृष्णन मानते हैं कि पूर्व के, विशेषकर भारत के, पास देने को बहुत-कुछ है। "आज भारतीय मनीषा न केवल भारतीय राष्ट्र के पुनर्जीवन के लिए, बल्कि सम्पूर्ण मानव-जाति की पुनर्शिक्षा के लिए आवश्यक

है।"[१५४] यह बात बहुत आग्रहपूर्ण लग सकती है, पर पाश्चात्य सभ्यता को जिस गहरे संकट ने घेर लिया है उसके सन्दर्भ में यह उचित ही है। शताब्दियों तक मानवता का नेतृत्व करने के बाद आज यूरोपीय चिन्तन दुविधा में पड़ा लगता है। असन्तोष की भावना व्यापक है और पश्चिम के बहुत-से महापुरुषों द्वारा अभिव्यक्त हुई है।[१५५] विज्ञान द्वारा दिलाई गई आशाएँ बार-बार टूटती रही हैं। कला, साहित्य और दर्शन के प्रेरणा-स्रोत सूखते जान पड़ते हैं। सृजन का स्थान अति-विशेषीकरण ने ले लिया है। संसार को यूरोप के सर्वश्रेष्ठ उपहार, लोकतन्त्र और अन्तर्राष्ट्रीय का गला घोंटा जा रहा है। यद्यपि यह धारणा अर्थहीन होती कि 'सन्देश' के लिए भारत की ओर मुड़ते ही पश्चिम का रोग दूर हो जाएगा, फिर भी यह मानना पड़ेगा कि कई दृष्टियों से हजारों वर्षों में पूर्व में पुष्ट होने वाली परम्पराओं में उनका कुछ निदान शायद मिल सके।

विज्ञान और औद्योगिकी के क्षेत्र में यूरोप की उपलब्धियों को राधाकृष्णन पूरी मान्यता देते हैं। विज्ञान ने सार्वभौमिकता की भावना का पोषण किया है, मानव-मन को बहुत-से अंधविश्वासों से और मानव-शरीर को बहुत-सी ज़रूरतों और संकटों से मुक्त किया है। उसने अपने ढंग से विश्व की एकता पर बल दिया है और दर्शन और धर्म के कार्य को सहारा दिया है। उसने मानव-जाति की सर्वांगीण प्रगति के लिए परिवेश के कुशलतापूर्वक उपयोग के असंख्य उपाय सुझाए हैं। पर इन सबके साथ ही उसके कारण जीवन के प्रति यान्त्रिकतापरक दृष्टिकोण भी बढ़ा है, और राधाकृष्णन इस दृष्टिकोण में ही पश्चिम के संकट की जड़ें देखते हैं।

यान्त्रिकतापरक दृष्टिकोण दो प्रकार से होता है। सबसे पहले तो उसके कारण सर्वथा बाह्य और अस्थायी मूल्य की वस्तुओं में अत्यधिक उलझाव होने लगता है। उपयोगिता मानदण्ड बन जाती है और 'विशेषज्ञता' को सफलता मान लिया जाता है। सुस्पष्ट मानव-मूल्य पीछे धकेल दिये जाते हैं। "हम आकाश में पक्षियों की तरह उड़ना और महासागर में मछली की तरह तैरना तो सीखते हैं; पर धरती पर मनुष्यों की भाँति चलना भूलते जा रहे हैं।"[१५६] मनुष्यों को 'पदार्थ' बना दिया गया है और वे अपने आध्यात्मिक आधार से बँट गए हैं। वे आत्मा की दुनिया के 'प्रवासी' या 'विस्थापित व्यक्ति' बनते जा रहे हैं। दूसरे, यान्त्रिकतापरक दृष्टिकोण के फलस्वरूप समस्याओं के प्रति विश्लेषणात्मक रुझान का महत्त्व बढ़ा-चढ़ाकर आँका जाने लगा है। राधाकृष्णन को शिकायत है कि जब से दकार्त ने अपना सूत्र स्थापित किया तब से यूरोपीय चिन्तन

विश्लेषणात्मक बुद्धि का अत्यधिक सहारा लेने लगा है। इस रुझान को संश्लेषणात्मक, अखण्डतामूलक रुझान से सम्पुष्ट किया जाना चाहिए; और इसके लिए तर्कना को अन्तःप्रज्ञा के साथ सहयोगपूर्वक कार्य करना चाहिए।[१५७]

इन दोनों बातों में, भारतीय चिन्तन उस सन्तुलन को फिर से स्थापित करने में सहायक हो सकता है जो यूरोपीय मानस खो चुका लगता है। राधाकृष्णन यह दावा नहीं करते कि आदर्शवाद या अन्तःप्रज्ञावाद पर भारत का एकान्त अधिकार है। पर वे अनुभव करते हैं कि कुल मिलाकर तर्कनावादी और उपयोगितावादी प्रवृत्तियाँ पश्चिम में अधिक पूर्णता से विकसित हुई हैं, जबकि भारत में अखण्डतामूलक और आध्यात्मिक रुझान ही सदा प्रधान रहा है। प्रत्येक परम्परा दूसरी से कुछ-न-कुछ सीख सकती है। यह परस्पर सीखने की प्रक्रिया अनजाने ही सदा चलती रही है। रचनात्मक दर्शन का कर्त्तव्य आज यही है कि इस प्रक्रिया को एक नई मानव-व्यवस्था की ओर उन्मुख और पुष्ट करने के लिए अधिक सचेत प्रयत्न करे।

ऐसा प्रयत्न पहले ही हो रहा है। "विचारों और अन्तर्दृष्टियों के पारस्परिक उर्वरीकरण द्वारा, जिसके पीछे शताब्दियों की जातीय और सांस्कृतिक परम्पराएँ हैं, मनुष्यों के विचारों के गहरे ताने-बाने में महान् एकीकरण घटित हो रहा है।...दूसरों के दृष्टिकोण का आदर, दूसरी संस्कृतियों की निधियों की प्रशंसा, एक-दूसरे के निःस्वार्थ उद्देश्यों में विश्वास में वृद्धि हो रही है।"[१५८] पिछली दो शताब्दियों में पूर्व ने पश्चिम से बहुत-कुछ सीखा है। अब पश्चिम भी "अपनी चेतना में विचारों, आकृतियों और कल्पनाओं के सम्पूर्ण नए संसार के आकस्मिक प्रवेश के कारण एक पुनर्जागरण से गुज़र रहा है। जैसे पन्द्रहवीं शताब्दी में उसकी चेतना यूनान और रोम की प्राचीन संस्कृति के उद्घाटन से विस्तृत हुई थी, उसी तरह आज एशिया की, जिससे भारत भी जुड़ा है, नई विरासत के द्वारा आत्मा में आकस्मिक विस्तार हो रहा है।"[१५९]

मनुष्य की यान्त्रिक प्रवीणता के द्वारा दुनिया के विभिन्न भाग पहले ही पास आ चुके हैं। इस एकता को आध्यात्मिक आधार देना है। "हमारी पीढ़ी का परम कर्त्तव्य है बढ़ती हुई विश्व-चेतना को एक आत्मा प्रदान करना, विश्वात्मा की इस सृजनात्मक अभिव्यक्ति के लिए आवश्यक आदर्श और संस्थाएँ विकसित करना।"[१६०] यह कर्त्तव्य जितना कठिन जान पड़ता है उतना है नहीं। हमें आधुनिक संसार के संघर्षों और विषमताओं से भविष्य में अपनी आस्था को विचलित न होने देना चाहिए। "हमारे युग की प्रमुख

विशेषताएँ उसे कुरूप करने वाले युद्ध और तानाशाहियाँ इतनी नहीं, जितना विभिन्न संस्कृतियों का एक-दूसरे पर प्रभाव, उनका घात-प्रतिघात और आत्मा के सत्यों और मानव-जाति की एकता पर आधारित एक नई सभ्यता का उदय है।"[१६१] पूर्व की सहायता से मशीन की चुनौती स्वीकार करना भी पश्चिम के लिए उसी प्रकार सम्भव होगा जैसे कभी उसने अपनी ताकत के भरोसे प्रकृति की प्रतिकूलता का सामना किया था। "तो फिर क्या ऐसे दर्शन के लिए प्रयत्नशील होना उचित न होगा जिसमें यूरोपीय मानववाद और एशियायी धर्म के सर्वश्रेष्ठ तत्त्वों का मिश्रण हो, ऐसा दर्शन जो दोनों ही से अधिक गहरा और अधिक जीवन्त हो ?"[१६२]

इस समग्रीकरण की प्रक्रिया में धर्म दर्शन का साथ दे सकता है। राधाकृष्णन धर्म को खोखली शक्ति नहीं मानते। किन्तु जीवन्त और गतिशील बने रहने के लिए उसे अपनी रूढ़िवादिता को त्यागना होगा। हमारे ऐतिहासिक धर्मों को अपने भीतर मूलभूत परिवर्तन करके एक सर्वव्यापी आस्था का रूप लेना होगा। "यह सम्भावना कुछ लोगों को भले ही भयभीत करे, पर इसका अपना ही सत्य और सौन्दर्य है।"[१६३] संस्थागत धर्म अतीत में मतान्धता और हिंसा तक के सहयोगी रहे हैं। "मानवता के विभिन्न मतमतान्तर न केवल शताब्दियों की प्रेरणा के वाहक हैं, बल्कि शताब्दियों की भूलों की जमी हुई पपड़ी के भी वाहक हैं।"[१६४]

यह राधाकृष्णन के तर्कनावाद का बड़ा गौरव है कि अपनी गहरी धार्मिक दृष्टि के बावजूद, हिन्दू धर्म की मुख्य मान्यताओं से लगाव और ईश्वर में दृढ़ आस्था के बावजूद, वे इतिहास में उजागर धर्म के अँधेरे पक्षों की कठोर-से-कठोर शब्दों में निन्दा करने से नहीं झिझके हैं और उनकी आलोचना केवल असंस्कृत आदिम सम्प्रदायों तक ही सीमित नहीं है। जटिल पौराणिकता और उसके काव्यात्मक आकर्षण वाले अधिक कृत्रिमतापूर्ण धर्म प्रकृति-पूजा और सर्वात्मवाद से अधिक खतरनाक हो सकते हैं। प्रत्येक संगठित धर्म की "अपनी आशाएँ और धर्मयुद्ध, मूर्तिपूजा और विधर्मीदलन"[१६५] है। पूजा जितनी ही उत्कट होती है, नामों का अत्याचार उतना ही बड़ा जान पड़ता है। कभी-कभी राधाकृष्णन विभिन्न धर्मों की एक-दूसरे के प्रति अभिव्यक्त असहिष्णुता से हतबुद्धि होते जान पड़ते हैं। वे कहते हैं—"लगता है धर्मनिष्ठा नैतिक विवेकशीलता और संवेदनशील मानववाद को नष्ट कर देगी।......धर्म का विरोधी अन्य धर्मों से बड़ा दूसरा नहीं......यदि सारे धर्म हटा दिए जाएँ तो यह दुनिया कहीं अधिक धार्मिक स्थान बन जाए।"[१६६]

पर फिर भी धर्म—विशेष धर्मों से भिन्न—एकता की प्रबल शक्ति हो सकता है। "जब हम सिद्धान्तों पर बहस करते हैं तो हम विभाजित हो जाते हैं। पर जब हम चिन्तनपूर्ण धार्मिक जीवन को अंगीकार करते हैं तो परस्पर समीप आ जाते हैं···अहंकार की कठोरता पिघल जाती है, मतों का प्रयोगात्मक रूप प्रकट हो जाता है, और सभी आत्माओं का एक सम्पूर्ण आत्मा में तीव्र संकेन्द्रण समझ में आने लगता है।"[१६७] सौभाग्यवश विशिष्ट धर्मों के अनुयायियों में प्रत्येक युग में ऐसे प्रबुद्ध व्यक्ति होते रहे हैं जो अपने मत के परे देख सके हैं और यह समझ सके हैं कि सच्चा धर्म सर्वव्यापी होना चाहिए। इसके अतिरिक्त, अपने संघर्षों और अन्धविश्वासों के बावजूद संगठित धर्मों में भी बहुत-कुछ ऐसा है जो सकारात्मक और स्थायी है। प्रत्येक ने मानव-संस्कृति की प्रगति में कुछ-न-कुछ योग अवश्य दिया है।

मनुष्य की आत्मा ने नाश और मूर्खता के समस्त संचय से श्रेष्ठतर होने की अपूर्व क्षमता दिखाई है। महान् धर्मों के स्वप्न अब भी एक-दूसरे को आलिंगन करके फलप्रद बना सकते हैं। "वे अब भी मानव-जाति को ऐसी बहुमुखी सम्पूर्णता की ओर ले जा सकते हैं जिसमें हिन्दू धर्म की आध्यात्मिक ज्योति, यहूदी धर्म की आस्था और आज्ञाकारिता, यूनानी देवतार्चन की सुन्दरता, बौद्ध धर्म की भव्य करुणा, ईसाई धर्म की दिव्य प्रीति और इस्लाम की त्याग-भावना सम्मिलित हो।"[१६८]

प्रत्येक धर्म और प्रत्येक विचारधारा के सर्वोत्तम अंश के केवल ऐसे समग्रीकरण द्वारा ही उन आदर्शों और मूल्यों की रक्षा हो सकती है जो मनुष्य में ईश्वर की ज्योति को प्रकट करते हैं। राधाकृष्णन पूर्व और पश्चिम दोनों से सच्चे हृदय से यह याद रखने का आग्रह करते हैं कि पहले की अपेक्षा आज कहीं अधिक धर्म और दर्शन दोनों का सामान्य दायित्व उन मूल्यों की रक्षा है जो मानव-जाति को एक ही सभ्यता में संयुक्त करने की आशा दिलाते हैं। "हमें अपनी सभ्यता की मूलभूत अवधारणाओं को नये जीवन के निर्माण, मार्गदर्शन और परीक्षण में लगाना चाहिए। आत्मा के मूल्यों को हमें मनुष्य के क्षितिज के परे चले जाने से रोकना चाहिए। इस अधिकतम अमानवीय युग में हमें मानवीय होने का प्रयास करना चाहिए।"[१६९]

संदर्भ

१. इस आयोग द्वारा प्रस्तुत रिपोर्ट आधुनिक भारत में शिक्षा-सम्बन्धी चिंतन की दृष्टि से एक मूल्यवान दस्तावेज़ है।

२. यह अध्याय राधाकृष्णन के भारत के राष्ट्रपति होने और साहित्य अकादेमी उपाध्यक्ष पद का त्याग करने से पहले लिखा गया था। अब वे साहित्य अकादेमी के भी अध्यक्ष हैं।

३. वर्जिलियस फ़र्म द्वारा संपादित।

४. पॉल आर्थर शिल्प द्वारा संपादित; १९५२ में ट्यूडर पब्लिशिंग कम्पनी द्वारा प्रकाशित। (बाद के संदर्भ-निर्देशों में शिल्प द्वारा संपादित राधाकृष्णन के ऊपर इस ग्रंथ के लिए केवल 'ट्यूडर' शब्द का ही प्रयोग किया जाएगा)।

५. फ्रेगमेंट ऑफ़ ए कन्फ़ैशन (ट्यूडर, पृ० ५)।

६. वही।

७. उसी संदर्भ में वे लिखते हैं—"मैं ऐसे वातावरण में बड़ा हुआ जहाँ अदृश्य सत्ता जीवन्त सत्य थी।"

८. द रिलीजन ऑफ़ द स्पिरिट।

९. द रिलीजन ऑफ़ द स्पिरिट में उद्धृत (देखिए, ट्यूडर, पृ० ६)।

१०. वही, पृ० ७।

११. यह उल्लेखनीय है कि यह ग्रन्थ टैगोर के **बलाका**, **वनवाणी** तथा **परिशेष** आदि संग्रहों की कविताएँ लिखने के बहुत पहले ही प्रकाशित हो चुका था। इसके अतिरिक्त राधाकृष्णन ने मूल बँगला रचनाओं का प्रत्यक्ष उपयोग नहीं किया था। इन असुविधाओं के बावजूद उनकी टैगोर की व्याख्या बहुत विश्वसनीय है।

१२. द फ़िलॉसफ़ी ऑफ़ रवीन्द्रनाथ टैगोर, पृ० १७७।

१३. इस पुस्तक में राधाकृष्णन मनुष्य की दुर्बलताओं और अपूर्णताओं पर बल देने के लिए धर्म की भी आलोचना करते हैं।

१४. खण्ड १, १९२३ में प्रकाशित, खण्ड २, १९२७ में।

१५. १९३२ में प्रकाशित।

१६. १९३३ में प्रकाशित।

१७. हिब्बर्ट जनरल। अक्तूबर १९३२।

१८. एन आइडियलिस्ट व्यू ऑफ़ लाइफ़, पृ० १५।

१९. ब्रिटिश एकेडेमी में दिया गया भाषण, २९ जून, १९३८।

२०. ऑक्सफ़ोर्ड विश्वविद्यालय द्वारा प्रकाशित, १९५०।

२१. श्रीलंका में प्रकाशित, १९३३।

२२. १९३९ में प्रकाशित।

२३. १९४९ में प्रकाशित।

२४. पूना में प्रकाशित, १९४४।

२५. मद्रास में प्रकाशित, १९३६।

२६. बम्बई में प्रकाशित, १९४५।

२७. मद्रास विश्वविद्यालय में दिये गए भाषण, १९३१।

२८. १९३३ में प्रकाशित।

२९. ऑक्सफ़ोर्ड विश्वविद्यालय, १९३९।

३०. १९४७ में प्रकाशित।

३१. ट्यूडर में प्रारंभिक जीवनीपरक निबन्ध।

३२. माइ सर्च फ़ॉर ट्रुथ, पृ० १५२।

३३. यह सी० ई० एम० जोड द्वारा प्रयुक्त वाक्यांश है।

३४. जोड : काउंटर अटैक फ्रॉम द ईस्ट, पृ० १६।

३५. राधाकृष्णन का आग्रह है कि दर्शन की असफलताओं पर भी उतनी ही सावधानी से विचार होना चाहिए जितना उसकी सफलताओं पर।

३६. अथवा, जैसा उन्होंने एक बार क्षोभ में कहा था, "क्या अंततः दर्शन असत्य के पीछे दौड़ने के सिवाय और कुछ नहीं रहा है ?"

३७. राधाकृष्णन ने अपने कई दीक्षान्त भाषणों में इस बात पर बल दिया है।

३८. अपने फ्रेगमेंट ऑफ़ ए कन्फ़ैशन में राधाकृष्णन बार-बार इस बात पर जोर देते हैं कि दार्शनिक चिंतन का संदर्भ वास्तविक जीवन है। (देखिए ट्यूडर, पृ० १२७)।

३९. राधाकृष्णन 'विज्ञान के लोकतंत्रकारी कार्य' की चर्चा बड़े उत्साह से करते हैं।

४०. राधाकृष्णन इस बात पर भी बल देते हैं कि दर्शन मूलतः सर्जनात्मक है, यांत्रिकतापरक नहीं।

४१. चार्ल्स ए० मूर : राधाकृष्णनन्स मेटाफ़िज़िक्स एण्ड एथिक्स (देखिए, ट्यूडर, पृ० २८२)।

४२. एन आइडियलिस्ट व्यू ऑफ़ लाइफ़, पृ० १६।

४३. वही, पृ० १७।

४४. जोड : काउंटर अटैक फ्रॉम द ईस्ट, पृ० २४४।

४५. वही, पृ० २४५।

४६. ईस्टर्न रिलीजन्स एण्ड वेस्टर्न थॉट, पृ० ३१७।

४७. फ्रेगमेंट ऑफ़ ए कन्फ़ैशन (देखिए ट्यूडर, पृ० १३)।

४८. ए० एन० मारलो : स्पिरिचुअल रिलीजन एण्ड द फ़िलॉसफ़ी ऑफ़ राधाकृष्णन।

४९. रिलीजन एण्ड सोसाइटी, पृ० २९।

५०. एन आइडियलिस्ट व्यू ऑफ़ लाइफ़, पृ० ३४२।

५१. वही, पृ० १५।

५२. डी० एम० दत्त द्वारा अपने निबन्ध राधाकृष्णन एण्ड कंटेम्परेरी फ़िलॉसफ़ी में उद्धृत (ट्यूडर, पृ० ६७१)।

५३. एन आइडियलिस्ट व्यू ऑफ़ लाइफ़, पृ० ३४२।

५४. वही, पृ० ३४३।

५५. ईस्टर्न रिलीजन्स एण्ड वेस्टर्न थॉट, पृ० २९८।

५६. अपनी पुस्तक फ़िलॉसफ़ी ऑफ़ द उपनिषद्स में राधाकृष्णन नकारात्मक धर्मदर्शन का वास्तविक महत्त्व दर्शाने का प्रयत्न करते हैं।

५७. द रिलीजन वी नीड, पृ० २२।

५८. एन आइडियलिस्ट व्यू ऑफ़ लाइफ़, पृ० १०२।

५९. वही, पृ० १०३।

६०. वही, पृ० ३४३।

६१. इंडियन फ़िलॉसफ़ी, खण्ड २, पृ० ६४९।

६२. वही, पृ० ६४८।

६३. द हिन्दू व्यू ऑफ़ लाइफ़, पृ० ३१।

६४. एन आइडियलिस्ट व्यू ऑफ़ लाइफ़, पृ० ३४४।

६५. कभी-कभी राधाकृष्णन ईश्वर को मुख्यतः जगत् का 'शक्तिदाता' ही मानते हैं।

६६. पी० टी० राजू ने अपनी पुस्तक आइडियलिस्टिक थॉट ऑफ़ इंडिया में यह भली भाँति दिखाया है कि किस प्रकार राधाकृष्णन भिन्न-भिन्न कारणों से शंकर और रामानुज दोनों की ओर आकर्षित हुए हैं।

६७. एन आइडियलिस्ट व्यू ऑफ़ लाइफ़, पृ० ३३८।

६८. चार्ल्स ए० मूर : राधाकृष्णनन्स मेटाफ़िज़िक्स एण्ड एथिक्स (देखिए ट्यूडर, पृ० ३०२)।

६९. ऐसा अन्तर जो अन्ततः 'उच्चतर' और 'निम्नतर' दृष्टिकोणों के बीच अन्तर के समान हो जाता है।

७०. ईस्टर्न रिलीजन्स एण्ड वैस्टर्न थॉट, पृ० २७।

७१. वही, पृ० २८।

७२. वही, पृ० ४७।

७३. किन्तु वे यह भी कहते हैं —"वह अनथक सर्जनात्मक कार्य है जो हर वस्तु को यथार्थ बनाता है।" इसका अर्थ होगा कि निरपेक्ष 'आदर्श निवास' नहीं बल्कि 'वास्तविक स्रोत' है।

७४. द भगवद्गीता, पृ० ३८।

७५. राधाकृष्णन कभी-कभी यह धारणा उत्पन्न करते हैं कि उनकी दृष्टि में सृष्टि के बारे में सोच-विचार अधिकतर 'निरर्थक' ही है।

७६. ईस्टर्न रिलीजन्स एण्ड वैस्टर्न थॉट, पृ० ९०।

७७. अपनी एक कविता में टैगोर ठीक यही शब्दावली व्यवहार करते हैं।

७८. माइ सर्च फ़ॉर ट्रुथ, पृ० ३५।

७९. पी० टी० राजू : राधाकृष्णन एण्ड इंडियन थॉट (देखिए ट्यूडर, पृ० ५३६)।

८०. एन आइडियलिस्ट व्यू ऑफ़ लाइफ़, पृ० २०० (पाद टिप्पणी)।

८१. द स्पिरिट इन मैन।

८२. इस विषय में उनके विचारों की तुलना बर्गसाँ के विचारों से की जा सकती है, जो बुद्धि को सफल व्याहारिक कार्य के क्षेत्र में स्थान देते हैं।

८३. रिप्लाइ टु क्रिटिक्स (ट्यूडर, पृ० ७९०)।

८४. वही, पृ० ७९१।

८५. एन आइडियलिस्ट व्यू ऑफ़ लाइफ़, पृ० १४९

८६. वही, पृ० १८१।

८७. रिप्लाइ टु क्रिटिक्स (ट्यूडर, पृ० ७९१)।

८८. द रेन ऑफ़ रिलीजन इन कन्टैम्परॅरी फ़िलॉसफ़ी, पृ० ४।

८९. वही, पृ० ३।

९०. वही, पृ०१४।

९१. वही, पृ० ५।

९२. माइ सर्च फ़ॉर ट्रुथ, पृ० ३८।

९३. द स्पिरिट इन मैन।

९४. जार्ज पी० कोंगर : राधाकृष्णनंस वर्ल्ड (ट्यूडर, पृ० ९१)।

९५. एन आइडियलिस्ट व्यू ऑफ़ लाइफ़, पृ० १११।

९६. द स्पिरिट इन मैन।

९७. द स्पिरिट इन मैन, तुलनीय, द आइडियलिस्ट व्यू ऑफ़ लाइफ़, पृ० १७७ भी।

९८. द आइडियलिस्ट व्यू ऑफ़ लाइफ़, पृ० १७९।

९९. वही, पृ० १४३।

१००. द स्पिरिट इन मैन।

१०१. रिलीजन एण्ड सोसाइटी, पृ० ७७।

१०२. एन आइडियलिस्ट व्यू ऑफ़ लाइफ़, पृ० ९२।

१०३. वही, पृ० ९३।

१०४. ईस्टर्न रिलीजन्स एण्ड वेस्टर्न थॉट पृ० २४।

१०५. एन आइडियलिस्ट व्यू ऑफ़ लाइफ़, पृ० १५६।

१०६. द स्पिरिट इन मैन।

१०७. वही।

१०८. एन आइडियलिस्ट व्यू ऑफ़ लाइफ़, पृ० १३८।

१०९. वही, पृ० १५२।

११०. द हार्ट ऑफ़ हिन्दुस्तान, पृ० ५९।

१११. एन आइडियलिस्ट व्यू ऑफ़ लाइफ़, पृ० १७७।

११२. ईस्टर्न रिलीजन्स एण्ड वेस्टर्न थॉट, पृ० ८०।

११३. एन आइडियलिस्ट व्यू ऑफ़ लाइफ़, पृ० ९९।

११४. ईस्टर्न रिलीजन्स एण्ड वेस्टर्न थॉट, पृ० १०३।

११५. द हिन्दू व्यू ऑफ़ लाइफ़, पृ० ६४।

११६. शर्मा द्वारा उद्धृत : द रिनासाँस आफ़ हिन्दुइज्म, पृ० ६०७।

११७. ईस्टर्न रिलीजन्स एण्ड वेस्टर्न थॉट, पृ० ९४।

११८. एन आइडियलिस्ट व्यू ऑफ़ लाइफ़, पृ० ३०४।

११६. इण्डियन फ़िलॉसफ़ी, खण्ड २, पृ० ६२१ ।

१२०. चार्ल्स ए० मूर : राधाकृष्णनंस मेटाफ़िज़िक्स एण्ड एथिक्स (ट्यूडर, पृ० २८८) ।

१२१. वही, पृ० २६३ ।

१२२. इण्डियन फ़िलॉसफ़ी, खण्ड २, पृ० ६२२ ।

१२३. वही, पृ० ६२१ ।

१२४. ईस्टर्न रिलीजन्स एण्ड वेस्टर्न थॉट, पृ० ८२ ।

१२५. जोड : काउंटर अटैक फ्रॉम द ईस्ट, पृ० १५१ ।

१२६. रिलीजन एण्ड सोसाइटी, पृ० १०५ ।

१२७. ईस्टर्न रिलीजन्स एण्ड वेस्टर्न थॉट, पृ० ८२ ।

१२८. द हार्ट ऑफ़ हिन्दुस्तान, पृ० २२ ।

१२९. द हिन्दू व्यू ऑफ़ लाइफ़, पृ० ७८ ।

१३०. रिलीजन एण्ड सोसाइटी, पृ० ११४ ।

१३१. द रिलीजन वी नीड, पृ० २७ ।

१३२. ईस्टर्न रिलीजन्स एण्ड वेस्टर्न थॉट, पृ० १०१ ।

१३३. वही, पृ० ९५ ।

१३४. पिछले वर्षों में राधाकृष्णन के नीतिशास्त्र में वैराग्य-विरोधी तत्त्व और भी प्रबल हो गया है ।

१३५. फ्रैगमेंट ऑफ़ ए कन्फ़ैशन (ट्यूडर, पृ० २६०) ।

१३६. प्रो० ए० आर० वाडिया कहते हैं—"राधाकृष्णन के उन समस्याओं के प्रति स्वस्थ संतुलित दृष्टिकोण की प्रशंसा किये बिना नहीं रहा जा सकता जो पुरानी परम्पराओं और धार्मिक पूर्वग्रहों द्वारा सहज ही उलझने लगती हैं । (सोशल फ़िलॉसफ़ी ऑफ़ राधाकृष्णन : ट्यूडर, पृ० ७८२) ।

१३७. राधाकृष्णन स्वयं 'तटस्थ' नहीं हैं, वे आदर्शवाद से प्रतिबद्ध हैं ।

१३८. ईस्टर्न रिलीजन्स एण्ड वेस्टर्न थॉट, पृ० ९५ ।

१३९. इसलिए वे आग्रह करते हैं कि सर्वोच्च अर्थ में नैतिक स्वास्थ्य के लिए संपूर्ण समृद्ध और बहुमुखी संस्कृति आवश्यक है ।

१४०. यहाँ टैगोर का प्रभाव द्रष्टव्य है जो आग्रह करते थे कि स्वतंत्रता और संयम साथ-साथ चलते हैं । राधाकृष्णन और टैगोर दोनों अराजकतावादी प्रवृत्तियों को अस्वीकार करते हैं ।

१४१. किन्तु वे यह मानते हैं कि भाग्यवाद में थोड़ा-बहुत काव्यात्मक आकर्षण अवश्य है ।

१४२. द भगवद्गीता, पृ० ४८।

१४३. एन आइडियलिस्ट व्यू ऑफ़ लाइफ़, पृ० २७९।

१४४. जोड : काउंटर अटैक फ्रॉम द ईस्ट, पृ० ५३।

१४५. वही, पृ० ५४।

१४६. द हिन्दू व्यू ऑफ़ लाइफ़, पृ० ३७।

१४७. तुलनीय, "हिन्दू धर्म ने असीम सौष्ठव के साथ प्रत्येक मानवीय आवश्यकता के साथ अनुकूलन कर लिया है।" (ईस्टर्न रिलीजन्स एण्ड वेस्टर्न थॉट, पृ० ३१३)।

१४८. द हिन्दू व्यू ऑफ़ लाइफ़, पृ० १२८।

१४९. वही, पृ० १२८।

१५०. वही, पृ० १२९।

१५१. वही, पृ० ९३।

१५२. फ्रैगमेंट ऑफ़ ए कन्फ़ैशन (ट्यूडर, पृ० १०)।

१५३. तुलनीय, "अपने महान् युग में हिन्दू सभ्यता ने समुद्रों को पार करके, उपनिवेशों को बसाकर, संसार को सिखाकर और उससे सीखकर भी, अपनी जीवन्त सक्रियता का परिचय दिया था।" (द हिन्दू व्यू ऑफ़ लाइफ़, पृ० १२८)।

१५४. फ्रैगमैंट ऑफ़ ए कन्फ़ैशन (ट्यूडर, पृ० ११)।

१५५. दार्शनिक की दृष्टि से पाश्चात्य सभ्यता के संकट के विस्तृत विश्लेषण के लिए देखिए, जोड : काउंटर अटैक फ्रॉम द ईस्ट।

१५६. राधाकृष्णन के साथ एक निजी वार्तालाप से जोड द्वारा उद्धृत.

१५७. राधाकृष्णन भी कार्टेजियन परम्परा को 'पाश्चात्य दर्शन में विचारक आत्मा' को ऊँचा आँकने के लिए दोष देते हैं (एन आइडियलिस्ट व्यू ऑफ़ लाइफ़, पृ० २७४)।

१५८. ईस्टर्न रिलीजन्स एण्ड वेस्टर्न थॉट, पृ० ३४८।

१५९. वही, पृ० ११५।

१६०. वही, पूर्वपीठिका, ७।

१६१. रिलीजन ऑफ़ द स्पिरिट एण्ड द वर्ल्ड्स नीड।

१६२. ईस्टर्न रिलीजन्स एण्ड वेस्टर्न थॉट, पृ० २५९।

१६३. तुलनीय, फ्रैगमैंट ऑफ़ ए कन्फ़ैशन में 'सर्वव्यापी धर्म' सम्बन्धी अनभाग।

१६४. संस्थागत धर्मों की विशेष रूप से तीखी आलोचना के लिए,

देखिए, रिलीजन एण्ड द वर्ल्ड क्राइसिस, और रेन ऑफ़ रिलीजन इन कंटैम्परेरी फ़िलॉसफ़ी।

१६५. एन आइडियलिस्ट व्यू ऑफ़ लाइफ़, पृ० ४४।

१६६. वही, पृ० ४५।

१६७. रिलीजन एण्ड सोसाइटी, पृ० ५३।

१६८. फ्रैगमेंट ऑफ़ ए कन्फ़ेशन (ट्यूडर, पृ० ७६)।

१६९. राधाकृष्णन इस बात पर जोर देते हैं कि निराशावाद का एक हां उत्तर है कि आध्यात्मिक मूल्य को प्रगति के अक्षय स्रोत के रूप में स्वीकार कर लिया जाए।

नवाँ अध्याय

कुमारस्वामी

: १ :

आधुनिक भारतीय चिन्तन के अपने सर्वेक्षण में हमने देखा है कि विभिन्न प्रकार से लगभग सभी चिन्तकों में एक ओर यह इच्छा है कि भारतीय विरासत का जितना हो सके उतना अंश सुरक्षित रखा जाए, और साथ-ही वे हमारे युग के नए मूल्यों और नई चुनौतियों से भी समझौता करना चाहते हैं। लगभग प्रत्येक महत्त्वपूर्ण चिन्तक में अननुवर्ती, बल्कि क्रांतिकारी, तत्त्व मौजूद है।[1] उनमें एक साथ ही दो भिन्न आवश्यकताओं पर ध्यान देने का प्रयास दिखाई पड़ता है—परम्परा का आदर, और कट्टर तथा घिसे-पिटे तत्त्वों के मृतभार से भारतीय मानस को मुक्त करने की इच्छा।

परंपरागत दृष्टिकोण की सम्पूर्ण और बिना शर्त स्वीकृति हमें बहुत कम ही दिखाई पड़ती है। आम तौर पर अतीत की परम आज्ञाकारिता, रूढ़िवादिता और संकीर्णता की सहगामिनी के रूप में ही दिखाई पड़ती है। किन्तु इसका एक उल्लेखनीय अपवाद है। आनन्द कुमारस्वामी ऐसे विद्वान और चिन्तक हैं जो भारतीय परम्परा से पूर्णतया संयुक्त होकर भी उस परम्परा की सर्जनात्मक और कलात्मक व्याख्या करने में समर्थ हैं। वास्तव में, आधुनिक भारतीय चिन्तन में कुमारस्वामी की एक महानतम देन, जैसा कि हम शीघ्र ही अधिक विस्तार से देखेंगे, यह है कि उन्होंने परम्परागत जीवन-पद्धति में जो कुछ भी उच्चतम महत्त्व का है उसे सौंदर्यपरक दिशा देने की क्षमता दिखाई है। यह सही है कि उनका सब भारतीय बातों का समर्थन कभी-कभी उन्हें ऐसी बातों की उपेक्षा करने को बाध्य करता है जिनकी उपेक्षा वास्तव में नहीं की जा सकती। पर उनके विवेचन की बहुमुखी प्रखरता और प्रौढ़ता को देखते हुए यह कोई बहुत बड़ा दोष नहीं।[2] कुमारस्वामी की रचनाओं में परिश्रमपूर्ण पाण्डित्य और समस्त सुन्दरता और

भव्यता के प्रति संवेदनशील अंतर्दृष्टि का अपूर्व मिश्रण है। वे भारतीय चिंतन और भावना के उन पक्षों को उभारते हैं जो आधुनिक मानवता की पीड़ित आत्मा को सान्त्वना प्रदान कर सकते हैं। कुमारस्वामी के सबसे लोकप्रिय निबन्ध-संग्रह डाँस ऑफ़ शिव की भूमिका में रोम्याँ रोलाँ कहते हैं—"मैं यूरोपवासियों को इस लययुक्त दर्शन का, चिन्तन की इस गहरी मन्द सुगन्ध के आनन्द का, आस्वादन करने के लिए आमन्त्रित करता हूँ। इससे उन्हें उन गुणों से परिचय प्राप्त होगा जिनकी आज यूरोप को सबसे अधिक आवश्यकता है—शान्ति, धैर्य, आशा, अनाकुल आनन्द—पवनहीन स्थान में निष्कंप दीप की भाँति।"[३]

: २ :

आनन्द कुमारस्वामी का जन्म २२ अगस्त, १८७७ को कोलम्बो में हुआ था। उनके पिता, सर मुतु कुमारस्वामी, सिंहली थे और उनकी माँ अंग्रेज। सर मुतु बैरिस्टर थे, पर उनकी अभिरुचियाँ साहित्य और दर्शन तक फैली थीं। किसी पालि बौद्ध ग्रंथ का अंग्रेजी में अनुवाद करने वाले वे पहले व्यक्ति थे। आनन्द मुश्किल से दो वर्ष के होंगे जब उनके पिता की मृत्यु हो गई। उनका सारा बचपन और प्रारम्भिक काल इंगलैण्ड में बीता। उनकी शिक्षा पहले ग्लौस्टर शायर में वाइक्लिफ़ कॉलेज में और फिर लन्दन विश्वविद्यालय में हुई। उनकी शिक्षा मुख्यतः विज्ञान की थी, यद्यपि वे रस्किन और विलियम मॉरिस के प्रभाव में भी आए। उनका डॉक्टरेट का प्रबन्ध श्रीलंका की भौमिकी पर था। पच्चीस वर्ष की अवस्था में ही उन्हें श्रीलंका के खनिज विज्ञानीय सर्वेक्षण के निदशेक का पद सौंपा गया। अपने पेशे के काम में उन्हें श्रीलंका और भारत की कलाओं और दस्तकारियों को पाश्चात्य औद्योगिक सभ्यता ने जो क्षति पहुँचाई थी उसे देखने के पर्याप्त अवसर मिले।[४] क्रमशः वे प्राच्य संस्कृति के सभी पक्षों, विशेषकर ललितकलाओं के गहन अध्ययन की ओर प्रवृत्त हुए। शीघ्र ही उन्होंने यह समझ लिया कि उनके जीवन का कार्य उन मूल्यों और जीवन-विधियों का निरूपण और रक्षण है जो यूरोपीय सभ्यता की आक्रामक प्रगति से संकट में थीं।

अपना शेष जीवन कुमारस्वामी ने 'शुद्ध मनीषी' के रूप में केवल मात्र सत्य और ज्ञान की लालसा से प्रेरित होकर बिताया। तीस वर्ष से भी अधिक उन्होंने बॉस्टन के ललितकला सग्रहालय में कार्य किया। वे अविराम परिश्रम करते रहे—अध्ययन और संग्रह करते हुए, व्याख्या और विश्लेषण करते हुए दूरस्थ स्रोतों के कलारूपों और विचारों के बीच समानताएँ खोजते हुए। उनका पत्र-व्यवहार

बड़ा विस्तृत था, और दुनिया-भर में फैले हुए असंख्य शोधार्थियों ने उनसे अधिक-से-अधिक उदारतापूर्वक और निःस्वार्थ सहायता प्राप्त की। १९४७ में अपनी मृत्यु के समय उन्होंने टिप्पणियों और निबन्धों का विशाल भण्डार छोड़ा जिसे अभी तक व्यवस्थित किया जा रहा है।[५] उनकी पत्नी उनके शोधकार्य में सहायता करती थीं और हर दृष्टि से उनकी योग्य संगिनी थीं।

कुमारस्वामी हमें प्राचीन युग के उन सर्वांगीण प्रकाण्ड मेधावी पण्डितों की याद दिलाते हैं जो विशेषज्ञता पर बल देने वाले इस आधुनिक युग में इतने विरल हैं। प्राचीन काल के ज्ञानी सन्तों की भाँति, अफ़लातून और लियोनार्दो दा विंची की भाँति, वे समस्त ज्ञान को अपना क्षेत्र मानते थे। वे विश्वास करते थे कि उपयोगी होने के लिए ज्ञान का सर्वग्राही होना आवश्यक है। उन्होंने स्वयं कोई दर्जन-भर भाषाएँ सीखीं और उनकी पादटिप्पणियाँ उनके भाषा-विज्ञान के ज्ञान की उत्तम साक्षी हैं। उनकी अभिरुचियों के विस्तार का अनुमान उनके ग्रंथों और निबन्धों के शीर्षकों तक से लग सकता है। कुछेक का ही उल्लेख करें तो, कला और सौंदर्यशास्त्र-विषयक हैं, हिस्ट्री ऑफ़ इंडियन एण्ड इण्डोनेशियन आर्ट, अर्ली इंडियन आर्कीटैक्चर, मैडीवल सिंहालीज़ आर्ट, राजपूत पेंटिंग, मॉडर्न इंडियन पेंटिंग तथा आभास और परोक्ष पर विशेष निबन्ध।[६] दर्शन और धर्म-विषयक हैं, द पार्टिनेन्स ऑफ़ फ़िलॉसफ़ी, रिकलैक्शन इंडियन एण्ड प्लैटोनिक, ग्रेडेशन, इवोल्यूशन एण्ड रिइन्कार्नेशन, नीत्शे एण्ड द गीता।[७] डांस ऑफ़ शिव और ट्रैंसफार्मेशन ऑफ़ नेचर इन आर्ट नामक दो विख्यात निबन्ध-संग्रहों में तुलनात्मक धर्म, ज्ञानमीमांसा, सांस्कृतिक दर्शन और सामाजिक चिन्तन-विषयक मूल्यवान अध्ययन हैं। उन्होंने राजनीतिक और शिक्षा-सम्बन्धी विषयों पर भी निबन्ध लिखे हैं। वास्तव में उनके कार्य पर दृष्टि डालते ही अचरज होता है कि एक जीवन में इतना सब कार्य कैसे सम्भव हुआ होगा।

उनका पाण्डित्य कभी भी सारसंग्रही अथवा पक्षधर नहीं रहा। किसी भी विषय पर वे समस्त सामग्री पर ध्यान दिये बिना कोई सामान्य सिद्धान्त नहीं बनाते थे। और जब वे भारत की परम्परागत संस्कृति की चर्चा करते थे तो उनका अभिप्राय केवल हिन्दुओं की उपलब्धि से न होता था। बौद्ध धर्म का उनका अध्ययन गहन भी था और गम्भीर भी।[८] बौद्ध चिन्तन के सकारात्मक पक्षों पर बल देने वालों में वे सर्वप्रथम थे। भारतीय संस्कृति में, विशेषकर संगीत और चित्रकला में,[९] इस्लाम के योग का उन्होंने बार-बार उल्लेख किया है। एक महत्त्वपूर्ण वाक्य है—"मुगल कला यथार्थ जगत् को दो महान्

प्राच्य संस्कृतियों के, उनके सम्पर्क के सबसे नाटकीय क्षण में, स्वप्नलोक की भाँति प्रतिबिम्बित करती है।...युग के मानस को—संश्लेषणात्मक, केवल सारसंग्रही नहीं—अकबर-जैसे व्यक्ति के चरित्र में—जिसका सुसंस्कृत मन फ़ारसी और भारतीय चिन्तन की धाराओं से समान रूप से पोषित था—सबसे सच्ची अभिव्यक्ति मिली है।"[१०] कुमारस्वामी की कृतियों में रूमी और ग़ज़ाली के उल्लेख हैं जो हिन्दू धर्म और इस्लामी एकेश्वरवाद के बीच गहनतर समानता को सूचित करते हैं।

किन्तु वे भारतीय परम्परा के भीतर विभिन्न तत्त्वों के बीच सामंजस्य दिखाकर ही संतुष्ट नहीं हैं। पाश्चात्य सभ्यता की तीव्र और प्रायः कटु निन्दा के बावजूद, कुमारस्वामी, विशेषकर अपने परवर्ती लेखन में, सच्चे विश्वप्रेमी के रूप में सामने आते हैं। वे मानव-संस्कृति की मूलभूत एकता की चर्चा करते हैं। वे कहते हैं—"सभ्यता को अब से स्थानीय अथवा राष्ट्रीय के बजाय मानवीय होना होगा, अन्यथा वह जीवित नहीं रह सकती।"[११] भारत पर अपने गर्व के बावजूद वे यह कहने में नहीं झिझकते कि "राष्ट्रवाद पर्याप्त नहीं है। देशभक्ति संकीर्ण बल्कि तुच्छ भी हो सकती है और महान् आत्माओं के लिए और भी श्रेष्ठतर कार्य मौजूद हैं...केवल भारतीय जीवन नहीं, बल्कि जीवन मात्र हमारी भक्ति का पात्र है।"[१२] और यह अंश और भी अधिक भावपूर्ण है—"आदर्शवाद की आदर्शवाद से ही कैसे भिन्नता हो सकती है? भविष्य के निर्वाचित जन कोई जाति या राष्ट्र नहीं, बल्कि पृथ्वी-भर का ऐसा अभिजात वर्ग होगा जो यूरोपीय तरुणाई के पौरुष को एशियाई वयोवृद्धता के धैर्य से संयुक्त कर सके।"[१३]

सत्य यह है कि कुमारस्वामी पूर्व और पश्चिम के बीच उतनी तीव्र विषमता नहीं देखते जितनी उनके कृतित्व से सतही परिचय के बाद लोग कल्पना कर लेते हैं। इसके विपरीत वे उस परम्परागत दृष्टिकोण का समर्थन करते हैं जिसे बहुत शताब्दियों तक पूर्व और पश्चिम दोनों मानते रहे हैं। वे पूछते हैं—"क्या हम कोई ऐसी मूलभूत अनुभूति या चरम लक्ष्य बता सकते हैं जो समान रूप से यूरोपीय और एशियाई दोनों नहीं है, एशियाई पैगम्बरों का उल्लेख करें तो, जिसने रूमी, लाओत्से, जीसस की, शंकर और कबीर की, उपनिषदों की शुद्ध पर्वतीय हवा में साँस ली है, वह क्या कभी उनके लिए पराया हो सकता है जो अफ़लातून, कान्ट, टौलर, रुइसब्रोएक, ह्विटमैन, नीत्शे, ब्लेक के चरणों में बैठे हैं?"[१४]

: ३ :

पर 'परम्परागत दृष्टिकोण' से कुमारस्वामी का ठीक-ठीक अभिप्राय क्या है ? उनके मन में प्राचीन और पूर्व-मध्ययुग की वह सभ्यता है जिसकी जड़ें मूलत: धार्मिक जीवन-पद्धति में थीं। यह सभ्यता जितनी पूर्वात्य थी उतनी ही पाश्चात्य भी थी। यूरोपीय पुनर्जागरण तक दोनों गोलार्धों के बीच कोई खाई न थी। "यूरोपीय सभ्यता का महान् चक्र बारहवीं और तेरहवीं शताब्दी में अपने शिखर पर पहुँचा।...तेरहवीं से बीसवीं शताब्दी तक हम जीवन का अधिकाधिक विघटन देख सकते हैं—सर्जनात्मक इच्छा-शक्ति की क्षीणतर होती अभिव्यक्ति,...दृष्टि का ह्रास...पूर्ण अराजकता के इस क्षण तक, जब जीवन और कला शताब्दियों की लक्ष्यहीनता के प्रमाण हैं।"[१५] कुमारस्वामी अफ़लातून में तथा आरफियस के रहस्यों में, सन्त अगस्तीन में, मीस्टर एकहार्ट और टामस ए० केम्पिस में, वही आध्यात्मिक प्रेरणा देखते हैं जो महायान बौद्ध धर्म की, चण्डीदास और टैगोर की रचनाओं को अनुप्राणित करती है। "यदि हम आज के आधुनिकतावादी, व्यक्तिवादी दर्शनों को छोड़ दें और केवल महामना दार्शनिकों की महान् परम्परा पर विचार करें, तो यह पता चलेगा कि पूर्व और पश्चिम के बीच अन्तर बोलियों के अन्तर के समान हैं, जब कि मूलभूत आध्यात्मिक भाषा एक ही है।"[१६]

पर पुनर्जागरण के बाद विश्व-संस्कृति की एकता भंग हो गई और औद्योगिकता की वृद्धि के साथ पूरी स्थिति ही जड़ से बदल गई। पश्चिम अपने धार्मिक आधार से कट गया और पूर्व में, विशेषकर भारत में, जीवन और चिन्तन पहले की भाँति चलता रहा। "अफ़लातून के दर्शन-जैसा दर्शन एक प्राच्य ग्राम में आज भी जीवन्त शक्ति है...हमारे किसान गहन दार्शनिक महत्त्व के महाकाव्योपम साहित्य से और असीम मूल्य के काव्य और संगीत से भली-भाँति परिचित हैं।"[१७] कुमारस्वामी आधुनिक पश्चिम के आक्रामक अतिक्रमण द्वारा इस निराकुल, आत्मसन्तुष्ट जीवन के ढाँचे में व्याघात पर दुखी हैं। "भारतीय जीवन का सौन्दर्य और तर्क आज मरणशील अतीत का अंग है। उन्नीसवीं शताब्दी ने भ्रष्ट बहुत-कुछ किया है, रचा कुछ नहीं।"[१८] नई शिक्षा-पद्धति और समाज के नए ढाँचे ने "एक ऐसे सतही और श्रेणीहीन मनुष्य को, जिसकी कोई जड़ें नहीं, एक प्रकार के बौद्धिक अछूत को"[१९] उत्पन्न किया है।

कटु व्यंग्य के साथ कुमारस्वामी उस पश्चिमी रंग में रँगे भारतीय की चर्चा करते हैं जो "अपने घर की दीवारों को सस्ते तैलचित्रों से बदसूरत करता है, यूरोपीय संगीत के कर्कश रिकार्डों से आनन्द पाने का ढोंग रचता है और

फिर किसी स्वदेशी साबुन कम्पनी में एक-दो हिस्से खरीदकर अपनी आत्मा को बचाना चाहता है।"[२०] कारखाना-युग भारत में केवल कुरूपता, अश्रद्धा को ही लाया है। जो कुछ उसके स्वभाव के प्रतिकूल है और प्रायः जो कुछ उसके पास मौजूद है, उससे हीनतर है, उसके दासतापूर्ण अनुकरण को ही लाया है।"[२१] कुमारस्वामी उन कला-कौशलों की चतुर्दिक श्रेष्ठता की चर्चा करते हैं जो किसी समय भारत की आत्मा को प्रतिबिम्बित करते थे। "वे झीनी मलमल या फूलों से बुने रेशमी कपड़े, जिनसे हम अपनी भारतीय स्त्रियों के सौन्दर्य की पूजा किया करते थे, वे पीतल के बर्तन जिनमें हम खाया-पिया करते थे, वे कालीन जिन पर हम नंगे पैरों चला करते थे, वे चित्र जो हमारे सामने राधा का प्रेम और अनन्त हिम की आत्मा का उद्घाटन करते थे, आज कहाँ हैं ?"[२२] निपुणता के नाम पर जीवन की इन परिष्कृतियों का स्थान नीरस सदृशता ने ले लिया है जो हमें मनुष्यत्वहीन बनाती है। वस्तुएँ मनुष्यों से अधिक महत्त्वपूर्ण होती जा रही हैं और मशीन का राक्षस उन सब चीज़ों को कुचल रहा है जो किसी समय हमें प्रिय थीं।[२३]

भारत को जागकर यह समझना चाहिए कि वह केवल "अपनी भारतीयता बनाए रखकर"[२४] ही अपने-आपको परिपूर्ण कर सकता है। उसे अपनी विशेष भूमिका नहीं छोड़नी चाहिए। और वह भूमिका क्या है ? वह यह सिद्ध करना है, जो केवल भारत ही कर सका है, कि धर्म और दर्शन में जड़ें रखने वाली जीवन-प्रणाली ही अधिक-से-अधिक मनोहर, सुन्दर और सन्तोषप्रद हो सकती है। भारत के लिए दर्शन कभी भी निरा बौद्धिक अभ्यास नहीं रहा; उसे सदा ही 'जीवन के नक्शे की कुंजी' समझा गया है। "यदि यह पूछा जाए कि विश्व-सभ्यता की प्राप्ति के लिए भारत कौन-सी आन्तरिक संपत्ति प्रस्तुत करता है, तो उत्तर उसके धर्म और दर्शन में, अमूर्त सिद्धान्तों को व्यावहारिक जीवन में लागू करने में खोजना होगा।"[२५] यूरोप को भारत की इस आन्तरिक सम्पत्ति का उपयोग करना चाहिए। "यदि अज्ञानवश अथवा एशिया को तुच्छ समझने के कारण, रचनात्मक यूरोपीय चिन्तन पौर्वात्य दार्शनिकों से सहयोग करने में चूक गया, तो ऐसा समय आ जाएगा जब यूरोप उद्योगवाद से लड़ ही नहीं सकेगा, क्योंकि तब तक शत्रु भारत में भी अपने पैर जमा चुका होगा।"[२६] और भी अधिक अमंगल-सूचक चेतावनी देते हुए वे कहते हैं, "यदि एशिया यूरोप के साथ नहीं हुआ तो वह उसके विरुद्ध होगा और सम्भव है कि...आदर्शवादी यूरोप और भौतिकवादी हो गए एशिया के बीच...भयंकर संघर्ष छिड़ जाए।"[२७]

कुमारस्वामी के ये वाक्य लिखने के बाद से पूर्व और पश्चिम के

वैचारिक सम्बन्धों में बहुत-से परिवर्तन हो चुके हैं। उनका विश्लेषण अब समस्याओं के अतिसरलीकरण पर आधारित जान पड़ता है। 'आदर्शवादी यूरोप' और 'भौतिकवादी एशिया' के बीच भावी विभाजन के विचार को अब बहुत कम लोग स्वीकार करेंगे। और भी कम व्यक्ति यह मानेंगे कि औद्योगिक विकास निरा अनिष्ट अथवा दार्शनिक सम्पूर्णता के लिए नितान्त बाधा-मात्र है। फिर भी कुमारस्वामी 'सनातन दर्शन' के सर्वव्यापी मूल्य के पक्षों की, तथा उसके लिए उत्पन्न ख़तरों की ओर ध्यान आकर्षित करके बड़ी भारी सेवा कर रहे थे।[२८]

पर यह पूछा जा सकता है कि जिस 'सनातन दर्शन' की वे चर्चा करते हैं वह कोई यथार्थ वस्तु है अथवा निरी शब्दावली मात्र जो केवल कुछ बिम्ब जाग्रत करती है। यह स्वीकार करना होगा कि कुमारस्वामी ने परम्परागत दृष्टिकोण की यथार्थ विशेषताओं को स्पष्ट करने के कर्त्तव्य से बचना नहीं चाहा है। अपने निबन्ध पर्टिनेन्स ऑफ़ फ़िलॉसफ़ी में वे दो प्रकार के दर्शन बताते हैं। उनकी युक्तियों को संक्षेप में प्रस्तुत करना उपयोगी होगा। सबसे पहले जिसे वे 'ज्ञान के विषय में विज्ञता' का वर्णन करते हैं, ऐसी विज्ञता जो मनुष्य की वैज्ञानिक, तर्कनापरक साज-सज्जा पर आधारित है। "ऐसी विज्ञता व्यवस्थित होनी चाहिए; और व्यवस्था बन्द होनी चाहिए जो देश-काल और कार्य-कारण के क्षेत्र तक सीमित हो, क्योंकि वह प्राक्कल्पना द्वारा ज्ञेय और निश्चित वस्तुओं के विषय में है।" इस प्रकार की विज्ञता कभी निश्चित स्थापनाएँ नहीं कर सकती, वह केवल सफलता की अधिक सम्भावनाओं की भविष्यवाणी कर सकती है।

इस दर्शन के अनुरूप, जिसमें "मानव-विज्ञता केवल अपने-आप निर्भर रहती है," एक ऐसा धर्म प्रकट होता है जिसे केवल 'प्राकृतिक धर्म' कहा जा सकता है। इस धर्म का "देवता वह निर्दिष्ट शक्ति है जिसका कार्य सब जगह दिखाई पड़ता है पर जो किसी तरह विश्लेषण में नहीं आती, जैसे 'जीवन' या 'ऊर्जा'।" यह प्राकृतिक धर्म सर्वेश्वरवाद का या बहु-ईश्वरवाद का, या दार्शनिक बहुत्ववाद का भी रूप ले सकता है; पर सर्वात्मवादी दृष्टिकोण सदा विद्यमान रहता है। वह 'विश्व की आत्मा' की कल्पना करता है, या 'शक्तियों' की सहायता का सहारा लेता है जिससे दृश्य वस्तुओं और गतिविधियों के जगत् की व्याख्या कर सके। कुमारस्वामी का कहना है—और यह चौंका देनेवाला कथन है—कि विज्ञान सर्वात्मवाद का विरोधी होना, तो दूर, वास्तव में उसका समर्थक है। "विज्ञान सर्वात्मवाद से केवल इस बात में भिन्न है कि जहाँ

विज्ञान शक्तियों की अंध-संकल्पों के रूप में कल्पना करता है, वहाँ सर्वात्मवाद (जो भी एक प्रकार का दर्शन ही है) इन शक्तियों को मूर्त रूप देकर उनमें स्वतन्त्र संकल्प-शक्ति की प्रतिष्ठा करता है।"[२९] वे दोनों ही 'प्रस्तुति के प्रकारों' से सम्बन्धित हैं। वे दोनों ही 'उस अस्तित्व का, जो वस्तुओं को ज्ञाता के मन में, तत्त्वों, मूल जातियों और प्रजातियों के रूप में है," ज्ञान खोजते हैं। वे दोनों ही "ज्ञात वस्तुओं के सम्बन्ध में संकल्प की गतिविधि का नियन्त्रण" करना चाहते हैं।

पर एक भिन्न और उच्च प्रकार का दर्शन भी होता है—वह है 'आत्मिक ज्ञान', उद्‌घाटित सत्य, तत्त्वमीमांसीय विज्ञता। उसे प्रथम दर्शन कहना उचित है—कालक्रम में नहीं, मूल्यात्मक दृष्टि से प्रथम। उच्चतर दर्शन निम्न दर्शन को अस्वीकार नहीं करता। इसके विपरीत, 'मानव विज्ञता' से तत्त्वमीमांसीय विज्ञता को 'अपने से पूर्ववर्ती मानकर' उसे तत्त्वमीमांसीय विज्ञता के 'आंशिक सादृश्यमूलक विवेचन के लिए लागू' किया जा सकता है। कुमारस्वामी सावधानी के साथ यह धारणा उत्पन्न करने से बचते हैं कि दोनों अनुशासनों के बीच कोई ऐसी खाई है जिसे पाटा नहीं जा सकता। "यद्यपि दोनों विज्ञताएँ भिन्न प्रकार की हैं, फिर भी उनके बीच संयोग या सामंजस्य सम्भव है···दोनों ही एक-दूसरे पर, यद्यपि विभिन्न रूप में निर्भर हैं, विज्ञान अपने संशोधन के लिए उद्‌घाटित सत्य पर निर्भर करते हैं और उद्‌घाटित सत्य उदाहरण द्वारा निरूपण के लिए विज्ञानों पर निर्भर होता है।"[३०]

इस उच्चतर दर्शन में निम्न दर्शन का सम्पूर्ण क्षेत्र अन्तर्निहित रहता है, पर उसमें "ऐसी 'सत्ताओं' का जमकर विवेचन होता है जो देशकालमूलक गठन में पूर्णतः नहीं आतीं। वह परिवर्तन से स्वतन्त्र एक 'अभी' की यथार्थता को पुष्ट करता है। वह प्रत्येक सूक्ष्म तथ्य में सम्पूर्ण विश्व से सम्बन्धित यथार्थता के प्रतीक को खोज पाता है।" इस प्रथम दर्शन में धर्म और तत्त्वमीमांसा का हँसी-खुशी मिलन होता है। उद्‌घाटन द्वारा ज्ञात सिद्धान्त के रूप में सर्वोच्च विज्ञता की—जो अंशतः अबुद्धिगम्य वस्तुओं से सम्बद्ध होकर भी अपने-आपमें सुसंगत किन्तु अव्यवस्थित और बुद्धिगम्य है—हमारी पहली समस्या है धर्म और तत्त्वमीमांसा को विभाजित किए बिना ही उनमें अन्तर कर सकना···यह विभेद है पृथकता नहीं, जैसा सार और गुण के विषय में होता है।"[३१] कुमारस्वामी मानते हैं कि परम्परागत भारतीय चिन्तन में इस समस्या का उचित समाधान मौजूद है। धर्म और तत्त्वमीमांसा में सामंजस्य स्थापित कर दिया गया है और 'ज्ञानविषयक विज्ञता' को सुन्दर ढंग से उच्चतर विज्ञता की प्राप्ति के

लिए मानव-चेतना को तैयार करने के काम में लगाया गया है। इसके अतिरिक्त इस तैयारी को वास्तविक जीवन के सभी पक्षों में व्याप्त हो जाने दिया गया है; उसे मन या आत्मा की एकान्त प्रक्रियाओं तक ही सीमित नहीं रखा गया है।

'सनातन दर्शन' का यह निरूपण चाहे मौलिक न हो—वास्तव में कुमारस्वामी बार-बार कहते हैं कि मौलिक नहीं है—पर वह ओजस्वी और व्यापक है। कुमारस्वामी की उपलब्धि को प्रस्तुत करने के लिए रोम्याँ रोलाँ के शब्दों से बेहतर शब्द मिलना कठिन है—"कुमारस्वामी की रचना (डांस ऑफ़ शिव) का उद्देश्य है भारतीय आत्मा की शक्ति को दिखाना, उस समस्त वैभव को दिखाना जो उसके भीतर संचित है।···भारत का विराट और प्रशान्त तत्त्व-चिन्तन प्रकट होता है—उसकी जगत् की अवधारणा, उसका सामाजिक संगठन ···उसकी कला का तेजस्वी उद्‌घाटन। इस ग्रन्थ के सघन और सुव्यवस्थित प्रासाद से भारत की सम्पूर्ण विराट आत्मा एक परम समन्वय की प्रधानता की घोषणा करती है।"[३२]

: ४ :

कुमारस्वामी के इस 'परम समन्वय' के निरूपण की सबसे महत्त्वपूर्ण विशेषता यह है कि उनका अपने अध्ययन के विषय के सम्बन्ध में सुसंगत सौन्दर्य-परक दृष्टिकोण ही बना रहता है। टैगोर और अरविन्द ने भी भारतीय चिन्तन और धर्म की कला-अनुभूति के रूप में व्याख्या की है। पर उन्होंने कवि-रूप में लिखा है, विद्वान के रूप में नहीं। कुमारस्वामी निरन्तर विद्वत्ता के क्षेत्र में ही रहते हैं। वे अपनी व्याख्याओं को कवि-कल्पना से प्रभावित नहीं होने देते; वे अपना आधार दृढ़तापूर्वक मूल ग्रन्थों को ही बनाते हैं। वे कहते हैं—"हम शुद्ध शास्त्रीय दृष्टिकोण से लिख रहे हैं···गणित-जैसी सुनिश्चितता से बात कहने का प्रयास करते हैं, पर कभी अपने शब्दों द्वारा नहीं कहते, और न ऐसी स्थापनाएँ करते हैं जिनके लिए शास्त्र का सुनिश्चित प्रमाण न दिया जा सके।" किसी ने हाल ही में कहा है कि "कुमारस्वामी की लेखनी सूक्ष्मता के औजार की भाँति है।" सचमुच आधुनिक अध्ययन के क्षेत्र में ऐसा दूसरा उदाहरण नहीं है जिसमें ब्यौरे के प्रति इतनी सतर्कता के साथ-साथ जो कुछ सौन्दर्य-दृष्टि से महत्त्वपूर्ण है उसके लिए ऐसा सहज बोध भी मौजूद हो।

कुमारस्वामी भारतीय दर्शन में 'विश्व प्रक्रिया के लयपूर्ण स्वरूप' के संप्रेषण का बहुमुखी प्रयास देखते हैं। इस लयबोध के कारण ही भारतीय मानस ज्ञाता और विषय, आत्म और अनात्म, एकता और अनेकता, जीवन और मरण-जैसे युग्मों से सामना होने पर अपना सन्तुलन बनाए रख सका है। "इन परस्पर-

विपरीत तत्त्वों के घात-प्रतिघात में ही सम्पूर्ण संवेदनामूलक जीवन, शाश्वत संभवन, निहित है।"[३३] यह शाश्वत सम्भवन, यह प्रतिपक्षों का अन्तहीन जुलूस भारतीय मानस के लिए कोई कठिनाई नहीं प्रस्तुत करता क्योंकि वह उसके पीछे छिपे उस सौन्दर्य को देख पाता है जो जीवन को एकता प्रदान करता है। कुमारस्वामी कहते हैं--"भारतीय अनुभव का केन्द्र और सार समस्त जीवन की निरन्तर अन्तःप्रज्ञा में और उस सहज अमिट विश्वास में है कि इस एकता की स्वीकृति ही सर्वोच्च शिव और अधिकतम स्वतन्त्रता है।"[३४]

कुमारस्वामी ने भारतीय चिन्तन के इस केन्द्रीय सार पर आग्रह करके न केवल परम्परागत दर्शन और धर्म के अध्ययन पर एक नया बल दिया, बल्कि भारतीय राष्ट्र के पुनरुत्थान के लिए एक बहुत महत्त्वपूर्ण प्रश्न भी उठाया। वे राष्ट्रवाद की अवधारणा के मूलभूत तत्त्वों के पुनर्परीक्षण पर बार-बार आग्रह करते रहे। वे कहते थे कि सच्ची देशभक्ति की माँग है कि हमारा देश अपनी सुन्दरता और शोभा के भंडार की रक्षा करके उसे और भी समृद्ध करे। उन्होंने राजनीतिज्ञों से पूछा है —"क्या आपने कभी समझा है कि राजनीतिक और आर्थिक दृष्टि से स्वतन्त्र, किन्तु अपनी अन्तरात्मा में यूरोप द्वारा परास्त, भारत ऐसा आदर्श नहीं प्रस्तुत कर सकता जिसके लिए कोई जिए या मरे ?" 'देशभक्ति के कर्त्तव्य' के प्रचलित नारे का उल्लेख करते हुए उन्होंने कहा था—"क्या आपको कभी यह भी सूझा है कि अपने जीवन और अपने परिवेश को नैतिक बनाना जितना आवश्यक है उतना ही उन्हें सुन्दर बनाना भी—बल्कि यह भी कि **सुन्दरता के बिना सच्ची नैतिकता सम्भव नहीं, ठीक वैसे ही जैसे नैतिकता के बिना सच्ची सुन्दरता सम्भव नहीं ?"[३५]**

इस भाँति राष्ट्रीय स्वतन्त्रता की अवधारणा का विस्तार करके कुमार-स्वामी ने राष्ट्रीय जीवन के एक ऐसे पक्ष की ओर ध्यान खींचा है जिसकी उपेक्षा करना खतरनाक है। उन्होंने शुद्ध चिंतक और शुद्ध राजनीतिज्ञ के एकांगी रवैये में अत्यधिक आवश्यक संशोधन प्रस्तुत किया है। वास्तव में शुद्ध राजनीतिज्ञ तो "आदर्शवादी अर्थ में प्रायः तनिक भी राष्ट्रवादी नहीं होता।" चरम विश्लेषण में राष्ट्र अपने कलाकारों द्वारा ही निर्मित होता है। "स्वर्ग का राज्य भीतर है, बाहर नहीं; राष्ट्रों की स्वतन्त्रता के विषय में भी यही सच है। यह कवियों का—कवि, चित्रकार, मूर्तिकार, संगीतकार, कलाकार सब पर्यायवाची शब्द हैं—काम है कि अपने श्रोताओं को स्वतन्त्र बनायें। वे ही राष्ट्रों का स्थान निर्धारित करते हैं।"[३६] जब कुमारस्वामी ने ये विचार प्रकट किए तो कुछ लोगों को लगा कि वे विवादी स्वर उठा रहे हैं। टैगोर ने भी ऐसे

ही कारणों से देशभक्तों को बहुत अप्रसन्न किया था। किन्तु आज, पिछली दो दशाब्दियों में जो कुछ घटित हुआ है उसके बाद, भारतीय संस्कृति का इतिहासकार कुमारस्वामी-जैसे व्यक्तियों का कृतज्ञ हुए बिना नहीं रह सकता जिन्होंने जीवन और चिन्तन के प्रति सौन्दर्यपरक दृष्टिकोण का समर्थन किया। और न हम इस बात के लिए कुमारस्वामी की प्रशंसा किए बिना रह सकते हैं कि इस सौन्दर्यपरक दृष्टिकोण के सबसे अभिव्यंजनापूर्ण प्रतीक के रूप में उन्हें नटराज शिव की आकृति सूझी। इस आकृति में उन्हें "सत्य की एक मूर्ति, जीवन के जटिल ताने-बाने की एक कुंजी, प्रकृति की ऐसी धारणा जिसका आकर्षण सभी युगों और सभी देशों के दार्शनिक, प्रेमी, कवि और कलाकारों के लिए सर्वव्यापी था," दिखाई पड़ी। उन्हें दीख पड़ी "भारत के ऋषि-कलाकारों की महान सर्जन-शक्ति—ऐसी शक्ति जो इतने गहन रूप में महत्त्वपूर्ण और अनिवार्य, मूलभूत लय की इतनी अभिव्यंजना से परिपूर्ण, रूप खोज सकी।"[३७]

संदर्भ

१. यह विचारणीय है कि आर्य समाज के अनुयायी भी, जो खुल्लम-खुल्ला प्राचीनतावादी आन्दोलन था, परम्परा की बिना शर्त स्वीकृति की माँग नहीं करते थे।

२. कुमारस्वामी के लेखन में बीच-बीच में तीखी व्यंग्य की धार है, विशेषकर जब वे पश्चिम के 'सभ्य बनाने के दायित्व' का उल्लेख करते हैं।

३. रोम्याँ रोलाँ : डांस ऑफ़ शिव की भूमिका।

४. तुलनीय, वस्त्र-उत्पादन के कलात्मक रूप पर रासायनिक रंगों के विनाशकारी प्रभाव के विषय में उनके विचार।

५. कुछेक जीवनी-सम्बन्धी बातें आर० ए० पार्कर की कुमारस्वामी की द बगबेयर ऑफ़ इल्लिटरेसी नामक पुस्तक की भूमिका से ली गई हैं।

६. भारतीय कला के कुछ विशिष्ट पक्षों के भी बड़े सुन्दर अध्ययन हैं, जैसे 'भारतीय चित्रों में रात्रि-प्रभाव', 'बहुभुज मूर्तियाँ', और 'मूर्तिकला में मुख पर भावाभिव्यक्ति'।

७. उनके अन्तिम अध्ययनों में एक है 'शून्य के लिए शब्द और आकाश की तत्त्वमीमांसा।'

८. कुमारस्वामी ने बुद्ध के जीवन की बहुत-सी घटनाओं की अत्यन्त ज्ञानपूर्ण प्रतीकात्मक व्याख्याएँ प्रस्तुत की हैं।

९. अपने एक निबन्ध में उन्होंने एक सूफ़ी संगीतज्ञ अब्दुलरहीम का बड़ा हृदयस्पर्शी वर्णन किया है, जो 'प्रामाणिकतम धार्मिक भावना' से वैष्णव-गीत गाया करता था।

१०. वे दिखाते हैं कि किस प्रकार मुग़ल कला स्थानीय भारतीय परम्पराओं को आत्मसात करके पूर्णतः राष्ट्रीय हो गई थी। तुलनीय, आर्ट एण्ड स्वदेशी, पृ० ८९।

११. डांस ऑफ़ शिव, पृ० १५१।

१२. वही, प० १८०।

१३. तुलनीय, "हमें भावी जाति से यह माँग करनी चाहिए कि वह यूरोपीय शक्ति से कार्य करे और एशियाई शान्ति से सोचे।"

१४. डांस ऑफ़ शिव, पृ० १५२।

१५. वही, पृ० १६५।

१६. किन्तु उन्होंने कहा है कि आधुनिक यूरोपीय चिन्तन में पुरानी भावना की ओर लौटने के बहुत-से लक्षण मौजूद हैं। नीत्शे में वे 'यूरोप की अन्तरात्मा का पुनर्जागरण' देखते हैं।

१७. यह मानना होगा कि कुमारस्वामी भारतीय किसान और दस्तकार के दैनिक जीवन में दार्शनिक विचारों के प्रभाव को कभी-कभी बढ़ा-चढ़ाकर देखते हैं।

१८. भारत में अँग्रेज़ी शिक्षा के प्रभाव के विषय में टैगोर ने भी ऐसे ही विचार प्रकट किए हैं।

१९. डांस ऑफ़ शिव, पृ० १७०।

२०. आधुनिक वैज्ञानिक आविष्कारों में ग्रामोफ़ोन से वे जितने रुष्ट हैं उतने और किसी से नहीं। सौभाग्यवश तब तक ध्वनिविस्तारकों ने ग्रामोफ़ोन की घातक शक्ति का और भी विस्तार नहीं किया था।

२१. उनकी शिकायत है कि इस 'नक़ली संस्कृति' को जो क़ीमत हम चुकाते हैं वह "कलात्मक बोध की जड़ पर कुठाराघात से कम कुछ नहीं।" (आर्ट एण्ड स्वदेशी पृ० २७)।

२२. आर्ट एण्ड स्वदेशी, पृ० २।

२३. वे चेतावनी देते हैं कि "मनुष्य और मशीन के बीच प्रतिद्वन्द्विता संस्कृति का नाश ही कर सकती है।" (आर्ट एण्ड स्वदेशी, पृ० ३४)।

२४. डांस ऑफ़ शिव, पृ० २१।

२५. वही, पृ० ३८।

२६. वही, पृ० ३७।

२७. वही, पृ० ३८। किन्तु वे यह भी कहते हैं कि यूरोप अभी तक पूरी तरह नहीं समझ सका है कि वह एशिया का कितना ऋणी है।

२८. हिन्दू और बौद्ध धर्म के तुलनात्मक अध्ययन में वे भारतीय परम्परा के उन सत्यों को सामने लाते हैं जिनकी सर्वव्यापी सार्थकता है (हिंदुइज़्म एण्ड बुद्धिज़्म, पृ० ४)।

२९. कंटेम्पररी इण्डियन फ़िलॉसफ़ी (राधाकृष्णन द्वारा संपादित) पृ० १५४।

३०. वही, पृ० १५५।

३१. वही, पृ० १५८।

३२. यह वाक्य डांस ऑफ़ शिव की भूमिका से है, पर यह कथन कुमारस्वामी की अन्य कृतियों के लिए भी इतना ही सत्य है।

३३. डांस आफ़ शिव, पृ० ३१।

३४. वही, पृ० २२।

३५. आर्ट एण्ड स्वदेशी, पृ० ३।

३६. वही, पृ० ११२।

३७. डांस ऑफ़ शिव, पृ० ६४।

दसवाँ अध्याय

इक़बाल

: १ :

जिन चिन्तकों के विचारों का हमने अब तक विवेचन किया है वे सब उस परम्परा के अंग हैं जिसे अत्यन्त व्यापक अर्थ में हिन्दू कहा जा सकता है। यह उतना इस अर्थ में नहीं कि वे लोग जन्म से हिन्दू थे, बल्कि इस अर्थ में कि उनका बौद्धिक तथा भावात्मक लालन-पालन—उनके बीच दृष्टिकोण की व्यापक और प्रायः मूलभूत भिन्नताओं के बावजूद—उन मूल्यों और अवधारणाओं के आधार पर हुआ था जो हिन्दू धर्म की नींव पर भारत में विकसित हुई हैं। किन्तु बहुत-से स्थलों पर इस बात का भी संकेत किया जा चुका है कि हिन्दू धर्म और इस्लाम की धाराएँ इतने उन्मुक्त रूप में और इतने दीर्घकाल तक परस्पर अन्तर्लीन होती रही हैं कि किसी भी चिन्तनधारा को केवल हिन्दू धर्म से अनुप्राणित मानना सही न होगा।[1] एक हज़ार वर्ष से इस्लाम भारतीय जनता के चिन्तन और दृष्टिकोण को प्रभावित करता रहा है—कभी-कभी प्रत्यक्ष रूप से, पर बहुत बार सूक्ष्म और अप्रत्यक्ष रीतियों से। अर्वाचीन भारतीय चिन्तन का कोई अध्ययन तब तक पूर्ण नहीं हो सकता जब तक इस्लामी तत्त्वों पर भी विचार न किया जाए। और यद्यपि मध्य युग में इस्लामी प्रभावों का भारतीय चिन्तन के लगभग प्रत्येक क्षेत्र में काफ़ी विस्तार से अध्ययन किया जा चुका है, आधुनिक भारतीय चिन्तन और संस्कृति में इस्लाम के योग की प्रायः उपेक्षा होती रही है।

इसलिए यह उपयुक्त ही है कि अब हम एक ऐसे व्यक्ति के कृतित्व का अध्ययन करें जो इस्लामी परम्परा के कुछेक भव्यतम और सबसे स्थायी पक्षों का प्रतिनिधित्व करता है—ऐसे व्यक्ति के कृतित्व का जिसने न केवल दार्शनिक गद्य के जटिल माध्यम द्वारा, बल्कि काव्य के घनिष्ठ और प्रेरणादायक माध्यम द्वारा भी, अपने-आपको अभिव्यक्त किया। तो फिर अब हम

इक़बाल की ओर मुड़ें जिनके शेरों में रेगिस्तान की स्वास्थ्यप्रद हवा और फ़ारसी गुलाबों के बाग़ीचों की भीनी सुगन्ध है। इक़बाल ऐसे कवि-दार्शनिक हैं जिनका दर्जा केवल टैगोर के ही बाद आता है, और जिनके रूपक अपनी सुन्दरता और गहराई तथा शक्ति से हमें प्रायः चौंका देते हैं।

यद्यपि इक़बाल का महत्त्व सभी लोग स्वीकार करते हैं, फिर भी आधुनिक भारतीय चिन्तन के इतिहास में वे कुछ विवादास्पद व्यक्ति हो गए हैं, क्योंकि उनके कृतित्व और दृष्टिकोण के स्रोतों को प्रायः 'अ-भारतीय'[२] माना जाता है, और क्योंकि उनके परवर्ती लेखन में ऐसी चिन्तन-प्रवृत्तियाँ मौजूद हैं जो स्वयं उनके अपने पूर्ववर्ती कृतित्व की सर्वव्यापकता और उदारता से विचित्र रूप में भिन्न ज्ञान पड़ती हैं। उनके बारे में असहनशील टिप्पणियाँ की गई हैं और यह भी कहा गया है कि उनका कृतित्व अपनी भावना और प्रभावशीलता दोनों में ही विदेशी है। जब हम इक़बाल की रचनाओं पर और अधिक समीप से दृष्टि डालते हैं तो यह स्पष्ट हो जाता है कि ये टिप्पणियाँ जितनी पूर्वग्रहपूर्ण हैं उतनी ही जल्दबाज़ी में की हुई भी हैं। उनमें बहुत-सी इक़बाल के चिन्तन की पृष्ठभूमि के विषय में अज्ञान का परिणाम हैं। इस पृष्ठभूमि को अधिक पूर्णता के साथ समझने के लिए आधुनिक भारतीय संस्कृति में इस्लाम के स्थान के सामान्य प्रश्न पर संक्षेप में विचार करना आवश्यक है।

: २ :

जो नया आध्यात्मिक और सांस्कृतिक उभार अठारहवीं शताब्दी के उत्तरार्द्ध में शुरू हुआ उसकी पहली पंक्ति में हिन्दू धर्म के प्रतिनिधि थे। कुछ आर्थिक और राजनीतिक कारणों से—जो इतने जटिल हैं कि यहाँ उनका विवेचन उपयुक्त न होगा—कुल मिलाकर मुस्लिम संप्रदाय शिक्षा की दृष्टि से पिछड़ा रहा। जब कुछ दशाब्दियों बाद, नये जागरण में हिस्सा लेने और आधुनिक संसार के अनुरूप बनाने की इच्छा से, भारतीय मुसलमानों में भी हलचल हुई तो इस आकांक्षा को उन्होंने अपनी धार्मिक परम्परा के विशेष ढंग से अभिव्यक्त किया। उन परिस्थितियों में यह सर्वथा स्वाभाविक भी था। रवीन्द्रनाथ टैगोर ने १९२३ में 'एकता का रास्ता' शीर्षक एक उल्लेखनीय लेख में लिखा था—"जब नवयुग के साथ हिन्दू को अपने हिन्दू धर्म के गौरव का भान हुआ तो यदि तब तक मुसलमान उसे चुपचाप मान लेता तो वह निःसन्देह हमारे अधिक अनुकूल होता; पर वैसे ही कारणों ने उसी प्रकार मुसलमानों के भीतर भी इस्लाम के गौरव का भाव जाग्रत किया।"[3] आधुनिक भारतीय नव-

जागरण में इस्लाम के योग को प्रायः इस आधार पर छोटा बताया जाता है कि शिक्षित मुसलमान मुख्यतः प्रगतिशील ढंग से केवल इस्लामी धर्मदर्शन की पुनर्व्याख्या में ही लगे रहे। किन्तु इस बात को नहीं भूलना चाहिए कि राममोहन राय तक ने अपने सुधार-आन्दोलन का आधार उपनिषदों को बनाया था। धार्मिक परम्पराओं का यह सहारा अनिवार्य था। महत्त्वपूर्ण बात यह है कि कुरान की ओर लौटने और इस्लाम की पिछली सफलताओं के गौरवगान के बावजूद उन्नीसवीं शताब्दी के अधिकांश मुस्लिम-लेखक सारे भारतवर्ष के पुनरुत्थान के लिए सक्रिय हुए और हिन्दू धर्म तथा इस्लाम के नये समन्वय द्वारा राष्ट्रीय जीवन और चिन्तन के पुर्ननिर्माण की कल्पना करने लगे।

'नई प्रबुद्धता' के प्रवर्तक सर सैयद अहमद खाँ ने अपनी सारी शक्ति भारतीय मुसलमानों के सामाजिक, शैक्षिक और सांस्कृतिक स्तर को उठाने में लगाई। उन्हें इस कार्य में मुस्लिम कट्टरपन्थियों के उग्र विरोध का सामना करना पड़ा, ठीक उसी प्रकार जैसे उनसे पहले राममोहन राय को हिन्दू कट्टरपन्थियों के विरोध और मतान्धता का सामना करना पड़ा था।[४] उनका उद्देश्य धार्मिक शिक्षा के साथ आधुनिक वैज्ञानिक अध्ययन को शामिल करना था। उनका दृष्टिकोण तर्कनावादी था और वे धर्म के चमत्कारक तत्त्व को त्यागने का आग्रह करते थे।[५] यद्यपि यह सही है कि वे मुख्यतः मुसलमानों की ओर उन्मुख रहे, फिर भी मुसलमानों के लिए पृथक् राष्ट्रीय संस्कृति की अवधारणा से उनके विचार कोसों दूर थे। वे मुसलमानों से अच्छे भारतीय बनने का ही आग्रह करते थे। वे उनसे बार-बार पूछते थे—"क्या तुम एक ही देश में नहीं रहते ?"

सर सैयद अहमद के तात्कालिक अनुयाइयों में ऐसे बहुत-से लोग थे जिन्हें सच्चा प्रगतिशील कहा जा सकता हैं। यूसुफ़अली की पुस्तक **द रिलीजंस पॉलिटी ऑफ़ इस्लाम** में हमें इतिहास के प्रति पूर्णतः वस्तुनिष्ठ और तर्कनावादी रुझान मिलती है।[६] साहित्यिक और ऐतिहासिक आलोचना के क्षत्र में, शिबली के लेखन में भी वही सहिष्णुता की भावना मौजूद है। और यह मानना भी भूल होगा कि मुस्लिम प्रबुद्धता सर सैयद अहमद तथा तात्कालिक अनुयाइयों के युग तक ही सीमित थी। सर सैयद अहमद से लगाकर आज तक ऐसे लेखकों की एक लम्बी पंक्ति है जो निरन्तर उदारतावाद और मानवतावाद का समर्थन करते रहे हैं। ऐसी पुस्तकों में, जैसे खुदाबख्श की **ऐसेज़ : इण्डियन एण्ड इस्लामिक**,[७] अमीर अली की **द स्पिरिट ऑफ़ इस्लाम**[८], दुर्रानी की **द ग्रेट प्रोफ़ेट**[९], अहमद

हुसैन की नोट्स ऑन इस्लाम[१०], और मौलाना अबुल कलाम आज़ाद[११] के लेखन में, इस्लाम के सकारात्मक पक्षों पर ध्यान केन्द्रित करने तथा इस्लामी चिन्तन को आधुनिक युग[१२] की आवश्यकताओं के अनुरूप बनाने के बहुमुखी प्रयत्न दिखाई पड़ते हैं। व्यक्तिगत लेखकों के अलावा अहमदिया[१३] और वहाबी[१४]-जैसे नये धार्मिक आन्दोलनों के अनुयायी भी थे जिन्होंने इस्लाम का साहसपूर्ण और क्रांतिकारी ढंग से फिर से प्रतिपादन करने का प्रयास किया।

इस्लाम की परम्परागत विरासत की पुनर्व्याख्या की इस प्रवृत्ति के साथ-साथ सूफ़ी चिन्तन का प्रभाव भी निरन्तर सक्रिय था। इस प्रभाव का विस्तार और कहीं इतनी तीव्रता से प्रकट नहीं होता जितना प्राचीन उर्दू शायरी के क्षेत्र में। आतिश, मीर, दर्द और ग़ालिब में हमें आत्मसमर्पण और आत्माग्रह के उस विशिष्ट मिश्रण की झाँकियाँ मिलती हैं जो सदा सूफ़ी रहस्यवाद का विशेष गुण रहा है। बार-बार महान् उर्दू कवियों की पंक्तियों में हमें सम्प्रदायों की संकीर्णता से ऊपर उठने का आह्वान सुनाई देता है ताकि एक सर्वव्यापी धर्म स्थापित हो सके।[१५] यह सही है कि कभी-कभी निराशा और उदासी का वातावरण भी महसूस होता है। पर इस कोटि की शायरी कभी घोर निराशावाद के स्तर तक नहीं उतरती। वैष्णव चिन्तन की भाँति इस्लाम में भी, कभी-कभी बल मानव-जीवन की क्षणभंगुरता पर और ईश्वर में स्व के चरम विलय पर दिया जाता है। पर अधिकतर मान्यता मानव-व्यक्ति के मूल्य को दी जाती है; और स्वयं ईश्वर का मानवता के रूप में वर्णन किया जाता है।[१६]

ऐसी ही परिस्थितियों में इक़बाल का उदय हुआ। उनकी रचनाओं में हम उदार-मानववादी प्रवृत्ति तथा सूफ़ी चिन्तन के सकारात्मक आशावादी पक्ष, दोनों का सर्वोच्च विकास मिलता है। टैगोर की भाँति इक़बाल ने भी अपनी महान् कलात्मक क्षमताओं का उपयोग मूलतः आध्यात्मिक और भविष्योन्मुख विश्वदृष्टि की स्थापना के लिए किया। बाद के वर्षों में वे इस्लाम के अधिक संकीर्ण और अनुदार पक्षों की ओर खिंच गए। किन्तु इक़बाल की इस प्रवृत्ति को उन कारणों से बढ़ा-चढ़ाकर दिखाया गया है जिनका दार्शनिक क्षेत्र से साधारणतः कोई सम्बन्ध नहीं। कवि के उन राजनीतिक शक्तियों के साथ सम्बन्ध के कारण जो भारत की सांस्कृतिक एकता के आदर्श को अस्वीकार करती थीं, दुर्भाग्यवश कुछ आलोचकों ने इक़बाल की कविता के मूलतः विश्व-प्रेमी स्वर पर भी आक्षेप किये हैं।

: ३ :

मुहम्मद इक़बाल का जन्म १८७६ में स्यालकोट के एक मध्यवित्त परिवार में हुआ था। उनके पिता पहले सरकारी नौकरी में थे, पर बाद में व्यापार करने लगे और उसमें भी सफल हुए। वे धार्मिक तथा कट्टरपन्थी थे, पर उनमें ऐसी स्पष्ट रहस्यवादी प्रवृत्तियाँ थीं जो उन्हें प्रायः संस्थागत धर्म की सीमा से बाहर ले जाती थीं। इक़बाल की शिक्षा स्यालकोट और लाहौर में हुई। वे एक मेधावी छात्र थे और दर्शन में एम० ए० करने के बाद कुछ दिनों तक कॉलेज में प्राध्यापक भी रहे। साथ ही वे शायरी भी करते रहे थे और बहुत लोकप्रिय हो गए थे। उनकी पहली कविता परम्परागत थी।[१७] पर शीघ्र ही वे देशभक्ति से प्रेरित हुए और उन्होंने भारतीय एकता और स्वतन्त्रता पर हृदयस्पर्शी कविताएँ लिखीं।

१९०५ में इक़बाल यूरोप गये। केम्ब्रिज में उन्होंने ब्रितानी दार्शनिक चिन्तक, विशेषकर मैक्टेगर्ट[१८] और वार्ड[१९], का बड़ा गहन अध्ययन किया। कुछ समय बाद वे जर्मनी गये। म्यूनिख विश्वविद्यालय में उन्होंने फ़ारसी तत्त्व-मीमांसा पर पी-एच० डी० के लिए प्रबन्ध प्रस्तुत किया। इक़बाल ने जर्मन भाषा पर पूर्ण अधिकार प्राप्त कर लिया और वर्षों तक वे प्राचीन जर्मन दर्शन और साहित्य के सर्वोत्कृष्ट अंश के अध्ययन में डूबे रहे।[२०] जैसा कि हम शीघ्र ही देखेंगे, नीत्शे ने उनके विचारों पर गहरा प्रभाव डाला।

इक़बाल यूरोपीय जीवन की प्राणवत्ता और गतिशीलता से बहुत प्रभावित हुए, और कुछ समय तक वे क्रान्तिकारी राजनीतिक चिन्तन की ओर भी आकर्षित हुए थे। उनके मन में उन विराट् सम्भावनाओं का स्वप्न था जो मानव-जाति के आगे खुली पड़ी थीं; और वे एशिया की भौतिक दरिद्रता और सांस्कृतिक पिछड़ेपन से बड़े उदास होते थे। किन्तु बाद में, जब उनका दृष्टिकोण इस्लाम की धार्मिक भावना से अधिकाधिक रँगता गया, वे यूरोपीय सभ्यता के यान्त्रिकतापरक और उपयोगितावादी पक्षों के आलोचक हो गए। यह ध्यान देने योग्य है कि इस बात में उनका विकास टैगोर के समानान्तर ही था।

१९०८ में इक़बाल लाहौर लौट आये और बैरिस्टर के रूप में वकालत करने लगे। इस बीच उनका कुछ श्रेष्ठतम काव्य प्रकाशित हो चुका था। अगले बीस वर्षों में आधुनिक उर्दू काव्य के महानतम व्यक्तित्व के रूप में उनकी स्थिति और भी सुदृढ़ हो गई। उनकी रचना इसरारे खुदी को आधुनिक भारतीय काव्य की इनी-गिनी सच्ची दार्शनिक रचनाओं में से एक माना जाएगा।

इक़बाल ने फ़ारसी और उर्दू दोनों में लिखा, पर ग़ालिब की भाँति उनकी ख्याति अन्ततः उर्दू कविता पर ही आधारित है।

इक़बाल यद्यपि मुख्यतः शायर के रूप में ही विख्यात रहे, फिर भी उन्होंने अपना गम्भीर दार्शनिक अध्ययन कभी न छोड़ा। उन्हें ऑक्सफ़ोर्ड में व्याख्यानमाला के लिए आमन्त्रित किया गया जो बाद में **रिकन्सट्रक्शन ऑफ़ फ़िलॉसफ़ी इन इस्लाम** शीर्षक से पुस्तकाकार प्रकाशित हुई। बाद के वर्षों में उन्होंने राजनीति में भी कुछ भाग लिया। १९३८ में उनका देहान्त हो गया।

इक़बाल के चिन्तन को जिन प्रभावों ने ढाला है उनका दोटूक विश्लेषण कठिन है। उनका प्रबन्ध **डेवलपमेंट ऑफ़ मेटाफ़िज़िक्स इन पर्शिया** सूफ़ी चिन्तन के गहरे अध्ययन को सूचित करता है। उन्होंने इब्नुल अरबी और अल-जिल्ली के ग्रन्थो का बड़ी सावधानी से अध्ययन किया था। किन्तु अपने कवि-स्वभाव के कारण वे रूमी के अधिक समीप आये, जिसकी रचनाओं में सूफ़ी-परम्परा में जो कुछ उत्कृष्ट है उसको अभिव्यक्ति मिली है। रूमी की **मसनवी** में ऐसे बहुत-से विचार हैं जिन्होंने इक़बाल के संवेदनशील मन को आकर्षित किया—बौद्धिक ज्ञान से प्रेम की श्रेष्ठता का विचार, जागतिक विकास और परिवर्तन का विचार, स्वतन्त्रता का और सबसे अधिक सम्पूर्ण मनुष्य का विचार। यह याद रखना महत्त्वपूर्ण है कि इक़बाल की भाँति रूमी भी ऐसे युग में हुए थे जिसमें बहुत-सी परस्पर-विरोधी विचारधाराएँ इस्लामी दुनिया में प्रवाहित हो रही थीं। इक़बाल की नज़्म, **जावेदनामा** रूमी के प्रभाव की मुखर साक्षी है। इक़बाल प्रायः रूमी के छन्द का प्रयोग करते हैं और कभी-कभी हम उन्हें अनजाने ही फ़ारसी महाकवि के लयात्मक प्रभावों का भी अनुकरण करते पाते हैं।"[२१]

यूरोपीय लेखकों में बर्गसाँ और नीत्शे ने उन्हें सबसे अधिक प्रभावित किया। **बाले जब्रील** नामक कविता-संग्रह में बर्गसाँ का परिवर्तन का दर्शन स्पष्टतः प्रतिबिम्बित है, और **नवाए वक्त** कविता में अवधि के सिद्धान्त की स्पष्ट प्रतिध्वनियाँ सुनाई पड़ती हैं।[२२] किन्तु नीत्शे का प्रभाव अधिक गहरा है। उसके संकल्पवाद के अतिरिक्त, नीत्शे के अति मानव के दर्शन ने इक़बाल को बहुत मुग्ध किया, क्योंकि वे इस विचार पर अरब दार्शनिकों के अध्ययन द्वारा भी पहुँच चुके थे। जागरणशील एशिया के बहुत-से प्रतिनिधियों की भाँति इक़बाल शक्ति और बल के सम्प्रदाय की ओर आकर्षित हुए थे। उन्हें लगता था कि पूर्व संकल्प की उपेक्षा के कारण ही परेशान रहा है। इक़बाल

ने अपनी बहुत-सी कविताओं में नीत्शे का नाम लिया है। दस स्पेक ज़रथुष्ट्र की कुछ नीति-कथाएँ इक़बाल की कविताओं में स्थान पा गई हैं। इक़बाल ने नीत्शे में अदम्य जीवन का पैग़म्बर देखा। नीत्शे को श्रद्धांजलि अर्पित करते हुए इक़बाल लिखते हैं—"चरम कार्य बौद्धिक कार्य नहीं बल्कि प्राणमूलक कार्य है जो अहं के समस्त अस्तित्व को गहरा बनाता है और संकल्प को इस आश्वासन से प्रखर करता है कि दुनिया अवधारणाओं द्वारा केवल देखने या जानने की वस्तु नहीं है बल्कि बनाने और फिर बनाने की वस्तु है।"[२३]

स्वयं कुरान इक़बाल के चिन्तन का एक अधिकतम महत्त्व का स्रोत है। जिस प्रकार अरविन्द हिन्दू चिंतन और संस्कृति के मूल स्रोत के रूप में वेदों को लौटने की माँग करते हैं, उसी प्रकार इक़बाल कुरान को लौटने की। दोनों ही में परवर्ती व्याख्याओं और जड़ी भूतपर्तों से बच निकलने की इच्छा और धर्मग्रन्थ के मूल रूप को पहचानने की लालसा दिखाई पड़ती है। किन्तु इक़बाल कुरान को पूर्णतः स्व-सम्पूर्ण नहीं मानते; और न वे मुस्लिम चिंतन के परवर्ती विकास को पहले ही प्राप्त पूर्णता के स्तर से 'नीचे गिरना' समझते हैं। इस्लामी धर्मदर्शन का उनका विवेचन न तो शास्त्रीय है न अनुनयात्मक। कभी-कभी उनके कथन कट्टरपंथी इस्लाम की दृष्टि से निश्चित रूप से अननुवर्ती हैं। उनकी तत्त्वमीमांसा-विषयक व्याख्याओं में उनकी इस्लाम की व्याख्याओं का उल्लेख करते हुए गिब कहते हैं—"वास्तव में यदि भारतीय इस्लाम में कवि और नेता के रूप में इक़बाल की प्रतिष्ठा न होती तो इसमें सन्देह है कि ऐसा क्रान्तिकारी और धर्म-विरोधी ग्रन्थ कभी भी प्रकाशित हो पाता।"[२४] इस बात से कि बाद के वर्षों में वे इस मामले में पुराणपंथी हो गए थे हमें उनके अननुवर्ती दृष्टिकोण को कम नहीं आँकना चाहिए। उनके उग्रवाद की मात्रा का निर्णय इस्लामी जगत् में उस समय मौजूद स्थिति के सन्दर्भ में ही होना चाहिए। इतने सीधे कथन ने भी कि "स्वर्ग और नरक कोई स्थान नहीं बल्कि आत्मा की अवस्थाएँ हैं" बहुत से कट्टरपंथियों को रुष्ट कर दिया था।

इक़बाल प्रायः इस्लाम में परम्परा के प्रतिनिधि के रूप में बात करते हैं। पर इसने उन्हें यह घोषित करने से नहीं रोका कि सत्य के हित में परम्परा के विरुद्ध संघर्ष करना भी आवश्यक हो सकता है, चाहे फिर वह परम्परा धार्मिक आदेश द्वारा ही प्रतिष्ठित क्यों न हो। एक प्रसिद्ध फ़ारसी शेर में वे कहते हैं—"यदि बिना शर्त परम्परा का पालन ही सबसे बड़ा गुण होता तो स्वयं पैग़म्बर भी नए रास्तों पर न चल सके होते।"[२५] इसके अतिरिक्त प्रत्येक सभ्यता में कुछ अच्छी परम्पराएँ विकसित होती हैं और कुछ ऐसी जो उतनी

अच्छी नहीं होतीं। इस्लाम के अन्तर्गत प्रदेश की सभ्यता और संस्कृति में ऐसी प्रवृत्तियाँ हैं जो एक-दूसरे से भिन्न हैं। भारत की भाँति ही मध्यपूर्व में भी सहिष्णुता और प्रगतिशील चिन्तन को उदारतापूर्वक आत्मसात् करने के युगों के बाद कभी-कभी ऐसे युग आए हैं जिनमें धर्म का संकीर्णतापूर्ण पालन बाकी हर बात से अधिक महत्त्व का माना गया। इक़बाल यह भली-भाँति समझते थे और इस्लाम की विरासत की विवेकपूर्ण स्वीकृति की माँग करते थे।

यह आरोप लगाया गया है कि इक़बाल 'सर्व-इस्लामवादी' थे और इसलिए उनका चिन्तन इस अर्थ में अ-भारतीय था कि उनकी प्रेरणा का एक मात्र स्रोत भिन्न प्रदेश की संस्कृति में था। यह मानना पड़ेगा कि उनके कुछ कथन ऐसे हैं जिनमें वे सर्व-इस्लामवाद के समर्थक जान पड़ते हैं। एक व्याख्यान में उन्होंने कहा था कि "मैं स्वीकार करता हूँ कि मैं सर्व-इस्लामवादी हूँ। जिस उद्देश्य से इस्लाम इस दुनिया में प्रकट हुआ वह अन्ततः पूरा होगा ही। संसार से अनास्था और झूठे देवताओं की पूजा का अन्त हो जाएगा।"[२६] पर ऐसे वक्तव्य बहुत कम हैं; और यहाँ 'अनास्था' और 'झूठे देवता' जैसे शब्दों को विशेष धर्मों के अनुयाइयों के पूजा के रूपों का सूचक न समझना चाहिए। ऐसी शब्दावली प्रत्येक युग में कवियों द्वारा उस सबको सूचित करने के लिए प्रयुक्त हुई है जो सर्वव्यापी अर्थ में सत्य के विपरीत है।" यदि सर्व-इस्लामवाद का अर्थ यह विश्वास है कि इस्लाम के मूलभूत मूल्यों की सचाई सर्व व्यापी है, तो उसमें कोई बुराई की बात नहीं। इक़बाल बड़ी दृढ़ता से इस बात में ठीक उसी प्रकार विश्वास करते थे जिस प्रकार विवेकानन्द इस बात में कि वेदान्त ही 'सर्वव्यापी धर्म' है और सारे संसार को जल्दी या देर से 'वेदान्त के पास ही आना' पड़ेगा।[२७]

इस बात को अस्वीकार नहीं किया जा सकता कि इक़बाल, विशेषकर बाद के वर्षों में, उस चिन्तन और संस्कृति के प्रति अपने ऋण को कम आँकने लगे थे, जो उनकी जन्मभूमि में शताब्दियों से विकसित होती रही थी। उनके कुछेक वक्तव्य यह धारणा मन पर छोड़ते हैं कि इस्लाम की भावना से एक होने के प्रयास में वे अपनी बौद्धिक वंशपरम्परा को भुलाए दे रहे हैं जो यदि अपने आध्यात्मिक पक्ष में इस्लामी थी, तो अपने बौद्धिक और सौन्दर्यमूलक पक्षों में भारतीय भी थी। पर यह न्यायोचित न होगा कि केवल ऐसे ही वक्तव्यों को चुन लिया जाए और उनकी उपेक्षा कर दी जाए जिनमें भारतीय संस्कृति से उनका प्रेम असंदिग्ध रूप में अभिव्यक्त हुआ है। यह महत्त्वपूर्ण है कि उनका प्रभाव केवल भारत में ही पड़ा। सर्व-इस्लामवाद की ओर झुक जाने के बाद

भी दुनिया उन्हें भारतीय चिन्तन का ही प्रतिनिधि मानती रही, इस्लामी चिंतन का नहीं।[२८]

इक़बाल के प्रकृति काव्य में हमें उनके भारत के प्रति प्रेम की बहुत-सी झलकियाँ मिलती हैं। उनकी रगों में कश्मीरी रक्त था और उनके पूर्वज संस्कृत-परम्परा के प्रशंसक रहे थे। उनकी बहुत-सी कविताओं में हिमालय[२९] से, हिन्दुस्तान के हरे-भरे मैदानों और चौड़ी नदियों से ऐसा लगाव और प्यार दिखाई पड़ता है जो कालिदास की याद दिलाता है। विशुद्ध दार्शनिक स्तर पर इक़बाल की काव्य-चेतना पर वेदान्त का अचेतन प्रभाव दिखाना कठिन नहीं होगा।[३०] उनके देशभक्ति-पूर्ण गीतों का पहले ही उल्लेख हो चुका है जिनमें से कुछ तो आज भी करोड़ों भारतीयों की ज़बान पर हैं। अपनी अन्तिम महत्त्वपूर्ण फ़ारसी नज़्म में इक़बाल उन आन्तरिक मतभेदों के लिए दुःख प्रकट करते हैं जो इतिहास में इतनी बार भारत के पतन के कारण रहे हैं। इस सबको देखते हुए इक़बाल के चिन्तन को 'अ-भारतीय' घोषित कर देना कठिन जान पड़ता है।

: ४ :

इक़बाल का दर्शन स्पष्टतः संकल्पवादी और मानवकेन्द्री है। उनकी सबसे महत्त्वपूर्ण दार्शनिक नज़्म इसरारे खुदी है जिसका अंग्रेज़ी में भी अनुवाद हो चुका है। उनके तत्त्वमीमांसा-सम्बन्धी व्याख्यानों में भी आत्मा की अवधारणा का केन्द्रीय स्थान है। और यही प्राथमिकता उनके प्राचीन अरब-चिन्तन के ऐतिहासिक और आलोचनात्मक अध्ययन में भी दिखाई पड़ती है। इसका यह अर्थ नहीं कि ईश्वर के, चरमसत्ता के स्वरूप से कवि को कोई मतलब नहीं। यह सचमुच ही बड़े आश्चर्य की बात होती कि इक़बाल-जैसा गहरे धार्मिक दृष्टिकोण वाला व्यक्ति ऐसा दर्शन रचे जिसमें ईश्वर को कोई स्थान न हो। पर यह आग्रहपूर्वक कहा जा सकता है कि इक़बाल के दर्शन की विशिष्टता, उसकी भावना और उसका वातावरण ईश्वर-विषयक विवेचन से नहीं, बल्कि सत्ता की मानव-संकल्प और कर्म के रूप में व्याख्या द्वारा निर्धारित होता है।

अपने यौवन और स्वच्छन्दतावादी काल में इक़बाल ईश्वर को चरम सौन्दर्य, आदर्श सम्पूर्णता के रूप में देखते थे। इस काल में उनके ईश्वर-विषयक कथनों में एक सुस्पष्ट अफ़लातूनी रुझान मौजूद है—और इसमें कोई अचरज की बात भी नहीं क्योंकि प्राचीन अरब चिन्तन में, जिसका उनके विचारों पर तब तक प्रधान प्रभाव था, बहुत-कुछ नव्य-अफ़लातूनी है। बाद में इक़बाल

सत्ता की व्याख्या सौन्दर्य के बजाय संकल्प के रूप में करने लगे तथा और भी बाद में परिवर्तन—यान्त्रिक नहीं उद्देश्यपरक परिवर्तन—के विचार ने उनके चिन्तन को एक नई महत्त्वपूर्ण दिशा दी।[३१]

किन्तु, यद्यपि बल के ये अन्तर निस्संदेह इक़बाल के चिन्तन के विभिन्न कालों में देखे जा सकते हैं, फिर भी कुल मिलाकर उनका दर्शन 'खुदी' (आत्मा) पर केन्द्रित है। वे चरम सत्ता एक 'सक्रिय मैं' को मानते हैं। इस प्रश्न पर उनके कथनों में फिख्टे का प्रभाव तथा और भी अधिक व्यापक रूप में, मैक्टेगर्ट का प्रभाव दिखाई पड़ता है। मैक्टेगर्ट के दर्शन पर एक लेख में इक़बाल लिखते हैं—"मैक्टेगर्ट निरपेक्ष पर द्वन्द्वात्मक पद्धति से पहुँचते हैं। पर वे निरपेक्ष पर ही नहीं रुक जाते। उनके अनुसार निरपेक्ष अपने-आपको मूर्त अहं में और भी विभिन्नीकृत करता है। जगत् भ्रम नहीं है, वह यथार्थ आत्माओं की व्यवस्था है जिन्हें निरपेक्ष के गुण या विशेषण मात्र नहीं माना जा सकता।"[३२] इसरारे खुदी की कुछ महत्त्वपूर्ण पंक्तियों का सार इस भाँति व्यक्त किया जा सकता है—"आत्मा के बिना कोई अस्तित्व नहीं; अस्तित्व आत्मा का प्रभाव है। जो कुछ हम देखते हैं वह आत्मा की छिपी शक्तियों की अभिव्यक्ति है। जाग्रत होने पर आत्मा अवधारणाओं का लोक उद्घाटित करती है। सौ विश्व उसके भीतर छिपे पड़े हैं। उसकी आत्म-पुष्टि से अनात्म का उदय होता है।"[३३]

इससे ईश्वर के प्रति वैयक्तिक पहुँच का रास्ता खुल जाता है। इक़बाल कहते हैं कि चरम-सत्ता 'जीवन की अनुभूति के सर्वोच्च अर्थ में' एक व्यक्ति है। हम समन्वित सम्पूर्णता के अतिरिक्त उसकी कल्पना नहीं कर सकते, जो 'घनिष्ठ रूप से संघटित और एक केन्द्रीय सन्दर्भ-बिन्दु से युक्त' है।[३४] अवतारवाद के आरोप का खण्डन करते हुए वे कहते हैं—"चरम सत्ता तर्क-पूर्वक निर्देशित सर्जनात्मक जीवन है। इस जीवन की व्यक्तित्व के रूप में व्याख्या करना ईश्वर को मनुष्य की आकृति में ढालना नहीं है। यह तो केवल अनुभव के इस सीधे तथ्य को स्वीकार करना भी है कि जीवन कोई निराकार द्रव नहीं, बल्कि एकता का संगठनकारी तत्त्व है—एक संश्लेषणात्मक क्रिया है जो जीवन्त शरीर के बिखरने वाले स्वभाव को एक सर्जनात्मक उद्देश्य से संघटित रखती और संकेन्द्रित करती है।"[३५]

चरम सत्ता और ससीम व्यक्तियों में वास्तविक आत्मत्व मानने के कारण इक़बाल को दार्शनिक सत्य और धार्मिक सम्पूर्णता में सामजस्य स्थापित करने की चिरन्तन समस्या का सामना करना पड़ता है। मनुष्य के भीतर दिव्य की भावना उसे 'असीम के साथ संयोग' की ओर प्रेरित करती है; और यह

बहुत-से अन्वेषियों को 'विघटन' का, फ़ना का, विनाश का, निर्वाण का आदर्श स्वीकार करने के लिए ललचाता है। किन्तु रहस्यवाद के इतिहास में 'सिद्धि' की अवस्था में भी ससीम की सत्ता पर आग्रह के भी बहुत-से साहसपूर्ण प्रयास मिलते हैं।[३६] इब्न-अल-अरबी ने फ़ना की व्याख्या व्यक्तित्व के विघटन की बजाय असीम के साथ अपनी मूलभूत एकता की चेतना के रूप में की है।[३७] इक़बाल भी मूलतः यही स्थिति अपनाते हैं। वे असीम की प्राप्ति और अपने व्यक्तित्व को बनाए रखने में कोई अन्तर्विरोध नहीं मानते। सच्ची असीमता का अर्थ असीम विस्तार नहीं (जिसकी धारणा केवल समस्त उपलब्ध विस्तारों को ग्रहण करके ही की जा सकती है)। उसका स्वरूप सघनता में है, विस्तार में नहीं। और ज्योंही हम अपनी दृष्टि सघनता पर जमाते हैं, वैसे ही हम यह देखने लगते हैं कि ससीम अहं असीम से विलग न होने पर भी उससे भिन्न होता है।"[३८]

इन सब बातों में—'वैयक्तिक' सत्ता की मान्यता, सघनता, आन्तरिकता और आत्मत्व पर बल, ससीम व्यक्तियों के क्षेत्र में विशिष्टता और विविधता की स्वीकृति—टैगोर और इक़बाल के विचारों में बड़ी भारी समानता है।[३९] यह महत्त्वपूर्ण है कि आधुनिक भारत के दो कवि-दार्शनिकों ने सत्य और मानव-जीवन को मूलतः एक ही दृष्टिकोण में देखा है। इस दृष्टिकोण को व्यापकतम अर्थ में मानववादी कहा जा सकता है। टैगोर की भांति इक़बाल में भी आधार-भूत दार्शनिक मान्यताओं को एक मानववादी विश्वदृष्टि के भीतर गूंथा और विकसित किया गया है। और दोनों में ही इसने दार्शनिक मान्यताओं की अभिव्यक्ति को समृद्धता और जीवन्तता प्रदान की है।

इक़बाल मानव-आत्मा को सक्रिय, गतिशील, सर्जनात्मक और स्वतन्त्र मानते हैं। इन गुणों के कारण ही वे मानव का गौरवगान करते हैं। कुरान को अपने समर्थन में उद्धृत करते हुए वे कहते हैं—"कुरान मानव अहं की स्वतन्त्रता की शिक्षा देता है···आदिम प्रवृत्तिमूलक क्षुधा के स्तर से स्वतन्त्र आत्मा की सचेत प्राप्ति के स्तर तक मानव के पतन की नीतिकथा···चुनाव के लिए स्वतन्त्र ससीम अहं के उदय को सूचित करता है···ईश्वर का यह ख़तरा मोल लेना उसकी मनुष्य में अत्यधिक आस्था का सूचक है। अब इस आस्था के अनुरूप सिद्ध होना मनुष्य के ऊपर है।"[४०] ईश्वर का यह 'ख़तरा' उठाना निरी साह-सिकता के कारण नहीं है। इक़बाल का विश्वास है कि ईश्वर के मूलभूत स्वरूप की परिपूर्णता के लिए ही मानव आत्मा की 'रचना' आवश्यक है—

"तामीरे ख़ुदी में है ख़ुदाई"[४१]

इस खुदी में ही संसार नींद से जागता है।[४२] हम मानव-आत्माएँ ही प्रकृति को बनाने वाली हैं। अपनी कविता ज़ुबूरे आजम में इक़बाल कान्ट का यह विचार रखते हैं कि आत्मा ही प्रकृति में व्यवस्था उत्पन्न करती है। कभी-कभी बर्कले की-सी शब्दावली में वे कहते हैं—"प्रत्येक अस्तित्व हमारे ज्ञान पर निर्भर है। संसार हमारी प्रतिभा की अभिव्यक्ति है। हमारे बिना न प्रकाश का कोई वास्तविक अस्तित्व है न ध्वनि का।"[४३] वे देश और काल को बोध के तत्त्व मानते हैं। एक कल्पनाप्रधान मनादेशा में वे प्रकृति और सुन्दरता को मनुष्य के प्रति ईर्ष्या से पीड़ित बताते हैं। "जब एक भावनाशील हृदय का उदय हुआ, एक द्रष्टा पैदा हुआ तो सुन्दरता काँप उठी। प्रकृति ने जब देखा कि मिट्टी में से अपने-आपको बनानेवाला, एक आलोचक पैदा हुआ तो वह चिन्तित हो उठी।"[४४] प्रकृति से मानव-जीवन की ओर मुड़ते हुए इक़बाल कहते हैं कि 'आत्म की भलाई' ही मूल्य की एकमात्र कसौटी है। संगीत, कविता, धर्म, राजनीति, कला—इन सबका मूल्य तभी है जब वे आत्मा को सबल बनायें।[४५] उपनिषदों की भाँति वे कहते हैं कि आत्मा के लिए ही सब वस्तुएँ इतनी प्यारी लगती हैं।

दृश्य जगत् में मनुष्य के गौरवगान से ही सन्तुष्ट न होकर कवि स्वयं ईश्वर को चुनौती देता है। वह कहता है—

"या तो ख़ुद अशकार हो या मुझे अशकार कर"[४६]

चरम आत्मविश्वास के स्वर में कवि 'ईश्वर और मनुष्य के बीच एक वार्तालाप' अंकित करता है जिसमें यह दिखाया गया है कि मनुष्य ईश्वर की बनाई हुई दुनिया से असन्तुष्ट होकर उसे सुधारने का प्रयास करता है।

ईश्वर ने कहा—'मैंने सारी दुनिया को एक ही मिट्टी और पानी से बनाया था; तुमने उसे भौगोलिक इकाइयों में बाँट दिया। मैंने लोहा बनाया, तुमने उससे तलवार और तीर बना डाले। मैंने जंगल बनाया, तुमने उसे काटने को कुल्हाड़ी बना ली। मैंने पक्षी बनाए, तुमने उन्हें पिंजड़ों में बन्द कर डाला।'

मनुष्य ने उत्तर दिया—'तुमने रात बनाई, मैंने दीपक; तुमने मिट्टी बनाई मैंने सुराही; तुमने रेगिस्तान बनाया, मैंने बाग़; तुमने पत्थर, मैंने दर्पण; तुमने ज़हर बनाया, मैंने उसका उतार।'

ईश्वर ने कहा—'दुनिया ऐसी ही है और सवाल मत उठाओ।'

मनुष्य ने उत्तर दिया—'वह है ऐसी; पर उसे ऐसी नहीं, वैसी होना चाहिए…'[४७]

सूफ़ी तथा वैष्णव दोनों ही परम्पराओं में कवि इसे अपना अधिकार

मानते रहे हैं कि ईश्वर को न केवल श्रद्धा और प्रेम से सम्बोधन करें, बल्कि कभी-कभी खिलवाड़ करते हुए व्यंग्य, शिकायत, बल्कि दोषारोपण के भाव से भी। यह भाव हमें इक़बाल की बहुत-सी पंक्तियों में भी मिलता है। मनुष्य ईश्वर से कहता है—"यह सब कठोर परिश्रम बहुत हुआ। सृष्टि-रचना के काम ने तुम्हें थका दिया होगा। अब मेरे दिल में आकर कुछ विश्राम करो। अकेले-अकेले पवित्र बने रहने की अपेक्षा मेरे जैसा बन्धु पास होना कहीं अच्छा है।"[४८] ईश्वर की सृष्टि की दुर्बलताओं पर कवि का व्यंग्य और तीखा है। "सितारों का रास्ता टेढ़ा-मेढ़ा है, पर मुझे उससे क्या! आखिरकार यह आसमान है किसका—तुम्हारा या मेरा? मैं क्यों इस जगत् के बारे में परेशान होऊँ; मालिक तो तुम्हीं हो!"[४९] कवि ईश्वर पर कंजूस होने का दोष लगाता है—"अपने लिए ला मकाँ, मेरे लिए चारसू।"[५०] और उसमें यह करने का साहस है—

"हूरो-फ़रिश्ता हैं असीर मेरे तख़य्युलात में।
मेरी निगह से ख़लल तेरी तजल्लियात में।"[५१]

: ५ :

अपनी उच्च स्थिति की यह चेतना मनुष्य को अपने जीवन में गतिशीलता का भाव प्रदान करती है। वह अपनी गति को सारे ब्रह्माण्ड पर प्रक्षेपित करता है। वह सब जगह परिवर्तन और रूपान्तर देखता है। इस भांति इक़बाल का मानववाद उनके परिवर्तन के दर्शन से जुड़ा हुआ है। मानव की महानता अपनी अभिव्यक्ति के क्षेत्र के लिए ऐसे जगत् की माँग करती है जो स्थिर या बन्द न हो बल्कि चक्री मंच की भाँति अनन्त सम्भावनाएँ प्रस्तुत करता हो। इक़बाल और टैगोर दोनों ही गति के कवि हैं; किन्तु जहाँ टैगोर की बलाका में परिवर्तन के तल में वर्तमान स्थिरता की झलक बीच-बीच में मिलती है, वहाँ इक़बाल का बाँगेदरा शुरू से आखिर तक गति की स्तुति है :

"फ़रेबे नजर हैं सुकूनो सबात
तड़पता है हर ज़र्रा-ए-कायनात
ठहरता नहीं कारवाने वजूद
कि हर लहजा है ताजा शाने वजूद
समझता है तू राज है जिन्दगी
फ़क़त जौक़े-परवाज है जिन्दगी
बहुत इसने देखे हैं पस्तो बलन्द
सफ़र इसको मंजिल से बढ़कर पसंद..."[५२]

'बढ़ते हुए जगत्' के लिए इस मोह के कारण इक़बाल काल को सत्ता का केन्द्र मानते हैं। हमारे युग के किसी अन्य भारतीय चिन्तक ने काल की समस्या पर इतना ध्यान नहीं दिया है जितना इक़बाल ने। इसका कुछ तो कारण यह है कि इस्लाम के प्राचीन दर्शन में प्रारम्भिक फ़ारसी दार्शनिकों द्वारा काल के विषय में प्रस्तुत विचारों का बड़ा महत्त्वपूर्ण स्थान था। जाखाँ और मानी के काल के रहस्य-विषयक चिन्तन को कट्टर इस्लाम के ढाँचे में बैठा लेने का प्रयास किया गया इस परम्परा के आधार पर, और, सापेक्षता तथा जागतिक विकास के आधुनिक विचारों का सहारा लेकर, इक़बाल अस्तित्व-मात्र को काल-केन्द्री मानते हैं।

उनकी एक कविता में काल स्वयं प्रकट होकर भाषण देता है। अपने जावेद नामा में इक़बाल यह विचार रखते हैं कि चूँकि सत्ता गतिशील है, इसलिए काल को स्वयं अस्तित्व का एक अंगभूत तत्त्व मानना चाहिए। नियति के विषय में वे कुरान की व्याख्या इसी विचार के आधार पर करते हैं। कार्य-कारण क्रम से मुक्त काल (अर्थात् सम्भावनाओं के प्रकट होने से पहले का काल) ही नियति है।[५३] मनुष्य की भूल क्रमबद्ध काल को चरम काल मान लेने में है। "सत्ता के जीवन का हर क्षण मौलिक है, और वह जो कुछ उत्पन्न करता है वह सर्वथा नवीन और अप्रत्याशित होता है। वास्तविक काल में अस्तित्व होना क्रमबद्ध काल के बन्धनों में बँधा होना नहीं, बल्कि हर क्षण में उसका सर्जन करते रहना है। जीवन काल में स्वतन्त्र सर्जनात्मक क्षण है।"[५४]

इस भाँति इक़बाल के दर्शन में जितना गति पर बल है उतना ही सर्जनात्मकता पर भी है। अवश्य ही इसमें बर्गसाँ का प्रभाव सुस्पष्ट है। पर ग्यारहवीं शताब्दी के अरब दार्शनिक इब्न मस्कवै[५५] का प्रभाव भी किसी तरह कम नहीं है, जिसने जगत् के विकास की ऊपरी तौर पर यांत्रिकतापरक दिशा से उसके उद्देश्यपरक स्वरूप की भिन्नता दिखाई। इक़बाल के लिए परिवर्तन भविष्योन्मुख है; इसीलिए वे नीत्शे की 'चिरंतन पुनरावृत्ति' को अस्वीकार करते हैं जो अस्तित्व की धारा के निरन्तर 'पीछे लौटने' और 'उलटने' के विचार पर आधारित है। इसी प्रकार इक़बाल के लिए वृद्धि हेतुपरक है; इसीलिए वे बर्गसाँ के दर्शन को पूरी तरह स्वीकार नहीं करते—बर्गसाँ सर्जनात्मकता तो स्वीकार करते हैं, पर हेतु नहीं।

इक़बाल की बहुत-सी कविताओं में यह सर्जनात्मक रूपान्तर का दर्शन सशक्त रूप में अभिव्यक्त हुआ है। कवि मानवता का निरन्तर चलने, उच्च से-उच्चतर उठने के लिए आह्वान करता है—

"तू ऐ मुर्गेचमन उड़ने से पहले परफ़िशाँ हो जा"[५६]

मनुष्य की नियति विश्व को फिर से रचने की है, धार के साथ बहे चलने की नहीं—

"जीवन का सार कर्म में है
सर्जन का आनन्द ही जीवन का नियम है।
प्रतिकूल परिवेश से समझौता करना
लड़ाई के मैदान में अपनी ढाल फेंक देने के समान है।
बलवान मनुष्य स्वयं विधाता के विरुद्ध संघर्ष करता है,
सृष्टि की नींव हिला देता है,
और उसके अणु-परमाणुओं को नये साँचे में ढालता है।"[५७]

कवि का सन्देश है—सतर्क रहो, सजग रहो। वह मानवता से असन्तोष, बल्कि अभ्युदय की माँग करता है। निष्क्रियता को वह किसी रूप में क्षमा करने को तैयार नहीं, चाहे वह कितने ही लम्बे-चौड़े बहाने क्यों न बनाए—

"मस्जिद में ऊँघते हुए धार्मिक से
वह बुतपरस्त अच्छा है जो सजग होकर
अपनी मूर्ति के आगे सिर झुकाता है।"[५८]

मनुष्य के भीतर कोई बाग़ी, कोई विद्रोही है—और वही उसका गौरव है। इक़बाल को यह विचार सहन नहीं कि मनुष्य को अपने चारों ओर के जगत् के आगे झुकना चाहिए और बाह्य परिस्थितियों द्वारा की गई व्यवस्था को स्वीकार करना चाहिए।

कब तक चन्द्रमा का प्रकाश उधार लेते रहोगे ?
रात को अपनी ही जलती साँसों से प्रकाशित करो।"[५९]

हमारे भीतर जो सचमुच मानवीय है उसकी परिपूर्णता कुछ अद्वितीय उपलब्धि द्वारा ही हो सकती है, पिटे हुए रास्ते पर चलने से नहीं। इक़बाल कहते हैं—"नए के लिए प्रयास करो। यह कुछ गुनाह भी हो तो भी उसमें कुछ-न-कुछ अच्छाई तो होगी।"[६०]

: ६ :

फिर भी, इक़बाल के लेखन में व्याप्त इस विजय और आत्म-आग्रह के स्वर के बावजूद, उनके जीवन के दृष्टिकोण में मूलतः कठोर कुछ नहीं है। यदि हम उन्हें स्वच्छन्दतावाद की भावुकता के अतिरेक को नीत्शे द्वारा ठीक करते हुए पाते हैं, तो स्वयं नीत्शे के संकल्पवादी अतिरेक को सूफ़ी मार्ग[६१]

द्वारा कम करते हुए भी पाते हैं। इस भाँति शक्ति की पूर्ति प्रेम द्वारा होती है, संकल्प की अभिव्यक्ति सुन्दर के चिन्तन द्वारा संयमित होती है, और तर्कना का अहंकार रहस्यवादी अन्तर्दृष्टि की सौम्य विज्ञता द्वारा नियंत्रित होता है।

हम गतिशील विश्वदृष्टि में, आत्म के गौरव पर बल में, जीवन की प्रतिक्रियावादी रुझान में इक़बाल और टैगोर के बीच समानता देख चुके हैं। पर एक विशेष मामले में इक़बाल और विवेकानन्द के बीच समानता भी उतनी ही अपूर्व है। विवेकानन्द को भी शक्ति और बल का सन्देशदाता माना जाता है। इक़बाल की भाँति ही विवेकानन्द की भी आधुनिक विज्ञान और तर्कनावाद की दृष्टि से धर्म की फिर से व्याख्या करने में बहुत दिलचस्पी थी। और दोनों में ही हम विज्ञान के फल शक्ति को धार्मिक अन्तःप्रज्ञा के फल स्वप्नदृष्टि के साथ मिलाने की उत्कष्ट इच्छा देखते हैं।

इक़बाल के दर्शन के इस पक्ष का उल्लेख करते हुए एक आलोचक का कहना है—"जीवन के मार्गदर्शक के रूप में बुद्धि (अक्ल) को अस्वीकार करके और प्रेम को स्वीकार करके इक़बाल अपने-आपको रहस्यवादी मार्ग (तरीका) के सच्चे अनुयायी सिद्ध करते हैं।"[६२] यह कहना सर्वथा ठीक नहीं है कि इक़बाल बुद्धि को 'अस्वीकार' करते हैं। उनमें तर्कनावादी तत्त्व बहुत प्रबल हैं जो उन्हें जीवन और उसकी समस्याओं के सम्बन्ध में सूफ़ी दृष्टिकोण को अस्वीकार करने को प्रेरित करता है।[६३] फिर भी उनकी काव्यात्मक प्रवृत्ति बार-बार उन्हें तर्कमूलक बुद्धि के क्षेत्र के परे ले जाती है। ऐसे क्षणों में वे दृढ़तापूर्वक यह मानते जान पड़ते हैं कि सत्य का भावना द्वारा बोध होता है, उसे बुद्धि द्वारा नहीं जाना जाता। एक प्रसिद्ध शेर में वे करते हैं कि "इच्छा को जीवित रखो। इच्छा के बिना शरीर एक मज़ार हैं।[६४] यहाँ इच्छा, अफ़लातून के 'ईरोस' की भाँति तर्कना के आवश्यक संपूरक के रूप में ही प्रस्तुत है। हमें ऐसी पंक्तियाँ भी मिलती हैं जिनमें प्रेम की प्राथमिकता को बड़े रूढ़िमुक्त—कट्टरपंथी दृष्टि से रूढ़िमुक्त—रूप में घोषित किया गया है। इस भाँति कवि कहता है—

> **"धर्म के नियम के सभी रहस्य मैं सीख चुका हूँ;**
> **उनका सार यह है कि काफ़िर वह है**
> **जो प्रेम को अस्वीकार करता है।"[६५]**

और प्रेम की मुक्तिदायी शक्ति में यह आस्था इक़बाल को विश्व के प्रति एक सौन्दर्यपरक दृष्टि की ओर ले जाती है। वे यह कहने में नहीं

झिझकते कि चरम विश्लेषण में कला दर्शन से उच्चतर है। सत्ता तक कवि की पहुँच तत्वमीमांसक से कहीं अधिक प्रत्यक्ष और घनिष्ठ है—

> दार्शनिक अविस्सेना लैला के ऊँट के पैरों से उड़ी हुई धूल में खो जाता है;
>
> पर कवि रूमी का हाथ सीधा उसकी पालकी के परदे पर पहुँचता है।"[१६]

संदर्भ

१. सत्रहवीं शताब्दी में लिखते हुए दारा शुकोह ने भारतीय संस्कृति में हिन्दू और इस्लामी तत्त्वों के संगम को 'दो महासागरों का मिलन' कहा है (मजमूआ-ए-बहरैन)।

२. तुलनीय, सच्चिदानन्द सिन्हा—"इक़बाल में सब-कुछ 'विदेश' का है, 'घर' का कुछ नहीं। हो सकता है यह लाभदायक हो; पर अपनी जन्मभूमि की सभ्यता, संस्कृति और मानववाद के विषय में उनके ज्ञान और मूल्यांकन का क्या हो? क्या उन्होंने बुखारा, क़ाबुल और तब्रेज़ के साथ-साथ उन्हें भी समझने का प्रयास किया?" (इक़बाल—द पोइट एण्ड हिज़ मैसेज)।

३. विश्व भारती क्वार्टरली में प्रकाशित, जुलाई १९२३।

४. तुलनीय, जमालुद्दीन अफ़ग़ानी की पुस्तक रेप्यूटेशन ऑफ़ मैटीरियलिज़्म, जिसमें सर सैयद अहमद का बेरहमी से मज़ाक़ उड़ाया गया था।

५. धर्म की तर्कसंगत व्याख्या के प्रयासों के कारण सर सैयद और उनके अनुयाइयों को 'नेचरी' अर्थात् 'प्रकृतिवादी' कहा जाता था।

६. उस युग के एक और तर्कनावादी लेखक थे मुस्तफ़ा खाँ, एन एपॉलॉजी फ़ॉर द न्यू लाइट के लेखक।

७. खुदा बख्श ने लिखा था—"मेरी कामना है कि मुस्लिम एकता एक उच्चतर, भव्यतर भारतीय एकता में विलीन हो जाए जो प्रबल रूप में अकेली और शानदार ढंग से संम्पूर्ण है।" (एसेज़ : इण्डियन एण्ड इस्लामिक. पृ० ३२)।

८. अमीर अली की पुस्तक द स्पिरिट ऑफ़ इस्लाम ने मध्यपूर्व के मुसलमानों को बहुत प्रभावित किया था।

९. दुर्रानी ने इस विचार को 'अर्थहीन' बताया था कि "कुरान में हमारी सब बुराइयों का इलाज मौजूद है।" इस कथन के कारण बहुत-से कट्टरपंथी लेखक उनसे रुष्ट हुए थे।

१०. इस पुस्तक की राधाकृष्णन ने विस्तार से समीक्षा की थी। यह

समीक्षा बाद में राधाकृष्णन की पुस्तक द हार्ट ऑफ़ हिन्दुस्तान में प्रकाशित हुई।

११. मौलाना आज़ाद का विशेष योग था इस्लामी चिन्तन के इतिहास के आधार पर व्यक्ति और समाज दोनों की स्वाधीनता की धारणा का विवेचन।

१२. इस्लामी चिन्तन के समकालीन प्रतिनिधियों में सबसे प्रमुख हैं ज़ाकिर हुसैन, के० जी० सैयदैन, हुमायुन कबिर और आबिद हुसैन।

१३. अहमदिया मिरज़ा गुलाम अहमद (१८३९-१९०८) के अनुयायी थे।

१४. वहाबी आन्दोलन ने व्यवहार में साम्प्रदायिक रूप लिया था, यद्यपि विचारधारा की दृष्टि से उसमें बहुत-से प्रगतिशील तत्त्व थे।

१५. तुलनीय, ग़ालिब का प्रसिद्ध शेर—

हम मुव्वहिद हैं, हमारा केश है तर्क-ए-रुसूम।
मिल्लतें जब मिट गईं, अज्ज़ा-ए-ईमां हो गईं॥

१६. इस विषय में ग़ज़ाली और इब्न-अल-अरबी दो सर्वथा भिन्न दृष्टिकोणों का प्रतिनिधित्व करते हैं, यद्यपि दोनों ने ही सूफ़ी चिन्तन पर गहरा प्रभाव डाला। ग़ज़ाली दिव्य के साथ संयोग की स्थिति में मानव-व्यक्तित्व को बनाए रखने के विचार को स्वीकार नहीं करते थे। इब्न-अल-अरबी आत्मत्व को बनाए रखने पर आग्रह करते हैं, यद्यपि उनकी तत्त्वमीमांसा बहु-ईश्वरवादी है।

१७. ग़ालिब की भाँति इक़बाल ने भी अपनी प्रारम्भिक जटिल शैली को छोड़कर सरल और सहज शैली अपनाई थी। अवश्य ही यह उनके विचारों की बढ़ती हुई स्पष्टता और ऋजुता का परिणाम था।

१८. इक़बाल और मैक्टेगर्ट के बीच पत्र-व्यवहार हुआ था और इन पत्रों में बहुत-से दिलचस्प दार्शनिक प्रश्न उठाये गए थे। मैक्टेगर्ट ने इक़बाल को उनके परवर्ती लेखन की अपेक्षा पूर्ववर्ती लेखन में अधिक रहस्यवादी माना है।

१९. इक़बाल और जेम्सवार्ड के विचारों में समानता के लिए तुलनीय, एम० एम० शरीफ़ : **इक़बाल्स कन्सैप्शन ऑफ़ गॉड**।

२०. एक सुन्दर कविता में इक़बाल ने गेटे के प्रति श्रद्धांजली अर्पित की है।

२१. किन्तु यह कहा गया है कि आत्मा के विचार के सामाजिक और

सांस्कृतिक निहितार्थों को प्रतिपादित करने में इक़बाल रूमी से आगे गए हैं।

२२. किन्तु इक़बाल बुद्धिवाद-विरोध के रास्ते पर बर्गसाँ के साथ बहुत दूर तक नहीं जाते।

२३. इक़बाल : लैक्चर्स ऑन मेटाफ़िज़िक्स, पृ० १८७।

२४. गिब : मॉडर्न ट्रैन्ड्स् इन इस्लाम, पृ० ८१।

२५. तुलनाय, टैगोर—"धर्मशास्त्र भी कभी आविष्कार ही था।"

२६. सच्चिदानन्द सिन्हा द्वारा इक़बाल : द पोइट एण्ड हिज़ मैसेज में उद्धृत।

२७. तुलनीय विवेकानंद—"वेदान्त विश्वविजय करेगा।"

२८. गिब कहते हैं—"मैंने इसके कोई चिह्न नहीं देखे कि इक़बाल के विचारों का भारत के बाहर कहीं कोई प्रभाव पड़ा।" (मॉडर्न ट्रैन्ड्स् इन इस्लाम, पृ० ६०)।

२९. उनकी हिमालय के ऊपर नज़्म को उनके शिल्प और सौन्दर्य की दृष्टि से सबसे निर्दोष कविताओं में गिना जाता है।

३०. खुदी के विषय में इक़बाल के कुछ कथनों से उपनिषदों में आत्मा के गौरव गान का स्मरण होता है।

३१. इक़बाल के दर्शन में ईश्वर की धारणा का विकास एम० एम० शरीफ़ द्वारा इक़बाल एज़ ए थिंकर नामक ग्रन्थ (लाहौर, १९४४) में अपने लेख में भली भाँति दिखाया गया है।

३२. इक़बाल : 'ए रिव्यू ऑफ़ मैक्टेगर्ट स फ़िलॉसफ़ी', ट्रुथ पत्रिका में प्रकाशित।

३३. "पैकरे हस्ती ज़ असरे खुदी अस्त
हर चाह मे बिनी ज़ इसरारे-खुदी अस्त।"

३४. इक़बाल : रिकन्सट्रक्शन ऑफ़ फ़िलॉसफ़ी इन इस्लाम, पृ० ७८।

३५. वही, पृ० ६२।

३६. तुलनीय, प्राचीन भारतीय चिंतन में 'जीवनमुक्ति' की अवधारणा।

३७. इब्न-अल-अरबी फ़ना की तत्त्वमीमांसीय और रहस्यवादी व्याख्या में अन्तर करते हैं। तुलनीय, रौम लैंडो : द फ़िलॉसफ़ी ऑफ़ इब्न-अल-अरबी।

३८. इक़बाल : रिकन्सट्रक्शन ऑफ़ फ़िलॉसफ़ी इन इस्लाम, पृ० ११८।

३९. देखिए इस पुस्तक का पाँचवाँ अध्याय, खण्ड ६।

४०. इक़बाल : लैक्चर्स ऑन मेटाफ़िज़िक्स, पृ० ८०।

४१. तुलनीय, टैगोर—"मेरे ही जगत् में तुम्हारे सर्वोच्च अधिकार पूरे होंगे।"

४२. "खुदी क्या है? राज़े दारूने हयात,
खुदी क्या है? बेदारिए क़ायनात।"

४३. जुबूरे आजम से।

४४. "फ़ितरत अशुफ़्त कि अज खाके-जहाँ-ए मजबूर,
खुद गरे खुद शिकने खुद निगरे पैदा अस्त।"

४५. "सरोव ओ शेर ओ सियासत किताब ओ दीन ओ हुनर···
अगर खुदी की हिफ़ाजत करें तो आइन-ए-हयात
न कर सकें तो सरापा फ़सून-ओ-अफ़साना।"
(जर्बे कलीम से)।

४६. "या तो खुद अशकार हो, या मुझे अशकार कर।"

४७. पयामे मशरिक़ से।

४८. "खुशतर ज हज़ार परसाई
ग़मे बतारीक़ अशानाई।"

४९. "अगर कजरौ हैं अंजुम, आसमाँ तेरा है या मेरा?
मुझे फ़िक्रे-जहाँ क्यों हो? जहाँ तेरा है या मेरा?

५०. "अपने लिए लामकाँ, मेरे लिए चार सू।"

५१. "हूर-ओ-फ़रिश्ता हैं असीर मेरे तख़य्युलात में।"

५२. बाँगेदरा से।

५३. इक़बाल का कहना है कि यदि बाध्यता 'भाग्य' की बजाय काल द्वारा आये तो निर्धारण कम क्षोभकारक हो जाता है।

५४. एम० रज़ीउद्दीन सिद्दीक़ी: इक़बाल्स कन्सेप्शन ऑफ़ टाइम एण्ड स्पेस।

५५. अबू अली इब्न मस्कावाइ, चिकित्सक, दार्शनिक और इतिहासकार, ऐसे युग में हुए थे जो इस्लामी चिंतन के विकास के लिए निर्णायक था। अल फ़राबी का प्रभाव उतार पर था, और इब्न सीना अभी तक नौजवान ही था। मस्कावाइ ने दार्शनिक परम्परा को जीवित रखा।

५६. "तू ए मर्गे-चमन उड़ने से पहले परफ़िशां हो जा।"

५७. इसरारे खुदी से (पंक्तियाँ १०१९ से १०३१ तक)।

५८. जावेदनामा से।

५९. उसी नज्म में वे कहते हैं—"तुम्हें शबनम मिले तो उसे समुन्दर

बना डालो।"

६०. इस धारा में लिखी हुई कुछ पंक्तियों में इकबाल वाल्ट ह्विटमैन के बहुत समीप आ जाते हैं।

६१. इसके अतिरिक्त स्वयं नीत्शे में निराशावाद के चेहरे के पीछे एक प्रकार की कोमलता है जो सतही परिचय में प्राय: दिखाई नहीं पड़ती। नीत्शे पर एक छोटी नज़्म में इक़बाल कहते हैं—"उनका दिल यक़ीन करने वाला है, यद्यपि उनका दिमाग़ इन्कार करता है।"

६२. फ़ज़लुर्रहमान : इक़बाल एण्ड मिस्टिसिज़्म (इक़बाल ऐज़ ए थिंकर परिसंवाद से)।

६३. बहुत-से स्थलों पर इक़बाल सूफ़ी मत को विशेषकर उसके नैतिक निहित निष्कर्षों की बड़ी तीव्र आलोचना करते हैं। उनके विचार में ये निष्कर्ष निष्क्रियता और जड़ता की ओर ले जाते हैं।

६४. इसरारे खुदी से।

६५. जुब्रे आज़म से।

६६. "बू-अली अन्दर गुबारे नाक़ा गुम
दस्ते रूमी परदा-ए मेहमिल गिरफ़्त।"